LUCIEN BIART

104 ILLUSTRATIONS — PAR HENRY MEYER

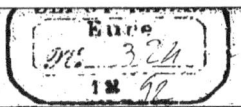

LES VOYAGES INVOLONTAIRES

**M. PINSON — LE SECRET DE JOSÉ
LA FRONTIÈRE INDIENNE — LUCIA AVILA**

PARIS
BIBLIOTHÈQUE D'ÉDUCATION ET DE RÉCRÉATION
J. HETZEL ET Cie, 18, RUE JACOB

Tous droits de traduction et de reproduction réservés.

LES
VOYAGES
INVOLONTAIRES

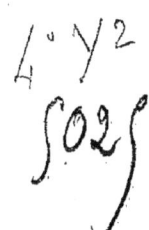

TYPOGRAPHIE FIRMIN-DIDOT ET Cie. — MESNIL (EURE).

COLLECTION HETZEL

LUCIEN BIART

LES
VOYAGES
INVOLONTAIRES

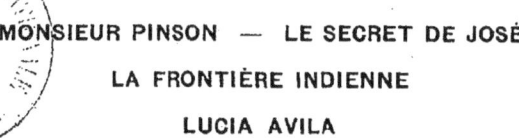

MONSIEUR PINSON — LE SECRET DE JOSÉ
LA FRONTIÈRE INDIENNE
LUCIA AVILA

CENT QUATRE ILLUSTRATIONS PAR H. MEYER

BIBLIOTHÈQUE
D'ÉDUCATION ET DE RÉCRÉATION
J. HETZEL ET Cie, 18, RUE JACOB
PARIS

Tous droits de traduction et de reproduction réservés.

A Mademoiselle

MARIE DES ESSARTS-BOBLET

l'Auteur reconnaissant.

MONSIEUR PINSON

CHAPITRE PREMIER

AUX BATIGNOLLES

« A ta santé, mon pauvre Boisjoli!
— A la tienne, mon brave Pinson! »
Les deux convives, assis dans la salle à manger d'un appartement de la rue Nollet, burent avec lenteur; leurs verres, à demi vidés seulement, furent replacés sur la table. On était en avril; une pluie fine tombait au dehors, trois bûches crépitaient et sifflaient dans la cheminée. M. Pinson, l'amphitryon, était un homme de moyenne taille, vigoureux, au regard vif, à la chevelure bouclée, aux traits intelligents, à la bouche souriante; son invité, Boisjoli, le dépassait de toute la tête, et ses traits, plus accentués, plus sévères que ceux de M. Pinson, étaient néanmoins empreints de la même franchise, de la même bonté. Les deux amis, à en

juger par l'extérieur, semblaient dans la force de l'âge; on eût hésité à donner, soit à Boisjoli, soit à M. Pinson, plus que la quarantaine.

Ils avaient posé leurs verres sur la table, et chacun d'eux, comme absorbé, regardait silencieusement le fond de son assiette.

« Tu ne manges pas? dit M. Pinson.

— Non, l'appétit me manque, je l'avoue.

— Que la peste t'étouffe, Boisjoli!

— Merci, mon ami; mais à quel propos vient ton souhait?

— Si je ne me trompe, reprit M. Pinson, il y a aujourd'hui trente-deux ans, ou à peu près, que ma pauvre mère, presque aussi éplorée que moi-même, me conduisit à Sainte-Barbe.

— Trente-deux ans! répéta Boisjoli; comme le temps passe!

— Je n'étais pas fier ce jour-là, reprit M. Pinson. J'avais toujours vécu près de ma mère, et, brusquement, je me voyais transporté dans une salle pleine de collégiens qui, tous, me regardaient avec malice.

— Pas tous, dit Boisjoli.

— C'est vrai, tu te trouvais là. A l'heure de la récréation, j'allai, le cœur gros, rôder près de la porte par laquelle ma mère avait disparu. On me suivait, on chuchotait, on m'examinait; je devais ressembler à un oiseau effarouché. Les plus hardis de mes futurs camarades m'accablaient de questions, et je me taisais. Je sentais que ma contenance gauche, inquiète, embarrassée, provoquait les sourires. Un grand garçon me poussa, après m'avoir fait un pied de nez, pour me tâter, selon l'expression en usage. Ma poigne valait la sienne; mais je me sentais isolé, dépaysé, et plus anxieux de m'en aller que de me battre. Il y avait trois mois que tu étais à Sainte-Barbe, Boisjoli; tu comptais déjà parmi les anciens. Tu accours, tu disperses mes tourmenteurs, tu me prends sous ta protection, et... Tiens, à ta santé, mon vieux Boisjoli!

— A la tienne, mon cher Pinson! »

Après ce second toast, les amis demeurèrent de nouveau silencieux, absorbés.

« C'est à des heures pareilles, reprit M. Pinson, lorsqu'un chagrin vous serre le cœur, qu'on aime à parler du passé. Pauvre vieux collège! nous y avons vécu neuf années, Boisjoli, nous sui-

« A la tienne, mon cher Pinson ! » (Page 2.)

vant classe par classe, nous disputant les premiers prix, jusqu'au jour où la composition générale te les faisait adjuger.

— Affaire de chance, Pinson.

— Et aussi d'intelligence et d'application, mon ami. La fortune peut venir à ceux qui dorment; le savoir, c'est autre chose : on ne le conquiert que par le travail, l'assiduité, les veilles. Te rappelles-tu le jour de notre sortie de Sainte-Barbe?

— Oui, nous sommes allés nous faire raser, afin de nous présenter plus convenablement à l'École centrale.

— D'où tu es sorti premier.
— Et toi second, ce qui est la même chose.
— A la sortie de l'École centrale, reprit M. Pinson, le directeur nous plaça dans les bureaux du chemin de fer de l'Est, avec promesse d'avancement rapide. Nous nous jurâmes alors de ne jamais nous quitter...
— Tu venais de perdre ta mère, Pinson, tu avais besoin de mon amitié. Deux ans plus tard, ma mère mourut à son tour, et ton affection me rendit alors avec usure ce que la mienne t'avait prêté. »

Pour le coup, une larme perla dans les yeux des deux amis; ils se levèrent brusquement et gagnèrent un petit salon où une vieille servante achevait d'attiser un feu brillant. Là, ils s'assirent près d'un guéridon sur lequel reposait une cafetière. M. Pinson, continuant la conversation comme si elle n'eût pas été interrompue, reprit :

« Nous nous étions promis de ne jamais nous quitter, Boisjoli, et tu vas partir.

— Il le faut, Pinson; et toi-même, souviens-t'en, chaque fois que nous avons discuté cette question, tu as fini par m'approuver.

— C'est que l'heure du départ était éloignée, c'est qu'il me semblait qu'elle n'arriverait jamais.

— Il y a quinze ans, reprit Boisjoli, que je végète dans la modeste place qui, je le crus à mes débuts, devait me servir de marchepied pour me conduire aux plus hauts emplois.

— On ne t'a jamais rendu justice.

— Eh si! mon ami; mais les capacités courent les rues, dans notre cher pays, et les premières places sont comptées. Il m'a manqué, et c'est aussi ton histoire, un protecteur qui, placé en haut de l'échelle, me facilitât l'ascension et me mît à même de montrer ce dont je suis capable. Néanmoins, si, comme toi, je possédais une petite fortune...

— Lorsque j'ai hérité de mes neuf mille livres de rente, Boisjoli, je t'ai déclaré ce que je déclare encore, c'est que la moitié de ce bien t'appartient.

— Sois tranquille, Pinson, cette moitié, je l'ai acceptée, et je viendrai peut-être te la réclamer un jour. En attendant, je veux tâcher de conquérir cette indépendance qui t'a permis de travailler à tes heures, de te produire enfin. Chez nous, encore une fois, les avenues sont encombrées; il y a plus d'appelés que d'élus. La guerre qui vient d'éclater aux États-Unis fait la part belle aux hommes de notre profession; je veux aller là-bas tenter la fortune. Je me suis donné dix ans pour devenir rentier; au bout de ce temps, riche ou pauvre, je reviendrai.

— Et ces dix années, que tu me prends, me les rapporteras-tu? Nous reverrons-nous jamais? Suis-je immortel? l'es-tu toi-même?

— Il avait été convenu, Pinson, que nous dînerions ensemble, pour la dernière fois, joyeusement. Faisons-nous une raison, il est trop tard pour reculer. Je dois partir demain, et je partirai. Allons, remplis mon verre de ton vieux cognac. A ta santé! »

Cette fois, les petits verres furent vidés prestement. M. Pinson, en dépit de sa sobriété ordinaire, voulut boire au bon voyage de son ami, à sa réussite, à son prompt retour. Les deux convives, dont le caractère, au fond, était jovial, retrouvèrent peu à peu leur entrain, et ce fut le côté heureux de leur jeunesse qui les occupa. Les *t'en souviens-tu?* se croisèrent; on sourit d'abord, puis on finit par rire bruyamment. Les trois ou quatre petits verres absorbés, pour se porter à tour de rôle de nouvelles santés, contribuèrent sans doute, autant que leurs gais souvenirs, à dérider les deux anciens condisciples.

« Si tu étais le véritable ami que tu prétends être, dit tout à coup Boisjoli en plaçant son verre entre la lampe et son œil, comme pour admirer la limpidité du liquide qui le remplissait, tu m'accompagnerais demain...

— A la gare? s'écria M. Pinson. As-tu pu croire un seul instant que je manquerais à ce devoir?

— Non, certes; mais quand je dis que tu devrais m'accompagner...

— Songerais-tu à m'emmener à New-York?

— *In medio veritas*, comme nous disions à Sainte-Barbe, reprit sentencieusement Boisjoli. Voyons, Pinson, tu es libre, tu n'as ni place, ni femme, ni enfants, rien qui te retienne au logis, et Calais n'est qu'à sept heures de Paris.

— Hum! dit M. Pinson, tu me voles mon dénoûment; ce que tu désires est depuis longtemps décidé dans mon esprit, et je voulais, à ta grande surprise, m'établir avec toi dans le wagon qui doit t'emporter à la frontière.

— Bravo! s'écria Boisjoli; je comptais là-dessus, et je bois à ton idée. Seulement, tu admettras que tu ne m'as rien accordé, puisque ta résolution était prise. Que t'en coûterait-il de pousser la promenade jusqu'à Londres, que tu ne connais pas? car, entêté Parisien que tu es, tu n'as jamais mis le pied hors de ta ville.

— Je connais Versailles, dit M. Pinson avec gravité.

— Accompagne-moi jusqu'à Londres.

— Pourquoi pas jusqu'à Liverpool? s'écria l'ingénieur qui se leva d'un bond.

— C'est ce que je pensais, reprit tranquillement Boisjoli; pourquoi pas jusqu'à Liverpool? Tu verrais ainsi, en quelques jours, la mer, la Grande-Bretagne, sa capitale, un de ses grands centres industriels, et, par-dessus le marché, le beau steamer *Canada*, sur lequel je dois m'embarquer. Est-ce convenu?

— Mais tu pars demain à neuf heures?

— A neuf heures quinze, mon ami.

— Il me faut un passeport.

— Pourquoi faire? Le passeport est aboli.

— Une malle.

— Peste! comme tu y vas; il te faut un sac de nuit, et, comme dit une vieille chanson, deux chemises, autant de mouchoirs, et une paire de bas.

— J'ai un rendez-vous avec Viollet-le-Duc après-demain.

— Tu as jusqu'à demain huit heures pour lui écrire qu'un départ inattendu te force à remettre ton entrevue à huit jours.

— Et s'il se fâche?

— Il se défâchera, surtout lorsqu'il saura le motif de ton absence.

— Mais...

— Voyons, Pinson, sers-moi tout de suite ton dernier argument, il se fait tard.

— Je pars! dit l'ingénieur.

— J'en étais sûr! s'écria Boisjoli, qui embrassa son ami avec effusion. Allons, à ta santé encore une fois, mon vieux Pinson!

— A notre amitié, Boisjoli !
— A demain, gare du Nord.
— A neuf heures, c'est convenu.
— Bonsoir !
— Bonsoir ! »

Son ami parti, M. Pinson fit plusieurs fois le tour de son petit salon, puis passa dans sa chambre à coucher. Là, il ouvrit son armoire à linge, contempla un instant ses chemises, ses bas, ses mouchoirs, artistement rangés par sa vieille bonne Marguerite, et osa enfin lui annoncer le voyage qu'il allait entreprendre. Dame Marguerite, qui, depuis dix ans qu'elle était au service de M. Pinson, ne l'avait jamais vu s'absenter vingt-quatre heures, crut d'abord à une plaisanterie.

« Apportez-moi un sac de nuit, lui dit son maître ; je veux préparer ce soir mes bagages.

— Un sac de nuit? répéta la vieille bonne ; où le prendre, monsieur ? Je ne vous en ai jamais vu. »

Marguerite disait vrai. M. Pinson, employé aux travaux de la gare de Paris ou de Pantin, durant les années qu'il avait été attaché au chemin de fer de l'Est, n'avait guère visité, en dehors de la ville où il était né, que Saint-Cloud, Versailles, Château-Thierry, où il avait passé quelques jours avec Boisjoli, alors occupé de l'édification d'un viaduc. Il fut donc convenu qu'au point du jour, c'est-à-dire à sept heures du matin, dame Marguerite descendrait acheter un sac de nuit et une poche de chemin de fer.

Minuit avait sonné depuis longtemps, que M. Pinson ne dormait pas encore. Ce voyage, si subitement résolu, le tourmentait un peu.

« Bah ! se dit-il enfin, cela me fera du bien de sortir de chez moi, car je tourne au vieux garçon. Mais quel changement dans ma vie que le départ de ce brave Boisjoli ! Adieu les controverses, les travaux en commun, les parties d'échecs, de bézigue, de dominos, les longues causeries d'hiver, les promenades en été, les…! Et lui, comment se passera-t-il de moi ? »

Enfin l'ingénieur s'endormit.

Le lendemain, 28 avril 1862, à neuf heures quinze minutes du matin, M. Pinson et son ami montaient dans le train de Calais.

Le sol étincelait sous les rayons d'un soleil déjà chaud. Les deux ingénieurs devaient arriver à Londres à dix heures du soir, y passer trois jours, puis gagner Liverpool. Là, Boisjoli s'embarquerait sur le *Canada*. Tandis qu'il voguerait vers cette Amérique que la France a possédée presque tout entière, où Washington a fondé une République modèle et d'où revenaient autrefois les oncles millionnaires, M. Pinson rentrerait paisiblement à Paris.

CHAPITRE II

ENTRE PARIS ET LONDRES

Il était cinq heures du soir lorsque les deux amis arrivèrent à Calais, l'ancienne *Caletum* des Romains. Ils eurent à peine le temps de manger trois ou quatre sandwiches que, sur les conseils de la dame préposée au buffet, M. Pinson arrosa d'un verre de grog au rhum, spécifique infaillible contre le mal de mer. Dix minutes plus tard, l'ingénieur mettait le pied à bord du steamer l'*Avon*.

Boisjoli ne connaissait pas la Manche, mais il avait navigué sur la Méditerranée, ce qui, momentanément, lui donnait sur son ami une supériorité marquée. M. Pinson, dont les exploits nautiques se réduisaient à une promenade sur le lac d'Enghien, promenade faite dix ans auparavant, se montrait émerveillé de toutes les nouveautés qui se présentaient à lui. Le ciel était nuageux; les vagues, fouettées par une forte brise, moutonnaient, selon l'expression des matelots, c'est-à-dire que leur extrémité se couronnait d'une légère écume. L'aspect sévère, métallique de l'immensité liquide qui s'étendait à perte de vue devant lui, impressionna M. Pinson. Il frissonna légèrement et songea à son chaud salon de la rue Nollet.

Une centaine de passagers de tout âge, de tout sexe et de toute nationalité, couraient, se pressaient, se croisaient, se heurtaient sur le pont étroit de l'*Avon*. Près du grand mât, solidement attachée par de fortes cordes, se dressait une berline de voyage surmontée d'une impériale. Un Anglais, rasé, cravaté, ganté avec cette correction qui n'appartient qu'à ce peuple méthodique, s'avança, précédé d'un grand laquais en livrée, et conduisant avec courtoisie une dame entre deux âges. L'Anglais et sa compagne, à la grande stupéfaction des autres passagers de l'*Avon*, se hissèrent sur l'impériale de la berline. Des domestiques des deux sexes passèrent alors au noble couple des châles, des couvertures, des gâteaux, des bouteilles, des verres, des provisions plus que suffisantes pour une longue traversée.

« Toujours pratiques, ces Anglais, dit M. Pinson ; mais pourquoi se juchent-ils sur l'impériale de leur voiture, alors que la bise souffle d'une façon si aigre? A leur place, je me logerais chaudement dans l'intérieur.

— Ils veulent mieux voir le paysage, dit Boisjoli.

— Le paysage! s'écria M. Pinson en montrant la surface uniforme qui s'étendait devant lui.

— Tu oublies que nous sommes à trente kilomètres de Douvres, reprit Boisjoli, et que les côtes d'Angleterre apparaîtront à nos yeux aussitôt que nous commencerons à perdre de vue celles de France. »

Le steamer se mit en marche; M. Pinson, assis à l'arrière du petit bâtiment, regarda la terre s'éloigner.

« Les poètes ont raison, dit-il soudain, ce n'est pas sans un serrement de cœur que l'on quitte la patrie. Pauvre France! j'ai peine à croire qu'il existe un pays qui la vaille, je n'en veux d'autre preuve que la multitude d'étrangers qui, venus pour la visiter, s'y établissent et ne la quittent plus.

— Tu oublies la libre Amérique, Pinson ; c'est par centaines de mille que les émigrants courent vers cette terre promise.

— Je respecte l'Amérique, Boisjoli; tu vas l'habiter, cela suffit pour me la rendre sacrée. Mais c'est la nécessité qui pousse des milliers d'émigrants sur ses côtes hospitalières, pas autre chose. Chez nous, ce qui attire les Européens, les Asiatiques, les Africains, les Américains et les Océaniens, ce sont nos mœurs polies, sociables, notre caractère bienveillant, puis nos musées, nos écoles et même notre cuisine. Chère France! voilà un quart d'heure à peine que j'en suis sorti, j'ai encore ses plages sous les yeux, et j'ai déjà peur de ne plus la revoir! »

M. Pinson se tut et regarda se perdre peu à peu dans la brume le phare, le gracieux clocher de l'hôtel de ville, l'église Notre-Dame, tous les monuments dont les Calaisiens se montrent fiers. M. Pinson, bien qu'il ne fût jamais sorti de Paris, était non seulement un habile ingénieur, mais un homme savant en histoire et en géographie; il possédait même des connaissances zoologiques assez étendues. Il se rappela que cette ville de Calais, dont il ne voyait plus que les feux, avait été assiégée, en 1347, par Édouard III, roi d'Angleterre, et illustrée par le dévouement d'Eustache de Saint-Pierre. Après deux siècles de captivité, Calais, toujours fidèle à la France, avait été reconquise par ce vaillant François de Guise, déjà célèbre par sa belle défense de Metz et par la bataille de Renty.

L'ingénieur, tourné vers la côte, communiquait ses souvenirs à son ami, qui les complétait par ses propres impressions. Peu à peu Boisjoli ne répondit plus que par de courtes phrases, puis par monosyllabes, et garda enfin le silence. M. Pinson se pencha vers lui.

« Q'as-tu donc? lui demanda-t-il.

— Moi? Rien.

— Tu es tout pâle.

— C'est possible... un peu de malaise; cela va se passer. »

M. Pinson, levant les yeux sur le pont du steamer, demeura interdit.

« Prodigieux! » murmura-t-il.

C'est qu'une demi-heure de navigation avait bien transformé la scène. Au lieu du bruyant va-et-vient du départ, un silence relatif régnait à bord de l'*Avon*. Assis sur les bancs ou sur les cordages enroulés, des hommes, des femmes, des enfants, le regard fixe, les traits défaits, essuyaient sans relâche la sueur qui perlait sur leurs fronts, respirant les uns des flacons, les autres des oranges ou des citrons. Grâce à la violence de la houle, l'affreux mal de mer avait déjà pris possession de ses victimes. Le jeune gentleman qui, le monocle sur l'œil, le cigare aux lèvres, avait triomphalement posé le pied sur le pont, se tenait, d'une main cramponné à un cordage, et, de l'autre dérangeait la symétrie de la raie tracée entre ses cheveux pommadés. Ici, un mari soutenait sa jeune femme qui se croyait à la veille d'expirer; là, une pauvre mère avait à peine le courage de s'occuper de son petit garçon, qui, libre de toute surveillance, rôdait de la machine à l'entrepont, de la poupe à la proue.

Mais le tableau le plus lamentable était celui qu'offraient les deux passagers logés sur l'impériale de la berline. Monsieur et madame, les traits défaits, penchés chacun d'un côté, appelaient à tour de rôle valet de chambre et camériste. Ceux-ci, sans doute aussi incommodés que leurs maîtres, ne paraissaient ni ne répondaient. Les matelots, un sourire narquois sur les lèvres, passaient au milieu des infortunés dont leur navire était encombré et qui croyaient leur dernière heure prête à sonner.

M. Pinson avait l'âme trop bonne pour se divertir des scènes pourtant comiques qui l'entouraient; d'ailleurs la pâleur croissante de son ami l'inquiétait.

« Ce n'est rien, répétait celui-ci, je connais de vieille date cet affreux mal; j'en ai fait l'apprentissage lors de mon voyage à Alger, mais c'est à recommencer. Toi, Pinson, tu as toujours de la chance : tu hérites, et tu n'as pas le mal de mer. Aurais-tu le courage d'aller me chercher un grog à la buvette? Il me semble que cela me remettrait. »

M. Pinson partit comme un trait, en ligne droite; à sa grande surprise, le roulis le fit brusquement dévier, et il alla tomber sur le dos d'une grosse dame qui, en dépit de ses excuses, ne l'accueillit pas par des bénédictions. Étonné d'avoir perdu l'équilibre, de sentir le plancher se mouvoir sous ses pieds, M. Pinson n'avança plus qu'avec précaution, s'accrochant aux cordages chaque fois qu'un mouvement de tangage ou de roulis le poussait de côté ou en avant. Il atteignit enfin la buvette, se fit servir un grog et revint vers son ami. Au bout de trois pas, le petit steamer, soulevé par une lame, pencha soudain à droite; l'ingénieur dut lâcher sa proie pour saisir le plat-bord et ne pas tomber; le verre qu'il portait, lancé à distance, alla inonder de son contenu un malheureux passager qui, assis près de la cheminée, se croyait à l'abri du vent et de toute mésaventure.

Ramassant son verre vide d'un air assez piteux, M. Pinson, non sans songer à la chaude atmosphère de sa chambre de la rue Nollet et à l'immobilité de son parquet, regagna la buvette. Il demanda un nouveau grog, puis se mit en route pour la proue, avec mille précautions. Il arrivait près du grand mât, lorsqu'un gentleman, s'approchant de lui avec politesse, s'empara du grog en disant :

« Pour une dame, monsieur ! »

Et, en effet, il présenta le réconfortant breuvage à une jeune miss aux yeux languissants.

M. Pinson, trop bien élevé pour faire la moindre réclamation, retourna bravement vers la buvette, et reparut bientôt avec un troisième verre plein. Encore cinq pas et Boisjoli entrait en possession de son grog, lorsqu'une dame, se plaçant devant M. Pinson, lui dit, d'une voix douce et suppliante :

« Pour mon mari, monsieur ! »

L'ingénieur n'avait pas encore ouvert la bouche pour répondre, que l'heureux mari buvait à petits traits la liqueur destinée à un autre.

M. Pinson, un peu dépité, regagna une quatrième fois la buvette ; là, on lui réclama les verres qu'il avait déjà emportés. Les garçons parlaient l'anglais le plus pur, langue à laquelle M. Pinson ne comprenait mot ; il répondit en français à ce qu'on ne lui demandait pas, et ce quiproquo eût duré longtemps, si un passager valide ne lui eût servi d'interprète. Un quatrième verre lui fut confié. Cette fois l'ingénieur eut soin de couvrir sa conquête de son mouchoir, afin de la dissimuler ; car, selon sa judicieuse réflexion, il devait y avoir, à bord de l'*Avon*, des douzaines d'épouses, de sœurs, de mères, et Boisjoli courait le risque de ne boire qu'à Douvres, sans compter qu'il devait s'inquiéter de la longue absence de son ami. La vérité, c'est que Boisjoli était trop malade pour s'inquiéter de rien ; le malheureux n'avait qu'un désir : atteindre le port et laisser derrière lui ce maudit Pas de Calais, cette Manche dont les vagues courtes infligent souvent le mal des marins novices, à des gens aguerris par de longues traversées.

Le steamer entrait dans le port à la minute où M. Pinson, chargé de son quatrième verre, arrivait près de son ami. Le tangage et le roulis cessèrent comme par enchantement, et Boisjoli, guéri d'une façon subite, put savourer le grog si péniblement obtenu. Les deux ingénieurs débarquèrent et suivirent les passagers qui

L'ingénieur eut soin de couvrir sa conquête. (Page 12.)

se dirigeaient vers la gare. Accoutumé à voir les compagnies de chemins de fer s'occuper des bagages, Boisjoli ne songea qu'à se caser avec son ami dans un wagon. Avisés à temps, par un compatriote, qu'ils devaient aller démêler leurs effets dans un monceau de malles et de colis, pour les confier au train qui se disposait à partir, les deux ingénieurs durent abandonner les coins qu'ils avaient choisis, et faire métier de portefaix. Boisjoli s'en tira bien; mais M. Pinson ne pouvait retrouver son sac de nuit. Il le découvrit enfin sur une planche, à une hauteur telle qu'il dut réclamer une échelle pour l'atteindre. Si les Anglais maudissent la lenteur des douaniers français à classer les bagages dans les gares d'arrivée, Boisjoli et M. Pinson rendirent la pareille à l'incurie des compagnies anglaises, qui, depuis, ont fini par adopter le système français.

Bien que la nuit ne leur permît de rien voir, les deux ingénieurs étaient trop expérimentés pour ne point juger de la voie sur laquelle ils couraient par les légers soubresauts qu'ils ressentaient.

« Hein! qu'en dis-tu? demandait de temps à autre M. Pinson à son ami.

— Manque de niveau par-ci par-là.

— Et cette vitesse?

— Remarquable, en vérité.

— Voilà ce qui prouve que le contrôle de l'État, auquel nous tenons tant en France, n'est point indispensable pour bien faire.

— Vive ce contrôle néanmoins! s'écria M. Pinson; il nous fait voyager sûrement, doucement et rapidement. »

Deux heures plus tard, les voyageurs débarquaient à Londres, où régnait une grève générale de cochers. Assez embarrassés de leurs personnes, les deux Français sortirent de la gare, et, apercevant une enseigne qui représentait un magnifique lion rouge au-dessous duquel se lisait, en grosses lettres :

ICI ON PARLE FRANÇAIS.

Ce fut de ce côté qu'ils se dirigèrent aussitôt.

CHAPITRE III

L'HOTEL DU LION ROUGE

Les deux amis, un moment fort inquiets, pénétrèrent joyeux dans l'hôtel dont l'avis en lettres majuscules : « Ici on parle français », les avait tout d'abord séduits.

« Depuis notre départ de Calais, dit M. Pinson, j'ai déjà songé vingt fois à troquer ce que j'ai autrefois appris de grec et de latin pour quelques douzaines de phrases anglaises. Nous devons avoir l'air de niais, mon pauvre Boisjoli, en écoutant siffler à nos oreilles le noble idiome de Shakespeare, dont nous ne comprenons pas un traître mot. En vérité, quand je pense que tu vas désormais t'exprimer dans cette langue, je m'attendris doublement sur ton sort.

— Depuis quinze jours, dit Boisjoli, je travaille l'anglais sans relâche; je sais déjà bon nombre de petites locutions; seulement, jusqu'à cette heure, je n'ai pas trouvé l'occasion de les placer. »

Un gros homme au ventre proéminent, aux favoris roux, au menton strictement rasé, s'avança d'un air avenant vers les voyageurs et leur demanda leurs ordres en anglais.

« Nous voulons souper, coucher, dit Boisjoli; nous sommes Français et nous ne savons que très peu l'anglais. »

L'hôtelier répondit par une phrase courtoise, à en juger par le salut dont il l'accompagna.

« Plaît-il? » fit Boisjoli.

L'hôte parla de nouveau sans être mieux compris.

« Nous Français, nous pas parler anglais, » dit M. Pinson.

L'hôtelier salua encore; puis élevant la voix comme s'il s'adressait à des sourds, il dit en scandant les mots :

« *Pray, give your orders, gentlemen.*

— Nous Français! cria M. Pinson de toute la force de ses poumons.

— Nous faim, nous vouloir manger, dit Boisjoli.

— Et faire dodo, » ajouta son ami, qui, par une pantomime expressive, appuya sa tête sur sa main et ferma les yeux.

L'hôte crut que M. Pinson souffrait des dents et lui conseilla de se gargariser avec du genièvre. Chacun des interlocuteurs, dans l'espoir de se faire mieux comprendre, élevait de plus en plus la voix. Les quiproquos se fussent succédé longtemps si un consommateur qui dégustait un verre de whisky, eau-de-vie d'orge très en honneur en Angleterre, ne se fût approché pour demander aux deux amis ce qu'ils désiraient.

« Nous sommes entrés ici sur la foi de l'enseigne, répondit

Boisjoli, car, pour notre malheur, ni moi ni mon ami ne savons l'anglais; nous voulons souper et nous coucher.

— Le garçon qui parle français est absent ce soir, messieurs, répliqua l'obligeant interprète après une courte conversation avec l'hôtelier; mais je viens d'expliquer vos désirs au maître du *Lion rouge*, et vous allez être servis à souhait.

M. Pinson et son ami furent alors conduits dans une chambre où se trouvaient deux lits étroits. Une demi heure plus tard, servis par une jeune bonne irlandaise aux traits fins et avenants, ils se régalaient de jambon et s'abreuvaient d'ale, faute de mieux. Vers minuit, après avoir déploré l'étroitesse des lits, la dureté des matelas et l'absence totale d'oreillers, ils s'endormirent enfin.

Il faisait grand jour lorsque M. Pinson ouvrit les yeux; il regarda autour de lui avec surprise.

« C'est vrai, dit-il, je ne suis plus rue Nollet; je ne suis même plus en France, mais dans la capitale de l'Angleterre. Il y a la mer entre moi et les Batignolles, la mer! En vérité, il faut toute mon amitié pour le brave garçon qui dort là, — et M. Pinson regardait le lit occupé par son ami, — pour que je ne regagne pas sur l'heure mon beau Paris, où les restaurateurs, s'ils parlent mal le français, le comprennent admirablement. »

Boisjoli s'éveilla; les deux amis regardèrent alors de compagnie par une des fenêtres de leur appartement, fenêtre à châssis ou à guillotine, dont le dangereux usage, passé de mode en France, est encore en honneur dans la métropole de l'Angleterre. En somme, sauf la teinte plus noire des maisons et l'étrangeté des cris qui montaient de la rue, nos voyageurs pouvaient croire qu'ils n'avaient pas quitté Paris. M. Pinson sonna, la servante irlandaise parut.

« Le garçon qui parle français est-il là? » demanda l'ingénieur.

La servante salua d'une façon affirmative et sortit. Trois minutes plus tard, elle reparaissait avec une bouillote pleine d'eau chaude.

« Voilà qui est bien, dit M. Pinson, mais envoyez-nous le garçon qui parle français, le... garçon... qui... parle... français.

— *Yes, sir.* »

La petite servante s'éloigna de nouveau. Pendant son absence, M. Pinson et son ami, mettant à profit l'eau qu'elle avait apportée, se rasèrent et procédèrent à leur toilette. Vers dix heures, ne voyant personne se montrer, ils descendirent dans la salle à manger et se trouvèrent en présence d'une demi-douzaine d'Anglais occupés à casser des œufs dans des verres.

L'hôte s'approcha.

« Le garçon français? » demanda M. Pinson.

L'hôtelier sourit agréablement et tira de la poche de son gilet un petit papier qu'il présenta aux deux amis. Sur ce papier était écrit : « Le garçon français ne doit rentrer que dans l'après-midi ; que ces messieurs veuillent bien excuser l'hôte et patienter. »

« Patientons, dit Boisjoli, qui se mit à rire.

— Et déjeunons, » répondit M. Pinson.

A peine les deux amis étaient-ils assis que, sans attendre leurs ordres, la petite servante plaçait devant eux un plateau sur lequel reposait une théière, quatre œufs et autant de mouillettes de pain enduites de beurre.

« La carte! dit M. Pinson.

— La carte! répéta plus haut Boisjoli.

— La carte! » répéta tant bien que mal la petite servante.

Puis elle secoua la tête de droite à gauche et de gauche à droite en signe de négation.

Qu'avait-elle compris? C'est un mystère que le temps lui-même n'expliquera jamais.

« Nous sommes naïfs, dit M. Pinson, la carte doit être en anglais et je ne sais trop à quoi elle nous servirait. Voyons, Boisjoli, parmi les phrases que tu as étudiées, s'en trouve-t-il une dont on puisse faire usage à l'heure du déjeuner?

— Je puis, dit Boisjoli, demander une soupe à la tortue, du *plum-pudding*, un lapin.

— Avec la meilleure volonté du monde, reprit M. Pinson, nous ne pouvons déjeuner avec de la soupe et du *plum-pudding*; garde donc ton anglais, il pourra nous servir à l'heure du dîner. Charles-Quint avait raison, Boisjoli, on est autant de fois homme qu'on parle de langues étrangères, et je comprends maintenant notre infériorité en face de MM. les Allemands et les Anglais. Si j'ai jamais des enfants, ils sauront l'anglais, dussé-je leur tirer cent fois les oreilles pour les forcer à l'apprendre.

— Si nous demandions un beefsteak? dit Boisjoli.

— Voilà qui est pensé, s'écria M. Pinson, le mot beefsteak est anglais, et cette fois nous serons compris. »

Il fit aussitôt signe à la petite servante d'approcher.

« Beefsteak, lui cria-t-il, beefsteak aux pommes! comprenez-vous?

L'Irlandaise sourit; elle avait compris. Elle avait si bien compris qu'au bout de cinq minutes, elle déposait devant les deux amis une large tranche de bœuf et des pommes de terre cuites à l'eau.

M. Pinson et son ami étaient trop sages pour récriminer. La viande qu'on leur offrait étant appétissante, ils déjeunèrent en somme copieusement, sans se méfier de la bière qu'on leur offrait, bière aussi capiteuse que les meilleurs vins. Ils se levèrent de table, surpris de se sentir en belle humeur, et, vers midi, ils se lancèrent au hasard dans la grande ville qu'ils avaient hâte de visiter.

Le contraste qui existe entre Londres et Paris ne tarda pas à les frapper. Si Londres est plus vaste, Paris est plus beau, plus clair, mieux aéré. Londres est une immense cité ouvrière, Paris un élégant château de plaisance. Londres forge, remue des ballots, du fer, du charbon; Paris des plumes, des étoffes, des fleurs. On ne saurait voir deux villes plus rapprochées par la distance, plus dissemblables par l'aspect et les coutumes. Les deux ingénieurs critiquèrent un peu, admirèrent beaucoup, et marchèrent toute la journée. Vers six heures du soir, ils se trouvèrent devant un restaurant français dont les garçons étaient à leur poste, et ils purent dîner à leur goût. A huit heures, ils entraient dans un théâtre où l'on jouait une pièce de Shakespeare. Mais, fatigués de leur journée de marche, ne comprenant rien de ce que disaient les acteurs, ils sommeillèrent une partie de la soirée dans leurs stalles et ne se réveillèrent qu'à l'heure où le spectacle finissait.

Aussitôt dans la rue, M. Pinson prit le bras de Boisjoli et l'interrogea sur ce qu'ils venaient de voir et d'entendre. Les deux amis marchèrent avec confiance, tournant ici, traversant là, suivant d'interminables voies, discutant toujours. A mesure qu'ils s'éloignaient du théâtre, les rues devenaient désertes, silencieuses. C'est que Londres, le rude ouvrier, ne veille pas comme Paris la coquette; il ferme ses magasins de bonne heure et se repose.

Le passant paraissait inquiet. (Page 20.)

« Sommes-nous bientôt arrivés? demanda tout à coup M. Pinson à son ami.

— J'allais précisément, répondit Boisjoli, t'adresser la même question.

— Tu ne sais pas où tu es?

— Comment le saurais-je? Je suis depuis hier à Londres, où je n'ai jamais mis les pieds.

— Alors, où me conduis-tu?

— C'est la question que j'ai voulu t'adresser vingt fois; mais tu marchais avec une telle assurance que je te croyais sûr de la route.

— Je me laissais conduire. »

Les deux ingénieurs s'étaient arrêtés.

« En vérité, dit M. Pinson, l'air de l'Angleterre fait de nous des sots.

— C'est-à-dire, répondit son ami, que l'habitude de n'avoir point à nous préoccuper de la route que nous avons à suivre nous a trompés.

— Où sommes-nous ?

— A Londres.

— Dans quel quartier?

— Cela ne nous avancerait pas à grand'chose de le savoir, dit Boisjoli; ce qui nous importe, c'est de retrouver notre hôtel.

— Sais-tu à peu près dans quelle direction il est situé?

— Je ne sais qu'une chose, c'est qu'il est près de la gare.

— Et cette gare, comment la nomme-t-on?

— Oui, comment la nomme-t-on? répéta Boisjoli. Demandons notre route.

— A qui? dit M. Pinson, en montrant la rue déserte. Puis demander quoi? il doit y avoir plus d'une gare à Londres; puis encore, si *rail, wagon, express* sont des mots anglais, gare est français.

— C'est vrai, » reprit Boisjoli.

M. Pinson regarda sa montre.

« Minuit et demi, dit-il; d'ordinaire, à pareille heure, je suis couché, je dors. »

Un pas lointain se fit entendre, les deux ingénieurs se tinrent cois. Le promeneur attardé approchait; aussitôt qu'il fut près d'eux, M. Pinson et son ami, retirant leurs chapeaux, se placèrent devant lui :

« Pardon, monsieur, dit Boisjoli, ne pourriez-vous nous indiquer...? »

Le passant doubla le pas.

« Monsieur! » dit à son tour M. Pinson.

Le passant paraissait inquiet, il regardait autour de lui. Soudain, il fouilla dans sa poche, en tira quelques sous, les jeta aux deux amis stupéfaits, et s'éloigna d'un pas plus rapide.

« Il nous prend pour des mendiants, dit Boisjoli. Monsieur ! » cria-t-il en se lançant à la poursuite du passant.

Celui-ci, déjà loin, se mit à courir et, répétant deux ou trois fois : *Stop thief! stop thief!* (Au voleur!) il se perdit bientôt dans l'éloignement.

« Prodigieux! s'écria M. Pinson. Ce brave Londonnais ou Londonnien, après nous avoir considérés comme des mendiants, nous prend maintenant pour des voleurs, c'est évident. Si un policeman eût passé, vois-tu d'ici notre position? Comment expliquer notre détresse et demander notre route? Le soir même de mon retour à Paris, ajouta M. Pinson, je me mets en quête d'un professeur d'anglais et je ne le lâche qu'après avoir appris sa langue.

— En attendant, marchons, dit Boisjoli.

— De quel côté?

— Au hasard, jusqu'à ce que nous rencontrions un poste de police ou n'importe qui.

— Et tu trouves cela drôle, toi, de m'avoir arraché à ma rue Nollet pour venir me perdre, à minuit passé, dans une ville trois fois plus étendue que Paris et dont tu ne sais pas la langue!

— Trois millions d'hommes dorment autour de nous, Pinson; ils se réveilleront tôt ou tard et il s'en trouvera bien un qui nous aidera à sortir d'embarras.

— C'est-à-dire que tu me proposes de coucher dans la rue.

— Non; cependant, si tu es fatigué, nous pouvons nous asseoir sur le bord du trottoir.

— En vérité, dit M. Pinson, ton calme m'exaspère.

— Ne nous fâchons ni contre les choses, ni contre les événements, dit Boisjoli; cela ne leur fait rien du tout.

— Marchons, dit M. Pinson, je suis incapable de rester en place.

— Je te préviens que nous allons consciencieusement tourner le dos à notre hôtel, dit Boisjoli; en pareille aventure, on n'agit jamais autrement... Ah! écoute. »

Un pas lointain retentissait en avant des deux amis; ils marchèrent à la rencontre du promeneur attardé, se demandant de quelle façon ils l'aborderaient pour ne pas l'effrayer. Bientôt ils virent un enfant d'une douzaine d'années qui, en les apercevant, traversa rapidement la rue pour gagner le trottoir opposé à celui qu'ils occupaient. L'enfant se mit alors à fredonner :

> C'est la mèr' Michel qu'a perdu son chat ;
> Ell' cri' par la fenêtre...

« Petit! » crièrent à la fois les deux ingénieurs avec ravissement.

L'enfant se tut, s'arrêta, puis, faisant le geste d'un soldat qui croise la baïonnette, il s'écria :

« Qui vive? »

CHAPITRE IV

VIF-ARGENT

Le *qui vive* articulé en français par le jeune garçon résonna d'une façon délicieuse aux oreilles des deux ingénieurs.

« Ami! s'empressa de répondre M. Pinson, qui se dirigea vers l'enfant.

— N'approchez pas, dit celui-ci, ou je joue des jambes ; il est minuit passé, messeigneurs, et, bien que ma bourse soit un peu plate, je ne tiens pas à vous en faire cadeau. Qui êtes-vous, et que voulez-vous?

— Te demander notre chemin, mon ami, dit M. Pinson! nous sommes perdus.

— Perdus! s'écria le jeune garçon, perdus dans Londres! Je ne gobe par ces bourdes-là, moi. Au revoir!

— Arrête, cria l'ingénieur, nous sommes d'honnêtes gens et je t'ai dit la vérité. Causons à distance, si tu veux, mais ne nous abandonne pas. »

L'enfant s'arrêta.

« Vous avez des langues, dit-il ; comment avez-vous attendu que je passe pour me demander votre route?

— Nous sommes à Londres depuis hier, et ni moi ni mon ami ne parlons anglais. Nous venons de nous adresser à un passant qui, faute de nous comprendre, nous a pris pour des mendiants, puis pour des voleurs.

— La bonne farce! s'écria l'enfant pris d'un fou rire; la bonne farce! »

Et, à la grande stupéfaction des deux ingénieurs, il exécuta, avec l'agilité d'un Auriol, une de ces culbutes aériennes nommées « saut périlleux ».

« Voyons, dit-il en se rapprochant un peu de M. Pinson, où demeurez-vous?

— Aux Batignolles, rue Nollet, répondit l'ingénieur.

— C'est un peu loin, dit l'enfant qui recula, et je n'ai pas le temps de vous y conduire. Vous voulez me faire poser; mais ça ne mord pas, mon bonhomme. Bonsoir!

— Sot que je suis! murmura M. Pinson. Arrête, petit, cria-t-il en élevant la voix, je ne plaisante pas, et il y a cent sous à gagner.

— Pour vous conduire aux Batignolles?

— Non, pour nous conduire à l'hôtel où nous sommes descendus en arrivant à Londres.

— Comment se nomme-t-il cet hôtel?

— Le *Lion rouge*.

— Il y a, reprit l'enfant, cent hôtels à Londres qui arborent cette enseigne. Dans quelle rue niche le vôtre?

— Dans quelle rue? répéta M. Pinson qui regarda Boisjoli.

— Écoute, petit, dit celui-ci, faute de savoir prononcer l'anglais, nous ignorons le nom de la rue où se trouve notre hôtel. Ce que nous savons, c'est qu'il est situé sur une place près de la gare.

— Quelle gare? Londres en possède une douzaine.

— Celle par laquelle on arrive de Paris.

— J'y suis. *London-Bridge station;* vous en êtes à une demi-lieue, pas davantage; elle n'est pas sur ma route; mais si vous donnez véritablement les cent sous que vous avez offerts...

— Les voilà, s'écrièrent les deux ingénieurs qui mirent à la fois la main à la poche pour tendre au jeune garçon une pièce d'argent.

— Hum! fit celui-ci, vous êtes d'honnêtes gens, je le veux bien ; mais vous êtes deux, et je ne tiens pas à vous voir mettre le grappin sur moi. Jetez l'oiseau de mon côté, que je juge de sa voix. »

M. Pinson lança une demi-couronne aux pieds du gamin.

« Cette noble pièce, dit celui-ci après l'avoir examinée, vaut deux francs cinquante et non cinq francs.

— Nous compléterons la somme aussitôt que nous serons à notre hôtel.

— Tiens! pas si jobards, les Parisiens, dit le jeune acrobate en exécutant un nouveau saut périlleux. En route! » ajouta-t-il.

Le jeune garçon partit d'un pas accéléré. Il marcha d'abord au milieu de la rue, sur la même ligne que les deux ingénieurs, les surveillant du coin de l'œil. Il était vêtu d'une veste de drap trop étroite, d'un pantalon trop court, et coiffé d'une petite casquette ronde. Il avait la bouche fine, les yeux noirs et vifs, des cheveux naturellement bouclés. Il y avait dans toute la petite personne de l'enfant quelque chose d'élégant, d'alerte, de déterminé qui frappa les deux amis.

« Tu es Français? lui demanda M. Pinson.

— Oui, monsieur ; je suis né à Paris.

— Il y a longtemps que tu habites Londres ?

— Trois ans.

— Tu es en apprentissage?

— Pas précisément; je travaille un peu à tout; en attendant que je sois grand.

— Que font tes parents?

— Je n'en ai plus, monsieur: je n'ai pas connu ma mère, et mon père est mort six mois après notre arrivée à Londres.

— Pauvre petit! dirent à la fois les deux ingénieurs d'un ton si attendri, que le jeune garçon, perdant en partie sa méfiance, se rapprocha d'eux.

— Comment te nommes-tu? lui demanda Boisjoli après un moment de silence.

— *Quick-Silver.*

— Ce n'est pas un nom français, dit M. Pinson.

— Non, c'est un surnom. Ils ne remuent pas beaucoup, les

Anglais; le calme, c'est leur fort; moi, mon fort, c'est le mouvement; aussi m'ont-ils baptisé du nom de *Quick-Silver*, ce qui signifie Vif-Argent.

— Mais ton nom de baptême, ton nom de famille?

— Victor Brigaut, à ce que prétend la mère Pitch.

— Une de tes parentes?

— Non; en fait de parents, je dois posséder un oncle à Bordeaux, mais je ne connais pas son adresse. La mère Pitch est la veuve d'un matelot, une brave femme qui, lors de la mort de mon père, m'emmena dans sa chambre située au-dessus de la nôtre, afin de ne pas me laisser sur le pavé.

— Elle s'est chargée de toi?

— Pas tout à fait, monsieur, car elle n'est pas riche. Elle m'a conduit chez elle, pour essayer de me consoler, et, pendant huit jours, elle m'a fourni à boire et à manger, plus un matelas pour me coucher. Au bout de ce temps, j'étais un peu moins triste de ne plus voir mon père, c'est-à-dire que je pouvais penser à lui sans pleurer. Un soir, tout en soupant, la mère Pitch me fit comprendre sa position et la mienne. Elle était pauvre, très pauvre; de mon côté, j'étais désormais sans appui, sans ressources; je devais travailler, gagner ma vie. « Tu coucheras toujours ici, me dit-elle; les jours difficiles, je partagerai avec toi mes pommes de terre et mon pot d'ale. » Elle l'a fait, monsieur.

— Tu lui donnes l'argent que tu gagnes?

— Non; je lui rembourse les dépenses que je lui occasionne, rien de plus. Quand il m'arrive une bonne aubaine, je lui achète une jupe, des mitaines, de la charcuterie, son régal, et je fais remplir son pot de bière jusqu'au bord. Quand la mauvaise chance me poursuit, je suis toujours sûr, en rentrant, de trouver mon assiette près de la sienne et une petite tape d'encouragement.

— Et quel métier exerce cette brave femme?

— Elle carde les matelas; seulement, elle est si âgée qu'elle ne gagne pas beaucoup.

— N'as-tu jamais cherché à retrouver les parents que tu as en France?

— Je sais qu'ils demeurent à Bordeaux, voilà tout.

— Sont-ils riches ou pauvres?

— Riches, monsieur, comme l'a été mon père, car je me souviens qu'il y avait dans notre maison de Paris des bonnes, des domestiques, un cocher. Mon père, ruiné par je ne sais quelle cause, m'emmena en Angleterre. Il parlait de refaire sa fortune, la mort l'a emporté.

— Tu sais lire?

— Et même écrire et compter.

— Comment gagnes-tu ta vie? demanda à son tour Boisjoli.

— Je fais les commissions, j'aide à décharger les navires; parfois, comme ce soir, je travaille chez Astley en qualité de figurant.

— Qui est Astley?

— Le Franconi de Londres.

— Tu es acrobate? dirent à la fois les deux ingénieurs en se souvenant du saut périlleux exécuté par le petit garçon.

— Pas encore, répondit celui-ci, mais je me forme. Je commence à savoir me tenir debout sur un cheval, et, pour les culbutes, j'enfonce tous mes camarades.

— Tu es honnête? demanda Boisjoli.

— Oui, monsieur, répondit l'enfant qui regarda son interlocuteur bien en face. Quinze jours après la mort de mon père, je travaillais à trier du charbon avec des garçons de mon âge; un d'eux devint mon camarade. Il avait souvent de l'argent, j'en étais surpris. Il m'apprit qu'il volait aux étalalages, voulut me montrer ce qu'il appelait son métier; mais ça ne m'allait pas. J'en parlai à la mère Pitch; elle me fit comprendre qu'il vaut mieux jeûner que voler, et, au nom de mon père, exigea de moi la promesse de résister aux mauvais conseils, de rester toujours un honnête garçon. J'ai promis, monsieur, et la mère Pitch, avec laquelle je cause chaque soir avant de me coucher, m'a si bien appris de quel côté se trouve le bien et le mal, que je ne puis plus me tromper. »

L'histoire du petit Vif-Argent intéressait si fort les deux ingénieurs qu'ils oublièrent leur situation et la longueur de la route; aussi furent-ils tout surpris lorsque l'enfant leur dit :

« Nous voici à London-Bridge station; tâchez maintenant de vous reconnaître. »

Il y a une telle différence d'aspect entre le mouvement qui anime

« Voilà, messieurs, voilà ! » (Page 29.)

les rues d'une grande ville pendant le jour, et le calme qui les envahit, alors que les boutiques sont fermées, que ni M. Pinson ni M. Boisjoli ne pouvaient s'orienter. Vif-Argent, avec patience et sagacité, les conduisit près de la porte par laquelle ils avaient dû sortir de la gare, et, peu à peu, les amena près de leur hôtel, qu'ils reconnurent enfin. Au coup de marteau retentissant frappé par l'enfant, l'hôte lui-même accourut. Vif-Argent, en quelques mots, lui raconta l'aventure des deux ingénieurs, ce qui le fit beaucoup rire.

« Demande-lui si le garçon qui parle français est enfin entré? » dit M. Pinson.

Vif-Argent, après une assez longue conversation avec l'hôte, avisa de sa part les deux amis que le garçon français serait à leur disposition le lendemain matin. Puis, avant qu'ils eussent eu le temps de lui payer la somme qu'ils lui avaient promise, l'enfant leur cria bonsoir et partit en courant.

« Ouf! fit Boisjoli en se laissant tomber dans un des fauteuils de sa chambre, que penses-tu de cette journée d'aventures, Pinson?

— Je pense, répondit l'ingénieur, que nous avons l'air de véritables héros de vaudeville, et que tout ce qui m'arrive depuis ma sortie de la rue Nollet me semble aussi incroyable que prodigieux.

— On gagne toujours à voyager, dit Boisjoli; je te l'ai souvent répété.

— On gagne des courbatures, j'en conviens, répliqua M. Pinson; aussi vais-je dormir comme un sourd. »

Cependant, au lieu de se coucher, M. Pinson regarda machinalement son ami se déshabiller.

« A quoi songes-tu, Pinson? demanda celui-ci.

— Au petit diable à qui nous devons de reposer ce soir ou plutôt ce matin dans notre lit; il m'a intéressé, ce bambin. Quelle vivacité! quel franc regard! je suis désolé qu'il soit parti si vite.

— Pourquoi?

— J'aurais voulu l'interroger encore; il me semble, Boisjoli, qu'il y a là un devoir à remplir. Cet enfant, perdu dans cette grande ville, est notre compatriote, notre pays, puisqu'il est Parisien. Il a des parents à l'aise, d'après son récit, et je crois qu'il serait bon de l'aider à les retrouver. En somme, il vit dans la misère. A la longue, les tentations, les mauvais exemples peuvent effacer de son esprit les bons conseils que lui donne la brave cardeuse de matelas. C'est une intelligence qui se noie ou peut se noyer, tendons-lui la perche.

— Bravo, Pinson! voilà une tâche digne de toi. A ton retour de Liverpool, si la police anglaise est aussi bien faite qu'on le dit chez nous, il te sera facile de retrouver le petit Victor Brigaut; il paraît si intelligent qu'il ne manquera pas de te donner assez de renseignements pour que tu puisses le rendre à sa famille.

— Je le ferai, Boisjoli, et je le ferai en ton nom ; cette bonne action te portera bonheur dans tes travaux et dans tes entreprises.

— Merci ! » dit Boisjoli qui serra la main de son ami.

M. Pinson, en dépit de la fatigue qu'il ressentait, eut quelque peine à s'endormir. Il voyait le petit Vif-Argent exécuter ses culbutes aériennes, il l'entendait, de sa voix douce et sympathique, raconter de nouveau sa triste histoire.

« Pauvre enfant, murmura-t-il à plusieurs reprises, Dieu fasse que je le retrouve ! »

Le jour brillait quand M. Pinson se réveilla. Boisjoli, déjà debout, s'habillait sans bruit.

« Est-ce un vrai rayon de soleil qui traverse notre fenêtre ? demanda l'ingénieur en se frottant les yeux.

— Un vrai, répondit Boisjoli, je viens de le vérifier. De même que toi, et sur la foi des voyageurs de notre nation, j'ai un moment douté de la réalité. En voyant paraître ce rayon, j'ai cru à un produit de l'industrie anglaise. Mais non, le disque rouge qui brille là-haut est bien le soleil en personne.

— As-tu déjà sonné ?

— Pas encore.

— Tu n'es pas curieux, Boisjoli.

— Que veux-tu dire ?

— Qu'un de mes désirs les plus vifs est de faire la connaissance de ce fameux garçon français que nous attendons depuis quarante-huit heures.

— Tu soupçonnes, comme moi...

— Sonnons, ne faisons pas de conjectures. »

Boisjoli sonna ; un pas léger se fit entendre dans le corridor.

« La petite servante ! dit Pinson, je l'aurais parié.

— Et tu aurais perdu ! » s'écria Boijoli.

La porte venait de s'ouvrir, et Vif-Argent, exécutant son fameux saut périlleux, tombait au milieu de la chambre en disant :

« Voilà, messieurs, voilà ! »

CHAPITRE V

A LONDRES

Vif-Argent, vêtu d'une veste neuve, d'une chemise blanche, d'un pantalon irréprochable du côté de la longueur, et coiffé d'un chapeau rond, avait tout à fait bon air; sous son simple accoutrement il parut encore plus intéressant que la veille aux deux amis.

« Bravo! s'écria M. Pinson en le voyant paraître; mais comment te trouves-tu ici, petit? as-tu donc pris du service dans cet hôtel?

— Oui, monsieur, depuis hier. Le garçon qui d'ordinaire sert de cornac aux étrangers...

— De cornac! s'écria Boisjoli.

— De guide, reprit Vif-Argent avec vivacité. Or, il paraît que ce garçon est... enrhumé; si vous y consentez, je vais momentanément tenir sa place.

— Je commence à me convaincre, dit M. Pinson, que ce garçon n'a jamais existé?

— Ça, c'est l'affaire de l'hôtelier, répondit Vif-Argent, qui cligna de l'œil. Voyons, messieurs, que désirez-vous? Vous avez sonné, et l'on m'a dit de venir me mettre à vos ordres.

— Nous voulons d'abord te payer notre dette d'hier, petit, car tu es parti sans nous donner le temps de l'acquitter.

— Il était tard, la mère Pitch devait être inquiète, et je savais où vous retrouver.

— Alors tu es à notre service, à notre service particulier.

— Pour toute la journée.

— Tu connais bien Londres?

— Ce n'est pas difficile.

— Je ne suis pas de ton avis. Une ville peuplée de deux millions quatre cent mille habitants, composée de sept quartiers, et dans laquelle on parle une langue... Mais laissons cela. Tu sais ce qu'il y a de curieux à visiter ici pour des étrangers.

— Pour cela, oui; il y a d'abord le *Zoological Garden*.

— Parle français, mon ami ; c'est de rigueur avec nous, dit Boisjoli.

— Le *Zoological Garden,* reprit Vif-Argent, est le Jardin des Plantes de Londres ; il y a là des bêtes de toutes les parties du monde, des bêtes vivantes.

— Bon. Après?

— Il y a l'église Saint-Paul qui est l'église Notre-Dame de Londres.

— Bon encore. Après?

— Il y a le Colosseum, le Palais de Cristal, le Musée Britannique, Westminster, la Chambre des Communes, celle des Lords, la Galerie Royale, l'Observatoire de Greenwich, la Colonne de Nelson, la Tour... le...

— Assez, dit M. Pinson ; nous avons quarante-huit heures à dépenser, rien de plus ; tu vas nous conduire à Saint-Paul, puis nous verrons.

— La plus belle chose de Londres, dit Vif-Argent, c'est le Jardin Zoologique.

— Tu l'as visité?

— Oh ! non, l'entrée coûte trop cher. »

Les deux ingénieurs, une fois habillés, descendirent dans la salle à manger, où l'hôte vint les saluer d'un air radieux. Le brave homme se montra si empressé, si aimable, et la petite servante irlandaise si souriante, que ni M. Pinson ni Boisjoli ne songèrent à se plaindre.

« Fais-nous servir, dit ce dernier à Vif-Argent, un beefsteak et des pommes de terre frites.

— Ce plat-là n'appartient pas à la cuisine anglaise, répondit Vif-Argent ; si vous voulez manger un beefsteak aux pommes, je vous conduirai dans un restaurant français.

— Plaisantes-tu? s'écria M. Pinson.

— Non, monsieur ; c'est comme les petits pois à l'anglaise, on les mange ici sans beurre et avec de la menthe comme assaisonnement. Mon pauvre père y a été pris le jour de notre arrivée, et je me souviens encore de sa surprise.

— Prodigieux! dit M. Pinson. Que t'en semble, Boisjoli? Les beefsteaks aux pommes inconnus à Londres, en Angleterre!

— Les voyages sont une grande école, répondit celui-ci ; ils nous instruisent et nous débarrassent de nos préjugés.

— Et de nos illusions, Boisjoli. Voyons, petit, fais-nous servir quelque chose de bon et partons. »

Les deux ingénieurs, après s'être consultés, firent asseoir Vif-Argent à leur table, et l'enfant en fut tout ravi. On mangea des huîtres, qui, à la grande stupéfaction des deux amis, leur furent servies sur la coquille plate. Ils demandèrent une salade, et l'huilier, composé de deux flacons de taille si exiguë que l'un contenait à peine une cuillerée d'huile, et l'autre une cuillerée de vinaigre, les égaya beaucoup. Quant au pain, on le leur apportait par bouchées, ce qui les obligeait à en redemander sans cesse. Vif-Argent se bourrait de pommes de terre et de beurre, et buvait avec délice du thé non sucré. Enfin on partit pour Saint-Paul, que les ingénieurs tenaient à visiter.

En route, Boisjoli voulut acheter un couteau et plusieurs de ces objets de toilette pour lesquels l'Angleterre est renommée.

Vif-Argent le conduisit dans un bazar admirablement approvisionné. En entrant, M. Pinson et son ami saluèrent en retirant leurs chapeaux.

« Couvrez-vous, leur dit Vif-argent, ou l'on va vous prendre pour des domestiques.

— Comment cela ?

— Ce n'est pas la coutume, en Angleterre, de retirer son chapeau pour dire bonjour ; je voulais déjà vous en aviser ce matin en vous voyant vous découvrir pour saluer l'hôte.

— Prodigieux ! murmura M. Pinson.

— Parbleu, dit Boisjoli, voilà pourquoi le Londonnais que nous avons si courtoisement abordé hier nous a pris pour des mendiants. »

Les deux amis eurent beaucoup à regarder dans le bazar ; si le côté élégant, gracieux des petits instruments nécessaires à l'homme civilisé est sacrifié en Angleterre, en revanche, le côté utile, pratique est singulièrement perfectionné. Boisjoli, ayant choisi un magnifique couteau des fabriques de Sheffield, les plus célèbres de la Grande-Bretagne, et trouvant le prix de vingt-trois francs qu'on lui demandait un peu élevé, en fit offrir vingt. Le marchand, sans répondre un seul mot, replaça le couteau dans la vitrine et se rassit.

« Eh bien! que signifie cela? demandèrent à la fois les ingénieurs.

— Le bonhomme est vexé de votre offre, dit Vif-Argent; il vous tourne le dos parce que vous avez l'air de supposer qu'il a voulu vous tromper.

— En vérité, dit M. Pinson, la bonne foi est-elle si grande parmi les marchands de Londres qu'il faille les croire sur parole?

— Mais oui, monsieur, à peu d'exceptions près.

— Eh bien, ne fût-ce qu'au point de vue de l'économie du temps, dit M. Pinson, je voudrais voir cette coutume s'établir en France. »

Tandis que les deux amis passaient en revue les étagères du magasin dans lequel ils se trouvaient, Vif-Argent contemplait avec une admiration visible une rangée de bassinoires. A la fin il s'informa du prix d'un de ces ustensiles, et fit une grimace lorsqu'il entendit résonner le chiffre de douze francs.

« Qu'a donc une bassinoire de si tentant pour toi? lui demanda M. Pinson.

— Rien; une idée qui m'a passé par la tête.

— Quelle idée, petit?

— La mère Pitch, monsieur, a des rhumatismes, et elle parle sans cesse de la bassinoire qu'elle s'achètera lorsqu'elle sera riche. Or, j'avais cru qu'en joignant aux cinq francs que vous m'avez donnés les deux shillings que m'a promis l'hôtelier... mais je n'y pense plus. »

M. Pinson et Boisjoli échangèrent un regard.

« Donne l'ordre de porter cette bassinoire chez Mme Pitch, dit ce dernier; nous t'en faisons cadeau. »

Il fallut répéter cet avis à Vif-Argent avant qu'il en tînt compte. Lorsque la bassinoire fut enveloppée, l'adresse inscrite, et que M. Pinson l'eut payée, Vif-Argent, à la grande surprise du marchand, de ses garçons et des acheteurs qui se trouvaient là, exécuta un formidable saut périlleux. Il pressa ensuite à l'anglaise, c'est-à-dire en les secouant avec énergie, les mains des deux amis.

— Bon! bon! dirent ceux-ci; seulement pas de culbutes en public, petit, tu nous ferais prendre pour des saltimbanques. Partons, et conduis-nous sur les quais, que nous puissions voir un peu la Tamise.

— Sur les quais? répéta Vif-Argent, mais la Tamise n'a point de quais[1].

— Est-elle partout encaissée entre des maisons comme nous l'avons vue du pont que nous venons de traverser?

— Exactement, monsieur.

— Eh bien, ses eaux ont beau se cacher sous une multitude de barques, de steamboats et de navires, elles me paraissent encore plus noires que tout-à-l'heure. Un fleuve sans quais! qu'en dis-tu, Boisjoli?

— Si la Tamise possédait des quais, mon ami, Paris aurait sur Londres une supériorité de moins.

— Patriotiquement dit. A Saint-Paul, petit. »

Une demi-heure plus tard, on arrivait en face du célèbre temple qui, de même que le Panthéon de Paris, est une réduction du fameux Saint-Pierre de Rome.

Construite en pierres de Portland, petite île qui ferme la rade de Weymouth, l'église Saint-Paul est l'œuvre du chevalier Wren. Commencée en 1675, elle fut achevée trente ans plus tard, en 1710. Elle s'élève sur un tertre autrefois occupé par un temple dédié à la déesse Isis, et sa fameuse coupole, haute de trois cent quarante pieds, en compte cent de diamètre intérieur. M. Pinson et son ami, tout en admirant en connaisseurs les belles proportions de l'édifice, considérèrent les deux clochers qui ornent sa façade comme indignes, par leur mauvaise ordonnance, de l'ensemble majestueux de l'œuvre de sir Cristopher Wren.

Après avoir visité la vaste nef de l'église, critiqué son manque d'élévation et l'étroitesse de ses bas-côtés, les deux ingénieurs voulurent monter sur la coupole. Pour mettre ce projet à exécution, il leur fallut encore dénouer les cordons de leurs bourses.

« Pratiques, trop pratiques, ces Anglais, répétait M. Pinson; j'espère qu'après avoir exigé un shilling pour nous permettre de pénétrer dans leur temple, puis un demi-shilling pour nous laisser monter jusqu'à la coupole, ils vont en exiger le double pour

---

1. Elle en a depuis quelques années.

Qu'a donc une bassinoire de si tentant? (Page 35.)

nous autoriser à redescendre et à sortir. Sans y mettre aucun amour-propre national, Boisjoli, tu conviendras que notre générosité, qui ouvre gratis les portes de nos monuments aux étrangers, est plus hospitalière que la contribution perpétuelle à laquelle la Grande-Bretagne soumet ses visiteurs.

Vif-Argent, après s'être longtemps diverti à interroger l'écho qui, par un phénomène d'acoustique, règne à l'intérieur du dôme de Saint-Paul, ramena les deux ingénieurs sur la grande place, et leur proposa de nouveau une visite au Jardin Zoologique.

« Allons au Musée Britannique, » dit M. Pinson.

Vif-Argent se pinça le bout de l'oreille d'un air désappointé, mais il prit les devants. On passa devant la colonne que les Anglais désignent sous le nom de Monument, colonne élevée en souvenir de l'incendie qui, en 1666, détruisit Londres presque en entier. Les ingénieurs voulurent monter jusqu'au faîte pour voir la ville à vol d'oiseau. Ils ne distinguèrent que des toits sans nombre, se perdant à demi dans une brume produite par la fumée. Son aspect noir, morne, leur fit de nouveau ranger la plus peuplée des capitales de l'Europe au nombre des villes tristes.

Une voiture de place, dont M. Pinson admira l'excellent attelage, déposa bientôt les visiteurs sur le seuil du Musée Britannique. Là encore il fallut payer, mais, si les tableaux les émerveillèrent peu, surtout en les comparant aux richesses que possède le Louvre, les deux ingénieurs ne se lassèrent pas d'admirer les bas-reliefs du Parthénon, rapportés en 1810 par lord Elgin. Le noble lord a été longtemps qualifié de barbare pour cette action, et pourtant, sans lui, l'œuvre du fameux Phidias eût été détruite, comme bien d'autres merveilles, lors du bombardement d'Athènes par les Turcs en 1827. Ce qu'il faut regretter, c'est qu'un Français n'ait pas devancé lord Elgin et doté notre pays de ces incomparables chefs-d'œuvre.

Les galeries dans lesquelles sont établies les collections d'histoire naturelle séduisirent aussi les deux ingénieurs. Ils durent reconnaître que les vastes salles qu'ils parcouraient l'emportaient de beaucoup en confortable et en richesse sur les salles étroites de notre Muséum, salles depuis longtemps indignes d'un pays comme la France, d'une capitale comme Paris. Vif-Argent goûta beaucoup plus la vue des animaux empaillés que celle des sculptures et des peintures. Devant ceux-là, il se taisait et admirait.

« Comme ce doit être beau, dit-il soudain, de voir ces oiseaux aux plumes rouges, vertes et bleues, voler dans l'air ou se poser sur les arbres! Ici, sans les moineaux qui sont tout gris, grâce à la fumée du charbon de terre, on croirait qu'il n'y a pas d'oiseaux du tout. Dites-moi, monsieur, ajouta l'enfant en s'adressant à M. Pinson, est-ce Robinson qui a rapporté ici ces bêtes?

— Non, répondit l'ingénieur, qui ne put s'empêcher de sourire; d'abord parce que Robinson est un être imaginaire, puis parce qu'il y a ici le résultat des recherches et des travaux de plusieurs centaines de savants.

— Robinson n'a pas existé? s'écria Vif-Argent.

— C'est-à-dire que Daniel de Foë, son biographe, a simplement poétisé les aventures du marin Selkirk.

— Mais Vendredi? les anthropophages? »

M. Pinson essaya de faire la part de l'imagination et de la vérité dans l'histoire de Robinson; mais Vif-Argent défendit son héros de prédilection avec énergie. Il ne connaissait guère d'autre livre que celui-là; cent fois il l'avait lu à la mère Pitch, et, pas plus que lui, la mère Pitch n'avait jamais douté de l'existence de Robinson.

« Bah! dit Boisjoli à son ami, laisse ce petit homme dans sa croyance; elle n'est point nuisible, et l'âge lui apprendra la vérité. »

Aussitôt hors du Musée Britannique, et bien qu'il fût déjà tard, Vif-Argent hasarda la proposition de se rendre au Jardin Zoologique. M. Pinson opina pour la Tour de Londres, et ce fut de ce côté que l'on se dirigea.

La Tour, dont quelques écrivains font remonter la fondation au temps de Jules César, existait déjà sous Guillaume le Conquérant. C'est une vaste forteresse qui, entourée d'un fossé profond, renfermait encore au commencement de notre siècle la prison d'État, la Monnaie, d'immenses salles d'armes, les joyaux de la couronne et une ménagerie de bêtes féroces.

Cette réunion bizarre de choses disparates est assez commune en Angleterre, le pays des contrastes piquants.

Après avoir visité les salles d'armes, conduits par des gardiens qui portent l'antique costume des gardes de Henri VIII; après avoir vu à travers une grille les joyaux de la couronne, dont la valeur est, dit-on, de deux millions de guinées, M. Pinson et son ami songèrent à dîner. Grâce à leur petit interprète, les deux amis purent manger ce qui leur plut et savoir ce qu'ils avaient à payer. Le repas terminé, il s'agissait de passer la soirée; Boisjoli et M. Pinson, faute de comprendre, s'étaient mortellement ennuyés la veille et voulaient un spectacle pour les yeux.

« Si cela ne vous contrarie pas, dit Vif-Argent, je vous conduirai chez Astley; là tout est clair; il suffit de regarder pour comprendre. Je vous établirai dans la salle, puis j'irai remplir le bout de rôle dont je suis chargé chaque soir, ce qui m'empêchera de perdre mon emploi et les dix *pence* qu'il me rapporte. »

Les deux amis acceptèrent, et, après les avoir placés, Vif-Argent les quitta. Il leur avait expliqué que, dans le cortège qui défilerait à la fin de la soirée, il représenterait le page monté sur un poney. Les deux amis admirèrent l'agilité du clown, l'adresse des écuyers, la beauté des chevaux et leur parfait dressage. Ils s'aperçurent que les Anglais, au lieu de crier *bis* lorsqu'ils voulaient faire répéter un exercice qui leur plaisait, se servaient du mot français « encore ». Vif-Argent parut d'abord dans une petite scène comique. Son accoutrement seyait à ravir à ses traits malicieux. Au défilé, l'enfant les salua; puis il vint les rejoindre à la sortie. Une heure plus tard il les abandonnait devant leur hôtel, et partait en courant pour savoir ce qu'avait dit la mère Pitch en recevant sa bassinoire.

CHAPITRE VI

LIVERPOOL

Il était dix heures lorsque M. Pinson sonna; de même que la veille, il vit apparaître Vif-Argent.

« Eh bien, petit, quoi de nouveau? lui demanda l'ingénieur.

— J'ai à vous remercier de la part de la mère Pitch, monsieur, car je lui ai dit que c'était à vous qu'elle devait la belle bassinoire dont elle est ravie. Hier au soir, elle a veillé jusqu'à mon retour afin de savoir d'où lui venait ce cadeau, et elle m'a chargé de vous dire qu'elle voudrait bien causer avec vous de mon père et de moi.

— A mon retour de Liverpool, dit M. Pinson, tu me conduiras chez elle, c'est chose entendue. Pour le moment, déjeunons et partons vite.

— Quel est l'emploi de notre journée? demanda Boisjoli.

— D'abord une visite aux docks de la compagnie des Indes.
— Après?
— Le Jardin Zoologique, dit Vif-Argent, doit être bien beau par ce temps de soleil. »

Les deux amis avaient déjà remarqué l'insistance de leur petit guide à rappeler le Jardin Zoologique; ils comprirent son désir de visiter ce lieu qu'il rêvait plein de merveilles.

« Allons aux docks, lui dit M. Pinson; tu nous conduiras ensuite où tu voudras. »

Les yeux de Vif-Argent brillèrent de plaisir, et, vers deux heures de l'après-midi, après une longue promenade dans les immenses dépôts de marchandises de la riche compagnie des Indes Orientales, compagnie dont les immenses possessions font aujourd'hui partie de la couronne d'Angleterre, Vif-Argent, qui s'était passablement ennuyé en écoutant les ingénieurs discuter sur des matières hors de sa portée, reçut enfin l'autorisation de les conduire où bon lui semblerait. Il les embarqua sur un de ces steamboats qui font office d'omnibus sur la Tamise, et leur fit traverser ce fameux tunnel qui, durant de longues années, fut une merveille sans utilité. Ce tunnel, construit par le Français Brunel, sert maintenant de passage aux locomotives d'un chemin de fer souterrain qui est une des curiosités de Londres. Du tunnel, on se rendit en voiture au Jardin Zoologique. Aussitôt qu'il eut dépassé le tourniquet d'entrée, Vif-Argent, au comble de ses vœux, ne put s'empêcher d'exécuter un saut périlleux de première classe.

Le Jardin Zoologique de Londres est une entreprise particulière; aussi, pour attirer les visiteurs, qui doivent payer le droit de s'y promener, est-il forcé de maintenir sa ménagerie au grand complet, de l'enrichir sans cesse d'animaux amenés des cinq parties du monde. Les ours, les léopards, les panthères, les rhinocéros et les éléphants attirèrent surtout l'attention de Vif-Argent. L'enfant, une fois devant les cages, ne pouvait plus s'en arracher, et ses admirations naïves, ses cris de joie, ses battements de mains amusèrent beaucoup ses compagnons.

« Comme il devait être heureux! dit soudain le petit garçon en poussant un gros soupir.

— Qui? demanda M. Pinson.

— Robinson, monsieur; vous avez beau croire qu'il n'a pas existé, les pays où vivent toutes ces bêtes existent, eux, et, pour voir passer des ours, des lions, des tigres, il suffisait à Robinson de fumer sa pipe sur le pas de sa porte.

— Je ne sais pas si Robinson fumait, petit, répondit M. Pinson, qui ne put s'empêcher de rire; mais son île, j'en suis sûr, ne renfermait ni rhinocéros, ni éléphants, car ces animaux sont originaires de l'Afrique ou de l'Asie.

— Il n'y en a pas en Amérique?

— Non, pas plus qu'en Europe. En revanche, l'Amérique a le bison, le caïman, le couguar, le jaguar, le boa, de nombreuses familles de chats-tigres, d'ours, d'édentés, des singes.

— Vous allez voir tout cela, vous, dit Vif-Argent à Boisjoli en le contemplant avec envie.

— Tu te trompes, petit, je vais aux États-Unis, c'est-à-dire sur une terre dont les produits sont à peu près les mêmes que ceux de l'Europe.

— Alors, dans quelle partie de l'Amérique vivent donc les bêtes féroces? où les trouve-t-on?

— Au Mexique, au Brésil, à la Guyane, dans les déserts des anciennes colonies espagnoles.

— Si jamais je deviens assez riche pour payer mon passage à bord d'un steamer, dit Vif-Argent, j'irai aux Indes, en Afrique, en Amérique, bien loin.

— Tu aimes les voyages?

— Oui; je voudrais voir les pays où vivent les singes, les perroquets, les boas, d'où l'on rapporte les cocos, les ananas et les diamants. J'aide parfois au déchargement des navires qui arrivent de ces pays, et j'écoute causer les matelots. Ils disent que là-bas les cheminées sont inconnues, que les arbres ont toujours des fleurs, que le soleil ne se couche pas. Ils racontent de si belles choses, monsieur, que, si vous les entendiez, cela vous donnerait aussi envie de partir.

— Non pas, répondit avec énergie M. Pinson, j'aime l'Europe, la France, et, en dépit de sa boue, je trouve Paris un séjour très supportable. Quand l'idée de voir un tigre me vient, — et elle ne me vient pas souvent, — je vais au Jardin des Plantes, et me voilà satisfait. »

La chambre des singes captiva si bien Vif-Argent qu'il fallut la nuit et la fermerture du jardin pour le décider à partir. Grâce à la bonté des deux ingénieurs, qui admiraient de plus en plus la vivacité, la franchise et les bonnes qualités du petit guide que le hasard leur avait donné, l'enfant put les accabler de questions sur les pays où vivaient les animaux qu'il avait vus, sur les mœurs de ces bêtes amenées de si loin. Durant le dîner, il ne fut point question d'autre chose, et Vif-Argent apprit des détails si curieux que son envie de visiter les pays chauds en devint plus intense. Mais, à mesure que l'heure avançait, les ingénieurs devenaient moins communicatifs, plus silencieux.

C'était le surlendemain que Boisjoli devait s'embarquer ; les deux amis ne pouvaient l'oublier, et, malgré eux, ils songeaient au vide que leur séparation allait laisser dans leur cœur.

La compagnie de Vif-Argent avait été si utile aux voyageurs, elle avait si bien suppléé à leur ignorance de la langue anglaise, que l'idée vint à M. Pinson d'emmener l'enfant jusqu'à Liverpool. Boisjoli parti, M. Pinson ramènerait le petit garçon à Londres ; puis il irait s'entendre avec Mme Pitch afin d'aviser au moyen de rendre l'enfant à sa famille, de l'arracher à la vie à demi vagabonde qu'il menait. C'était miracle qu'abandonné à lui-même depuis trois ans, dans une ville comme Londres, Vif-Argent fût resté honnête et laborieux. Le besoin, les mauvais exemples pouvaient à la longue fausser et corrompre son jeune esprit. M. Pinson, encouragé par son ami, avait résolu de soustraire le pauvre orphelin à la misère et à la corruption qui l'attendaient.

Vif-Argent devint pâle de plaisir lorsqu'il reçut l'ordre de prévenir la mère Pitch de son départ pour Liverpool. Il allait donc enfin sortir de Londres, voir autre chose que des toits et des rues.

« Est-ce que vous m'emmènerez aussi en France ? demanda-t-il avec émotion à M. Pinson.

— Peut-être, répondit celui-ci.

— Emmenez-moi, monsieur, reprit l'enfant d'une voix suppliante ; je me souviens encore si bien de Paris, qu'il me semble que je reconnaîtrais les rues par lesquelles je passais avec mon père, la maison que j'ai habitée, la chambre où je dormais. Il y a du soleil à Paris, puis c'est mon pays, et je crois que j'y serai plus heureux qu'ici. »

M. Pinson caressa la joue de l'enfant et répondit :

« Nous verrons dans trois jours. »

Le lendemain matin, les trois voyageurs partaient pour Liverpool, capitale industrielle du comté de Lancaster. Ils avaient à franchir une distance de 280 kilomètres, et, voyageant de jour, les deux ingénieurs purent cette fois examiner la voie, ses viaducs, ses stations, ses travaux d'art, et la juger sainement. Ils mirent sept heures pour franchir 70 lieues, c'était une bonne vitesse. Arrivés à dix heures, les deux amis se hâtèrent de visiter le grand tunnel de 1,800 mètres qui passe sous une partie de la ville, puis ils voulurent voir le chemin de fer de Manchester, l'un des premiers construits en Europe, puisqu'il date de 1826.

Liverpool, belle et grande ville de 400,000 âmes, n'était au xiiie siècle qu'un hameau de pêcheurs. En 1700, elle ne comptait encore que 5,000 habitants. Brûlée en 1842, elle s'est relevée de ses ruines plus vivante, plus moderne, plus industrieuse que jamais.

Liverpool approvisionne sa voisine Manchester des matières premières que celle-ci façonne, principalement de coton. Liverpool dispute à Manchester le titre de seconde ville d'Angleterre; elle est savante, et ses musées d'antiquités égyptiennes, son jardin botanique et sa bibliothèque sont renommés.

Le grand port de Liverpool, aux rues régulières, est bâti sur la rive droite de la Mersey, rivière formée par la réunion de l'Etheron et du Goyt, dans le comté de Chester. La Mersey, après un cours de cent kilomètres seulement, se jette dans la mer d'Irlande, à quatre kilomètres au-dessous de Liverpool.

En somme, bien qu'ils eussent été sans cesse en mouvement, car ils avaient voulu voir le plus possible des curiosités de la grande ville anglaise, M. Pinson et son ami s'assirent à table d'un air assez morne. Ils étaient allés sur le port jeter un coup d'œil sur le steamer *Canada*, qui, paisiblement ancré, achevait d'emplir ses soutes de charbon. Vif-Argent, de son côté, paraissait préoccupé. On alla se coucher de bonne heure, et, en dépit de la fatigue du voyage, des allées et venues de l'après-midi, aucun des trois voyageurs ne dormit d'un bon sommeil.

Les deux amis n'ouvrirent les yeux que vers neuf heures du matin. Il faisait à peine jour, un épais brouillard enveloppait la ville, une pluie fine tombait. Le temps était de nature à n'égayer personne, et l'on déjeuna silencieusement.

Les bagages de Boisjoli furent alors placés sur une petite voiture à bras, et l'on se dirigea vers le port. Il fallut louer un canot pour se rendre à bord du *Canada*. Boisjoli, aussitôt sur le pont, se mit en quête du comptable, qui, par un hasard que l'ingénieur considéra comme un bonheur, parlait assez correctement le français. Le comptable établit l'ingénieur dans la cabine à laquelle il avait droit, cabine qu'il devait occuper seul, vu le nombre restreint des passagers. Les deux amis, se jetant alors dans les bras l'un de l'autre, se tinrent longtemps pressés sans pouvoir échanger une parole; des larmes coulaient de leurs yeux, et ils expliquèrent au comptable qu'ils se séparaient pour la première fois depuis trente-deux ans.

« Nous allons descendre le fleuve à petite vapeur jusqu'à la mer, dit l'officier à M. Pinson; vous pouvez nous accompagner jusque-là et revenir avec le pilote. De cette façon, vous passerez une heure de plus avec votre ami. »

Boisjoli insista si bien pour que M. Pinson profitât de ce conseil, que celui-ci céda et se mit à la recherche de Vif-Argent, qu'il trouva en contemplation devant la machine.

« Retourne à terre, petit, et va m'attendre à l'hôtel ou sur le port.

— Partez-vous aussi pour l'Amérique? s'écria l'enfant.

— Non pas, répliqua M. Pinson; comme tu y vas! Je m'arrêterai à l'embouchure du fleuve, et le pilote me ramènera. Je serai de retour dans deux heures. »

Vif-Argent alla saluer Boisjoli, qui l'embrassa; puis, avec lenteur, comme à regret, le petit garçon se dirigea du côté de l'escalier et disparut bientôt.

M. Pinson voulut visiter dans toutes ses parties le navire qui, durant douze jours environ, allait servir de prison flottante à son ami. Soudain les roues du steamer battirent l'eau, et le *Canada*, guidé par le pilote placé près du timonier, commença la première étape de son voyage. La pluie tombait toujours, fine, serrée, froide; le vent soufflait assez fort, et de petites lames imprimaient au steamer un balancement de mauvais augure.

« Je ne vais guère tarder, dit Boisjoli avec une grimace, à ressentir les inconvénients du mal de mer. J'agirai, je crois, avec sagesse, en me hâtant de disposer mes effets dans ma cabine.

— J'ai déjà placé une douzaine d'oranges et deux bouteilles de sirop de groseilles près de ton chevet, dit M. Pinson.

— J'ai vu ton attention, et je t'en remercie, mon ami. »

M. Pinson et Boisjoli se rendirent au salon, et procédèrent à l'aménagement des bagages de ce dernier, de façon à mettre le plus possible à sa portée les objets dont il pourrait avoir besoin. Une fois, le navire suspendit sa marche; M. Pinson s'élança sur le pont, croyant l'heure de partir arrivée. Il s'agissait d'une simple manœuvre pour laisser passer un remorqueur ramenant un chapelet de bateaux charbonniers. Enfin, tout étant bien en place, les deux amis se perdirent en recommandations mutuelles, en promesses de s'écrire régulièrement. Ils parlèrent du passé et surtout de l'avenir. Ils gagnèrent la buvette, afin de trinquer ensemble une dernière fois. Le mouvement du roulis s'accentuait à chaque instant davantage, et Boisjoli, déjà pâle, sentait des sueurs froides mouiller son front. On remonta sur le pont, M. Pinson ne vit plus autour de lui que la mer; Liverpool, les rives semblaient avoir disparu. Jetant les yeux sur le gouvernail, l'ingénieur se précipita vers le timonier.

« Le pilote, où est le pilote? cria-t-il.

— *Pilot?* répéta le marin, qui comprit ce mot, identique en français et en anglais. *He is gone, sir.* »

Et le matelot montra l'horizon en arrière.

« Que dit-il? demanda M. Pinson en regardant autour de lui.

— Il dit que le pilote est parti, répondit en français un passager canadien.

— Parti! répéta M. Pinson avec stupeur; quelle est cette plaisanterie? Le steamer ne s'est pas arrêté, j'en suis sûr.

— Le pilote s'est laissé glisser dans son canot, qui marchait à la remorque du *Canada*, il y a de cela une demi-heure.

Il fallut louer un canot. (Page 43.)

— Arrêtez! s'écria l'ingénieur, qui se précipita sur le matelot chargé de manœuvrer le gouvernail. Retournez en arrière, mon ami, je ne vais pas en Amérique, moi! »

Le timonier repoussa M. Pinson assez brutalement, ne comprenant rien à son agression.

« Arrêtez! arrêtez! répétait l'ingénieur sur tous les tons. Où est le capitaine? le lieutenant! Arrêtez! »

Les passagers accoururent intrigués. Boisjoli, en proie au mal de mer, regardait son ami d'un air ahuri.

« Parle donc, toi! s'écria l'ingénieur en s'adressant à lui, tu sais des phrases d'anglais, tu peux t'expliquer.

— *Give me*, bégaya le malheureux Boisjoli, *some bread, some turtle soup, some plum-pudding, some..*, »

Puis il dut se précipiter vers le bord.

« Le capitaine, où est le capitaine? » répétait M. Pinson.

Et sans se préoccuper du roulis, vacillant de droite à gauche, de gauche à droite et d'avant en arrière, l'ingénieur s'élança vers le commandant, qu'il venait d'apercevoir.

CHAPITRE VII

EN MER

« Capitaine! s'écria M. Pinson suffoqué, faites vite arrêter le steamer.

— Plus tard, plus tard, répliqua en anglais l'officier, qui ne comprenant pas ce qu'on lui disait, et qui, tout occupé d'une dernière manœuvre, crut qu'il s'agissait d'une simple réclamation.

— Arrêtez! répéta M. Pinson avec véhémence, je ne vais pas en Amérique, je vais à Paris, aux Batignolles. Arrêtez! »

Les cris de l'ingénieur, et surtout ses gestes, attirèrent près de lui les passagers. Le Canadien qui l'avait avisé du départ du pilote expliqua au capitaine, très intrigué, ce dont il s'agissait.

« Fâcheuse aventure, dit l'officier; je regrette ce qui arrive à ce gentleman; par malheur, je n'y puis rien.

— Comment! s'écria M. Pinson à qui cette réponse fut traduite, cet homme aurait-il la prétention de m'emmener en Amérique malgré moi? Nous sommes à quelques kilomètres du port et... Veuillez dire à ce capitaine, monsieur, que je suis Français, ingénieur, que... »

Le capitaine avait en ce moment trop de besogne sur les bras pour s'occuper de l'infortuné M. Pinson. Il le laissa entouré de passagers dont pas un ne le comprenait, et auxquels il racontait néanmoins sa singulière situation, les suppliant de lui prêter assistance afin qu'on le conduisit à terre.

« C'est toi, malheureux, dit soudain l'ingénieur à son ami, c'est toi qui m'as amené, puis retenu sur cette galère.

— Tu as tort de te plaindre, répondit avec effort le pauvre Boisjoli ; tu n'as pas le mal de mer, Pinson, et tu es bien heureux. Moi, pour être débarrassé de l'affreux malaise qui me tourmente, j'accepterais volontiers d'exécuter le tour du monde.

— Bien heureux ! répliqua M. Pinson avec amertume, bien heureux de faire un voyage au long cours, de me rendre en Amérique où je ne tiens nullement à aller, de ne pouvoir rentrer chez moi où l'on m'attend? Te moques-tu de moi par hasard? Tu m'as tendu un piège, Boisjoli, la chose est palpable, tu m'as tendu un piège dans lequel je me suis englué comme un étourneau.

— Oh ! mon ami !

— Qu'avais-tu besoin de me retenir alors que je voulais regagner la terre? continua M. Pinson. Parle, réponds, explique-toi, justifie-toi. Que va devenir mon sac de nuit, laissé en gage à l'hôtel? Que va faire Vif-Argent, abandonné sur le port? Que pensera Viollet-le-Duc en ne me voyant pas paraître à l'heure que lui indiquait ma lettre d'excuses? Et Marguerite, comment payera-t-elle le propriétaire lorsqu'il réclamera son terme? Qui, enfin, touchera les coupons de mes rentes, qui vont échoir? C'est à devenir fou! »

La colère de M. Pinson, d'ordinaire si maître de lui, semblait aller croissant. C'est que chaque tour des roues du steamer rendait son retour à terre moins probable, et qu'il le comprenait. Soudain il s'avança vers la dunette; le comptable venait d'apparaître.

« Vous! vous ici? s'écria l'officier avec stupéfaction.

— Oui, monsieur, moi, qui, par vos conseils... Mais vous connaissez ma position, vous savez que je ne suis pas un passager, vous me comprenez quand je vous parle, Je vous en prie, expliquez vite au capitaine ce qui m'arrive, afin qu'il me fasse conduire à terre.

— Hélas! monsieur, cela lui est défendu.

— Défendu! s'écria M. Pinson. Suis-je sous la surveillance de la police? suis-je banni? suis-je...? Défendu! par qui, par quoi?

— Par les règlements maritimes : un navire, une fois sorti d'un port, ne peut y rentrer qu'en cas d'avaries compromettant la sûreté de son équipage.

— Est-ce une plaisanterie?

— Pas le moins du monde. Si le capitaine ramenait le *Canada* vers Liverpool, outre les frais considérables qu'il occasionnerait aux armateurs, il passerait devant un jury et perdrait son commandement.

— Mais il y a cas de force majeure; nul n'a le droit de faire voyager quelqu'un malgré lui.

— Remarquez, monsieur, que le capitaine est innocent de votre aventure.

— Voilà, s'écria M. Pinson atterré, le plus monstrueux attentat dont jamais honnête citoyen ait été victime. Les règlements dont vous parlez, monsieur, devraient être inscrits en grosses lettres à bord des navires.

— On dit dans votre pays, dit le comptable, que nul n'est censé ignorer la loi. Vous seriez à bord d'un steamer français, monsieur, que les choses ne se passeraient pas autrement. »

M. Pinson s'assit sur un banc et se cacha le visage entre ses mains; il regrettait de ne posséder ni poudre ni fulmicoton pour causer au *Canada* une avarie qui l'obligeât à retourner en arrière. La pluie continuait à tomber, les passagers gagnèrent un à un le salon, et Boisjoli, de plus en plus malade, vint néanmoins s'établir près de son ami.

« Pinson? lui dit-il d'une voix dolente.

— Comment! s'écria l'ingénieur qui se retourna, tu oses encore m'adresser la parole, me coudoyer?

— En quoi suis-je coupable, Pinson?

— La demande me paraît sublime. Je voulais t'accompagner à Calais, c'était là un voyage que ma situation me permettait d'entreprendre. De fil en aiguille tu m'as entraîné à Londres pour m'y perdre; à Liverpool pour.. Non, c'est trop fort!

— Tu connaîtras l'Amérique, Pinson, et dans un mois tu seras de retour à Paris.

— Et qu'ai-je besoin de connaître l'Amérique, monsieur? Je vous somme de me l'expliquer. Grâce à vous, me voilà sans bas, sans mouchoirs, sans chemises de rechange, me promenant en pleine mer entre le ciel et l'eau, à je ne sais combien de kilomètres de ma maison. »

Boisjoli ne répondit pas. Livide, les yeux fermés, car la vue du pont mouvant et des vagues redoublait son mal, il recevait la pluie avec stoïcisme, et pourtant il grelottait. M. Pinson s'en aperçut.

« Pourquoi ne vas-tu pas dans le salon, dans ta cabine? lui dit-il avec douceur.

— Je comprends tes ennuis, Pinson, et je ne veux pas te laisser seul. »

M. Pinson se leva, prit son ami par le bras, et, peu à peu, le conduisit vers son lit, sur lequel il le força de s'étendre. Il s'occupa ensuite de lui confectionner un verre de limonade, s'assit à son chevet, mais écouta sans répondre les consolations que de temps à autre risquait Boisjoli.

« Monsieur? » dit soudain la voix du comptable qui, en même temps, frappait à la porte.

M. Pinson se redressa d'un bond et s'élança dehors.

« Le capitaine s'est-il ravisé? demanda-t-il aussitôt.

— Encore une fois, répondit le comptable, c'est bien à son corps défendant qu'il vous emmène; mais tranquillisez-vous, avant vingt-quatre heures vous serez à terre.

— On a découvert une avarie?

— Non pas; seulement nous devons toucher à Queenstown afin de prendre les dernières dépêches du continent; si le temps le permet, vous pourrez sauter à bord du bateau chargé de nous remettre ces dépêches. »

M. Pinson, dans la joie que lui causa cette nouvelle, embrassa le comptable stupéfait, l'embrassade n'étant point d'usage en Angleterre.

« Enfin, murmura l'ingénieur, Queenstown est en Irlande; mais cela vaut encore mieux que l'Amérique. Quel démenti j'aurais infligé à celui qui m'eût dit, il y a huit jours, que je visiterais la patrie du grand O'Connell!

— Je crois inutile, reprit le comptable, de vous recommander d'être prêt.

— Soyez tranquille, s'écria M. Pinson, je ne suis pas homme à me laisser prendre deux fois dans la même souricière; montrez-moi seulement, je vous en prie, le côté du navire par lequel on embarque les dépêches, je ne veux pas m'en éloigner de plus d'un mètre. »

Soulagé du poids énorme qui l'oppressait, M. Pinson recouvra subitement une partie de sa bonne humeur habituelle. Il consola Boisjoli, et, l'heure du dîner venue, il prit joyeusement place à la table que présidait le capitaine, table à laquelle manquait plus d'un pauvre passager. Grâce au Canadien qui servit d'interprète, on rit beaucoup de l'aventure de l'ingénieur; celui-ci, rassuré, donna lui-même l'exemple de la plaisanterie. Aussitôt après le dîner, en dépit des assurances du comptable et du capitaine qui lui promettaient de veiller eux-mêmes à son embarquement, M. Pinson alla s'établir sur la dunette, près du timonier.

Le vent soufflait avec force, la nuit était sombre; il tombait de la neige fondue. Rien de plus triste que d'entendre la bise siffler dans les cordages, le bruit des roues battant les vagues et le perpétuel grincement du gouvernail. La mer se montrait méchante, selon l'expression des matelots de quart, qui, enveloppés de manteaux de caoutchouc, coiffés de chapeaux goudronnés, se promenaient pour combattre le froid. Parfois une lame prenait le navire par le travers et couvrait le pont d'écume; M. Pinson, insensible à ces incidents, cherchait du regard le phare qu'on lui avait annoncé, et refusait avec obstination d'abandonner le poste qu'il avait choisi.

« Nous sommes en pleine tempête de neige, lui dit le capitaine qui vint passer une inspection, je crains que nous ne puissions aborder à Queenstown. »

Par bonheur, M. Pinson ne comprit pas. Bientôt son cœur battit à lui rompre la poitrine, une lumière venait d'apparaître.

Il y eut un moment de va-et-vient à bord, plusieurs manœuvres furent rapidement exécutées. La lumière aperçue n'annonçait pas la terre, mais l'approche d'un navire qui passa près du *Canada* et dont les formes se perdirent bientôt dans la nuit. Vers une heure du matin, le matelot en vigie cria :

« Queenstown! »

Un feu brillait en effet au loin, celui d'un phare.

« Toi! » s'écria Boisjoli. (Page 53.)

M. Pinson courut à la cabine de Boisjoli et l'embrassa avec effusion. Le malade voulut se lever pour présider à l'embarquement de son ami; mais la tête lui tournait de telle façon qu'il dut renoncer à son projet. Du salon, M. Pinson revint par deux fois lui serrer la main, puis il s'élança sur le pont. A l'arrière, près de l'embarcation désignée sous le nom de canot du capitaine, se tenaient quatre matelots. Le contre-maître, du haut de la dunette, transmettait des ordres à un mousse qui les répétait aux mécaniciens. On s'entendait à peine, tant les vagues embarquaient fréquemment,

La lumière du phare passa de droite à gauche, puis de gauche à droite, et cela à trois reprises différentes, en moins d'une heure. Le steamer louvoyait, selon l'expression des matelots. M. Pinson, prêt à sauter dans le canot qu'il surveillait, ne comprenait rien à cette manœuvre. Il voyait le capitaine aller, venir, consulter la boussole, sa montre, le baromètre, grommeler, se promener, interpeller parfois son lieutenant. Soudain il multiplia les ordres; les matelots placés près du canot l'amarrèrent solidement, et la lumière du phare qui brillait à bâbord se montra à l'arrière du bâtiment.

« Que se passe-t-il? » demandait en vain M. Pinson à chaque matelot.

On lui répondait, mais sans qu'il pût comprendre un mot de ce qu'on lui disait. Il retourna vers le salon; le comptable causait avec le capitaine.

« Eh bien, monsieur, lui dit l'officier, qui secoua la tête, vous jouez décidément de malheur.

— Pourquoi? demanda M. Pinson.

— La mer est si forte que, ne pouvant aborder, et après avoir perdu près de trois heures, le capitaine vient d'ordonner de reprendre la pleine mer; nous sommes définitivement en route pour New-York. »

M. Pinson devint tout pâle et demeura longtemps immobile à la place où le comptable le laissa. Enfin, épuisé de fatigue, d'émotion, il se dirigea vers la cabine de son ami qui dormait paisiblement, M. Pinson allait le réveiller.

« Bah! dit-il, mes reproches ne changeront rien à la situation; qu'il dorme, mais quelle aventure, bon Dieu! »

Il se jeta sur le lit placé au-dessous de celui de son ami. Peu à peu, bercé par le mouvement du steamer, il ferma les yeux et s'endormit à son tour.

Il faisait grand jour quand Boisjoli se réveilla; il se sentait beaucoup mieux et put regarder autour de lui sans être incommodé.

« Encore vingt-quatre heures, pensa-t-il, et je serai complètement guéri. L'affreux mal que le mal de mer! il anéantit la volonté et vous change en misérable machine. Neuf heures! Pinson doit être en route pour Dublin. Brave Pinson, je ne l'avais jamais vu si exaspéré. Après tout, ce petit voyage lui aura fait du bien; mais il l'a échappé belle. »

En ce moment, Boisjoli crut entendre respirer au-dessous de lui; sachant qu'il n'avait point de compagnon de cabine, il se pencha hors de son lit et demeura bouche béante.

« Toi! s'écria-t-il en apercevant son ami, toi!

— Moi! répondit l'ingénieur.

— Mais tu m'as dit adieu cette nuit, tu allais débarquer à Queenstown.

— L'homme propose et Dieu dispose, répondit M. Pinson.

— Le *Canada* a-t-il changé de route?

— Le *Canada*, grâce au mauvais temps, n'a pas pu prendre les dépêches du continent, je les remplace.

— Eh bien, tant mieux! s'écria Boisjoli.

— Je ne trouve pas, moi, répliqua M. Pinson. Voilà donc à quoi sert l'amitié! continua-t-il avec amertume; il m'arrive l'aventure la plus effroyable que l'on puisse imaginer, et mon meilleur ami, celui qui est cause de tout, insulte à mon malheur et dit : Tant mieux!

— Dieu m'est témoin, Pinson, que je te reconduirais au port, et à la nage, si je le pouvais; ne le pouvant pas, c'est mon affection qui m'a arraché l'égoïste exclamation qui paraît t'avoir blessé. »

Les deux amis procédèrent à leur toilette en silence; Boisjoli se sentait presque guéri. Au fond, il ne déplorait qu'à demi la mésaventure de son compagnon, mésaventure qui, après tout, n'avait d'autre conséquence fâcheuse que de lui faire entreprendre un voyage utile. Néanmoins l'ingénieur dissimula de son mieux le plaisir qu'il ressentait. Quant à M. Pinson, son esprit n'avait point encore repris son équilibre, et son humeur demeurait sombre.

Les deux ingénieurs sortirent ensemble de la cabine et se dirigèrent vers le pont.

« Parbleu! dit le comptable à M. Pinson qui montait le premier, j'allais vous appeler, monsieur.

— Queenstown est-il en vue? demanda l'ingénieur avec vivacité.

— Il s'agit bien de Queenstown! votre fils est à bord.

— Mon fils! s'écria M. Pinson; quelle est cette nouvelle plaisanterie? » Il n'acheva pas et poussa un cri de surprise en apercevant Vif-Argent, tenu par deux matelots. L'enfant pleurait en face du capitaine, qui l'interrogeait.

CHAPITRE VIII

RAYON D'ESPOIR

Si M. Pinson regardait avec un muet étonnement le petit Vif-Argent, celui-ci, de son côté, ouvrait des yeux d'une grandeur démesurée à la vue de l'ingénieur.

« Vous, monsieur, s'écria-t-il, comme le comptable l'avait fait, vous ici !

— Et toi, malheureux, répliqua M. Pinson, comment es-tu là? d'où viens-tu? d'où sors-tu?

— C'est sa faute, monsieur, dit Vif-Argent, qui prit alors un ton piteux; sans lui je serais encore à terre.

— La faute à qui? parle.

— A Robinson; si c'était à recommencer, je vous obéirais et j'irais vous attendre sur le port; mais je vous en prie, ne me laissez pas battre.

— Qui veut te battre?

— Le capitaine; il vient de me menacer du fouet aux lanières plombées.

— Lâchez ce garçon, et à l'ouvrage, dit en ce moment le capitaine aux matelots qui avaient découvert Vif-Argent; après tout, ce gentleman répondra pour lui. Sur mon honneur, grommela-t-il, voilà vingt ans que je navigue, et je n'avais pas l'idée de pareilles aventures.

— Voyons, dit alors M. Pinson à Vif-Argent, nous expliqueras-tu enfin ta présence ici?

— Depuis notre visite au Jardin Zoologique, monsieur, mon désir de voir le pays des singes et des tigres est devenu si fort, que je songeais, aussitôt de retour à Londres, à m'embarquer comme mousse sur un des navires qui vont aux Indes. Mais l'Amérique me tentait davantage, car M. Boisjoli répète sans cesse que l'on peut y gagner beaucoup d'argent. L'occasion d'aller dans ce pays m'a paru si belle, tandis que j'étais à bord du *Canada*, que je me suis décidé tout de suite.

— Encore une fois d'où sors-tu?

— De la cale, des chambres où l'on garde la provision d'eau. Quand vous m'avez ordonné d'aller vous attendre à terre, cela m'a un peu dépité, car je pensais que le bateau du pilote pourrait me ramener aussi bien que vous, et qu'au moins j'aurais vu la grande mer. Je suis parti tout doucement, je voulais vous obéir. Sur ma route, la porte qui conduit au fond du navire s'est trouvée ouverte, j'ai descendu au lieu de monter, et je me suis caché derrière un baril, songeant qu'une fois le bateau en pleine mer, on serait bien forcé de m'emmener jusqu'à New-York. Je comptais, pour me faire pardonner, sur M. Boisjoli, que je voulais implorer en votre nom, car je sais qu'il vous aime bien.

— Et tu es resté depuis lors dans ta cachette?

— Je n'osais plus sortir. Tout à l'heure on a ouvert la porte, on m'a découvert; mais je veux retourner avec vous à Liverpool, monsieur, je ne veux plus partir.

— Retourner avec moi à Liverpool! s'écria M. Pinson; plût à Dieu, petit drôle, que la chose fût possible! Ne vois-tu pas, malheureux, que nous sommes en pleine mer, et que le *Canada* file à raison de six kilomètres par heure? Ne sais-tu pas que, par-dessus le marché, les règlements maritimes s'opposent à notre débarquement, et que, bon gré, mal gré, on nous emmène en Amérique?

— Quoi! s'écria Vif-Argent, vous aussi, vous vous êtes caché comme moi.

— Caché comme toi! s'écria M. Pinson indigné. Non, Robinson n'est pour rien dans ma présence à bord de ce steamer; Robinson...

— Il me semble, dit Boisjoli en interrompant son ami, que Vif-Argent doit mourir de faim. Il est pâle, il grelotte; occupons-nous de lui, mon ami.

— Le plaindrais-tu? s'écria M. Pinson.

— Je le plains, dit l'ingénieur. Le pauvre enfant disait tout à l'heure qu'une fois découvert, il comptait m'implorer en ton nom; cette bonne pensée m'a touché, il est désormais sous ma protection. »

M. Pinson regarda son ami, puis Vif-Argent qui avait des larmes pleins les yeux.

« Voyons, ne pleure plus, lui dit l'ingénieur d'un ton radouci.

— Je pense à la mère Pitch, répondit l'enfant, qui va m'attendre et que je ne reverrai peut-être plus. Elle a besoin de moi à cette heure, car elle souffre de ses rhumatismes et ne peut pas travailler. J'ai eu tort de me cacher, je le sens, et je voudrais retourner à Londres. »

Il se couvrit le visage de ses mains et sanglota. Les deux amis, tout émus, ne songèrent plus à le gronder.

« Il doit avoir faim, répéta Boisjoli; si l'odeur du goudron qui règne dans le salon ne m'incommodait encore, j'irais lui chercher des vivres. Voyons, Pinson, tu as l'aplomb d'un vieux marin, toi; donne à manger à ce petit, je t'en prie. »

M. Pinson conduisit l'enfant dans le salon, obtint du garçon un pain, du jambon, du bordeaux, et Vif-Argent mangea bientôt comme un affamé qu'il était. Le pauvre petit avait non seulement souffert de la faim, mais encore du froid et du manque de sommeil, car la crainte des suites de son escapade l'avait tenu éveillé. Une fois qu'il le vit rassasié, M. Pinson le conduisit dans sa cabine, le coucha dans son propre lit et le couvrit d'une double couverture.

En arrivant sur le pont, les regards de l'ingénieur sondèrent l'horizon; la mer, en tous sens, se confondait avec le ciel. Songeant à sa singulière situation et à celle de Vif-Argent, M. Pinson ne put s'empêcher de murmurer :

« Prodigieux! »

Grâce au Canadien qui se trouvait à bord, les passagers du steamer connurent bientôt dans son entier l'histoire de Vif-Argent. On parla d'une collecte en faveur de l'orphelin; mais M. Pinson et son ami déclarèrent qu'ils se chargeraient du petit voyageur, et chacun vint leur serrer les mains avec cordialité.

Le soir venu, au moment de s'asseoir à table, le Canadien re-

Le *Canada* franchit les rangs pressés d'un banc de harengs. (Page 59.)

mit à Vif-Argent, levé depuis une heure, une somme de deux cents francs en or. Comme l'enfant le regardait d'un air interrogateur :

« Ce sont les passagers qui te font ce cadeau, petit; tu as deux bons protecteurs, mais nous voulons les aider un peu. »

Le lendemain, le ciel, couvert de sombres nuages depuis le départ, se montra enfin radieux. L'air était vif, piquant; la mer, unie comme une glace, resplendissait sous les rayons du soleil. Ce beau temps égaya les passagers du *Canada*, y compris M. Pinson. L'ingénieur, de temps à autre, maugréait bien contre son ami; cependant il prenait peu à peu son parti de sa mésaventure, il n'en riait pas encore, la blessure était trop récente ; mais, si quelqu'un faisait allusion à son voyage forcé, il répondait avec bonne humeur.

Vif-Argent, avec l'heureuse insouciance de son âge semblait déjà consolé. Il errait d'une extrémité du steamer à l'autre; avide de voir et de savoir. Grâce à sa connaissance de la langue anglaise, il pouvait converser avec les matelots, les officiers et les passagers, il était d'un grand secours aux deux amis, qui, sans lui, se seraient trouvés tout à fait isolés. Il leur donna des leçons d'anglais et les accabla surtout de questions.

« Pourquoi notre steamer se nomme-t-il *Canada?* demanda-t-il à M. Pinson. Ce mot n'est ni français ni anglais.

— *Canada*, dit M. Pinson, est le nom d'un vaste pays qui, découvert en 1497 par le Vénitien Jean Cabot, fut exploré pour la première fois par le Français Denis, en 1523. Les Espagnols, en quête de mines d'or, arrivèrent ensuite. N'ayant point trouvé ce qu'ils cherchaient, ils se retirèrent en disant : *acà, nada,* (ici, rien). Cette phrase, répétée par les indigènes fut prise plus tard pour le nom de la contrée.

— On prétend aussi, dit Boisjoli, que Canada est un mot iroquois qui signifie amas de huttes.

— C'est vrai, reprit M. Pinson, mais l'étymologie espagnole est la plus répandue.

— Le Canada se trouve donc près de l'Amérique, demanda Vif-Argent.

— Il en fait partie, petit, comme la France et l'Angleterre font partie de l'Europe. L'Amérique septentrionale, vers laquelle nous nous dirigeons, est un vaste continent divisé en six régions principales : l'Amérique russe, récemment cédée aux États-Unis, et qui porte le nom d'Alaska; l'Amérique anglaise, qui comprend le Labrador, le Canada, la Nouvelle-Écosse; l'Amérique danoise ou Groënland ; les États-Unis, auxquels les Français donnent le nom d'Amérique, prenant ainsi la partie pour le tout, à la grande indignation des autres peuples de ce nouveau continent.

— Et le Mexique, où se trouve-t-il?

— Le Mexique, et le Guatémala complètent les six grandes divisions de l'Amérique septentrionale.

— Merci, monsieur, dit Vif-Argent, je me souviendrai de tout cela. »

Quatre jours après le départ de Liverpool, il y eut grand émoi à bord du *Canada*. La vie forcément oisive des passagers d'un paquebot fait pour eux un sérieux événement du plus mince incident. Or, dans l'après-midi, la surface de la mer apparut soudain tout argentée. Le *Canada*, continuant sa route, fendit les rangs pressés d'un banc de harengs, les broyant sous les palettes de ses roues. Vif-Argent, émerveillé, exécuta son fameux saut périlleux, à la grande admiration des matelots.

« D'où viennent tous ces poissons? où vont-ils? demanda l'enfant à M. Pinson.

— Ils viennent de l'Océan boréal, petit. De même que les hirondelles, les harengs émigrent chaque année. Des régions glacées de la mer polaire, ils arrivent, comme tu le vois, par convoi de centaines de mille. Les pêcheurs de France et d'Angleterre vont bientôt se partager la riche proie qui défile sous nos yeux, car, outre l'énorme consommation de harengs frais, salés, fumés que font les différentes nations de l'Europe, plusieurs d'entre elles se servent des corps de ce poisson comme d'engrais. »

Le banc de harengs, large de plus d'un kilomètre, et dont la longueur s'étendait aussi loin que la vue pouvait porter, fut bientôt laissé en arrière, car il se dirigeait vers les côtes dont le steamer s'éloignait. Une multitude d'oiseaux de mer voltigeaient au dessus des malheureux poissons et n'avaient qu'à raser la surface de l'eau pour les saisir. Parmi ces pêcheurs ailés, les goëlands, oiseaux au vol si rapide et si puissant qu'ils peuvent franchir une distance de 3,000 kilomètres sans se reposer, se montraient les plus avides.

Le soir, après le dîner, alors que M. Pinson causait paisiblement avec son ami, le comptable s'approcha de lui.

« Pardon si je vous interromps, dit l'officier ; mais la régularité de mon service l'exige. Il est bien entendu que vous conserverez votre cabine et celle que vous avez choisie pour votre petit compagnon ?

— Puisque nous sommes vos hôtes, répondit M. Pinson, dont le front se rembrunit, ne faut-il pas que nous couchions quelque part ?

— Sans aucun doute ; je vous prie seulement de vous souvenir que vous avez à me remettre deux mille francs.

— Deux mille francs! s'écria M. Pinson, qui se leva du banc sur lequel il était assis; moi, j'aurais à vous verser deux mille francs! A quel titre, s'il vous plaît?

— Comme payement de votre traversée.

— En voilà bien d'une autre! Quoi! vous m'emmenez malgré moi, malgré mes supplications, et, par-dessus le marché, il me faudrait payer!... Prodigieux, en vérité, prodigieux!

— Comptez-vous traverser l'Océan gratis?

— Je ne comptais le traverser en aucune façon, monsieur, vous le savez bien. Quant à payer deux mille francs pour m'expatrier... non, c'est trop fort.

— En vous logeant dans les cabines de seconde classe, reprit l'officier, le voyage ne vous coûtera que seize cents francs; il peut même ne vous coûter que mille si vous consentez à vivre et à manger avec les matelots.

— Où voulez-vous, répondit avec accablement M. Pinson, que je prenne, alors que je suis en pleine mer, les sommes fabuleuses que vous me réclamez? Je suis parti de chez moi pour visiter Londres, non pour aller en Amérique; si je possède un millier de francs dans mon portefeuille, c'est bien le bout du monde.

— Remarquez, monsieur, que la compagnie n'est pas responsable de l'accident qui vous a retenu à bord. Vous mangez, vous buvez, vous couchez à bord, et dans tous les pays cela se paye.

— Et si je refuse de payer? s'il m'est impossible de le faire?

— A mon grand regret, je vous reléguerai à l'entre-pont, afin de diminuer les frais que votre séjour à bord occasionne. Une fois à New-York, la justice...

— Je payerai, dit Boisjoli, et ce sacrifice ne me coûte guère, Pinson, puisqu'il me fait jouir de ta société. »

M. Pinson n'écoutait plus, il arpentait le pont d'un pas fébrile. Quoi? non seulement il perdait un mois de son temps, courait les chances d'un naufrage, s'en allait en Amérique malgré lui, et on lui réclamait deux mille francs, alors qu'il croyait avoir droit à une indemnité! L'ingénieur, exaspéré, ne voulut même pas entendre les observations de son ami; il alla s'asseoir à l'avant du steamer et regarda longtemps, sans en avoir conscience la proue du *Canada* s'ouvrir un passage dans l'onde écumeuse.

Le soleil atteignait l'horizon; de petits nuages blancs flottaient dans l'air, des mouettes tournoyaient autour du grand mât, se disposant à regagner les roches sur lesquelles elles établissent leurs nids.

« Une voile! » cria le matelot en vigie.

M. Pinson se réveilla de sa torpeur. Juste en face de lui se montrait l'extrémité d'un mât.

« Demande vite, petit, dit-il à Vif-Argent, si nous devons passer près de ce navire.

— Oui, répondit le matelot interrogé, à moins qu'il ne change de route. »

M. Pinson, entraînant Vif-Argent, se dirigea vers la dunette, où le capitaine, sa longue vue à la main, examinait l'horizon.

« Vite, petit, dit l'ingénieur impatient, demande au capitaine, dans les termes les plus aimables que tu pourras trouver, si, dans le cas où nous passerions près du navire qui vient là-bas, les réglements maritimes s'opposent à ce qu'il nous fasse changer de bord. »

Vif-Argent obéit, le capitaine secoua la tête, nettoya le verre de sa longue vue, puis répondit enfin :

« Ce navire semble venir à nous; s'il passe à bonne portée du *Canada*, si le commandant consent à vous prendre à son bord, je suis tout disposé à m'arrêter un instant pour vous transborder; aucun règlement ne s'y oppose. »

Vif-Argent avait à peine traduit cette réponse à M. Pinson que celui-ci, saluant avec respect le capitaine, retournait s'établir à l'avant pour mieux surveiller le navire qui, dans son imagination, l'emportait déjà vers la rue Nollet.

CHAPITRE IX

LE FULTON

Après une heure de contemplation, M. Pinson, plus triste, plus morne qu'il ne l'avait été depuis le départ, revint avec lenteur reprendre sa place sur la dunette. Le navire sur lequel il s'était cru embarqué suivait sans doute la même route que le *Canada*, car, au lieu de se rapprocher, il avait d'abord maintenu sa distance, puis peu à peu il avait disparu dans l'éloignement.

« Nous irons en Amérique, petit, dit l'ingénieur à Vif-Argent; la chose est écrite, comme disent les Orientaux. »

Vif-Argent qui, grâce à l'indulgence des deux amis, ne se repentait déjà plus qu'à demi de son escapade, baissa la tête et ne répondit pas un seul mot; mais à peine M. Pinson l'eut-il dépassé, qu'il se plaça au bas de la dunette afin d'exécuter un magnifique saut périlleux, action dont il ne pouvait se défendre dans ses moments de grande satisfaction.

Boisjoli, voyant son ami revenir muet, absorbé, mélancolique, et s'asseoir à l'écart sur un banc, essaya de l'arracher à ses pensées en lui proposant une partie de besigue.

« Merci, dit l'ingénieur, je n'ai point l'esprit au jeu.

Et jusqu'à l'instant du couvre-feu, qui sonne à bord à dix heures, il s'obstina à parler de son retour manqué comme de la plus pénible déception de sa vie. Le lendemain, aussitôt réveillé, il courut inspecter l'horizon, se frotta les yeux et appela Vif-Argent, qui accourut.

« Que vois-tu là-bas? lui demanda-t-il en étendant le bras vers le couchant.

— La même chose qu'hier au soir, monsieur, l'extrémité d'un mât.

— Demande vite à la vigie ce que cela signifie.

— La vigie, répondit l'enfant après avoir obéi, prétend que ce mât appartient au steamer que nous avons aperçu hier, et que cette fois il vient à notre rencontre. »

Si M. Pinson eût su exécuter le saut périlleux, nul doute qu'il ne l'eût exécuté à cette nouvelle.

« Bravo! s'écria-t-il en soulevant son chapeau pour l'agiter d'une façon triomphale. Cours appeler Boisjoli, petit. Selon toute probabilité nous n'avons plus que très peu de temps à demeurer près de lui. »

Vif-Argent s'éloigna pas à pas, comme s'il espérait, par sa propre lenteur, retarder la marche du navire en vue.

« C'est dommage, répétait-il, oui, c'est dommage. »

M. Pinson, aussitôt qu'il aperçut son ami, s'empressa de lui communiquer ses nouvelles espérances.

« J'en suis heureux pour toi, Pinson, répondit Boisjoli; cependant je ne puis m'empêcher de regretter un peu l'arrivée de ce bateau; tu avais pris ton parti de voir l'Amérique.

— C'est-à-dire, Boisjoli, que ne pouvant faire autrement, je me résignais.

— Cela nous permettait de vivre une semaine de plus ensemble.

— C'est vrai; mais nous devions toujours en arriver à nous quitter, et je préfère m'en tenir à cet essai de voyage au long cours.

— Nous sommes presque à moitié route, Pinson. Encore six jours, et tu pourrais être en Amérique, voir New-York, le Niagara.

— Avec un raisonnement pareil, mon ami, je pourrais m'en aller au bout du monde. Dans six jours je puis être à New-York où je n'ai que faire, c'est vrai; mais dans cinq je puis être rue Nollet, et je vote pour la rue Nollet. »

La mer était calme; les deux steamers, marchant à la rencontre l'un de l'autre, ne devaient pas tarder plus de deux heures à se croiser. Tous les passagers du *Canada* se tenaient sur la dunette; M. Pinson, alerte, joyeux, satisfait, pressait une main par-ci, adressait un salut par là, faisait par avance ses adieux, car le capitaine venait de lui renouveler sa promesse de le mettre à bord du navire que l'ingénieur considérait comme envoyé par la Providence.

« Vous serez mon hôte jusqu'à New-York, monsieur, dit tout-à-coup le capitaine, qui, armé de sa longue vue, n'avait cessé d'examiner l'horizon. Ce que je supposais devient une réalité, c'est un navire de guerre que nous allons croiser.

— Un navire de guerre! répéta M. Pinson; craignez-vous que la place manque à son bord?

— Les navires de guerre, dit Vif-Argent, qui traduisait les paroles du capitaine, ne prennent jamais de passagers; les règlements maritimes s'y opposent. »

M. Pinson bondit.

« Encore! s'écria-t-il. Qu'avons-nous à démêler, petit, avec ces règlements? Nous ne sommes pas matelots, que je sache; nous sommes citadins. Quoi! c'est par la faute de ces absurdes règlements que nous sommes ici, contre notre gré, et voilà qu'à cause d'eux encore on ne nous laisserait pas partir! C'est trop fort!

— Calme-toi, Pinson, dit Boisjoli.

— Tu en parles à ton aise, mon ami. Me calmer quand...! Tu as raison, procédons avec sang-froid, le cas est grave. Voyons, petit, prie le capitaine de tenter l'aventure; cela ne lui coûtera pas grand'chose. Le commandant du navire de guerre doit être un brave homme. Je lui parlerai; il sera touché de ton sort, du mien; tu te joindras à moi pour lui expliquer... Au fait, sait-on à quelle nationalité appartient ce navire?

— Le capitaine, répondit Vif-Argent, vient de déclarer que c'est une frégate de guerre américaine.

— Juste ce qu'il me fallait! s'écria M. Pinson; les Américains sont un grand peuple, un peuple généreux, ami de la liberté; il nous suffira de leur parler... Que dit donc notre capitaine, petit?

— Il prétend, monsieur, que s'arrêter serait perdre inutilement des heures précieuses, et il vous conseille de patienter. »

M. Pinson, une fois de plus, regretta avec amertume de ne pas savoir l'anglais. Il lui semblait que ses arguments, s'il eût pu les faire valoir lui-même, auraient infailliblement touché le capitaine, qui se serait décidé à parlementer.

« Si le steamer passe à bonne portée de ce navire de guerre, se dit l'ingénieur avec résolution, je me jette à l'eau, je nage vers lui, et il faudra bien qu'il mette un canot à la mer pour me repêcher. »

Les deux navires pouvaient déjà s'observer mutuellement, et il devint bientôt évident que la frégate américaine gouvernait de façon à se rapprocher du *Canada*. Selon les usages maritimes, il appartenait à celui-ci de saluer le premier, et le pavillon rouge d'Angleterre ne tarda pas à onduler au vent. La frégate, aussitôt, hissa le pavillon étoilé de la Confédération des États-Unis du Nord; puis se plaçant en travers, elle salua le *Canada* d'un coup de canon à poudre; c'était un ordre impératif de s'arrêter.

Le commandant du *Canada* maugréa, car les marins n'obéissent qu'à regret à un commandement donné par un supérieur étranger. Néanmoins il ordonna de suspendre la marche du bâtiment, et les deux steamers, n'avançant plus que par la force d'impulsion, se trouvèrent bientôt à quatre cents mètres environ l'un de l'autre. Un canot, monté par six hommes et gouverné par un jeune officier, se détacha des flancs du steamer américain et vint aborder le *Canada*. L'officier monta lestement à bord : c'était le lieutenant de la frégate.

« Le commodore Warren, monsieur, dit-il en saluant avec courtoisie le capitaine du *Canada*, vous envoie ses compliments, et vous demande pardon des minutes qu'il vous fait perdre. Voici des dépêches qu'il vous prie de remettre aux autorités de New-York aussitôt votre arrivée dans ce port.

— Assurez le Commodore, Monsieur, que sa commission sera faite. Oserais-je vous demander ce qu'il y a de nouveau dans votre pays?

— Rien de bon, capitaine; les rebelles triomphent, momentanément du moins. »

Les deux officiers, que M. Pinson ne perdait pas de vue, causèrent durant plusieurs minutes sur la dunette, le lieutenant ayant refusé de descendre au salon.

« Que disent-ils? demandait à chaque instant l'ingénieur à Vif-Argent.

— Que la guerre est plus acharnée que jamais, que l'on songe à rendre la liberté aux esclaves, que le temps est beau...

— Quoi encore?

— Que les corsaires du Sud font beaucoup de mal au commerce américain, et que la frégate qui est là se rend en Europe pour leur donner la chasse.

— Quoi encore, petit? Pourquoi le lieutenant rit-il si fort en me regardant?

— C'est que...

— Parle donc!

— C'est que le capitaine lui raconte votre aventure. »

En ce moment, les deux officiers échangeaient une poignée de mains, et le lieutenant se mettait en marche pour regagner son canot.

« Un mot, monsieur, lui dit l'ingénieur en lui barrant le passage : parlez-vous français?

— Un peu, » répondit le lieutenant.

M. Pinson respira avec force; il allait donc pouvoir plaider sa cause lui-même.

« Vous connaissez ma déplorable aventure, monsieur, reprit-il ; je sais que le capitaine du *Canada* vous l'a racontée. Elle est drôle pour tout le monde, cette aventure, excepté pour moi; vous le comprenez. Mais vous êtes pressé, je viens au fait. Vous vous rendez en Europe, en France peut-être; mon cœur bat à cette idée. Votre grande nation, monsieur, est en paix avec la mienne; nous sommes même des alliés. Il y a entre vous et moi, comme traits-d'union, votre compatriote Franklin et le mien, le général Lafayette. Mes pères ont combattu pour aider les vôtres à conquérir leur liberté, le drapeau de la libre Amérique... Pardon, je viens au fait : prenez-moi à votre bord, reconduisez-moi dans mon pays, ce sera une noble action. »

La vivacité, l'originalité du discours de M. Pinson fit naître un sourire sur les lèvres du jeune lieutenant.

« Je ne suis pas le maître à bord du *Fulton,* monsieur, répondit-il; je ne suis que le lieutenant du commodore Warren.

— Emmenez-moi quand même; une fois à bord, je m'expliquerai avec le commodore : on s'entend toujours avec un marin.

— Et s'il refuse de vous laisser monter sur le pont, dit le lieutenant, que ferai-je de vous? Je ne suppose pas le capitaine du *Canada* d'humeur à vous attendre.

— Si le commodore refuse de m'admettre, répliqua M. Pinson d'un ton désespéré; eh bien, vous me jetterez à la mer, et tout sera dit. »

Le lieutenant, peu à peu, se rapprochait de l'échelle par laquelle il devait descendre dans le canot qui l'avait amené. Les deux steamers, entraînés par le remous des vagues, se trouvaient alors à trois cents mètres l'un de l'autre, et l'équipage du *Fulton* se pressait à bâbord.

« Voulez-vous me prêter un instant votre porte-voix? demanda soudain le lieutenant au capitaine. Il ne m'en coûte rien d'essayer de rapatrier ce gentleman. »

Le capitaine tendit l'instrument.

« Commodore! cria le lieutenant.

— Que voulez-vous? répondit le commodore qui, posté sur la

Un canot monté par six hommes et gouverné par un jeune inconnu. (Page 65.)

passerelle de son navire, examinait le *Canada* à l'aide de sa longue-vue.

— Un gentleman français, par suite d'une erreur, se trouve à bord du *Canada*, et se rend malgré lui en Amérique. »

Un immense éclat de rire, poussé par les matelots de la frégate, retentit. Le commodore, d'une voix de tonnerre, imposa silence à son équipage.

« En quoi me regarde, demanda-t-il ensuite, l'aventure de ce gentleman?

— Il vous supplie de le prendre à bord, de le ramener dans son pays. »

M. Pinson, que l'éclat de rire poussé par les matelots n'avait pas fait sourciller, s'appuyait sur l'épaule de Vif-Argent, et ne perdait pas de vue le commodore. L'officier arpenta par deux fois la passerelle.

« Embarquez-le, répondit-il.

— La rencontre du *Canada*, qui va porter à Washington la nouvelle de la destruction d'un des corsaires que nous sommes chargés de poursuivre, a mis le commodore de bonne humeur, dit le lieutenant. Embarquez-vous vite, monsieur, qu'il n'aille pas réfléchir et changer d'avis ».

Vif-Argent avait traduit sur l'heure à M. Pinson la réponse du commodore, et l'ingénieur avait voulu s'élancer; mais la joie, l'émotion le paralysaient.

« En avant, petit! cria-t-il enfin à Vif-Argent; vite, vite!

— Eh bien, vous êtes deux? Attendez! » dit le lieutenant avec vivacité.

M. Pinson ne répondit pas; il enleva Vif-Argent par le collet de sa veste, le passa aux matelots du canot, puis se laissa glisser lui-même le long du bord.

« Est-ce donc votre fils? demanda le lieutenant indécis.

— Oui, à peu près, » répondit M. Pinson.

En ce moment le comptable apparut.

« Arrêtez! cria-t-il.

— Je vous payerai, monsieur, » se hâta de dire Boisjoli.

Le comptable se tut, et, deux minutes plus tard, vigoureusement entraîné par ses rameurs, le canot s'éloignait du *Canada*, qui reprit aussitôt sa marche en avant. Avec quelle joie M. Pinson se vit à bord du *Fulton!* Il voulait se jeter dans les bras du commodore; mais l'officier s'occupait de remettre son navire en route. M. Pinson se tourna vers le *Canada*, qui par trois fois éleva et abaissa son pavillon en signe de salut. Boisjoli, placé en arrière, agitait son mouchoir pour adresser un dernier adieu à son ami. L'hélice du *Fulton* pivota, et les deux navires s'éloignèrent l'un de l'autre.

M. Pinson put enfin causer avec le commodore et le remercier.

Il lui raconta, avec une verve qui amusa beaucoup l'officier américain, les péripéties de sa triste aventure. M. Pinson parlait avec d'autant plus d'aise que le commodore et ses officiers connaissaient le français. Pendant ce temps, Vif-Argent, appuyé sur le bord, regardait avec tristesse le *Canada* s'éloigner.

« C'est dommage! murmurait l'enfant, oui, c'est dommage! un peu plus je voyais l'Amérique, et j'aurais su si Robinson a menti. Allons, je vais embrasser la pauvre mère Pitch, et M. Pinson parle de m'emmener à Paris. C'est égal, c'est dommage! »

CHAPITRE X

LE DAVIS

Sous ses dehors simples, familiers, empreints d'originalité, M. Pinson était un très savant et très aimable homme. Aussitôt délivré de son affreux cauchemar d'un voyage en Amérique, il reprit sa bonne humeur, sa liberté d'esprit, et devint un agréable compagnon. Aussi, vingt-quatre heures après son embarquement à bord du *Fulton*, pouvait-il déjà se considérer comme l'ami du commodore et de ses officiers qui, sans exception, parlaient assez correctement le français. Le commodore, vieux loup de mer aux cheveux grisonnants, avait appris son métier beaucoup plus par la pratique que par la théorie, et dédaignait volontiers ce qui ne se rattachait pas aux choses de la mer. Bon et humain, il ne se montrait implacable que sur la prompte exécution des manœuvres qu'il ordonnait. Il avait la plus haute opinion de son pays, n'admettait pas qu'il pût avoir de rivaux, et n'acceptait que difficilement qu'on le comparât aux nations de la vieille Europe. A l'occasion, il soutenait avec énergie que l'Angleterre était une ancienne colonie américaine, et que Christophe Colomb, New-Yorkais de naissance et non Génois, avait un beau jour découvert le vieux continent. Ce chauvinisme paradoxal, propre à tous les Américains, est, sans en avoir l'air, une des forces de ce peuple vigoureux. Aux États-Unis, comme autrefois à Athènes et à Sparte, chaque citoyen est prêt à sacrifier sa fortune et sa vie pour justifier la suprématie qu'il attribue à son pays.

L'histoire de Vif-Argent, racontée en détail par M. Pinson, attira l'attention générale sur l'orphelin qui, par sa gentillesse, son intelligence, sa vivacité, sa politesse, conquit vite la sympathie des officiers et des matelots. Cette sympathie, à sa grande satisfaction, permit à l'enfant d'exercer son activité d'écureuil; il voyageait sans cesse de la cale à la dunette, de bâbord à tribord, de l'avant à l'arrière du *Fulton*, toujours prêt à seconder ceux qui travaillaient, quels que fussent leurs travaux.

Le commodore américain fit bien les choses; M. Pinson et son pupille furent non seulement établis dans le cadre des officiers, mais admis à partager leurs repas. Vif-Argent, indice certain de sa bonne éducation première, savait se tenir à sa place dans cette grave société. L'enfant possédait une distinction native que sa vie à demi vagabonde n'avait point effacée; l'éducation, peu à peu, devait en faire un homme digne de ce nom.

M. Pinson crut ne pouvoir mieux employer les heures que sa destinée le forçait à passer à bord du *Fulton* qu'en étudiant l'anglais, et il se fit donner des leçons par Vif-Argent. En échange, il sut, par d'habiles interrogations, sonder le savoir de l'enfant. Une fois renseigné sur ce point, il put mesurer la portée de ses réponses aux incessantes questions de son petit compagnon, et les rendre claires pour son esprit. Ce n'était pas une sinécure que la charge d'instituteur de Vif-Argent, M. Pinson s'en aperçut bientôt. L'enfant voulait tout approfondir, et les explications de son professeur bénévole excitaient sa curiosité, sans jamais réussir à la satisfaire complètement.

Le temps redevint froid, la pluie recommença à tomber; aussi M. Pinson et son élève se tinrent-ils de préférence dans le salon, où les officiers mirent des livres à leur disposition.

« Sais-tu, petit, dit un soir l'ingénieur, que c'est une bonne fortune pour toi que de t'être trouvé sur la route de Boisjoli? Grâce à lui, tu seras rendu à ta famille; il a exigé de moi la promesse de ne pas t'abandonner, et ce que je promets à Boisjoli est sacré.

Boisjoli, petit, en remontrerait au plus habile dans son métier; tu le sauras plus tard, car tu entendras certainement parler de lui. En outre, il possède un de ces braves cœurs comme le commodore, — bien injuste en cela, — soutenait hier qu'il ne peut en exister qu'aux États-Unis.

— Vous aussi, monsieur, vous possédez un de ces cœurs-là, répondit aussitôt Vif-Argent, et j'avais envie de le dire au commodore, en lui citant, comme preuve, que vous avez acheté une bassinoire à la mère Pitch.

— L'idée venait de Boisjoli, petit; voilà plusieurs fois que je te le répète, tu devrais bien ne plus l'oublier. »

Après chaque leçon, Vif-Argent serrait la main de M. Pinson pour le remercier, puis, à titre de récréation, courait voir fonctionner la machine, ou assister à une manœuvre.

« On vient de me raconter, monsieur, dit-il une fois en revenant près de son ami, que le nom que porte notre navire est celui d'un ingénieur américain, et que cet ingénieur est l'inventeur des steamers. C'est une des idées de notre commodore, n'est-ce pas?

— Nullement, petit; Robert Fulton est véritablement un Américain, car il est né dans la Pensylvanie en 1785. Il fut d'abord peintre, et je crois assez mauvais peintre. Entraîné par un goût naturel qui le portait vers les sciences mécaniques, il se mit à l'étude, et inventa d'abord une machine à scier le marbre, puis un bateau sous-marin destiné à faire sauter les navires. Ce bateau, modifié, perfectionné par ses compatriotes, est devenu, sous le nom de *torpille*, un des plus formidables engins de guerre de notre temps. Mais le véritable titre de gloire de Fulton, c'est d'avoir appliqué la vapeur à la navigation. Ce fut en France, de 1802 à 1803, qu'il fit son premier essai. Nul ne devina, dans la lourde et imparfaite machine qu'il présenta, l'avenir que des perfectionnements successifs lui réservaient. Revenu en Amérique, Fulton construisit un nouveau bateau qui, à la grande admiration des New-Yorkais, fit bientôt un service régulier entre New-York et Albany, sur le fleuve Hudson.

— J'espérais, dit Vif-Argent d'un air désappointé, que le mécanicien s'était trompé lorsqu'il m'avait, en partie, raconté cette histoire.

— Et pourquoi espérais-tu cela, petit?

— Je voudrais, monsieur, que cette belle invention eût été faite par un Français.

— Console-toi, répondit M. Pinson. Quoi qu'en dise le commodore avec lequel j'agitais hier cette question, les Français sont pour quelque chose dans l'invention des bateaux à vapeur, steamers ou pyroscaphes : on leur donne tous ces noms. Dès l'année 1695, le Français Papin traçait le plan d'un bateau muni de rames mises en mouvement par la vapeur. En 1699, un autre de nos compatriotes, Duquet, essayait de remplacer les rames des galères par des roues munies de palettes. En 1753, l'abbé Gautier, de Lunéville, lisait à l'académie de Nancy un mémoire sur ce sujet. Et ce n'est pas tout : en 1775, Périer construisit à Paris un bateau à vapeur qu'il fit marcher sur la Seine, expérience reprise en 1780, sur le Doubs, par le marquis de Jouffroy. On a longtemps répété que Fulton avait été témoin de ces expériences. C'est là une erreur grave, puisque, à cette époque, l'ingénieur américain n'était pas encore né. La vérité, c'est qu'il eut connaissance des travaux du marquis de Jouffroy. Donc, sans contester le mérite de Fulton, il est permis de rendre justice à notre compatriote, dont l'Académie des sciences, du reste, à récemment constaté la priorité.

— Je vais raconter cela au mécanicien, dit Vif-Argent, pour lui prouver que les Français ne sont pas des bêtes. Mais encore un mot, monsieur : la machine du *Canada* se mouvait à l'aide de roues, et le *Fulton* marche avec une hélice.

— L'hélice, dit M. Pinson, est une invention bien française, celle-là; Duquet ou Du Quet, dont je te parlais tout à l'heure, en eut le premier l'idée. En 1803, Charles Dallery publia un mémoire dans lequel l'hélice propulsive est clairement décrite. Néanmoins, la première que l'on vit fonctionner avec succès fut construite par le capitaine suédois Éricson, en 1836.

— L'hélice est donc préférable aux roues! demanda Vif-Argent.

— L'hélice, petit, est surtout précieuse pour les bâtiments de guerre dont les boulets peuvent si facilement détruire les roues. En outre, elle permet aux navires qui en sont pourvus de naviguer au besoin à la voile, car ils sont plus légers et plus effilés. L'hélice d'un navire, — il est bon que tu connaisses ces détails, — s'immerge à une profondeur de soixante centimètres environ ; elle peut tourner sur elle-même deux cents fois par minute ; ses ailes, en frappant l'eau de la même façon que les ailes des moulins à vent frappent l'air, c'est-à-dire obliquement, font avancer un navire avec une vitesse de huit à dix milles par heure. »

Cinq jours après avoir été recueilli à bord du *Fulton*, vers trois heures de l'après-midi, M. Pinson se tenait à l'avant du steamer ; on s'attendait d'un moment à l'autre à voir apparaître les côtes d'Angleterre, et le cœur de l'ingénieur battait avec force. Le *Fulton* devait croiser dans la Manche, visiter tous les ports qu'il rencontrerait sur sa route, chercher partout le hardi corsaire qui, depuis quelques mois, avait causé de sérieux dommages au commerce américain en incendiant bon nombre de ses navires.

« Terre, terre ! » cria soudain la voix d'un matelot.

M. Pinson, tout bouleversé, eut d'abord quelque peine à reconnaître la terre dans le nuage blanchâtre qu'on lui montra au-dessus des flots. L'immobilité de ce nuage, dont les contours s'accusèrent rapidement, mit des larmes dans les yeux de l'ingénieur, qui pressa l'épaule de Vif-Argent sur laquelle il s'appuyait. Vif-Argent, songeant à Robinson, à l'Amérique, aux tigres, à Vendredi, murmura :

« C'est dommage ! Je suis content de penser que je vais revoir la mère Pitch ; mais c'est tout de même dommage de n'avoir pas vu d'île. »

La côte aperçue était celle du cap Lizard ; après l'avoir reconnu, le steamer reprit le large et se trouva à l'entrée de la Manche. Bientôt plusieurs navires furent en vue. Le commodore et ses officiers, armés de lunettes, examinaient ces navires avec soin et se communiquaient leurs impressions.

Le *Fulton*, changeant brusquement de direction, marcha soudain vers un brick de fort tonnage qu'il rejoignit en moins d'une heure. A l'approche du navire de guerre, le brick hissa le pavillon suédois. Le *Fulton* tourna autour de lui, le salua à son tour, puis reprit sa marche vers un autre bâtiment qui se montrait à gauche. M. Pinson ressentit une émotion indicible lorsqu'il vit flotter à l'arrière de ce bâtiment le pavillon tricolore de France, qui, se levant et s'abaissant par trois fois, salua de cette façon la bannière étoilée des États-Unis.

Durant le reste de la soirée, le *Fulton* passa en revue huit navires, car les abords de la Manche sont toujours encombrés de bâtiments revenant des pays d'outre-mer, ou s'y rendant. Deux ou trois fois, le commodore interrogea les capitaines de ces navires, leur demandant d'où ils venaient et où ils allaient. Le dernier interpellé fut un navire américain, et cette fois la conversation dura un quart d'heure. Le bâtiment venait du Havre, et il apprit au commodore que le corsaire qu'il cherchait se trouvait à Cherbourg, où plusieurs avaries l'avaient forcé à relâcher. C'était là un précieux renseignement, et le commodore mit aussitôt le cap vers le port français.

« Vous verrez une jolie danse, monsieur l'ingénieur, dit-il à M. Pinson, si, comme je n'en doute pas, je réussis à mettre le grappin sur ce *Davis* qui fait ici la chasse aux lapins, et fuit lâchement devant les requins. On se bat bien dans votre pays; il me semble l'avoir entendu dire. Avant peu vous verrez que les Américains n'y vont pas de main morte?

— Ils ne peuvent rien faire de plus que de se faire tuer, je suppose? dit M. Pinson.

— C'est vrai, monsieur; mais il y a manière et manière de se faire tuer, et je compte vous prouver que la nôtre est la bonne. »

M. Pinson, lui aussi, aimait avec force son pays; il ne souffrait guère qu'on l'attaquât, même indirectement, sans prendre sa défense. Toutefois, pour le moment, il se sentait si heureux de songer qu'avant quarante-huit heures il serait à terre, libre enfin d'aller où bon lui semblerait, qu'il accorda sans peine au commodore que la façon américaine de lancer un boulet, ou de le recevoir, était de beaucoup supérieure à toutes les autres façons connues.

« Est-ce que Cherbourg ressemble à Liverpool, monsieur? lui demanda Vif-Argent.

— Non, petit; Liverpool est un port de commerce, et Cherbourg est avant tout un port de guerre. C'est le seul que possède la France dans la Manche; encore a-t-il fallu le créer. Tu verras là une digue de trois mille huit cent soixante-six mètres, derrière laquelle peut s'abriter une flotte entière. Avant de retourner à Londres, nous visiterons les bassins creusés dans le roc, toute une série de travaux dont le moindre, en dépit des assertions du commodore, n'a pas été surpassé aux États-Unis. »

La nuit vint; on naviguait sur la grand route que suivent les navires de Hambourg, Flessingue, Anvers, Portsmouth, Plymouth, Dunkerque, le Havre, etc., pour s'éparpiller sur l'Océan et porter jusqu'aux extrémités de notre globe les produits de l'industrie européenne. Deux matelots furent placés en vigie, pour surveiller l'horizon et prévenir les abordages. Vers neuf heures du soir, on rencontra deux goëlettes, puis, une heure après, un brick américain. Le corsaire à la recherche duquel se livrait le *Fulton* était un navire de même tonnage que celui qu'on avait sous le vent; aussi le commodore eut-il un moment l'espoir d'avoir rencontré son ennemi. Interpellé à l'aide du porte-voix, le brick déclara venir du Havre, et confirma l'avis donné par la frégate rencontrée le matin, à savoir que le *Davis*, armé de vingt canons et monté par trois cents hommes d'équipage, se tenait paisiblement à l'ancre dans la rade de Cherbourg.

Le branle-bas de combat avait eu lieu à bord du *Fulton*, c'est-à-dire que les batteries étaient prêtes à faire feu, que les hamacs et tous les objets qui peuvent entraver les manœuvres avaient été transportés sous le second pont. Officiers, canonniers, timoniers, chacun était à son poste; le commodore s'installa sur sa passerelle.

« Va-t-on se battre pour de vrai, monsieur? demanda Vif-Argent à M. Pinson, qu'il ne quittait plus.

— J'espère que non, petit, répondit l'ingénieur. Ce *Davis*, comme on le nomme, n'a rien à gagner à se heurter contre le *Fulton;* son commandant, selon toute probabilité, essayera donc de nous éviter avec autant de soin que notre commodore en met à le chercher.

— Un corsaire est cependant un navire de guerre; il a des canons.

— Oui, petit; mais, s'il ne refuse pas toujours le combat, il s'attaque de préférence aux navires de commerce, afin de les détruire, quand il ne peut les emmener. Il y aurait beaucoup à dire sur ces irréguliers de la mer; cependant, les Français n'ont pas le droit de les condamner trop haut, car notre marine leur doit ses plus grands hommes de guerre.

— Pourquoi les Américains du Nord en veulent-ils aux Américains du Sud? N'appartiennent-ils pas à la même nation?

— Hélas! oui, petit; mais les hommes ne sont pas toujours

sages. Cette guerre aura pour résultat de rendre cinq millions d'hommes noirs à la liberté : le sang humain n'aura donc pas coulé en vain. »

Il était près de minuit, et M. Pinson et Vif-Argent se tenaient encore sur la dunette. Les vagues devenaient courtes, preuve qu'elles commençaient à être resserrées entre les côtes. De loin en loin apparaissait une lumière, et le *Fulton* marchait aussitôt vers ce point. Soudain un coup de canon retentit dans le lointain.

« Est-ce le signal d'un navire en détresse? s'écria M. Pinson. Demande-le vite à ce matelot, petit.

— Je le crois, répondit le matelot, car le commodore vient d'ordonner de piquer droit sur le point lumineux que voilà là-bas. »

Le *Fulton* parut redoubler de vitesse. Officiers et matelots se taisaient et écoutaient, le regard tourné vers la lumière aperçue. Cette lumière semblait grandir à vue d'œil et se multiplier. Tout à coup une longue flamme se dressa vers le ciel; elle s'échappait des flancs du navire.

« Tenez les canots prêts à prendre la mer! s'écria le commodore à l'aide de son porte-voix; il y a peut-être là des malheureux à sauver. »

Bientôt une distance d'un kilomètre, à peine, sépara le *Fulton* du navire en feu. Rien de plus imposant, de plus terrible, de plus sinistre, que de voir cette masse en flammes au milieu de l'Océan. D'épais nuages de fumée l'enveloppaient; puis des langues de feu s'échappaient des sabords, couraient de la poupe à la proue et rougissaient la mer de leur éclat.

« Il n'y a personne sur le pont! cria le commodore; faites tirer un coup de canon, lieutenant; les matelots qui ont abandonné ce bâtiment ne peuvent être loin, et il est bon, s'ils nous voient, de leur faire savoir qu'il peuvent venir à nous. »

Un silence si profond régnait à bord, que la voix brève, impérieuse du commodore s'entendait parfaitement. Tous les regards sondèrent l'horizon, cherchant les barques sur lesquelles devaient s'être réfugiés les marins dont le navire brûlait.

« C'est un des nôtres! cria soudain le commodore. Je lis sur sa poupe : « *Niagara*, de New-York. » Inscrivez ce nom, lieutenant. »

Le coup de canon tiré par le *Fulton* venait à peine de résonner,

Un nouvel incendie s'allumait à l'horizon. (Page 77.)

qu'une clameur immense retentit; on venait de dépasser le *Niagara*, et en avant, à quatre kilomètres environ, un nouvel incendie s'allumait à l'horizon. Aussitôt que l'on se fut assuré que nul être humain ne se trouvait sur le pont du *Niagara*, on mit le cap sur le second navire. On vit un canot s'éloigner à force de rames, et l'on aperçut alors un petit steamer qui, immobile, se tenait à moins de cinquante mètres du navire incendié.

Le *Fulton* fut aussitôt dirigé vers ce bâtiment, dont les flammes éclairaient la coque noire et fine. Le commodore, à la grande surprise de M. Pinson, fit arborer le pavillon anglais. Le petit steamer répondit en hissant le pavillon russe; mais, au lieu d'attendre l'approche du *Fulton*, il se mit en marche.

« Tirez à poudre, s'écria le commodore, et donnez-lui l'ordre de s'arrêter! »

Le petit steamer ne tint aucun compte de cet ordre, et continua sa route.

« Un boulet, vite! cria le commodore; nous sommes en paix avec la Russie, et ce navire semble avoir peur du nôtre. »

Le boulet, ricochant sur les vagues, alla mourir à quelques mètres du petit steamer.

« Hissez nos couleurs, lieutenant, dit le commodore, que ce fuyard sache qui nous sommes réellement. »

Le pavillon d'Amérique flottait à peine à la proue du *Fulton*, que le steamer arborait le drapeau français. Il ralentit sa marche, et à peine le *Fulton* se trouvait-il à portée, qu'un boulet passait par-dessus son pont. En même temps, le petit steamer hissait à sa poupe le drapeau des États du Sud.

« Le *Davis!* s'écria le commodore. Droit à lui, garçons, et à mort les incendiaires!

— A mort! » répéta l'équipage d'une seule voix.

Un formidable *hourra* retentit à bord du *Davis*. Ce cri fit frissonner M. Pinson et Vif-Argent.

« Allons-nous assister à un combat naval? s'écria l'ingénieur. En voilà bien d'une autre! Quoi! non content de m'avoir arraché à ma rue Nollet, de m'avoir perdu dans les rues de Londres... de... »

M. Pinson n'en put dire davantage, un boulet parti du *Davis* venait d'emporter, sous ses yeux, le bras d'un des matelots qui tenaient la roue du gouvernail. Presque au même instant le *Fulton* craqua comme si ses flancs allaient se disjoindre, et un bruit formidable assourdit M. Pinson, qui crut que le steamer sombrait. Sur l'ordre du commodore, les artilleurs venaient simplement de répondre à la provocation du *Davis*, en le saluant d'une décharge générale de leurs pièces de tribord.

CHAPITRE XI

LES ILES CANARIES

« Descendez à l'entrepont, monsieur, dit le lieutenant du *Fulton* à M. Pinson en passant près de lui; il y a danger ici. »

Vif-Argent, un peu pâle, regardait de tous ses yeux. L'ingénieur, après une minute d'hésitation, le prit par la main et l'emmena dans le salon; ils y arrivaient à peine qu'une nouvelle décharge ébranlait le steamer.

« Reste ici, petit, dit M. Pinson, qui, en proie à une agitation fébrile, ne pouvait tenir en place, et ne bouge pas.

— Où allez-vous, monsieur?

— Sur le pont; j'aime mieux voir que d'entendre.

— J'y vais aussi, dit l'enfant; je ne veux pas vous quitter. »

L'ingénieur se rapprocha de Vif-Argent.

« As-tu peur? lui demanda-t-il.

— Ici, oui; là-haut, en plein air, il me semble que je suis plus rassuré. »

M. Pinson, redoutant pour son petit compagnon les brutalités d'un boulet ou d'un éclat d'obus, résista à sa propre envie de retourner sur la dunette, et s'assit près de lui.

« Voilà la guerre, petit, dit-il avec mélancolie, la guerre et ses sombres horreurs. Chacune des détonations qui retentissent en ce moment a pour terrible conséquence de priver une mère de l'enfant auquel elle a sacrifié sa jeunesse, de l'être qu'elle a protégé vingt ans contre la moindre égratignure. C'est affreux à songer que des êtres humains, c'est-à-dire doués de raison... Hum! ne philosophons pas à faux; tant qu'il y aura sur la terre des hommes ambitieux et méchants, on se battra.

— Le commodore et ses officiers sont de bonnes gens, monsieur, dit Vif-Argent; vous me l'avez fait remarquer plusieurs fois.

— Certes, petit! aussi n'est-ce point d'eux que je veux parler, mais de ceux qui leur ont mis les armes à la main. La guerre qui divise les États-Unis est une guerre à jamais fatale, peut-être nécessaire. Au fond il n'y a qu'une seule guerre juste et sainte, vois-tu, c'est celle que l'on fait à l'ennemi qui, envahissant la patrie, prétend la démembrer ou l'asservir. Devant un tel ennemi, il faut savoir combattre, mourir, afin de pouvoir léguer aux milliers d'êtres qui doivent venir après nous, à défaut d'autres biens, l'indépendance et la liberté. »

La canonnade continuait. M. Pinson, peu à peu, se rapprocha de l'escalier, en gravit les degrés et se montra de nouveau sur le pont. La mer, sous l'éclat des deux navires en feu, apparaissait comme une vaste nappe rouge. La brise agitait à peine les flots, et la fumée blanche des canons flottait dans l'air. A bord du *Fulton*, les visages étaient sérieux, mais les regards flamboyaient. Les ordres du commodore, toujours posté sur la passerelle, se transmettaient brièvement. Beaucoup plus petit que son adversaire, le *Davis* lui tenait tête néanmoins, et manœuvrait de façon à ne point découvrir ses flancs. Plusieurs mares de sang se voyaient sur le pont du *Fulton*, et des agrès rompus pendaient le long des mâts.

« Gouvernez de façon à frapper l'ennemi par le travers, vint dire un enseigne aux hommes qui tenaient le gouvernail; le commodore veut en finir. »

En même temps, l'ordre de réserver leur feu fut transmis aux canonniers.

M. Pinson s'était logé près de la cheminée, au-dessous de la passerelle. Il sentit soudain quelqu'un se serrer contre lui : c'était Vif-Argent.

« Laissez-moi là, monsieur! » dit l'enfant d'une voix suppliante.

M. Pinson, sans répondre, enveloppa son petit compagnon de ses bras. Un silence solennel régnait à bord du *Fulton*, qui, sans riposter, affrontait le feu de son adversaire. Un boulet vint s'enfoncer au-dessus de la tête de M. Pinson.

« Ouf! murmura l'ingénieur, voilà pourtant ce que je dois à ce gredin de Boisjoli. Sans lui, sans ses perfides conseils, je serais, à l'heure présente, tranquillement étendu dans mon lit. Au lieu de cela, me voilà en pleine mer, entre deux incendies, menacé à chaque seconde de servir de gaîne à un obus qui, m'emportant un bras

Un boulet vint s'enfoncer au-dessus de sa tête. (Page 80.)

ou une jambe, me rendra digne de l'Hôtel des Invalides sans que j'aie le droit d'y entrer. »

M. Pinson coupa court à son monologue. Le *Fulton*, lancé à toute vapeur, s'approchait rapidement du *Davis*. Encore quelques minutes, et les deux navires, comme des taureaux en fureur, allaient se heurter avec une violence inouïe. M. Pinson se cramponna aux cordes d'une chaloupe amarrée sur le pont, afin de résister au choc qu'il prévoyait.

« Barre à bâbord ! » cria le commodore.

Le *Fulton* obéit au gouvernail et fila vers la gauche. Mais le *Davis* avait deviné les intentions de son ennemi; au moment où le *Fulton* arrivait sur lui, il vira brusquement de bord. Les deux steamers, se croisant, échangèrent aussitôt le feu de leurs pièces. Des cris d'angoisse, de douleur, d'agonie, succédèrent à la formidable détonation, cris couverts aussitôt par des hourras.

Emporté par l'élan à l'aide duquel il avait espéré couper en deux son adversaire, le *Fulton* s'éloigna de cinq cents mètres et dut décrire une longue courbe avant de pouvoir revenir vers lui. Le *Davis*, continuant sa route en ligne droite, passa près du second navire embrasé et le salua d'un hourra de triomphe.

« L'incendiaire renonce à se battre! s'écria le commodore avec rage. Manœuvrez droit, garçons! cria-t-il aux timoniers, il y va de notre honneur de ne pas laisser échapper ce forban. »

Un kilomètre séparait déjà les deux steamers, et le *Fulton* marchant à toute vapeur, suivit le sillage du *Davis*. En moins d'une heure on perdit de vue les deux navires incendiés, mais longtemps encore le ciel demeura rouge dans leur direction. Les matelots, sans perdre une minute, se mirent à réparer les dégâts causés par les boulets et lavèrent le pont. Leur désappointement était grand; tout en travaillant, ils menaçaient du poing le corsaire qui fuyait devant eux, l'apostrophant de termes injurieux, le défiant de les attendre. Leurs voix se perdaient dans le bruit des flots, et le *Davis*, sans doute très maltraité, ne semblait pas d'humeur à recommencer la lutte.

« Allons, monsieur le Français, un verre de grog en l'honneur de l'Amérique! dit le commodore en passant près de M. Pinson. J'ai vu votre contenance sous le feu, ajouta l'officier; sur ma foi, vous êtes brave.

— Comme ci comme ça, répondit l'ingénieur; quand je ne puis pas faire autrement.

— Vous vous calomniez; la cale était ouverte et vous pouviez vous y réfugier.

— Je n'aime pas les ténèbres, répliqua M. Pinson; cependant, pour ne rien vous cacher, commodore, j'avoue que je me hâterais de vous dire adieu si je le pouvais. Dites-moi, croyez-vous que le *Davis* recommence le combat?

— Il le faudra bien, qu'il le veuille ou non. Le *Fulton*, monsieur, est un marcheur de premier ordre ; vous verrez cela demain matin. Pour le moment, à votre santé et bonsoir ! »

M. Pinson et Vif-Argent suivirent l'exemple que leur donnait le commodore et se retirèrent dans leur cabine. L'enfant était encore ému du combat livré sous ses yeux et accablait M. Pinson de questions.

« Est-ce que vous aussi, monsieur, vous souhaitez de voir le *Davis* s'entr'ouvrir et disparaître au fond de la mer ?

— Non certes, petit, je ne veux la mort de personne.

— Les matelots du *Fulton* ne parlent que de pendre ceux du *Davis*.

— Je comprends leur colère. Si, sous nos yeux, un navire anglais ou allemand était venu brûler deux inoffensifs bâtiments de commerce français, je crois que j'aurais réclamé une arme et pris part au combat. Mais notre rôle doit se borner à former des vœux pour la fin de cette lutte fratricide. »

M. Pinson, bien que levé presque en même temps que le soleil, trouva Vif-Argent sur le pont. Trois matelots du *Fulton* avaient été tués, et leurs camarades s'occupaient de les ensevelir dans des morceaux de toile à voiles. La mer était unie, et, à quatre kilomètres en avant, le *Davis* continuait à fuir.

« Le gredin est bon marcheur, dit le lieutenant à M. Pinson ; bien que nous filions en ligne droite, il gagne un peu de distance sur nous. Par bonheur, le baromètre baisse ; que la mer s'agite, je connais le *Fulton*, il reprendra l'avantage. »

M. Pinson regarda longtemps le *Davis*, qui, peint en noir, son pavillon flottant à la poupe, défiait ainsi son formidable adversaire. Léger, rapide, le petit steamer semblait glisser sur les flots, et laissait derrière lui une longue traînée d'écume.

La cloche du bord annonça dix heures. Le commodore, en grand uniforme, parut sur le pont, salué par un lugubre roulement de tambour. Aussitôt les matelots, équipés et en armes, se rangèrent de chaque côté du steamer, tandis que les officiers entouraient leur chef. Les corps des trois matelots furent apportés, puis déposés près d'un sabord ouvert, pourvu d'un plan incliné. Le commodore, d'une voix grave, lut alors plusieurs passages des psaumes de David ; il s'interrompait de temps à autre, et les sons plaintifs d'un fifre se faisaient entendre.

Rien de plus navrant que cette simple cérémonie. Au-dessus du navire, le ciel sans bornes; au-dessous, la mer aux abîmes immenses, prête à s'entr'ouvrir pour recevoir la dépouille mortelle d'hommes hier pleins de vie, bravement morts à leur poste pour leur patrie.

Un coup de canon retentit; les trois corps, un boulet lié à leurs pieds, glissèrent l'un après l'autre sur le plan incliné et disparurent dans la mer, qui se referma aussitôt sur eux.

M. Pinson et Vif-Argent, tête nue, recueillis, avaient pris leur part de cette triste cérémonie; ils regagnèrent à pas lents la dunette. Vif-Argent pleurait.

« Qu'as-tu, petit? lui demanda l'ingénieur.

— Mon père, monsieur, je pense à mon père. Un matin, je l'ai vu pâle, immobile, enveloppé de linges blancs, comme les matetots que je regardais tout à l'heure. On le plaça sur une voiture noire, puis on le conduisit au cimetière. La terre avait été creusée, et... je ne devais plus le revoir. »

Vif-Argent sanglota si fort que M. Pinson l'assit sur ses genoux, l'embrassa, puis, tout en lui parlant, se mit à le bercer comme s'il eût été tout petit. Peu à peu le chagrin de l'enfant s'apaisa, et un sourire reparut sur ses lèvres. Deux heures plus tard, chacun, à bord du *Fulton*, avait repris son occupation habituelle.

Quand la cloche du steamer sonna midi, annonçant l'heure du déjeuner, la distance qui séparait le *Fulton* du *Davis* ne semblait pas s'être modifiée. Le commodore, convaincu que, si la mer devenait plus agitée son navire prendrait une supériorité d'allure qui lui permettrait de rejoindre l'ennemi, consultait sans cesse le baromètre.

Le déjeuner fut vite expédié ; la perspective d'un prochain combat rendait tout le monde un peu fiévreux à bord du *Fulton*. En arrivant sur le pont, le commodore jeta un coup d'œil sur la mer et frappa du pied.

« Ce maudit bateau est de construction américaine, dit-il avec dépit.

— A quoi le reconnaissez-vous, commodore? demanda M. Pinson.

— A sa marche, monsieur; s'il sortait d'un atelier anglais ou français, il y a longtemps que nous l'aurions rejoint.

— Les Anglais et les Français savent construire un navire, commodore.

— Je n'en disconviens pas, monsieur; à force de copier les Américains, les Français et les Anglais sont arrivés à un à peu près satisfaisant, à un à peu près, pas davantage. »

Le commodore n'était pas d'assez bonne humeur, en ce moment, pour que M. Pinson se hasardât à soutenir une controverse; il se tut donc, bien qu'il lui eût été facile de prouver, par des faits irréfutables, que les ingénieurs maritimes français ne le cèdent à personne dans l'art de construire un navire. Comme compensation, l'ingénieur se donna la satisfaction d'expliquer à Vif-Argent l'erreur du commodore, et trouva dans l'enfant un auditeur convaincu.

La journée s'écoula à observer le *Davis*, qui, son pavillon à l'arrière, continuait à braver son ennemi. Une rage concentrée régnait parmi les hommes du *Fulton*, impatients de se mesurer de nouveau avec le corsaire qui, en quelque sorte sous leurs yeux, avait incendié deux navires qu'ils avaient mission de protéger. Le commodore s'entretenait souvent avec le mécanicien en chef, l'excitant à donner à l'hélice toute l'impulsion rotative compatible avec la sûreté de l'équipage. On marchait à raison de deux cent vingt tours par minute; faisant environ douze milles à l'heure.

« Vers quelle côte se dirige donc le *Davis?* demanda M. Pinson au lieutenant; il me semble que nous devrions voir la terre depuis plusieurs heures.

— La terre! répéta le lieutenant, quelle terre?

— Celle de France ou d'Angleterre; la Manche est-elle si large qu'il faille plus de quarante-huit heures pour la traverser?

— La Manche est derrière nous, répondit le lieutenant? nous avons en ce moment le cap sur les îles Canaries.

— La Manche derrière nous! les îles Canaries! répéta M. Pinson; il ne me manquait plus que cela. Aurai-je renoncé à visiter les États-Unis pour aller aborder dans la patrie des serins? ce dernier tour de Boisjoli mettrait le comble à son incroyable conduite. »

Le lieutenant, appelé pour une manœuvre, était déjà loin, que M. Pinson répétait encore :

« La patrie des serins! non, ce serait trop fort! »

Vif-Argent, installé non loin de M. Pinson, l'observait du coin de l'œil; lorsqu'il le vit un peu calmé, il s'approcha de lui.

« Est-ce vrai, monsieur, dit-il, ce que vous venez de dire?

— Qu'ai-je dit, petit? Que Boisjoli...

— Non, pas cela, monsieur; vous avez dit que les îles Canaries sont la patrie des serins.

— Rien de plus vrai.

— Et où sont-elles situées, ces îles?

— Sur les côtes d'Afrique.

— Elles appartiennent à la France?

— Non, bien que les Français, vers 1330, les aient retrouvées.

— Retrouvées! s'écria Vif-Argent avec surprise; les îles Canaries ont donc été perdues?

— Les îles Canaries, reprit M. Pinson, étaient connues des peuples de l'antiquité, et les Carthaginois y établirent des comptoirs de commerce. Ils les nommèrent *îles Fortunées*, en raison de la beauté de leur climat et de leur richesse. Après la ruine de Carthage, on oublia la route qui conduisait à ces îles, dont le nom seul se perpétua dans la mémoire des marins.

— Je comprends, dit Vif-Argent, et à qui appartiennent-elles?

— Aux Espagnols, qui, bien que venus après les Français, eurent le bon esprit d'en prendre possession. Ce fut même un gentilhomme français, Béthencourt, qui en fit la conquête, car elles étaient habitées par un peuple guerrier, les Guanches, que l'on considère comme des parents des Berbères.

— Et quel est le nombre de ces îles?

— Sept principales, petit, dont l'une, nommée Ténériffe, possède un volcan haut de 3,710 mètres ce qui permet aux navires de l'apercevoir d'une distance de 200 kilomètres. Une autre, l'île de Fer, a été rendue célèbre par une ordonnance du roi Louis XIII datant de 1634; elle fut prise pour lieu du passage du premier méridien.

— Sont-elles habitées, ces îles?

— Oui, certes; Ténériffe seule renferme 8,000 habitants.

— Tant pis! murmura Vif-Argent; mais dites-moi, monsieur, de laquelle de ces îles viennent les serins?

— De toutes, petit.

— Ce doit être amusant de voir voltiger sur les arbres ces jolis petits oiseaux jaunes.

— Le serin des Canaries, à l'état sauvage, reprit M. Pinson, n'a point la belle couleur jaune du serin domestique. Il est brun, gris, blanc, jaune, multicolore par conséquent. Le serin appartient à la grande famille des passereaux, et si ceux des Canaries sont particulièrement estimés, il y en a aussi en France. »

M. Pinson fut interrompu par un mouvement qui se produisit à bord; les matelots couraient à l'avant. Le soleil se couchait, et, sur la teinte vermeille dont il embrasait le ciel, se dessinaient les mâts d'un navire.

CHAPITRE XII

AU BOUT DU MONDE

Le trois-mâts aperçu était un bâtiment à voiles qui semblait naviguer à l'est du *Davis*; mais le corsaire obliquait peu à peu de son côté.

« Viens ici, dit M. Pinson à Vif-Argent; tu sais sans doute que la terre est ronde?

— Oui, monsieur; seulement, je n'ai jamais pu comprendre comment les gens qui sont au-dessous de nous peuvent marcher la tête en bas.

— Notre globe, petit, lancé à toute volée dans l'espace, avec son double mouvement de rotation, n'a en réalité ni dessus ni dessous. D'une part la gravitation attire notre corps vers son centre; de l'autre, la pesanteur de notre atmosphère, équivalente à un poids de douze mille kilogrammes, nous fixe avec solidité sur notre vaste prison. Mais je t'ai appelé pour te montrer un des phénomènes qui servent à démontrer la rotondité de notre terre; regarde donc devant toi, et dis-moi ce que tu découvres à l'horizon.

— Ce que chacun voit aussi bien que moi, monsieur, c'est-à-dire les mâts d'un navire.

— Et quelle partie de ces mâts aperçois-tu?

— Leur extrémité.

— Et la coque du navire, la vois-tu?

— Non, répondit Vif-Argent après avoir regardé avec attention.

— Et pourquoi ne vois-tu pas cette coque?

— Parce qu'elle est encore trop éloignée de nous.

— La coque d'un navire est au moins cent fois plus grosse que ses mâts; si l'éloignement t'empêche de la voir, par quel miracle peux-tu distinguer les premiers? Eh bien, petit, c'est parce que la terre est réellement ronde que ce navire nous montre d'abord l'extrémité de ses mâts; quant à sa coque, elle est encore cachée par la courbe que décrit la mer. Si nous continuons à marcher vers ces îles Canaries, que Dieu confonde! tu verras, par la même raison, apparaître d'abord la pointe du pic de Ténériffe, et ce n'est qu'à mesure que nous nous en rapprocherons, que les flancs et enfin la base de cette montagne se montreront à nos yeux. Tu comprends? »

Des cris de colère, poussés par les matelots groupés à l'avant du *Fulton*, interrompirent M. Pinson. Le *Davis* venait d'amener son pavillon pour le remplacer par la bannière étoilée des États-Unis du Nord.

« Que signifie cela? demanda l'ingénieur intrigué; est-ce une bravade?

— Cela signifie, répondit le lieutenant, que le corsaire, dans le trois-mâts qui vient vers nous, a reconnu un navire américain. Il déploie notre pavillon afin de ne pas effrayer la proie qui s'avance vers lui. C'est là une méchante ruse, monsieur, et, je l'espère, nous la déjouerons tout à l'heure à l'aide de coups de canon qui mettront le trois-mâts sur ses gardes. »

La nuit venait; le commodore, debout sur la passerelle, donna soudain l'ordre de tirer, et une sèche détonation fit vibrer l'air. Les longues-vues furent aussitôt braquées sur le trois-mâts; c'était un navire à voile de forte dimension, probablement chargé de coton. Le coup de canon tiré par le *Fulton* fit un moment dévier l'étranger de sa route; mais le *Davis* tira à son tour. Le trois-mâts, dans cette double détonation, crut probablement à un avis de se rapprocher des deux steamers qui semblaient naviguer de conserve, car il se dirigea vers eux.

Le commodore, anxieux, furieux, ordonna de lancer quelques boulets dans la direction du *Davis;* il espérait, par cette démonstration hostile, éveiller l'attention du trois-mâts. Mais le navire de commerce, éloigné de deux lieues environ du *Fulton*, ne pouvait déjà plus distinguer ses signaux.

Le commodore ne quitta pas son poste. De temps à autre, il appelait le mécanicien et l'excitait à presser la marche du steamer; celui-ci secouait la tête; on filait de toute la vitesse compatible avec la sûreté du bâtiment, la machine était à sa haute pression. La nuit s'obscurcit, et le *Davis*, peu à peu, se perdit dans les ténèbres.

Le commodore se rendit à l'avant, prêtant l'oreille aux bruits qui venaient de la mer. Soudain un rayon lumineux parut, glissa sur les flots, éclairant au loin l'horizon. Le rayon s'arrêta bientôt sur le *Davis*, qui, aux acclamations de l'équipage du *Fulton*, apparut aussi distinctement qu'en plein soleil.

Le rayon, parcourant de nouveau l'horizon, s'arrêta sur le trois-mâts; il se trouvait à trois kilomètres environ du *Davis* et venait droit sur lui.

« Qu'est-ce que cela? demanda Vif-Argent. Il n'y a ni lune, ni soleil, et...

— La lumière électrique, petit, dit M. Pinson en montrant le haut du grand mât où se tenaient deux enseignes; décidément ces Américains sont ingénieux, et le *Davis* doit être bien ennuyé. »

C'était réellement un spectacle fantastique que de voir le blanc rayon, parti de la grande hune du *Fulton*, suivre le *Davis* dans tous ses mouvements, le maintenir en pleine lumière, et rendre ses manœuvres aussi visibles que si le soleil l'eût éclairé. A plusieurs reprises, le corsaire tenta de se soustraire à cet éclairage incommode, toujours en vain. Alors il marcha droit vers le trois-mâts, et commença à le canonner.

Surpris de cette agression inattendue, le navire de commerce changea aussitôt de route. Le rayon lumineux, dirigé sur lui, le montra bientôt couvert de débris de voiles et d'agrès. Des fusées incendiaires, lancées par le *Davis*, décrivirent alors de longues courbes et allèrent s'abattre sur le malheureux trois-mâts.

Des cris de fureur retentirent à bord du *Fulton*.

« Faites-nous sauter s'il le faut, cria le commodore au mécanicien en chef; mais, par le ciel, monsieur, conduisez-nous à portée de l'ennemi! »

La canonnade continuait. Une flamme parut à l'avant du trois-mâts, et la mer se teignit de rouge. Enveloppé de flammes, le navire ne gouvernait plus et flottait au hasard. Sur son pont, une dizaine de matelots se hâtaient de détacher un canot pour le mettre à la mer.

« Ce navire va sombrer, gouvernez sur lui! » cria le commodore aux timoniers.

Le *Fulton* obéit docilement au gouvernail. Un silence de mort régnait parmi les matelots; chacun d'eux, en proie à une anxiété terrible, retenait son haleine. Peu à peu le trois-mâts s'enfonçait dans la mer, ses bords s'abaissaient graduellement vers le niveau de l'eau. Le *Davis*, sans cesser de le canonner, passa derrière lui, et devint invisible pour le *Fulton*.

Le trois-mâts, continuant à pivoter sur lui-même, au hasard, présenta de nouveau son avant. On vit ses matelots disparaître un à un. Soudain un cri d'angoisse sortit de toutes les poitrines, le trois-mâts s'inclinait. Ses tronçons de mâts battirent l'air de droite à gauche et de gauche à droite; puis ils s'enfoncèrent avec lenteur, et le navire incendié disparut sous les flots.

« Voilà donc la guerre! murmura M. Pinson, qui se couvrit les yeux de ses mains; c'est affreux! »

Une obscurité profonde couvrit de nouveau la mer. Un cri de triomphe, venu du *Davis*, arriva jusqu'aux oreilles de l'équipage du *Fulton*. La lumière électrique fut aussitôt dirigée sur le corsaire; il venait d'arborer le pavillon du Sud.

Le commodore, debout sur la dunette, pressa sa longue-vue avec une force telle qu'il la brisa.

« N'est-il pas terrible, monsieur, dit-il à M. Pinson, de voir commettre de pareilles infamies sans pouvoir les empêcher?

— J'en conviens, répondit l'ingénieur. Mais les matelots du trois-mâts, que sont-ils devenus?

Le trois-mâts continuait à pivoter. (Page 90.)

— Je crains qu'ils n'aient pas eu le temps de détacher leur canot, qu'ils n'aient été entraînés dans le tourbillon creusé par le navire qui les portait! »

Le rayon de lumière électrique, promené sur la mer, éclaira en ce moment la petite embarcation; les hommes qui la montaient ramaient avec vigueur et se dirigeaient vers le *Davis*, arrêté pour les attendre.

« Ah! s'écria M. Pinson avec un soupir de soulagement, ces corsaires gardent encore un reste de sentiment humain.

— C'est-à-dire qu'ils recrutent des matelots, répondit le commodore avec humeur. Comprend-on que ces niais, ajouta-t-il en désignant le canot, aillent chercher un refuge à bord de l'ennemi qui vient de les couler? »

Le commodore courut à sa passerelle; le *Fulton* se rapprochait rapidement du *Davis*. Un boulet, lancé par ce dernier, vint mourir à vingt mètres à peine du steamer. Encore quelques minutes, et l'on serait à bonne portée. Le canot aborda; ses hommes furent enlevés en un instant, et le *Davis* reprit aussitôt sa marche, envoyant au *Fulton* un nouveau cri de triomphe et de défi.

Vers minuit les deux navires, dont la marche était décidément identique, continuaient à naviguer en quelque sorte de conserve, un peu plus rapprochés que le matin, mais encore trop éloignés l'un de l'autre pour échanger des projectiles. M. Pinson emmena Vif-Argent se coucher. Le petit garçon, encore ému des scènes qu'il avait vues, accabla son compagnon de questions avant de pouvoir s'endormir. Quant à l'ingénieur, lui aussi chercha longtemps le sommeil.

« Il y a dans notre vie, pensait-il, une part d'imprévu si grande, que rien n'est plus propre à humilier notre raison. Ainsi ce beau trois-mâts, qui flottait si majestueusement ce matin, est venu, en dépit des signaux du *Fulton*, s'exposer, comme un véritable aveugle, aux coups du *Davis* qu'il prenait sans doute pour un ami! Parlons-en des amis; je suis payé pour cela. Le plus cher des miens m'arrache de chez moi, me conduit à Liverpool, m'y embarque, et, grâce à lui, me voilà bel et bien en route pour le « pays des serins » comme dit Vif-Argent; sans compter qu'une bombe du *Davis* a déjà failli mettre fin à mon voyage, et que ce corsaire, sans aucun doute, nous en tient d'autres en réserve. Pendant ce temps, M. Boisjoli, gai, pimpant, satisfait, débarque à New-York et se promène en terre ferme. Oh! la terre ferme! le jour où je la sentirai de nouveau sous mes pieds... Ne pensons pas à cela, je me prendrais à exécrer Boisjoli. »

En dépit de sa résolution, ses aventures, depuis son départ, défilèrent sous les yeux clos de M. Pinson; ce ne fut que peu à peu qu'elles devinrent confuses et qu'il s'endormit enfin.

Au point du jour il était debout. Le *Davis* n'avait point regagné la distance que lui avait fait perdre son temps d'arrêt, et le *Fulton* le poursuivait avec plus d'ardeur et d'acharnement que jamais. M. Pinson alla près de la boussole, et reconnut alors qu'on avait changé de route.

« Le *Davis* retourne-t-il vers l'Europe? demanda-t-il au commodore qui arrivait sur le pont.

— Pour cela il lui faudrait nous passer sur le corps, répondit l'officier. Non, monsieur, le *Davis* ne retourne pas vers l'Europe, il nous mène aux îles du Cap-Vert. »

M. Pinson fit une grimace.

« Tu as entendu, petit? dit-il à Vif-Argent.

— Oui, répondit l'enfant d'un ton désappointé; nous ne verrons pas la patrie des serins. Où sont-elles donc, monsieur, ces îles dont parle le commodore?

— A cinq cents kilomètres du cap auquel elles doivent leur nom, répondit l'ingénieur, lequel cap forme la pointe la plus occidentale de l'Afrique, à l'extrémité de la Sénégambie. Les îles du Cap-Vert ont été découvertes par le portugais Codomorto.

— Et c'est là que nous allons aborder?

— Pour le savoir, répondit M. Pinson, il faudrait pouvoir causer avec le commandant du *Davis*, car il est devenu l'arbitre de nos destinées.

— Mais si nous abordons ces îles, débarquerons-nous?

— Oui, sur mon honneur! répondit avec véhémence M. Pinson. Quelle que soit la terre que nous abordions, petit, nous y prendrons pied pour regagner l'Europe comme nous pourrons, en dehors des routes maritimes et de leurs règlements, si toutefois cela est possible.

— Je voudrais bien, monsieur, que ce fût dans le pays des singes, afin de n'être pas venu si loin pour n'avoir vu que le ciel et l'eau. »

En ce moment, le commodore se rapprocha de ses passagers.

« Le mieux est l'ennemi du bien, monsieur Pinson, dit l'officier; j'ai cru vous avoir servi en vous prenant à mon bord, un peu contre les règlements, et me voilà vous conduisant je ne sais où.

— Tout a une fin dans ce monde, commodore, et votre chasse n'échappera pas à cette loi commune, c'est ce qui me console.

Sans indiscrétion, puis-je vous demander quelles sont vos intentions?

— Je n'en ai pas d'autre que d'atteindre le *Davis* et de le couler à son tour.

— Mais jusqu'à quand, jusqu'où comptez-vous le poursuivre?

— Jusqu'au bout du monde, monsieur, s'il le faut.

— Voilà qui est consolant, se dit M. Pinson. Les progrès modernes ayant péremptoirement démontré que le monde n'a pas de bout, me voilà en mer pour l'éternité. Je me demande, par instants, si je ne suis pas à bord de ce vaisseau-fantôme qui trouble le sommeil des matelots et qu'ils prétendent tous avoir aperçu dans leurs voyages, fuyant dans la brume ou la tempête. Ainsi, grâce à Boisjoli, me voici en route pour le bout du monde; n'est-ce pas absurde?

— Baleine à bâbord! » cria la vigie.

M. Pinson, perdu dans ses réflexions, ne prit pas garde à cet avis que lui traduisait Vif-Argent, qui s'élança pour voir le monstre annoncé.

CHAPITRE XIII

LE BONHOMME TROPIQUE

Sur la surface presque unie de la mer venait d'apparaître, à bâbord du *Fulton*, une masse noirâtre qui, de loin, ressemblait à la coque d'un navire, vue sens dessus dessous. Vif-Argent, déjà grimpé dans les cordages d'un hauban pour mieux observer, vit cette masse se mouvoir, décrire une sorte de courbe, et une queue énorme se montra hors de l'eau. En même temps une insupportable odeur de marée empesta l'atmosphère.

Pendant deux ou trois minutes, l'onde demeura immobile; soudain elle bouillonna, l'extrémité d'un museau gigantesque apparut, et deux jets d'eau salée, lancés à une hauteur de deux mètres environ, retombèrent en pluie fine, presque vaporisée. Au même instant, un corps bleuâtre surgit à demi de la mer pour s'y replonger aussitôt.

« Est-ce une vraie baleine, monsieur? demanda Vif-Argent à M. Pinson qui venait de le rejoindre.

— Ce n'est qu'un de ses parents, petit, le grand cachalot, que les savants nomme *physeter macrocephalus*.

— Ce doit être le plus gros des poissons ; il m'a paru aussi long que notre chaloupe.

— Avec la baleine, il est en effet le géant des habitants de la mer. Seulement le cachalot n'est pas plus un poisson que la baleine, le narval, le dauphin, le marsouin ou le baleinoptère, qui tous sont des mammifères cétacés.

— Comment! ces bêtes qui vivent dans l'eau ne sont pas des poissons? s'écria l'enfant surpris.

— Elles vivent dans l'eau, reprit M. Pinson, à la condition de venir respirer à sa surface, de dix minutes en dix minutes, comme tu vas le voir tout à l'heure. En outre ces bêtes ont le sang chaud, tandis que les poissons sont des animaux à sang froid.

— Et ce cachalot, de quoi vit-il?

— Il est carnivore, et d'une voracité qui ne le cède qu'à celle du requin; il se nourrit de poissons, de coquillages, et te croquerait à l'occasion. »

Vif-Argent, instinctivement, se cramponna plus fort aux cordages.

« J'avais entendu dire, reprit-il, que la baleine ne sait même pas se défendre.

— C'est vrai; elle n'a point de dents d'abord, mais des fanons, et, en dépit de sa taille, elle est si craintive, si timide, qu'un oiseau qui plane au-dessus d'elle suffit pour la mettre en fuite. Elle ne devient redoutable que par amour maternel, alors qu'elle défend les petits qu'elle allaite. Quant au cachalot, c'est une autre affaire. »

L'idée d'une baleine allaitant ses petits fit beaucoup rire Vif-Argent; il crut d'abord à une plaisanterie de son professeur.

« Je ne plaisante en aucune façon, reprit l'ingénieur; et les baleiniers connaissent si bien l'amour de la baleine pour ses enfants, qu'ils attaquent souvent ces derniers, bien qu'ils leur soient inutiles, sachant que la mère se fera tuer plutôt que de les abandonner.

— Pauvres baleines? dit Vif-Argent, ce serait bien plutôt le cas de les laisser tranquilles. »

Le cachalot reparut. De même que la première fois il sortit à moitié de l'eau, puis plongea.

« Les matelots, monsieur, reprit Vif-Argent, disent que la tête de ce pois... de ce mammifère, veux-je dire, est aussi grosse que son corps et qu'elle renferme du blanc de baleine avec lequel on fabrique des bougies. Est-ce vrai?

— C'est vrai, petit.

— Ils disent aussi que son corps renferme de l'ambre gris; qu'est-ce que l'ambre gris?

— Une matière grasse que l'on considère comme une sécrétion de l'estomac du cachalot. L'ambre gris flotte parfois à la surface de la mer; il possède une odeur musquée qui le fait employer par les parfumeurs. »

Cinq ou six nouveaux cachalots se montrèrent au loin, bondissant au-dessus de l'eau, se poursuivant comme s'ils jouaient entre eux. Vif-Argent n'apprit pas, sans surprise, que ces gigantesques animaux voyagent souvent par troupes composées de deux ou trois cents individus.

« Un fait assez étrange, lui dit encore son professeur, c'est que les baleines, auxquelles les hommes font depuis des siècles une guerre si acharnée qu'ils les ont détruites par milliers, sont très mal connues des naturalistes, qui, pendant longtemps, ont confondu entre elles des espèces bien différentes. Aujourd'hui, grâce au progrès de la science, on ne compte pas moins de quatre-vingts espèces de baleines, dont plusieurs sont encore à étudier. Presque tous ces mammifères habitent les mers polaires; sans cesse pourchassés, ils se réfugient de plus en plus dans les régions inabordables de ce pôle nord que les marins rêvent de découvrir. »

Les cachalots furent bientôt laissés en arrière par le *Fulton*, au grand dépit de Vif-Argent, qui espérait toujours voir un de ces monstres s'élancer hors de l'eau et se montrer tout entier. Vers le soir, on naviguait parmi des bandes de marsouins qui vinrent familièrement se ranger sur les flancs et à l'avant du steamer, comme s'ils voulaient lutter avec lui de vitesse. Vif-Argent put examiner à son aise ces petits cétacés, et accabla de questions M. Pinson.

« Les marsouins, dit l'ingénieur, sont des cétacés piscivores, c'est-à-dire qu'ils se nourrissent de poissons. Ces animaux informes, respirant en quelque sorte l'air au milieu des eaux, sans être pour cela amphibies, ont longtemps intrigué les naturalistes, qui ne savaient quelle place leur assigner dans leurs classifications. La famille des marsouins, ou dauphins, est plus nombreuse encore que celle des baleines; on les rencontre dans toutes les mers et sous toutes les latitudes. »

Sur ces entrefaites, les matelots placés à l'avant du *Fulton* se mirent à siffler de vieux airs anglais en se penchant au-dessus de l'eau.

M. Pinson se prit à rire.

« Dans l'antiquité, dit l'ingénieur à son petit compagnon surpris de cette gaieté subite, on croyait les dauphins grands amateurs de musique. La croyance, je le vois, est encore vivante. J'avais souvent entendu répéter que, dans leurs longues traversées, les matelots se plaisent à voir les marsouins naviguer de conserve avec eux, et qu'ils cherchent à les retenir près de leur bord en sifflant; ces récits ne sont point des contes, je le reconnais maintenant.

— Les dauphins aiment-ils véritablemennt la musique? demanda Vif-Argent.

— Pas le moins du monde; c'est leur humeur joyeuse, leur activité qui les attire près des navires, et non l'harmonie, pour laquelle leurs oreilles ne sont pas construites.

— Oh! monsieur, en voilà deux tout petits qui se tiennent collés contre ces deux gros.

— Ils se pressent contre leur mère et s'apprêtent à sucer son lait, un lait de couleur bleue. »

Vif-Argent ouvrit de grands yeux, et M. Pinson dut lui répéter par deux fois que le lait du dauphin est réellement bleu pour qu'il le crût.

Le soleil se coucha radieux dans une brume d'or; le *Davis*, toujours fuyant, apparut alors comme embrasé. Cette vue rappela aux matelots du *Fulton* les navires incendiés sous leurs yeux par le corsaire, et chacun d'eux, le menaçant du poing, lui souhaita le sort cruel qu'il avait infligé à ses inoffensifs ennemis.

La nuit vint, déjà tiède, car on marchait avec vitesse vers l'équateur, et, bien qu'on fût au commencement du mois de mars, on ressentait la température du mois de mai. M. Pinson savait que le *Davis* avait de nouveau modifié sa route, qu'il voguait maintenant vers les îles Vierges, et il se demandait une fois de plus où s'arrêterait son voyage forcé.

Pendant trois jours encore, sans que rien vînt varier la monotonie de la chasse entreprise par le *Fulton*, il continua d'avancer vers les îles Vierges. Au lieu du mauvais temps souhaité par le commodore, qui espérait toujours que son navire prendrait alors une supériorité de vitesse sur le *Davis*, le soleil, rayonnant et brûlant, décrivait sa courbe apparente sur un ciel d'azur profond. Vif-Argent remarqua avec surprise les changements de température qui s'opéraient si rapidement, et il avait peine à croire, comme le lui affirmait M. Pinson, que le *Fulton* se trouvât à la hauteur des pays où règne un printemps éternel, et que, si l'on abordait la terre, on la trouverait couverte de palmiers, de bananiers, de lataniers et non plus de chênes et de bouleaux.

Que de tristes heures passa l'ingénieur assis sur la dunette, regardant au loin s'étendre la mer, et la fumée du *Davis* tracer un sillon noir sur le ciel resplendissant! M. Pinson, malgré lui, comptait et recomptait les heures et les jours écoulés depuis son départ du *Canada*. S'il eût suivi les conseils de Boisjoli, non seulement il aurait vu New-York, mais il serait déjà en route pour l'Europe. Au lieu de cela, il était entraîné malgré lui vers des contrées inconnues, et sa destinée se trouvait soumise au bon plaisir d'un corsaire qui, ainsi que le disait le commodore, semblait d'humeur à exécuter le tour du monde.

Vif-Argent, par bonheur pour lui, échappait aux cruelles préoccupations de M. Pinson. Bien que la vie de bord lui parût un peu monotone, l'enfant en prenait son parti. Il aimait à se poster à l'avant, à laisser ses regards plonger au fond de l'eau transparente. Il se faisait raconter leur histoire par les matelots et admirait naïvement ces hommes qui, d'après leurs récits, avaient vu des tigres, des lions, des singes se promener librement dans les forêts.

Le soir, quand la brise venait à souffler, Vif-Argent, toujours à son poste de prédilection, regardait la proue du *Fulton* fendre les flots, les consteller d'étincelles phosphorescentes. Il savait, grâce à M. Pinson, que ces étincelles sont produites par des milliers d'infusoires, ces infiniment petits dont l'existence n'a été révélée à l'homme que grâce à la découverte du microscope.

La chaleur s'accrut bientôt dans de telles proportions, qu'en dépit des manches à vent établies pour rafraîchir l'intérieur du *Fulton*, il devint pénible de se tenir sous le pont. Aussi, à peine réveillés, M. Pinson et Vif-Argent s'empressaient-ils de se rendre sur la dunette. Un beau matin, l'enfant se frotta les yeux croyant rêver : le *Fulton* semblait courir sur une prairie d'un vert pâle, émaillée de fleurs rouges et bleues.

« Sommes-nous donc à terre? s'écria-t-il.

— Non, par malheur, répondit M. Pinson, nous traversons simplement un banc de *raisins des tropiques*, plante que les botanistes nomment *fucus natans*. Ces varechs effrayèrent plusieurs fois les compagnons de Christophe Colomb, qui, dans leur ignorance, croyaient naviguer sur une terre liquide.

— Mais les fleurs rouges et bleues que voilà là-bas, que sont-elles en réalité?

— Des méduses, petit, animaux de la classe des zoophytes, dont le corps est une simple masse gélatineuse. Les marins les nomment *orties de mer*, parce que ces êtres étranges secrètent un liquide corrosif. »

Cette journée et la suivante, on traversa de loin en loin des bancs de raisins de mer, et Vif-Argent ne cessa guère de regarder par-dessus le bord. On était au 14 mars; M. Pinson songeait avec amertume qu'il y avait un mois qu'il naviguait loin de son appartement de la rue Nollet, et seize jours qu'il demeurait à bord du *Fulton*. Que de tristesse dans ces souvenirs, et que de fois l'ingénieur se surprit à maudire Boisjoli, cause pourtant involontaire de son incroyable aventure !

Un matin, au moment où M. Pinson et Vif-Argent se disposaient selon leur habitude à gagner le pont, ils furent retenus par le lieutenant.

« On est en train de faire la grande toilette du *Fulton*, dit l'officier, et la dunette elle-même n'est pas tenable. Demeurez donc ici durant une demi-heure si vous ne voulez pas être éclaboussés. »

M. Pinson prit un livre, et Vif-Argent, au lieu d'étudier près de la boussole, sa place favorite, s'établit devant la table des officiers.

Vers neuf heures, un mousse, les cheveux frisés, vêtu d'une longue robe blanche taillée dans une toile à voiles, vint aviser M. Pinson que non seulement il pouvait monter sur le pont, mais qu'une nombreuse société l'y attendait, après l'avoir fait demander. Le cœur de l'ingénieur se mit à battre avec violence. Allait-on aborder? était-ce pour lui ménager cette agréable surprise que le lieutenant l'avait en quelque sorte consigné dans le grand salon? Il s'élança dehors, s'arrêta et murmura :

« Prodigieux ! »

En face de lui, sur une haute estrade recouverte d'un tapis et simulant un trône, se tenait assis, le visage couvert d'une longue barbe d'étoupe, un homme vêtu d'une robe ornée de guirlandes de varech. Le front ceint d'une couronne dorée, il s'appuyait avec majesté sur un trident. Autour de lui se tenait un groupe de matelots armés de coquillages dans lesquels ils feignaient de souffler comme dans des trompes. Bientôt les sons d'un violon se firent entendre, et une dame, pourvue d'une moustache noire, le front également ceint d'une couronne dorée, s'avança vers l'estrade en gambadant, tandis que des mousses, nus jusqu'à la ceinture et enguirlandés de la tête aux pieds de raisins des tropiques, la suivaient en se bousculant. Arrivée devant l'estrade, la dame salua, et des cris de : « Vivent Neptune et Amphitrite ! » résonnèrent à bord du *Fulton*, tandis que le violon raclait l'air national, *Yankee Doodle*.

M. Pinson, stupéfait de ce spectacle, demeurait bouche béante et regardait les officiers, qui conservaient un imperturbable sérieux. Quant à Vif-Argent, il se pressa instinctivement contre l'ingénieur.

Un matelot, s'approchant alors des deux passagers, les somma, au nom de *Bonhomme Tropique*, de comparaître devant son trône, afin de répondre à ses questions et de justifier leur présence à bord.

A cette demande, que lui traduisit Vif-Argent, un éclair subit traversa l'esprit de M. Pinson. Le *Fulton* se trouvait près de la ligne équinoxiale, et les matelots s'apprêtaient à baptiser les voyageurs qui allaient dépasser cette ligne pour la première fois.

Un mousse, les cheveux frisés..... (Page 100.)

L'ingénieur fut interrogé sur son âge, ses habitudes, et les causes de sa présence à bord du *Fulton*.

« Dieu m'est témoin, seigneur, répondit-il avec gaieté au Bonhomme Tropique, que c'est bien contre mon gré que je franchis en ce moment les frontières de vos États! S'il ne tenait qu'à moi, chaque tour de l'hélice du *Fulton* me rapprocherait de cette vieille Europe que votre commodore considère comme beaucoup plus jeune que l'Amérique. »

Vif-Argent, chargé de traduire les demandes et les réponses, le faisait avec le plus grand sérieux, ne devinant pas encore que cette mascarade n'était qu'un jeu. Le pauvre petit se croyait devant un tribunal chargé de juger son escapade; cependant, les réponses de M. Pinson le rassuraient un peu. Néanmoins, quand il eut à parler pour son propre compte, il supplia ses juges de ne pas le châtier, promettant de ne plus jamais s'embarquer sans permission. Madame Amphitrite le tranquillisa par de bonnes paroles, et déclara que les sentiments de douceur inhérents à son sexe l'obligeaient à plaider la cause du petit voyageur. Cette belle dame à l'épaisse moustache intriguait beaucoup Vif-Argent, qui croyait reconnaître en elle un des matelots avec lesquels il aimait à causer.

M. Pinson ayant déposé, à titre de tribut, une petite somme d'argent dans la tirelire que lui présenta un triton improvisé, fut invité à monter sur l'estrade avec son petit compagnon, afin de recevoir du Bonhomme Tropique lui-même l'autorisation signée et paraphée de naviguer dans son empire. Le souverain et la souveraine se rangèrent courtoisement pour faire place à l'ingénieur et à son petit compagnon; ils les forcèrent même à s'asseoir sur leur trône. Alors le violon, secondé par les sons d'un fifre et d'un tambour, résonna bruyamment. Le Bonhomme Tropique présenta sa main avec galanterie à sa compagne, qui, armée d'un éventail, se livrait à cent minauderies grotesques. Les deux époux descendirent majestueusement les degrés de l'estrade; ils arrivaient à peine au bas que celle-ci, basculant à l'improviste, précipitait M. Pinson et Vif-Argent dans un baquet rempli d'eau.

CHAPITRE XIV

LES ILES VIERGES

Au moment où l'estrade s'écroula et le précipita dans le baquet plein d'eau traîtreusement dissimulé sous le tapis qui la recouvrait, M. Pinson expliquait à Vif-Argent la cause de la mascarade dont les différentes scènes intriguaient l'enfant outre mesure. Il s'agissait là d'une fête chère aux matelots, qui, dans les longues traversées auxquelles les oblige leur rude et périlleux métier, ont bien peu d'occasions de se divertir. Cette mascarade, un bain forcé en devenait d'ordinaire la conséquence. M. Pinson en était là, de son explication, lorsque sa chute démontra, par un exemple pratique, la véracité de ses paroles.

Revenus de la surprise que leur causa leur dégringolade, et prenant leur mésaventure avec gaieté, M. Pinson et Vif-Argent sortirent ruisselants du baquet et furent aussitôt assaillis par trois jets de pompes et le contenu de vingt seaux d'eau. Alerte et vigoureux, l'ingénieur, du rôle de victime, passa vite à celui d'agresseur. Il réussit à conquérir un seau, et rendit aspersion pour aspersion. Bientôt ce fut à bord une lutte générale entremêlée de fous rires. Vif-Argent ne resta pas en arrière; armé d'un tuyau de pompe, il grimpa sur la passerelle et aspergea amplement ceux qui l'avaient aspergé. Le coup de sifflet impérieux d'un contre-maître mit brusquement fin à ce conflit hydraulique. L'équipage rentra dans le calme, la sévérité de la discipline reprit ses droits. Mais M. Pinson, trempé jusqu'aux os, dut faire l'achat de vêtements pour lui et Vif-Argent, car l'un et l'autre ne possédaient que ceux qu'ils avaient sur le corps. Par bonheur, on trouva ce dont on avait besoin dans la garde-robe d'un mousse et d'un matelot, et M. Pinson se promena bientôt sur le pont en vareuse et en chapeau goudronné.

La scène qui avait égayé le *Fulton* se répétait à bord du *Davis*, car on entendait glisser sur la mer les sons d'un tambour et d'un violon criard. Ainsi ces hommes, qu'un hasard du vent pouvait rapprocher et mettre aux prises dans une lutte sanglante, se livraient aux mêmes folies divertissantes. Comme le remarqua M. Pinson, la vie est pleine de ces contrastes étranges; la nature humaine, pour conserver son équilibre, a besoin, du reste, d'alternatives de joie et de tristesse.

Vers onze heures et demie, l'ordre habituel régnait à bord du *Fulton*. Le commodore et ses officiers, armés de sextants, prenaient la hauteur du soleil. Cette opération intriguait toujours Vif-Argent, qui, cette fois, interrogea M. Pinson sur la signification des mots méridien, latitude, longitude, qu'il entendait sans cesse répéter à l'heure où l'on prenait le point.

« Voyons, petit, lui dit l'ingénieur, tu sais que la terre est ronde?

— Oui, répondit Vif-Argent, vous me l'avez même démontré l'autre jour en me faisant remarquer que nous apercevions le haut des mâts d'un navire avant de voir sa coque.

— Tu sais également que, pivotant sur son axe dont les extrémités sont les deux pôles, la terre, outre son mouvement autour du soleil en 365 jours, tourne sur elle-même en 24 heures.

— Oui, monsieur, vous me l'avez déjà dit, en m'expliquant que cet axe peut se comparer à l'essieu d'une voiture; il reste immobile alors que les roues tournent.

— Parfait! Eh bien, perpendiculairement à cet axe ou essieu, les hommes ont tracé un grand cercle qui, situé à égale distance des pôles, divise notre globe en deux parties égales. L'une de ces parties se nomme *hémisphère boréal* ou nord, l'autre *hémisphère austral* ou sud. Le grand cercle est l'équateur que les marins nomment la *ligne*.

— Je comprends cela.

— Le méridien terrestre, à son tour, est un cercle qui, passant par l'axe de la terre et les deux pôles, est perpendiculaire à l'équateur. Chaque méridien partage la terre en deux nouveaux hémisphères, l'un dit oriental, l'autre occidental. Il y a 180 méridiens dans chaque hémisphère, total 360.

— Je comprends encore cela, dit Vif-Argent.

— Maintenant, les tropiques sont deux cercles parallèles, situés l'un au nord et l'autre au sud de l'équateur, cercles que le soleil ne dépasse pas dans sa route apparente et annuelle autour de la terre. Le tropique du nord s'appelle *tropique du Cancer*, c'est celui que nous venons de franchir; celui du sud se nomme *tropique du Capricorne*. Tropique signifie retour, parce que le soleil, arrivé au tropique du Cancer, semble cesser de monter pour commencer à redescendre. »

Vif-Argent, les yeux grands ouverts et fixés sur le visage de son interlocuteur, l'écoutait avec une attention profonde. M. Pinson remarqua un peu d'indécision sur les traits de l'enfant, et,

M. Pinson sur le pont en vareuse et en chapeau goudronné. (Page 103.)

pour rendre ses démonstrations plus claires, dessina les lignes dont il parlait et rendit ainsi ses explications palpables.

« Maintenant, continua l'ingénieur, la longitude d'un lieu est l'arc de l'équateur ou d'une parallèle quelconque, comprise entre les méridiens passant par ce lieu et un autre méridien choisi arbitrairement. On mesure la longitude des différents lieux du globe par la différence de leurs heures, que l'on multiplie par 15 degrés, attendu que le soleil, dans la course qu'il semble faire chaque jour, parcourt 360 degrés en 24 heures, et 15 en une heure.

Pour arriver à un calcul exact, les marins possèdent un chronomètre qui marque l'heure de leur méridien national. Ainsi, en ce moment, il est midi ici, tandis que leur chronomètre marque qu'il est trois heures à Paris; nous sommes donc de trois heures en retard sur le méridien de Paris; or, 3 fois 15° donnent 45°, il en résulte que le *Fulton* se trouve à 45° de longitude occidentale de Paris.

— Je comprends, dit l'enfant après avoir de nouveau regardé la figure géométrique dessinée par son ami.

— La latitude d'un lieu, reprit M. Pinson, est l'arc du méridien compris entre la parallèle passant par ce lieu et l'équateur; elle se mesure par l'élévation du pôle céleste au-dessus de ce lieu. La connaissance de la latitude et de la longitude est de la plus grande importance en géographie, et il n'est plus permis d'ignorer comment on les obtient. Ainsi, petit, c'est grâce à cette connaissance que le commodore peut chaque jour, à midi, nous dire sur quel point précis du globe nous naviguons.

— J'avais toujours cru, dit Vif-Argent, que les marins trouvaient leur route à l'aide de la boussole.

— La boussole les aide à marcher droit sur la surface uniforme des eaux; elle est un jalon, rien de plus, car elle leur indique le nord et nullement les distances. Ce n'est que par la connaissance exacte de la longitude et de la latitude qu'ils peuvent conduire leurs navires au point qu'ils veulent atteindre. »

Le surlendemain, c'est-à-dire le 20 avril, le commodore, après avoir pris la hauteur du méridien, fait ses calculs et consulté le baromètre, reparut sur le pont en se frottant les mains.

« Quelle bonne nouvelle vous égaye, monsieur? lui demanda M. Pinson.

— Le baromètre baisse enfin, répondit l'officier, et, d'ici à ce soir, nous aurons à supporter quelque bonne bourrasque qui nous rapprochera du *Davis*.

— Que Dieu vous entende! s'écria l'ingénieur; je suis de ma nature un homme pacifique; néanmoins je prendrais volontiers part à un combat qui aurait pour résultat d'endommager le *Davis* d'une façon assez sérieuse pour l'obliger à relâcher.

— C'est ce qu'il cherche à faire, le misérable bandit; mais j'espère bien me mettre en travers de sa route.

— Que voulez-vous dire?

— Que d'ici à peu d'heures nous verrons les îles Vierges ; que le corsaire, dont la provision de charbon commence à s'épuiser, cherchera selon toute évidence à gagner le port de Saint-Thomas pour s'y ravitailler à l'abri de nos coups. »

Le commodore achevait à peine de parler, qu'une vigie signalait

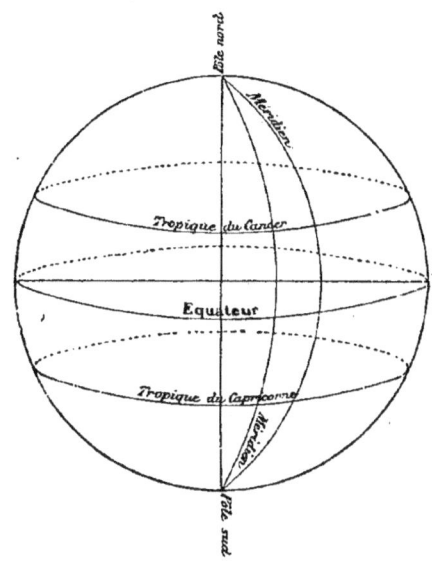

la terre. M. Pinson, comme au moment où il avait espéré aborder en Angleterre, aperçut un nuage bleuâtre au-dessus de l'eau. Vif-Argent, ayant entendu dire que la côte que l'on apercevait faisait partie de l'Amérique, eut peine à dissimuler la joie que lui causa cette nouvelle. Il allait donc enfin voir un des merveilleux pays visités par le grand Robinson.

« Que sont au juste les îles Vierges, monsieur? demanda-t-il à M. Pinson ; sont-elles grandes?

— Les îles Vierges, répondit l'ingénieur, ont été découvertes en 1493 par Christophe Colomb. Elles sont au nombre de quarante, sans compter une multitude d'îlots semés entre elles. La principale, Saint-Thomas, appartient aux Danois. C'est un immense rocher, long de douze kilomètres et large de trois, dont ses possesseurs ont fait un port franc.

— Et ces îles, sont-elles habitées?

— Quelques-unes seulement, car elles manquent d'eau douce et sont exposées à de fréquents ouragans. »

Bientôt Vif-Argent fut absorbé par l'examen des manœuvres du *Davis* et du *Fulton*. De gros nuages noirs apparaissaient à l'horizon; le vent soufflait avec force, et la mer, si calme depuis quinze jours, commençait à onduler. Les vagues se formaient, selon l'expression des matelots, et le commodore continuait à se frotter les mains en voyant l'écume de la mer fouetter les flancs de son navire, rejaillir jusque sur le pont.

Selon la prévision de l'officier, le *Fulton*, au milieu des vagues tourbillonnantes, se conduisait en brave bateau. Il devint bientôt visible qu'il gagnait du terrain sur l'adversaire qu'il poursuivait avec tant d'ardeur depuis plus de deux semaines. Le vent devenait à chaque instant plus fort et, par conséquent, la mer plus agitée. On voyait le *Davis* monter, descendre, se pencher comme s'il allait s'abîmer sous les flots. Cette vue surprenait Vif-Argent, qui ne pouvait se persuader que le *Fulton* exécutait, à peu de chose près, les mêmes ascensions et les mêmes descentes. Quant à M. Pinson, en voyant cette simple coque de bois danser devant lui, il admirait la hardiesse des hommes qui osent braver les éléments sur de si fragiles soutiens.

On se rapprochait de terre avec vitesse, et les palmiers qui couronnent le sommet de l'île de Saint-Thomas devenaient visibles. La vue de ces arbres, dont la silhouette se découpait sur le ciel, surprenait Vif-Argent, qui multipliait ses questions. Mais M. Pinson ne lui répondait guère; l'ingénieur était tout aux manœuvres du *Fulton*, qui, cessant soudain de marcher sur les traces du *Davis*, se dirigea vers la terre. Que signifiait cela? Quoi! c'était au moment où son navire semblait devoir atteindre l'ennemi que le commodore paraissait renoncer à le poursuivre? L'ingénieur se perdait en conjectures.

Bientôt les forts qui couronnent les hauteurs de Saint-Thomas devinrent visibles à l'œil nu. Vif-Argent, armé d'une longue-vue, distinguait les canons, les sentinelles, et sautait de joie.

« Où est donc le port? demanda-t-il à un matelot. Je ne vois aucune maison.

— Le port est situé au fond d'une rade qu'abritent les deux pointes de rocher qui sont devant nous, lui répondit le marin ; on ne le voit qu'en pénétrant dans le canal formé par ces pointes.

— Et il y a là une ville?

— Une ville de 10,000 âmes. Elle est construite sur le revers d'une montagne presque à pic ; aussi ses rues, à l'exception de la principale qui longe la mer, ne sont-elles accessibles que par des escaliers.

— Eh bien, petit, dit en ce moment M. Pinson, notre voyage touche donc enfin à son terme !

— Nous allons débarquer?

— Je l'espère bien. Saint-Thomas est le port où les steamers qui font le service entre l'Europe et l'Amérique du Sud viennent renouveler leur provision de charbon ; aussi ne tarderons-nous guère à nous embarquer pour la France ou l'Angleterre.

— Ne dirait-on pas, monsieur, que le *Davis* est arrêté?

— Oui, le commodore vient de m'expliquer ses manœuvres. Profitant de la supériorité de marche de son navire, il s'est avancé de façon à barrer le passage au *Davis*, qui comptait se réfugier dans le port. Seulement, le *Davis* ne paraît nullement pressé de se mesurer avec le *Fulton*, et il va essayer de se rapprocher assez de l'île pour être dans les eaux du Danemark.

— Dans les eaux du Danemark? répéta Vif-Argent.

— Oui, petit ; les conventions internationales ont établi, qu'en temps de guerre, deux navires étrangers ne peuvent s'assaillir qu'à une distance de deux kilomètres des côtes d'un pays neutre, cette bande de deux kilomètres étant considérée comme faisant partie du territoire qu'elle baigne.

— Alors le *Fulton* ne pourrait plus attaquer le *Davis* si ce dernier avançait jusqu'ici?

— Non, sans une violation du territoire danois. »

Le *Davis* avait repris sa marche et se dirigeait vers la pointe sud de l'île. Aussitôt le *Fulton* courut vers ce point et devança son adversaire. Le *Davis* rebroussa chemin ; puis, ayant atteint la hauteur du chenal qui conduisait dans la rade, il mit le cap sur l'étroit passage. Mais la mer agitée semblait prêter des ailes au *Fulton*, et il arriva encore à temps pour barrer la route au corsaire. Les deux steamers échangèrent alors plusieurs coups de canon; le capitaine du *Davis*, sentant qu'il serait écrasé s'il se tenait à portée de son formidable antagoniste, le dérouta plusieurs fois en virant de bord à l'improviste. Il y eut là une série d'habiles manœuvres qui arrachèrent au commodore quelques compliments.

« Celui qui commande ce bateau sait son métier, dit-il en grommelant; ce doit être un Américain du Nord. »

M. Pinson sourit. Il espérait que le capitaine du *Davis*, grâce à l'habileté que lui reconnaissait son ennemi, réussirait enfin à forcer le blocus du *Fulton*, à pénétrer dans le port. Soudain le corsaire reprit la haute mer et parut se diriger vers l'Europe. Le *Fulton* se contenta de louvoyer le long de l'île.

« Il retourne en arrière et va vous échapper, dit involontairement l'ingénieur au commodore.

— Non pas, reprit celui-ci, le drôle essaye d'une ruse qui pourrait réussir avec un Français ou un Anglais, non avec moi. Le *Davis*, monsieur, est comme nous à court de charbon, et il ne pourrait regagner l'Europe qu'à la voile. Il lui faut à tout prix entrer à Saint-Thomas ou gagner Saint-Domingue. Or, si le mauvais temps continue à nous favoriser, il n'atteindra ce point qu'après avoir expérimenté la solidité de nos boulets. »

M. Pinson ne répondit pas; la joie que lui causaient ces nouvelles le suffoquait. Ainsi il touchait enfin au terme de son étrange voyage. Les deux steamers, faute de combustible, devaient forcément relâcher sous peu d'heures, le commodore l'avouait, et l'ingénieur était tenté de l'embrasser pour cette bonne nouvelle.

La nuit vint; en dépit du mauvais temps, le *Fulton* réussit à maintenir le *Davis* sous les rayons de son appareil électrique. Vingt fois le corsaire essaya de se rapprocher du chenal, vingt fois il fut repoussé à coups de canon. Il rendit coup pour coup, et plusieurs matelots furent blessés; mais, dans ses évolutions, le corsaire évitait de se laisser aborder par son adversaire, qui, s'il avait pu le prendre corps à corps, l'eût écrasé en quelques minutes.

Vers dix heures du soir le vent tomba, le ciel apparut plein d'étoiles et les flots se calmèrent peu à peu. Ce ne fut qu'à minuit que

M. Pinson se décida à gagner son lit, avec la confiance qu'il débarquerait le jour suivant. A cinq heures du matin, l'ingénieur, surpris de sentir le *Fulton* en marche, se hâta de s'habiller et de se rendre sur la dunette. L'île Saint-Thomas avait disparu ; à sa place se dressaient une multitude d'îlots contre lesquels la mer déferlait avec rage. Le *Davis*, éloigné de trois kilomètres environ, semblait naviguer au milieu des récifs, et une chaloupe, encore pourvue de sa voile, flottait au hasard de la brise à moins de deux cents mètres du *Fulton*.

CHAPITRE XV

UN HOMME A LA MER

M. Pinson n'en pouvait croire ses yeux.

« Prodigieux ! » murmura-t-il.

Puis, regardant autour de lui, il chercha quelqu'un qu'il pût interroger, ne comprenant rien à ce qu'il voyait.

Le commodore, son lieutenant et le mécanicien en chef se tenaient debout sur la passerelle ; deux enseignes, attentifs à leurs ordres, les recueillaient pour les transmettre aux hommes chargés de la manœuvre du gouvernail. De son agitation de la veille, la mer conservait une forte houle, et le *Fulton* s'élevait, s'inclinait, s'abaissait, jouet des montagnes liquides qui assaillaient son avant.

« Que s'est-il passé ? que se passe-t-il ? demanda l'ingénieur à Vif-Argent, qui, après une visite à la proue, remontait avec lenteur sur la dunette.

— Les matelots, répondit l'enfant, viennent de me raconter que le *Davis*, convaincu qu'il ne pourrait entrer dans la rade de Saint-Thomas, s'est décidé à regagner la haute mer. Le commodore a cru d'abord à une ruse, et il l'a laissé prendre un peu d'avance ; mais, quand il a vu que le *Davis* s'en allait pour de vrai, il s'est remis à sa poursuite.

— Où sommes-nous ?

— En face des récifs qui séparent les îles Vierges les unes des autres.

— Et cette chaloupe qui, sans équipage, vogue au hasard du vent, appartient-elle au *Davis?*

— Cette chaloupe est celle d'un pilote que le *Davis* vient de prendre à son bord. »

M. Pinson cessa d'interroger son petit compagnon; la voix brève du commodore résonnait. C'est un lourd fardeau que celui de commandant d'un navire de guerre, et l'on exige de celui qui l'accepte une connaissance approfondie de la mer, des vents et de leurs caprices, un sang-froid à toute épreuve, un coup d'œil sûr, une grande rapidité de décision. La vie de plusieurs centaines d'hommes dépend souvent des manœuvres qu'il commande, et, aux yeux de la nation, il est responsable du navire qu'on lui a confié. Ce navire, il doit connaître ses allures, ses qualités, ses défauts, ses façons de se comporter par tous les temps, comme le cavalier doit connaître le cheval qu'il est chargé de dresser ou de guider. Tel bâtiment, lourd dans les temps calmes, devient léger, rapide lorsqu'il lutte contre les vagues ameutées. Tel autre obéit au gouvernail avec lenteur, ou se cabre en quelle sorte sous ce frein puissant, et s'élance avec ardeur vers le point qu'il faut atteindre. Le commodore naviguait depuis cinq ans sur le *Fulton;* aussi le connaissait-il par cœur, et il avait dans son équipage une confiance que celui-ci lui rendait.

Le *Davis,* à peine engagé parmi les récifs, hissa son pavillon en manière de bravade, et un hourra moqueur, glissant sur les flots, arriva jusqu'au *Fulton.*

« Arborez notre pavillon, monsieur! cria le commodore à un contre-maître, et toi, garçon, ajouta-t-il en se tournant vers un artilleur, fais feu de ta pièce pour le saluer! »

Le drapeau étoilé flotta bientôt, et un coup de canon, dont le boulet alla mourir à dix mètres du *Davis,* résonna sec et clair.

« Gouvernez plus au nord! » cria le commodore aux timoniers.

Le *Fulton,* s'inclinant, se dirigea vers les récifs. Les ordres se multiplièrent, et, dix minutes plus tard, le grand steamer s'engageait à son tour dans la passe suivie par son ennemi, aux acclamations prolongées de son équipage.

« Voilà qui est bien, dit M. Pinson à Vif-Argent; seulement, reste à savoir où nous conduira cette témérité.

— Marchons-nous vers un port? demanda l'enfant.

— Pas le moins du monde, petit; tous ces îlots sont déserts et inhospitaliers.

— Déserts! dit Vif-Argent; on y voit pourtant de l'herbe et des arbres; celui vers lequel nous avançons est une vraie île.

— Oui, tu as raison, et je n'oserais répondre que cette vraie île ne deviendra pas notre séjour d'ici à peu; car, outre les îlots contre lesquels nous voyons la mer écumer, plus d'un autre doit se cacher sous les flots. Cela n'améliorerait pas beaucoup notre position de posséder ici maître Boisjoli; mais je l'inviterais volontiers à participer aux émotions que je lui dois. »

Vif-Argent, les yeux brillants, regardait les îlots dont le *Fulton*, suivant la route précise que lui traçait le *Davis*, passait parfois à moins de cinq cents mètres. Au fond, il ne redoutait qu'à demi un naufrage; sachant nager, il se croyait certain, en cas de malheur, de pouvoir gagner une des plages au milieu desquelles il naviguait. En apparaissait-il une couverte d'un bouquet de bois, aussitôt l'enfant la contemplait avec amour; il lui semblait qu'elle serait propre à réaliser son vœu le plus ardent : vivre en sauvage, comme feu Robinson.

Pendant près de quatre heures, on contourna des îles, des îlots, des rochers; puis, la mer, large et profonde, s'ouvrit devant les deux navires. Un immense soupir de soulagement sortit des poitrines oppressées; le commodore lui-même prit le temps d'essuyer le verre de sa longue-vue et descendit de son observatoire.

« Et bien, monsieur, que pensez-vous de cette chasse? demanda-t-il à M. Pinson.

— Je pense que vous êtes un intrépide marin, commodore.

— Je suis Américain, monsieur, et je connais la devise de mon pays : *Go ahead!*

— Vous avez déjà navigué dans ces parages?

— Une fois, par bonheur.

— Suis-je trop curieux en vous demandant où nous allons?

— A Charleston, à Baltimore, à New-York peut-être.

— Sommes-nous donc de nouveau en pleine mer?

— Pas précisément; nous sommes dans un golfe bordé de récifs semblables à ceux que nous venons de traverser. D'ici à deux heures, nous naviguerons dans un chenal.

— L'aventure va devenir drôle, dit l'ingénieur avec une grimace.

— Oui, répondit le commodore, surtout après le coucher du soleil, car j'espère qu'alors le *Davis* sera acculé.

— La mer intérieure sur laquelle nous flottons n'a donc point d'issue?

— Elle en a une, monsieur; mais je ne crois pas que le *Davis*, bien qu'il ait à bord un habile pilote, s'expose à la franchir. »

Le commodore regagna son poste. Ainsi qu'il l'avait annoncé, la vigie, deux heures plus tard, signala des récifs à l'avant.

« Examine bien les terres près desquelles nous allons passer, dit l'ingénieur à Vif-Argent. J'ai un vague pressentiment qu'avec ses témérités, le commodore travaille à nous semer le long de ces rivages. »

La perspective d'un pareil accident ne parut pas émouvoir le moins du monde le petit garçon.

« Tout à l'heure, monsieur, dit-il, en se penchant vers l'ingénieur et en parlant à mi-voix, on donnait à manger aux poules qui sont à bord; j'ai pris soin, sans en avoir l'air, d'emplir, mes poches d'orge et de blé.

— Dans quel but, petit?

— Pour les semer dans l'île sur laquelle nous ferons naufrage, répondit Vif-Argent avec le plus grand sérieux. En outre, ajouta-t-il, j'ai un gros morceau de pain en réserve.

— Et ce pain nous servira de nourriture en attendant que le blé pousse?

— Oui, monsieur. »

L'ingénieur, en dépit de la gravité des circonstances, ne put s'empêcher de rire, action qui ne déconcerta pas le moins du monde Vif-Argent.

« J'ai encore sur moi un couteau et un gros clou, reprit l'enfant, et je sais où le charpentier place ses outils; ils sont dans une caisse, et nous pourrons venir la chercher avec le radeau que nous construirons, quand le *Fulton* sera échoué.

— Peste! dit M. Pinson, ton imagination va vite, petit.

— C'est qu'il faut être prêt à tout, monsieur; aussi je vous engage à ne pas perdre de vue les bouées de sauvetage suspendues le long du bord. Aussitôt que le *Fulton* touchera sur un rocher, coupez la corde d'une de ces bouées pour la jeter à la mer; j'en ferai autant de mon côté, et nous pourrons ainsi gagner l'île qui nous paraîtra la plus grande. Il nous faudrait un fusil, seulement je n'ose toucher à ceux des officiers.

— Allons, allons, dit M. Pinson en caressant la tête de Vif-Argent; un peu plus, et tu me ferais croire que la triste série d'aventures que je dois à Boisjoli va réellement se terminer d'une façon tragique. Certes, nous sommes en danger; le sérieux de tous les marins qui nous entourent le prouve; mais le commodore tient à sa vie, que diable! et il y regardera à deux fois avant de briser son navire sur un îlot.

— Il est Américain, monsieur, et, pour jouer un mauvais tour au *Davis*, il serait capable de nous jeter à la mer; il me l'a dit tout à l'heure.

— En manière de plaisanterie, Vif-Argent, car je ne vois pas en quoi le bain forcé auquel il nous condamnerait pourrait être agréable au *Davis*. »

L'ingénieur s'interrompit; on longeait en ce moment une île plate dénudée, où se montraient à peine quelques arbres rabougris. Cette île dépassée, on se trouva en face d'une seconde se dressant d'une centaine de mètres au-dessus du niveau de la mer. Sur cette hauteur, un homme et une femme apparurent. Ils regardaient les deux navires avec une stupeur visible et faisaient des signaux en leur montrant l'horizon.

« Sont-ce des sauvages? demanda Vif-Argent à M. Pinson.

— Non pas, mon garçon, leur costume est de fabrique européenne; selon toute apparence, ce sont des pêcheurs établis provisoirement en ce lieu, car j'aperçois une chaloupe amarrée au pied du rocher. »

Vif-Argent contempla longtemps le pêcheur et sa femme, enviant le bonheur de ceux qui habitent une île déserte, ce qui paraissait au petit homme la plus grande des félicités. Il repassait dans son esprit toutes les actions de Robinson, lorsque son attention fut distraite par une bande d'oiseaux qui, s'élevant des rochers, vinrent planer au-dessus du *Fulton*. Parmi ces oiseaux, M. Pinson lui fit remarquer deux frégates, oiseaux qui doivent leur nom aux navires réputés les plus fins voiliers, et cela à cause de la puissance de leur vol. La frégate, dont les ailes ont plusieurs mètres d'envergure, plane le plus souvent dans la profondeur du ciel. Sa vue, aussi perçante que celle de l'aigle, lui permet d'apercevoir les poissons qui viennent nager à la surface de l'eau, et sur lesquels elle se précipite avec la rapidité foudroyante de l'éclair. La frégate vit sous les tropiques et ne s'éloigne guère des rivages de plus d'un degré.

Vif-Argent ne tarda pas à remarquer d'autres oiseaux dont la queue semblait ornée de deux longues pailles.

« Tu ne te trompes pas, lui dit M. Pinson, et c'est à cause des plumes qui ornent sa queue que cet oiseau a reçu le nom vulgaire de *paille en queue*. On le nomme aussi oiseau des tropiques, car on le rencontre rarement hors de la zone équatoriale. C'est pourquoi le grand Linné, avec son imagination poétique, lui donna le nom de *phaéton*, ou oiseau du soleil. »

L'attention de l'élève et du professeur fut ramenée vers le commodore, qui, toujours debout sur sa passerelle, multipliait les ordres. Le *Fulton*, engagé dans un étroit chenal, suivait avec soin le sillage du *Davis*. Celui-ci disparaissait parfois derrière les îlots, et la distance qui le séparait du *Fulton* semblait s'agrandir. Le soleil se rapprochait de l'horizon, et M. Pinson ne songeait pas sans appréhension aux dangers qu'allaient courir les deux steamers si la nuit les surprenait dans le défilé. Le chenal franchi, on vogua de nouveau sur une mer relativement libre, bien que de tous côtés, à une distance de sept ou huit kilomètres, on aperçût la terre.

Le commodore descendit de sa passerelle pour se reposer un instant.

« Si les cartes ne mentent pas, dit-il à M. Pinson, nous sommes dans une impasse dont le *Davis* ne pourra sortir; aussi suis-je tenté de l'attendre ici, certain qu'après avoir fait le tour du golfe dans lequel nous nous trouvons, il lui faudra revenir sur ses pas.

— Voici la nuit, commodore, et la prudence...

— Il ne s'agit pas de prudence, monsieur, il s'agit de détruire le *Davis*. Si les cartes que je possède avaient été dressées par des

C'est impossible! on ne va pas nous laisser périr. (Page 119.)

Américains, je m'y fierais d'une façon absolue; mais elles sont l'œuvre de vos officiers, et je crains que le pilote... Par le ciel! le *Davis* semble hésiter... »

Le commodore courut à sa passerelle, le *Davis* hésitait en effet; il côtoyait à petite vapeur un écueil qui se montrait à sa gauche. Le *Fulton* gagnait rapidement sur son adversaire. M. Pinson, afin de mieux voir ce qui allait se passer, se hissa peu à peu sur l'arrière du bâtiment, et s'appuya sur la hampe à l'extrémité de laquelle flottait le drapeau des États-Unis. Le *Davis*, probablement à cause de l'étroitesse de la passe dans laquelle il était engagé, continuait à marcher avec lenteur. Soudain il présenta le flanc à son adversaire et le salua d'une bordée de ses canons. Un des boulets frappa la hampe sur laquelle s'accotait M. Pinson, la brisa et, tout point d'appui lui manquant, l'ingénieur fut précipité dans la mer.

A cette vue, avec un sang-froid merveilleux, Vif-Argent coupa les liens d'une bouée et la jeta par-dessus bord; tout pâle, l'enfant se pencha pour regarder dans la direction de son ami, dont le *Fulton* s'éloignait avec rapidité. M. Pinson reparut sur l'eau, puis s'enfonça.

« Il ne sait pas nager! » s'écria Vif-Argent avec angoisse.

Et, sans plus réfléchir, le brave petit homme sauta dans l'eau, plongea, puis se mit à nager vers l'ingénieur.

Le cri sinistre des marins : Un homme à la mer! retentit lugubrement d'un bout à l'autre du *Fulton*, qui bientôt fut à plus de cinq cents mètres des naufragés.

Vif-Argent nageait comme un poisson; en moins de dix minutes, il rattrapa la bouée qu'il avait jetée par-dessus bord; aidé par cet appui, il se dirigea vers l'ingénieur. Celui-ci, surpris et étourdi par sa chute inattendue, avait vite repris son sang-froid, et nageait de son côté avec vigueur.

« Courage, monsieur! lui cria Vif-Argent, encore quelques brasses et j'arrive.

— Ménage tes forces, » répondit l'ingénieur avec calme.

Dix minutes plus tard, M. Pinson saisissait à son tour les cordes dont la bouée était pourvue.

« Comment, petit, dit-il en se secouant, toi aussi tu as été jeté à l'eau?

— Non, répondit Vif-Argent; mais, après vous avoir envoyé cette bouée, je vous ai vu tournoyer et vous enfoncer. Croyant que vous ne saviez pas nager, j'ai sauté par-dessus le bord afin de venir plus rapidement à votre aide. »

La simplicité avec laquelle l'enfant parlait de son héroïque action fit pâlir, puis rougir M. Pinson.

« Petit, petit, répéta-t-il en lui saisissant le bras, ce que tu as fait là... Bonté du ciel!... Nous en causerons plus tard. »

Les deux nageurs, poussant la bouée devant eux, se tournèrent alors vers le *Fulton*. Ils s'aperçurent avec stupeur que le steamer suivait sa route.

« C'est impossible! s'écria M. Pinson, on ne va pas nous laisser périr.

— Le commodore, monsieur, n'a-t-il pas répété ce matin que, pour atteindre le *Davis*, il nous jetterait tous à la mer? »

M. Pinson examina de nouveau l'horizon avec un soin minutieux, cherchant à se rendre compte des manœuvres du corsaire et de son antagoniste. Soudain l'ingénieur secoua la tête avec découragement; le doute n'était plus permis, le soleil se couchait, son disque disparaissait déjà à demi, et le *Fulton* continuait sa poursuite sans paraître se préoccuper des malheureux nageurs.

CHAPITRE XVI

NUIT TERRIBLE

Pendant près d'un quart d'heure, avec cet instinct machinal qui pousse l'homme à lutter contre les dangers qui menacent sa vie, M. Pinson et Vif-Argent nagèrent sans échanger une parole. Les pensées se succédaient rapides, incessantes dans l'esprit de l'ingénieur; phénomène singulier, au lieu d'être tout au péril présent, son imagination l'emportait vers le passé. Il se revoyait près de sa mère, puis dans la grande salle d'études de Sainte-Barbe, assis côte à côte avec Boisjoli. Les douleurs, les joies, les moindres incidents de son existence simple, calme, laborieuse, défilaient sous ses yeux comme des choses d'hier. Il se rappela cette soirée néfaste durant laquelle il s'était laissé séduire par son ami, secoua la tête et murmura :

« Prodigieux! Oui, prodigieux! »

La réalité poignante, implacable, ramena M. Pinson vers sa situation présente. Ses regards inquiets se promenèrent autour de lui. De tous côtés la terre, c'est-à-dire des îlots ou des récifs contre lesquels la mer lançait ses vagues. Le plus rapproché de ces écueils se dressait vers la gauche, à une distance d'au moins six kilomètres; ce rocher, il fallait l'atteindre ou renoncer à la vie.

Une houle assez forte soulevait doucement la mer; de grandes vagues huileuses s'élevaient ou s'abaissaient avec lenteur, sans bruit, comme par l'effet d'une respiration. Des goëlands, regagnant les anfractuosités qui leur servaient d'abri, s'arrêtaient un instant au-dessus des deux nageurs, tournoyaient dans l'air, puis repartaient en poussant leur cri rauque que les marins comparent à la plainte étouffée d'un homme qui se noie.

M. Pinson se tourna vers son compagnon; cramponné d'une main à la bouée, l'enfant nageait avec aisance et sang-froid.

« Sans ce cher petit, pensa l'ingénieur, je serais mort à l'heure qu'il est, et sans son enthousiasme pour Robinson, jamais il n'eût eu l'idée de jeter par-dessus bord cette bouée qui nous est d'un si grand secours. Ainsi les précautions enfantines dont je souriais ce matin auront été l'élément de mon salut! Allons, il s'agit de se tirer de ce mauvais pas, ne fût-ce que pour raconter à Boisjoli les désastres dont il est cause.

M. Pinson secoua la tête avec énergie.

« Nage plus doucement, petit, dit-il à Vif-Argent; grâce au soutien que nous devons à ta présence d'esprit, nous pouvons avancer sans trop de fatigue, et il est urgent de conserver nos forces. Voyons, hisse-toi sur la bouée, tandis que je vais la pousser vers la terre. Quand je me sentirai fatigué, je prendrai ta place et tu prendras la mienne. »

La bouée était un cercle de liège d'au moins deux mètres de diamètre, cercle enfermé dans une forte toile et pourvu sur toutes ses faces de cordes flottantes. Vif-Argent s'y trouva bientôt assis, et M. Pinson, nageant avec le calme d'un homme maître de lui, poussa en avant l'esquif improvisé.

« C'est de ce côté, monsieur, lui dit Vif-Argent en montrant le levant, que se trouve la plus grande île.

— Il s'agit d'en gagner une, quelle qu'elle soit, répondit l'ingénieur, et la plus proche est en ce moment la meilleure. »

Une dernière lueur teignait le ciel vers le couchant; elle disparut bientôt, et la nuit s'étendit sur la mer. Deux ou trois fois

Vif-Argent proposa à son compagnon de prendre sa place; mais M. Pinson voulut nager encore. Au bout d'une heure, il consentit enfin à se reposer, et, avec mille précautions, il parvint à s'installer sur la bouée.

Avec quelles délices l'ingénieur étira ses bras, ses jambes, son corps sur quelque chose de relativement solide! Il s'empressa d'ôter sa vareuse qui le gênait, précaution déjà prise par Vif-Argent. La brise soufflait, elle amenait des nuages, et la pâle lueur des étoiles cessa bientôt d'éclairer les naufragés. Où allaient-ils? De temps à autre, M. Pinson prêtait l'oreille pour saisir quelque bruit. Il lui semblait alors entendre les vagues heurter des écueils vers sa droite, ce qui lui parut d'abord inexplicable. Après avoir longtemps réfléchi, il s'arrêta à l'idée que ses efforts et ceux de son petit compagnon étaient inutiles, qu'un courant, comme il s'en trouve de si nombreux dans l'Océan, les éloignait du point qu'ils voulaient atteindre et les entraînait vers d'autres récifs.

Trois heures s'écoulèrent; elles parurent éternelles aux deux naufragés. Il ne nageaient plus, et cependant la bouée cheminait. Bien que la nuit fût tiède, leur long séjour dans l'eau les glaçait, et ils grelottaient. A chaque quart d'heure, ils se remplaçaient sur la bouée; mais M. Pinson ne cessait de nager que lorsqu'il sentait ses bras se raidir ou ses mains se crisper.

L'ingénieur avait l'âme pleine de sinistres pressentiments qu'il se gardait de communiquer à Vif-Argent. L'enfant, par bonheur, possédait un caractère énergique; d'ailleurs, grâce à la vivacité de son imagination et à l'insouciance naturelle à son âge, il se croyait sans cesse à la veille d'aborder. Une chose seule le préoccupait : le pain placé dans sa poche se détrempait, et les allumettes dont il avait eu le soin de se pourvoir allaient « s'abîmer », selon son expression, et devenir inutiles.

« Comment allumer un feu, se disait-il, si les allumettes ne veulent pas prendre?

— Nous les ferons sécher, si nous avons la chance de revoir le soleil, répondit l'ingénieur, se prêtant aux illusions de son petit compagnon.

— Il est bien entendu, monsieur, reprit Vif-Argent, que vous serez Robinson; j'aurais aimé à être Robinson moi-même, mais c'est à vous de commander. Je ne serai pas un trop mauvais Vendredi, vous verrez.

— Je n'en doute pas, mon enfant.

— Nous trouverons des animaux, dans notre île; je me charge de les soigner, de les apprivoiser. L'eau de la mer ne gâtera pas mon blé, n'est-ce pas?

— Non, petit, nous le ferons sécher, comme les allumettes.

— Vous verrez, reprenait Vif-Argent, que nous ne serons pas trop malheureux. Ce qui attristait surtout Robinson, c'était de n'avoir personne avec qui causer; nous, nous causerons. Nous aurons une maison d'été et une maison d'hiver; au lieu de poules, nous élèverons des oiseaux de mer; puis nous chasserons.

— Certes.

— Nous dresserons un mât, et dans dix ans, dans vingt ans, quand un navire nous découvrira, vous aurez une grande barbe. Nous retournerons en Europe et nous vendrons notre île. Ouf! ajouta l'enfant dont le tour était venu de monter sur la bouée, je voudrais tout de même être arrivé.

— Patience, petit.

— Nous aurons, reprit le petit homme après s'être étendu sur la bouée, un grand avantage sur Robinson.

— Lequel? demanda M. Pinson.

— Vous êtes ingénieur? Si nous nous ennuyons trop dans notre île, vous construirez une barque et nous irons à Saint-Thomas.

Vif-Argent causa longtemps; peu à peu il mit un intervalle entre chacune de ses phrases, balbutia, puis se tut. Vaincu par la fatigue, il venait de s'endormir.

L'ingénieur fit appel à toute son énergie, et, pendant une heure, il se tint cramponné à la bouée. Vingt fois, sentant ses forces à bout, il fut sur le point de réveiller Vif-Argent, et vingt fois, se mettant à nager avec vigueur, il réussit à combattre l'engourdissement qui s'emparait de lui. Une fois, l'ingénieur fit un soubresaut, il croyait entendre le bruit de la machine du *Fulton*. Il se dressa le plus qu'il lui fut possible au-dessus des flots, prêta l'oreille et n'entendit que la plainte triste et monotone de la mer se heurtant sans trêve contre de lointains écueils.

« L'homme propose et Dieu dispose, pensa-t-il; nous sommes de faibles jouets entre les mains de l'Éternel. J'avais arrangé ma vie aux Batignolles; j'avais fait un long bail avec mon propriétaire, afin de pouvoir disposer mon appartement à mon gré; je me suis donné la peine de tapisser mes parquets, mes murailles, afin de rendre mon nid plus doux et plus chaud, et me voilà flottant au gré de l'Océan, soutenu par une misérable écorce de chêne-liège qui m'emporte je ne sais où.

— Merci, monsieur, vous êtes bon, » murmura Vif-Agent qui rêvait.

M. Pinson le contempla avec tendresse.

« Dieu lui épargne mes angoisses, pensa-t-il, et il sauvera cet innocent.

— *Good morning, mother* Pitch! » balbutia encore l'enfant.

La tête de M. Pinson se trouvait près de celle de Vif-Argent, il l'embrassa doucement.

« Je le sauverai à mon tour, dit l'ingénieur en songeant que c'était par dévouement pour lui que le cher petit se trouvait là, oui, je le sauverai. »

Une détonation lointaine retentit; bientôt suivie de plusieurs autres.

« Le *Fulton* et le *Davis* sont enfin aux prises, pensa l'ingénieur; en vérité, une belle chose que la guerre! Le commodore ne s'est même pas retourné pour nous prêter aide; et pourtant il est bon. »

Les détonations cessèrent. M. Pinson, à bout de forces, allait enfin réveiller son petit compagnon, lorsqu'il se sentit entraîné avec rapidité. Il fit un mouvement pour nager et sentit qu'il avait pied. Sa surprise, sa joie furent si grandes qu'il se mit debout et lâcha la bouée; elle alla échouer à quelques mètres plus loin.

M. Pinson s'élança aussitôt pour la ressaisir; l'eau lui montait à peine à mi-jambe; il pouvait momentanément se considérer comme sauvé. Des actions de grâces s'échappèrent de ses lèvres. Puis il s'assit sur un point qui faisait saillie hors de l'eau, et une larme glissa sur ses joues.

« Réaction nerveuse, se dit-il, et il faut avouer qu'il y a bien de quoi. Ainsi, l'avenir peut m'appartenir encore! »

L'ingénieur ressentait un besoin violent de faire partager sa joie à son compagnon d'infortune, de parler. Il se pencha; la lumière pâle qui tombait du ciel lui montra le petit garçon si paisible, si calme sur sa couche flottante qu'il respecta son sommeil.

« Laissons dormir le fidèle Vendredi, murmura-t-il; le réveil ne viendra peut-être que trop tôt. »

M. Pinson se tourna vers l'Orient, guettant l'apparition du jour. Autour de lui, il voyait l'eau courir, bouillonner sur les rochers saillants. Il tenait avec force la bouée sur laquelle Vif-Agent dormait bercé par le grand et terrible Océan.

Qu'elles semblèrent cruelles à l'ingénieur, les heures qu'il dut passer sur le bas-fond où le hasard l'avait conduit! Il lui semblait que cette nuit sinistre ne finirait jamais, que l'instant du lever du soleil était depuis longtemps passé. Il avait cherché sa montre; elle était restée dans sa cabine, et il ne s'affligea pas trop, en songeant à l'état dans lequel l'eût mise l'eau salée. Enfin une bande jaune raya l'horizon, quelques nuages épars sur le ciel se teignirent de rose, et, semblable à un globe d'or qui sort d'une fournaise, le soleil parut émerger du sein des flots.

Vif-Argent s'éveilla, s'étira, promena autour de lui des regards indécis.

« Nous sommes à terre? s'écria-t-il.

— C'est-à-dire que nous avons pris pied sur un bas-fond, petit mais je vois là bas une plage que nous allons tâcher de gagner.

— Ah! s'écria Vif-Argent, je vous disais bien que nous aborderions quelque part. Croyez-vous encore, monsieur, que les aventures de Robinson soient un conte?

— Non, petit; mais la réalité n'en est pas plus consolante pour cela.

— Voilà devant nous une île, une île pour de vrai! s'écria l'enfant. Elle a des arbres, de l'herbe, et nous y serons dans un instant.

— Je la crois à une distance de deux kilomètres du point que nous occupons, mon enfant.

— Eh bien, nous savons nager et nous avons la bouée. N'êtes-vous pas d'avis, monsieur, que je la charge des jolis coquillages qui sont là sous nos pieds, et...? »

Un coup de canon qui retentit interrompit Vif-Argent. Dans le long chenal qui les séparait de la plage qu'ils songeaient à gagner,

NUIT TERRIBLE.

Nous sommes à terre. (Page 124.)

les deux naufragés virent soudain apparaître, sortant de derrière une masse de rochers, le *Davis* qui cheminait à petite vapeur. M. Pinson leva les bras pour tâcher de se faire remarquer, et bientôt l'équipage entier du vapeur se pressa à bâbord. En moins d'une demi-heure, le *Davis* arriva devant les naufragés, mais il continua sa route. Il venait à peine de dépasser l'îlot, que M. Pinson, se tournant vers son petit compagnon, le regarda avec anxiété.

« Nous sommes condamnés à périr, dit l'ingénieur d'une voix étranglée.

— A périr! alors qu'une île couverte d'arbres se dresse devant nous? Vous n'y songez pas, monsieur, s'écria l'enfant. Que serait devenu Robinson, s'il se fût abandonné au lieu de lutter? D'ailleurs, si le *Davis* ne s'est pas occupé de nous, le *Fulton*, qui ne tardera pas à paraître, s'arrêtera certainement. »

M. Pinson secoua la tête.

Comme pour donner raison à l'enfant, le *Fulton* se montra à son tour à l'extrémité du chenal.

« Ah! pensa Vif-Argent, pourvu que le commodore n'ait pas l'idée de nous prendre à son bord et de nous empêcher de devenir des Robinsons! C'est cela qui serait ne pas avoir de chance. »

N'osant avouer tout haut sa crainte, Vif-Argent se rangea près de M. Pinson, qui, déjà, agitait les bras et poussait de grands cris pour attirer l'attention du commodore et de ses officiers.

Tout en multipliant les signaux, M. Pinson, traînant la bouée, s'avançait sur le bas-fond et se dirigeait vers le chenal à l'extrémité duquel venait d'apparaître le *Fulton*. Bientôt l'eau devint profonde et il fallut s'arrêter. Les matelots du *Fulton* avaient aperçu les naufragés, car ils se pressaient le long du bord, et la voix du commodore résonnait.

« Monte sur la bouée, petit, s'écria M. Pinson, nous allons nous rapprocher le plus qu'il nous sera possible de la ligne que doit suivre le *Fulton*; s'il nous abandonne impitoyablement, nos efforts n'auront pas été perdus, ils nous auront rapprochés de la grande île, où nous essayerons d'aborder. »

Vif-Argent obéit avec lenteur; il se plaignait de se sentir étourdi, d'avoir mal à la tête; néanmoins il voulut nager. Les naufragés, poussant la bouée, s'avancèrent de nouveau dans la mer. Mais leurs membres fatigués les servaient mal; leurs efforts de la veille, leur séjour prolongé dans l'eau, joints au manque de nourriture, les avaient singulièrement affaiblis. Vif-Argent, pâle, grelottant, cessa bientôt de nager. M. Pinson l'aida aussitôt à se hisser sur la bouée; ce ne fut pas chose facile, car l'enfant, soudain indifférent à ce qui se passait autour de lui, murmurait des paroles incohérentes.

« La fièvre! pensa M. Pinson; si elle me prend à mon tour, nous sommes perdus. »

La machine du *Fulton* cessa brusquement de fonctionner, et le grand steamer glissa sur les flots avec une vitesse décroissante. Un canot monté par six hommes apparut à son arrière et se dirigea à force de rames sur la bouée. Un quart d'heure plus tard, M. Pinson et Vif-Argent montaient à bord du *Fulton*, qui reprenait aussitôt sa marche.

« Je suis heureux de vous voir, oui, je suis heureux de vous voir, s'écria le commodore en prenant les mains de l'ingénieur pour les presser avec énergie. Depuis hier, monsieur, nous avons beaucoup parlé de vous ici, et nous n'espérions plus vous retrouver.

— Ce n'est pas votre faute si nous sommes encore en vie, répondit M. Pinson avec amertume.

— Le service de guerre, répondit le commodore avec gravité, a des exigences cruelles, inhumaines, si vous voulez. La vie d'un homme ne compte pour rien dans certaines circonstances, ceux qui m'entourent le savent bien. En m'arrêtant hier pour vous prêter aide, je compromettais plusieurs milliers d'existences peut-être, car le *Davis*, libre de ma poursuite, recommencerait immédiatement ses pillages. Vous voilà, j'en suis heureux. »

M. Pinson avait cent choses à répondre ; mais deux ou trois mots incohérents, prononcés par Vif-Argent, le firent tressaillir. Il saisit l'enfant, le porta dans sa cabine, le coucha et s'assit à son chevet.

Pendant quarante-huit heures, le malade délira ; il parlait de Robinson, de Vendredi, et récitait des fragments entiers de l'histoire cause de son embarquement. Le chirurgien du bord redoutait une fièvre cérébrale ; par bonheur, elle avorta. M. Pinson, bien qu'exténué lui-même, ne voulut pas quitter une seule minute son petit compagnon. En dépit des supplications du commodore et de son lieutenant, l'ingénieur, même aux heures de repas, refusait de se rendre à table et mangeait près du malade.

« Ce cher petit m'a sauvé la vie, répétait-il, et je manquerais à un devoir sacré si je ne le disputais moi-même à la mort. »

Puis, accoudé contre le lit de Vif-Argent, il songeait à l'enchaînement singulier des choses humaines.

« Sans l'admiration de ce petit homme pour Robinson, pensait-il, je ne l'aurais pas retrouvé à bord, et j'aurais accompli seul mon incroyable voyage. Sans Robinson encore, ce cher enfant n'eût jamais songé à la possibilité d'un naufrage, ni à me jeter cette bouée qui nous a sauvés. Décidément, il ne faut rire de rien en ce monde, et je commence à trouver Robinson un grand homme. »

Le double dévouement des deux passagers du *Fulton* l'un pour l'autre acheva de leur conquérir la sympathie de tous les hôtes du steamer. Aussi, cinq jours après leur sauvetage, quand M. Pinson apparut sur le pont, portant entre ses bras Vif-Argent qu'il établit à l'ombre d'une voile, un formidable hourra retentit en leur honneur, et quatre cents mains vinrent serrer les leurs.

Tout en répondant avec effusion aux témoignages d'amitié dont ils étaient l'objet, M. Pinson et Vif-Argent regardaient avec surprise autour d'eux. Une immense côte se déroulait à bâbord du steamer, côte assez rapprochée pour qu'il fût possible de distinguer, à l'œil nu, les arbres et les habitations qui la couvraient. En avant, à moins d'un kilomètre, le *Davis* semblait cheminer de conserve avec son ennemi. Entre eux, se trouvait un grand steamer au mât duquel flottait un drapeau rouge et blanc. Un peu en arrière, voguait un autre bâtiment de guerre à vapeur portant les couleurs espagnoles.

« Que signifie cela? demanda enfin M. Pinson au lieutenant. Quelle est cette terre? La paix entre le nord et le Sud est-elle conclue, que le *Fulton* laisse approcher le *Davis* à demi-portée de canon?

— Cette terre, répondit le lieutenant, est celle de Saint-Domingue; nous sommes depuis hier dans les eaux de l'empire haïtien. Cette considération n'eût peut-être pas empêché le commodore d'attaquer le *Davis*, si la frégate espagnole que voilà ne semblait d'humeur à prêter main forte au pavillon de Soulouque.

— Et où allons-nous? à Port-au-Prince?

— Nous allons à la Havane, selon toute probabilité; le *Davis*, de même que nous, est à court de charbon et navigue à la voile. »

Le commodore survint; il prit la main de l'ingénieur, qui lui rendit mollement son étreinte.

« Vous m'en voulez encore, dit le brave officier, et je le comprends; si fortement que je vous sois attaché, monsieur, mon devoir passe avant tout. Mon lieutenant serait tombé à la mer à votre place que ma conduite eût été la même. A la guerre, encore une fois, la vie d'un homme importe peu, comparée au résultat qu'on veut obtenir, et il est de règle de sacrifier au besoin cent hommes pour en sauver mille.

— J'ai eu tort de me trouver sur le passage du boulet qui a brisé la hampe de votre pavillon, je le reconnais, dit M. Pinson; cependant, commodore, je vous ai trop d'obligations pour vous en vouloir longtemps. Vous y avez mis le temps, mais enfin vous m'avez repêché, et je vous en remercie pour moi et mon cher enfant.

— Le gaillard va mieux, à ce que je vois.

— Il parle déjà de se promener, répondit M. Pinson; seulement, la diète l'a si bien affaibli qu'il peut à peine se tenir debout. Le chirurgien prétend qu'avant trois jours il pourra courir comme par le passé; aussi voudrais-je être plus vieux de trois jours. »

La paix faite avec le commodore, M. Pinson retourna vers son petit compagnon.

« Cette terre est bien l'Amérique, monsieur? demanda l'enfant. Il me semble voir des palmiers.

— Tu ne te trompes pas, nous sommes en face de Saint-Domingue, île découverte en 1492 par Christophe Colomb, qui lui donna le nom d'Hispaniola. Saint-Domingue était nommé par les Caraïbes, peuple qui l'habitait à cette époque, île d'Haïti, ce qui dans leur langue signifie *pays montagneux*.

— Est-elle grande, cette île? dit Vif-Argent en regardant du levant au couchant.

— Elle a 600 kilomètres de long sur 260 de large. Elle se divise en deux parties : la république dominicaine d'un côté, l'empire haïtien de l'autre. Cette île, la plus prospère des colonies françaises, se révolta contre la mère patrie en 1791; et les nègres, par suite d'un malentendu, massacrèrent les blancs qui venaient de les rendre à la liberté. Depuis lors, en dépit d'une tentative faite en 1802 pour la conquérir, l'île de Saint-Domingue est indépendante. »

Une fois en voie de questions, Vif-Argent ne s'arrêtait plus. Il fallut lui raconter toute l'histoire de Saint-Domingue, celle de son libérateur Toussaint Louverture, et celle de son lieutenant Dessalines. Lorsqu'il apprit que la terre qu'il contemplait produisait du sucre, des cocos, du café, et que ses forêts renfermaient des singes et des perroquets, Vif-Argent fut pris d'un vif désir de la visiter et fit des vœux pour que le *Davis* abordât dans sa capitale, le Port-au-Prince.

Il fallut aussi, naturellement, lui expliquer pourquoi le *Davis* et le *Fulton* cheminaient côte à côte, escortés par une frégate espagnole et un brick haïtien. Le lendemain, dans l'après-midi, lorsqu'il arriva avec M. Pinson sur la dunette, marchant seul cette fois, les choses paraissaient dans le même état que la veille; la côte se déroulait sans fin du levant au couchant, et les quatre navires voguaient à cinq cents mètres les uns des autres. Sur le pont du *Davis*, au lieu de l'uniforme dont étaient vêtus les matelots des autres bâtiments, se voyaient des hommes en chemises de laine de toutes les couleurs.

« Il y a là, dit le commodore à M. Pinson, une écume de toutes les nations que je voudrais pendre au haut de mes vergues. Je suis humain, monsieur, et, en dépit de l'erreur qui leur a mis les armes à la main, je ne vois que de braves ennemis dans les gens du Sud; mais que viennent faire ces étrangers dans nos querelles? »

M. Pinson eût pu répondre que les armées du Nord recrutaient leurs soldats parmi les Irlandais et les Allemands; mais il s'était proposé de ne jamais entamer de controverse de cette nature avec le commodore, et, cette fois encore, il réussit à se contenir, bien qu'il eût, comme on dit vulgairement, la tête près du bonnet.

« L'île Saint-Domingue, monsieur, dit Vif-Argent, n'appartiendra donc plus jamais à la France?

— Non, petit; notre pays a renoncé à ses anciens droits; seulement, la terre que tu as sous les yeux n'est plus celle d'Haïti; nous sommes en face de sa voisine, l'île de Cuba ou de la Havane.

— La Havane, répéta Vif-Argent; n'est-ce pas de là que viennent les bons cigares?

— Oui, et leur réputation est méritée. L'île de Cuba, qui a ravi à Saint-Domingue le titre de *Perle des Antilles*, est la plus grande des îles que les géographes divisent en petites et grandes Antilles. Les grandes Antilles sont Cuba, Haïti, la Jamaïque et Porto-Rico; les petites, Saint-Thomas, Saint-Jean, l'Anguille, Saint-Barthélemy, Saint-Eustache, la Désirade, la Dominique, la Martinique, Tabago, la Trinité, Curaçao, etc., etc. Pour en revenir à l'île de Cuba, elle fut découverte par Christophe Colomb; elle mesure

1,150 kilomètres de l'est à l'ouest, et environ 70 de large. De même que Saint-Domingue, elle produit du café, du cacao, du riz, et possède des mines d'or et de cuivre. »

Vif-Argent fut joyeux d'apprendre que, selon toute probabilité, le *Fulton* relâcherait à la Havane. Armé d'une longue-vue, il ne cessait d'examiner les côtes, et poussait des cris de joie en distinguant des maisons, des habitants. Un pauvre oiseau, emporté de terre par la brise, vint même se poser sur la grande vergue, et un matelot le lui apporta. C'était un joli passereau aux plumes d'azur, et l'admiration de l'enfant pour les pays où se voient de pareils oiseaux redoubla.

Pendant trois jours encore, les quatre navires cheminèrent de conserve, et l'on aperçut enfin le fort du Maure, derrière lequel est située la Havane. Le brick haïtien salua ses compagnons de voyage, et vira de bord pour regagner son pays. Le *Fulton* et le *Davis*, poussés par la brise, se rapprochaient souvent l'un de l'autre. Le commodore avait alors peine à retenir sa colère et parlait de se battre contre le corsaire, dût le navire espagnol se mêler de la bataille. Mais le manque de charbon, qui l'empêchait de manœuvrer à son gré, était un trop grand désavantage pour que le commodore passât outre; il dut donc se résigner. D'ailleurs le Nord avait assez à faire dans sa lutte contre le Sud, sans chercher querelle à d'autres ennemis.

Vers trois heures de l'après-midi, le *Davis* s'engagea dans l'étroit canal qui conduit à la Havane, dont la belle rade est invisible de la mer. M. Pinson, après avoir rassemblé les quelques chemises qui composaient son bagage et celui de Vif-Argent, se tint près du bord, afin d'être le premier à débarquer. Il causait avec un enseigne qui connaissait le port de la grande île espagnole, et il s'informait des moyens de regagner l'Europe. A sa grande satisfaction, il apprit qu'un paquebot mensuel faisait le service entre l'île et Cadix, qu'un autre la mettait en communication avec l'Angleterre. Dans sa hâte de regagner la France, M. Pinson résolut de se rembarquer sur celui de ces steamers qui partirait le premier.

Pendant ce temps, le commodore, entouré de ses officiers, discutait avec chaleur; il promenait sa longue-vue sur l'horizon, où se voyaient les mâts d'une vingtaine de navires, les uns s'éloignant du port, les autres manœuvrant pour y entrer. Déjà la citadelle du Maure était assez rapprochée pour que Vif-Argent, sans autre secours que ses yeux, pût distinguer les sentinelles qui se promenaient sur sa plate-forme, lorsque d'épais nuages de fumée jaillirent de la cheminée du *Fulton;* la voile fut abattue, le steamer mit son hélice en mouvement, vira de bord et s'éloigna avec rapidité du point où M. Pinson se croyait déjà ancré.

« Nous repartons! » s'écria Vif-Argent.

L'ingénieur, suffoqué, ne put répondre; il se laissa tomber sur un banc.

CHAPITRE XVII

RUSE DE GUERRE

Pendant dix minutes au moins M. Pinson demeura immobile, son paquet de chemises à ses pieds, dans un état de prostration absolue.

« Allons, murmura-t-il, me voilà, grâce à M. Boisjoli, devenu l'émule du Juif errant. »

Il se releva, et regarda en face Vif-Argent qui se trouvait près de lui.

« Où allons-nous? lui demanda-t-il; en Europe? aux États-Unis? en Chine? où?

— Je ne sais pas, monsieur, répondit l'enfant tout désappointé de son côté.

— Quel visage vous me faites, monsieur Pinson! dit le commodore qui s'approchait en se frottant les mains.

— Ne m'avez-vous pas raconté, s'écria l'ingénieur, que vous étiez à court de charbon, que nous serions ce soir à la Havane, que le *Fulton*...?

Carguez vos voiles! (Page 135.)

— Là, là, interrompit l'officier, un peu de patience, monsieur, et mes promesses deviendront des réalités.

— Puis-je vous demander où nous allons?

— A la rencontre des cinq navires que vous apercevez là-bas.

— Dans quel but? sont-ce des corsaires?

— Ce sont des bateaux charbonniers de Newcastle.

— Allez-vous me transvaser à leur bord?

— Il en sera ce que vous voudrez, répliqua le commodore; mais, avant quarante-huit heures, je l'espère, le *Fulton* sera dans le port de la Havane.

— Il n'en prend guère la route, dit M. Pinson en désignant la mer ; le *Fulton*, qui manquait soi-disant de charbon, file en ce moment avec plus de vitesse que jamais.

— Nous usons notre reste, répondit le commodore, et, pour vous tranquilliser, je vais vous expliquer mon dessein. Vous ignorez peut-être, monsieur, que la Havane est un port dont on ne sort pas facilement. Le gouvernement espagnol est ombrageux ; il craint sans cesse qu'on ne lui ravisse son île de Cuba, et il observe méticuleusement les vieux règlements maritimes.

— Les règlements maritimes ! répéta M. Pinson. Quoi ! ce sont eux encore qui viennent s'opposer à mon débarquement ?

— Laissez-moi achever, reprit le commodore. Je vous expliquais donc qu'un navire, une fois ancré dans le port de la Havane, n'en peut sortir qu'entre six heures du matin et six heures du soir. D'autre part, le *Davis*, toujours d'après les règlements maritimes, n'a le droit de séjourner à la Havane que le temps strictement nécessaire à son ravitaillement. Or, tandis que je me serais approvisionné de charbon, le corsaire aurait pu lever l'ancre à l'improviste, franchir la passe sans laisser au *Fulton* le temps de démarrer. Il nous aurait filé entre les doigts comme une anguille ! Je ne veux pas être berné de cette façon. Je ne pénétrerai donc dans le port qu'une fois lesté de charbon, et, par conséquent, prêt à suivre chacun des mouvements de mon ennemi. »

Ces explications consolèrent un peu M. Pinson, surtout lorsque son interlocuteur lui affirma qu'alors même qu'il réussirait à s'approvisionner de charbon, il pénétrerait dans le port afin de mieux surveiller le corsaire. Durant cette conversation, le steamer s'était rapproché des bateaux charbonniers qui, à sa vue, hissèrent le pavillon anglais. Bientôt le commodore leur parla à l'aide de son porte-voix, et il intima au plus voisin l'ordre d'amener ses voiles et de s'arrêter.

« Que me voulez-vous ? demanda le capitaine anglais avec mauvaise humeur.

— Que vous me cédiez votre chargement de charbon, répondit le commodore.

« — Voilà qui est impossible ; je n'ai pas le droit de vendre ce chargement.

— Carguez vos voiles, cria le commodore avec autorité, ou je rase vos mâts en dix minutes.

— L'Angleterre est en paix avec les États-Unis, dit encore le capitaine.

— Aussi les choses se passeront-elles en bonne forme, répliqua le commodore, et je vous payerai sur l'heure votre charbon. »

Le capitaine du bateau examina la mer avec l'espoir de découvrir un bâtiment de guerre de sa nation, et de lui demander secours. Bien qu'une étroite parenté unisse les Américains aux Anglais, les deux cousins, John Bull et frère Jonathan, ainsi qu'ils se désignent mutuellement, se détestent avec cordialité. Aucun navire anglais ne se montrant à l'horizon, il fallut obéir. Les deux navires se placèrent côte à côte, et l'équipage entier du *Fulton* fut employé au transbordement du charbon, opération qui ne demandait pas moins de vingt-quatre heures.

M. Pinson, saisi d'une idée subite, entraîna Vif-Argent sur le bateau charbonnier et se dirigea vers son capitaine. Celui-ci, de fort mauvaise humeur, surveillait la prise de possession de sa cargaison. L'ingénieur, songeant que ce bateau, une fois vide, allait sans nul doute regagner l'Angleterre, voulait s'embarquer à son bord. Une fois encore, il se heurta contre les règlements maritimes ; le bateau se rendait à Sizal, port du Yucatan, et il était tenu d'y aborder afin de prendre son chargement de retour. M. Pinson, la tête basse, remonta sur le *Fulton* et se tourna vers la terre ; il espérait qu'une chaloupe sortant du port passerait à portée de sa prison et consentirait à le conduire au rivage.

Vers le soir, traînant à la remorque le bateau charbonnier, le *Fulton* se rapprocha de la côte afin de la mieux surveiller. Les marins travaillèrent toute la nuit sans cesser un seul instant de faire le guet. Au point du jour, après une nuit d'insomnie, due au vacarme produit par la chute des paniers de charbon, M. Pinson et Vif-Argent débouchèrent sur le pont. Large, sans éclat, le soleil se levait dans une brume d'or, et, grâce à l'épaisse couche d'air que ses rayons avaient à traverser, on pouvait impunément le regarder en face. La terre se montrait toute verte, semée çà et là de maisonnettes blanches. Aux sommets des collines se découpaient, noires sur le ciel bleu, les silhouettes de grands palmiers ou de cèdres.

« Voici des pilotes, dit à l'improviste un matelot, les requins ne sont pas loin. »

A ce nom de requin, Vif-Argent se rapprocha du matelot, qui, se penchant vers la mer dont la transparence laissait pénétrer les regards à plusieurs mètres de profondeur, lui montra cinq poissons de la taille d'un gros brochet, au corps rayé de bandes noires. Ces poissons nageaient avec lenteur le long des flancs du *Fulton*; c'étaient là les pilotes qui, au dire du matelot, servaient de conducteurs aux requins.

Ce récit parut singulier à Vif-Argent, qui courut vers M. Pinson.

« Est-il vrai, monsieur, lui demanda-t-il, que les requins soient presque tous aveugles et que les poissons nommés pilotes leur servent de caniches?

— C'est là une croyance dont l'imagination des matelots fait seule les frais, répondit l'ingénieur. Le poisson nommé pilote est le *remora* des savants, et c'est afin de prendre sa part de la proie dévorée par le requin qu'il se tient à ses côtés.

— Le requin est-il un cétacé? demanda encore l'enfant.

— Non, le requin est un poisson, c'est-à-dire qu'il respire à l'aide de branchies. Il appartient à la terrible famille des squales, les plus voraces des êtres connus. »

Bientôt cinq ou six des monstres nommés se montrèrent le long du bord, et il y eut un grand mouvement parmi les matelots, animés d'une haine naturelle contre un ennemi toujours prêt à les dévorer. Les requins, suivis d'une bande de remoras, tournaient autour des deux navires comme des sentinelles en faction. Le commodore ayant accordé l'autorisation de les harponner, un canot fut aussitôt mis à la mer; un vieux contre-maître, armé d'une sorte de javelot pourvu d'un manche auquel se rattachait une longue corde, se plaça debout à l'extrémité du canot.

C'est une pêche dangereuse que celle du requin; aussi tous les hommes de l'équipage, à l'exception de ceux qui étaient de corvée pour le transbordement du charbon, se groupèrent-ils le long du bord. M. Pinson et Vif-Argent se tinrent sur la dunette, d'où ils pouvaient mieux voir.

Le canot s'éloigna de quatre mètres à peine, et un gros morceau de lard fut jeté dans l'eau. Les requins prouvèrent alors qu'ils ont de bons yeux, car ils arrivèrent avec vélocité sur l'appât. Le plus vif se tourna sur le côté et engloutit la proie d'un seul trait. Si rapide qu'eût été cette opération, Vif-Argent avait pu voir s'ouvrir la formidable gueule du monstre, gueule pourvue de dents acérées, et dont le contour égale, à peu de chose près, un tiers de la longueur de l'animal.

Alléchés par ce premier appât, les requins tourbillonnèrent autour du canot. Le contre-maître, son harpon levé, attendait le moment de frapper. Une seconde tranche de lard fut jetée à un mètre du bord, et, à l'instant où un des requins se plaçait de côté pour le saisir, manœuvre à laquelle la disposition de leur vaste mâchoire oblige les squales, le harpon, lancé d'une main habile et vigoureuse, s'enfonça dans les flancs de l'animal, s'ouvrit par le jeu d'un ressort, et forma une croix dont les branches, s'engageant entre les côtes du blessé, le retinrent prisonnier. Le requin plongea aussitôt, marquant sa route d'une trace de sang. On laissa se dérouler la corde à laquelle était attaché le harpon ; bientôt de formidables secousses ébranlèrent le canot, et les matelots halèrent la corde avec précaution. Une demi-heure plus tard ils se rapprochaient du *Fulton*, tenant en quelque sorte en laisse le monstre dont les soubresauts d'agonie étaient encore redoutables.

Les autres requins, au lieu de s'effrayer, continuèrent à rôder autour du canot. L'animal atteint mesurait environ 9 mètres. Les matelots désiraient le dépecer pour s'emparer de sa peau, qui sert à plusieurs usages, mais le commodore les rappela à bord.

Vers quatre heures de l'après-midi, la liberté fut rendue au bateau charbonnier, qui, sans saluer cette fois, reprit la route de Sizal. Le commodore, voulant se rendre compte du nombre de milles que pouvait filer le *Fulton* chargé de charbon jusque sur son pont, évolua pendant près d'une heure. Durant ces manœuvres, on lavait le steamer, car il fallait que tout fût en ordre avant d'entrer dans le port. Il était près de six heures lorsqu'on arriva près de la forteresse du Mauré, juste à l'instant où un coup de canon annonçait la fermeture de la rade.

Ce contre-temps ne désola pas trop M. Pinson, car le commodore l'avait prévenu qu'il ne comptait guère atterrir ce jour-là. Le *Fulton* reprit donc le large, afin de louvoyer jusqu'au matin, précaution rendue nécessaire par une forte brise du nord qui se mit à souffler. Le lendemain, aussitôt que le jour parut, la proue fut tournée vers la terre, et le steamer fila rapidement.

Deux navires sortirent du port; bien que passant à une grande distance du navire américain, ils le saluèrent en hissant leur pavillon. Derrière eux parut un steamer peint en blanc, portant le pavillon espagnol.

« Sans la couleur de la coque de ce bateau et la hauteur de ses mâts, dit le commodore en s'adressant à son lieutenant, je jurerais voir le *Davis*. »

Le steamer longeait la côte à petite vapeur.

« Que voyez-vous sur son pont? demanda le commodore à son second.

— Des matelots espagnols en uniforme, » répondit celui-ci.

Le petit steamer se trouvait par le travers du *Fulton*, il le salua en abaissant son pavillon, et un tambour battit aux champs. Le *Fulton* répondit à cette courtoisie en saluant à son tour et continua d'avancer vers le port.

M. Pinson, son paquet de chemises sous le bras, avait peine à contenir sa joie en voyant la terre se rapprocher avec rapidité.

« Il était dans notre destinée de voir la Havane, petit, dit-il à Vif-Argent; enfin ne nous plaignons pas. Nous emporterons quelques boîtes de cigares; j'ai des amis en France à qui cela fera plaisir. A propos d'amis, ce pauvre Boisjoli, à l'heure qu'il est, doit être casé. Je vois d'ici sa surprise lorsqu'il recevra de moi une lettre datée de l'île de Cuba; il aura peine à croire nos aventures réelles. Nous allons voir, petit, la ville fondée par Diégo Velasquez, puis le tombeau de Christophe Colomb, qui, maltraité en Espagne, revint mourir sur la terre qu'il a découverte. Nous voici dans le chenal : vivat! »

Le *Fulton*, en effet, venait de dépasser la pointe du Maure, et le fond de la baie apparaissait. Le steamer dut s'arrêter un instant pour répondre au chef du port, qui, posté sur une petite tourelle, lui demandait, à l'aide du porte-voix, sa nationalité, son lieu de provenance, sa destination. Pendant ce temps, une chaloupe se rapprocha du steamer.

« Est-ce le *Davis* que vous cherchez? demanda le patron de cette barque, pilote qui venait au-devant du steamer.

— Oui, répondit le commodore; conduisez-nous près du lieu où il est ancré.

— Il a repris la mer ce matin.

— Que dites-vous? s'écria le commodore, qui se pencha de façon à laisser croire qu'il allait sauter dans la mer.

— Que le *Davis* a peint sa coque en blanc, qu'il a acheté de vieux uniformes espagnols, et qu'il est sorti du port à six heures précises du matin. »

Le commodore lâcha un gros juron, brisa son porte-voix sur la balustrade contre laquelle il s'appuyait, et cria d'une voix de tonnerre aux timoniers :

« Virez! virez! »

Le *Fulton*, aussitôt, décrivit une longue courbe et se dirigea vers la haute mer.

« Arrêtez! s'écria M. Pinson, une minute, une seule minute, le temps de sauter dans cette barque... »

La barque s'était écartée et le *Fulton*, achevant son évolution, sortait du chenal à toute vapeur, ne prenant pas même le temps de rendre son salut à la forteresse du Maure.

CHAPITRE XVIII

LE GOLFE DU MEXIQUE

Cette fois, M. Pinson ne récrimina pas ; il remonta sur la dunette, posa son paquet sur un banc et se mit à se promener de long en large, grave, absorbé, ne prenant pas garde à ce qui se passait autour de lui. Parfois, lorsque son va-et-vient le ramenait en face de la terre, il s'arrêtait net, contemplait les rochers abrupts, incultes, qui défendent l'entrée de la Havane, ou les vautours noirs qui planaient dans le ciel. Parfois encore, il s'arrêtait pour regarder la mer dont les eaux bleues se confondaient au loin avec l'azur et l'éther.

Des goëlands suivaient le sillage tracé par le *Fulton*, s'abaissant d'un vol rapide pour saisir les débris qui tombaient du bord; M. Pinson secouait alors la tête et murmurait ce vœu des poètes :

Que n'ai-je des ailes!

Vif-Argent n'était pas content non plus, bien qu'il ne dît rien. Lui aussi regardait la terre avec envie, non pas du côté des rochers, mais plus bas, vers des falaises couronnées d'arbres au feuillage singulier. Où allait-on? L'enfant eût bien voulu le demander; par malheur, M. Pinson paraissait trop préoccupé pour qu'il osât l'aborder, et les officiers étaient bien trop affairés pour qu'il songeât à les questionner.

Peu à peu les côtes devinrent bleuâtres, les regards ne distinguaient plus que des masses confuses, noires, blanches ou vertes : puis tout se confondit dans une teinte grisâtre, et l'attention de l'enfant se porta sur le *Davis*.

Le corsaire, dont la coque blanche semblait glisser sur les flots, avait une avance de huit kilomètres environ et semblait gagner encore sur le *Fulton*. Le commodore, logé sur sa passerelle, ordonnait sans cesse aux mécaniciens de chauffer, de donner plus de vapeur, plus d'impulsion à l'hélice. Soudain on vit le *Davis* décrire une courbe, virer et se diriger vers le nord. Le *Fulton*, virant de son côté, avança de conserve avec le corsaire.

« Si ce forban réussit à nous dépasser, dit le commodore à son lieutenant, il va nous ramener en Europe. Ordonnez de clore les soupapes, monsieur; il vaut mieux sauter que de subir un pareil affront. »

Pendant une heure, les deux steamers cheminèrent parallèlement. Le commodore, entouré de ses officiers, étudiait cette marche avec anxiété, relevant à chaque minute sa position et celle de son ennemi. De noirs tourbillons de fumée s'échappaient de la cheminée du *Davis*, preuve que le corsaire chauffait sa machine avec non moins d'intensité que le *Fulton*. La terre avait disparu depuis longtemps lorsque M. Pinson, cessant d'arpenter la dunette, s'occupa enfin de la lutte de vitesse entreprise par les deux ennemis. Au fond, et sans en avoir l'air, l'ingénieur fit des vœux pour que le *Davis*, dépassant le *Fulton*, reprît le chemin des États-Unis ou de l'Europe.

Il devint bientôt patent que le corsaire perdait de son avance, et un hourra de triomphe retentit à bord du *Fulton*. Mais le grand steamer ne pouvait maintenir longtemps son allure enragée ; en dépit des flots d'huile dont le mécanicien arrosait la machine, les pistons s'échauffaient insensiblement. Un moment le *Davis* parut se résoudre à livrer bataille. S'il eût su ce qui se passait à bord de son antagoniste, il eût certainement persisté dans son dessein, affronté son feu et passé outre. C'était, il est vrai, s'exposer à une destruction probable ; aussi, après avoir perdu un bon quart de l'avance que lui avait valu sa ruse à la sortie du port, le corsaire reprit-il sa route vers l'ouest. Il s'enfonça dans le golfe du Mexique, cette immense chaudière où les eaux de l'Océan viennent s'échauffer pour retourner, sous le nom de *Gulf stream*, baigner les côtes d'Europe de leurs ondes encore tièdes, après un voyage de huit mille kilomètres.

« Brave navire ! brave navire ! répéta joyeusement le commodore en frappant le pont du pied. Qu'en dites-vous monsieur Pinson ?

— Je déplore, répondit l'ingénieur, la conduite de ce *Davis* ; à sa place, un capitaine français eût depuis longtemps livré bataille.

— Et il l'eût perdue, monsieur, répondit le commodore, car toutes les chances sont en notre faveur. C'est un défaut de vos compatriotes de ne jamais compter leurs ennemis. Certes, les coups de tête réussissent quelquefois ; mais que diriez-vous d'un joueur d'échecs qui, se fiant au hasard, pousserait ses pièces à tort et à travers ? Tant qu'il flottera, le *Davis*, sera redoutable pour nos navires de commerce ; il le sait, et se ménage.

— Vous paraissez satisfait, commodore ?

— Je le suis, monsieur; le *Davis*, à l'heure présente, est dans une impasse où j'espère bien l'acculer.

— Nous sommes dans le golfe du Mexique?

— Oui.

— Et nous allons?

— A Sizal, à Campêche, à Vera-Cruz, à Tampico, à.... cela dépend de notre ennemi. »

M. Pinson ne répondit pas et se promena de nouveau de long en large.

« Je devais aller à Calais, pensait-il, je suis allé à Liverpool; je devais aller à New-York, et j'ai fait route pour les îles Canaries, puis pour les îles du Cap-Vert, et enfin pour les îles Vierges. Des Antilles, que je comptais ne jamais voir, me voilà parti pour le Mexique, ce qui veut dire que j'aborderai en Chine, au Labrador, aux îles Sandwich ou à Madagascar, et cela parce que j'ai un ami que...

— Monsieur, dit doucement Vif-Argent.

— Que veux-tu?

— Vous demander ce que c'est que le golfe du Mexique.

— Le golfe du Mexique, petit, est une vaste mer intérieure bornée au sud par le Yucatan, au nord par la Floride et à l'ouest par les provinces mexicaines de Tabasco et de Vera-Cruz. Il communique avec l'océan Atlantique par le canal de Bahama que nous avons longé pour arriver jusqu'ici, canal dont les eaux baignent les îles Lucayes. »

Vif-Argent alla consulter une carte et étudia longtemps l'archipel des Lucayes, dont les bancs de sable rendent l'approche si dangereuse. A l'heure du dîner, le commodore, heureux d'avoir barré la route au *Davis*, fit déboucher plusieurs bouteilles de vin de Champagne. Cette pétillante boisson de son pays égaya un peu M. Pinson, auquel les officiers assuraient que le corsaire ne pouvait aller loin, maintenant qu'on le tenait enfermé.

Deux jours encore s'écoulèrent entre le ciel et l'eau; une chaleur étouffante régnait, le mois d'avril qu'on allait atteindre étant le plus chaud de l'année dans les régions que l'on traversait. Vif-Argent savait que le Mexique, dont on ne tarderait guère à voir les côtes, possédait des forêts vierges habitées par des tigres, des singes et des perroquets, des savanes peuplées de taureaux et de chevaux sauvages. Il n'avait donc plus qu'un désir : voir cette terre privilégiée, et surtout y débarquer. Aussi, lorsque l'enfant entendait les officiers déclarer que le *Davis*, selon toute probabilité, se réfugierait dans le port de Campêche ou dans celui de Tampico, c'est-à-dire en pleine Terre Chaude, courait-il derrière le grand canot pour exécuter son fameux saut périlleux. S'il était question, au contraire, de la possibilité pour le *Davis* de contourner une île et de reprendre le chemin de l'Europe, Vif-Argent allait s'asseoir sur l'avant, et regardait avec tristesse l'eau profonde s'entr'ouvrir sous la puissante impulsion de l'hélice.

Un matin qu'il avait devancé M. Pinson sur la dunette, Vif-Argent, après avoir constaté que le *Davis* se trouvait toujours en vue et à peu près à la même distance du *Fulton* que de coutume, fut surpris de voir un oiseau raser la mer, puis s'y plonger et disparaître sous les flots. L'enfant ouvrit de grands yeux, se croyant dupe d'une illusion. Soudain il vit une volée de poissons s'élancer, raser la surface de l'eau, puis se replonger dans l'élément liquide pour repartir de nouveau; on eût dit une volée de passereaux.

« Est-ce que je rêve? se demanda-t-il; ou sommes-nous enfin dans ce pays merveilleux dont parlent si souvent les matelots? »

Il courut vers M. Pinson, qui examinait de son côté l'état de la mer et la position du *Davis*.

« Qu'est-ce que cela? demanda l'enfant, qui, arrivé près de l'ingénieur, lui montra une nouvelle bande de poissons qui rasaient la surface de l'eau.

— Tu le vois, ce sont des poissons volants.

— Des poissons volants! répéta Vif-Argent.

— Ou, si tu aimes mieux, des exocets. »

Fuyant une dorade qui les poursuivait, les exocets vinrent étourdiment se heurter contre les flancs du *Fulton;* un d'eux, lancé plus haut que les autres, tomba sur le pont; Vif-Argent courut le ramasser. L'enfant admira les longues nageoires pectorales, la couleur argentine et azurée du joli poisson, qui mesurait environ trente centimètres. On parla de le faire cuire; Vif-Argent, indigné, rejeta aussitôt à la mer son prisonnier, qui se perdit dans le sillage du navire.

Vers le soir, il y eut conseil des officiers; on approchait des récifs à fleur d'eau nommés *Alacranes*, — scorpions, — et le *Davis*, à en juger par ses allures, ne semblait pas se douter du danger. Aussitôt la nuit venue, les officiers prirent la hauteur de différentes étoiles et se livrèrent à de minutieux calculs. On ne pouvait plus en douter, le corsaire marchait à toute vapeur vers les *Scorpions*. Le nombre des vigies fut doublé, et le rayon électrique, auquel il ne pouvait se soustraire, éclaira le *Davis*.

Vers minuit, on s'aperçut que l'on gagnait sur le corsaire; il semblait avoir ralenti sa marche. Déjà on était à portée de canon, et les artilleurs du *Fulton* se disposaient à faire feu, lorsque le *Davis* fila vers sa gauche. Le rayon qui l'éclairait, projeté en avant, montra une rangée de pointes noires contre lesquelles la mer écumait.

« Lofez! lofez! » cria le commodore.

Il y eut un moment d'angoisse à bord du *Fulton*, qui rasa les récifs sur lesquels son ennemi avait espéré le conduire. Mais le temps d'arrêt exigé pour cette ruse faillit coûter cher au corsaire, qui reçut plusieurs bordées. La bataille semblait s'engager, quand, à la grande surprise de M. Pinson, le commodore ordonna de stopper.

Le *Davis* contournait les récifs; sans la présence d'esprit du commodore, le *Fulton*, décrivant la même courbe, eût livré passage à son ennemi, qui, prenant les devants, eût ramené son adversaire en Europe. Après avoir manœuvré pendant une heure sans réussir à dérouter le *Fulton*, le *Davis* repartit en avant.

« Nous le tenons enfin! s'écria le commodore; avant quarante-huit heures, ajouta-t-il en se tournant vers M. Pinson, j'écraserai ce forban contre la côte mexicaine; nous en serons quittes pour demander excuse au gouvernement de Juarez. »

Le surlendemain, au lever du soleil, le pic de l'Orizava, visible de trente lieues en mer, fut signalé par une vigie. Vif-Argent, stupéfait de voir cette montagne au sommet couvert de neige se montrer à l'horizon, courut chercher le paquet de chemises et vint se ranger près de M. Pinson. A dix heures du soir, on se trouvait en face du fort de Saint-Jean-d'Uloa, pris en 1839 par les Français. Derrière le fort, construit sur un îlot, s'étendait une vaste plage de

Ils crièrent alors un dernier adieu. (Page 147.)

sable au milieu de laquelle se dressait, avec ses dômes qui la font ressembler à une cité orientale, la ville de la Vraie-Croix ou Vera-Cruz.

M. Pinson regardait ce spectacle avec une indifférence qui surprenait Vif-Argent.

« Nous allons débarquer, monsieur, lui dit l'enfant, n'y songez-vous pas?

— Débarquer? reprit l'ingénieur. Tu crois cela, petit? N'allait-on pas débarquer à Queenstown, à Saint-Thomas, à Saint-Domingue, à la Havane? Nous débarquerons ici de la même façon ; nous sommes au bout du golfe du Mexique, mais non encore au bout du monde. »

Le *Davis* recueillit un pilote et fut bientôt à l'abri sous les canons de Saint-Jean-d'Uloa. Le commodore, suivant le sillage de son ennemi, passa à son tour devant le fort et pénétra dans la rade ouverte de Vera-Cruz. Il se posta à cent mètres du *Davis* et ordonna de laisser filer l'ancre.

La nuit était brûlante, la lune large et brillante éclairait au loin la jetée construite à grands frais par les Mexicains, et qui s'avance de trois cents mètres dans la mer. En arrière, une ceinture blanche de murailles se dessinait, car Vera-Cruz a des allures de ville forte.

« Voulez-vous débarquer? » demanda soudain le commodore à M. Pinson.

L'ingénieur se leva.

« Si je le veux! » s'écria-t-il.

— Un canot à la mer! » dit simplement l'officier.

Quand M. Pinson vit les ordres du commodore s'exécuter, quand on vint lui dire qu'on l'attendait, il fut pris d'une émotion qui lui mit les larmes aux yeux. Il remercia avec effusion l'équipage du *Fulton* qui l'entourait, pressa les mains du commodore et de ses officiers, leur donnant son adressse à Paris, leur souhaitant bonne chance.

« Quand le *Davis* sortira d'ici, lui dit le commodore, nous le suivrons à cent mètres de distance, et nos affaires seront vite terminées. Voyons, monsieur Pinson, ne voulez-vous pas rester notre hôte pour voir ce branle-bas?

— Non, répondit l'ingénieur; dans votre bataille contre le *Davis*, quelque boulet pourrait s'égarer sur moi ou sur Vif-Argent. Si j'étais Américain, c'est-à-dire intéressé dans votre partie, votre offre me tenterait peut-être; mais je suis des Batignolles, et je préfère retourner en Europe à bord du steamer qui fait le service direct des Antilles et du Mexique. Au revoir, commodore, et cent fois merci! »

Un quart d'heure plus tard, M. Pinson et Vif-Argent, lequel avait tremblé de voir l'ingénieur se laisser séduire par les offres malicieuses du commodore, débarquaient sur la jetée. Le canot du

Fulton repartit aussitôt. Grâce à la clarté de la lune, les deux voyageurs le suivirent des yeux jusqu'à ce qu'il eut regagné le steamer. Ils crièrent alors un dernier adieu à leurs amis, et se dirigèrent vers une porte monumentale qu'ils apercevaient à l'extrémité de la jetée.

CHAPITRE XIX

VERA-CRUZ

M. Pinson et Vif-Argent, dès leurs premiers pas sur la jetée, furent surpris de sentir le sol se mouvoir sous leurs pieds, exactement comme s'ils eussent encore été à bord du *Fulton*. Cette sensation de mouvement illusionne durant plusieurs jours les gens qui viennent de faire une longue traversée; c'est un phénomène bien connu des marins. Mais nos voyageurs en étaient à leur coup d'essai; aussi crurent-ils que la surface dallée qu'ils foulaient se balançait au gré des flots qui la heurtaient. Puis, marchant les jambes écartées pour conserver leur équilibre, ils arrivèrent devant la grande porte qui, sous forme d'arc triomphal, termine le môle de la Vera-Cruz et donne accès dans la ville.

Après avoir longé cette grande porte et les deux plus petites dont elle est flanquée, il fallut se convaincre que toutes étaient hermétiquement closes et qu'elles manquaient d'une façon absolue de sonnette ou de marteau. M. Pinson heurta du pied.

« *Quien vive?* » cria une voix.

Ni M. Pinson ni Vif-Argent ne comprirent cette demande; néanmoins, ils répondirent à la fois :

« Ouvrez.

— *A lo largo!* » répliqua la voix.

Il y eut un long silence durant lequel l'ingénieur crut que l'on se disposait à lui ouvrir. N'entendant plus aucun bruit, il heurta de nouveau.

Un guichet glissa dans une rainure, une baïonnette brilla, et une voix impérieuse, menaçante, ordonna aux deux voyageurs de s'éloigner. M. Pinson comprit le geste, s'il ne comprit pas les paroles, et insista. Les mots « *reglamentos maritimos* » frappèrent son oreille.

« *Reglamentos maritimos*, répéta-t-il en se tournant vers Vif-Argent; cela veut évidemment dire règlements maritimes. Quoi! nous allons encore avoir à lutter avec ces maudits...! »

Le guichet se referma d'une façon si violente que M. Pinson se tut tout interdit.

« Avez-vous vu le visage de celui qui vient de parler? demanda Vif-Argent.

— Non, il se tenait dans l'ombre.

— C'est un homme noir, monsieur, avec de gros yeux blancs.

— Fût-ce le diable en personne, dit l'ingénieur, il nous ouvrira! »

Et il se disposait à heurter pour la troisième fois, lorsque Vif-Argent le saisit par le pan de sa redingote.

« Monsieur, dit l'enfant, ne fâchons pas cet homme noir qui nous a montré une baïonnette.

— Fâchons-le, au contraire, petit; il nous arrêtera, nous conduira au poste pour tapage nocturne, et nous ne coucherons pas à la belle étoile.

— Cet homme, monsieur, parle une langue que nous ne comprenons pas, et nous ne pourrons nous expliquer. Que ferons-nous? que dirons-nous s'il veut nous battre?

— Nous battre! s'écria M. Pinson, qui ferma ses poings. Crois-tu, petit, parce que je cédais le plus souvent au commodore, dont j'étais l'hôte, que je sois homme à me laisser ou à te laisser battre? Nous allons voir. »

M. Pinson s'avançait; il s'arrêta.

« Tu as raison, dit-il à l'enfant, ne cherchons pas une mauvaise querelle. Les règlements maritimes, à ce que j'ai compris, nous défendent d'entrer à Vera-Cruz, après nous y avoir amenés malgré nous; respectons ces fameux règlements, et attendons le jour. »

Minuit sonna. Des voix s'élevèrent dans la nuit, voix tristes, monotones, qui semblaient chanter des prières. Ces voix, comme emportées par des échos allèrent s'affaiblissant, se perdant dans le lointain.

M. Pinson et Vif-Argent s'assirent sur un banc de pierre. La chaussée sur laquelle ils se trouvaient, large à peine de six mètres, était battue des deux côtés par des vagues qui la couvraient souvent d'écume. En face d'eux se dressait la masse noire de la forteresse Saint-Jean-d'Uloa, derrière laquelle s'abritaient le *Fulton* et le *Davis*; à droite et à gauche, des récifs sur lesquels les vagues déferlaient, produisant un bruit monotone, régulier, semblable à celui d'un marteau de forge frappant en cadence.

Lorsqu'une heure du matin sonna, les voix déjà entendues s'élevèrent de nouveau. Prêtant l'oreille, M. Pinson distingua les mots : *Sentinela alerta*, et *Ave Maria*. Ces voix étaient celles des gardes de nuit, qui, au Mexique, comme dans l'Europe du moyen âge, annoncent les heures de la nuit en invitant les habitants à dormir en paix.

Après cent questions sur le Mexique, qui, conquis en 1519 par Fernand Cortez sur les empereurs astèques Motenczoma et Guatimotzin, secoua le joug espagnol en 1821 et s'érigea en république fédérative, Vif-Argent, bercé par le bruit monotone des flots, s'endormit profondément. M. Pinson rêva quelque temps à l'étrangeté de sa destinée, puis s'endormit à son tour.

Le jour naissait à peine lorsque des interpellations réveillèrent les deux voyageurs. Vif-Argent ouvrit les yeux et se pressa contre M. Pinson. Six mulâtres, habillés en soldats, pieds nus, armés de fusils à pierre et coiffés de chapeaux à larges bords, les entouraient et les interrogeaient dans une langue incompréhensible. M. Pinson entama le récit de ses aventures; ne comprenant rien à ce qu'il leur disait, les soldats lui firent signe de les suivre. Regardant vers la forteresse, l'ingénieur s'aperçut que le *Fulton* et le *Davis* avaient disparu.

M. Pinson et Vif-Argent franchirent enfin la grande porte contre laquelle ils avaient en vain heurté la veille, pénétrèrent dans un couloir et se trouvèrent en face d'un jeune officier. L'ingénieur recommença le récit de son voyage; mais son interlocuteur, ne sachant pas un mot de français, envoya chercher le capitaine, qui parlait cette langue.

« Vos passe-ports? » dit celui-ci après avoir salué les prisonniers.

Cette demande, faite en français, soulagea M. Pinson qui, naturellement, entama de nouveau le récit de ses aventures. Celui qui l'interrogeait l'écouta avec patience, tout en secouant la tête d'un air incrédule.

« Voilà qui est fort bien, dit-il, mais on ne pénètre dans la république mexicaine qu'avec des papiers en règle. Où sont les vôtres?

— Ne vous ai-je pas dit, reprit M. Pinson, que je suis parti de chez moi, rue Nollet, aux Batignolles, pour une simple excursion, et...? »

Le capitaine causa un instant avec le jeune officier; puis, sur un signe de ce dernier, un caporal et six hommes prirent les armes.

« Suivez ces messieurs, dit alors le capitaine du port à M. Pinson; ils vont vous conduire chez votre consul; si Son Excellence répond de vous, vous serez libres.

— Quoi! s'écria M. Pinson, allez-vous nous faire défiler à travers la ville entre des soldats, comme des malfaiteurs?

— En route! » dit le caporal à ses hommes.

M. Pinson et Vif-Argent qui, effrayé, se pressait contre son compagnon, furent entourés par les soldats et forcés d'avancer. Ils sortirent du poste et se trouvèrent bientôt sur une grande place. En face d'eux, des boutiques, des magasins, des cafés encore fermés; la ville s'éveillait à peine. Néanmoins, les prisonniers n'avaient pas fait cent pas qu'une cinquantaine de personnes, femmes enveloppées d'écharpes, hommes drapés dans des couvertures bariolées, enfants à demi nus, les suivaient avec curiosité. Tous ces gens avaient la peau fortement cuivrée, et les chapeaux à larges bords que les hommes portaient rabattus sur les yeux leur donnaient l'air de brigands. On savait déjà qu'un corsaire, poursuivi par un steamer des États-Unis, s'était abrité derrière le fort d'Uloa durant la nuit, et le bruit se répandit que M. Pinson n'était autre que ce corsaire, capturé par les autorités mexicaines.

« Vois-tu, petit, disait l'ingénieur à Vif-Argent, Boisjoli aura beau faire, il ne se lavera jamais de cette dernière iniquité. C'est à ses conseils que je dois d'être sans passeport, à deux mille lieues de ma maison, de mon pays. C'est à lui que je dois d'être en ce moment conduit par la force publique... Non, c'est trop fort! »

Lorsque la petite troupe arriva devant la demeure du consul, elle était suivie de cinq cents personnes au moins. Le chancelier du consulat reçut les visiteurs, et M. Pinson le mit au courant de sa déplorable aventure. Le chancelier, surpris, appela le consul, et M. Pinson dut recommencer sa narration.

« Enfin, monsieur, dit le représentant de la France, quelle preuve pouvez-vous nous donner de votre véracité? »

L'honnête M. Pinson rougit jusqu'aux oreilles. Contenant néanmoins les paroles indignées prêtes à lui échapper, il tira son portefeuille, montra plusieurs lettres à lui adressées, et s'expliqua avec cette assurance, cette droiture que les coquins cherchent en vain à imiter.

Le consul, en dépit de l'étrangeté de l'aventure, ne douta bientôt plus. D'ailleurs, la façon de s'exprimer de l'ingénieur révélait un homme bien élevé et instruit. Le chancelier délivra donc aux voyageurs un sauf-conduit qui les autorisait à rester dans la ville ou à se rendre où bon leur semblerait. En sortant de chez le consul, M. Pinson et Vif-Argent avaient peine à s'ouvrir un passage parmi les curieux. Leur escorte, sur la prière du chancelier, les accompagna même jusqu'à l'*Hôtel du commerce*, situé en face du môle et tenu par un Français. Durant la route, les soldats expliquèrent en vain à la foule que M. Pinson, loin d'être un corsaire, n'était qu'un simple citoyen français. Convaincus qu'on voulait les dérouter, les curieux demeurèrent jusque vers dix heures en face de l'hôtel; l'ardeur du soleil réussit seule à les en chasser.

Avec quel délice, après un copieux déjeuner, M. Pinson vint s'asseoir près de la fenêtre de la chambre à deux lits dans laquelle on l'avait installé! Cette fenêtre donnait sur la place du Môle, en face des bâtiments de la Douane. Par-dessus ces bâtiments se dressait la forteresse d'Uloa, et, au delà, la mer étincelait sous les rayons d'un soleil tropical. Cédant à la chaleur, à la quiétude qui régnait autour de lui et dans son esprit, M. Pinson s'endormit.

Vif-Argent, posté à la fenêtre, n'avait point assez d'yeux pour contempler ce qui l'entourait, ce qui défilait sous ses regards. A bord du *Canada*, comme à bord du *Fulton*, il lui semblait toujours être en Angleterre. Mais voilà que, instantanément, comme par le coup de baguette d'un magicien, il se trouvait dans une ville à l'architecture étrange, devant des hommes d'une autre race, d'une autre couleur, parlant une autre langue que celles qu'il connaissait; puis là, dans la rue, au lieu des moineaux qui s'aventuraient dans les squares de Londres, sautillaient de grands vautours noirs si familiers, qu'ils daignaient à peine se ranger pour livrer passage aux promeneurs.

A midi, tout mouvement parut cesser dans la ville; de rares passants, à l'allure indolente, rasaient les murs pour chercher l'ombre et se traînaient plutôt qu'ils ne marchaient. Le ciel embrasé semblait n'être plus qu'un immense soleil; de fines vapeurs bleues dansaient dans l'air; on respirait avec effort. Vif-Argent, bien qu'assis et immobile, était tout surpris de sentir la sueur inonder son front. C'est que Vera-Cruz est un des points les plus chauds de notre globe, et que les mois de mai, juin et juillet y sont particulièrement intolérables.

L'attention de l'enfant se concentra bientôt sur des mulâtresses qui, accroupies devant des amas de pastèques, d'oranges, de citrons, d'ananas, de vingt fruits inconnus en Europe, bravaient les ardeurs de fournaise de l'air et du sol. De loin en loin, passaient de petites charrettes traînées par deux mules étiques, ou des Indiens courbés sous un fardeau retenu sur leur dos à l'aide d'une courroie posée sur leur front.

Pendant trois heures que dura la sieste de M. Pinson, Vif-Argent ne bougea pas de la fenêtre, ravi de ce qu'il voyait et observait, s'applaudissant de l'heureuse idée qu'il avait eue de se cacher à bord du *Canada;* vingt fois il fut tenté d'exécuter son fameux saut périlleux, et il l'eût fait sans la crainte de réveiller son compagnon.

Lorsque M. Pinson vint le rejoindre à la fenêtre, l'enfant, comme s'il doutait encore, se fit répéter qu'il était bien au Mexique, à Vera-Cruz, dans la capitale de la Terre Chaude.

« Vera-Cruz, petit, lui dit l'ingénieur, a été fondée sur l'emplacement où aborda Fernand Cortez en 1519. Sa forteresse, longtemps réputée imprenable, se rendit en 1839 à l'amiral Baudin; je crois te l'avoir dit.

Les gardes de nuit, pourvus de lanternes. (Page 155).

— Irons-nous à Mexico, monsieur? demanda Vif-Argent.

— Non pas; nous sommes au 30 mai; demain ou après, à ce que m'a dit le consul, le steamer anglais qui fait un service mensuel entre l'Angleterre et le Mexique reviendra de Tampico, et nous nous embarquerons sans retard.

— Sans voir les forêts vierges, les savanes, les singes, les tigres?

— Nous irons faire une promenade hors de la ville, répondit M. Pinson, et nous regarderons de loin ces forêts et ces plaines qui te trottent si fort par la tête. Quant aux tigres et aux singes, tu en verras autant que tu le voudras au Jardin des Plantes de Paris. »

Vif-Argent n'osa répondre, mais il se sentit le cœur gros. Quoi ! être venu si loin pour s'en retourner sans voir l'intérieur de ce grand pays où les vautours se promenaient dans les rues, où les perroquets se logeaient par couples sur les palmiers? Au fond le petit garçon fit des vœux pour qu'un contre-temps, semblable à ceux dont il avait déjà été victime, vînt déranger les calculs de M. Pinson.

Vers cinq heures du soir, les deux voyageurs se lancèrent à travers la ville, dont les plus hautes maisons n'ont qu'un étage, et qui sont toutes surmontées de terrasses où les habitants s'établissent le soir pour respirer la brise de mer. En moins d'un quart d'heure ils furent hors de la ville, car elle est de médiocre étendue. Quel ne fut pas le désappointement de Vif-Argent lorsque, au lieu de la belle campagne qu'il s'attendait à découvrir, il se trouva au milieu d'une plaine de sable s'étendant à perte de vue ! Çà et là, de maigres buissons de mimosas, mais pas un arbre, pas un brin d'herbe, pas une fleur. L'enfant n'en revenait pas. Au loin, à l'horizon, se dessinait la silhouette de hautes montagnes dominées par le pic neigeux de l'Orizava.

Les voyageurs regardèrent longtemps ces montagnes, qui courent parallèlement à la mer, et au sommet desquelles se trouve le plateau de deux cents lieues de longueur sur lequel est construite la ville de Mexico, à une hauteur de deux mille mètres. Cette grande chaîne de monts, découpée, ramifiée en cent branches, porte le nom de montagnes Rocheuses aux États-Unis, de Cordillères au Mexique, d'Andes au Pérou.

Les deux explorateurs, après avoir cheminé quelque temps dans une plaine de sable, dont le vent du nord change sans cesse l'aspect, se rapprochèrent de la mer pour rentrer en ville. Bientôt Vif-Argent fut frappé de la taille, de la forme et des couleurs des centaines de coquillages qu'il foulait. Il en emplit ses poches, imité en cela par M. Pinson, car, selon la judicieuse remarque de l'ingénieur, ces coquilles, si abondantes sur cette plage, deviendraient en Europe de véritables raretés.

A six heures du soir, M. Pinson et Vif-Argent prirent place

à une vaste table d'hôte, et mangèrent des poissons et des fruits inconnus pour eux. Les conversations en espagnol ne les intéressant guère, ils se retirèrent aussitôt le repas terminé, afin d'errer de nouveau dans la ville. Les seuls établissements ouverts étaient des cafés où se vendaient en abondance des glaces parfumées et des boissons rafraîchissantes. Vers huit heures, des dames et des messieurs, vêtus à l'européenne, arpentèrent le môle, seul lieu de promenade des Vera-Cruzains. A neuf heures, la ville semblait endormie, et les gardes de nuit, pourvus de lanternes, armés de hallebardes et postés au coin des rues, commencèrent à chanter mélancoliquement les heures.

Le lendemain, vers midi, au moment où le déjeuner se terminait, un coup de canon retentit. Chacun se précipita hors de la salle à manger et courut vers la jetée. Le paquebot mensuel d'Angleterre se distinguait à l'horizon, et son arrivée mettait en émoi le port de la Vera-Cruz, qui, à cette époque, ne recevait de nouvelles d'Europe que par cette voie.

CHAPITRE XX

ENCORE EN ROUTE

M. Pinson et Vif-Argent se rendirent sur la jetée, déjà encombrée par les négociants de la Vera-Cruz et les oisifs. En moins d'une demi-heure, un canot, chargé de lourds sacs de cuir contenant la correspondance et les journaux d'Europe, aborda la pointe du môle, et des officiers anglais, en grand uniforme, escortèrent les dépêches jusqu'à la demeure de leur consul. M. Pinson apprit alors que le paquebot, en retard de quarante-huit heures, repartirait très probablement le jour même. L'ingénieur courut aussitôt chez l'agent de la *Royal Mail Company*, afin de régler les conditions de son embarquement et de celui de Vif-Argent. L'agent parlait français, et, après avoir griffonné le nom des deux passagers sur une feuille de papier rose, il la leur présenta en disant :

« C'est deux mille trois cent vingt francs que vous avez à me verser. »

M. Pinson fit un soubresaut et pâlit. Il tira son porte-feuille, son porte-monnaie, et se mit à compter fièvreusement les sommes qu'ils contenaient. Après avoir récriminé à bord du *Canada*, il n'avait pas voulu laisser son ami payer entièrement pour lui. N'allait-il pas rentrer en Europe alors que Boisjoli, s'il ne trouvait pas d'emploi du jour au lendemain, aurait besoin de toutes ses ressources? En quittant le *Fulton,* où il venait d'être hébergé gratis pendant un mois, M. Pinson avait cru devoir faire largement les choses, et s'était montré libéral envers les serviteurs de l'état-major. Au résumé, il lui restait une somme de quatre cents francs, dont il fallait déduire les dépenses faites à l'hôtel du Commerce, dépenses qui montaient à trente francs par jour.

« Monsieur, dit l'ingénieur à l'agent, je voudrais ne payer mon passage et celui de cet enfant qu'une fois arrivé à Southampton; est-ce possible?

— Certes, répondit l'agent, à la condition, toutefois, que les bagages ou les marchandises que vous allez embarquer représentent une valeur de deux mille trois cent vingt francs. »

Une sueur froide perla sur le front de M. Pinson; ses quatre chemises, même en y joignant celles de Vif-Argent, ne pouvaient être présentées comme équivalant à une somme de deux mille trois cent vingt francs. Alors l'ingénieur, de la façon la plus pathétique qu'il lui fut possible, entama le récit de sa mésaventure.

« Pardon, monsieur! lui dit l'agent, j'ai à mettre en règle les papiers du steamer qui va reprendre la mer à quatre heures, et je ne puis vous écouter plus longtemps, vous devez le comprendre. Versez-moi deux mille trois cent vingt francs, je vous fais grâce des centimes.

— Mais ma personne et celle de cet enfant sont des gages! s'écria M. Pinson. Donnez l'ordre au capitaine du paquebot de ne nous laisser débarquer qu'après avoir été payé : une fois à Southampton, je puis me procurer des fonds en vingt-quatre heures.

— Et si vous ne les recevez pas, reprit l'agent, vous serez en

Europe, et le capitaine, forcé de vous nourrir, trouvera plus simple de vous débarquer. J'aurai alors à payer de mes deniers les frais que vous aurez occasionnés à bord, ce à quoi je ne peux pas m'exposer. Vous êtes un honnête homme, j'en suis convaincu; seulement, si vous voulez vous embarquer, apportez-moi deux mille trois cent vingt francs ou la caution d'un négociant de la ville.

— Je suis à Vera-Cruz depuis avant-hier; je ne connais personne; je suis parti de chez moi... »

L'agent n'écoutait plus; il avait trop à faire. M. Pinson, atterré, prit la main de Vif-Argent et l'entraîna chez le consul de France, auquel il raconta son embarras.

« Que voulez-vous que je fasse à cela? dit le consul.

— Que vous m'avanciez la somme nécessaire à mon rapatriement, monsieur, que vous répondiez pour moi; je suis citoyen français, et...

— Remarquez, monsieur, reprit le consul avec douceur, que ce n'est pas là une raison suffisante pour que je vous prête la forte somme que vous me demandez. Chaque jour, de pauvres émigrants se trouvent dans le même embarras que vous. Si j'écoutais mon cœur, j'aurais à débourser cent mille francs par an, alors que j'en touche dix mille, qui, vu la cherté des vivres, suffisent à peine à mon entretien.

— Je ne réclame de vous qu'une avance, répondit M. Pinson, Grâce à Dieu, je possède une petite fortune qui me permettra de vous rembourser à délai fixe.

— Je veux bien le croire; néanmoins, je ne puis vous donner ce que je ne possède pas. S'il se trouvait ici un navire de guerre français, je m'emploierais pour qu'il vous prît à son bord; mais, quel que soit mon désir de vous être utile, je ne puis vous prêter l'énorme somme que vous me demandez. »

M. Pinson lutta longtemps; le consul, avec tristesse, lui opposait toujours les mêmes arguments. Chaque jour il recevait des requêtes semblables à celle de M. Pinson, et, quel que fût son bon vouloir, il était forcé de se boucher les oreilles.

« Que dois-je faire alors? s'écria l'ingénieur désespéré.

— Écrivez en France que l'on vous envoie des fonds, répondit le consul.

— Mais quand viendra la réponse?

— Elle peut être ici dans trois mois, si votre correspondant est exact.

— Trois mois! s'écria M. Pinson; je resterais ici pendant trois mois, tandis que ma bonne, mon loyer, mes actions... »

L'ingénieur suffoquait; quant à Vif-Argent, consterné en apparence, il était tourmenté par une envie démesurée d'exécuter le saut périlleux.

Le consul, de même que l'agent de la Compagnie des paquebots, avait à s'occuper de sa correspondance; il congédia donc M. Pinson. L'ingénieur se rendit aussitôt à son hôtel, prit l'hôte à part et essaya de l'attendrir.

« Je ne doute pas de votre honnêteté, dit celui-ci; mais vous conviendrez, monsieur, qu'on ne prête pas de but en blanc trois mille francs à un créancier que l'on connaît depuis deux jours, et qui va mettre deux mille lieues de distance entre vous et lui. »

M. Pinson se fit conduire chez un négociant français, lui exposa sa situation, offrant de rembourser le double, le triple de la somme qu'on lui prêterait. Cette offre produisit l'effet contraire de celui qu'il en attendait. Le négociant déclara n'être pas un usurier, n'avoir pas assez d'argent pour tenter une pareille affaire, et le pauvre M. Pinson se dirigea de nouveau vers la demeure de l'agent des paquebots. Cette fois, il ne put l'aborder.

« Allons, petit, dit-il en ramenant Vif-Argent vers l'hôtel, il est dans notre destinée de vivre trois mois dans cette fournaise; je vais écrire, puisqu'il le faut. »

M. Pinson commençait à peine sa lettre qu'un coup de canon retentit. Il courut vers la fenêtre; la cheminée du paquebot vomissait des flots de fumée. Le grand steamer, le pavillon anglais flottant à sa poupe, s'ébranla, salua le fort de Saint-Jean-d'Uloa, et, s'engageant entre les récifs, gagna la haute mer.

M. Pinson crut à une simple manœuvre, il lui fallut vite se convaincre de la réalité. Le paquebot partait, et son départ condamnait l'ingénieur à rester un mois de plus à la Vera-Cruz.

Pendant dix minutes il regarda l'horizon, comme s'il espérait voir le navire revenir en arrière et rentrer dans le port. Un léger bruit le fit se retourner, et il demeura bouche béante en apercevant

M. Pinson et Vif-Argent sortaient de Vera-Cruz. (Page 161.)

Vif-Argent la tête en bas, les jambes en l'air. Lorsque l'enfant retomba sur ses pieds, il rougit jusqu'aux oreilles et baissa les yeux d'un air embarrassé.

« Te réjouirais-tu, par hasard, de la déplorable situation dans laquelle nous nous trouvons? dit l'ingénieur avec sévérité. Ne sais-tu pas, malheureux, que nous sommes à plus de deux mille lieues de la France, sans ressources et destinés peut-être à mourir de faim? Ne sais-tu pas...?

— Nous travaillerons, monsieur, répondit l'enfant; après tout, il ne doit pas être plus terrible d'être perdu à la Vera-Cruz que dans Londres. Nous ne parlons pas espagnol, c'est vrai, mais il y a dans cette ville des Anglais et des Français; nous irons leur demander de l'ouvrage. Puis, si le consul ne peut pas vous prêter d'argent, il nous aidera à nous faire gagner le pain dont nous avons besoin pour vivre.

— J'ai peur de tout, petit, répliqua M. Pinson d'un ton radouci. Travailler, cela est facile à dire. Crois-tu que, du jour au lendemain, on me confie des travaux dans cette ville où je suis inconnu?

— M. Boisjoli n'est pas connu à New-York, et...

— Boisjoli! s'écria M. Pinson, tu choisis bien ton heure pour nommer ce... Je me tais. Boisjoli, petit, a sur lui ses diplômes, ses certificats, des lettres de recommandation, et assez d'argent pour vivre deux années sans rien faire, pour regagner la France, s'il le veut. Que viens-tu parler de Boisjoli et comparer sa position à la nôtre? »

Jusqu'à la nuit, M. Pinson se promena de long en large dans la chambre. Vif-Argent, voyant son inquiétude, se tint immobile dans un coin, n'osant lui parler. La cloche appelait pour le dîner, et M. Pinson semblait ne pas l'entendre.

« Monsieur, lui dit Vif-Argent, si nous mangions encore aujourd'hui, ce serait autant de gagné. »

M. Pinson secoua la tête, et les deux voyageurs descendirent dans la salle à manger. Vif-Argent dîna copieusement, et, tout bas, il engagea plusieurs fois son compagnon, qui oubliait souvent de se servir, à l'imiter. L'enfant, accoutumé à vivre au jour le jour, à compter sur la Providence pour son dîner du lendemain, se montrait surpris des inquiétudes de son compagnon. Il l'entendit se promener de long en large une partie de la nuit, et, attristé de le voir si préoccupé, il dormit lui-même assez mal.

Aussitôt après le déjeuner, M. Pinson se rendit chez le consul.

« Je me suis occupé de vous, monsieur, lui dit le fonctionnaire, car votre position m'intéresse vivement; par malheur, je n'ai rien de bon à vous annoncer. Il y a dans le port un navire français dont le capitaine consent à vous ramener en France. Seulement il doit aller prendre un chargement à Campêche et ne partira guère pour le Havre avant un mois et demi.

— Cela vaut mieux que de rester ici quatre mois! s'écria M. Pinson; j'accepte donc.

— Remarquez, dit le consul, que le mois et demi du capitaine doit, avec les retards qu'éprouvent toujours les navires à voiles dans ces régions, s'estimer à deux mois au moins; deux mois seront ensuite nécessaires pour atteindre l'Europe, et peut-être auriez-vous avantage à écrire et à prendre le paquebot aussitôt que vous aurez reçu des fonds.

— En attendant, de quoi vivrai-je? dit l'ingénieur.

— Monsieur, reprit le consul, si deux mille cinq cents francs dépassent les ressources dont il m'est permis de disposer, je puis vous prêter quelque centaines de francs. »

M. Pinson pressa la main du consul avec émotion.

« Voyons, continua celui-ci, examinons votre situation. La vie est chère à Vera-Cruz : vous n'y vivrez pas, avec votre petit compagnon, à moins de vingt francs par jour. En outre, la fièvre jaune commence à sévir, et vous ne devez pas vous exposer inutilement à ses atteintes. Partez pour Jalapa ou Orizava; vous attendrez là le moment de vous embarquer, et vous serez à l'abri de la terrible maladie qui, dans la saison des pluies, transforme Vera-Cruz en une véritable nécropole. »

Ces conseils étaient trop sages pour que M. Pinson ne se décidât pas à les suivre. Muni d'une lettre de recommandation pour un négociant de Jalapa, il prit congé du fonctionnaire, qui l'autorisa, en cas de besoin, à tirer sur lui pour une somme de trois cents francs. Ses comptes à l'hôtel réglés, et après l'achat d'un revolver, de souliers et de cannes pour lui et Vif-Argent, il restait encore à l'ingénieur deux cents francs environ. Le surlendemain, à la pointe du jour, munis de renseignements écrits, pourvus d'un petit manuel de phrases espagnoles, M. Pinson et Vif-Argent sortaient de Vera-Cruz et s'engageaient dans la plaine de sable qui l'entoure. Ils avaient, pour atteindre Jalapa, à franchir une distance de cent vingt kilomètres, et devaient traverser des bois remplis de singes, des savanes peuplées de taureaux; aussi, dans sa hâte de jouir de ce spectacle, Vif-Argent eût-il voulu courir au lieu de marcher.

CHAPITRE XXI

LA FIÈVRE JAUNE

Aussitôt qu'il eut dépassé les murs de Vera-Cruz, Vif-Argent ne prit plus la peine de dissimuler la joie qu'il ressentait. Il allait donc enfin visiter des forêts vierges, voir de près ces pays du Nouveau-Monde que son imagination, mise en éveil par les aventures de Robinson, excitée depuis par les récits de l'équipage du *Fulton*, lui représentait comme une sorte de paradis planté d'arbres aux feuilles d'azur, aux fleurs d'or, aux fruits de diamants. Quant à M. Pinson, il semblait avoir pris son parti du nouveau voyage que les circonstances le forçaient d'entreprendre; mais, devenu méfiant, il se demandait si des incidents inattendus n'allaient pas l'entraîner vers le point opposé à celui qu'il voulait atteindre, le conduire à Mexico, alors qu'il croyait se rendre à Jalapa.

Pendant une heure, les deux voyageurs cheminèrent sur des monticules d'un sable mouvant, Sahara en miniature que le vent du nord, ce *simoun* des côtes mexicaines, bouleverse et modifie sans cesse. Pas d'autre végétation que celle de mimosas rabougris, desséchés, altérés, auxquels se mêlaient çà et là des cactus. De loin en loin, de gros lézards, à la robe verte ou grise, traversaient la route ou disparaissaient au fond d'un trou. La chaleur était si suffocante que Vif-Argent, la tête basse, regardait à peine autour de lui, et s'abreuvait à chaque instant à la gourde remplie d'eau dont M. Pinson l'avait pourvu.

« Est-ce que nous allons marcher dans le sable jusqu'à Jalapa, monsieur? demanda soudain l'enfant à son compagnon.

— D'après l'itinéraire que le consul m'a tracé, répondit l'ingénieur, nous avons six kilomètres de dunes à franchir avant de fouler une terre solide. Or, comme sur trois pas que nous faisons en avant, le sable, en s'écroulant, nous force à reculer d'un, c'est huit kilomètres qu'il faut compter.

— Il n'est ni beau ni gai, monsieur, ce chemin-là.

— Sans compter qu'il est fatigant, comme le sont tous les terrains mobiles pour les bipèdes. C'est même là une des causes promotrices de l'invention des routes. Mais ne bois pas si souvent, petit; cela n'est pas sain. »

Pendant une demi-heure encore, M. Pinson et Vif-Argent cheminèrent silencieux. Ils atteignirent le pied d'une colline de sable, la plus haute qui se fût encore présentée. L'ascension fut pénible; la bouche sèche, les yeux brûlés par la réverbération du sable, les voyageurs haletaient. Parvenus au sommet, ils s'arrêtèrent un instant; devant eux; à une distance de deux kilomètres environ, apparaissait une ligne de verdure.

« Est-ce une forêt vierge? demanda aussitôt Vif-Argent.

— Je ne crois pas, dit M. Pinson en souriant; les forêts vierges ne doivent pas se trouver au bord des grandes routes. Nous sommes sur une des branches du chemin qui conduit de Vera-Cruz à Mexico, chemin construit par les Espagnols et semé, m'a-t-on dit, de travaux dignes des Romains. Cependant, jusqu'ici, je n'ai rien trouvé que je puisse admirer. »

Les deux voyageurs s'étant retournés pour mesurer le terrain qu'ils avaient parcouru, leurs regards se perdirent sur la mer étincelante. M. Pinson, que la chaleur incommodait outre mesure, se plaignait d'avoir mal à la tête; il hâta le pas pour gagner les arbres qui, de loin, semblaient former un petit bois.

L'ingénieur se laissa tomber plutôt qu'il ne s'assit au pied du premier arbre qu'il rencontra, maigre gommier au feuillage poussiéreux. Vif-Argent, exténué lui-même de cette marche dans un sable surchauffé, ne remarqua même pas que les oiseaux, qui s'enfuirent à son approche du gommier, n'étaient rien moins que deux perroquets.

A peine à l'ombre, M. Pinson s'étendit sur le sol et s'endormit. Vif-Argent, après avoir bu copieusement et s'être reposé, retrouva sa curiosité.

« Décidément, pensa-t-il, il est plus rude de se promener autour de la Vera-Cruz que dans les rues de Londres. Quel soleil! On croirait que ce n'est pas le même que celui d'Angleterre, tant il est large, rouge et ardent. »

Regardant autour de lui, il s'aperçut alors que les touffes d'herbe sur lesquelles il était assis ne ressemblaient pas non plus à celles des pelouses de Londres, et il se leva d'un bond en voyant s'avancer un grand scarabée à la tête surmontée d'une longue corne.

« Ce sont les moineaux anglais qui seraient contents de happer un hanneton de cette taille-là! s'écria-t-il; ils croiraient en prendre trois à la fois. »

L'insecte grimpa le long d'une branche du buisson, et Vif-Argent vit avec admiration qu'il était plus gros qu'un oiseau au plumage vert d'émeraude qui, comme une abeille, vint voltiger au-dessus d'une fleur.

Vif-Argent allait poursuivre le mignon oiseau, lorsque apparut un essaim de grands papillons aux ailes rouges, bleues, noires, jaunes, blanches, argentées ou dorées. Quel spectacle! L'enfant crut voir un bouquet de fleurs éparpillées dans l'air; il se mit à courir après les beaux lépidoptères. La chaleur le ramena vite près de son compagnon.

L'ingénieur, le front couvert de sueur, dormait toujours. Vif-Argent, assis près de lui, commençait à s'inquiéter de ce long sommeil et se demandait ce qu'il ferait si un lion, un tigre ou un boa apparaissait à l'improviste. Deux âniers, qui chassaient devant eux des bêtes étiques chargées de poteries, passèrent sur la route et saluèrent Vif-Argent. Celui-ci, surpris de voir des hommes, vêtus d'un simple caleçon de bain, braver ainsi les ardeurs du soleil, les aurait pris pour des sauvages sans le salut dont ils l'honoraient. Un peu plus tard, sept ou huit Indiens, portant des costumes différents, selon les villages auxquels ils appartenaient, et tous chargés de fardeaux, défilèrent successivement. Vif-Argent, que la politesse de ces indigènes ne rassurait qu'à moitié, secoua doucement M. Pinson.

« Quoi? qui est là?... Boisjoli? dit l'ingénieur.

— C'est moi, monsieur, répondit Vif-Argent. Ne pensez-vous pas à vous remettre en route?

— En route pour Liverpool, pour Calais, pour les îles Vierges... Nage, nage, petit, la bouée te soutiendra. »

Vif-Argent, frappé de ces paroles incohérentes et des regards fixes de son interlocuteur, le secoua de nouveau.

« Réveillez-vous, monsieur, lui dit-il. Vos regards, vos paroles... vous me faites peur! »

Vif-Argent le prit par la main. (Page 166.)

M. Pinson, en proie à la fièvre, ne répondit pas; un flot de sang noir s'échappa de ses lèvres, et Vif-Argent poussa un cri. L'enfant se savait en route pour fuir Vera-Cruz, où régnait le *vomito negro*, ou fièvre jaune, et son compagnon, à n'en pas douter, était en proie à la terrible maladie.

Durant un quart d'heure, Vif-Argent, effrayé et pleurant, essaya de décider M. Pinson à se lever, à marcher. Vains efforts : ou l'ingénieur délirait, ou il se tenait immobile, inerte. Soudain l'enfant secoua la tête avec énergie.

« C'est bête de pleurer, dit-il, et ça n'avance à rien. »

Il essuya ses larmes et alla se poster sur la route, pour épier un passant.

Plus d'une heure s'écoula, heure qui parut bien longue au pauvre Vif-Argent. Enfin il aperçut un convoi de mules, courut vers un des conducteurs, et, le prenant par la main, l'amena vers M. Pinson.

Le muletier, surpris de rencontrer deux Européens à pied sur cette route, interrogea Vif-Argent en espagnol ; celui-ci répondit en français, puis en anglais, ce qui ne débrouilla guère la situation. Le muletier appela ses compagnons ; ils établirent l'ingénieur sur le bât d'une de leurs mules, et le convoi reprit la route de Vera-Cruz, où il arriva vers cinq heures du soir.

Dans l'hôtel mexicain où se logèrent les muletiers, se trouvait une négresse originaire de la Jamaïque ; elle servit d'interprète à Vif-Argent, qui, subitement, redevint le petit homme avisé qu'il était à Londres, alors qu'il devait conquérir chaque jour sa subsistance. Il ne fit rien à la légère. Après s'être informé du prix et l'avoir débattu, il fit installer M. Pinson dans une chambre assez confortable et envoya chercher un médecin.

Le docteur arriva bientôt ; après un sérieux examen, il déclara M. Pinson bien réellement atteint de la fièvre jaune ; par bonheur, la maladie se présentait avec ses caractères réguliers, auxquels un homme doué d'une constitution robuste peut résister.

« Si le malade est convenablement soigné, dit l'homme de l'art, et s'il ne survient aucun incident, dans huit jours il sera hors de danger. »

Il y eut quelques complications. Durant deux semaines, à toute heure du jour et de la nuit, M. Pinson, chaque fois qu'il ouvrit les yeux, aperçut Vif-Argent tout près de lui, une tasse de tisane à la main. L'enfant le soulevait, le faisait boire, puis le recouchait doucement. L'ingénieur voulait parler, mais sa faiblesse était si grande, qu'il réussissait à peine à murmurer quelques mots.

« Vous savez, monsieur, lui dit un matin Vif-Argent, que vous voilà en pleine convalescence, et que vous allez manger aujourd'hui un œuf ?

— Je te dois la vie, petit, dit l'ingénieur d'une voix éteinte. Je ne pouvais parler tous ces jours-ci, mais j'avais ma tête et j'observais; tu t'es conduit comme un homme.

— Comme quelqu'un qui vous aime, monsieur, et qui doit rendre compte de vous à M. Boisjoli.

— Boisjoli! s'écria M. Pinson, qui essaya de se redresser; n'est-ce pas lui...?

— Chut! chut! dit Vif-Argent. Ne parlons pas de ce qui vous fâche; le médecin vous défend les émotions. Il m'a prévenu que votre convalescence sera longue; au fond cela nous est égal; l'important, c'est que vous êtes guéri. »

M. Pinson attira l'enfant, l'étreignit, et l'embrassa.

« Cher petit, murmura-t-il, qui m'eût dit, le jour ou plutôt la nuit où je te rencontrai dans les rues de Londres...?

— Voilà une émotion! s'écria Vif-Argent qui se dégagea, et, encore une fois, elles vous sont défendues. »

Quatre jours plus tard, M. Pinson put se lever, s'habiller et s'installer sur un fauteuil. Il ne pouvait encore marcher, et se dépitait de se sentir sans forces. Il voulut se regarder dans une glace, et il eut peine à se reconnaître tant ses joues étaient creuses, tant sa barbe était longue et son teint pâle. Ce qui le consola, c'est qu'il se sentait un grand appétit.

A dater de ce jour, l'ingénieur passa de longues heures assis près de la fenêtre de sa chambre; de là, il découvrait la mer et respirait avec bonheur sa brise fortifiante. Une semaine plus tard, il put descendre dans la cour de l'hôtel et se promener à l'aide d'une canne.

Vif-Argent, si assidu au chevet du malade tant qu'il avait gardé le lit, disparaissait maintenant le matin pour ne reparaître qu'une ou deux fois dans la journée.

« Pauvre petit! pensait M. Pinson, il est resté tant de jours prisonnier, qu'il a besoin d'un peu de liberté. »

Cependant, étonné de voir l'enfant s'absenter de plus en plus, il crut devoir l'interroger.

« Tu ne vas pas courir les rues avec les polissons du cru, je suppose? lui dit-il un soir que le petit homme semblait exténué et dormait debout.

— Moi! certainement non, je me promène.

— Que ne restes-tu près de moi? Je commence à marcher assez vite; hier, je suis allé jusqu'au bord de la mer; j'étudie l'espagnol.

— Moi aussi, monsieur, je l'étudie sur le port, en écoutant parler les gens. Du reste, allez toujours sur le bord de la mer, le médecin l'a recommandé. »

Après être demeurées quelque temps stationnaires, les forces de M. Pinson, dont l'excellente constitution prit enfin le dessus, revinrent rapidement. Plusieurs fois alors il questionna Vif-Argent sur les dépenses faites à l'hôtel, et il remarqua que l'enfant, sur ce point, éludait ses questions.

« Il n'y a plus d'argent dans ma bourse, petit, dit un soir M. Pinson.

— C'est vrai, monsieur, les médecins, les pharmaciens et les poulets coûtent cher, ici; mais nous ne sommes pas encore morts de faim, c'est l'essentiel.

— Il faut que je me décide à parler à l'hôte, à le prévenir qu'il ne perdra rien, qu'au besoin le consul...

— Je lui ai dit tout cela, répliqua Vif-Argent. Ne vous inquiétez donc pas, et surtout allez vous promener au bord de la mer.

— Voyons, petit, ne m'y laisse pas aller seul; cela me contrarie de te savoir errant des jours entiers dans cette ville...

— Bien, monsieur, je ferai ce que vous voudrez. »

En dépit de cette promesse, Vif-Argent s'esquivait chaque matin, et M. Pinson jugea nécessaire de le rappeler à l'ordre. Un jour que l'enfant venait de s'éloigner, M. Pinson résolut de descendre dans la ville. Sous le porche de la grande porte, il rencontra le maître de l'hôtel et se crut obligé de lui parler de son séjour prolongé chez lui, de ses dépenses.

« Restez tant que vous voudrez, señor, répondit l'hôtelier; quand on paye sa quinzaine rubis sur l'ongle, comme vous le faites, les affaires sont bonnes.

— Ma quinzaine! répéta machinalement M. Pinson.

— Votre petit garçon, señor, n'a jamais manqué de me la remettre, et, pas plus tard qu'hier au soir, il m'a versé les jours échus.

— Alors... je ne vous dois rien? demanda M. Pinson avec hésitation.

— Rien, » répondit l'hôtelier.

M. Pinson ne répondit pas et se dirigea vers le centre de la ville. La chaleur était accablante, mais l'ingénieur était surpris lui-même de sa vigueur, de son pas redevenu alerte. Tout en marchant, il regardait autour de lui. Les rues de Vera-Cruz ne sont jamais bien animées, surtout au milieu du jour. M. Pinson arriva sur la place de la Douane, en face de la jetée. Là se manifestait un peu de vie : des matelots, suant à grosses gouttes, transportaient des peaux de chèvres, des caisses d'indigo, des ballots de cochenille, des lingots d'or et d'argent, tout ce qui constitue le commerce du Mexique avec l'Europe. Vers la gauche s'amoncelaient d'énormes barriques de farine et de lard, importation des États-Unis. Une de ces barriques, débouchant de la jetée, semblait rouler toute seule vers la douane. A mesure qu'elle avançait, M. Pinson la regardait avec plus de curiosité. Soudain, derrière cet énorme fardeau, il aperçut Vif-Argent qui le poussait en raidissant les bras.

M. Pinson demeura un instant bouche béante, dévorant du regard son petit compagnon; celui-ci venait de s'arrêter pour reprendre haleine et pour essuyer la sueur qui perlait sur son front. Une émotion indicible serra le cœur de M. Pinson; il comprenait enfin la cause des absences de l'enfant. Alors qu'il le croyait occupé à vagabonder, à se divertir, Vif-Argent travaillait pour...

M. Pinson s'élança. Avant que le petit garçon, surpris de le voir paraître, eût pu prononcer un seul mot, il était enlevé de terre et pressé contre la poitrine de l'ingénieur, qui pleurait.

CHAPITRE XXII

RETOUR DE FORTUNE

« Monsieur, dit Vif-Argent en essayant de se dégager, on nous regarde.

— Tant mieux! s'écria M. Pinson, je voudrais, petit, que toute la ville connût ta conduite, que Boisjoli surtout... »

L'ingénieur s'interrompit pour embrasser de nouveau Vif-Argent, puis il reprit :

« Voilà donc l'explication de ce problème que je trouvais étrange! Tandis que je mangeais du poulet, que je buvais du bon vin, tu...! Et j'avais la sottise de croire que tu t'amusais!

— Je m'amusais aussi, monsieur, n'en doutez pas. Si nous ne devons rien à l'hôtel, si vous avez pu manger du poulet, ainsi que le médecin le recommandait, cela tient à ce que j'avais en réserve le cadeau des passagers du *Canada*. C'est seulement il y a quinze jours, quand j'ai vu nos pièces de cent sous, que l'on nomme ici des piastres, s'envoler comme de vrais oiseaux, que je me suis mis à réfléchir. Il me semblait que, dans une ville pareille à celle-ci, il ne devait pas être difficile de trouver de l'ouvrage. Je ne me trompais pas. Il y avait à peine une heure que je rôdais sur la jetée, quand un canot américain aborda. Le contre-maître qui le dirigeait cherchait un commissionnaire pour rouler jusqu'ici les barils qu'on allait débarquer. J'offre mes services; le contre-maître, enchanté de m'entendre parler anglais, accepte tout de suite. Depuis lors, j'ai continué le métier, il n'est pas difficile.

— Pas difficile! s'écria M. Pinson. Oh! le brave petit homme! il remue des fardeaux plus gros que lui sous un soleil torride, et...! Repose-toi, enfant, là-bas, à l'ombre; c'est à mon tour de travailler.

— Monsieur, s'écria Vif-Argent, retournez à l'hôtel et ne vous exposez pas à retomber malade; d'ailleurs, ce travail n'est pas fait pour vous.

— Tu te trompes, mon ami, tout travail est honorable, et tu le prouves victorieusement. Voyons, ta tâche consiste à conduire ces barils de la jetée en face de la douane?

— Oui, monsieur; mais laissez-moi rouler mes tonneaux; je vous reconduirai à l'hôtel quand ils seront en place.

— Ils y seront d'autant plus vite, petit, que nous allons y travailler à deux. »

M. Pinson, en dépit des réclamations, des prières de Vif-Argent, mit habit bas et l'aida à rouler les barils. La vue de cet homme de

Il l'aida à rouler les barils. (Page 170.)

race blanche exécutant un travail qui, aux colonies, est l'apanage des gens de couleur, attira vite les curieux, et, parmi eux, le consul qui sortait de la douane.

« Vous ici, monsieur! s'écria le fonctionnaire stupéfait... et travaillant à...! Mais comme vous êtes pâle! Avez-vous donc été malade? »

En deux mots, M. Pinson raconta son départ, sa maladie, la conduite de Vif-Argent.

« Comment n'as-tu pas songé, mon enfant, dit le consul au

petit garçon, à venir me trouver pour me raconter ces choses?

— Je ne savais pas, monsieur, si je serais reçu chez vous ; puis la mère Pitch, une de mes amies, m'a toujours dit qu'il valait mieux demander du travail que la charité. Si les matelots ne m'avaient pas donné de l'ouvrage, je serais allé vous trouver plutôt que de laisser M. Pinson manquer de rien. »

Le consul avait entraîné l'ingénieur à l'ombre des bâtiments de la douane.

« Monsieur, lui dit-il, je vous ai écrit il y a trois jours vous croyant à Jalapa. Vous savez sans doute que le steamer anglais que nous attendions a péri.

— Non, s'écria M. Pinson, qui se tourna du côté du Vif-Argent.

— C'est une nouvelle que je n'ai pas voulu vous donner, monsieur, dit l'enfant en baissant la tête ; je savais que cela vous contrarierait, et...

— Voilà donc, s'écria l'ingénieur, notre captivité prolongée d'un mois !

— Qu'est-ce que cela fait? dit Vif-Argent ; vous n'avez plus rien à craindre de la fièvre jaune...

— Mais toi, petit?

— Moi, je ne suis pas en danger; la fièvre jaune, à ce qu'il paraît, n'aime pas les enfants.

— C'est pour cela qu'elle les tue, murmura le consul. Voyons, monsieur, ajouta-t-il en se tournant vers M. Pinson, voulez-vous bien venir me voir demain matin? Nous causerons. »

M. Pinson promit d'être exact; puis, en dépit des prières du consul, qui se joignit à Vif-Argent pour l'engager à retourner à l'hôtel, l'ingénieur voulut aider son petit compagnon jusqu'à l'achèvement de sa tâche.

Le lendemain, à l'heure qui lui avait été indiquée, M. Pinson pénétrait chez le consul.

« Voici, dit le fonctionnaire en prenant un rouleau de papier et en le présentant à l'ingénieur, un projet de reconstruction de la jetée de Vera-Cruz. Il y a, dans ce rapport, des calculs sur la force de résistance que peuvent offrir aux vagues le fer, le bois, les pierres, calculs que je ne crois pas exacts, autant que j'en puis juger. Je désirais les faire examiner par un homme compétent. Voulez-vous vous charger de ce travail et me soumettre vos remarques?

— Je vous demande quatre jours, dit M. Pinson après avoir feuilleté les documents qu'on lui présentait.

— Prenez le temps qu'il vous faudra, dit le consul, rien ne presse. »

Rentré à l'hôtel, M. Pinson, dont les forces revenaient à vue d'œil, se mit aussitôt à l'œuvre. Il avait compris que le consul le dédommagerait de son travail; aussi s'opposa-t-il à ce que Vif-Argent retournât sur le port.

« Laisse faire, petit; si la nécessité nous y force, nous irons travailler ensemble, et tous les métiers nous seront bons. En attendant, étudie l'espagnol.

— Je commence à pouvoir m'expliquer un peu, » dit Vif-Argent.

En effet, avec la facilité qu'ont les enfants pour apprendre un idiome étranger, surtout lorsqu'ils veulent se donner un peu de peine, Vif-Argent parlait déjà suffisamment l'espagnol pour se tirer d'embarras.

Cinq jours après avoir reçu le mémoire, M. Pinson le reportait couvert de notes et de remarques. Le consul, à titre d'acompte, remit deux cents francs à l'ingénieur et lui laissa espérer que les travaux projetés pourraient lui être confiés. Mais quinze jours s'écoulèrent sans que M. Pinson entendit parler de rien. Ses forces étaient complètement revenues et son appétit augmentait d'une façon formidable.

« En vérité, petit, dit-il un matin à Vif-Argent, plus notre argent s'épuise, plus j'ai faim. Le consul ne donne pas signe de vie, et je crois qu'il va nous falloir retourner sur le port.

— Si vous m'aviez laissé faire, monsieur, nous aurions déjà de l'argent de côté. »

Ce même soir, un mulâtre vint prévenir M. Pinson que le consul le recevrait le lendemain à neuf heures. L'ingénieur fut exact au rendez-vous.

« La perte du paquebot anglais sur les récifs des *Scorpions* est confirmée, dit le fonctionnaire à M. Pinson sans autre préambule; je vous donne brusquement cette nouvelle, monsieur, car elle ajourne définitivement votre retour en Europe, et vous voilà l'hôte forcé du Mexique pour six mois environ. »

M. Pinson baissa la tête, il songeait à la rue Nollet, à Boisjoli, à Liverpool, au *Fulton*, et ne répondait pas.

« Vous êtes ingénieur, et habile ingénieur, reprit le consul, je le sais maintenant, car j'ai soumis le travail que vous m'avez remis à l'architecte de la ville, et il ne me reste aucun doute sur vos capacités. »

M. Pinson releva la tête.

« Je vous demande pardon de ces préliminaires, continua le consul, mais j'ai à vous faire de sérieuses propositions de travail. Je vous ai dit, monsieur, que je vous avais écrit à Jalapa où je vous croyais installé.

— Oui, dit M. Pinson.

— Il est bien entendu que vous êtes sans ressources, et qu'il vous faut attendre au moins cinq mois avant de pouvoir regagner la France? »

M. Pinson éleva et baissa la tête en signe d'affirmation.

« Eh bien, un riche propriétaire de la Terre-Chaude, don Ambrosio Lerdo, a le projet d'introduire sur son domaine tous les progrès modernes, de les substituer aux vieux errements qui tiennent le Mexique si arriéré au point de vue de l'agriculture et du commerce. Don Ambrosio Lerdo m'a écrit de lui faire venir d'Europe, de France, un ingénieur capable de réaliser ses désirs. Don Ambrosio offre trente mille francs d'appointements par an; j'ajoute, — ce que ne dédaigne jamais un Français, — qu'il y a de la gloire à recueillir en se chargeant d'une pareille entreprise. Le mémoire que je vous ai prié d'étudier m'a prouvé votre savoir; voulez-vous, pour trois ans, devenir l'ingénieur en chef du domaine de la Héronnière, vous charger d'employer utilement les millions que don Ambrosio est disposé à dépenser? »

M. Pinson demeura silencieux, rêveur. Ainsi, après l'incroyable série d'aventures qui, en dépit de sa volonté, l'avait amené des Batignolles à Vera-Cruz, voilà qu'on lui offrait une de ces positions comme Boisjoli avait rêvé d'en conquérir une. Oh! la destinée!

« Il vous faut sans doute quelques jours pour réfléchir? » dit le consul.

M. Pinson garda encore le silence. Une contrée à civiliser, trente mille francs par an à gagner, l'offre eût tenté un homme encore moins ambitieux que lui. Néanmoins il allait refuser, lorsqu'il songea soudain à Vif-Argent. Trente mille francs par an, il y avait là de quoi enrichir le petit garçon auquel il devait la vie et dont il voulait faire un homme.

« J'accepte, monsieur, dit-il en se levant, et je vous remercie du fond du cœur. »

Deux heures plus tard, M. Pinson apposait sa signature au bas d'un acte en vertu duquel il s'engageait à exécuter, avec tout le soin et l'art dont il était capable, les travaux nécessaires pour faire de la Héronnière un domaine modèle.

« C'est votre fortune que cet acte, dit le consul à l'ingénieur; don Ambrosio offre cent pour donner mille, et vous allez vivre dans un pays vierge où la fièvre jaune ne règne pas. »

Quand M. Pinson rentra à l'hôtel, où il trouva Vif-Argent aux prises avec un thème espagnol, il s'approcha de l'enfant sans mot dire, plongea ses mains dans les poches de son pantalon et les retira pleines d'onces d'or qu'il jeta brusquement sur la table. Vif-Argent bondit et regarda son compagnon qui, le prenant dans ses bras, le serra avec force.

« Monsieur, dit enfin l'enfant en voyant son compagnon puiser de nouvelles onces d'or dans ses poches de côté, à qui donc appartient tout cet argent?

— A moi, à toi, petit.

— Qui vous l'a donné?

— La Providence; elle veut que tu sois riche, elle vient de me mettre à même de te payer en partie la dette que je te dois. »

M. Pinson, s'asseyant alors, raconta tout au long à son petit ami son entrevue avec le consul. Vif-Argent, durant ce récit, ne craignit pas d'exécuter à plusieurs reprises son fameux saut périlleux.

« Ainsi, monsieur, dit-il, nous allons vivre dans les forêts vierges!

— Oui, petit, et même les défricher.

— Et cet or, qu'allez-vous en faire?

— Il va nous servir à nous équiper, à acheter une partie des instruments dont j'ai besoin.

— Est-ce que vous allez tout dépenser?

— Je ne sais pas; d'ailleurs, nous avons un crédit illimité. »

Vif-Argent devint pensif.

« Eh bien, lui dit M. Pinson, à quoi songes-tu?

— Vous êtes si bon, monsieur, que je vais vous l'avouer. Cela vous gênerait-il de me rendre les deux cents francs que m'avaient donnés les passagers du *Canada?*

— Non, certes, mon enfant; toutefois, que veux-tu faire de ces deux cents francs?

— Je voudrais les envoyer à la pauvre mère Pitch; je voudrais être certain qu'elle aura du feu l'hiver prochain. »

M. Pinson embrassa de nouveau Vif-Argent, et lui promit d'envoyer non pas deux cents, mais cinq cents francs à la bonne mère Pitch.

Pendant une semaine, M. Pinson et Vif-Argent fouillèrent les magasins de Vera-Cruz, afin de s'équiper et de se procurer les instruments dont l'ingénieur pensait avoir besoin. M. Pinson écrivit longuement à son propriétaire, puis à sa vieille bonne pour qu'elle réglât ses affaires, et confia ses lettres au consul. Quinze jours plus tard, don Ambrosio Lerdo étant prévenu de leur arrivée, M. Pinson et Vif-Argent, conduits par le consul, montèrent à bord d'une petite goëlette. Ils devaient gagner Alvarado, remonter le fleuve Papaloapam, puis s'engager dans les terres vierges. M. Pinson avait bravement pris son parti de sa nouvelle destinée, mais sans cesser néanmoins de maugréer de temps à autre contre Boisjoli. Quant à Victor Brigaut, dit Vif-Argent, il était naturellement au comble de ses vœux.

La goëlette mit à la voile; la forteresse de Saint-Jean d'Uloa disparut à l'horizon, et, longeant la côte sud du golfe du Mexique, les voyageurs voguèrent vers l'*hacienda* de la *Héronnière,* dernière étape de leur étrange voyage.

Et le *Fulton?* le *Davis?*

M. Pinson conservait un trop vif souvenir des bontés du commodore, de celles de ses officiers et de son équipage, pour ne pas s'intéresser à leur sort. Aussi, à son départ de Vera-Cruz, avait-il prié le consul de lui communiquer ce qu'il pourrait apprendre sur les deux ennemis. Trois mois après son arrivée à la Héronnière, l'ingénieur fut enfin satisfait. Le consul, fidèle à sa promesse, lui manda que le *Davis*, surpris par le vent du nord et acculé contre les rivages de la Floride, avait échoué sur des rochers. L'humanité ayant alors repris ses droits, le commodore et ses matelots avaient exposé leur vie pour sauver celle de leurs adversaires, et ils y avaient en partie réussi. Dans le capitaine du *Davis*, devenu son prisonnier, le commodore avait reconnu avec douleur son cousin germain, et dans l'équipage du corsaire, les matelots du *Fulton* retrouvèrent qui un frère, qui un ami. Telle est l'inévitable conséquence des guerres impies, c'est-à-dire des guerres civiles. Le frère tue le frère, l'ami l'ami, et chaque coup porté frappe la mère commune, la patrie.

En face de ses prisonniers, qu'il songeait autrefois à pendre, le commodore fut désarmé. Il s'employa près du gouvernement fédéral pour obtenir la grâce des coupables, et fut assez heureux pour réussir.

Et Boisjoli, saurons-nous jamais s'il a connu la suite de l'odyssée de son ami?

Peut-être.

LE
SECRET DE JOSÉ

LE
SECRET DE JOSÉ

CHAPITRE I

M. THOMAS PINSON. — UN FLEUVE DU NOUVEAU MONDE. — ARBRES GÉANTS. — GAIETÉS D'UN SERPENT-LIANE. — LES INONDATIONS. — UN CROCODILE AFFAMÉ.

« Debout, debout, garçons! Voilà le señor que nous attendons. »

A cet avis, donné par un métis vêtu d'un riche costume de cavalier mexicain, c'est-à-dire d'une veste et d'un pantalon de peau de daim ornés de broderies d'argent, douze Indiens qui sommeillaient à l'ombre d'un ébénier se redressèrent à la hâte. Leurs regards se portèrent sur la surface d'une vaste nappe d'eau qui s'étendait devant eux; la voyant déserte, ils se tournèrent vers celui qui les avait interpellés.

« Mes yeux valent les tiens, Antonio, dit l'un d'eux, et je ne vois rien. Pas une pirogue ne flotte sur le fleuve. »

Le cavalier, sans répondre, leva la cravache qu'il tenait à la main vers la cime d'un bouquet de mimosas; au-dessus de ce rideau apparaissait, distante de cinq cents mètres à peine, l'extrémité d'un mât de navire surmonté d'une banderolle aux couleurs de la république mexicaine. Tout à coup, franchissant le coude qui la dérobait aux regards, une goëlette, sa grande voile déployée, se montra à deux cents mètres des Indiens. C'était sans doute là un spectacle peu commun pour eux, car ils demeurèrent silencieux, les regards fixés sur le petit bâtiment.

Le cavalier qui répondait au nom d'Antonio souleva son chapeau aux larges ailes, l'agita à plusieurs reprises au-dessus de sa tête, tout en poussant des cris prolongés. Un coup de sifflet sembla répondre à son signal. La voile de la goëlette se replia, et, tandis que le navire se rapprochait par la seule force de son impulsion, plusieurs matelots sautèrent dans une barque, où ils entassèrent des malles. Un homme de bonne mine, assez gros, vêtu d'une redingote, d'un pantalon noir et coiffé d'un chapeau rond, — costume fort étrange dans ces parages, — se suspendit à une corde, et, avec une agilité remarquable, descendit dans la barque. Il fut aussitôt rejoint par un jeune garçon d'une douzaine d'années, aux cheveux bouclés et à la mine éveillée. Les deux voyageurs s'assirent en face des rameurs; dix minutes plus tard, le plus âgé sautait prestement à terre et retirait son chapeau pour essuyer son front humide de sueur.

« A qui ai-je l'honneur de parler? demanda-t-il en mauvais espagnol au métis qui s'était avancé vers lui.

— A Antonio Mendez, serviteur de Dieu et le vôtre, señor.

— Antonio Mendez, répéta le voyageur qui, après avoir replacé son chapeau sur sa tête, consulta un carnet qu'il tira de la poche de côté de sa redingote. Voilà qui est régulier. Maintenant, qui attendez-vous, s'il vous plaît?

— Le señor Thomas Pinson.

— Louis-Claude-Thomas Pinson, né à Paris, le 20 novembre 1828, ancien élève de Sainte-Barbe, de l'École Centrale, ingénieur, géomètre et architecte diplomé : c'est moi. »

Tout en parlant avec une vivacité au moins égale à celle de ses gestes, le voyageur surveillait la mise à terre de ses bagages.
« Est-ce bien tout? demanda un des matelots.
— Trois, quatre... sept colis. Parfait, dit M. Pinson.
— Alors, señor, au revoir.
— Au revoir, mon garçon. Ah! quelques mots encore pour corroborer mes renseignements. Ce fleuve est bien le Papaloapam, le plus considérable des cours d'eau qui baignent la côte ouest de la province de Vera-Cruz?
— Oui, señor.
— Et vous m'avez dit ce matin qu'il prend sa source?...
— Dans les montagnes de la province de Oajaca.
— Parfait. Et dans son cours, que votre capitaine estime être de plus de cent lieues, ce fleuve baigne trois villages indiens : Tuxtepec, Chacaltianguiz, Cosamaloapam, puis la capitale de la Terre-Chaude, Tlacotalpam. Vingt lieues plus bas, il se réunit au *rio Blanco* pour aller enfin se jeter dans la mer à la hauteur d'Alvarado?
— Oui, señor.
— Bon, dit le voyageur en fermant le carnet où il avait noté ces détails, vous pouvez partir. »
La goëlette se trouvait déjà assez près de la rive pour que la barque pût la rejoindre en quelques coups de rames. Les matelots, après l'avoir accostée, s'élancèrent à bord. La voile fut déployée, et la goëlette, commençant à louvoyer, se perdit bientôt derrière les arbres.
C'était un curieux spectacle que ce navire qui, voiles gonflées, semblait naviguer au milieu des terres. A peine eut-il disparu que l'ingénieur se retourna vers Antonio :
« A nous deux, dit-il. Voyons, il n'y a pas d'erreur? Vous êtes bien l'envoyé de don Ambrosio Lerdo?
— Oui, señor.
— Et vous devez me conduire?...
— A l'hacienda de la Héronnière.
— Bon; à quelle distance sommes-nous de cette Héronnière?
— A vingt-cinq lieues environ.
— Voilà qui est parfait. Où est la voiture?

— La voiture! répéta Antonio d'un air surpris.

— Oui, la voiture; auriez-vous l'intention de me faire faire vingt-cinq lieues à pied, par ce soleil vertical?

— A Dieu ne plaise, señor, répondit le métis; seulement, s'il y a des voitures à Mexico, ainsi que je l'ai entendu raconter, je ne crois pas qu'il en existe une seule dans la Terre-Chaude.

— Hein, petit, qu'en dis-tu? » s'écria M. Pinson, qui se tourna vers son jeune compagnon.

Le « petit », pris à témoin par M. Pinson, exécuta, en guise de réponse, une gambade signifiant clairement :

« Pas de voiture! Eh bien, on s'en passera.

— Un pays sans voitures! reprit le voyageur. Il faut le voir pour le croire. Ah! mon cher Boisjoli, si jamais je te retrouve... Mais j'y pense, monsieur Antonio; à défaut de voiture, par quel moyen comptez-vous me transporter à la Héronnière?

— Nous allons faire à pied un quart de lieue, señor, afin de gagner les lagunes; nous nous embarquerons alors sur une pirogue qui nous conduira jusqu'à la rivière de San-Nicolas. Là, des chevaux nous attendent, et le maître lui-même doit venir au-devant de nous. »

M. Pinson avait le front haut, des yeux vifs, la bouche large et souriante. Ses manières et son langage se distinguaient par une rondeur franche qui plaisait au premier abord. La brusquerie de ses gestes ne s'accordait guère avec la rotondité de sa taille, et Antonio, grave comme le sont en général tous les Mexicains, contemplait avec curiosité le remuant personnage qu'il avait à conduire. Tout à coup l'attention de M. Pinson fut attirée par les Indiens qui, après avoir entouré ses malles de cordes en fil d'aloès, s'apprêtaient à les charger sur leur dos en les maintenant à l'aide d'une courroie de cuir appliquée sur leur front.

« Qui sont ceux-là? demanda l'ingénieur avec surprise.

— Des Indiens, señor.

— Des Indiens! des sauvages alors? Où donc sont leurs arcs, leurs flèches, leurs plumes, leurs calumets?

— Ils n'ont rien de tout cela, répondit Antonio, ce sont des serviteurs de l'hacienda.

— Et ces guerriers n'ont jamais scalpé personne?

— Ce sont des laboureurs.

— Des laboureurs! voilà qui me semble prodigieux. A quelle tribu appartiennent-ils?

— Ils sont nés sur le domaine et appartiennent à don Ambrosio.

— Des Indiens sans tribu! Je croyais la chose impossible. Quel est leur costume ordinaire?

— Celui qu'ils portent en ce moment.

— Un chapeau de paille et un caleçon de bain, c'est léger. Il est vrai que le thermomètre doit marquer au moins 45 degrés.

— Les porteurs se mettent en route, señor, reprit Antonio; si vous y consentez, nous allons les suivre. »

L'ingénieur se tourna vers le Papaloapam, jeta un dernier regard sur les flots dorés du beau fleuve; puis, s'appuyant sur l'épaule de son alerte petit compagnon, il suivit ses guides qui venaient de s'engager sur un sentier et pénétraient dans un bois.

Bientôt on chemina sous des arbres séculaires.

« Voilà de véritables colosses, s'écria M. Pinson avec admiration; que t'en semble, Vif-Argent?

— Superbes, monsieur! Ils dégomment, j'en suis sûr, ceux que Robinson trouva dans son île.

— Pour ma part, petit, j'avoue n'avoir jamais vu, même à Paris, d'arbres aussi élevés que ceux-ci. A quelle hauteur du sol, à votre avis, commencent les premières branches de ces géants, señor Antonio?

— A soixante vares environ, répondit le métis après un sérieux examen.

— C'est-à-dire à près de soixante mètres, et votre calcul me paraît juste. Donc, Notre-Dame de Paris, y compris ses deux tours, pourrait passer sous ces dômes de feuillage sans se baisser. Prodigieux!

— Archifameux! dit Vif-Argent, qui salua les arbres d'un respectueux coup de chapeau; mais comment les nomme-t-on?

— Des *ahuehuetes*, répondit le métis.

— Quel diable de nom leur donnez-vous là? s'écria M. Pinson. Ces arbres, mon brave señor, sont tout bonnement des cèdres. Ils appartiennent à la grande famille des conifères, qui comprend les mélèzes et les pins.

— Cela est possible, reprit Antonio, qui contempla son interlocuteur avec surprise; mais je vous prie de remarquer, señor, que nous nous laissons devancer par les porteurs.

— Craignez-vous qu'ils ne filent avec mes bagages?

— Je songe seulement qu'il est trois heures de l'après-midi, et que nous avons à franchir une distance de vingt-cinq lieues.

— C'est juste, répondit l'ingénieur, qui se remit en marche sans cesser d'admirer les arbres qui bordaient le sentier. Dites-moi, don Antonio...

— Appelez-moi Antonio tout court, señor; je ne suis que votre serviteur.

— Donc, Antonio, à qui appartient la forêt que nous traversons en ce moment?

— A Dieu, señor.

— A Dieu! Voulez-vous me dire qu'elle appartient à l'Église.

— Non pas. Toute cette rive du Papaloapam est inhabitée; elle deviendra, dans l'avenir, la propriété du premier qui la cultivera.

— Alors, si je m'établissais ici, cette forêt serait à moi?

— Sans contestation.

— Prodigieux! s'écria l'ingénieur. Tu comprends, maître Vif-Argent, tout ceci est à toi, pour peu que cela te plaise; mais es-tu devenu muet? Voilà pourtant ton souhait réalisé; nous sommes dans une forêt vierge.

— Ah! monsieur, s'écria l'enfant, c'est si beau que je crois rêver, et je me tais par crainte de me réveiller.

— Si un pareil coin de terre se trouvait libre sur le bord de la Seine, dans les environs de Saint-Cloud, reprit M. Pinson, je... Holà, Antonio! comment nommez-vous la couleuvre jaune qui se balance à l'extrémité de ce rameau?

— N'approchez pas, señor, c'est un serpent-liane.

— Est-il donc venimeux?

— Sa morsure donne la mort en moins de dix minutes. »

M. Pinson fit un bond en arrière, tandis que Vif-Argent en faisait un en avant et se plaçait entre le reptile et son ami.

« Peste, dit l'ingénieur, voilà de quoi me dégoûter de cette propriété; elle est magnifique, c'est vrai, et pas chère du tout; mais, à ce que je vois, elle pourrait bien n'être pas sûre. Votre serpent-liane, maître Antonio, ajouta-t-il après avoir examiné le reptile avec attention, est un trigonocéphale; il ne lui manque que des grelots pour être un véritable serpent à sonnettes.

— Baissez-vous, señor! » cria Antonio.

Le trigonocéphale, qui venait d'imprimer à son corps un léger balancement, se lança soudain vers l'ingénieur, heurta son chapeau — rien que son chapeau par bonheur — et le lui enleva.

« Prodigieux! murmura le Français.

— Ah! le filou! » s'écria Vif-Argent.

Et il allait s'élancer pour disputer au ravisseur le couvre-chef de M. Pinson, lorsqu'Antonio le retint.

« Oubliez-vous, dit le métis, que la morsure de cette bête est mortelle?

— Non, répliqua le jeune garçon; toutefois, ce n'est pas une raison pour lui faire cadeau d'un chapeau neuf. »

Le trigonocéphale, qui venait de s'enrouler autour de la coiffure, la broya par la pression de ses anneaux; puis, surpris sans doute de la trouver vide, il l'abandonna et disparut dans les broussailles. M. Pinson ramassa aussitôt son couvre-chef et le contempla d'un air consterné.

« Il faut être à deux mille lieues de France, s'écria-t-il, pour se voir décoiffer par un serpent. Les gentillesses de cette nature sont-elles fréquentes dans votre pays, maître Antonio?

— Cela dépend, señor, du soin que l'on met à les éviter. Chaque fois que vous approcherez d'un serpent-liane vous serez exposé à une agression, et vous n'en serez pas toujours quitte à si bon marché.

— Un homme averti en vaut deux, répliqua l'ingénieur; je me tiendrai désormais à respectueuse distance, et je te recommande, Vif-Argent, d'avoir soin d'en faire autant.

— Cependant, monsieur, si un nouveau trigonocéphale voulait prendre votre habit ou s'attaquer à votre peau... »

M. Pinson regarda son petit compagnon :

« Oui, murmura-t-il, je sais que tu interviendrais et que, pour me sauver... »

M. Pinson n'acheva pas, il suivit Antonio qui se remettait en marche pour rejoindre les Indiens. En dépit de son insouciance, le danger auquel il venait d'échapper avait un peu impressionné l'ingénieur qui, tout en causant avec Vif-Argent, examinait les buissons et faisait un détour chaque fois qu'une véritable liane lui semblait avoir quelque apparence de serpent. Enfin, l'on sortit du bois et l'on se trouva sur les bords d'une lagune. Les bagages des voyageurs étaient déjà entassés au fond d'une vaste pirogue; les Indiens, armés de rames, se tenaient prêts à partir.

Vif-Argent, qui s'était emparé du chapeau de M. Pinson, le retapait de son mieux.

« Un chapeau neuf, et qui vous coiffait si bien, monsieur, n'est-ce pas dommage de le voir en cet état? dit-il.

— Peuh! fit l'ingénieur avec un geste qui prouvait son dédain pour la toilette, il peut encore me protéger contre les rayons du soleil, et cela suffit. »

Alors, silencieux, il promena ses regards autour de lui. En arrière, le coin de forêt qu'il venait de traverser. A droite, dans un lointain brumeux, les hauts sommets de la Cordillère de Tuxtepec; à gauche, une vaste forêt de palmiers. Pour animer ce grandiose paysage, des nuées de vautours noirs planaient dans les profondeurs du ciel, et, plus bas, des couples de perroquets traversaient l'air en babillant. Sur les buissons qui bordaient la lagune, des centaines de hérons, au plumage blanc et rose, ressemblaient, dans leur immobilité, à d'immenses fleurs épanouies. Mille bruissements d'insectes résonnaient, et, de temps à autre, un cri moqueur venant des bois, succédait à quelque joyeux gazouillement. Le soleil, qui faisait étinceler la surface de la lagune, éclairait des tourbillons d'éphémères et de libellules aux ailes d'azur, d'or, de nacre et de pourpre.

« Que tout cela est beau, monsieur! s'écria Vif-Argent.

— Magnifique, petit, » répondit M. Pinson.

Mais, pressés par Antonio, les voyageurs montèrent dans la pirogue, où ils s'établirent sur une natte disposée pour leur servir de siège. Les Indiens ramèrent aussitôt. A peine sortie de la crique où elle était abritée, la pirogue vogua sur une eau profonde et transparente, au fond de laquelle on apercevait de hautes herbes fleuries.

M. Pinson fut très surpris de voir surgir çà et là de l'eau des cyprès, des chênes rouges, des cèdres, des palmiers, des buissons de mimosas et des cactus. A plusieurs reprises, il se pencha hors de la barque pour regarder avec attention le fond de la lagune.

« Toutes les lois de la botanique sont renversées ! s'écria-t-il soudain. Depuis quand les palmiers et les muscadiers sont-ils devenus des arbres aquatiques? Suis-je endormi, ou bien cette Terre-Chaude mexicaine est-elle une contrée à part? Voyons, maître Antonio, comment nommez-vous ce lac?

— Nous ne sommes pas sur un lac, señor.

— Prétendez-vous me faire croire que nous naviguons sur un fleuve.

— Votre Grâce, reprit le métis, oublie sans doute à quelle époque de l'année nous sommes?

— Pas le moins du monde, mon brave ami; c'est aujourd'hui, par une singulière rencontre, le 15 juillet 1853, et, depuis hier, je suis entré dans ma quarantième année.

— Eh bien, señor, nous sommes dans la saison des orages, juste à l'époque où les fleuves et les rivières débordent; nous naviguons en ce moment au-dessus de la route ordinaire.

— Prodigieux ! s'écria l'ingénieur. A Paris, quand la Seine déborde d'un mètre tout le monde pousse des cris ! Alors, continua-t-il en se tournant vers Antonio, cette immense nappe d'eau est alimentée par le débordement du Papaloapam?

— Du Papaloapam et du San-Nicolas.

— Et jusqu'où s'étend l'inondation !

— Elle couvre cinquante lieues de pays environ. »

M. Pinson se tut. Étendu dans la pirogue, il contemplait avec curiosité les paysages qui se déroulaient devant lui à mesure que la barque cheminait.

« Oui, oui, dit-il soudain, tous les grands fleuves ont de ces allures indépendantes, et c'est la civilisation, l'art, la science, qui permettent aux hommes de les enchaîner dans leur lit. Si l'on voulait m'en fournir les moyens, je forcerais bien ce Papaloapam à se tenir en repos. »

Peu à peu, accablé par la chaleur, l'ingénieur s'endormit. Son jeune ami, auquel sa vivacité avait valu le nom de Vif-Argent, — il se nommait en réalité Victor Brigault, — était tout entier à la surprise, à l'admiration que lui causait ce qu'il découvrait. Grave, attentif, il comparait les merveilles qui défilaient sous ses regards avec les descriptions que Robinson a faites de son île, et demeurait muet.

Les Indiens, ramant à tour de rôle, avançaient néanmoins avec lenteur. De même qu'Antonio, ils examinaient à la dérobée les voyageurs qu'ils devaient conduire à la Héronnière, et dont les costumes les surprenaient autant que le langage. Toutefois, avec l'impassibilité de leur race, aucun geste, aucun mouvement ne trahissait leur curiosité.

Le soleil avait depuis lontemps disparu lorsque le Français se réveilla; la lune, large et brillante, argentait la surface de l'eau. La pirogue s'engagea parmi des arbres, et bientôt ce fut en plein bois qu'elle navigua.

« Vos Indiens voient-ils clair la nuit, pour se reconnaître dans ces ténèbres? demanda l'ingénieur à Antonio.

— Un peu, señor; d'ailleurs, ils parcoururent si souvent cette route à pied qu'ils la savent par cœur.

— Et dites-moi, ne pourrions-nous pas manger quelque chose avant d'arriver à destination.

— Certes, señor; j'ai ici des provisions.

— Elles seront les bien venues, s'écria M. Pinson; demandez plutôt à Vif-Argent. Dites-moi, allons-nous naviguer longtemps dans ces ténèbres? Elles me couperaient l'appétit.

— Nous atteignons la limite du bois; encore un coup de rame, et nous voguerons de nouveau sur une plaine. Voici, ajouta le métis, des galettes de maïs au jambon.

— Bravo; tu vas te régaler, Vif-Argent, car le mets qu'on nous offre me semble une imitation des sandwiches anglaises. »

M. Pinson, affamé, mordit aussitôt dans l'espèce de pain rond qu'on venait de lui présenter; à peine eut-il commencé à mâcher qu'il poussa un cri de détresse.

« Qu'est-ce que cela? M'avez-vous empoisonné?

— Empoisonné! répéta Antonio.

— Votre sandwich me brûle la bouche comme si vous l'aviez saupoudrée de charbons ardents.

« Ce tronc d'arbre est un caïman, señor. » (Page 192.)

— Votre Grâce n'aime peut-être pas le poivre rouge? dit le métis.

— Comment, c'est de poivre rouge que vous avez assaisonné mon jambon? Que le diable… »

M. Pinson ne put achever; se penchant par-dessus le bord de la pirogue, il puisa de l'eau avec sa main pour se gargariser. Rien de plus douloureux, en effet, que la brûlure causée par le poivre rouge sur les palais non accoutumés à cet énergique condiment. Vif-Argent, dont la bouche s'était ferrée en Angleterre contre les ardeurs du poivre de Cayenne, mangeait sans sourciller.

« Prenez garde, señor! dit tout à coup Antonio.

— Garde à moi, et pourquoi, s'il vous plaît? Craignez-vous que ce tronc d'arbre ne me mange?

— Ce tronc d'arbre est un caïman, señor. »

M. Pinson se leva d'un bond. Au même moment, le reptile qu'Antonio venait de nommer posa ses deux pattes de devant sur le bord de la pirogue et la fit pencher vers la gauche. M. Pinson, saisi par un pan de sa redingote, se rejeta en avant et tomba dans la barque en s'écriant :

« Prodigieux! »

CHAPITRE II.

LE RIO SAN-NICOLAS. — REPAS IMPROVISÉ. — DON PABLO ET DOÑA AMALIA. L'APPRENTI CAVALIER. — UN PASSAGE DANGEREUX. — ALERTE.

C'en eût été fait de l'ingénieur, et son voyage se serait tragiquement terminé en cet instant, si le rameur le plus rapproché de lui n'eût dégaîné son couteau et frappé le caïman à la nuque. Le reptile, blessé à mort, glissa dans l'eau sans lâcher le pan d'étoffe qu'il avait saisi.

« Avez-vous été mordu, monsieur? demanda Vif-Argent avec émotion.

— Non, petit, répondit l'ingénieur, qui se releva avec sa prestesse accoutumée. Ah çà, est-ce une gageure? continua-t-il. Il me semble, maître Antonio, que les prétendus animaux sauvages de votre pays sont d'une rare familiarité. J'en étais déjà pour un chapeau, et voilà l'une des basques de ma redingote entre les mâchoires d'un caïman; pour peu que ces gracieuses plaisanteries s'accentuent, je serai bientôt forcé de me promener en costume indien.

— Ne riez pas, señor, s'écria Antonio, vous venez d'échapper à une mort presque certaine.

— Rire, reprit l'ingénieur, j'en ai moins d'envie que je n'en montre; j'ai la bouche encore en feu, grâce à votre maudit poivre rouge, et... au fait, vous eussiez dû me prévenir, mon brave ami, que votre étrange savane est peuplée de caïmans, et que ces monstres aiment les pans d'habit.

— Les agressions de ce genre sont peu communes, señor, répondit Antonio; néanmoins, je vous engage à profiter de la leçon. Ne vous penchez plus hors de la pirogue, et surtout ne laissez pas votre main tremper dans l'eau.

— Du diable si je bouge d'ici, s'écria l'ingénieur en se replaçant sur la natte, les bras croisés. Ah! Boisjoli, Boisjoli, murmura-t-il, voilà pourtant ce que je te dois! Si encore je te tenais là pour te remercier comme tu le mérites.

— Les bêtes de ce pays, monsieur, dit Vif-Argent, semblent croire que nous arrivons exprès d'Europe pour leur servir de nourriture; il faudra veiller à cela, et soigneusement! »

Pendant plusieurs heures, la pirogue glissa sur des eaux calmes; l'ingénieur et son petit compagnon, vaincus par la chaleur, s'endormirent profondément. Ils ne s'éveillèrent qu'à l'aube, c'est-à-dire vers six heures du matin, et se levèrent très surpris. Antonio et les rameurs, à l'exception d'un seul, posté près du gouvernail, dormaient au fond de la pirogue. Celle-ci, entraînée par un léger courant, cheminait entre de hautes berges bordées d'arbres dont les cimes s'entrecroisaient, et laissaient retomber de longues lianes.

« Où sommes-nous? demanda M. Pinson au rameur.

— Sur le rio de San-Nicolas, répondit l'Indien.

— Depuis quand?

— Depuis une heure.

— Voilà un changement de décor auquel je ne m'attendais guère; et ce rio San-Nicolas, communique-t-il avec le Papaloapam ou avec la mer?

— Avec le Papaloapam.

— La Héronnière est-elle située sur ses rives?

— Non; la Héronnière se trouve près du village d'Apam, à six lieues du San-Nicolas.

— Encore un mot, mon garçon; ne possédez-vous pas, parmi

vos provisions, d'autres galettes que celles qui m'ont été offertes hier?

— Demandez cela au majordome, dit l'Indien.

— Le majordome, c'est Antonio, je suppose?

— Oui.

— J'attendrai qu'il se réveille. »

M. Pinson, grand admirateur du pittoresque, s'établit à son aise dans la pirogue. Les berges s'abaissèrent, et les regards des voyageurs purent pénétrer dans les profondeurs des bois. Des martins-pêcheurs au plumage d'azur, des calandres d'un jaune d'or, des cardinaux au plumage de pourpre, traversaient sans cesse la rivière large d'environ dix mètres, et des rossignols, posés sur les buissons, saluaient l'apparition du soleil.

Soudain, vers la gauche, les arbres devinrent plus clairsemés, et une savane où paissaient plusieurs centaines de taureaux déroula sa plane surface.

« Nous passons dans le voisinage de quelque ferme, je suppose? dit l'ingénieur à l'Indien.

— Non, répondit celui-ci, cette rive est inhabitée.

— Alors ce terrain, ces vaches, ces veaux, à qui appartiennent-ils?

— Ils sont sauvages.

— Sauvages! s'écria l'ingénieur en se mettant debout, des vaches sauvages, et par milliers. Regarde, petit.

— En vérité, répliqua Vif-Argent, nous sommes dans un pays plus curieux encore que celui de Robinson, dans un pays à l'envers; les serpents y mangent les chapeaux, les caïmans les habits, et les plaines sont sous l'eau. »

En ce moment Antonio se redressa, souhaita le bonjour à ses compagnons, et leur demanda s'ils avaient passé une bonne nuit.

« J'ai rêvé de caïmans et un peu de serpents-lianes, répondit M. Pinson; néanmoins, tout serait pour le mieux si je n'avais l'estomac aussi vide que les outres autrefois mises à mort par don Quichotte.

— Il reste des sandwiches, dit avec malice Vif-Argent.

— Merci, répondit M. Pinson, je préfère encore jeûner, bien que le jeûne ne soit pas mon fort.

— Nous allons nous occuper de nos estomacs, señor, dit Antonio, et pour peu que les grillades de taureau soient de votre goût, vous allez vous régaler. »

Le métis avait déjà saisi son fusil. Un jeune taureau, placé près de la rive, regardait stupidement voguer la pirogue; le majordome épaula et fit feu. L'animal bondit et retomba mort. Ses compagnons, effrayés par la détonation, détalèrent au galop.

La pirogue, dirigée vers la rive, fut attachée à la gigantesque tige d'une ombellifère. Deux des Indiens, armés de leurs couteaux, se dirigèrent vers le taureau qu'ils commencèrent à dépecer, tandis que leurs compagnons mettaient le feu à un morceau de bois mort et de feuilles sèches, qu'ils s'étaient empressés de réunir. Moins d'une heure après, l'ingénieur et Vif-Argent, qui avaient suivi avec curiosité ces opérations, se régalaient de biftecks et de galettes de maïs, sans piment cette fois. Un des Indiens ayant pénétré dans le bois, reparut les mains pleines de *coyoles*, fruit oléagineux du palmier, dont la saveur rappela à l'ingénieur le goût des amandes fraîches.

« Quand je pense, dit-il avec un gros soupir, qu'il y a moins de quatre mois j'étais attablé chez moi, rue Nollet, à Batignolles, face à face avec mon ami Boisjoli, et qu'après une série d'aventures près desquelles celles d'Ulysse ne méritent pas d'être citées, me voilà, comme un véritable héros de Cooper, dînant avec un Bas-de Cuir et douze Mohicans. Toi, petit, cela t'amuse?

— Oh! oui, monsieur, répondit le jeune garçon, seulement nous n'avons encore aperçu ni tigres ni singes.

— Patience, dit M. Pinson, nous pénétrons à peine dans ce pays, et nous avons déjà vu assez de choses extraordinaires pour deviner que notre curiosité aura de quoi s'exercer. »

Antonio se leva.

« Il est neuf heures un quart, dit-il, il faut nous remettre en route.

— Neuf heures un quart! s'écria M. Pinson après avoir consulté sa montre. Qui vous a dit l'heure d'une façon si exacte, mon brave ami?

— Une horloge qui ne se trompe jamais, señor : le soleil.

— Voilà qui est bien, mais sur quel cadran marque-t-il l'heure?

— Ici, dit Antonio, qui frappa la terre du pied et montra son ombre; un peu d'habitude vous rendra bientôt aussi savant que moi. »

Les voyageurs se rembarquèrent; les Indiens, à l'aide des rames, accélérèrent la marche de la pirogue, devant laquelle les bois et les savanes défilèrent rapidement. Vers midi, on approchait d'un promontoire derrière lequel la rivière décrivait une brusque courbe, lorsque Antonio s'écria :

« On est venu au-devant de vous, señor.

— Qui cela? Votre maître? demanda M. Pinson.

— Je ne vois que son neveu, don Pablo.

— Il y a aussi une femme, si je ne me trompe.

— Oui, la señorita doña Amalia.

— Et qui est doña Amalia?

— La fille du maître. »

L'ingénieur n'eut pas le temps d'en demander davantage; la pirogue pénétra dans une sorte de crique et vint échouer sur le sable. Sautant aussitôt à terre, M. Pinson se trouva en face d'un robuste jeune homme au front bas, aux traits épais, au regard indécis. Il portait un costume de peau de daim, orné de riches broderies d'or. Le Mexicain souleva son chapeau à larges ailes autour duquel s'enroulait, en guise de bourdalou, une torsade d'or qui figurait un serpent auquel deux rubis servaient d'yeux.

« Avez-vous fait un bon voyage, señor? » demanda-t-il à l'ingénieur en le toisant des pieds à la tête, et en dissimulant à peine une forte envie de rire.

M. Pinson, à cette heure, ne songeait guère à l'étrangeté de son costume, encore moins à son chapeau déformé et à sa redingote tronquée. Il regarda bien en face celui qui lui adressait la parole et se contenta de s'incliner.

« Ce gaillard à face de taureau, pensa-t-il, affecte un air gouailleur qui, en vérité, lui sied mal. Me prend-il pour un niais? Je lui démontrerai... »

L'ingénieur avait gravi la berge; parvenu au sommet, il vit s'avancer vers lui une grande et belle personne vêtue d'une robe bleue, coiffée d'un chapeau Louis XV orné d'une plume de flamant rose, et chaussée de fines bottes en cuir jaune garnies d'éperons d'or. Doña Amalia, âgée de seize ans, en accusait dix-huit aux yeux d'un Européen. Ses traits, doux et fins, étaient d'une régularité rare. Sur sa peau, un peu bistrée, se découpaient de grands yeux aux prunelles noires et brillantes, et ses lèvres rouges, entr'ouvertes en ce moment par un sourire, montraient cette double rangée de dents admirables qui semblent l'apanage des créoles mexicaines. La beauté d'Amalia Lerdo était célèbre dans la Terre-Chaude; elle l'eût été partout où la jeune fille se serait présentée.

« Soyez le bienvenu sur notre domaine, señor, dit-elle à l'ingénieur d'une voix sonore et harmonieuse. Mon père voulait venir lui-même au-devant de vous; retenu par une affaire urgente, il m'a chargée de vous conduire à la Héronnière.

— Señorita, répondit M. Pinson, ébloui par la grâce et la beauté de celle qui lui parlait, je serai toujours heureux de vous avoir pour guide, pour conductrice dans... »

M. Pinson, qui ne parlait l'espagnol que d'une façon très incorrecte, s'embarrassa dans le compliment qu'il voulait faire, et, chose qui ne lui était peut-être jamais arrivée devant personne, demeura court en face d'Amalia.

Un éclat de rire le fit se retourner, et il regarda bien en face Pablo, qui se trouvait près de lui.

« Señor, dit-il, les sourcils froncés, si c'est de moi que vous riez, vous avez tort; en dépit de la difficulté que j'éprouve à m'expliquer dans votre langue, je ne suis peut-être pas le sot que vous supposez.

— Je vous demande pardon de mon accès de gaieté, répliqua Pablo, il est involontaire. Antonio vient de me raconter vos mésaventures avec un serpent-liane et un caïman; cela, joint à l'étrangeté de votre costume vu le lieu où nous nous trouvons, m'a arraché un éclat de rire qui n'a rien d'offensant pour votre caractère.

— Il est vrai, señorita, dit l'ingénieur, qui se tourna vers Amalia et jeta un regard piteux sur son chapeau, que j'ai à m'excuser de me présenter dans un pareil équipage. Si j'avais pu soupçonner que je me trouverais en face d'une si belle personne...

— Vous n'avez point à vous excuser, señor, interrompit la jeune fille. Le voyage que vous venez d'accomplir n'est pas de ceux qui permettent de faire toilette; d'ailleurs, nous sommes au désert. Je vous prie, dit-elle en appuyant sur les mots, d'excuser la gaieté peu charitable de mon cousin qui, j'en suis sûre, désire être de vos amis. »

L'ingénieur fut conduit vers un bouquet de palmiers à l'ombre duquel deux métis surveillaient cinq chevaux aux selles garnies de plaques d'argent, aux mors et aux étriers de même métal. Un d'eux, d'assez petite taille et d'un blanc éblouissant, était recouvert d'une magnifique peau de tigre et portait une selle d'amazone aux ornements d'or ciselé. Pablo surprit les regards inquiets que l'ingénieur jetait sur ses bagages, et s'empressa de le rassurer, l'avisant qu'ils arriveraient le soir même à la Héronnière où Antonio était chargé de les conduire. Le jeune homme entraîna M. Pinson, dont il semblait vouloir regagner les bonnes grâces, près d'un cheval dont la selle, de même que celles de ses compagnons, portait suspendu à l'arçon un riche fusil de chasse.

— Voici votre monture, señor, dit-il; elle a la bouche délicate, je vous en préviens.

— Ai-je à craindre qu'elle s'emporte ou qu'elle rue? demanda l'ingénieur, qui caressa l'animal et se disposa à se mettre en selle par la droite.

— Non, *Coyoté* est une bonne bête. Cependant, si vous voulez m'en croire, señor, dit le jeune homme, qui réprima un nouvel accès d'hilarité, vous essayerez de vous mettre en selle par la gauche de votre monture et non par la droite, cela vous sera plus commode. »

M. Pinson se mordit les lèvres.

« Je vous préviens, dit-il en s'adressant à Amalia, que je suis ingénieur et non cavalier; je demande donc grâce à l'avance pour mes gaucheries équestres.

— Ne voyage-t-on pas dans votre pays, señor? demanda Pablo d'un air surpris.

— Pas plus qu'il n'est nécessaire, répondit l'ingénieur; néanmoins, ma présence vous prouve que les Français, bien qu'à leur corps défendant, se mettent parfois en route.

— C'est vrai; pourtant; si vous ne savez pas monter à cheval comment êtes-vous venu jusqu'ici?

— En chemin de fer, en voiture, en canot, en bateau à vapeur, en pirogue.

— Jamais à cheval?

— Non, par bonheur. »

Pablo leva les yeux au ciel d'un air de compassion.

« Avant six mois, dit-il, si vous voulez bien m'accepter comme professeur, señor, je ferai de vous un cavalier. »

Pendant ce temps, Amalia se mettait en selle à son tour. Après s'être assurée que le fusil suspendu à l'arçon de sa selle était amorcé, la jeune fille se rapprocha de l'ingénieur.

« Partons, señor, lui dit-elle, nous allons cheminer dans les bois, ce qui nous permet de braver le soleil. »

Vif-Argent, un peu intimidé par la vue d'Amalia et des cavaliers aux vêtements couverts de broderies d'or qui l'accompagnaient, se tenait derrière Antonio.

« Pardon, dit M. Pinson, je ne vois pas de monture pour mon petit compagnon, dois-je donc le prendre en croupe?

— Non pas, señor, répondit Amalia; ignorant l'âge du *niño* dont vous lui annonciez l'arrivée, mon père a jugé prudent de le laisser sous la garde d'Antonio.

— Je resterai donc avec lui, dit M. Pinson; le *niño*, comme vous l'appelez, señorita, fait partie de moi-même depuis qu'il m'a sauvé la vie; il est mon fils d'adoption, et je ne veux pas le livrer aux serpents-lianes ou aux caïmans.

— Monsieur, dit l'enfant à voix basse, ne vaut-il pas mieux que je reste avec les Indiens pour surveiller les bagages?

— Hum, petit, tu penses à tout.

— Dame, monsieur, répondit Vif-Argent, ils ne sont pas médaillés comme à Paris, ces bonshommes-là, et comme ils n'ont pas de culottes, les nôtres pourraient les tenter. »

Il y eut quelques pourparlers; Amalia proposa d'emmener Vif-Argent, auquel un des domestiques céderait sa monture. Le petit garçon insista pour continuer sa route dans la pirogue, et M. Pinson lui permit d'agir à sa guise.

L'ingénieur revint alors vers le cheval qui lui était destiné, parvint à se hisser sur la selle, grâce à l'aide d'un des domestiques, et l'on se mit en route. Pablo prit les devants; Amalia se tint près de l'ingénieur, et les deux métis qui remplissaient l'office d'écuyers, suivirent à distance. On traversa une plaine, puis on s'engagea dans une forêt. Le sentier, à peine tracé, ne pouvait livrer passage à deux personnes de front; aussi les cavaliers durent-ils marcher à la file. L'ingénieur laissa passer devant lui Amalia, et il admira de nouveau non seulement la grâce de son hôtesse, mais la dextérité avec laquelle elle guidait sa monture.

De temps à autre, la jeune fille se tournait à demi sur sa selle pour adresser quelques mots à l'ingénieur. La route devint bientôt si accidentée, qu'il fallut sans cesse regarder en avant, soit pour se garer d'une branche, soit pour franchir un tronc d'arbre renversé. Bien guidé, le cheval d'Amalia s'élançait d'un bond par-dessus l'obstacle; M. Pinson, brusquement enlevé par sa monture, faillit plusieurs fois être désarçonné.

« Quelle gracieuse personne! pensait-il en regardant la jeune fille, dont une écharpe flottante couvrait les épaules, se baisser, se pencher à droite, à gauche, ou se dresser sur son étrier. Quelle bouche, quelles dents, quels cheveux! car je suppose qu'ils sont bien à elle. »

Amalia, comme si elle eût deviné la pensée du Parisien, souleva son chapeau, et ses cheveux retombèrent jusqu'à sa ceinture en deux nattes épaisses. Saisissant une de ces nattes, elle s'en servit en guise de cravache, et cingla doucement le cou de sa monture.

« Prodigieux! s'écria l'ingénieur, et tout tient!! »

Amalia, entendant cette exclamation, se retourna, et vit l'ingénieur la regarder avec admiration. Elle excita aussitôt son cheval, prit un peu d'avance et rejoignit son cousin.

« Si jolie et pas coquette, murmura l'ingénieur, encore une singularité de ce pays. »

Des fruits ayant la forme de grosses fèves, et dont le sol était jonché, attirèrent l'attention de M. Pinson, qui s'aperçut qu'il cheminait sous des acajous séculaires. Outre ses connaissances spéciales, l'ingénieur possédait des notions de botanique et de zoologie; aussi sa curiosité était-elle excitée à chaque pas. A la vue d'une plante parasite d'un beau vert pâle qui grimpait en zigzag sur le tronc d'un magnolia, il poussa son exclamation favorite en reconnaissant la vanille commune.

M. Pinson se laissait guider par son cheval, ce qui de sa part était un acte de sagesse. Il se trouva soudain près d'Amalia, dont la monture venait de s'arrêter devant une clairière large de cent mètres environ. On eût dit le fond vaseux d'une mare; aucune herbe ne poussait sur cette terre brune qui paraissait labourée au hasard.

« Serrez la bride, dit la jeune fille à l'ingénieur, et guidez votre cheval sur les pas du mien.

— Une tourbière, » pensa M. Pinson, surpris de l'odeur musquée qui le prenait à la gorge.

Sa conductrice s'engagea sur ce terrain fangeux, et il la suivit en tenant compte de sa recommandation. Les chevaux, les oreilles droites, les naseaux dilatés, renâclaient avec bruit et semblaient effrayés. Ils enfonçaient jusqu'à mi-jambe dans la terre molle, et autour de lui M. Pinson croyait voir cette terre se soulever, comme si elle eût été en ébullition. Enfin, sur les traces d'Amalia, il rejoignit Pablo.

« Est-ce un terrain mouvant que nous laissons derrière nous? demanda-t-il.

— Non, c'est une lagune à demi desséchée où les caïmans ont l'habitude d'hiverner, répondit Amalia.

— Alors, c'est sur le dos de ces monstres que nous venons de cheminer, ce sont eux qui remuent, qui inquiètent nos chevaux et... »

La jeune fille sourit et baissa deux fois la tête en signe d'affirmation.

« Prodigieux! » s'écria l'ingénieur, qui demeura un instant en contemplation devant le dangereux passage; ainsi, ajouta-t-il, les mares, dans ce curieux pays, sont peuplées de caïmans en guise de grenouilles. Voilà de quoi ravir maître Vif-Argent.

Un cri d'appel coupa court aux réflexions du voyageur, qui se hâta de rejoindre ses compagnons.

Les arbres, peu à peu, se montrèrent plus espacés, et les cavaliers débouchèrent en face d'une immense savane, coupée çà et là par des bouquets de citronniers et d'orangers sauvages. La petite caravane longea alors des taillis dont un épais réseau de lianes défendait l'accès. Soudain, un coup de feu retentit. M. Pinson vit le cheval de Pablo se dresser, puis retomber sur son cavalier. L'ingénieur n'en put voir davantage; sa monture, se cabrant, fit deux ou trois bonds et partit à fond de train vers la plaine. En véritable cavalier novice, M. Pinson se renversa en arrière, lâcha la bride au lieu de la tirer, se cramponna au pommeau de sa selle, et se sentit emporté comme dans un tourbillon.

CHAPITRE III

VAGABOND. — INDIENS ET MÉTIS. — JOSÉ. — LA CHÈVRE-RAT. — AMETL. — UN SORCIER A L'ŒUVRE. — LA HÉRONNIÈRE. — DON AMBROSIO. — EN QUÊTE DE M. PINSON.

« Êtes-vous blessé, Pablo? demanda Amalia avec anxiété, tandis que son cousin se dégageait.

— Pas que je sache, cousine, répondit le jeune homme qui fut vite debout; mais mon cheval a le cou traversé par une balle. Nous verrons tout à l'heure, ajouta-t-il en tirant un revolver de la fonte de sa selle, si je suis plus adroit que le coquin qui vient de me manquer. »

A ces mots, il pénétra tête baissée dans les fourrés, tandis qu'Amalia saisissait instinctivement son fusil. A peine Pablo eut-il fait dix pas, que, gêné par les lianes et les pieds embarrassés dans les herbes rampantes, il dut dégaîner son machété pour s'ouvrir un passage.

« Voilà une imprudence et du temps perdu, Pablo, dit Amalia. Ou bien celui qui a tiré vous guette pour vous viser à son aise, ou il est déjà loin. Revenez.

— Non, par le diable! » s'écria le jeune homme, irrité des obstacles qu'il rencontrait.

Les domestiques, demeurés en arrière, accouraient à toute bride. Ils s'arrêtèrent court et demeurèrent stupéfaits en voyant se débattre le cheval de leur maître.

VAGABOND. — INDIENS ET MÉTIS. — JOSÉ.

M. Pinson vit le cheval de don Pablo se dresser. (Page 203.)

« N'avez-vous rencontré personne? leur cria Pablo.

— Personne, señor; le bruit d'un coup de feu nous a fait croire que vous ou la señorita aviez tiré sur quelque gibier.

— Le gibier, c'est moi, dit le jeune homme qui revint sur ses pas. Donne-moi ton cheval, Pépé, car le mien, bien qu'il fasse des efforts pour se relever, perd trop de sang pour vivre longtemps. Au galop, cousine! Nous prendrons ces fourrés à revers et nous saurons qui est l'assassin. »

Pablo allait se mettre en selle; il s'arrêta en entendant résonner un aboiement. Bientôt, à l'extrémité du sentier, apparut un énorme chien-loup, derrière lequel son maître, un homme de haute taille, le fusil sur l'épaule, s'avançait à pied.

« Ici, Vagabond! » cria le chasseur.

Le chien, tout en grondant, revint aussitôt se placer près de son maître.

Le nouveau venu paraissait âgé d'une cinquantaine d'années; son visage bronzé s'encadrait d'une barbe grisonnante. Son front, un peu dégarni, se dégageait d'un bonnet de peau rejeté en arrière; son vêtement se composait d'une veste de toile bleue, d'une chemise de flanelle, d'un pantalon de cuir serré contre ses jambes à l'aide de courroies et se perdant sous les tiges de bottines lacées. Une poche de jonc lui servait de gibecière; à sa ceinture était suspendu un sabre court, l'indispensable machété des habitants de la Terre-Chaude. Bien que son accoutrement rappelât celui des Indiens *vaqueros*, le chasseur était un métis aux traits réguliers et nobles, au regard vif et perçant.

A peine eut-il paru, que Pablo se précipita à sa rencontre, son revolver à la main.

« C'est toi qui as tiré, méchant sorcier, dit-il avec colère.

— Prenez garde, Pablo, répliqua le chasseur d'une voix mâle et sans paraître le moins du monde ému; Vagabond, vous devez le savoir, n'entend guère la plaisanterie lorsqu'on menace son maître. Abaissez votre arme, jeune homme, et expliquez-vous. »

Amalia s'était aussitôt avancée.

« Qui a tué mon cheval? reprit Pablo, et il désigna sa monture qui tombait pour ne plus se relever.

— Est-il vrai que l'on ait tiré sur ton cousin, Amalia? demanda le chasseur en appuyant sa main sur le pommeau de la selle de la jeune fille.

— Désarmez votre revolver, Pablo, dit celle-ci d'une voix ferme, je le veux. »

Celui auquel s'adressait cet ordre obéit avec lenteur, non sans maugréer. Alors Amalia se tourna vers le chasseur et lui répondit :

« Oui, mon bon José, et la balle est partie de ces fourrés. Cependant, quoi que pense mon cousin, je ne crois pas à une mauvaise intention; trompé par le bruit, un Indien peut avoir tiré par mégarde. »

José secoua la tête.

« Les Indiens ont l'oreille fine, dit-il, et aucun d'eux ne confond le trot d'un cheval avec celui d'un daim. Ton cousin est violent, Amalia; il a dû offenser quelqu'un du village.

— Offenser quelqu'un? répéta Pablo. Appelles-tu quelqu'un les brutes de ta race?

— Je ne suis pas un Indien, señor, répondit le chasseur avec calme, bien que le sang de ceux que vous traitez de brutes coule en partie dans mes veines, comme il court du reste dans les vôtres, et ce n'est ni à vous ni à moi qu'il appartient de les mépriser. »

Quoique les Mexicains, ainsi que le prouve la couleur de leur peau, soient les descendants des colons espagnols et des Astèques, ils repoussent si énergiquement toute parenté avec ces derniers, qu'ils ont fait de la qualification d'Indien un terme injurieux. Aussi les paroles du chasseur semblèrent exaspérer Pablo. Il leva son machété et s'avança vers José.

« Misérable sorcier, dit-il, rien ne me prouve que ce n'est pas toi qui as tiré...

— Un pas de plus, señor, et vous êtes un homme mort, répondit José dont l'œil s'enflamma d'une lueur sombre et qui arma son fusil.

— Pablo! cria Amalia qui fit pivoter sa monture, de façon à la placer entre son cousin et le chasseur.

— Je vous obéis, cousine, dit le jeune homme; mais ce fainéant peut vous rendre grâce; il vous doit de ne pas aller rejoindre Satan, son exécrable patron.

— Quoi, dit José dont un sourire ironique illumina les traits, vous aussi, Pablo, vous croyez à ma sorcellerie, tout comme si vous n'étiez qu'un Indien?

— Pas un mot de plus, mon brave José, je t'en prie, dit la jeune fille en posant la main sur l'épaule du chasseur; la colère aveugle en ce moment Pablo; il n'est plus maître de ses paroles et répète des choses auxquelles une personne de bon sens ne saurait croire.

— C'est un tort; un homme ne doit jamais parler plus qu'il ne veut. Néanmoins, il sera fait comme tu le désires, Amalia. Je n'ai pas besoin de te dire, à toi, que je n'ai aucun droit à ce titre de sorcier que me donnent les ignorants ou les sots. Retournes-tu à la Héronnière, mon enfant?

— Oui ; et j'y conduisais un hôte qui a disparu.

— Le Français, en cavalier prudent, s'est empressé de prendre la fuite, dit en ricanant Pablo.

— Les Français sont rarement lâches, dit Amalia, et ceux-là mêmes qui les aiment le moins les accusent au contraire de témérité. Je crains que notre compagnon n'ait été emporté par son cheval, et nous ferons bien, Pablo, de nous mettre à sa recherche.

— Je vais t'accompagner, dit José à la jeune fille.

— Dans cinq minutes nous serons loin des bois, répondit Amalia, Mon père le constatait dernièrement, il y a plus de vingt ans qu'un meurtre n'a souillé son domaine. Je ne crois donc pas à un crime, José, je crois à un accident. »

José secoua la tête, tandis que Pablo se mettait en selle et que le serviteur dont il avait pris le cheval s'élançait en croupe derrière son camarade.

« Au revoir, José, dit la jeune fille, qui tendit la main au chasseur; on te voit si rarement à la Héronnière que mon père s'en plaint. »

Le chasseur baisa la petite main qu'on lui tendait. Pablo passa devant lui droit et raide, pendant que les deux domestiques, la tête découverte, s'inclinaient avec un respect mêlé de crainte. En un instant, la petite cavalcade eut disparu.

« Qu'ai-je à faire à la Héronnière? murmura le chasseur. Grâce à cette belle enfant, il n'y a plus sur le domaine de malheureux à secourir. Ce jeune coq, reprit-il en songeant à Pablo, a besoin d'une leçon et la recevra quelque jour, car il se fait détester. Voulait-on réellement le tuer? »

Le métis demeura pensif, et, comme s'il eût cédé à une idée soudaine, il pénétra dans les fourrés. Là, pendant un quart d'heure, à l'aide de son machété, il abattit les lianes et les branches basses qui lui barraient le passage et se trouva enfin dans un endroit découvert. Il se mit alors à étudier le sol avec attention; bientôt une légère empreinte frappa ses regards.

« Les traces d'une sandale, dit-il; c'est un Indien. Ici, Vagabond. »

Le chien flaira l'empreinte, grogna, regarda son maître et remua vivement la queue.

« Cherche, » dit le chasseur.

Aussitôt Vagabond, le nez sur le sol, partit en avant.

José marcha sur les traces de son chien qui, de temps à autre, se retournait et poussait un aboiement sourd.

« Oui, oui, disait alors le chasseur, nous sommes sur la bonne voie, Vagabond; voici des feuilles froissées qui le prouvent. Eh bien, touchons-nous au but? »

Vagabond, le poil hérissé, venait de tomber en arrêt. Armant son fusil et avançant avec précaution, José aperçut à vingt pas de lui environ un animal roux, à la gorge tachée de blanc. Assis sur son train de derrière, l'habitant des forêts rongeait une racine maintenue par ses pattes de devant, pattes assez semblables à de grosses mains armées d'ongles démesurés. De la taille d'un lièvre, l'animal, par la forme de sa tête et sa façon de dresser les oreilles, ressemblait à un taureau en miniature. C'était une chèvre-rat (*capromys* des savants), genre de rongeur originaire de Cuba, où les nègres se montrent friands de sa chair blanche.

« Ah! pauvre petit, murmura José, c'est une fâcheuse rencontre pour toi que la mienne, car ni Vagabond ni moi n'avons dîné. Pille, garçon, pille. »

Vagabond bondit, et une minute plus tard il rapportait à son maître, qui le faisait disparaître dans sa poche de jonc, le corps du malheureux *capromys*.

Après cet exploit, Vagabond reprit sa marche; au bout d'une nouvelle demi-heure de recherches, il s'arrêta près d'un ceiba et gratta les feuilles sèches amoncelées au pied de l'arbre.

« Voyons, qu'as-tu découvert? » s'écria José, qui se rapprocha avec vivacité.

Il se baissa pour aider le chien à écarter les feuilles et retira de cette cachette un canon de fusil rouillé et sans crosse.

« Cela suffit pour expliquer la maladresse du malheureux qui a tiré sur le coq de la Héronnière, se dit-il; oui, cette arme incomplète a été récemment déchargée. »

Il replaça le canon de fusil sous les feuilles, excita son chien et repartit en avant. Dix minutes plus tard il sortait de la forêt, traversait une clairière et s'avançait vers une misérable cabane de bambous. Près du seuil, vêtu, comme tous les hommes de sa race, d'une sorte de veste sans manches et d'un simple caleçon de coton blanc, se tenait un Indien. Assis par terre, les coudes sur ses genoux, le menton sur ses mains, il ressemblait, dans son immobilité, à ces statues égyptiennes qui ornent les musées de Londres et de Paris, ressemblance d'attitude assez accusée pour porter les savants à croire qu'une parenté secrète unit les Astèques aux anciens adorateurs d'Anubis. Aussitôt qu'il aperçut le chasseur, l'Indien se leva, un léger frisson agita son corps, ses traits exprimèrent la crainte, et il retira machinalement le chapeau de paille de palmier qui couvrait sa tête.

« Es-tu seul, Ametl? demanda le chasseur après s'être approché de l'Indien.

— Je suis seul, répondit celui-ci.

— Je te croyais un honnête homme, Ametl, reprit José d'un ton sévère, et cependant tout à l'heure tu as voulu tuer don Pablo. »

Ametl devint livide; il leva les yeux vers son interlocuteur, rencontra son regard calme et baissa la tête.

« Don Pablo, dit-il d'une voix sourde, m'a traité comme un chien; il m'a frapppé.

— Il ne t'a pas frappé sans motif, j'en suis sûr.

— J'avais mal compris un de ses ordres.

— Rien de plus?

— Rien de plus, je le jure...

— Tu es chrétien, Ametl; comment se fait-il qu'au lieu de te plaindre à don Ambrosio, tu aies songé à commettre un crime que notre religion défend?

— Depuis un mois, répondit l'Indien, je vois rouge chaque fois que je me trouve en face de celui qui m'a frappé.

— Il fallait partir, t'engager sur un autre domaine.

— J'ai voulu le faire; mais les liens qui m'attachent ici sont trop forts; je ne puis les briser.

— De quels liens veux-tu parler?

« Tu as voulu tuer don Pablo. » (Page 208.)

— Mon père, lorsqu'il est mort, devait deux cents piastres à l'hacienda ; j'en dois moi-même plus de cent. Pour m'engager sur un autre domaine, il me faudrait rembourser au maître une somme de trois cent vingt piastres, — plus que je ne puis gagner en dix ans ; j'aurais beau m'éloigner, on me ramènerait toujours ici.

— C'est vrai, dit José en se parlant à lui-même, ainsi qu'il semblait en avoir l'habitude. Les Mexicains prétendent avoir aboli l'esclavage, ils se déclarent libres et ils laissent subsister de pareils abus! Tu as mal agi, Ametl, reprit-il à voix haute; la vie est un bien que nul ne doit ravir à son prochain. Il faut reprendre ton travail et pardonner à don Pablo.

— Jamais! dit l'Indien avec vivacité. Au fond, je suis heureux de n'avoir pas réussi; demain je frapperai en face celui qui m'a offensé, comme doit le faire un homme courageux.

— Voilà de mauvais sentiments; oublies-tu ta femme et tes enfants? Qui les nourrira quand tu seras enfermé dans la forteresse d'Uloa?

— Je sens et sentirai toujours la brûlure de la cravache qui m'a cinglé le visage, dit Ametl d'un ton résolu. Don Pablo mourra. »

José réfléchit longuement.

« Écoute, dit-il enfin; demain, au point du jour, tu retourneras au pied de l'arbre où tu as enterré l'arme dont tu t'es servi.

— Qui t'a appris?...

— Je sais bien des choses, Ametl, et ce n'est pas de moi qu'il est possible de se cacher. Donc, au pied du ceiba que tu ne connais que trop, tu trouveras les trois cents piastres dont tu as besoin pour te racheter.

— Vas-tu me demander mon âme en échange de ce service? s'écria l'Indien avec une visible épouvante.

— Non; ce que je te demande, ce que j'exige de toi, c'est que tu partes sans retard, que tu renonces aux rêves criminels qui troublent ton esprit. Cela, tu vas me le jurer sur ton salut éternel.

— Je jure, dit l'Indien, qui, après un moment d'hésitation, leva la main vers le ciel et se signa.

— Bien, Ametl, je crois à ta parole; tu es un homme. »

Le chasseur, faisant volte-face, s'éloigna à grands pas. L'Indien, sur le visage duquel se peignait une surprise mêlée de terreur, le vit disparaître dans la forêt par le point opposé à celui par lequel il était venu. A peine caché par les fourrés, José, par un brusque détour, retourna près de l'arbre au pied duquel il avait trouvé le canon de fusil; il tira alors de la poche de jonc pendue à son côté une bourse de fils d'aloès; il y prit vingt onces d'or qu'il déposa près du vieux fusil; puis il recouvrit le tout de feuilles.

« Ah! vil et puissant métal, dit-il après avoir rejeté la bourse au fond de sa gibecière, encore une âme de sauvée, grâce à toi. »

Levant les yeux vers les cimes des arbres, il parut calculer la hauteur à laquelle se trouvait le soleil, siffla pour appeler son chien, et s'enfonça dans la forêt.

Pendant que José étudiait les traces laissées par Ametl et suivait sa piste, Amalia et son cousin s'éloignaient du bois et atteignaient une colline semée de bouquets d'acajous, de goyaviers et de gommiers. Bien que la pente fût assez raide et accidentée, les jeunes gens la franchirent au galop sans échanger une parole. Parvenus au sommet, leurs regards plongèrent sur une immense vallée bordée de montagnes boisées. En face d'eux, sur un fond de verdure, se dessinait l'hacienda de la Héronnière, vaste bâtiment en forme de parallélogramme construit sur une légère éminence et entouré de murs blancs.

La Héronnière semblait une habitation neuve, ou du moins fraîchement restaurée. Grâce à la position qu'elle occupait, quatre lieues de pays environ se déroulaient devant les yeux des spectateurs placés sous son corridor extérieur. A droite, un bois d'orangers; en avant, des plantations de café, de cacao, de coton; à gauche, dans le lointain, un beau lac aux eaux bleues et scintillantes. Une petite rivière, bordée de palmiers, traversait la plaine qu'elle coupait en deux parties à peu près égales. Au-dessus de ce vaste horizon planaient de grands aigles, des vautours, des troupiales; plus bas, des bandes de perruches couvraient les buissons qu'elles paraissaient disputer à des nuées de moineaux bleus. De temps à autre, des huacamayas, ces énormes perroquets multicolores particuliers à l'Amérique, traversaient l'air en faisant entendre leurs cris rauques, cris auxquels répondaient ceux des spatules, des flamants et des hérons établis sur le bord de la rivière, et dont le nombre avait sans nul doute valu son nom à la Héronnière.

Au moment où Amalia et son compagnon approchaient de l'habitation, ils en virent sortir un cavalier suivi d'une escorte. Ce cavalier était le père d'Amalia, le maître de la Héronnière, don Ambrosio Lerdo. A la vue de sa fille, don Ambrosio éperonna son cheval et le lança vers elle. C'était un homme de taille moyenne, maigre, nerveux, au front découvert, au visage d'un brun foncé. Il portait le riche costume des *hacendados* de la Terre-Chaude, veste de toile, gilet blanc, chemise au plastron brodé, et, en dépit de la chaleur, il s'enveloppait d'une sorte de manteau de velours nommé *manga*.

« Enfin! dit-il en arrêtant sa monture près de sa fille à laquelle il tendit la main. Je viens de passer, Amalia, une des heures les plus cruelles de ma vie.

— Comment cela, père?

— Un vaquero, que le ciel confonde, est venu m'annoncer qu'une douzaine de bandits vous entouraient dans le bois.

— Toute l'aventure, père, se réduit à une balle lancée par un chasseur maladroit.

— Un chasseur maladroit! s'écria don Ambrosio, voilà du nouveau. Tu n'es pas blessée, mignonne?

— Non, père.

— Je ne vois pas notre hôte? reprit don Ambrosio.

— N'est-il pas à l'hacienda? s'écria Amélia.

— Pas que je sache.

— Alors nous avons suivi une fausse piste.

— Au moment où votre cheval s'abattait, don Pablo, dit un des domestiques, j'ai vu le seigneur français tomber en arrière sur sa selle; il doit être blessé.

— Sur mon honneur, dit Pablo, une seule détonation a retenti; si le Français s'est renversé en arrière, je le soupçonne d'avoir exécuté la manœuvre de tous les cavaliers novices lorsque leur monture prend le galop.

— Ce coup de feu est bien étrange, dit le fermier d'un air pensif, et c'est un fait qu'il nous faudra éclaircir. Mais songeons d'abord à notre hôte, qu'il nous faut retrouver. Rentre, Amalia, continua don Ambrosio; nous allons errer dans la campagne une partie de la nuit peut-être...

— N'importe, père, répliqua la jeune fille, le sort de notre hôte m'inquiète autant que vous. Le pauvre homme a dû être désarçonné, et gît sans doute dans la savane. Si vous me le permettez, je vous accompagnerai pour aider à le retrouver. »

Les cavaliers piquèrent leurs chevaux; Amalia, galopant près de son père, lui raconta de nouveau les incidents du voyage.

Une heure plus tard, parvenue au point où gisait le cheval de Pablo, la petite cavalcade, sur les ordres de don Ambrosio, se dispersait dans la direction suivie par la monture de M. Pinson.

CHAPITRE IV

COURSE AU CLOCHER. — PÉNIBLES RÉFLEXIONS. — SINGULIÈRE RENCONTRE. — M. PINSON ET SON AMI BOISJOLI. — CHASSE AUX CORSAIRES. — UN VOYAGEUR MALGRÉ LUI. — LE DRAGON. — DON LUIS AVILA.

M. Pinson, emporté par son cheval aussitôt après la détonation, s'était, ainsi que nous l'avons vu, brusquement renversé en arrière. Cette manœuvre ordinaire de tous les apprentis cavaliers, ainsi que l'avait remarqué Pablo, sauva l'ingénieur d'un premier danger, celui d'avoir le front brisé contre les branches qui s'entre-croisaient au-dessus du sentier. Une fois hors de la forêt, M. Pinson se redressa peu à peu. Mais, ballotté d'avant en arrière, sans cesse prêt à perdre les étriers, il se cramponna de toutes ses forces au large pommeau dont sont pourvues toutes les selles mexicaines. Le cheval, qui ne se sentait plus maintenu, redoubla naturellement de vitesse.

« Si c'est là ce que l'on nomme au Mexique un cheval doux, pensa M. Pinson, je me demande ce que doivent être les chevaux fougueux. Réfléchissons, quoique le moment soit peu favorable. Cette bête endiablée va me jeter à terre, c'est indubitable. Ne ferais-je pas bien de me laisser glisser et de courir la chance d'une chute volontaire? Bon, des roches à présent; si je lâche, la fatalité m'enverra la tête la première sur un de ces grès, et... Ah! Boisjoli! Boisjoli! »

Le cheval ayant ralenti son allure pour gravir une pente, M. Pinson essaya de reprendre l'équilibre, de ressaisir la bride qu'il avait eu l'imprudence d'abandonner. Il faut lui rendre cette justice, la position critique dans laquelle il se trouvait ne lui enlevait rien de son sang-froid. Déjà il avançait la main vers le cou de sa monture, lorsqu'un écart de l'animal le fit se cramponner de nouveau à la selle. Le sommet qu'il venait d'escalader atteint, le cheval redoubla de vitesse, descendit au galop le versant opposé, s'engagea parmi des buissons, et s'arrêta net au bord d'un ruisseau profondément encaissé. En raison de l'impulsion acquise, M. Pinson dut lâcher le pommeau auquel il s'accrochait et passa par-dessus la tête de son coursier. Il décrivit une courbe dans l'air, et alla retomber sur la rive opposée du ruisseau, où l'herbe épaise amortit par bonheur sa chute.

« Prodigieux! s'écria-t-il. Vif-Argent lui-même n'a jamais si bien sauté. »

Puis il demeura immobile, les yeux fixés sur son cheval qui repartit au trot vers la forêt.

« Par le ciel! dit une voix, ce chrétien aurait-il été tué? »

M. Pinson se redressa avec prestesse, et vit accourir vers lui un jeune homme armé d'un fusil. Ce dernier, surpris de l'agilité avec laquelle le mort supposé venait de se relever, et aussi sans doute de l'étrangeté de son costume, cessa d'avancer. M. Pinson, tout en se rapprochant de l'inconnu, l'examinait avec curiosité. C'était un jeune homme aux traits fins, aux grands yeux noirs, aux cheveux bouclés, à la taille élégante. Coiffé d'un chapeau Louis XIII, il portait une jaquette de toile grise et un pantalon de même étoffe serré jusqu'aux genoux dans des guêtres de cuir.

« Êtes-vous blessé, señor? demanda enfin le jeune homme avec intérêt.

— Non, répondit M. Pinson, je suis un peu meurtri, voilà tout. J'éprouve, ajouta-t-il en piétinant et en se frottant le bas des reins, une sensation analogue à celle que je ressentais dans mon enfance, lorsque j'avais reçu le fouet. »

L'accent de M. Pinson, et ses phrases mal construites parurent surprendre le jeune homme.

« Seriez-vous Français? » demanda-t-il en cette langue à l'ingénieur.

M. Pinson fit un bond, se rapprocha de son interlocuteur et le regarda avec fixité :

M. Pinson décrivit une courbe dans l'air. (Page 214.)

« Oui, dit-il, tout ce qu'il y a de plus Français, attendu que je suis Parisien; mais vous, monsieur, seriez-vous un de mes compatriotes?

— Je suis Mexicain; seulement, j'ai appris votre langue.

— Prodigieux! s'écria M. Pinson qui saisit la main du jeune homme et la secoua avec énergie.

— Oserais-je vous demander, reprit celui-ci, par quel singulier hasard vous vous trouvez en ce lieu?

— C'est par suite d'une invraisemblable et ridicule odyssée, monsieur... Voulez-vous être assez bon pour me dire votre nom?

— Luis Avila, répondit le jeune homme en s'inclinant.

— Moi, monsieur, je me nomme Pinson, Thomas Pinson, ancien élève de Sainte-Barbe et de l'École Centrale.

— Vous vous rendez à Tlacotalpam, je suppose?

— C'est tout le contraire, j'en viens. Je me rends, ou plutôt je me rendais à l'hacienda de la Héronnière, sous la conduite de la plus jolie personne de la contrée, lorsqu'une détonation est venue effrayer le cheval que je montais. Un cheval enragé, monsieur, qui m'a amené ici malgré moi, pour me faire, en fin de compte, exécuter la culbute à laquelle je dois l'honneur de vous connaître.

— Si vous voulez bien me suivre, señor, je vous conduirai en face de la Héronnière; pour l'atteindre, vous n'aurez plus qu'à franchir la colline qui se trouve devant nous.

— Volontiers; mais je voudrais avant tout retrouver mon cheval.

— Je vous engage à ne pas vous mettre en peine de la bête; elle a dû regagner son écurie; en tout cas, elle sera reprise par un des vaqueros de l'hacienda. »

M. Pinson parut réfléchir, puis il suivit son guide qui, le fusil sur l'épaule, longeait déjà le torrent.

« Êtes-vous depuis longtemps dans mon pays? demanda le jeune homme.

— Je suis débarqué, il y a deux mois, monsieur; seulement, depuis quatre mois que j'ai été violemment arraché de France, il m'est arrivé tant d'aventures désagréables qu'il me semble être en route depuis deux cents ans.

— Seriez-vous exilé?

— Exilé? oui, par une suite de circonstances... curieuses; car, grâce à Dieu, je jouis de tous mes droits civils et politiques. Je suis l'ami d'enfance de Boisjoli, monsieur, et c'est l'amitié qui m'a conduit sous la latitude où nous nous trouvons. Si vous êtes patient, si vous aimez les histoires merveilleuses, je puis, tout en cheminant, vous raconter la longue suite de mésaventures dont vous venez de voir la dernière. »

Don Luis s'inclina de nouveau avec courtoisie.

« Je vous écoute, dit-il.

— Il est bon que vous sachiez, monsieur, que, depuis trente-cinq ans, Boisjoli et moi vivions côte à côte, unis comme les doigts de la main. Il prit fantaisie à mon ami de visiter les États-Unis, et à l'heure d'aller s'embarquer à Liverpool, il me décida, moi qui avais à peine jusqu'alors mis le pied hors de Paris, à lui faire la conduite jusqu'à Londres. Nous nous perdons au milieu de la nuit dans cette grande capitale, et nous y faisons la rencontre d'un petit Français, admirateur de Robinson. En compagnie de cet enfant, devenu notre interprète, nous gagnons Liverpool. Je monte à bord du *Canada*, je seconde mon ami dans le choix d'une cabine, et, afin de rester près de lui jusqu'à la dernière minute, je l'aide, tandis que le steamer descend la Mersey, à ranger ses effets dans l'étroit espace qu'il doit occuper. Je comptais, pour regagner le port, sur le bateau du pilote. Or, quand Boisjoli est convenablement installé, et que nous remontons sur le pont, on m'apprend que nous sommes en pleine mer et que le pilote est déjà bien loin. Me voilà donc sans malle, sans autre costume que celui que je portais, en route pour les États-Unis. Je n'étais pas content, monsieur.

— C'était là, j'en conviens, une fâcheuse aventure, dit Luis dont un sourire effleura les lèvres.

— Si fâcheuse, reprit M. Pinson, que je ne pus dormir pendant quarante-huit heures. Au bout de ce temps, voilà que je retrouve mon petit guide de Londres, qui, secrètement conseillé par son désir d'imiter Robinson, s'était caché à bord du steamer. Après quatre jours d'une navigation que mon ami s'efforçait en vain de me rendre agréable, nous nous trouvons, un beau matin, par le travers d'une frégate de guerre des États-Unis du Nord. Le lieutenant de cette frégate vient à notre bord, et nous annonce que son navire se dirige vers les côtes d'Europe, à la recherche des corsaires du Sud. J'accoste le lieutenant, je lui raconte mon histoire, je l'intéresse, je l'attendris, et deux heures plus tard, après avoir serré la main de Boisjoli, je m'installais joyeusement, avec mon petit compagnon sur le pont du steamer américain le *Fulton*, et je voguais vers l'Angleterre.

— Cette rencontre était heureuse.

— C'est ce que je me répétais avec satisfaction, monsieur, avec une vive satisfaction. Pendant cinq jours nous filons à raison de quatorze milles par heure, lorsqu'un brick se montre à l'improviste en face de nous. Nous nous dirigeons vers lui, nous gagnons du terrain. Tout à coup, le pavillon russe se déploie à la poupe du brick, tandis que le pavillon français flotte à la poupe de notre steamer : ruse de guerre et de marin, monsieur; après un examen appuyé d'un coup de canon, on découvre que notre voisin est un des corsaires que notre navire a mission de poursuivre. Le capitaine est ravi, et me voilà en chasse bien malgré moi. Notre ennemi, bon marcheur, nous amène au milieu des îles Vierges. Je pourrais vous raconter comment mon petit compagnon exposa sa vie pour sauver la mienne; mais je néglige les détails de mon voyage. Donc le corsaire, après avoir en vain essayé de doubler le cap Catoche, s'engouffre dans le golfe du Mexique et vient jeter l'ancre devant Vera-Cruz, à l'abri du fort de Saint-Jean d'Uloa. Nous avions mis quarante-cinq jours à gagner ce point. Au lieu de retourner dans mon pays, je m'en étais éloigné de deux mille lieues! »

Le ton piteux de M. Pinson fit de nouveau sourire son auditeur.

« Excusez-moi, monsieur, dit-il avec courtoisie; votre aventure est si...

— Si invraisemblable, dit M. Pinson, qu'il faudrait être hardi pour la mettre dans un livre; mais ce n'est pas la première fois que la vérité aura dépassé la fiction. Ne voulant pas continuer la chasse aux corsaires, je remercie mon hôte et je débarque à Vera-Cruz, sans ressources. Après de nombreux incidents dont je vous fais grâce, le consul de France m'annonce qu'un riche propriétaire de la Terre-Chaude, désireux d'établir sur son domaine des machines à nettoyer le coton, à broyer la canne à sucre, à scier le bois, et cætera, le prie de lui faire venir de France un ingénieur capable de mener ces entreprises à bonne fin. Ce poste m'est offert, je l'accepte, faute de mieux; et me voici, après quatre mois de voyages involontaires, marchant de surprise en surprise. Et soyez assuré, monsieur, que celle qui vient de me placer ici en face d'un homme qui parle français, n'est ni la moindre ni la moins... agréable. »

Le sérieux empreint de bonne humeur avec lequel M. Pinson racontait ses mésaventures, avait plus d'une fois égayé Luis Avila.

« Je vous demande pardon de rire de vos malheurs, dit-il ; si je me le suis permis, c'est que, je l'espère, ils touchent à leur fin.

— Je n'en suis pas convaincu, reprit M. Pinson qui poussa un gros soupir, et je me demande toujours avec effroi si, peu à peu, je ne vais pas accomplir le tour du monde malgré moi. Oh ! quelle est cette bête, s'écria-t-il. Le dragon n'est-il pas un être fabuleux ? »

L'ingénieur s'était arrêté. Au bord du ruisseau, sur le sommet d'un monticule de sable, il montrait à son compagnon un animal, long d'un mètre et demi, dont le corps semblait couvert d'écailles vertes et dont l'épine dorsale, du cou à l'extrémité de la queue, était garnie d'une crête épineuse. Il avait la gueule ouverte ; effrayé par la voix de M. Pinson, il se gonfla, et sa belle couleur verte passa subitement au gris.

« C'est un iguane, dit le jeune homme, un reptile inoffensif et dont la chair est un manger délicat. De même que le caméléon, l'iguane, ainsi que vous pouvez le voir, modifie à son gré la couleur de sa peau.

— Un iguane ! s'écria M. Pinson, oui, vous avez raison ; j'aurais dû reconnaître ce reptile au premier coup d'œil. Quel être singulier ! Avouez, monsieur, que voilà bien, sauf les dimensions, le dragon des anciens contes de fées, et qu'il ne lui manque, pour être tout à fait ressemblant, que de lancer des flammes ou de la fumée par les narines.

— Pour jouir de ce dernier spectacle, dit Luis, il vous suffira de mettre le reptile en colère. Lorsque l'iguane est irrité, son haleine s'exhale sous forme de buée. »

Luis, s'avançant aussitôt, essaya d'acculer l'animal contre la rivière. L'iguane battit peu à peu en retraite. Arrivé près de l'eau, il lança soudain un jet de vapeur, puis franchit le torrent à la nage et disparut.

« Prodigieux ! s'écria M. Pinson. En vérité, les anciens avaient moins d'imagination que nous le croyons, ils se contentaient d'être bons observateurs. Du reste, on a dit avec raison que l'homme est incapable de rien inventer de toutes pièces, qu'il ne sait qu'associer ou modifier. »

Luis abandonna la rive du torrent qui venait de s'encaisser dans une sorte de canal, traversa un rideau d'arbres, et se trouva, au moment où M. Pinson y pensait le moins, sur un sommet, devant un chaos de roches. Au delà de cet entassement, la plaine dominée par la Héronnière déroulait ses longues perspectives. A la vue de ce magnifique panorama, M. Pinson resta muet. Ses regards errèrent longtemps sur les bois et les prés, sur l'hacienda qui allait devenir sa demeure, sur les sommets des collines qui l'entouraient à distance.

« Voilà certes, s'écria enfin l'ingénieur, un des plus beaux spectacles qu'il m'ait été donné de contempler, et ce n'est pas à tort que les voyageurs vantent les grandes vues des Cordillères. Les bâtiments construits sur cette éminence constituent, je suppose, l'hacienda de la Héronnière? »

Luis, en signe d'affirmation, baissa la tête à plusieurs reprises.

« Toute cette vallée fait-elle partie du domaine de don Ambrosio? demanda l'ingénieur.

— Non, répondit Luis, les terres de la Héronnière, vers la droite, n'ont d'autres limites que le Papaloapam; celles qui s'étendent à gauche de la petite rivière formée par le torrent que nous côtoyons, sont ma propriété. »

M. Pinson se retourna brusquement vers son compagnon.

« Il y a là plusieurs lieues carrées de magnifiques terrains, dit-il.

— Douze environ, répondit le jeune homme, car le revers des montagnes que vous apercevez m'appartient également.

— Combien de fois êtes-vous donc millionnaire? s'écria M. Pinson avec admiration.

— Millionnaire? répéta Luis avec un peu d'amertume, je le suis si peu, monsieur, que j'ai peine à vivre.

— Avec ces plaines, ces cours d'eau, ces forêts de cèdres, d'orangers, de palissandre, de cocotiers, de...

— Vous oubliez que nous sommes au désert; que, pour exploiter ces richesses, il me faudrait ce qui manque partout dans la Terre-Chaude, des bras et des moyens de communication.

— Don Ambrosio ne fait-il pas cultiver son domaine? N'est-ce pas pour augmenter cette production que je suis ici?

— Don Ambrosio est plus heureux que moi; il possède, outre la Héronnière, des propriétés dans les environs de Cordova; il est non seulement riche de terre, mais aussi d'argent.

— Être maître d'une province entière, dit l'ingénieur, qui parcourut du regard l'horizon, et n'être qu'un pauvre diable, voilà qui serait un paradoxe en tout autre pays que celui-ci. Don Ambrosio est-il assez mauvais voisin pour n'avoir jamais offert de vous aider?

— Je ne demande rien, señor, répliqua le jeune homme avec hauteur; si réduites que soient mes ressources, mes besoins sont plus réduits encore. Mes forêts, ajouta-t-il en reprenant son ton naturel, me donnent plus de fruits et de gibier qu'il ne nous en faut, à ma mère et à moi, pour vivre.

— Habitez-vous ces environs? demanda M. Pinson.

— Ma demeure est cachée par ces arbres, répondit Luis qui désigna les hauteurs placées en arrière, et elle est assez vaste, monsieur, pour que je puisse vous offrir l'hospitalité.

— Merci... pour aujourd'hui s'entend, ajouta l'ingénieur; car c'est une trop bonne fortune pour moi d'avoir trouvé ici un homme distingué qui parle la chère langue de mon pays, pour que je ne songe pas à le revoir souvent. Voulez-vous accepter mon amitié, monsieur? Vous me plaisez, je vous le dis sans façon, et l'offre que je vous fais est moins banale que vous ne pourriez le croire; vous le verrez plus tard, lorsque vous me connaîtrez davantage.

— Merci à mon tour de vos bonnes paroles, monsieur; de même que vous, j'espère que notre singulière rencontre ne sera pas sans lendemain. Mais le soleil va bientôt disparaître; il est temps, je crois, de vous mettre... »

Luis s'interrompit, posa sa main derrière son oreille, se pencha en avant pour écouter et saisit son fusil qu'il arma.

« Qu'y a-t-il? demanda M. Pinson, surpris de cette manœuvre.

— Je croyais voir paraître un gibier; je reconnais maintenant le trot d'un cheval, dit Luis en désarmant son fusil.

— Un cheval, s'écria M. Pinson, c'est peut-être la bête à laquelle on m'avait confié. Diable, vous avez l'oreille fine; j'écoute et n'entends rien. »

Pendant quatre ou cinq minutes, les deux interlocuteurs demeurèrent silencieux, les regards tournés vers le bois qui leur faisait face. Soudain, Amalia sortit d'entre les arbres, aperçut l'ingénieur et, piquant sa monture, l'arrêta net au bord du torrent.

« Êtes-vous sain et sauf, señor? demanda-t-elle avec empressement.

— Sauf, oui; sain, c'est une autre affaire, répondit M. Pinson; serait-ce moi que vous cherchez, señorita?

— En doutez-vous? s'écria la jeune fille. Depuis deux heures, mon père, mon cousin et dix de nos serviteurs battent les bois pour... »

Amalia n'acheva pas sa phrase; elle venait d'apercevoir Luis qui la regardait avec admiration. L'ingénieur remarqua que les deux jeunes gens semblaient embarrassés.

« Ne vous connaissez-vous pas? demanda-t-il avec surprise, et dois-je, doña Amalia, vous présenter votre voisin, le señor don Luis Avila?

— Nous sommes des amis d'enfance, dit Luis, seulement il y a plusieurs années que nous ne nous sommes rencontrés. Le temps, Amalia, vous a si bien transformée que j'osais à peine vous reconnaître.

— J'ignorais, señor, répondit la jeune fille, et mon père ignore sans doute comme moi votre retour dans la Terre-Chaude. Néanmoins, je puis vous affirmer que vous seriez le bienvenu à la Héronnière.

— Je ne m'aventure guère au-delà de ce torrent, répondit Luis; cependant, señorita, je vous remercie de votre invitation. »

Luis paraissait troublé; il ne quittait pas du regard la jeune fille qui, plaçant son écharpe sur sa tête, s'en couvrit le visage.

« Partons, señor, dit-elle à l'ingénieur, allons rassurer mon père. »

En ce moment, Pablo parut; il arriva en sifflant près de sa cousine.

« On a peine à vous suivre, Amalia, dit-il en touchant l'épaule de la jeune fille du bout de sa cravache, et ce n'est pourtant pas l'heure de courir seule les bois... Un jour viendra...

— Il n'est pas venu encore, interrompit Amalia avec vivacité, comme choquée de la familiarité de son cousin; en attendant, je ne dois compte qu'à mon père de mes actions.

— Ne vous fâchez pas, cousine, dit Pablo, vous avez retrouvé notre cavalier, et c'est à vous que revient l'honneur de la battue. Ne vous effrayez pas, señor Pinson; je vais décharger mon fusil pour apprendre à nos gens que vous êtes encore de ce monde et qu'ils peuvent rentrer à l'hacienda; c'est le signal convenu. »

Pablo fit feu, et les majestueux échos de la Cordillère répétèrent au loin la détonation de son arme.

« Partons, dit-il.

— Vous pouvez éviter un long détour en côtoyant la rivière, dit Luis qui se rapprocha d'Amalia.

— Croyez-vous, demanda la jeune fille, que mon cheval puisse passer parmi ces rochers sans que je mette pied à terre? »

— Oui, si vous me permettez de le guider pendant quelques minutes. »

Luis franchit le torrent avec légèreté, saisit la bride du cheval et l'entraîna parmi les roches.

« Qui est celui-là? demanda Pablo. Je ne l'ai jamais vu à la Héronnière.

— C'est un de mes amis, répondit M. Pinson, qui venait à son tour de gagner l'autre bord, le señor Luis Avila.

— Luis Avila, votre ami!

— Oui, c'est lui qui m'a reçu dans ma chute... Passez devant, señor; votre cheval va me monter sur les épaules, et je suis payé, vous ne l'ignorez pas, pour me méfier de ces nobles animaux. »

Pablo retint sa monture, et il eut besoin de toute son attention pour la diriger parmi les roches. Bientôt Luis lâcha la bride du cheval d'Amalia, se découvrit et recula afin de livrer passage à la jeune fille. Celle-ci se contenta de s'incliner sur sa selle et dit :

« Merci et au revoir, señor! »

M. Pinson pressa la main de son nouvel ami avec cordialité et suivit Amalia. Quant à Pablo, ce fut à peine s'il salua le jeune homme qui, du reste, ne semblait pas le voir.

Deux ou trois fois, Luis parut vouloir remonter le cours du torrent; penché en avant, il regardait la gracieuse silhouette d'Amalia paraissant et disparaissant contre les blocs de grès dont le sentier était bordé. La nuit vint, une lumière brilla dans la direction de la Héronnière, et Luis contempla longtemps encore ce point lumineux. A la fin, il parut se réveiller, et, avec la sûreté que donne l'habitude, il suivit le bord escarpé du torrent et se perdit dans l'ombre.

CHAPITRE V

M. PINSON ARRIVE AU TERME DE SON VOYAGE. — UN REPAS MEXICAIN. — LE *monté*. — DANGER DE MAL CLORE UNE MOUSTIQUAIRE. — AFFAIRES SÉRIEUSES. — LES FEMMES EN FRANCE ET DANS LA TERRE-CHAUDE. — AMETL ET JOSÉ.

Le soleil venait de disparaître derrière les montagnes lorsque M. Pinson, escorté par Amalia et Pablo, fit son entrée dans la grande cour de l'hacienda de la Héronnière, éclairée d'une façon primitive par un feu de branches résineuses placées sous le vent, de façon que la fumée n'arrivât pas jusqu'à l'habitation.

La première personne que rencontra l'ingénieur fut Vif-Argent, qui se précipita vers lui et l'entoura de ses bras.

« Là, là, petit, s'écria M. Pinson, tout en rendant à l'enfant son étreinte, je suis encore sain et sauf, comme tu vois.

— A peine débarqué ici, on m'a raconté que vous étiez perdu, que votre cheval vous avait emporté, et j'avais une peur !...

— J'en suis quitte pour une aventure de plus, répondit l'ingénieur; or, tu le sais mieux que personne, petit, je n'en suis plus à les compter. Tu es arrivé sans encombre, toi?

— Oui, monsieur, et les bagages aussi.

— Cet enfant paraît beaucoup vous aimer, dit Amalia.

— Et je lui rends son affection, señorita; il m'a deux fois sauvé la vie dans des circonstances que je vous raconterai, et vous comprendrez quels liens nous unissent. »

Don Ambrosio, qui rentrait, s'avança aussitôt vers l'ingénieur et s'informa avec courtoisie des suites de sa fâcheuse mésaventure.

Le babil de M. Pinson, ses réflexions enjouées, ses accusations contre son ami Boisjoli parurent surprendre le grave Mexicain. Il écouta néanmoins avec patience et ordonna de servir le souper.

« Ce n'est pas là l'homme sérieux que j'attendais, murmura l'hacendado; enfin nous verrons. »

M. Pinson et Vif-Argent furent introduits dans une vaste salle aux murs blanchis à la chaux, au sol pavé de briques, et sans autre ornement qu'une mauvaise gravure représentant un saint. Une large planche, soutenue par deux tréteaux et entourée de grossiers escabeaux de bois, avait été recouverte d'une nappe. Sur cette table, toute primitive, étaient disposées six assiettes d'argent massif et six fourchettes à trois dents. Un énorme verre, d'une capacité de plus d'un litre, trônait au milieu de la table. Don Ambrosio fit asseoir M. Pinson à sa droite; puis Pablo, Vif-Argent et deux Mexicains, que l'ingénieur apprit être des fermiers des environs, s'installèrent en face de lui.

« Désirez-vous un peu de potage? demanda don Ambrosio à M. Pinson en plongeant une cuillère dans une sorte de panade épaisse, couverte de tranches de tomates.

— Pardon, dit l'ingénieur, les ornements qui recouvrent ce que vous nommez un potage, sont-ils du poivre rouge?

— Non, señor; Antonio m'a prévenu que vous n'aimez pas ce condiment; il ne sera servi qu'à part. »

M. Pinson s'inclina, et suivant l'exemple de ses commensaux, mangea son potage à l'aide de sa fourchette, sans réussir à deviner de quels ingrédients il se composait. On apporta une volaille au riz que Pablo se chargea de déchiqueter, et dont les convives arrosèrent les morceaux d'une sauce écarlate à laquelle M. Pinson se garda de goûter. A ce plat succédèrent des haricots noirs à la graisse, mets dont les Mexicains sont si friands qu'on leur en sert à chaque repas. Personne ne songeait à boire sauf M. Pinson, qui, ne voyant nulle trace de verres ni de carafe sur la table, commençait à s'en inquiéter.

« Oserais-je vous avouer que je meurs de soif? » dit-il enfin à son hôte.

Sur un signe de don Ambrosio, une des Indiennes occupées du service rapprocha de l'ingénieur l'immense verre placé au centre de la table, verre que M. Pinson dut prendre à deux mains pour l'utiliser.

« C'est une singularité des Français que j'ai souvent remarquée à Vera-Cruz, dit Pablo; ils boivent en mangeant, et je me demande comment leur santé résiste à un pareil régime.

— Ce qui vous semble singulier me paraît tout naturel, dit M. Pinson. A quel moment buvez-vous donc, vous?

— Après le repas, comme tous les chrétiens.

— Ou plutôt comme les ânes, » allait répliquer le nouveau-venu. Par bonheur il se retint. Il avait remarqué la gravité de son hôte, et il était assez bien élevé pour savoir se taire au besoin. Plus d'une fois, en voyant ses compagnons se servir plus volontiers de leurs doigts que de leurs fourchettes, s'essuyer à même la nappe, croquer à pleine bouche des piments, l'ingénieur ouvrit démesurément les yeux et sentit la langue lui démanger; toutefois, il se contenta de penser ce qu'il eût voulu dire et de murmurer son mot favori :

« Prodigieux! »

Le repas terminé, le grand verre fit le tour de la table et chacun but et se rinça la bouche à grand bruit avant de le passer à son voisin. Un second verre, plein de vin de Xèrès, fut apporté, et passa également de main en main, jusqu'à complet épuisement. Les cigares sortirent alors des étuis, et, sur les pas de don Ambrosio, les convives allèrent s'étendre dans des fauteuils à bascule disposés sous le corridor extérieur, que rafraîchissait une brise venant de la mer.

La conversation s'anima un peu; on parla de l'aventure du coup de feu, puis M. Pinson fut interrogé sur son pays et sur son voyage. Il risqua une plaisanterie sur l'ordonnance du repas dont il venait de prendre sa part; le sérieux de ses hôtes lui fit comprendre que ses observations n'étaient guère de leur goût, et il aborda un autre sujet.

« Au fait, pensa-t-il, on reproche aux Français de se moquer des usages qui ne leur sont pas familiers, et de blâmer toutes les coutumes qui diffèrent des leurs; ne tombons pas dans ce travers. Grâce à Boisjoli, je suis à plus de deux mille lieues du boulevard des Italiens, et, ce qui serait extraordinaire, ce serait de retrouver ici les façons d'agir que j'ai laissées là-bas. Néanmoins, il faudra que je me mêle de la cuisine, sans quoi ces braves gens s'aviseront un beau jour de me régaler de crocodile ou de serpent.

Les cigares fumés, don Ambrosio se leva et conduisit ses convives dans le salon, vaste pièce aussi nue que la salle à manger, au milieu de laquelle se trouvait une table couverte d'un tapis et pourvue de bougies renfermées sous des garde-brises.

« Aimez-vous le jeu, señor? demanda don Ambrosio à l'ingénieur.

— Quelquefois, comme distraction.

— Connaissez-vous le *monté?*

— Non; je ne joue que le besigue.

— Nous vous apprendrons le monté. »

Don Ambrosio et les fermiers s'assirent, et, de leurs ceintures de cuir, sortirent bientôt des onces d'or dont chacune vaut quatre-vingts francs. Don Ambrosio, prenant un jeu de cartes, les mêla, puis en retourna deux. Ses adversaires, selon leur inspiration, placèrent une ou plusieurs onces sur chacune de ces cartes. Alors don Ambrosio tira une à une les cartes du jeu, jusqu'au moment où il s'en présenta une pareille aux premières. Il ramassa aussitôt les enjeux qui couvraient la carte perdante, et, par contre, paya une somme égale à celle posée sur la seconde Tel est, dans toute sa monotonie, le fameux jeu de *monté* pour lequel les Mexicains sont si passionnés, qu'ils y risquent journellement les uns leur fortune, les autres leur pain quotidien.

Vif-Argent s'endormait. M. Pinson, fatigué lui-même de sa journée, demanda bientôt l'autorisation de se retirer. Pablo, chargé de lui indiquer sa chambre, le conduisit dans une vaste pièce pourvue de deux lits, et communiquant avec une autre destinée à lui servir de cabinet de travail. Ces pièces, éclairées par des baies sans vitres, s'ouvraient sur le corridor mauresque qui bordait la cour de l'habitation.

Demeurés seuls, l'ingénieur et son petit compagnon firent l'inventaire de leur logis. Dans un coin de la chambre les lits, garnis d'une peau de taureau couverte d'un drap en guise de matelas, étaient entourés de blanches moustiquaires. Près de l'une des fenêtres un lavabo muni d'une cuvette et d'un pot à eau en argent massif. Sous les lits des vases de même métal, que l'ingénieur salua d'un énergique : « Prodigieux! » et Vif-Argent d'une gambade.

Les deux voyageurs causèrent une bonne heure avant de songer à se coucher; tous deux avaient mille confidences à échanger sur les singularités dont ils avaient été témoins durant la soirée. Les questions de Vif-Argent se multipliaient, et son compagnon dut lui répéter à plusieurs reprises qu'il était l'heure de se reposer. Enfin l'enfant se glissa sous sa moustiquaire et s'endormit.

La chaleur était suffocante, et M. Pinson comprit vite pourquoi, dans les lits, les matelas se trouvaient remplacés par des peaux de taureau. Comme il étouffait sous sa moustiquaire, il eut la déplorable idée de l'ouvrir; aussitôt une multitude de petits sifflements se firent entendre. L'ingénieur ne tint d'abord aucun compte de cette musique. Bientôt il se sentit piqué des pieds à la tête; mais la fatigue l'emporta sur la douleur, et il s'endormit.

Sa nuit fut pleine de cauchemars. Il rêva de serpents, de crocodiles, de vautours, d'Indiens l'attachant à un poteau pour l'enduire d'une sauce au poivre rouge, dont les grains lui piquaient la peau, comme la veille ils lui avaient piqué la langue. Il se leva au point du jour, la tête lourde, les yeux gonflés. Il courut à la petite glace suspendue au-dessus de son lavabo, et eut de la peine à se reconnaître; les moustiques, cette terrible plaie de la Terre-Chaude, l'avaient dévoré à leur aise pendant la nuit.

« Qui donc vous a mis dans cet état, monsieur? s'écria Vif-Argent, lorsque l'ingénieur le réveilla.

— Les moustiques, petit. Encore une faveur que je dois à Boisjoli. »

M. Pinson sortit de sa chambre; un éclat de rire de Pablo le salua.

« Bonté du ciel! s'écria le jeune homme, avez-vous donc négligé de fermer votre moustiquaire?

— Oui, répondit M. Pinson, et je vous l'avoue, je ne vois là aucun motif d'hilarité.

— C'est vrai, señor, car vous devez beaucoup souffrir. Mais rassurez-vous; peu à peu, vous vous accoutumerez aux piqûres de nos moustiques, et, au lieu de ce gonflement douloureux, vous en serez quitte pour une démangeaison passagère. »

M. Pinson avait renoncé à sa redingote et s'était vêtu d'une veste de toile et d'un pantalon blanc, costume plus rationnel que ses vêtements européens dans le pays qu'il allait habiter. Il souffrait beaucoup et néanmoins ne se plaignait pas. Il trouva, sous le corridor extérieur, don Ambrosio qui, en dépit de la chaleur, se drapait dans une *manga* de velours brodée de fil d'or.

L'hacendado, en voyant le visage bouffi de son hôte, s'en prit à une des servantes et s'excusa avec courtoisie de ce manque de soins.

« Cette pauvre fille est innocente, dit M. Pinson; ma moustiquaire était parfaitement close, et j'ai eu la malencontreuse idée de l'ouvrir. Désormais je la fermerai plutôt deux fois qu'une, je vous en réponds. Les moustiques de votre pays, ajouta l'ingénieur, qui se frotta le visage avec énergie, doivent aussi se nourrir de poivre rouge, si j'en juge par la violence de leurs piqûres. Mais, causons affaires, señor, si vous le voulez bien. »

Don Ambrosio s'inclina en signe d'assentiment et fit asseoir son hôte.

« Vous voyez d'ici la partie la plus importante de mon domaine, dit-il en étendant le bras; et je dois vous prévenir que le lac qui borne l'horizon à votre gauche communique avec la mer par le Papaloapam. Une goëlette qui m'appartient peut venir ancrer jusque sur ce bord.

— C'est là un débouché précieux dont il faudra profiter, dit M. Pinson.

— Mes terres, continua l'hacendado, sont excellentes et privilégiées; la canne à sucre, le cacao, le café, l'indigo, le coton, le palmier-sagou, y poussent sans effort; mes bois sont peuplés de cèdres, de gommiers, d'acajous, d'ébéniers, de palissandres, de citronniers, produits dont l'Europe a besoin et qu'elle paye fort cher. Toutes ces richesses sont en partie perdues, señor, car nous manquons de bras pour les exploiter. Je le dis à regret, nous sommes en arrière de cent ans sur les progrès modernes.

— Il suffirait d'attirer ici l'émigration pour rendre possible l'exploitation de toutes vos terres.

— C'est là l'œuvre du temps, señor, du temps seul. En attendant, moi et mes voisins nous fabriquons le sucre à la façon de nos aïeux, c'est-à-dire d'une manière toute primitive. Nos grossiers moulins de bois sont mis en mouvement par des attelages de bœufs, et les cannes à sucre, mal épuisées, gardent cinquante pour cent de leur jus précieux. Faute de route pour les transporter à Mexico, je brûle, en défrichant mes terrains, des arbres dont la valeur constituerait ailleurs une grosse fortune. Je voudrais réformer cela, établir sur mon domaine une scierie mécanique qui me permettrait d'exploiter mes forêts, des machines à nettoyer le coton de ses semences, à égrener le maïs, à décortiquer le café. En un mot, je voudrais couvrir de routes ce coin de la Terre-Chaude, suppléer au manque de bras par la vapeur, et créer un domaine modèle qui, par les réformes dont il donnerait l'exemple, deviendrait une source de richesse pour le pays. Cela est-il possible?

— Tout est possible, señor, répliqua M. Pinson; seulement, comme il sera nécessaire de faire venir d'Europe ou des États-Unis les machines que vous désirez, il faut vous attendre à d'énormes dépenses.

— Qu'à cela ne tienne, señor, je mets à votre disposition six cent mille piastres; est-ce assez? »

M. Pinson se leva ébloui.

« Trois millions de francs! s'écria-t-il. Sur l'honneur, señor, nous ferons de grandes choses et nous réussirons. »

M. Pinson était un très savant et très capable ingénieur; les vues grandioses de son interlocuteur l'émerveillèrent et l'enflammèrent. Tout un pays neuf à défricher, à pourvoir de canaux, de routes, de machines, il y avait là de quoi s'illustrer à jamais, et M. Pinson était trop Français pour ne pas aimer la gloire. Après une série de questions précises adressées à son hôte et auxquelles celui-ci répondit avec la brièveté et la netteté qui semblaient faire partie de sa nature, l'ingénieur expliqua ce qu'il lui semblait nécessaire d'exécuter d'abord pour atteindre le but rêvé. La conversation ne dura pas moins de quatre heures.

« Je me trompais hier et j'avais trop vite jugé notre hôte, dit don Ambrosio à son neveu, lorsque celui-ci annonça que l'heure du déjeuner venait de sonner; j'ai trouvé l'homme que je cherchais, Pablo. Ce Français est instruit, entreprenant et très adroit : avant un an, la Héronnière aura changé d'aspect et vaudra des millions de plus. »

La veille, comme Amalia ne s'était pas montrée à l'heure du dîner, M. Pinson avait attribué l'absence de la jeune fille à la fatigue qu'elle devait ressentir. Ne la voyant pas paraître lorsqu'on se mit à table pour déjeuner, il demanda si elle se trouvait indisposée.

« Non pas, répondit don Ambrosio. Grâce à Dieu, la santé d'Amalia ne laisse rien à désirer.

— Pourquoi ne nous fait-elle pas l'honneur de déjeuner avec nous? »

Cette question parut surprendre don Ambrosio.

« Les femmes, dans votre pays, ont-elles coutume de manger à la table de leur père ou de leur mari? demanda-t-il.

— Sans aucun doute, répondit M. Pinson. Les femmes ne sont-elles pas, partout et toujours, un ornement et une grâce?

— Ici, répliqua don Ambrosio, les femmes mangent avec les femmes.

— Voilà qui sent les mœurs arabes, s'écria l'ingénieur, et je regrette, je l'avoue, une pareille coutume.

— Pour peu que cela vous soit agréable, dit l'hacendado, je ferai venir Amalia.

— Je ne suis chargé que d'améliorer vos cultures et vos machines, señor, et je ne voudrais être en rien indiscret. »

Durant le déjeuner, M. Pinson émerveilla ses compagnons de table en expliquant le rôle de la femme dans la société française, sa place privilégiée à table comme au salon, et son influence incontestable sur la politesse, la douceur des mœurs et la civilisation de la France.

« Ce que vous nous racontez m'étonne, dit don Ambrosio, quoique les choses commencent à se passer ainsi à Mexico. Dans notre Terre-Chaude, nous suivons encore les coutumes de nos pères; elles sont bonnes, croyez-moi, et, celles-là, je ne songe pas à les réformer. »

Le déjeuner terminé, M. Pinson demanda s'il ne blesserait pas les usages en allant saluer Amalia.

« Pas le moins du monde, répondit don Ambrosio qui s'installa sur un fauteuil à bascule, vous la trouverez sans doute dans la cour de l'habitation, sous les orangers. »

Après s'être informé près d'une servante de l'endroit où se trouvait sa maîtresse, l'ingénieur pénétra sous un massif d'orangers. Là, près d'un bassin d'où jaillissait un mince jet d'eau, Amalia se balançait sur un hamac. Vêtue d'un peignoir blanc qui laissait son cou à découvert, les cheveux épars, chaussée de petites mules en satin blanc, la jeune fille parut encore plus belle que la veille à M. Pinson. Elle l'interrogea avec intérêt en le voyant le visage gonflé par les piqûres des moustiques, et lui donna des conseils sur la façon de se protéger contre ces terribles tourmenteurs. Elle le questionna aussi sur ses aventures de la veille et parut écouter avec beaucoup d'attention les détails de sa rencontre avec Luis Avila, qu'il déclarait un parfait *caballero*.

« Son principal mérite, dit malicieusement la jeune fille, n'est-il pas de parler votre langue?

— C'en est un à mes yeux, je ne le nie pas, répliqua l'ingénieur; mais le señor Luis a un air si franc, ses traits, sa voix, sont si sympathiques, que je désire devenir son ami. »

Une camériste étant venue pour tresser les cheveux de sa maîtresse, M. Pinson se retira. Parvenu sous le corridor extérieur, il fut surpris de voir la cour remplie d'Indiens de tout sexe et de tout âge. Vif-Argent, perdu au fond d'un fauteuil à bascule, regardait de tous ses yeux. C'était un samedi; don Ambrosio, assis devant une table chargée de piastres, procédait à la paye des ouvriers employés sur le domaine. Pablo, établi près de son oncle, faisait l'appel des travailleurs et annonçait la somme à laquelle chacun avait droit. Cette opération fut longue; presque tous les Indiens réclamaient une avance. Don Ambrosio, sec et froid, l'accordait ou la refusait et passait outre. On appela Ametl, et l'Indien se présenta aussitôt.

« Trois journées de travail, neuf réaux, dit Pablo.

— Trois journées de travail, c'est peu pour toi, Ametl, dit l'hacendado; d'ordinaire, tu es plus assidu. Voici ton argent. Eh bien, qu'attends-tu?

— Je voudrais me racheter, maître.

— Te racheter! s'écria don Ambrosio avec surprise; ignores-tu combien tu dois au domaine? Vois son compte, Pablo.

Le jeune homme feuilleta un registre et dit :

Amalia se balançait sur un hamac. (Page 232.)

« Trois cent vingt piastres ! »

Les Indiens s'étaient rapprochés ; le fait de l'un d'eux se rachetant de la servitude était assez rare pour les intriguer. Ametl dénoua l'extrémité de la ceinture de coton qui lui serrait la taille, en retira vingt onces d'or et les posa sur la table. Pablo se leva et le regarda avec attention.

« Voilà qui est bien, Ametl, dit don Ambrosio ; mais que comptes-tu faire maintenant ?

— M'engager sur un autre domaine.

— Cela me semble étrange; tu es né à la Héronnière, tu es chef d'escouade, nul ne te payera plus que moi. Pour quel motif veux-tu me quitter?

— Ce n'est pas sans regret, dit l'Indien avec émotion, que j'abandonne la cabane où sont nés mes enfants, que je m'éloigne du cimetière où reposent mes pères.

— Encore une fois, qui te force à t'éloigner?

— Que don Pablo le dise.

— Ametl a été insolent et je l'ai châtié, dit le jeune homme avec embarras.

— Châtié! s'écria don Ambrosio en fronçant les sourcils. L'aurais-tu frappé?

— Oui, poussé par la colère.

— Ceci est mal, Pablo, dit don Ambrosio, je ne veux pas, je ne permets pas que l'on frappe un homme sur mon domaine, quelle que soit la faute qu'il commette.

— Je le sais, mon oncle, répondit Pablo avec soumission, et je regrette doublement mon action, puisqu'elle vous déplaît. Ceci dit, ne vous semble-t-il pas singulier qu'Ametl, qui ne possédait pas hier un sou vaillant, soit assez riche aujourd'hui pour se racheter?

— C'est vrai; d'où te viennent ces onces d'or, Ametl?

L'Indien ne répondit pas.

« D'où te viennent ces onces d'or? répéta l'hacendado. La colère est souvent une mauvaise conseillère, Ametl; est-ce loyalement que tu as acquis la somme que tu viens de me rembourser?

— On me l'a donnée, dit l'Indien.

— Qui? Parle. Mon neveu t'a outragé; tu devais te plaindre à moi, je t'aurais fait rendre justice. Or celui qui t'a donné cette somme m'enlève un bon serviteur, et j'ai besoin de le connaître. »

Ametl garda de nouveau le silence.

« Il y a ici quelque traître, dit Pablo. J'ai frappé Ametl, c'est vrai; au fond, nous sommes quittes, car, à la façon dont il me regarde, c'est lui, j'oserais le jurer, qui a tiré sur moi, hier; j'oserais jurer encore que s'il possède aujourd'hui les moyens de se racheter, il les doit...

— A moi, señor Pablo, » dit une voix forte.

Les Indiens s'écartèrent aussitôt et José parut.

CHAPITRE VI

UN SORCIER. — ISTAC. — JEUX ASTÈQUES. — LE CERF-VOLANT. — PREMIERS PAS DANS UNE FORÊT VIERGE. — VIF-ARGENT HEUREUX.

Le métis portait le même costume que la veille, et son chien Vagabond marchait sur ses talons.

« Bonjour, señor, dit-il en s'avançant vers l'hacendado ; heureux mes yeux puisqu'ils vous voient en santé !

— Bonjour et merci, José, répliqua don Ambrosio d'un ton amical, il y a longtemps qu'on ne t'a vu ici.

— Je deviens sauvage, señor, et je ne m'éloigne plus guère des bois qui entourent ma cabane.

— Vas-tu donc prendre Ametl à ton service, que tu me l'enlèves?

— Non pas; mon travail, grâce à Dieu, suffit à la culture du champ qui me nourrit. Si vous voulez bien m'accorder cinq minutes d'audience, je vous expliquerai pourquoi j'ai aidé Ametl à se racheter. »

L'hacendado se dirigea aussitôt vers l'extrémité du corridor, et se mit à se promener de long en large avec le chasseur.

« Qui est cet homme? demanda M. Pinson à Antonio.

— Un sorcier, répondit celui-ci en se signant.

— Un sorcier ! s'écria l'ingénieur, existe-t-il encore des sorciers?

— Êtes-vous assez païen pour en douter? répliqua le métis. José, par bonheur, n'est pas un de ces sorciers hargneux toujours prêts à jouer de mauvais tours à leur prochain; il est savant dans l'art de guérir, et, s'il le voulait, il ressusciterait les morts. »

Antonio parlait d'un ton si convaincu, que M. Pinson, au lieu de le contredire, se contenta de murmurer : « Prodigieux! »

« José a été longtemps majordome de la Héronnière, reprit le métis; il y a dix ans, il s'est libéré pour aller s'établir là-bas, au-dessus du lac. Il cultive, il chasse, et chacun lui rend cette justice, il ne fait que du bien.

— Est-il donc riche?

— Il est sorcier, señor; les onces d'or ne lui coûtent rien.
— Et en quoi consiste sa sorcellerie?
— Il peut tout ce qu'il veut.
— Diable, s'écria M. Pinson, voilà un pouvoir bien étendu, et je suis tenté de le mettre à l'épreuve. Croyez-vous que ce José consente à me débarrasser de l'insupportable démangeaison que me causent les piqûres des moustiques? »

En ce moment, le métis et don Ambrosio se rapprochèrent.

« Tu as bien agi et je t'approuve, José, disait l'hacendado; il vaut mieux, en effet, prévenir que punir. Je réprimanderai de nouveau mon neveu. Tu peux partir, Ametl, ajouta-t-il en tendant à l'Indien un papier sur lequel il venait de tracer quelques lignes; voici ton congé. »

Ametl baisa la main de son ci-devant maître, passa à côté de Pablo sans le regarder et s'approcha de José.

« Un homme n'a qu'une parole, dit-il, tu as la mienne et je suis à toi. »

Don Ambrosio, secondé par son neveu, reprit le règlement des comptes.

José s'avança vers M. Pinson :

« J'ai vu ce matin Luis Avila, señor, lui dit-il, et il m'a chargé de vous demander de vos nouvelles. Bon Dieu! dans quel état vous ont mis les moustiques! Si vous ne dédaignez pas les conseils d'un pauvre homme, faites vite dissoudre une poignée de sel dans un verre d'eau, puis lavez-vous le visage avec cette solution, vous éviterez ainsi la fièvre.

— Je ne dédaigne jamais un bon avis, répondit M. Pinson, et cela de quelque part qu'il vienne. Cependant je voudrais savoir si c'est comme sorcier ou comme médecin que vous me conseillez l'emploi de l'eau salée. »

Le chasseur se mit à rire.

« Quoi, dit-il, on vous a déjà parlé de mon pouvoir surnaturel? Ma sorcellerie et ma médecine se réduisent à un peu d'expérience, señor, rien de plus. »

José disparut dans l'intérieur de l'habitation, après avoir demandé la permission de saluer Amalia.

« J'ai rarement vu un front plus intelligent, un regard plus loyal, des traits plus nobles et plus doux que ceux de cet homme, dit M. Pinson; il doit être bon.

— Vous changerez peut-être d'avis lorsque vous le connaîtrez mieux, répondit Pablo qui venait de fermer son grand livre; c'est un vagabond insolent.

— Tu te trompes, Pablo, répliqua don Ambrosio d'une voix grave; José est un brave et honnête homme. Sa bonté, j'en conviens, le pousse parfois à déraisonner, comme lorsqu'il veut prouver que les Indiens sont les égaux des hommes qui ont du sang blanc dans les veines, ou lorsqu'il prétend que les rendre responsables des dettes contractées par leurs pères est un esclavage déguisé.

— Est-ce donc là de la déraison? s'écria M. Pinson. Il défend simplement la justice. On m'a affirmé, señor, que les propriétaires de votre pays poussent l'Indien, qui n'y est que trop disposé, à contracter des emprunts qu'il ne peut rembourser, de sorte qu'il reste alors éternellement lié au domaine sur lequel la dette a été contractée. José a cent fois raison; une telle coutume est l'esclavage déguisé. »

La façon dont ses auditeurs le regardaient prouva à l'ingénieur qu'il se lançait sur un terrain dangereux.

« José est un métis, dit sèchement don Ambrosio, et il parle comme un métis. Est-ce à moi de vous rappeler, señor, que vous êtes un homme blanc?

— Aussi attendrai-je jusqu'à ce que je sois mieux instruit avant de me prononcer en dernier ressort, répondit M. Pinson. Maintenant, que vaut en réalité l'accusation de sorcellerie portée contre ce brave homme?

— José, répondit don Ambrosio, a été fidèle serviteur de ma famille. Vingt fois je lui ai offert de le libérer des sommes qui le liaient au domaine; il a voulu me les rembourser, et, depuis lors, il vit solitaire sur la montagne qui se trouve en face de nous.

— S'il n'est pas sorcier, dit un des hôtes de la Héronnière, comment expliquez-vous, don Ambrosio, que José puisse, à un moment donné, disposer de sommes considérables pour aider les Indiens ou les fermiers? Comment expliquez-vous son ascendant sur tous ceux qui l'approchent, ses absences subites, sa présence en deux endroits à la fois, ses connaissances médicales, ses...

— Voilà bien des questions, dit don Ambrosio en interrompant son ami; néanmoins il est facile d'y répondre. Un naturaliste français, le docteur Pierre, a longtemps séjourné sur le domaine alors confié à la garde de José, car, à cette époque, j'habitais Puebla. Curieux, intelligent, déjà savant, José accompagnait souvent le Français dans ses chasses scientifiques, et passait avec lui ses soirées. Voilà l'école à laquelle il s'est instruit dans l'art de connaître les plantes et leurs propriétés. Ses cures, que l'on trouverait naturelles si l'on avait affaire à un médecin, paraissent merveilleuses de la part d'un homme de sa condition. Quant aux richesses dont on prétend qu'il dispose, je n'y crois pas.

— Il y a deux ans, dit Pablo, Juan Aguila vit sa ferme dévastée par un ouragan, et perdit ses récoltes. A bout de ressources, il alla implorer José. Le sorcier lui conseilla de labourer un champ qu'il lui désigna, et, dans le troisième sillon tracé par la charrue, Juan découvrit deux cents onces d'or.

— Cette trouvaille n'a rien de merveilleux dans un pays comme le nôtre, répondit don Ambrosio; à l'époque de la guerre de l'Indépendance, maintes fortunes ont été confiées à la terre, tant on redoutait les guerillas. Mon père m'a souvent raconté qu'il avait alors enterré tout ce qu'il possédait d'or et d'argent, et plus d'un, qui avait fait comme lui, est mort en emportant le secret de la cachette qu'il avait choisie. José a conseillé le travail. Juan a mis la main sur un trésor oublié; il a été heureux, voilà tout.

— José, reprit Pablo, a sauvé les frères Mendez de la ruine.

— On l'a dit, rien de plus.

— Lorsque le feu dévora le village de Chacaltianguis, il a pénétré impunément dans une véritable fournaise afin de sauver deux vieillards; huit jours plus tard, chaque Indien trouvait sous les débris de sa demeure incendiée une somme plus que suffisante pour la rebâtir. Enfin, et cela nous ne pouvons en douter, mon oncle, José vient de donner à Ametl la somme dont celui-ci avait besoin pour se racheter.

— Trois cents piastres ne constituent pas une fortune, neveu, répliqua don Ambrosio; et José n'est pas dans la misère. Il est humain, et, plus d'une fois, il est venu me demander d'aider un malheureux.

— On pourrait citer vingt faits comme celui de Juan Aguila, dit encore Pablo ; José est riche, mon oncle, j'en suis convaincu ! »

L'hacendado sourit, haussa les épaules et dit :

« Allons prendre le chocolat. »

José reparut. Invité à se mettre à table pour déguster une tasse du breuvage mousseux que les Mexicains prennent jusqu'à trois fois par jour, il déclina cet honneur et prit congé de don Ambrosio. Durant le goûter, il ne fut guère question que de lui. Le fermier et Pablo soutenaient que le métis possédait un pouvoir surnaturel, opinion combattue par l'hacendado. En somme, cette conversation prouva à M. Pinson que José était bon, généreux, serviable, instruit, et le protecteur constant des Indiens.

Son chocolat bu, l'ingénieur, secondé par Vif-Argent, s'occupa de déballer ses instruments. En homme d'ordre qui connaît le prix du temps, il régla ensuite l'emploi de ses heures et de celles de son petit compagnon. Le récit qu'il avait fait à Luis Avila était vrai en tous points. Il devait au hasard d'avoir rencontré Vif-Argent dans les rues de Londres, où l'orphelin rôdait presque abandonné à lui-même. L'enfant, qui ne connaissait d'autre livre que les aventures de Robinson Crusoé, et qui ne rêvait que voyages lointains, s'était caché à bord du steamer sur lequel M. Pinson se trouvait prisonnier. Déjà touché par la triste situation de l'orphelin, l'ingénieur le prit alors définitivement sous sa protection. Vif-Argent, par deux fois, se dévoua pour sauver la vie de son protecteur, ce qui l'unit à lui d'une façon indissoluble. M. Pinson considérait le jeune garçon comme son fils, et ce dernier avait pour son vieil ami toute la déférence que l'on doit à un père.

Dans le règlement de ses travaux journaliers, M. Pinson fit donc la part des heures qu'il voulait consacrer aux études de son élève. C'était à cause de lui, pour l'enrichir, que l'ingénieur, transporté malgré lui au Mexique, avait accepté le poste qu'il allait occuper à la Héronnière. Du reste, jamais écolier ne montra plus de zèle, plus d'application que Vif-Argent.

La singulière histoire de l'ingénieur et de l'enfant fut bientôt connue de tous les habitants de l'hacienda, et Vif-Argent devint le favori de doña Amalia et de don Ambrosio. Pablo seul se montra rebelle aux avances et à la gentillesse du jeune garçon. Vif-Argent savait se tenir à cheval; Amalia lui fit bientôt don d'un joli poney, et, presque chaque jour, il accompagna la jeune fille dans ses promenades autour de l'hacienda.

Une amitié précieuse pour Vif-Argent, si avide de voir des singes, des perroquets et des tigres en liberté, fut celle qu'il contracta avec Istac, le fils aîné d'Ametl. Le petit Français et le petit Indien, tous deux du même âge, devinrent vite inséparables. Vif-Argent n'eut rien de plus pressé que de raconter à son nouvel ami l'histoire de Robinson, et lui communiqua sans peine son enthousiame pour le héros de Daniel de Foë. Istac, par sa soumission, devint peu à peu un Vendredi pour « de vrai », comme le racontait Vif-Argent à M. Pinson. Chaque dimanche, et même parfois dans la semaine, les deux amis, armés de légers fusils, parcouraient la forêt située à la gauche de l'hacienda. M. Pinson, qui savait ces bois remplis de fauves, s'inquiétait souvent de ces promenades; mais Istac connaissait tous les sentiers, il avait l'expérience des solitudes au milieu desquelles il avait été élevé, et, après tout, M. Pinson n'était pas fâché de voir son élève se familiariser avec les dangers du pays qu'il devait longtemps habiter.

«Eh bien, Vif-Argent, lui dit un soir l'ingénieur, tu as été au village, aujourd'hui; as-tu joué aux billes ou à la toupie?

— Non, monsieur; les Indiens ne connaissent ni les billes ni les toupies, pas même les cerfs-volants. Ils m'apprennent à jouer à la chasse au taureau, et nous chassons même le tigre; il faut courir, sauter, ramper, lancer un lazo; aussi est-ce assez amusant.

— Tu devrais leur montrer un cerf-volant. »

Vif-Argent ne négligea pas la recommandation, et un beau jour l'ingénieur le seconda dans la fabrication d'un de ces jouets. Ce fut une véritable stupéfaction pour les habitants de la vallée, jeunes et vieux, lorsqu'ils virent cet immense « oiseau » de papier s'élever et planer dans les airs. Vif-Argent, qui passa pour l'inventeur de cette machine, conquit par ce fait un ascendant définitif sur ses jeunes compagnons.

Mais la plus vive émotion que ressentit l'enfant, ce fut le jour où, en compagnie d'Istac, il se lança pour la première fois dans une

UN SORCIER. — ISTAC. — JEUX ASTÈQUES. 241

Ce fut une véritable stupéfaction. (Page 240.)

partie inexplorée de la forêt. Là, tout était inconnu pour lui et tout l'émerveillait. Les arbres, du sommet desquels des lianes enchevêtrées descendaient en guirlandes fleuries, le captivèrent d'abord. Puis ce furent des fleurs gigantesques aux couleurs vives et aux formes bizarres, des feuilles assez larges pour qu'il eût pu s'envelopper tout entier dans leur vert tissu. Des insectes énormes, des serpents rouges, des colibris aux ailes d'or et d'azur excitèrent ensuite son admiration. Avec un professeur comme Istac, le jeune garçon devint bientôt habile à se guider dans le désert et aussi expert dans la chasse aux tatous, aux iguanes, aux sarigues, que dans la pêche aux tortues.

En somme, deux mois après son arrivée à la Héronnière, Vif-Argent semblait n'avoir jamais habité d'autre pays que celui où il se trouvait. Il s'applaudissait de l'escapade qui l'avait rendu le compagnon de M. Pinson, et il exécutait de temps à autre, à la grande stupéfaction de son ami Istac, le saut périlleux de première classe que lui avait appris, autrefois, un clown du cirque Astley.

CHAPITRE VII.

INDIENS ET INDIENNES. — LE SAVON VÉGÉTAL. — DON AMBROSIO. — PROMENADE. — TAUREAUX SAUVAGES.

M. Pinson, bien qu'on lui eût conseillé de ne point trop s'exposer aux rayons du soleil, restait dehors une bonne partie de la journée, arpentant, toisant, mesurant, calculant. Un matin, pour la première fois, il descendit vers le village, situé à un kilomètre de l'habitation. L'ingénieur passa près d'une source abritée par des goyaviers chargés de beaux fruits d'un jaune d'or. Là, une douzaine de femmes lavaient du linge; elles se servaient d'une pierre en guise de battoir et d'une racine en guise de savon. Cette racine, frottée sur le linge, produisait une mousse abondante.

« Qu'est-ce que cela? demanda l'ingénieur à une des Indiennes.

— Du savon d'*amoli*, du savon végétal, señor.

— Du savon végétal! s'écria M. Pinson, voilà qui me semble prodigieux. Montrez un peu, ma bonne; oui, cette racine appartient à une plante de la famille des œillets; c'est une caryophyllée. Pline, dans son grand ouvrage, parle de la saponaire d'Égypte dont ses compatriotes se servaient pour laver les étoffes de laine; il faudra que je vérifie si cette plante est celle que cite le naturaliste romain. En attendant, Boisjoli lui-même aura peine à me croire lorsque je lui raconterai, qu'au Mexique, le savon se récolte au pied des arbres. »

M. Pinson questionna les lavandières. Elles lui apprirent que plusieurs autres plantes, qui croissaient autour de la Héronnière, remplaçaient le savon dans les usages domestiques, ce dernier produit, bien que supérieur, coûtant fort cher dans la Terre-Chaude.

« Le savant Liebig, dit M. Pinson à son interlocutrice, qui ouvrit de grands yeux, affirme que le degré de civilisation d'un peuple peut se mesurer à la quantité de savon qu'il consomme ; c'est vous dire, ma bonne dame, qu'il placerait votre pays au bas de l'échelle, si vous n'aviez pas trouvé un équivalent à ce produit. Cependant rien ne vous oblige à vous contenter d'un succédané ; voici des palmiers dont les fruits contiennent de l'huile en abondance, et, dans le voisinage de la mer, la soude n'est jamais difficile à trouver. »

Et il inscrivit aussitôt sur son carnet : « A créer, dans le plus bref délai possible, une fabrique de savon. »

M. Pinson continua sa route et rencontra plusieurs Indiennes. Toutes portaient un fardeau sur la tête, et, sur le dos, un enfant retenu par une écharpe nouée sur leur poitrine. De petite taille, elles étaient uniformément vêtues d'une robe de coton sans manches qui laissait leurs épaules découvertes. Leurs cheveux, nattés avec des rubans rouges, s'enroulaient sur leur tête de façon à former une sorte de couronne ; elles marchaient pieds nus.

« Que Dieu sème ta route de roses, » disaient-elles à l'ingénieur en passant près de lui.

Et M. Pinson, à leur grande surprise, les saluait d'un grand coup de chapeau.

Étudiant l'essence des arbres qui se présentaient à lui, l'ingénieur abandonna le sentier et se trouva sur le bord d'un ravin qui dominait le village. Rien de plus pittoresque, en général, qu'un village indien. Chaque chaumière, construite en tiges de bambous et couverte de feuilles de palmier, se dresse au milieu d'un jardinet clos par une haie de rosiers ou de plantes épineuses. L'Indien, qui suit en cela les préceptes des sages de la Grèce, aime à cacher sa vie ; aussi la porte d'entrée de son clos est-elle toujours située en arrière de celle de sa demeure, laquelle se dissimule à son tour sous de larges feuilles de bananiers.

Au centre du village, M. Pinson distingua une place entourée de constructions en pierre. Une de ces maisons était celle du cacique, vieillard respecté de tous les Indiens. La seconde, plus vaste, pouvait être considérée comme la mairie. Là, à de certains jours, se réunissaient les anciens du canton, pour discuter et résoudre, publiquement, les questions d'intérêt général. Trois membres de cette espèce de conseil, choisis parmi les vieillards les plus expérimentés, étaient en outre chargés de rendre la justice, et portaient, comme insignes de leur mandat, de longues cannes de jonc surmontées de pommes d'or.

Revenu sur le sentier, le promeneur atteignit bientôt les premières cabanes du village; il s'y vit aussitôt entouré par une nombreuse bande d'enfants des deux sexes, sans autre vêtement qu'un caleçon de bain ou un court jupon.

« Voilà des gaillards qui ne redoutent pas les rhumes, pensa-t-il. Les couturières et les tailleurs du pays ne doivent pas faire fortune. Quelle gravité chez ces petits bonshommes. Pas un ne rit, pas un ne souffle mot, et pourtant mes allures paraissent les surprendre. Ils ont de bonnes figures, ces enfants, et ce sont probablement les amis dont maître Vif-Argent me fait si souvent l'éloge. Hélas! qui m'eût dit, quand j'allais embarquer Boisjoli, que, six mois plus tard, je me promènerais sous le tropique du Cancer au milieu d'une bande de mioches indiens! »

M. Pinson pénétra enfin sur la place. Gravement assis, des Indiens le saluèrent au passage. De même que les femmes, ils portaient un costume uniforme, une veste de coton et un caleçon de même étoffe. L'expression douce de leurs visages, leur politesse un peu craintive, furent les traits qui frappèrent le plus M. Pinson; notre ingénieur marchait de surprise en surprise.

« Des Indiens plus courtois que nos paysans, sans ceinture de plumes, sans arc, sans tomahawk, sans tatouages sur le corps, sans peinture sur les joues, voilà qui semble prodigieux, murmurait-il. Et ils n'ont de chevelures que sur leurs têtes, c'est à n'y pas croire! »

M. Pinson s'enquit de la demeure des charpentiers, des menuisiers, des forgerons du domaine. Il causa longuement avec ces ouvriers primitifs; car il tenait à connaître leur façon de procéder, les matériaux et les outils dont ils se servaient.

« Nos travaux pourront marcher avec de bons contre-maîtres, dit-il après avoir épuisé la série de questions qu'il avait préparées; seulement, que de réformes à inaugurer! Ainsi ces malheureux n'emploient guère d'autres outils que leurs mains, d'autres moyens de transport que leurs épaules. Dès demain je leur ferai fabriquer des brouettes. En vérité, que la brouette, cette ingénieuse invention, soit encore inconnue dans une société d'hommes, je ne sais rien de plus extraordinaire. »

Durant quinze jours, M. Pinson s'absorba si bien dans ses calculs et dans la disposition de ses plans, qu'on le vit à peine paraître au moment des repas. A toute heure du jour, il se rendait au village ou dans les champs, à la recherche d'un ouvrier qu'il voulait interroger, et cela en dépit de la chaleur accablante. Cette activité surprenait les hôtes de la Héronnière.

« Vous vous tuez, señor, lui répétait sans cesse Antonio; pourquoi ne pas vous servir d'un cheval au lieu d'aller à pied?

— Monter à cheval pour franchir cinq cents mètres! s'écriait M. Pinson.

— Cela vaut certes mieux que de les franchir avec l'aide de ses jambes.

— Bah! je suis solide, répondait l'ingénieur; puis, que voulez-vous que me fasse un rayon de soleil de plus ou de moins? Du reste, mes études préparatoires touchent à leur fin; je travaillerai bientôt avec plus de méthode. »

Un jour vint, en effet, où M. Pinson emmena don Ambrosio dans son cabinet, et l'y retint toute une matinée, afin de lui soumettre ses plans. L'hacendado approuva sans hésiter. L'ingénieur écrivit aussitôt en Europe et à la Nouvelle-Orléans pour demander les outils, les machines et les ouvriers spéciaux dont on avait besoin. Six mois devaient s'écouler avant que M. Pinson pût se mettre sérieusement à l'œuvre; en attendant, l'occupation ne devait pas lui manquer.

Il songea d'abord à lever le plan du domaine, et se décida enfin à se servir d'un cheval. On lui donna pour guide ordinaire Antonio, le métis qui était allé à sa rencontre lors de son arrivée. Une après-midi, au moment où M. Pinson, après avoir chargé Vif-Argent d'un travail de mise au net, se disposait à se mettre en route, Amalia, qui, de son côté, s'apprêtait à monter à cheval, lui demanda s'il y aurait indiscrétion à l'accompagner.

« Vous indiscrète! s'écria l'ingénieur. C'est-à-dire que je me plains, señorita, de ne vous voir qu'à la dérobée. Ne m'accusez pas de médire de votre pays, si je déclare que c'est une affreuse coutume que celle qui exclut les femmes des repas. Certes, votre père et votre cousin sont d'aimables convives, mais ils ne causent guère que des coups de cartes qui se sont présentés la veille au *monté*, conversation peu faite pour me captiver. Si je l'osais, je demanderais de temps en temps à être servi dans ma chambre, ne fût-ce que pour goûter à mon aise les sauces étranges que l'on m'offre, et surtout pour boire à l'heure où j'ai soif sans craindre d'inquiéter votre cousin, qui déclare que l'on ne doit porter un verre à ses lèvres que lorsqu'on n'a plus faim.

— Ce sont là des bonheurs que je serai heureuse de vous procurer, répondit Amalia en riant, et je regrette que vous ne vous soyez pas plaint plus tôt. Vous êtes libre d'agir ici à votre guise, señor; rien ne vous empêche de boire quand cela vous plaît et de commander les plats que vous souhaitez.

— Quoi, s'écria M. Pinson, je puis, sans manquer en rien aux convenances, commander un bifteck ou une omelette?

— Ne vous en sert-on pas souvent?

— Je n'appelle pas un bifteck, reprit M. Pinson, le morceau de viande sèche que votre père honore de ce nom; et des œufs durcis, même battus avec des tomates, ne constituent pas une omelette, une vraie. Si vous y consentez, señorita, je vous montrerai ce que c'est qu'une omelette française.

— Non seulement j'y consens, mais dès demain je réclamerai de vous la leçon que vous me promettez. Êtes-vous prêt, señor? »

Sur la réponse affirmative de l'ingénieur, Amalia sauta en selle. Elle portait cette fois un costume d'amazone en drap bleu, rehaussé de broderies d'or, et montait un petit cheval à la robe noire. Elle partit en avant. M. Pinson, qui savait maintenant que les cavaliers se mettent en selle par la gauche de leur monture et qu'il est plus

L'ingénieur aperçut une multitude de taureaux. (Page 249.)

simple de tenir la bride que de se cramponner à la selle, la suivit en admirant sa grâce et sa hardiesse.

Presque chaque jour, vers quatre heures du soir, Amalia sortait à cheval, accompagnée de Vif-Argent et d'une de ses caméristes. Quelquefois la jeune fille partait en même temps que son père et son cousin, qu'elle suivait à travers les plantations. Don Ambrosio, froid, sec, positif, aimait certes sa fille; cependant, de même que tous les vieux Mexicains, imbus, sans le soupçonner, des idées arabes, il la considérait un peu comme appartenant à une race inférieure, incapable de songer à autre chose qu'à des frivolités. Presque entièrement absorbé par le jeu, l'hacendado laissait Amalia libre de ses actions. La jeune fille, qui avait perdu sa mère à l'âge de six ans, s'était en quelque sorte élevée seule ; elle aimait par-dessus tout la chasse et les chevaux ; c'était même là son unique distraction. Bien que son père lui proposât souvent de la conduire à Tlacotalpam, Amalia refusait d'entreprendre ce voyage, et don Ambrosio n'insistait jamais. La jeune fille se trouvait heureuse dans sa chère solitude. Elle possédait tout ce qu'elle pouvait raisonnablement désirer, et n'avait d'autre ambition que de ne laisser souffrir personne autour d'elle.

Durant une demi-heure, Amalia galopa à droite et à gauche, suivie à grand'peine par M. Pinson, que suivait à son tour Antonio.

« Au fait, où allons-nous, señor? demanda-t-elle tout-à-coup en se retournant sur sa selle. J'oublie que vous ne vous promenez guère pour votre plaisir, que vos sorties ont toujours un but.

— Je comptais explorer aujourd'hui la rive droite du lac, répondit l'ingénieur; toutefois j'irai là où il vous plaira de me conduire.

— Eh bien, traversons le bois, nous éviterons le soleil. »

Amalia s'engagea parmi les palmiers et mit son cheval au pas.

Tout en causant avec M. Pinson, qu'elle interrogeait sur la France et qu'elle ravissait par la vivacité de son esprit, elle fouettait les lianes embaumées qui pendaient autour d'elle, et dont l'ingénieur lui apprenait souvent le nom botanique. Un sifflement lointain retentit; la jeune fille arrêta net sa monture et se pencha sur sa selle comme pour mieux écouter. Un grondement sourd résonna au fond du bois, un second sifflement se fit entendre, et un vaquero, qui arrivait au galop, parut sur le sentier.

« Les taureaux! les taureaux! » cria-t-il.

Amalia fit pivoter son cheval.

« En arrière, señor! dit-elle à l'ingénieur. Galopez, si vous tenez à la vie.

— Que signifie ceci? se demanda M. Pinson qui se lança sur les pas de sa compagne. Va-t-il m'arriver encore quelque désagréable histoire? »

Le sourd grondement augmentait d'intensité et se rapprochait; bientôt, en se retournant, l'ingénieur aperçut une multitude de taureaux qui, furieux, défilaient à travers les arbres. Il pressa son cheval, et, au sortir du bois, rejoignit Amalia qui, de même qu'Antonio, avait détaché le lazo pendu à l'arçon de sa selle.

« Ne vous effrayez pas, dit avec calme la jeune fille à son compagnon, et, autant que possible, maintenez votre cheval près du mien. »

Amalia longea la forêt. Les taureaux, débouchant sur toute la lisière, la forcèrent à gagner le plaine. Deux des terribles animaux se lancèrent vers la jeune fille.

« En avant! » cria-t-elle.

M. Pinson obéit; par malheur, il était encore trop novice dans l'art de conduire un cheval pour suivre sa compagne dans les détours qu'elle décrivait. Amalia s'en aperçut; elle retint sa monture, demeura un peu en arrière, et fit face aux ennemis. Elle brandissait son lazo, et après avoir attiré les taureaux vers elle, les évitait à force de dextérité. Une fausse manœuvre de l'ingénieur ramena les taureaux sur sa piste; Amalia, prévoyant que son compagnon allait être atteint se jeta de nouveau entre lui et ses ennemis. Menacée à son tour, elle se rapprocha du bois d'où sortait en ce moment un nouvel antagoniste qui, arrivant tête baissée, enfonça une de ses cornes dans le poitrail du cheval de la jeune fille. La malheureuse bête vacilla, tomba sur les genoux, et livra ainsi sa maîtresse aux redoutables animaux qui la poursuivaient.

CHAPITRE VIII

BRAVOURE DE M. PINSON. — HEUREUSE INTERVENTION. — UNE DETTE DE RECONNAISSANCE. — AMIS D'ENFANCE. — REGRETS. — SOUVENIRS.

Lorsqu'elle avait senti chanceler sa monture, Amalia s'était empressée de sauter à terre; elle recula ensuite de plusieurs pas. Cette rapide manœuvre la sauva d'une rencontre avec ses deux adversaires qui, entraînés par leur aveugle élan, se ruèrent à la fois sur le cheval blessé et s'acharnèrent contre lui. Leur rage assouvie, ils se redressèrent; l'œil sombre, les cornes sanglantes, le mufle baveux, ils parurent examiner un instant la plaine, et se lancèrent à l'improviste sur les traces d'Amalia qui essayait en boitant d'atteindre les premiers arbres de la forêt.

M. Pinson, bien que surpris de l'agression brutale des formidables ennemis dont il ignorait la tactique, n'avait rien perdu de son sang-froid ordinaire. Dès qu'il vit Amalia sauter à terre à quelques pas du premier taureau, l'ingénieur poussa un cri d'effroi, et lança sa monture du côté de sa compagne. Il venait à peine de se placer entre elle et le danger qui la menaçait, quand il fut soulevé de terre avec son cheval, qui roula éventré à son tour. Prompt à se relever, il dégagea le machété pendu à l'arçon de sa selle et se plaça résolument devant Amalia. Antonio, cavalier expérimenté, avait réussi à lacer un des taureaux, toutefois le second allait frapper M. Pinson, lorsqu'une détonation retentit. Atteint au front par une balle, l'animal tourna sur lui-même et tomba pour ne plus se relever.

« Prodigieux! » s'écria le Français, qui, se tournant vers la forêt, vit accourir Luis et José.

« Par l'âme de ta mère, Amalia, s'écria José, que signifie cette aventure? Est-ce volontairement que tu risques ainsi ta vie?

— Non, mon bon José, j'ignorais qu'on dût rabattre des taureaux dans cette plaine, et c'est avec une confiance qui a failli nous coûter cher que j'ai amené ici le señor Pinson.

— Lequel me permettra de lui serrer la main, dit José, car j'ai vu la façon dont il s'est comporté. Je ne vous complimente pas sur votre manière de vous tenir à cheval, señor, ajouta le chasseur dont un sourire effleura les lèvres; quant à votre contenance devant l'ennemi, elle a été celle d'un vaillant homme.

— Protéger les femmes, et cela en toute circonstance, fait partie des mœurs de mon pays, répondit M. Pinson. C'est égal, s'il faut dire la vérité, j'avoue que je viens d'avoir une fière peur.

— Cet aveu prouve que votre courage est de bon aloi, señor.

— Qu'as-tu donc, Amalia? On dirait que tu as de la peine à te tenir debout. Es-tu blessée?

— Un peu, à la cheville, » dit la jeune fille qui, après avoir essayé de marcher, s'arrêta toute pâle.

Luis s'avança aussitôt vers elle.

« Appuyez-vous sur moi, dit-il, en présentant son bras, je... »

Il n'acheva pas sa phrase, fit cinq ou six pas en avant et arma son fusil, manœuvre aussitôt imitée par José. Les taureaux, épars dans la plaine, la parcouraient au galop, poussés vers le lac par cinq ou six *vaqueros*. Deux ou trois des terribles animaux, rendus furieux par la poursuite dont ils étaient l'objet et attirés sans doute par l'odeur du sang, se dirigeaient à fond de train vers l'endroit où se tenait la petite troupe. M. Pinson redouta une nouvelle agression; comme Amalia ne pouvait courir, il la prit dans ses bras et s'élança vers la forêt.

« Bravo, cria José, émerveillé de la force déployée par le Français, bravo, señor. Là, là, ne courez plus, le danger est passé. »

Les taureaux, ainsi qu'il arrive souvent, s'étaient approchés jusqu'à dix pas des chevaux ; puis saisis de panique à la voix des vaqueros qui les pourchassaient, ils avaient rebroussé chemin et galopaient pour rejoindre leurs compagnons.

M. Pinson avait déposé Amalia près d'un arbre renversé, sur le tronc duquel elle s'était assise. José prit le pied de la jeune fille, et le déchaussa sans façon pour l'examiner.

« Rien qu'une légère meurtrissure, dit-il, dont des compresses d'eau fraîche et cinq ou six jours de repos en auront raison.

— Ne puis-je regagner à pied l'habitation? demanda Amalia.

— Ce serait une imprudence gratuite, car Antonio peut y courir et ramener des chevaux. En route, garçon, cria-t-il au métis, et surtout pas de récit capable d'effrayer don Ambrosio. »

Antonio partit au galop.

« Souffrez-vous beaucoup? demanda Luis à la jeune fille.

— Non, dit-elle, et je crois que José prend trop de souci.

— Trop de souci! Non pas, Amalia; si tu veux guérir vite, il faut te garder de fatiguer ton pied, crois-en mon expérience. En vérité, Luis, ajouta-t-il, c'est la Providence qui t'a inspiré l'idée de pousser la chasse de ce côté; car, sans nous flatter, nous sommes arrivés à temps. »

Occupé à causer avec M. Pinson, Luis ne répondit pas. Bien qu'il écoutât l'ingénieur, son regard inquiet ne quittait guère Amalia.

« Vagabond est-il malade, que je ne le vois pas? demanda celle-ci à José.

— Non pas, répondit le chasseur, mais le drôle, pour bien justifier son nom, continue à suivre le daim que nous avons relancé. Je te remercie, Amalia, de m'avoir fait songer à lui, car qui sait jusqu'où il irait? »

Se tournant alors vers le bois, le chasseur fit entendre un sifflement prolongé; un aboiement lointain répondit bientôt à cet appel. Cinq minutes plus tard Vagabond, après avoir flairé M. Pinson, gambadait autour de son maître qui dut se fâcher pour l'obliger à se tenir en repos.

« Si je ne voyais les corps de ces animaux, dit l'ingénieur qui désigna les deux chevaux et le taureau étendus sur le sol, je croirais que tout ce qui vient de m'arriver est un rêve.

— C'est une aventure du désert, señor, répondit José.

— Votre désert me semble un peu trop habité, répliqua M. Pinson avec une grimace comique; en France, on ne rencontre guère plus d'un taureau à la fois, ce qui est encore trop. Lorsque je raconterai à Paris que j'ai navigué parmi des centaines de ces bêtes sauvages, ceux qui ne me connaissent pas me prendront pour un hâbleur. Dites-moi, señor José, est-on souvent exposé à de pareilles rencontres dans ces environs?

Plus souvent qu'on ne le voudrait, répondit le chasseur, surtout quand les inondations forcent les taureaux à changer de pâturages; cependant, pour peu que l'on sache manier un cheval, il est facile de se garer.

— Doña Amalia est écuyère, et elle n'a pu éviter le choc des ennemis qui nous poursuivaient.

— Quoi! dit José, n'avez-vous pas vu que c'est afin de vous porter secours que la brave enfant s'est exposée aux coups du taureau? »

L'ingénieur se frappa le front et se rapprocha de la jeune fille, qui causait avec Luis.

« Je vous dois un de mes bras, ou, pour le moins, une de mes jambes, señorita, s'écria-t-il, et je n'avais pas l'air de m'en douter. Eh bien, foi de Thomas Pinson, voilà une dette dont je suis heureux.

— Vous ne me devez rien, señor, répondit Amalia; ce que je vous avais prêté, vous me l'avez rendu sur l'heure en ne m'abandonnant pas. Celui à qui nous devons tous deux des actions de grâce, c'est au senor Avila. Si je ne me trompe, c'est lui qui a tiré sur notre ennemi.

— Tu ne te trompes pas, Amalia, s'empressa de dire José. Luis m'a entraîné de ce côté avec une telle ardeur qu'il semblait deviner qu'on avait besoin de son adresse. On m'accuse de sorcellerie; eh bien, c'est toi, Luis, ajouta gaiement le chasseur, qui as fait preuve aujourd'hui de divination. Attends donc... Du haut de la roche sur laquelle tu étais posté, il y a un quart d'heure, tes regards découvraient la plaine?

— Et les taureaux que des vaqueros engageaient dans le bois, répondit le jeune homme, dont une légère rougeur colora les joues.

— Oui, c'est cela; la plaine, les taureaux, peut-être aussi, car la vue est parfois bien perçante, un bout d'écharpe flottant au vent. »

Amalia se leva.

« Ne puis-je marcher un peu? demanda-t-elle.

— Tu le peux, certainement, répondit José sur les lèvres duquel passa un sourire; oui, tu le peux sans danger. Néanmoins, tu feras bien d'accepter le bras que t'offre ton sauveur. »

Amalia se rassit aussitôt.

« Bon, s'écria le chasseur, mon conseil te déplaît-il? Toi et Luis, je vous ai connus au berceau, j'ai été le confident de vos mères, mes enfants. Les circonstances vous ont séparés, et vous êtes devenus étrangers l'un pour l'autre; moi, je ne puis oublier que vous avez été amis dans votre enfance. »

Le chasseur se tut; un nuage passa sur son front, puis il demeura pensif. Il reprit enfin la parole, entraîna M. Pinson vers la lisière du bois, et se mit à lui expliquer les migrations des troupes de taureaux et de chevaux sauvages, migrations tantôt volontaires, tantôt forcées, comme celle dont on venait d'être témoin. Bientôt l'ingénieur, tout à ses idées de constructions, interrogea l'ancien majordome de la Héronnière sur plusieurs points intéressant son œuvre future. José répondit avec une telle précision, une telle sagesse, et fit des remarques si judicieuses sur les projets que lui déroula son interlocuteur, que M. Pinson lui demanda l'autorisation de lui rendre visite chaque fois qu'il aurait besoin de le consulter.

« Je suis à vos ordres, señor, répondit le chasseur avec cordialité; d'une part, en raison de l'intérêt que je porte aux entreprises de mon ancien maître; d'une autre, parce que je serai heureux de vous voir dans mon ermitage quand il vous plaira de... »

José s'interrompit, et, suivant la direction de son regard, M. Pinson aperçut Luis et Amalia assis côte à côte sur le tronc renversé. Un cadre de verdure entourait les deux jeunes gens; Vagabond, couché à leurs pieds, les contemplait et remuait la queue.

« Ne sont-ils pas charmants? dit le chasseur, qui posa sa main sur le bras de M. Pinson. Peut-on rêver un plus joli couple? Ce sont, au physique comme au moral, deux êtres faits l'un pour l'autre, señor, et je me désole de les voir séparés.

— Luis et don Ambrosio sont-ils donc ennemis? demanda l'ingénieur.

— Ennemis, ce serait trop dire; il y a seulement entre eux une vieille question d'intérêt et plusieurs malentendus. Don Ambrosio est juste et droit, mais il est tout d'une pièce; les choses de cœur n'ont guère de prise sur sa froide nature. De son côté, Luis et sa mère sont fiers, d'autant plus fiers qu'ils sont pauvres; néanmoins, je ne désespère pas de voir se renouer entre les deux familles les liens brisés, il y a six ans. »

José se tut un instant, puis il reprit :

« Excusez, señor, ces bavardages. Les deux enfants que nous avons sous les yeux me sont chers, et, sans que je puisse me l'expliquer, il me semble que vous et moi sommes de vieux amis, j'ai donc pensé tout haut devant vous.

— C'est une confiance dont je suis heureux, car elle est réciproque, dit l'ingénieur; moi aussi, señor, dès notre première entrevue, je me suis senti porté vers vous. Depuis lors j'ai entendu parler de vos idées sur les abus dont souffrent les Indiens, idées que je partage.

— Cela ne m'étonne pas; ces idées m'ont été en partie suggérées par un de vos compatriotes, le docteur Pierre. Ce savant homme, durant son séjour à la Héronnière, m'a appris nombre de choses utiles, et j'aimerai toujours les hommes nés dans son pays. »

Tout en parlant, le chasseur se rapprocha d'Amalia; la gêne qui régnait d'abord entre les deux jeunes gens semblait en partie dissipée, ils parlaient de leur enfance, et chacun d'eux rappelait à l'autre un fait oublié. José vint en aide à leur mémoire et plus d'une heure s'écoula à creuser le passé, tandis que M. Pinson, qui ne pouvait rester en place, étudiait les plantes qui l'entouraient. Il aperçut le premier don Ambrosio et Pablo qui galopaient dans la plaine suivis d'Antonio. Ce dernier menait deux chevaux en laisse.

« Je te dois un nouveau service, José, dit l'hacendado, qui poussa son cheval vers le chasseur; Antonio vient de me raconter que tu as sauvé Amalia des cornes d'un taureau.

— Antonio m'a fait trop d'honneur, señor; celui qui a d'abord affronté la bête est M. Pinson; celui qui l'a tuée, c'est Luis Avila, que vous semblez ne pas reconnaître. »

L'hacendado se tourna vers le jeune homme et l'enveloppa d'un regard rapide.

« Je suis heureux d'avoir à te... à vous remercier, señor, lui dit-il, et je vous prie de m'excuser; José a raison, je n'aurais jamais reconnu en vous l'enfant que j'ai perdu de vue depuis un si grand nombre d'années. Ai-je besoin de vous affirmer, señor, que, s'il vous plaît jamais de venir à la Héronnière, vous y serez toujours le bienvenu? »

Luis ouvrit la bouche pour répondre et se contenta de s'incliner.

« Amène les chevaux, Antonio, cria l'hacendado, et partons. »

Le métis, qui achevait de harnacher la nouvelle monture d'Amalia, la livra à Pablo et s'occupa du cheval destiné à M. Pinson.

« Es-tu blessée? demanda don Ambrosio à sa fille, qui venait de faire quelques pas.

— Je me suis écorché le pied en sautant à bas de mon cheval, voilà tout. José affirme que cela n'aura aucune suite.

— A la condition de garder la chambre pendant quatre ou cinq jours, » s'empressa d'ajouter le chasseur.

A l'instant où Amalia allait se mettre en selle, Luis se rapprocha d'elle pour l'aider et se trouva près de Pablo. Les deux jeunes gens échangèrent un regard peu amical; le sang afflua sur les joues de Luis, qui recula peu à peu.

« Je vous répète, señor, dit don Ambrosio en saluant le jeune homme, que vous serez toujours le bienvenu à la Héronnière; donc, au revoir et merci. »

Pour la seconde fois, Luis s'inclina sans répondre. Amalia, après avoir serré la main de José, fit pivoter son cheval et se rapprocha de son ami d'enfance :

« Señor, dit-elle de sa voix harmonieuse, je vous répéterai les paroles de mon père : merci et au revoir. »

Luis se découvrit et regarda la belle jeune fille s'éloigner entre son père et Pablo. Ce dernier avait passé devant José et son compagnon sans les saluer; ceux-ci, de leur côté, tout occupés d'Amalia, ne parurent pas s'en apercevoir. M. Pinson vint à son tour serrer la main de ses deux amis, jeta un dernier regard sur le taureau mort et sur les deux chevaux éventrés, puis il s'éloigna en murmurant :

« Prodigieux ! »

La petite cavalcade commençait à se perdre dans l'éloignement, que Luis, appuyé sur le canon de son fusil, dont la crosse reposait sur le sol, regardait encore dans la direction suivie par les habitants de la Héronnière. José, assis sur le tronc d'arbre qui avait servi de siège à Amalia, examinait son compagnon; un sourire effleurait ses lèvres. Il se leva, s'approcha de Luis et lui posa la main sur l'épaule.

« A quoi songes-tu? » lui demanda-t-il.

Luis, comme un homme que l'on réveille brusquement, regarda son ami sans répondre.

« Je songe à don Ambrosio, dit-il enfin; cet homme a tous les bonheurs.

— Il a surtout celui de posséder une fille accomplie, dont il a le droit d'être fier.

— C'est vrai, répliqua le jeune homme; que de bonté dans ces traits si harmonieux, sur ce doux visage!

— Et ce visage ne ment pas, Luis.

Luis, appuyé sur le canon de son fusil.... (Page 256.)

— Amalia, reprit Luis d'une voix un peu altérée, est-elle véritablement fiancée à ce Pablo?

— Oui; ce Pablo, comme tu le nommes, est un cousin éloigné de don Ambrosio. Depuis ma sortie de l'hacienda, il est devenu indispensable à celui qu'il appelle son oncle, lequel, par malheur, songe plus au jeu qu'à ses vrais intérêts. Pablo a été longtemps pauvre; il a maintenant la perspective de posséder un jour les biens immenses qui seront l'héritage d'Amalia, si toutefois cette fortune ne disparaît pas une belle nuit sur un coup de cartes.

— Et Amalia consent à devenir la femme de ce vaquero?

— Son père lui a dit un jour qu'elle épouserait son cousin; elle a baissé la tête sans répondre, voilà tout.

— Il y a, reprit Luis, des lueurs sinistres dans le regard de ce Pablo.

— Ce n'est pas un saint, tant s'en faut, répondit José; il a pour serviteur, pour âme damnée plutôt, un Indien mistèque nommé Pochotl, dont le faible pour les liqueurs fortes délie parfois la langue plus qu'il ne conviendrait. Un soir, étant ivre, Pochotl a raconté d'étranges histoires sur son maître; selon lui, Pablo aurait autrefois... Mais, laissons ce sujet. N'accepteras-tu pas l'invitation de don Ambrosio? Ne lui rendras-tu pas visite?

— Non, répliqua Luis avec vivacité. Mon père, tu le sais mieux que personne, José, est mort devant à don Ambrosio une somme que je ne puis rembourser; cette dette me pèse, elle fait en quelque sorte de moi le vassal du maître de la Héronnière, et je ne veux me présenter chez lui que pour le payer.

— Jusqu'à présent, Luis, ce maître ne t'a rien réclamé; si tu te décides enfin à exploiter le Potrero, ton domaine redeviendra ce qu'il était avant que ton malheureux père eût cédé à sa passion pour le jeu, il redeviendra le rival de la Héronnière. Sans compter, Luis, que la dette dont tu parles sera vite éteinte.

— C'est là un rêve, reprit le jeune homme avec accablement. Où trouver les bras et l'argent nécessaires pour tirer parti du Potrero? Tous les Indiens des environs appartiennent maintenant à la Héronnière, et, le jour où ce Pablo sera le maître, ne se souviendra-t-il pas de la dette contractée par mon père?

— Pablo, reprit le chasseur avec gravité, n'est pas encore le maître de la Héronnière. D'un autre côté, Luis, rappelle-toi que ta mère a eu le courage de se séparer de toi pour te faire instruire à Mexico, qu'elle a pensé à toi, non à elle. Son rêve a toujours été de voir le Potrero renaître de ses ruines; aujourd'hui, il t'appartient de combler son vœu, de songer à elle et non à toi. Travaille, enfant; le travail rend possible l'impossible. »

Luis était tourné vers la Héronnière que le soleil couchant embrasait de ses rayons.

« Je travaillerai, » dit-il soudain avec énergie.

Un sourire de satisfaction illumina les traits de José. Au lieu de répondre, il siffla Vagabond et se mit en marche, suivi par son jeune compagnon, qui répéta de nouveau d'un ton résolu :

« Je travaillerai. »

CHAPITRE IX

LE PROGRÈS. — NOUVELLE ALERTE DE M. PINSON. — CHASSE D'AMATEURS. — LE JEU. — PROMESSE DE VIF-ARGENT.

Après avoir passé devant Luis et José en affectant de ne point les saluer, Pablo s'était rangé près d'Amalia.

« Vous m'aviez déclaré ce matin ne point vouloir sortir, cousine, c'est pour cela que j'ai négligé de vous prévenir que je venais de donner l'ordre de rabattre les taureaux des Petits-Prés vers le lac. Mais quelle générosité vous a poussée à exposer votre vie pour le Français? Un coup de corne l'eût rendu moins remuant et moins bavard.

— Fallait-il donc le laisser tuer? demanda la jeune fille, qui regarda en face son cousin.

— Au fond, répondit celui-ci, je ne vois pas où eût été le mal. Cet étranger, qui vient pour tout transformer ici, ne me plaît qu'à demi, je le confesse. Qu'avons-nous à faire des routes, des canaux, des machines dont il veut nous gratifier? Nos aïeux se sont passé de ces merveilles; nous pourrions imiter leur sagesse.

— Vous oubliez, Pablo, que le señor Pinson est ici par la volonté de mon père, qu'il est notre hôte.

— Ne prenez pas votre air sérieux, cousine, il vous sied mal. Vous me rendrez cette justice que je n'ai jamais dissimulé mon horreur pour ce que l'on nomme le progrès. Nous sommes heureux ici, et les prétendues améliorations dont parle cet ingénieur n'ajouteront ni une dent à notre mâchoire, ni un cheveu à notre tête.

— Vous raisonnez, Pablo, comme une personne qui, élevée dans les bois, sans cesse occupée de la poursuite des taureaux et des chevaux sauvages, ne comprend rien à la civilisation. Lorsque vous irez à Mexico, vous y verrez en partie réalisées les améliorations que mon père rêve pour la Héronnière; vous en apprécierez alors l'utilité pour le bien des travailleurs, et vous changerez d'avis.

— J'en doute, repartit le jeune homme; si j'ai été élevé parmi les chevaux et les taureaux sauvages, cousine, je suis par cela même un Mexicain de la vieille race et je m'en fais gloire. Mon père avait remarqué que c'est depuis 1821, époque à laquelle notre pays a été ouvert aux étrangers, que les choses y vont de mal en pis. Mais qu'est-ce là? dit le jeune homme en contenant son cheval; ne voyez-vous rien, cousine?

— Si, un taureau resté en arrière. Le laisserons-nous passer sans lui donner la chasse? »

M. Pinson, qui causait avec don Ambrosio, fut surpris de voir Pablo et Amalia arrêter leurs montures et dénouer à la hâte le lazo attaché au côté droit de leur selle. Jetant les yeux autour de lui, il vit apparaître entre les gommiers la tête effarée du gibier.

« Allons-nous recommencer la plaisanterie de tout à l'heure? s'écria l'ingénieur avec inquiétude, tout en mesurant du regard l'espace déjà considérable qui le séparait de la forêt.

— Soyez sans crainte, lui dit don Ambrosio, cette fois nous sommes cinq contre un. »

L'hacendado mit son cheval au galop et se lança dans la direction du taureau que Pablo venait de déloger. Avec une hardiesse et une agilité sans pareilles, les deux cavaliers se renvoyèrent à tour de rôle la bête furieuse, déjouant ses courses, ses feintes et ses poursuites. Amalia, entraînée par l'exemple, et oubliant son pied endolori, prit bientôt part à cette dangereuse récréation. En voyant la gracieuse jeune fille pousser son cheval en avant, le ramener en arrière, l'arrêter net, le faire bondir à portée du taureau, M. Pinson ne put s'empêcher de répéter deux ou trois fois :

« Prodigieux! »

Don Ambrosio se lança soudain sur les pas de la bête que poursuivait son neveu, et les deux cavaliers luttèrent de vitesse. L'hacendado la rejoignit le premier, la saisit par la queue, obligea son cheval à pivoter et renversa sur le sol le terrible ruminant.

« Prodigieux ! s'écria de nouveau M. Pinson émerveillé ; qui eût pu croire... »

L'ingénieur n'acheva pas. Le taureau, qui venait de se remettre sur pied, se dirigeait vers lui. Piquant aussitôt sa monture, M. Pinson essaya de se rapprocher de la rivière qui traversait la plaine, afin de s'abriter derrière les arbres qui la bordaient. Par bonheur, son alerte fut de courte durée ; rejoint par Pablo, le taureau roula une seconde fois sur le sol. Il ne tarda pas à se relever ; mais renonçant à la lutte il galopa dans la direction du lac, poursuivi par les huées de ses adroits vainqueurs.

Les lazos furent enroulés à leur place, puis, tandis qu'Amalia et sa petite escorte reprenaient le chemin de la Héronnière, don Ambrosio revenait au galop près de M. Pinson.

« Vous n'avez pas été tenté de fournir une course, señor ? demanda l'hacendado à l'ingénieur.

— Pas le moins du monde, répondit M. Pinson ; j'ai un respect inné pour les bêtes à cornes, et ce que je viens de voir n'est pas de nature à modifier mes opinions. Pour se jouer ainsi d'un taureau sauvage ou non sauvage, señor, il faut avoir été dressé tout petit à cet exercice ; or dans mon pays, loin de m'enseigner à défier et à braver les taureaux, on m'a appris à passer au large des vaches elles-mêmes, bien qu'elles soient aussi apprivoisées que nos chats. »

Don Ambrosio fit un geste de surprise ; puis, se rapprochant de la rivière, il contempla la plaine qui s'étendait sur l'autre bord.

« Vous m'expliquiez tout à l'heure, dit-il, que notre principale usine devrait être placée à cheval sur ce cours d'eau.

— Ou du moins qu'il y aurait avantage, vu l'élévation de cette berge, à l'établir sur l'autre rive. Nous économiserions ainsi les frais d'un long canal, travail toujours dispendieux. »

L'hacendado demeura pensif.

« Dressez vos plans comme si cette rive m'appartenait, dit-il ; elle sera mienne à l'heure de commencer les travaux.

— Je sais, dit M. Pinson, que le propriétaire n'est point disposé à la vendre ; s'il refuse, mes devis deviendront inutiles.

— Ces terrains seront à moi, répliqua don Ambrosio ; je puis forcer Luis Avila à me les céder. »

M. Pinson ne répondit pas, car son hôte venait de prendre les devants. Aussitôt arrivé à la Héronnière, don Ambrosio, sans permettre qu'on lui enlevât les longs éperons qui le forçaient à marcher sur la pointe des pieds, se rendit dans le salon, ouvrit un petit bureau et feuilleta une liasse de vieux papiers. M. Pinson se mit alors en quête de Vif-Argent qui, chargé d'un travail de copie, n'avait pu accompagner ses amis. L'ingénieur apprit que son petit compagnon, sa tâche terminée, était parti avec Istac.

« Ces enfants se sont-ils dirigés vers le lac? demanda-t-il avec anxiété.

— Non, señor, répondit la servante qu'il interrogeait, je les ai vus suivre le sentier qui conduit au village.

A l'heure de s'asseoir à table, don Ambrosio posa sa main sur l'épaule de l'ingénieur :

« Dressez vos plans, lui dit-il de nouveau, la rive est à nous. »

Et comme M. Pinson hochait la tête :

« La rive est à nous, répéta don Ambrosio; dussions-nous, ajouta-t-il d'un ton plaisant, marier Luis avec Amalia pour l'acquérir. »

Pablo, déjà assis, se releva d'un bond; ses petits yeux clignotèrent et son regard se porta du visage de son oncle à celui de l'ingénieur comme pour les interroger.

« Qu'est-ce à dire? bégaya-t-il, tant son émotion était violente.

— Rien, rien, neveu, dit don Ambrosio, une simple plaisanterie, rassieds-toi et mange. »

Cette réponse ne suffit pas pour dissiper la préoccupation de Pablo. Chaque fois que son oncle parlait à M. Pinson, le jeune homme relevait la tête, espérant avoir l'explication des paroles qui l'avaient inquiété. Mais il ne fut question que des taureaux et de la chasse qui leur avait été donnée.

Après le repas, don Ambrosio et ses hôtes, selon leur coutume, se retirèrent sous le corridor extérieur en attendant l'heure de se mesurer au *monté*. M. Pinson pénétra dans l'habitation avec l'intention d'aller prendre des nouvelles d'Amalia. Pablo le suivit.

« Entre-t-il dans vos attributions, señor, dit le jeune homme d'une voix que la colère rendait tremblante, de vous mêler des affaires particulières des familles où vous êtes reçu?

— Que voulez-vous dire? demanda l'ingénieur, surpris de cette question et du ton dont elle était faite.

— Mon oncle a parlé tout à l'heure d'Amalia, de Luis et de vos plans; je veux savoir ce que cela signifie.

— Adressez-vous à votre oncle, alors. Quant à moi, je me borne à vous engager à être plus poli.

— Vil étranger! s'écria le jeune homme, qui leva le bras d'une façon menaçante, si je savais... »

M. Pinson saisit la main levée sur lui.

« Mon garçon, dit-il d'une voix calme et en acculant son antagoniste contre la muraille, si vous croyez que les Français, parce qu'ils ne savent ni monter à cheval ni lacer un taureau sont pour cela des poules mouillées, je tiens à vous démontrer votre erreur. Vous devez être convaincu, à l'heure qu'il est, que ma poigne vaut la vôtre et que je sais regarder en face une bête furieuse. Cependant, je comprends vos inquiétudes et je veux bien vous répondre. Je n'ai rien à voir dans vos affaires, je ne songe nullement à m'en mêler, et je vous engage à ne pas vous mêler désormais des miennes. Sur ce, vous pouvez aller au diable! »

En prononçant ces dernières paroles, M. Pinson lâcha enfin le jeune homme qui, plein d'une rage sourde, dégaîna son machété. Si rapide qu'eût été cette scène, M. Pinson avait élevé la voix plus qu'il ne voulait, et don Ambrosio parut.

« Que signifie cela? s'écria l'hacendado, qui se rapprocha de son neveu et lui arracha l'arme qu'il brandissait.

— Don Pablo m'a demandé l'explication des paroles que vous avez prononcées à table, señor, dit l'ingénieur, et comme il m'interrogeait d'un ton peu courtois, je lui ai serré le poignet d'une façon qui l'a fâché.

— Par le ciel! Pablo, dit l'hacendado, tu es ici chez toi et ton action est blâmable. Si tu ne me jures sur l'heure de respecter mon hôte, tu peux faire seller ton cheval et sortir d'ici pour n'y plus rentrer.

— Qu'il ne soit plus question de ce qui vient de se passer, dit M. Pinson d'un ton conciliant, votre neveu est jeune, señor; mais il se rappellera désormais que je ne suis pas un enfant et que les menaces ne m'effrayent pas; cela suffit.

— Jure, reprit l'hacendado. Je ne reviens jamais sur une décision, tu ne l'ignores pas.

— Je vous demande pardon de ma violence, dit le jeune homme à M. Pinson; il semblait être question de m'enlever Amalia, et la crainte de ce malheur m'a mis hors de moi.

— Tu as attaché plus d'importance qu'il ne convenait à une parole dite en l'air, Pablo; rassure-toi et tends la main à ce señor.

— Je me déclare satisfait, dit M. Pinson, car moi aussi j'ai été un peu vif. »

Don Ambrosio ramena l'ingénieur dans le salon, et, avec la courtoisie de son pays, il s'excusa de l'acte de violence commis par son neveu.

« Décidément, pensait M. Pinson, ce Pablo a la tête près du bonnet, et je le crois rancunier. Je ferai bien, dorénavant, de me tenir sur mes gardes, et de ne jamais monter les chevaux qu'il aura sanglés. Ce jeune sauvage n'a point cet air franc par lequel les gens colériques rachètent d'ordinaire leurs incartades, et son regard me gêne. Est-ce sa cousine qu'il aime ou sa dot? Je penche pour la dot? Peste, avec quelle facilité on joue du couteau dans ce bienheureux pays... Quand je pense qu'à l'heure qu'il est, sans Boisjoli, je vivrais paisible aux Batignolles... hélas! »

M. Pinson regarda un instant don Ambrosio jouer au *monté*, puis il se retira dans sa chambre, où il trouva Vif-Argent en train d'écrire. L'enfant, depuis une dizaine de jours, prenait ses repas avec Amalia, à laquelle il enseignait le français, et M. Pinson avait approuvé cet arrangement.

« Eh bien, petit, lui dit-il, qu'as-tu fait aujourd'hui?

— J'ai d'abord copié les feuillets que vous m'avez confiés, puis j'ai travaillé le latin et l'histoire, monsieur; voici mes devoirs.

— N'as-tu pas pris de récréation?

— Oh si, monsieur; Istac est venu, et nous sommes allés au village pour jouer au taureau. »

L'ingénieur, à qui ces paroles rappelèrent ses mésaventures de l'après-midi, fit une grimace.

« Moi aussi, dit-il, j'ai joué au taureau; et cela pour de vrai. Doña Amalia a dû te le raconter.

« Vous devez être convaincu que ma poigne vaut la vôtre. » (Page 263.)

— Mais non, monsieur, je ne l'ai pas vue ce soir.

— Eh bien, petit, elle m'a sauvé la vie, et il paraît que je lui ai rendu le même service. »

Vif-Argent, après avoir longuement interrogé l'ingénieur, se jeta à son cou et l'embrassa à l'étouffer.

« Là, là, mon garçon, s'écria M. Pinson, qui sentit une larme de son petit compagnon d'aventure mouiller sa joue. Je ne suis pas mort. Voyons, qu'as-tu fait encore?

— Istac m'a appris à jouer au *monté*. »

M. Pinson, qui venait de s'asseoir dans un fauteuil à bascule, se leva d'un bond.

— Au *monté*, s'écria-t-il, et qu'avez-vous joué?

— Des haricots.

— Écoute, dit l'ingénieur en pinçant le bout de l'oreille de Vif-Argent, de toutes les sottises que peut commettre l'homme, les plus bêtes sont celles auxquelles l'entraîne le jeu, lorsqu'il cesse d'être un honnête divertissement. Le *monté* n'est point une récréation; je te défends donc d'y jouer, même avec des haricots pour enjeu.

— Il suffit que cela vous déplaise, monsieur, pour que je renonce à jamais toucher une carte.

— Bien, mon enfant, je compte sur ta parole.

— Don Ambrosio et ses voisins font donc mal, monsieur? reprit Vif-Argent. Tous les soirs, quand je viens leur souhaiter une bonne nuit, ils sont devant une table couverte d'onces d'or.

— Nous n'avons pas, cher petit, à juger don Ambrosio ou ses amis, sache seulement que le jeu a ruiné nombre de gens, et que, s'il enrichit quelqu'un, ce n'est jamais pour longtemps. »

— Vous avez bien raison, monsieur, car lorsqu'il m'arrive de gagner Istac, je suis sûr d'avance qu'il me gagnera à son tour le lendemain. Mais quel drôle de pays que le Mexique! Je croyais le connaître après avoir habité Vera-Cruz, et voilà que tout ici est différent de ce qui existe là-bas.

— C'est que Vera-Cruz est une ville à demi européenne, mon garçon, et que nous sommes maintenant au milieu des savanes et des forêts, en plein pays primitif. »

Après avoir corrigé les devoirs de son élève, M. Pinson se coucha. Il savait maintenant border sa moustiquaire, et il mit tous ses soins à cette opération. Il passa en revue les événements de la journée et pensa à José. La noble simplicité du métis, jointe à ce que l'ingénieur connaissait déjà de sa vie, avait achevé de le séduire. Par contre, il songea à son aventure avec Pablo, et ne put s'empêcher de déplorer qu'une aussi charmante personne qu'Amalia fût destinée à devenir la compagne d'un homme si peu fait pour la comprendre, et l'apprécier.

CHAPITRE X

MOUTON. — UNE MONTURE DE PACHA. — L'INGÉNIEUR AMETL. — DOÑA MAGDALENA. — JOSÉ.

Une semaine plus tard, par une brûlante après-midi, M. Pinson surveillait avec soin le harnachement d'un maigre bidet qu'il avait récemment adopté à cause de son âge et de ses habitudes pacifiques. La pauvre bête, âgée d'au moins trente ans, jouissait depuis longtemps de ses invalides lorsque l'ingénieur, l'ayant remarquée dans la prairie où elle paissait en liberté, avait jeté sur elle son dévolu. Mouton, — c'est le nom donné par M. Pinson à sa monture, — ne savait plus que trotter mélancoliquement, allure dont se contentait du reste son nouveau maître. Une fois ce maigre cheval équipé, Antonio se tourna vers M. Pinson.

« Vous accompagnerai-je, señor? lui demanda-t-il.

— Non, mon ami; il est peu probable que je sorte aujourd'hui de la vallée, et je n'ai point d'instruments à porter.

— Comment Votre Grâce, reprit le Mexicain, qui ne cessait de regarder les jambes raides de Mouton, consent-elle, lorsqu'elle a tant de nobles bêtes à sa disposition, à monter un véritable cheval de bois? Un beau matin, Mouton se couchera sur la route et vous laissera en chemin.

— Affaire de goût, mon brave Antonio, et aussi de prudence. C'est toujours à contre-cœur que je me loge sur le dos d'un descendant quelconque de Bucéphale; un âne ferait bien mieux mon affaire.

— Il n'y a point d'ânes dans la Terre-Chaude, señor.

— Et je ne regrette que trop l'absence de ce quadrupède, mon brave garçon, car c'est encore malgré moi que je me hasarde sur le pacifique Mouton. A son prochain voyage à Orizava, don Ambrosio doit m'acheter un âne; il me l'a promis.

— Et Votre Grâce daignera se promener sur un âne, comme si elle n'était qu'un Indien mistèque?

— Sans la moindre honte, mon ami, attendu que je préfère que l'on dise : c'est ici que M. Pinson passa avec son âne, que : c'est ici que M. Pinson eut le bras ou la tête cassée par son cheval. D'ailleurs, Antonio, dans tout l'Orient, un pays qui est presque aux antipodes du vôtre, l'âne jouit de la considération à laquelle lui donnent droit sa force, sa sobriété, son intelligence et sa douceur ; il sert de monture à des pachas, sans compter que c'est sur un âne que Notre-Seigneur Jésus-Christ pénétra dans Jérusalem.

— Je ne dis pas le contraire, señor ; mais Votre Grâce n'est ni Jésus-Christ ni un pacha. »

M. Pinson, au lieu de répondre, se mit en selle et poussa Mouton en avant.

Cinq minutes plus tard, garanti contre les rayons du soleil par un vaste chapeau de paille acheté à un Indien, l'ingénieur côtoyait la petite rivière qui traverse la vallée. Chemin faisant, il examinait avec soin le terrain et prenait sans cesse des notes. Peu à peu il atteignit la limite de la plaine et reconnut la route qu'il avait suivie avec Amalia, le jour de son arrivée à la Héronnière. Après s'être essuyé le front, il engagea sa monture sur le sentier, et, en moins d'une heure, il se trouva près de l'endroit où il avait rencontré Luis Avila pour la première fois. Après avoir traversé à gué le torrent, M. Pinson s'arrêta pour regarder deux perroquets qui, cramponnés au tronc d'un palmier, se creusaient une demeure au sommet de l'arbre ; puis il pénétra de nouveau dans le bois.

Le sentier était étroit ; de loin en loin, grâce à la disposition des arbres, de grandes allées naturelles s'ouvraient à droite et à gauche. L'ingénieur aperçut soudain un immense cône de couleur grise, suspendu à une branche d'arbuste. Croyant voir un fruit gigantesque, il s'approcha et tenta d'atteindre l'objet de sa curiosité à l'aide de sa cravache. Un sourd bourdonnement le fit hésiter, puis il rétrograda en toute hâte. Le cône n'était autre chose qu'un de ces nids de carton que construisent certaines espèces d'abeilles, et il se garda bien de troubler la quiétude des redoutables travailleuses.

Des coups répétés à temps égaux attirèrent l'attention du cavalier, qui distingua bientôt le bruit d'une hache vigoureusement maniée. Il essaya en vain de presser le pas de Mouton et, au sortir d'une gorge dont chaque roche était couverte de mousses multicolores, il déboucha dans une petite clairière. Là, un Indien équarissait un tronc d'arbre, tandis que sa femme et ses enfants taillaient de longs bambous.

Un chien efflanqué vint tourner autour de Mouton, hurlant plutôt qu'il n'aboyait. L'Indien le rappela, et M. Pinson reconnut Ametl.

« Que le ciel nettoie ta route des serpents, dit l'Indien, qui posa sa main sur sa poitrine en signe de respect.

— Et qu'il te donne la santé, répondit M. Pinson, qui connaissait déjà les formules de la politesse indienne. Que fais-tu là? ajouta-t-il. Veux-tu défricher à toi seul cette forêt?

— Je construis la cabane qui doit abriter ma femme et mes enfants; don Luis, que Dieu bénisse, m'a permis d'occuper ce terrain.

— Don Luis! sa demeure est-elle encore éloignée?

— Tu y seras dans un quart d'heure, si tu suis ce sentier. »

M. Pinson examina le travail de son interlocuteur et fit le tour de la rustique demeure, à peine ébauchée.

« Oui, oui, disait-il, ce garçon, de par la nature, est ingénieur, architecte, maçon, menuisier, tout comme les perroquets et les abeilles. Sans marteau, sans lime, sans scie, sans clous, le voilà qui bâtit une maison, et une maison qui résistera au vent, à la pluie, aux ouragans, tant les dispositions sont bien prises. Certes, les logis que se construisent les oiseaux, les insectes et certains quadrupèdes sont des merveilles; cependant que sont-ils à côté de ceci? Hum! avons-nous si fort raison d'être fiers de notre civilisation? Si un Européen se trouvait jeté à l'improviste sur la lisière de cette forêt, en compagnie d'une femme et de deux enfants, je doute qu'il réussît, avec une simple hache, à s'édifier une demeure aussi confortable que le sera celle-ci. »

Sur les indications d'Ametl, l'ingénieur continua sa route et déboucha dans une plaine bornée par une colline taillée à pic. Au pied de cette colline se dressait un vaste bâtiment délabré. Nulle trace de culture en cet endroit; cinq ou six chevaux et autant de vaches paissaient près d'un enclos aux palissades ruinées, et des nuées de martinets, logés dans les parois de la colline, remplissaient l'air de leurs cris.

Des chiens aboyèrent; deux vieux métis, occupés à égrener des épis de maïs, regardèrent, avec une stupéfaction visible, s'avancer le cavalier. M. Pinson, s'engageant dans une allée de magnifiques manguiers au feuillage sombre, arriva bientôt devant le corridor extérieur de la vieille habitation. Une femme de haute taille, aux traits nobles et réguliers, vêtue d'une robe de soie noire, la tête couverte de cette écharpe que les Mexicaines nomment *rebozo*, parut sur le seuil.

« Salut, señor, dit-elle à l'ingénieur, daignez mettre pied à terre et pénétrer sous mon toit.

— Je cherche le señor Luis Avila, répondit M. Pinson après avoir salué.

— C'est mon fils, señor; mais, encore une fois, daignez mettre pied à terre et entrez vous reposer. Holà, Blas, ajouta-t-elle en interpellant un des métis, prends le cheval de ce cavalier et donne-lui une ration de maïs. »

M. Pinson, sur les pas de son hôtesse, pénétra dans une vaste pièce à peu près semblable à celle que l'on nommait le salon à la Héronnière. Un tableau, représentant la Vierge, était posé dans une encoignure, et, devant cette image, brûlait une lampe d'argent. Tous les meubles de cette salle, en cèdre massif, paraissaient antiques. M. Pinson se disposait à s'asseoir pour céder aux instances de son hôtesse, lorsque Luis se montra. Le jeune homme portait son costume ordinaire. Ses traits paraissaient fatigués; il fronça les sourcils à la vue de M. Pinson.

« Ma mère, señor, lui dit-il en désignant la vieille dame, ma mère, doña Magdalena Avila. Venez-vous, ajouta-t-il, tandis que M. Pinson s'inclinait, venez-vous aussi de la part de don Ambrosio?

— Non pas, répondit M. Pinson, surpris du sérieux glacial de son hôte et de sa question; don Ambrosio ignore même que je me suis dirigé de ce côté. Je suis venu pour vous serrer la main, et je crains d'être arrivé à mauvaise heure.

— Tu oublies, Luis, dit doña Magdalena, de faire asseoir ton hôte et de l'informer de ses besoins.

— Pardon, señor, reprit le jeune homme, qui passa à plusieurs reprises la main sur son front, ma mère a raison; pourtant, votre présence ici...

Au pied de cette colline se dressait un vaste bâtiment. (Page 269.)

— N'est motivée que par mon désir de vous serrer la main, je vous le répète.

— Vous connaissez le message que m'a envoyé don Ambrosio?

— Non, quel message? »

Luis regarda son interlocuteur.

« Voilà qui me surprend, dit-il; don Ambrosio m'a fait prévenir que, le bord de la rivière qui m'appartient étant devenu nécessaire à vos plans, j'aie à lui rembourser une somme dont mon père lui était redevable ou à lui céder cette part de mon héritage.

— Que dis-tu? s'écria doña Magdalena, qui se rapprocha.

— La vérité, ma mère, que je voulais vous cacher pour ne point vous affliger, et qu'il faut que vous connaissiez.

— Le Potrero appartient à notre famille depuis deux cents ans, Luis; tu ne le céderas pas, tu ne dois pas le céder!

— Il faut payer don Ambrosio, ma mère.

— Je vendrai mes derniers bijoux; nous vendrons, fût-ce à vil prix, le bétail qui peuple nos plaines, nous emprunterons... Tu iras supplier don Ambrosio d'attendre encore; j'irai moi-même au besoin. Sortir d'ici, ne plus voir ces bois, ces plaines, ces lieux où tu es né, où ton père est mort, où ma vie s'est écoulée, où j'ai souffert! c'est impossible!

— Vos bijoux valent peut-être mille piastres, ma mère; les rares amis qui nous restent nous en prêteront autant, et la somme qu'on nous réclame s'élève à trente mille.

— Que faire? s'écria doña Magdalena, les bras tendus vers l'image de la Vierge.

— Sur mon honneur, s'écria M. Pinson, ému de l'affliction de ses hôtes, j'ai rempli mon rôle d'ingénieur sans me douter des conséquences qu'il pouvait avoir pour vous. Je vais repartir, parler à don Ambrosio, modifier mes plans, réparer le mal dont je suis la cause involontaire.

— Je vous remercie, dit Luis avec hauteur, je ne veux point de grâce.

— Que faire? répéta doña Magdalena.

— Payer, dit une voix grave, payer tout simplement. »

Et José parut sur le seuil du salon.

« Payer? répondit Luis avec amertume; tu oublies notre position, José, ou tu ignores le montant de la dette.

— J'ai entendu, sans le vouloir, une partie de votre conversation, dit le chasseur. J'aime à croire que je n'ai pas été indiscret, que vous m'auriez confié votre peine. Combien réclame don Ambrosio?

— Trente mille piastres, répliqua la vieille dame avec hésitation. Après avoir perdu tout ce que nous possédions en argent, mon pauvre mari a joué autrefois sur parole, et...

— Oui, oui, dit le chasseur, je me souviens de ce jour néfaste.

Trente mille piastres, c'est beaucoup, j'en conviens ; au fond, il ne s'agit que de gagner du temps ; mis en plein rapport, le Potrero peut produire cette somme en deux ou trois ans.

— Je ne veux pas implorer don Ambrosio, dit le jeune homme, l'origine de la dette s'y oppose.

— Je comprends que cela te répugne ; mais moi, je puis traiter en ton nom avec mon ancien maître. »

Luis fit un mouvement.

« Sois tranquille, dit le chasseur, tu peux me confier ton honneur sans qu'il ait rien à craindre, tu le sais. Que faut-il ? obtenir de don Ambrosio qu'il renonce momentanément à sa réclamation. C'est une négociation dont je me charge. Si don Ambrosio refuse d'attendre, j'ai un peu de crédit à Tlacotalpam, et... Oui, j'arrangerai tout. Seulement, il faudrait te mettre à l'œuvre, Luis, songer à te trouver en mesure de pouvoir rembourser le prêt ; d'ici à trois ans, personne ne te parlera plus de ces trente mille piastres, je te le garantis. Donc, encore une fois pour l'honneur et la mémoire de ton père, pour ta mère, pour toi, à l'œuvre ! »

Doña Magdalena s'avança vers le chasseur, et, avant que celui-ci eût pu prévoir son action, elle lui prit la main droite et la porta à ses lèvres.

José se dégagea doucement, et, tandis que Luis s'élançait vers sa mère, qui venait de s'asseoir sur un fauteuil en sanglotant, le chasseur saisissait le bras de M. Pinson et l'entraînait au dehors.

―――

CHAPITRE XI

RÊVES D'AVENIR. — JOSÉ ET M. PINSON. — LE POTRERO. — LE BLESSÉ. — LUIS ET AMALIA. — FORMIDABLE ENJEU. — DÉCEPTION DE PABLO. — JOSÉ SE MONTRE SATISFAIT.

Pendant plusieurs minutes, M. Pinson et José marchèrent sans échanger une parole.

« Combien je suis désolé du trouble dont je suis la cause involontaire! dit enfin l'ingénieur. Je le répétais tout à l'heure, et c'est la vérité, José, j'ai fait mon métier sans me préoccuper des conséquences que mes plans pouvaient avoir pour les voisins de la Héronnière.

— Luis le sait, répondit le chasseur; en tout cas, le mal sera réparé; n'en parlons plus.

— Don Ambrosio, reprit M. Pinson, n'a point de mauvaises intentions contre Luis Avila. Il a compris les avantages qu'offrirait à la réalisation de ses projets la possession de la rive droite de la rivière; comme je mettais en doute que son voisin consentît à céder cette part de son bien : « La rive sera nôtre, m'a-t-il gaiement répondu, dussions-nous, pour ne point faire échouer nos plans, marier Luis à Amalia.

— A-t-il dit cela? s'écria le chasseur, qui se tourna vers M. Pinson pour le regarder en face.

— Il l'a dit; en riant, c'est vrai, mais il l'a dit, et cette réponse m'a valu une explication assez... pénible avec Pablo.

— Le jeune taureau, murmura José, craint de perdre le bel héritage qu'il a considéré jusqu'à ce jour comme une proie assurée.

— Il craint aussi, à ce que j'ai compris, de perdre un bien plus précieux encore, sa cousine.

— Je voudrais en être convaincu, reprit le chasseur qui secoua la tête; or les violences de ce garçon, son regard fuyant, ses allures cauteleuses en face de son oncle, m'ont toujours éloigné de lui.

— J'avoue, pour ma part, qu'il ne m'est point sympathique, dit M. Pinson; néanmoins, j'impose silence à mon instinct pour n'écouter que la raison, attendu que l'extérieur de l'homme est une enseigne souvent trompeuse. Ainsi, continua l'ingénieur, voilà qui est entendu; don Ambrosio sera remboursé, et je n'ai plus qu'à modifier mes plans? »

José fit un signe de tête affirmatif.

« Trente mille piastres, c'est une grosse somme, même au Mexique où l'on compte par onces d'or, reprit l'ingénieur, qui regarda le chasseur en face; je commence à croire, José, que la voix publique pourrait bien avoir raison, lorsqu'elle parle de vos richesses.

— Mes richesses! répéta José. Parle-t-on de mes richesses?

— On m'a raconté l'histoire de Juan Aguila, celles des frères Mendez et des incendiés de Chacaltianguis; plus vingt autres dans lesquelles, moralement et matériellement, vous avez joué un rôle que je vous envie, mon cher José.

— J'ai donné de bons conseils, señor; à ma place, vous eussiez agi comme moi.

— Peut-être! seulement je n'aurais pu dorer mes conseils. Voyons, vous êtes l'ami de doña Magdalena et de son fils, je n'en puis douter. Pourquoi, puisque vous le pouviez, ne les avez-vous pas aidés plus tôt à sortir de la gêne dans laquelle ils ont vécu, en dépit des grands biens territoriaux qu'ils possèdent?

— Vous allez vite dans vos suppositions, señor, répondit José; mais je vous l'ai dit déjà, je pense volontiers tout haut devant vous, je vous répondrai donc. Vous avez raison, señor, il n'est pas un cheveu de ma tête qui n'appartienne à doña Magdalena et à son fils dont le père, homme de sang blanc, m'a toujours traité en égal et en ami. Malgré son amour pour le jeu, il avait l'âme haute. C'est à lui que je dois d'avoir appris à lire et à écrire; plus tard, il m'inspira l'amour de l'étude, bienfait qui vaut à lui seul une reconnaissance éternelle. Joignez à cela, señor, que doña Magdalena est la plus noble femme de la contrée. »

Le chasseur demeura un instant silencieux, puis il continua :

« Lorsque le père de Luis mourut, je l'aimais trop pour ne pas me préoccuper du sort de sa veuve et de son fils. Ce fut sur mes conseils que doña Magdalena trouva le courage de se séparer de Luis, de l'envoyer étudier à Mexico. Là, le jeune homme a conquis ses grades universitaires; puis, se livrant à des études spéciales, il est devenu le plus fort élève de l'école d'agriculture. Luis est un esprit net, ferme, sympathique, une intelligence cultivée. Il a aujourd'hui un devoir à remplir, celui de vivre près de sa mère qui ne veut point quitter les lieux où elle est née, de relever le Potrero et de lui rendre son ancienne importance. La tâche est rude, et le jeune homme a des instants d'hésitation. Je l'observe, je l'étudie, car je ne voudrais pas le lancer à l'aventure dans une entreprise au-dessus de ses forces ou par trop opposée à ses goûts. C'est pourquoi, señor, si je disposais des richesses que l'on me prête, je me garderais bien, même aujourd'hui, de les verser entre les mains de Luis. Je veux qu'il apprenne que la pauvreté peut être combattue, vaincue par le travail et la bonne volonté, je veux que la réédification du Potrero soit l'œuvre de son labeur et de son énergie; je veux qu'il soit un homme.

— Vous êtes un sage, s'écria M. Pinson qui saisit la main de son interlocuteur pour la presser avec force, et vous avez cent fois raison. Il est beau, il est grand, en effet, de se prendre corps à corps avec la nature fertile et sauvage qui nous entoure, de la dompter, de la soumettre. Vous aurez le dernier mot, José, et vos vœux se réaliseront. Votre protégé est une nature d'élite, je m'en suis aperçu, et, grâce à vos conseils, il deviendra certainement l'homme que vous souhaitez. Le jour où il se mettra à l'œuvre, si lui ou vous vous avez besoin de mes connaissances spéciales, je suis à votre disposition. »

Les deux interlocuteurs avaient continué de s'avancer. Tout à coup, M. Pinson poussa une exclamation; il venait d'atteindre le bord du plateau en cet endroit taillé à pic, et, à cent pieds au-dessous de lui, le lac, reflétant les grands palmiers qui croissaient sur sa rive orientale, étendait à perte de vue sa surface azurée. Vers la gauche, par une échancrure, on découvrait la Héronnière et ses plantations.

« Prodigieux! s'écria par deux fois l'ingénieur. Voilà un panorama auquel je ne m'attendais guère. Je ne me croyais pas à une assez grande hauteur pour dominer les collines qui bordent le domaine de don Ambrosio, pour voir en quelque sorte par-dessus leurs têtes. Que ce pays est magnifique, José, et que l'œuvre du Créateur est sublime! »

M. Pinson et José, au-dessous desquels planaient à chaque instant de beaux oiseaux de la famille des alcyons, et qui voyaient de grands poissons aux écailles dorées passer dans les profondeurs du lac, demeurèrent longtemps silencieux. Le bruit d'un pas les fit se retourner; Luis se trouvait près d'eux.

« Je vous demande pardon de mes préoccupations de tantôt, monsieur, dit-il à l'ingénieur en lui tendant la main, je vous croyais envoyé par don Ambrosio dont la réclamation, quoique juste, m'affectait péniblement, et j'ai manqué aux lois de l'hospitalité.

Le lac reflétant les grands palmiers... (Page 276.)

— Je n'ai point à vous excuser, mais bien à vous exprimer mes regrets, répondit M. Pinson; croyez, don Luis, que...

— Traitez-moi en ami et appelez-moi simplement Luis, dit le jeune homme du ton cordial qui lui était habituel. Maintenant, consentez-vous à revenir vers le Potrero? Ma mère nous attend. »

M. Pinson jeta un dernier regard sur le lac et suivit le jeune homme, l'interrogeant sur la nature des terrains qui les entouraient. Il apprit qu'une gorge, située vers la droite de l'habitation, descendait par une pente presque insensible jusque sur les rives du lac, et que ce chemin naturel servait autrefois de débouché aux produits du Potrero.

« Si j'avais votre âge et que de tels biens fussent à moi, dit M. Pinson en regardant autour de lui, je me mettrais dès ce soir à l'œuvre, et je voudrais que le Potrero devînt bientôt le rival de la Héronnière.

— Vous oubliez que la Terre-Chaude est un désert, qu'elle manque de bras, de routes, et que moi je manque de capitaux, répondit Luis.

— Quand nos pères sont venus s'établir en ce lieu, dit José avec gravité, ils ne trouvèrent partout que marécages, savanes et forêts. Ils prirent vaillamment la hache et déblayèrent le terrain. Cette œuvre accomplie, il saisirent le manche de la charrue et tracèrent le premier sillon civilisateur; ce sillon, leurs fils devaient l'agrandir, et ils le laissent se combler. »

Luis se tourna vers son ami, lui serra fortement la main, et prit les devants sans répondre.

Doña Magdalena attendait M. Pinson sur le seuil de sa demeure; de même que son fils, elle s'excusa d'avoir un instant manqué aux lois de l'hospitalité, puis elle offrit à l'ingénieur des tranches d'ananas et insista pour le retenir à souper. M. Pinson, parti de la Héronnière sans dire où il se rendait, craignait que don Ambrosio ne s'inquiétât de son absence, s'il ne le voyait pas rentrer avant la nuit. Il promit de revenir au Potrero, et pria qu'on fît amener son cheval. Il allait se mettre en selle lorsqu'un Indien couvert de poussière s'avança vers José, lui prit la main et la posa sur sa poitrine.

« Que veux-tu? demanda le chasseur surpris.

— Je viens de ta demeure; on a besoin de toi au village.

— Qu'est-il arrivé?

— Telatl, en abbatant un cèdre, vient d'avoir la jambe brisée.

— Fais-moi seller un cheval, Luis, s'écria le chasseur, j'arriverai ainsi plus vite. Attendez-moi, señor Pinson, nous allons cheminer ensemble.

— Reviendrez-vous ce soir? demanda Luis au chasseur.

— Oui, à moins que l'état du blessé rende là-bas ma présence indispensable. »

Luis s'éloigna; au bout de dix minutes il reparut, suivi d'un métis qui conduisait deux chevaux sellés.

« Songes-tu donc à m'accompagner? lui demanda José.

— J'avais l'intention de reconduire M. Pinson jusqu'au bas des collines, je pousserai jusqu'au village avec vous. »

Lorsque la petite troupe se mit en marche, le messager était déjà reparti. M. Pinson prit alors congé de doña Magdalena; il se sentait plein de respect pour cette mère aux manières si dignes et si affables.

Les cavaliers marchèrent aussi rapidement que le permit l'allure de leurs bêtes. Néanmoins il faisait nuit lorsqu'ils atteignirent le village. En pénétrant dans une cabane, ils trouvèrent Amalia assise au chevet du blessé.

« Bravo, enfant! s'écria José en baisant à plusieurs reprises les petites mains que la jeune fille lui tendit. Tu es déjà là, et je m'y attendais. Maintenant, retire-toi et emmène ces curieux. »

Les Indiens, qui espéraient voir à l'œuvre le *Ticitl*, — médecin ou sorcier, — ne vidèrent la cabane qu'avec lenteur. Alors José, que M. Pinson croyait voir agir en rebouteur, opéra en véritable chirurgien. Après avoir reconnu l'endroit précis où le membre était brisé, il le plaça dans la position la plus convenable pour que la soudure de l'os pût s'effectuer, et assujettit les bandages dont il entoura la jambe malade à l'aide de tiges de bambou arrachées sans façon aux cloisons de la cabane. Cette opération terminée, il recommanda le repos le plus absolu, et promit au patient qu'avant un mois, pourvu qu'il eût le courage de ne point trop remuer, il pourrait se servir de sa jambe.

Lorsque José sortit de la cabane, il fut aussitôt entouré par vingt Indiens des deux sexes, qui réclamaient ses conseils ou ses soins. Il eut une bonne parole pour chacun, et réussit enfin à se dégager.

« Es-tu venue seule? demanda-t-il à Amalia après l'avoir rassurée sur le sort du blessé.

— Une de mes femmes m'a accompagnée, répondit la jeune fille.

— Bien que la nuit soit claire, dit José, nous te reconduirons. Prends les chevaux en main et suis-nous, » ajouta-t-il en s'adressant à un Indien qui se hâta d'obéir.

L'air était brûlant, la lune brillait dans le ciel, les belles constellations du sud scintillaient dans l'azur; des cigales, par le bruissement de leurs ailes, troublaient seules le calme de la nuit. Luis se plaça près d'Amalia, et, cheminant à côté de la belle jeune fille qu'il venait de retrouver au chevet du blessé, il l'entretint de nouveau des jours de leur enfance. José avait passé son bras sous celui de l'ingénieur, et tous deux avançaient à petits pas. Amalia et Luis, au lieu de suivre le chemin encaissé qui conduisait à la Héronnière, chemin alors rempli d'ombre, gravirent la berge et ne s'arrêtèrent qu'une fois parvenus à son sommet. M. Pinson et José, engagés entre les talus, se trouvèrent bientôt au-dessous des deux jeunes gens. José parlait à mi-voix; néanmoins ses paroles, claires et distinctes, arrivaient à l'oreille de Luis et d'Amalia.

« Il fut un temps, señor, disait le chasseur à M. Pinson, où la Héronnière et le Potrero étaient des haciendas sœurs; doña Magdalena et la mère d'Amalia ne passaient guère de journée sans se visiter, et, dans leurs rêves d'avenir, elles unissaient leurs enfants.

— Je n'en suis pas surpris, répliqua M. Pinson, on ne peut voir ces deux jeunes gens sans songer qu'ils semblent faits l'un pour l'autre, vous l'avez dit.

— Le temps a passé, reprit le chasseur, et un abîme est venu les séparer.

— Un abîme, José, que voulez-dire?

— Qu'Amalia est riche, et que Luis est pauvre.

— Soit, répondit M. Pinson; cependant si Luis le voulait, vous le lui avez démontré ce matin, le Potrero renaîtrait vite de ses ruines.

— C'est vrai, señor; mais ce n'est pas là l'œuvre d'un jour. Luis, je n'en doute pas, triomphera peu à peu des obstacles qui l'effrayent. Par malheur, des années s'écouleront avant qu'il ait atteint le but que je veux lui voir atteindre, car les grandes entreprises, pour donner des résultats, demandent du temps.

— Doña Amalia peut attendre; elle a seize ans à peine.

— Elle est la fiancée de Pablo, dit le chasseur; don Ambrosio ne renonce pas facilement à ses idées, et mon rêve...

— Ce Pablo! je voudrais le voir autre part qu'ici, » s'écria M. Pinson.

Pas une parole de cette conversation n'avait été perdue pour Luis et Amalia; ils avaient écouté silencieux, très agités.

« Marchons, » dit Amalia troublée.

Luis ne bougea pas.

« Ainsi, dit-il d'une voix émue, votre mère et la mienne, Amalia, avaient songé... José a raison, c'est là un rêve, et les rêves ne résistent pas au souffle du temps.

— Les rêves, non, répondit la jeune fille d'une voix non moins tremblante que celle de son compagnon, toutefois, que peut le temps contre la volonté? »

Luis fit un pas en avant.

« Voulez-vous dire, demanda-t-il, que si je me mettais au travail?...

— J'attendrais, » répondit Amalia, qui s'enfuit aussitôt.

Elle était déjà près de José que Luis, encore debout sur le sommet de la berge, se répétait à lui-même le simple mot qu'il venait d'entendre.

« A l'œuvre! à l'œuvre! s'écria-t-il avec énergie. Je veux réussir. »

Et, d'un pas ferme, il descendit la berge à son tour.

« Il est temps de nous mettre en selle, lui dit José aussitôt que les murs de l'hacienda furent visibles, ta mère nous attend. »

Luis s'approcha d'Amalia, se découvrit et lui tendit la main; elle y posa la sienne et s'inclina. Puis, tandis que les deux cavaliers s'éloignaient au trot, elle continua sa route avec M. Pinson.

« Est-ce vous, cousine? dit soudain la voix de Pablo.

— Oui, répondit Amalia qui tressaillit.

— On vient de m'annoncer que vous étiez au village, et j'allais au-devant de vous. »

Pablo offrit son bras à sa cousine; elle le refusa. Aussitôt qu'elle eut atteint le perron de la Héronnière, elle courut s'enfermer dans sa chambre, pria avec ferveur et s'endormit en pensant au passé, à sa mère, à la mère de Luis; et aussi à l'avenir, qui l'inquiétait et lui souriait à la fois.

CHAPITRE XII

LA PASSION DU JEU. — PABLO ET DON AMBROSIO. — LA RÉPONSE DE
LUIS AVILA. — JOSÉ SE MONTRE DE PLUS EN PLUS SATISFAIT.

M. Pinson et Pablo, en quittant Amalia, étaient entrés dans le salon. Là, à la lueur de deux maigres chandelles, enfermées sous des garde-brises, don Ambrosio et trois hacendados des environs jouaient au *monté*. Les enjeux étaient si considérables que les mises se faisaient sur parole.

« Dix milles piastres sur le valet, dit un des joueurs à don Ambrosio.

— Je tiens, répondit froidement l'hacendado.

— Prodigieux! ne put s'empêcher de murmurer M. Pinson. Risquer sur une carte une somme de cinquante mille francs, la perdre ou la gagner en moins d'une minute, c'est de l'héroïsme doublé de sottise. Si Boisjoli, qui se plaignait de sa mauvaise chance lorsque je lui gagnais douze sous dans la soirée, était ici...

— Tâche donc de rester tranquille, » dit don Ambrosio à son neveu qui, depuis son entrée dans le salon, l'arpentait fièvreusement.

Le jeune homme se tint coi; toutes les respirations furent suspendues.

« J'ai perdu, dit don Ambrosio à la vue d'un roi. Assez pour ce soir.

— Je prends votre place, » dit un des joueurs.

Don Ambrosio, en dépit de la déclaration qu'il avait faite un instant auparavant, se rapprocha peu à peu de la table; puis, entraîné par son impérieuse passion, il saisit les cartes, les battit et voulut conjurer la mauvaise fortune. M. Pinson se retira. Pablo, anxieux, s'assit à l'écart; son oncle s'entêtait à parier pour les valets et perdait à chaque coup. Enfin, l'hacendado se leva, conduisit ses hôtes dans leurs chambres et se dirigea ensuite vers la sienne; Pablo, qui l'avait suivi, l'arrêta sous le corridor.

« Je voudrais vous parler, mon oncle, dit le jeune homme.
— Que me veux-tu, neveu?
— Dans votre bonté pour moi, señor, vous m'avez permis d'ambitionner la main de ma cousine; or, vous le savez, j'aime Amalia.
— Et surtout sa dot, répondit don Ambrosio avec un sourire ironique.
— Mon oncle!
— Allons, que veux-tu? demanda de nouveau don Ambrosio. Parle, il est tard.
— Je voudrais, señor, qu'il vous plût de fixer l'époque à laquelle Amalia deviendra ma femme.
— Hum! dit l'hacendado, ma sortie de l'autre jour, à propos de Luis Avila, te trotte encore par la tête, neveu. Peut-être aussi, parce que la fortune me malmène depuis quelques jours, as-tu quelque inquiétude sur la dot... Ne te fâche pas, mon garçon, ce n'est pas un crime d'aimer l'argent; cependant, peut-être l'aimes-tu trop. Voyons, Amalia vient d'accomplir sa seizième année; or, j'ai résolu de ne lui donner un maître que lorsqu'elle aura dix-sept ans accomplis.
— Vous oubliez, mon oncle, que les années sont éternelles alors qu'on attend.
— Crois-tu Amalia si pressée?
— Je le suis, moi.
— Alors, patience, neveu.
— Señor...
— J'ai dit, » répliqua l'hacendado d'un ton sec.
Il fit quelques pas, puis se retourna.
« Sais-tu, dit-il, qu'à ma sommation de me rembourser les trente mille piastres que me devait son père, ou de me vendre la part du Potrero dont j'ai besoin, Luis Avila a répondu sans retard?
— Il vous cède le terrain que vous désirez?
— Non; il m'annonce que dans un mois, jour pour jour, il me fera compter la somme que je réclame, capital et intérêts.
— Luis Avila ne possède point d'argent, c'est une vérité que nous savons tous.

— Aussi, engagerai-je notre ingénieur à continuer ses plans ; la plaine m'appartiendra toute entière, il le faut.

— A moins, reprit Pablo, que l'infernal sorcier que chacun trouve sur sa route à certaines heures, ne vienne réduire vos projets à néant en faisant naître de l'or sous les pas de Luis. »

Les sourcils de don Ambrosio se froncèrent, son regard brilla, mais presque aussitôt ses traits se détendirent.

« Eh bien, dit-il, si José s'en mêle, nous en reviendrons à ma première idée, neveu, nous marierons Amalia et Luis.

— Pas de mon vivant, murmura le jeune homme d'une voix sourde.

— Bonsoir, dit l'hacendado, dors en paix et sache attendre ; crois-moi, neveu, les années sont des secondes lorsqu'elles sont passées.

— Et des siècles lorsqu'elles sont à venir, » répliqua le jeune homme.

Pendant plus d'une heure, Pablo se promena de long en large sous le corridor extérieur de l'habitation. La lune éclairait alors l'immense vallée et le lac apparaissait au loin comme une masse d'argent polie et brillante. Des engoulevents, des hiboux traversaient la cour en battant l'air embrasé de leurs ailes silencieuses, ou fuyaient poursuivis par des chauves-souris de taille gigantesque. Pablo ne voyait rien du calme, des splendeurs de cette belle soirée tropicale. Il pensait à Luis et à Amalia qu'il avait vus marchant côte à côte ; il songeait surtout aux pertes de jeu de son oncle.

« Si on le laisse faire, pensait-il, il se ruinera, ou ses biens, qui doivent être à moi, passeront à ce Luis que je déteste... Pochotl est habile, nous verrons bien si... »

Le jeune homme secoua la tête, il se retira sans achever sa phrase.

A cette même heure, Luis et José franchissaient le sommet de la dernière colline et passaient devant la cabane ébauchée d'Ametl ; la silhouette blanche du Potrero, se découpant sur les roches noires, leur apparut. Le rugissement d'un tigre, parti du fond de la forêt, fit tressaillir les chevaux qui s'arrêtèrent. Luis, depuis le départ des habitants de la Héronnière, avait à peine répondu à José.

« A demain donc, enfant. » (Page 286.)

Il parut sortir d'un rêve, et promena autour de lui des regards surpris.

« Quoi, dit-il, nous sommes déjà arrivés?

— Déjà, répéta José qui sourit.

— Couches-tu au Potrero? demanda le jeune homme au chasseur.

— Non, répondit celui-ci, Vagabond est à la chaîne, il me faut aller lui donner à souper.

— Quand te verrai-je, José?

— Pourquoi cette question, Luis?
— J'ai besoin de tes conseils.
— Parle.
— Toi et ma mère vous avez raison, José. L'avenir est ici. Dès demain, je veux me mettre à l'œuvre, étudier les moyens de relever le Potrero; je n'ai que trop tardé. »

José sauta à bas de sa monture, saisit la main du jeune homme et lui dit :

« A demain, enfant; tu sais que je suis tout à toi; donc, à demain. »

Abandonnant son cheval à son compagnon, José traversa la gorge qui conduisait au lac, puis se mit à gravir de nouveau. Arrivé sur le plateau qui dominait le Potrero, il contempla un instant la Héronnière où brillait une lointaine lumière :

« Ah! petite fée, murmura-t-il, le bras étendu dans cette direction, ou je me trompe fort, ou nous te devrons le bonheur; merci pour nous tous... et pour toi. »

Il poussa alors un sifflement prolongé auquel la voix de Vagabond répondit; puis il gagna sa cabane posée, comme un nid d'aigle, sur ce roc isolé.

CHAPITRE XIII

UNE INVENTION NOUVELLE. — LE RIDICULE. — PERSÉVÉRANCE.
SUCCÈS DE M. PINSON.

Quinze jours après les événements qui viennent d'être racontés, M. Pinson, levé de bonne heure, surveillait les derniers coups de marteau donnés à la brouette qu'il avait fait construire. La roue, à laquelle l'ingénieur dut travailler lui-même, fut enfin assujettie, et M. Pinson, poussant devant lui le petit véhicule, pénétra dans la cour de l'hacienda à l'heure où les ouvriers prenaient leur repas. Un immense éclat de rire, — manifestation rare chez les Indiens dont l'esprit taciturne ne connaît guère d'autre expression de joie que le sourire, — accueillit l'apparition de l'ingénieur.

« Bah! l'homme est partout le même, murmura celui-ci sans se déconcerter; il commence par se moquer des choses dont il ne connaît ni l'usage, ni l'utilité, et ces moqueries ont dû coûter bien des larmes aux pauvres inventeurs. On a ri de Galilée, affirmant la rotation de la terre autour du soleil; de Parmentier, essayant d'élever la pomme de terre au rang de comestible; de Stephenson, s'ingéniant à faire marcher des voitures par la force expansive de la vapeur d'eau, et le hardi gaillard qui, le premier, s'est servi d'un mouchoir, est bien heureux s'il n'a pas été lapidé. Je suis en apparence l'inventeur de la brouette, puisqu'elle est encore inconnue ici, et les rires que je provoque sont dans l'ordre de la bêtise humaine. »

Après avoir deux fois parcouru la cour dans sa longueur, M. Pinson se rapprocha des groupes et engagea un des curieux à conduire à son tour la brouette.

« Non, dit l'Indien qui recula, je ne suis ni un bœuf, ni un cheval pour m'atteler à une charrette.

— Tu n'es pas un âne, non plus, répliqua M. Pinson, et cependant tu portes sur ton dos, comme lui, le fardeau que tu veux transporter d'un lieu à un autre. Vite, essaye de m'imiter.

— Jamais, dit l'Indien d'un ton résolu; je ne suis pas une bête de somme, je suis un chrétien.

— Prodigieux! s'écria l'ingénieur. Il faut avouer que, si l'homme est une bête fière, il est en même temps une fière bête. Ne voulez-vous pas prêcher d'exemple, señor don Ambrosio? Il s'agit, pour l'avenir, d'éviter de la peine à ces pauvres gens. »

L'hacendado fit un signe de tête négatif et se drapa avec dignité dans son manteau.

« Et vous, señor Pablo? s'écria l'entêté M. Pinson. Voici l'instant de nous montrer votre courage.

— Il est une chose devant laquelle le plus brave hésite, répondit le jeune homme : le ridicule.

— Le ridicule, reprit M. Pinson qui s'anima, consiste à agir contre la raison, à mettre sa culotte à l'envers, par exemple. Mais il n'y a rien de ridicule dans une action utile ou juste. Si José ou

Luis Avila étaient ici, ils traîneraient ma brouette, j'en suis sûr. Ah! mes gaillards, ajouta l'ingénieur, qui se tourna vers les Indiens, vous refusez de vous servir d'un outil destiné à ménager vos épaules, sous prétexte que vous n'êtes pas des quadrupèdes, eh bien, je vais vous démontrer que vous appartenez au genre de volatile qui sauva le Capitole, ce qui est bien pire. »

Mettant aussitôt habit bas, M. Pinson saisit les brancards de la brouette, traversa la cour de l'habitation, et s'engagea sur le sentier qui conduisait au village. Arrivé près de la source où se tenaient les lavandières, il en avisa une qui, aidée par ses compagnes, empilait sur sa tête le linge qu'elle avait blanchi, et sous le poids duquel elle fléchissait. En dépit de l'opposition de la blanchisseuse, M. Pinson, sans mot dire, et à la grande stupéfaction des assistantes, plaça non seulement ce fardeau, mais tout le linge qu'il trouva à sa portée sur son véhicule, et le poussa, ainsi chargé, vers le village dont il fit le tour, ne s'arrêtant que de loin en loin pour s'éponger le front. Enfin il regagna l'habitation avec une charge de deux balles de café, suivi d'une nombreuse escorte d'hommes, de femmes et d'enfants.

« J'ai traîné dans ma brouette le linge que six femmes pouvaient à peine porter, dit-il, et me voici revenu avec un fardeau devant lequel quatre hommes reculeraient. Señor Pablo, voulez-vous m'apprendre ce que j'ai en moi de plus ridicule qu'à mon départ?

— Vous vous êtes donné beaucoup de mal, vous avez compromis votre dignité, et je crains que cela ne soit en vain, dit don Ambrosio; il est plus difficile que vous ne le croyez d'imposer une mode nouvelle à un Indien. »

Durant toute cette aventure, le gros rire de Pablo avait surtout agacé l'ingénieur.

« Permettez-moi de vous féliciter de votre succès, dit le jeune homme avec ironie. Voilà du temps et de l'argent perdus.

— Mon garçon, répondit M. Pinson avec une familiarité qui ne lui était pas ordinaire, voulez-vous me faire le plaisir de prendre la balle de coton que voilà et de la transporter près de ce palmier, c'est-à-dire à dix pas de la place qu'elle occupe? »

Pablo était robuste; il saisit le fardeau, ne put réussir à le placer sur son épaule, et l'abandonna.

UNE INVENTION NOUVELLE.

Vif-Argent, sans effort... (Page 280.)

« Holà, Vif-Argent, cria l'ingénieur à son petit compagnon qui rentrait, arrive ici. »

L'enfant accourut. M. Pinson souleva la balle de coton et la plaça sur la brouette.

« Roule-moi ça autour de la cour, petit. »

Vif-Argent, sans effort, exécuta ce que l'ingénieur venait de lui prescrire.

« Comprenez-vous enfin, dit alors M. Pinson à Pablo, qu'une machine qui permet à un enfant de transporter où bon lui semble un fardeau que vous avez peine à soulever mérite autre chose que la moquerie?

— Nous sommes convaincus de ce que vous voulez nous démontrer, dit don Ambrosio ; seulement, ainsi que vous l'a déclaré l'Indien Juan, un homme n'est pas une bête de somme. »

— Et cependant, señor, Juan lui-même porte des fardeaux, ni plus ni moins que son cheval. Pourquoi serait-il plutôt une bête de somme en traînant une balle de coton dans une brouette qu'en la chargeant sur ses épaules?

— L'usage, señor.

— C'est-à-dire la routine, ce terrible ennemi du progrès. Eh bien, je la vaincrai. »

On se mit à table pour déjeuner; aussitôt après le repas, quatre domestiques, à la tête desquels marchait Antonio, amenèrent les chevaux de don Ambrosio et de Pablo, qui partaient pour une hacienda située à trois heures de marche de la Héronnière, où devaient avoir lieu des combats de coqs et une sérieuse lutte au *monté*.

Au moment où l'hacendado se disposait à se mettre en selle, Amalia, qui déjà lui avait dit adieu, revint près de lui et l'entoura de ses bras.

« Père, lui dit-elle, m'est-il permis, pendant votre absence, d'accompagner parfois M. Pinson dans ses excursions?

— Certes, mon enfant, à la condition d'emmener une de tes femmes et de te faire suivre d'un domestique; de Manuel, par exemple.

— Encore un mot, père; votre inimitié avec doña Magdalena Avila est-elle de nature à m'empêcher de lui rendre visite?

— Inimitié! s'écria l'hacendado. Il n'y a, entre doña Magdalena et moi, qu'une bouderie relative à certain coup de carte qui rendit son mari mon débiteur. J'ai souvent fait les premiers pas vers doña Magdalena ; sa fierté a toujours repoussé mes avances. Quoi qu'il en soit, mon enfant, notre voisine est la plus honorable personne de la contrée, elle a été l'amie de ta mère, et je ne pourrai que me réjouir si tu réussis à renouer nos relations amicales d'autrefois.

— Merci, père ; je ne sais si j'irai au Potrero ; je voulais seulement, pour le cas où mon humeur m'y conduirait, que vous en fussiez averti. »

Pablo, déjà en selle, avait entendu la demande d'Amalia; il obligea sa monture à se rapprocher du perron au haut duquel se tenait la jeune fille; il était pâle.

« Pensez-vous réellement à vous rendre au Potrero, cousine? lui demanda-t-il.

— Je ne sais encore, Pablo; néanmoins, cette excursion me tente. Je voudrais parler de ma mère avec une personne qui a été son amie.

— Voulez-vous, dit le jeune homme d'une voix frémissante, me promettre de n'y point aller? »

Amalia ferma les yeux.

Bientôt elle releva ses paupières pour regarder en face son cousin.

« Non, dit-elle simplement, je ne puis vous promettre cela. »

Le jeune homme fouetta ses bottes de sa cravache; le sang afflua sur ses joues, il fit un effort pour parler et bégaya. Soudain il enfonça ses éperons dans les flancs de sa monture qui bondit au loin. Cinq minutes plus tard les cavaliers et leur escorte cheminaient dans la plaine, se dirigeant vers le lac qu'ils devaient côtoyer.

CHAPITRE XIV.

UNE FAMILLE DE JAGUARS. — LE COENDOU. — VISITE AU POTRERO.

Pendant huit jours, chaque matin, M. Pinson promena sa brouette du village aux plantations, afin de bien démontrer l'excellence du véhicule qu'il voulait voir adopter. Peu à peu, on cessa de rire lorsqu'il passait; puis on admira l'aisance avec laquelle il transportait les plus lourds fardeaux. Le neuvième jour, alors que l'ingénieur allait se mettre en route pour sa tournée quotidienne, un Indien s'approcha de lui.

« Veux-tu me prêter ton petit carrosse? demanda-t-il après avoir longtemps hésité.

— Hum! répliqua M. Pinson qui s'épongea le front. Dis-moi d'abord ce que tu en veux faire.

— J'ai vendu au maître ma récolte de café et je voudrais la livrer au majordome sans perdre une journée de travail. »

M. Pinson eut toutes les peines du monde à dissimuler sa joie.

« Je te prête ma brouette, dit-il, parce que, sans en avoir l'air, tu es l'homme le plus intelligent et le plus pratique de ta tribu, de ton village, veux-je dire. En route. »

L'Indien éprouva d'abord un peu de difficulté à maintenir la brouette en équilibre, mais il en comprit vite le mécanisme et se dirigea vers le village, à la grande admiration de ses compatriotes. Le lendemain, trois autres Indiens supplièrent M. Pinson de leur prêter son véhicule. L'ingénieur les régala d'une rasade d'eau-de-vie de maïs, et il mit aussitôt à l'œuvre les ouvriers charrons pour la construction d'une vingtaine de brouettes.

Le soir, au moment de son dîner, Amalia vint s'asseoir près de lui. Tout en mangeant, l'ingénieur raconta le succès qu'il avait obtenu.

« Je ne désespère pas, dit-il, de démontrer peu à peu à ces pauvres diables l'utilité des tenailles, celle des charrues perfectionnées. Peut-être même réussirai-je à leur apprendre à porter des chemises, des pantalons, et à se servir de mouchoirs, ce qui les transformera en véritables citoyens. L'habit fait le moine, señorita, bien qu'un vieux proverbe soutienne le contraire. L'homme qui se contente de se coiffer d'un grossier chapeau de paille, de se vêtir d'un caleçon de bain et de se nourrir de galettes de maïs, ne consomme pas en réalité; or, sans consommation, pas de richesse publique.

— Il y a trois cents ans, répondit Amalia, que les Indiens de la Terre-Chaude voient les hommes de race blanche s'asseoir sur des chaises et des fauteuils, manger à l'aide de fourchettes, coucher dans des lits, porter du linge de corps, et aucun d'eux n'a pu se décider à adopter ces coutumes. La race indienne paraît avoir pris pour devise l'immuabilité, et le succès de votre brouette, señor, est un vrai miracle.

— J'espère en accomplir d'autres, fût-ce aux dépens de ma dignité, dit l'ingénieur. Être utile, voilà ma devise, et elle vaut mieux que celle des Indiens. »

Amalia emmena M. Pinson sous le corridor extérieur, et voulut lui servir elle-même le café. Bien qu'on fût au mois de décembre, la soirée était brûlante, une légère brise agitait à peine les feuilles. Mille insectes phosphorescents, qui voltigeaient autour des arbres voisins, semblaient autant d'étincelles jaillissant de l'extrémité de leurs branches. Les palmiers, immobiles et droits, découpaient sur le ciel, encore teint des lueurs roses du soleil couchant, leurs panaches au sommet desquels les vautours s'accommodaient pour passer la nuit. Fier de son récent triomphe, charmé de la présence et de la conversation d'Amalia, dont il ne cessait d'admirer l'aimable visage que pour laisser ses regards se perdre sur la grandiose nature tropicale qui l'entourait, M. Pinson se sentait heureux.

« Voilà, pensait-il, une de ces heures de béatitude comme on en compte quelques-unes dans sa vie. Pauvre Boisjoli, ai-je raison de le maudire si souvent? j'ai trouvé ici ce qu'il rêvait, ce qu'il rêve peut-être encore. Le bien vient donc en voyageant? Ah! si je le tenais ici, que de bonnes et belles choses nous ferions ensemble!

— Comment emploierez-vous votre journée demain, señor? demanda soudain Amalia à son compagnon.

— Demain, répondit M. Pinson, je renonce naturellement à conduire ma brouette, qui, désormais, fera son chemin toute seule; je me propose d'aller mesurer des terrains, ou marquer les arbres que je veux faire abattre pour mes constructions futures.

— Est-ce du côté du Potrero que vous comptez vous diriger?

— Sur ma foi, s'écria l'ingénieur, vous me rappelez que voilà bien des jours que je n'ai vu mes amis des hauteurs; oui, j'irai peut-être de ce côté.

— Si vous supprimez le peut-être, dit Amalia, je vous offre ma compagnie. Mon père ne saurait tarder à revenir et je voudrais, avant son retour, essayer de le réconcilier avec doña Magdalena.

— Vos souhaits sont des ordres, dit galamment M. Pinson; je retire mon peut-être et je vous demande votre heure.

— Ne pouvons-nous partir après le déjeuner?

M. Pinson s'inclina en signe d'acquiescement. Le lendemain,

vers midi, il aidait lui-même Manuel à seller Mouton. Amalia et une de ses suivantes étaient déjà en selle.

« Afin d'éviter les rayons du soleil, dit la jeune fille, je vous propose, señor, de gagner le pied des collines qui sont à notre droite ; nous trouverons bien là un sentier qui nous conduira sur les hauteurs.

— Menez-moi où il vous plaira, dit M. Pinson, je ne suis que votre écuyer.

— Un temps de galop, alors. »

Franchissant un petit pont de bois jeté sur la rivière, Amalia galopa bientôt dans la plaine. Par malheur, le galop était une allure que le coursier de M. Pinson, émule en cela comme en nombre d'autres choses du fameux Rossinante, avait depuis longtemps cessé de pratiquer. Ce fut donc au trot que le pauvre Mouton, en dépit des coups de cravache que lui administrait son cavalier, traversa la plaine.

« Décidément, s'écria l'ingénieur lorsqu'il eut rejoint sa compagne, qui commençait à gravir la colline au pied de laquelle elle l'avait attendu, il faudra que je laisse Mouton à l'écurie lorsque j'aurai l'honneur de vous accompagner ; j'irai plus vite à pied.

— C'est à moi de vous demander pardon de ma hâte, répondit Amalia ; et nous allons maintenant marcher au pas. »

Parvenus sur la hauteur, Amalia et M. Pinson, que suivaient à distance Manuel et la camériste, se trouvèrent en pleine forêt, sur un sentier que ne fréquentaient que des piétons, car des lianes et des branches le barraient à un mètre du sol.

Amalia, armée de son machété, tranchait avec dextérité les rameaux qui s'opposaient à son passage. Elle s'arrêta tout à coup, fit signe à son compagnon de garder le silence, et lui montra deux jeunes jaguars qui, avec des allures de chat, jouaient au milieu du chemin.

« Prodigieux ! murmura M. Pinson, lorsqu'il vit paraître la mère des deux petits jaguars ; voilà, je l'avoue, une rencontre à laquelle on n'est jamais exposé dans le bois de Boulogne. C'est singulier, mais de telles bêtes, en liberté, produisent une impression tout autre que celle que l'on ressent lorsqu'on les regarde au Jardin des Plantes, à travers les barreaux d'une cage. Allez-vous

Deux jaguars jouaient. (Page 294.)

tirer? demanda-t-il à sa compagne en la voyant dégager son fusil sans lequel elle ne sortait jamais.

— Non, répondit la jeune fille, je me mets simplement en garde contre une agression possible. »

Les jeunes jaguars, en dépit des grognements répétés de leur mère qui les rappelait, se rapprochaient de M. Pinson. Ce dernier, à son tour, dégagea son fusil.

« Ne tirez pas, dit Amalia.

— J'attendrai votre exemple, répliqua l'ingénieur; cependant, je ne me laisserai certes pas dévorer par ces jolis minets sans essayer de me mettre en travers. Voilà pourtant, ajouta-t-il à mi-voix, les émotions dont je suis redevable à ce gredin de Boisjoli! A d'autres, maintenant! Que nous veut cet ostrogoth? »

L'animal qui venait d'apparaître et que M. Pinson qualifiait d'ostrogoth était un coendou, porc-épic à la queue prenante. Long d'un pied et demi environ, le corps couvert de poils bruns entremêlés de longues épines, il s'avançait indolemment le long du sentier. A sa vue, les jaguars se couchèrent sur le ventre et se mirent à ramper vers lui. Le coendou ne s'aperçut du danger dont il était menacé qu'une fois en face de ses ennemis. Il se roula aussitôt en boule et ne présenta plus qu'une série de dards acérés.

Un grognement retint les jeunes ogres prêts à s'élancer; et leur mère, les oreilles couchées, la gueule ouverte et menaçante, s'approcha peu à peu de la proie convoitée. A plusieurs reprises elle avança vers elle sa patte droite, et la retira avec hésitation. Tout à coup, elle glissa cette patte sous le corps du coendou, le retourna brusquement, le saisit par le ventre, le broya en quelque sorte par la pression de son museau, puis l'emporta en courant, aussitôt suivie par ses petits. Cette action arracha à M. Pinson le plus formidable « prodigieux! » qu'il eût encore lancé. Mais c'était là un incident trop ordinaire dans les forêts au milieu desquelles Amalia avait été élevée pour que la jeune fille s'en préoccupât; aussi reprit-elle sa marche pour déboucher bientôt sur le plateau du Potrero.

Sur ce plateau, que M. Pinson avait vu abandonné et livré aux herbes qui croissent si rapidement sur la Terre-Chaude, une douzaine d'Indiens travaillaient à nettoyer le sol. Le seuil de la vieille demeure, en partie débarrassé des plantes parasites qui l'obstruaient, avait un air plus vivant. Doña Magdalena, prévenue de l'approche des voyageurs par les aboiements de Vagabond, apparut sur le perron. Elle regarda avec stupéfaction la fille de don Ambrosio descendre de cheval, puis elle s'avança vers elle et l'entoura de ses bras.

« Toi, toi ici, mon enfant! s'écria-t-elle en pressant avec force Amalia contre sa poitrine. Ah! mon cœur te reconnaît. Oui, tu as la beauté, le sourire de ta mère et son âme d'ange, je le sais. Entre vite sous mon toit; laisse-moi t'embrasser encore, et que Dieu te bénisse mille fois de la bonne pensée qui t'a conduite ici! »

Après cette effusion, doña Magdalena se tourna vers M. Pinson.

« Excusez-moi, señor, lui dit-elle, si mes yeux n'ont eu d'abord de regards que pour Amalia. Après mon mari et mon fils, la mère de cette enfant a été la plus vive affection de ma vie, et il y a cinq ans que mon cœur attendait l'heure qui sonne enfin.

— Mon père, dit la jeune fille, a souvent déploré le malentendu qui vous a éloignée de la Héronnière, señora.

— Un malentendu, enfant! Ignores-tu que l'exemple de ton père... Silence; ne parlons point du passé, n'en parlons jamais. Te voilà, je te vois, tout est oublié. »

Et elle pressa de nouveau Amalia contre sa poitrine. Heureuse et confuse, la jeune fille rendit sa cordiale étreinte à la mère de Luis.

« José est-il ici, que j'aperçois Vagabond? demanda M. Pinson.

— Non, répondit la veuve, il est à Tlacotalpam, avec Luis. Il y a bien du changement sur le plateau depuis votre dernière visite, señor, Dieu en soit béni!

— Avec votre permission, señora, dit M. Pinson qui jugea bon de laisser les deux femmes seules, je vais jeter un coup d'œil sur les défrichements; j'ai promis mon concours à votre fils, et il est utile que j'étudie un peu le terrain. »

Durant près de trois heures, suivi de Vagabond qui semblait reconnaître en lui un ami de son maître, M. Pinson marcha, examina, calcula, couvrit plusieurs feuilles de son carnet de notes. Il fut rappelé par doña Magdalena et prit sa part d'un goûter composé de gâteaux et de chocolat mousseux. Une joie intérieure remplissait l'âme de fermière et illuminait son visage. Plus que la première fois encore, M. Pinson fut séduit par les manières nobles, la grâce et l'esprit élevé de son hôtesse.

« Les femmes de ce pays, pensait-il, sont mille fois supérieures à leurs seigneurs et maîtres, qui paraissent avoir juré de ne jamais rire. Don Ambrosio, mon honoré patron, est un demi-sauvage en dépit de sa veste brodée et de ses idées de progrès; quant à son cher neveu, c'est un Mohican complet. Mais que de vivacité, que de grâce, que de ressources dans l'esprit des deux femmes que voici!

En vérité, chez tous les peuples le sexe faible vaut mieux que le sexe fort, je n'en doute plus. »

Doña Magdalena expliqua les projets de son fils ; elle fut écoutée avec plaisir par ses deux interlocuteurs. M. Pinson, à son tour, ravit les deux dames en leur parlant avec chaleur de la sympathie qu'il ressentait pour Luis. Ce fut lui qui, à l'heure où le soleil disparaissait, donna le signal du départ.

« Je t'ai retrouvée, dit doña Magdalena en embrassant Amalia pour lui dire adieu. Sois tranquille, quoi qu'il arrive, je ne te perdrai plus. »

Il faisait nuit lorsque les visiteurs atteignirent le torrent près duquel ils avaient pour la première fois rencontré Luis Avila, et ils côtoyèrent son lit jusqu'au sommet d'où l'on découvrait la Héronnière. Là, Amalia s'arrêta et demeura un instant rêveuse. Tout à coup, poussant sa monture, elle descendit au trot dans la plaine, tandis que M. Pinson et Mouton restaient en arrière.

CHAPITRE XV.

DOÑA MAGDALENA A LA HÉRONNIÈRE. — LE JEU. — CHANGEMENTS A VUE. — PERPLEXITÉ DE M. PINSON. — CATASTROPHE.

Doña Magdalena, escortée par son fils, ne tarda guère à rendre sa visite à Amalia. Lorsqu'elle pénétra une après-midi dans la cour de l'hacienda, don Ambrosio courut l'aider à mettre pied à terre, puis la conduisit courtoisement jusqu'au salon. L'accueil de l'hacendado fut cordial ; il exprima ses regrets d'avoir vécu si longtemps séparé de personnes qu'il considérait comme des amis, et retint doña Magdalena à dîner. Il ne fut point question de la somme réclamée à Luis ; don Ambrosio se montra même amical avec le jeune homme, et l'interrogea sur ses projets futurs avec un intérêt visible. Invoquant le passé, il se reprit à le tutoyer et se déclara émerveillé des connaissances acquises par « le bambin » qu'il avait vu naître.

Les visiteurs ne manquaient pas à la Héronnière; aussi, la nuit venue, la table de jeu fut-elle dressée et couverte d'or.

« Ne veux-tu pas faire une partie? demanda l'hacendado à Luis qui s'éloignait.

— Non, répondit le jeune homme; ma mère, et je l'en remercie, m'a communiqué son horreur des cartes. D'ailleurs, señor, j'ai à consulter M. Pinson sur les travaux que j'ai entrepris; j'irai le rejoindre, si vous le permettez. »

L'hacendado n'insista pas; les onces d'or commençaient à peine à tinter que doña Magdalena parut. Elle jeta un regard attristé vers la table, poussa un soupir et demanda ses chevaux. Comprenant les douloureux souvenirs qui devaient assaillir l'âme de la veuve, don Ambrosio n'essaya pas de la retenir. Il se leva, s'occupa lui-même du harnachement de la monture de la veuve, la mit en selle et la supplia, au nom d'Amalia, de venir souvent à la Héronnière.

Durant toute cette soirée, on aperçut à peine Pablo. Il était assis sous le corridor lorsque doña Magdalena et son fils reprirent la route du Potrero; il ne se leva pas de son siège pour leur dire adieu; mais longtemps il les suivit du regard dans la plaine.

Cinq mois s'écoulèrent sans qu'aucun événement vînt troubler l'existence réglée des habitants de la Héronnière. M. Pinson, plus que jamais plongé dans ses calculs, partageait ses heures entre son travail et ses leçons à Vif-Argent. Don Ambrosio continuait à jouer, Pablo à bouder. De temps à autre, en compagnie de M. Pinson, Amalia rendait visite à doña Magdalena. L'aspect du Potrero se modifiait à vue d'œil; partout des Indiens s'occupaient à défricher et à ensemencer le sol. José présidait souvent à ces travaux préparatoires, et, dans la vallée, on s'entretenait des nouveaux bienfaits dus à la mystérieuse intervention du métis.

« Eh bien, dit un jour M. Pinson à Luis qu'il trouva en train d'expliquer à un Indien le maniement d'une charrue, l'impossible est devenu possible, si j'en crois mes yeux.

— Oui, répondit Luis, et cela grâce aux conseils de José. Sur ses instances, je suis allé, sans grand espoir de réussir, trouver le principal banquier de Tlacotalpam, le vieux Schelesky. Après avoir écouté avec complaisance l'explication de mes projets, Schelesky, au lieu du crédit de vingt mille piastres que je sollicitais de lui, me déclara avoir toute confiance dans l'avenir des travaux que je rêvais d'entreprendre, et, moyennant un intérêt raisonnable, il m'a ouvert un crédit de cent mille piastres. »

M. Pinson demeura pensif.

« Maître José, pensait-il, doit être pour quelque chose dans cette générosité subite d'un homme d'argent; a-t-il donc découvert la pierre philosophale? »

M. Pinson était venu afin de causer avec le chasseur; sur les indications de Luis il gagna les derrières de l'hacienda, s'engagea sur un véritable escalier taillé dans le roc, et déboucha à l'improviste sur un plateau au milieu duquel se dressait une cabane de bambou. Devant cette rustique demeure se trouvait un petit jardin planté de légumes que José arrosait en ce moment.

A la vue de M. Pinson, qui lui rendait visite pour la première fois, le chasseur s'avança vers lui.

« Soyez le bienvenu, señor, lui dit-il, et faites-moi l'honneur de pénétrer sous mon toit. »

Et comme M. Pinson regardait avec curiosité autour de lui :

« Vous examinez mon domaine, dit José avec son bon sourire; il n'est pas considérable, comme vous le voyez, mais il suffit à mes besoins. De cette hauteur, continua le chasseur, en se rapprochant du bord du plateau, je vois ce qui se passe au Potrero, à la Héronnière, dans la plaine et sur le lac. Plus d'une fois, assis sous le goyavier que le vent a semé sur cette pointe, j'ai découvert quelques-uns des secrets qui m'ont valu ma réputation de sorcier.

— En vérité, s'écria M. Pinson, vous avez réalisé le vœu que tout homme forme à une heure donnée, José, celui de vivre libre en face d'une belle nature. Mais ne vous ennuyez-vous jamais dans cette solitude?

— Jamais, répondit le chasseur; d'ailleurs, il ne se passe guère de jour que je ne descende au Potrero, de semaine que je ne sois appelé au village. Mes petites plantations et ma basse-cour m'occupent; je chasse, je rêve, je lis.

— Et vous faites le bien, interrompit M. Pinson.

— Au moins, señor, j'évite de faire le mal.

— On parle beaucoup dans la vallée, reprit l'ingénieur, les yeux fixés sur son interlocuteur, d'une famille de Cosamaloapam qu'une

« Soyez le bienvenu, señor. » (Page 300).

mystérieuse intervention vient de sauver de la ruine; du reste, José, il n'arrive que d'heureux événements autour de votre ermitage, car notre ami Luis, convenez-en, a trouvé bien à propos le crédit dont il avait besoin.

— Dieu n'a jamais abandonné ses créatures, señor, répliqua José avec vivacité, et les gens que vous citez méritaient son appui. Après tout, le banquier Schelesky a fait une excellente affaire en ouvrant à Luis un crédit presque illimité; le Potrero nourrissait autrefois cinq cents travailleurs, il pourra bientôt les nourrir de nouveau. Mais n'êtes-vous monté jusqu'ici que pour me parler de ces choses?

— Non. Je suis venu pour vous entretenir d'un sujet délicat, pour vous demander un conseil. Avez-vous le temps de m'écouter?

— Certes, répondit le chasseur, asseyez-vous, je vous écoute.

— Voilà sept mois, dit M. Pinson, que je suis débarqué à la Héronnière, et vous savez pourquoi on m'y a appelé.

— Don Ambrosio, señor, n'a jamais fait mystère de ses projets.

— Depuis deux mois, reprit M. Pinson avec un peu d'hésitation, mes études préparatoires sont terminées et les travaux que je dois entreprendre devraient être commencés.

— Quelle cause vous empêche de vous mettre à l'œuvre?

— Hum! voilà le nœud de l'affaire; ce qui me retarde, c'est qu'il me faut des ouvriers, des matériaux; or, chaque fois que je parle à don Ambrosio de la nécessité de me mettre au travail avant la saison des pluies, il me répond, de ce ton sec que vous lui connaissez : « Plus tard! » D'un autre côté, José, bien que vous apparaissiez rarement à la Héronnière, vous ne pouvez ignorer que les travaux ordinaires s'y ralentissent, que les Indiens chôment, que bon nombre d'entre eux ont été congédiés, quoique le temps approche où nous aurons besoin de nombreux travailleurs.

— Je le sais d'autant mieux, dit le chasseur, que ces travailleurs viennent s'engager au Potrero. Aux dernières fêtes de Médellin, don Ambrosio, pris de vertige, a voulu tenir tête à des banquiers venus de Mexico, et, en une soirée, il a perdu plusieurs centaines de mille piastres.

— Alors ce que l'on raconte tout bas est vrai? Il est ruiné?

— Ruiné, non; gêné, oui, car il a de fortes sommes à payer. Ses pertes, exagérées par la malveillance, ont ébranlé son crédit, et il cherche en ce moment à vendre les propriétés qu'il possède à Cordova.

— Pour en risquer le produit sur une carte?

— Oui, cela est à redouter; c'est en rêvant un coup heureux que les joueurs marchent à l'abîme qui, tôt ou tard, les engloutit infailliblement. La fête du Sanctuaire approche; ce petit village, vous le savez sans doute, señor, est, de même que Médellin, le rendez-vous des joueurs audacieux; or, à n'en pas douter, don Ambrosio songe à s'y rendre et réunit toutes ses ressources.

— Loyalement, dit M. Pinson, dois-je continuer à demeurer ici, à toucher un gros salaire que je ne gagne plus? Je croyais mes pérégrinations terminées; voilà qu'il va falloir me remettre en route... »

M. Pinson se tut et demeura rêveur.

« Avez-vous parlé de vos projets de départ à don Ambrosio? demanda José.

— Oui; il s'est récrié et m'a répondu par sa phrase ordinaire : « Plus tard! »

— C'est cela; il espère conjurer au Sanctuaire le mauvais sort qui le poursuit depuis quelques mois. A mon avis, señor, vous devez attendre, patienter; les rudes leçons qu'il a reçues dans ces derniers temps auront peut-être pour résultat de rendre mon ancien maître plus prudent. »

M. Pinson et José causèrent longtemps encore, puis l'ingénieur se mit en route pour la Héronnière. Avant de partir, il jeta un dernier regard sur l'immense vallée qui se déroulait au-dessous de lui. Au Potrero, un bruit de scies, de marteaux, de cognées retentissait; partout on voyait le mouvement d'une exploitation en pleine activité; plus loin, les champs presque déserts de la Héronnière jaunissaient au soleil. La vie intense de la vieille hacienda, si bruyante quelques mois auparavant, semblait avoir passé tout entière à son ancienne rivale.

Trois semaines s'écoulèrent encore sans que M. Pinson pût arracher d'autre réponse à don Ambrosio que l'éternel :

« Plus tard, señor, plus tard. »

Pablo, morne et soucieux, ne parvenait pas à dissimuler la mauvaise humeur à laquelle il était en proie, qui redoublait chaque fois qu'il causait avec Amalia. On le voyait souvent conférer avec l'Indien Pochotl, petit homme à figure de renard qui, autant que son maître au moins, avait le don de déplaire à M. Pinson. L'ingénieur, condamné à l'inactivité, partageait son temps entre le Potrero et Vif-Argent, qu'il faisait étudier plus que jamais. Le petit garçon, toujours en compagnie d'Istac, passait ses heures de congé dans la forêt. Il avait enfin vu des singes, des crocodiles, des serpents, des jaguars, des pumas, et bien d'autres animaux inconnus de Robinson. Son corps se fortifiait grâce à ces promenades, et M. Pinson, inquiet d'abord de le voir s'absenter pour rôder dans les bois, lui donnait maintenant congé pendant des journées entières, comme récompense de son assiduité ordinaire.

L'époque de la fête du Sanctuaire approchait; don Ambrosio devint peu à peu plus gai. Un beau matin, M. Pinson le trouva à cheval : accompagné de Pablo et de Pochotl, escorté en outre par Antonio et deux domestiques, l'hacendado se mettait en route pour le célèbre village au Christ miraculeux, rendez-vous annuel de tous les grands propriétaires de la contrée.

« Avec l'aide de Dieu, señor, dit don Ambrosio, j'espère que, dans huit jours, vous pourrez enfin commencer vos travaux. »

M. Pinson ne répondit pas; évidemment son hôte comptait sur la chance des cartes pour rétablir sa fortune, espoir que l'ingénieur, sage et prudent, savait plus que chanceux.

Pour occuper ses heures, M. Pinson se rendait presque chaque jour au Potrero. Toujours il trouvait Luis à l'œuvre, car le jeune homme ne ménageait guère sa peine. Quelquefois, harassé de fatigue, accablé par la chaleur, il se rapprochait des bords du plateau, regardait un instant la Héronnière et se remettait au travail avec énergie.

Amalia, de temps à autre, rendait visite à doña Magdalena; Luis venait la saluer, puis retournait bien vite vers ses ouvriers. La décadence de la Héronnière et la transformation rapide du Potrero n'échappaient pas à la jeune fille; comme elle ne connaissait point les pertes de son père, elle ne s'inquiétait pas de ces changements et se réjouissait, au contraire, des progrès de celui qu'elle considérait comme devant être son époux, dans un avenir qu'elle rêvait prochain.

Un soir, revenant du Potrero avec M. Pinson, Amalia cheminait avec lenteur. Le soleil venait de se coucher, la jeune fille, rêveuse, suivait le sentier sur lequel elle avait rencontré Luis pour la première fois, route qu'elle affectionnait. Elle n'avait point vu le jeune homme, parti la veille pour Tlacotalpam. Tout à coup, elle arrêta sa monture; la Héronnière venait de lui apparaître éclairée par de grands feux. Presque aussitôt la cloche, destinée à lappel des ouvriers, se mit à tinter lugubrement.

« Il est arrivé un malheur sur le domaine », s'écria-t-elle.

Sans s'inquiéter du danger, elle lança son cheval sur la pente, et fut suivie par la camériste qui l'accompagnait. M. Pinson, quoi qu'il fît, ne parvint pas à décider Mouton à imiter ce bel exemple. Lorsqu'il atteignit enfin la grande porte de l'habitation, l'ingénieur interpella un Indien.

« Que signifie ce tumulte? Que se passe-t-il? demanda-t-il avec anxiété.

— N'entends-tu pas ce que dit la cloche? répondit l'Indien en se signant. Le maître est mort, il a été assassiné! »

CHAPITRE XVI

PABLO BLESSÉ. — LES BANDITS MASQUÉS. — LA VEILLÉE MORTUAIRE. — ENSEVELISSEMENT. — ACCUSATION. — A MORT L'ASSASSIN!

M. Pinson sauta à bas de son cheval, courut vers le perron, écartant les métis et les Indiens qui encombraient le passage. Parvenu près de la porte du salon il se trouva en face de Pablo. Le jeune homme, pâle, les vêtements en désordre, s'appuyait contre la muraille. Son bras gauche, soutenu par un mouchoir noué autour de son cou, était enveloppé de linges ensanglantés.

« Que vous est-il arrivé? demanda l'ingénieur.

— Nous avons été attaqués; mon oncle a été tué, et j'ai le bras traversé par une balle.

— Je vais envoyer chercher José, dit Antonio.

— Non, pas cet homme, s'écria Pablo qui saisit le métis par sa veste.

— A défaut de José, je puis vous panser, señor, dit M. Pinson. Conduisez votre maître dans sa chambre, Antonio, faites apporter de l'eau chaude et du linge, je vous suis. »

M. Pinson pénétra dans le salon et se découvrit; sur un brancard improvisé à l'aide de branches, reposait le corps de don Ambrosio. A demi couchée sur ce lit mortuaire Amalia sanglotait, tandis que ses femmes poussaient autour d'elle des cris perçants.

« Silence! » dit avec autorité M. Pinson.

Au son de cette voix, Amalia se redressa; elle regarda un instant l'ingénieur à travers ses larmes.

« Dites-moi qu'il n'est pas mort! s'écria-t-elle en désignant la funèbre civière.

— Ce serait mentir, mon enfant, répondit M. Pinson d'une voix triste, affectueuse, presque paternelle; l'âme de votre père est maintenant devant Dieu. »

Des sanglots suffoquèrent l'orpheline; elle entoura de ses bras le cou de l'ingénieur et posa sa tête sur sa poitrine, comme pour y chercher un abri. M. Pinson voulut parler, mais il avait le cœur trop bon pour voir, sans la partager, la douleur navrante de la belle créature qui semblait se mettre sous sa garde. Deux larmes tombèrent de ses yeux sur le front d'Amalia. Puis, sans qu'elle en eût conscience, il l'entraîna chez elle et la confia à ses caméristes auxquelles il défendit de continuer leurs cris.

« Ne vous éloignez pas, dit Amalia, qui le vit prêt à sortir, je suis anéantie; le monde vient de se fermer pour moi, je suis seule.

— Non, Amalia, vous n'êtes pas seule, vous avez une mère dans doña Magdalena que je vais envoyer chercher.

— Pablo est-il grièvement blessé?

— Je ne le crois pas, et je ne vous quitte que pour aller le panser. »

Amalia ne répondit rien; elle couvrit sa bouche de son mouchoir et demeura immobile sur le fauteuil où l'ingénieur l'avait assise.

« Tout est prêt, señor, dit Antonio qui attendait M. Pinson à la porte.

— Quelle affreuse scène! dit l'ingénieur en essuyant ses yeux; la douleur de cette enfant me déchire le cœur, et je suis si bouleversé que je ne trouve pas une parole pour la consoler. Que s'est-il donc passé, Antonio? Vous étiez avec votre maître?

— Il y avait une heure que...

— Par le ciel! s'écria M. Pinson, j'oublie qu'un blessé m'attend; envoyez un Indien au Potrero, Antonio, qu'il prévienne doña Magdalena et José du malheur qui est arrivé. »

Tandis qu'Antonio transmettait l'ordre donné par M. Pinson, celui-ci pénétrait dans la chambre de Pablo. Le jeune homme, adossé contre son lit, semblait regarder sans voir. Lorsque M. Pinson lui prit le bras, il fit un geste pour le retirer.

« Soyez sans crainte, dit l'ingénieur, je procéderai doucement. Vous êtes bien pâle, señor; avez-vous donc perdu beaucoup de sang? »

Tout en parlant, M. Pinson, secondé par une servante, découvrait le bras du blessé et le lavait à grande eau.

« Remuez la main, lui dit-il. Bon. Remuez les doigts maintenant. Bien encore. Allons, vous n'avez qu'une écorchure, un rien. Le coup qui vous a blessé a été tiré à bout portant?

— On me visait à la tête, j'ai paré avec le bras.

— Oui, un mouvement instinctif, et bien vous en a pris de l'exécuter. Néanmoins, c'est un faible obstacle qu'un bras opposé à une balle. Levez votre bougie, ma fille, s'écria M. Pinson en s'adressant à la servante, sans quoi vous allez me brûler le nez. Assujettissez cette bande... doucement... bien. Demain, señor, nous appliquerons sur votre blessure un baume que je me charge de confectionner avec de la résine de styrax, et la plaie ne tardera guère à se cicatriser. Dites-moi, votre malheureux oncle a-t-il été tué sur le coup?

— Une détonation a retenti; il a ouvert les bras, sa main a lâché la bride de son cheval, il est tombé.

— Sans parler?

— Sans parler.

— Qui l'a tué? Qui vous a blessé?

— Des bandits masqués. Nous étions dans le bois, je marchais en avant. Ils ont tiré, j'ai riposté; ils ont tiré encore, puis tout a été fini. »

Pablo parlait d'une voix sourde, avec effort.

« Le pauvre garçon est encore sous l'impression de la terrible scène qu'il a vue, se dit l'ingénieur. Joli pays! Quand ce n'est ni un taureau, ni un caïman, ni un tigre que l'on rencontre sur sa route, ce sont des bandits, et des bandits masqués par-dessus le marché. Ah! monsieur Boisjoli... »

M. Pinson, sans achever, sortit et retourna au salon. On avait, selon la coutume de la Terre-Chaude, semé le sol de cendres, et, sur cette couche symbolique, étendu le corps de l'hacendado. Il avait été frappé au cœur et à bout portant, M. Pinson s'en assura en examinant la blessure.

« Dois-je envoyer chercher le cacique? lui demanda Antonio lorsqu'il regagna le corridor.

— Sans nul doute, garçon; d'ailleurs, vous savez mieux que moi ce que les circonstances exigent. En France, vous auriez déjà reçu la visite des gendarmes, du commissaire de police, du juge d'instruction; mais chaque pays a sa façon de procéder. Dieu du ciel! comme disait votre pauvre maître, que font ces braillards que je vois tournoyer là-bas autour de ce foyer? Il me semble qu'ils boivent et que, par-dessus le marché, ils se disposent à racler leurs guitares et à jouer aux cartes.

— Ils commencent la veillée, señor.

— Quelle veillée?

— La veillée des morts.

— En buvant! en jouant? en faisant de la musique? Chassez-moi ces drôles, Antonio; si le bruit de leurs voix ou de leurs instruments arrivait jusqu'à doña Amalia...

— C'est elle qui a donné l'ordre de leur servir un baril d'eau-de-vie; elle veut que les choses se fassent convenablement.

— Quoi, tout ceci se passe au nom des convenances? C'est inouï! s'écria l'ingénieur, au comble de la surprise; alors, ces braves gens vont se réjouir de l'assassinat de leur maître?

— Non pas, señor, mais de ce que son âme, délivrée des liens terrestres, est retournée vers Dieu.

— Au fait, il y a de la philosophie dans cette coutume; néanmoins, la vue de ces hommes me donne sur les nerfs. J'estimais votre maître, Antonio, et sa mort est un chagrin pour moi. »

M. Pinson se perdit dans ses réflexions; au bout d'un instant il reprit :

« De combien de gredins se composait la bande qui vous a attaqués?

La veillée des morts. (Page 308.)

— Je n'en sais rien, señor, je ne les ai pas vus.
— Que dites-vous là? n'accompagniez-vous pas don Ambrosio?
— Si, hélas.
— Et vous n'avez pas vu les hommes masqués?
— Nous avons couché à la ferme du Serpent, à huit lieues d'ici. Le matin, les maîtres se sont mis en route et se sont engagés dans la forêt avec Pochotl. Moi et les autres serviteurs, nous ne sommes partis que beaucoup plus tard; nous ramenions des chevaux que don Ambrosio avait achetés. Tout à coup, nous avons entendu

deux ou trois détonations; quand nous sommes arrivés au carrefour du Cèdre, nous avons aperçu le maître étendu sur le sol, mort. A cent pas plus loin, don Pablo, assis au pied d'un arbre, essayait d'arrêter le sang qui coulait de son bras. Nous avons construit un brancard à l'aide de branches, et, pas à pas, nous avons rapporté le corps du maître.

— Sans essayer de poursuivre et d'arrêter ceux qui l'ont tué?

— Nous étions trop bouleversés, señor, pour penser à autre chose qu'à regagner l'hacienda.

— Voulait-on dévaliser vos maîtres, Antonio, ou ce guet-apens avait-il pour but une vengeance?

— Cela, señor, Dieu seul le sait. »

M. Pinson se promena longtemps de long en large, puis il se dirigea vers la chambre d'Amalia. Il trouva la jeune fille assise comme il l'avait placée; il lui prit les mains et lui parla longuement.

« Que vous êtes bon, lui dit-elle, vous me consoleriez si, dans mon malheur, quelque chose pouvait me consoler. »

La porte s'ouvrit à ce moment, et doña Magdalena parut. Amalia bondit jusqu'à elle, l'entoura de ses bras, appuya sa tête contre la poitrine de sa vieille amie, et des sanglots l'étouffèrent de nouveau. L'ingénieur se retira discrètement et gagna la véranda. Dans la cour, près des groupes de buveurs, il aperçut Pablo qui causait avec Pochotl.

« Ce garçon, se dit l'ingénieur, en regardant le neveu de don Ambrosio, n'est pas l'homme du progrès; il le déclare, chaque fois qu'il en trouve l'occasion, avec un véritable cynisme. Il est peu probable qu'il veuille donner suite aux idées de son oncle, et le voilà maître ici. Il va donc falloir boucler ma malle et recommencer mes pérégrinations, à moins que Luis Avila... Au fait, pourquoi n'exécuterais-je pas au Potrero ce que je comptais exécuter ici? »

Au bout d'une heure, M. Pinson retourna dans le salon; il vit doña Magdalena en prière près du corps de don Ambrosio.

« Amalia repose, dit la vieille dame; pauvre enfant, sa douleur déchire mon âme. Celui qui est étendu là, ajouta-t-elle en se tournant vers le mort, m'a fait beaucoup de mal, il avait communiqué à mon mari sa dangereuse passion pour le jeu. Puisse Dieu lui pardonner comme je lui pardonne!

— Pensez-vous que votre fils tarde beaucoup à revenir de Tlacotalpam? lui demanda M. Pinson.

— Luis devait rentrer ce matin, répondit la veuve, et je m'attends à le voir paraître d'un moment à l'autre. Quant à José, je suis surprise qu'il ne soit pas encore ici. »

Doña Magdalena retourna près d'Amalia, et M. Pinson, qui n'avait pas vu Vif-Argent depuis son retour, gagna sa chambre. Quelle ne fut pas sa surprise en voyant vide le lit du petit garçon. Très inquiet, songeant aux bandits dont le père d'Amalia venait d'être la victime, il interrogea avec anxiété les serviteurs de l'hacienda, et apprit d'une camériste que Vif-Argent et Istac étaient partis vers midi pour la forêt.

Bien qu'il passât d'ordinaire ses jours de congé dans les bois, Vif-Argent ne rentrait jamais après la nuit close. M. Pinson se dirigea vers les Indiens, déjà fort animés par les nombreuses libations auxquelles les conviait sans cesse Pochotl. Le cacique, arrivé depuis un instant, conférait avec Pablo sous le corridor. En ce moment, un cavalier dont le cheval était couvert d'écume franchit la porte de l'hacienda et s'élança vers le perron. C'était Luis.

« Où est Amalia? demanda le jeune homme.

— Doña Amalia, répondit Pablo, qui appuya sur les mots, n'est point visible à cette heure.

— Je vous en prie, señor, faites-la prévenir que je suis ici. Ah, vous! s'écria Luis en apercevant M. Pinson et en mettant pied à terre; ce que je viens d'apprendre est-il vrai? don Ambrosio...? »

M. Pinson commençait à peine le récit de l'événement inattendu qui venait de plonger la Héronnière dans le deuil, quand Pochotl, secondé par deux Indiens, se jeta à l'improviste sur Luis dont les bras furent bientôt liés à l'aide d'un lazo. Le jeune homme, traîtreusement attaqué, se débattit et se raidit sans pouvoir se dégager.

« Que signifie cette agression? s'écria-t-il.

— Elle signifie, répondit Pochotl, que vous avez à répondre de l'assassinat du maître.

— Moi! moi! répéta Luis, tandis que le sang lui montait au visage.

— Vous, que nous avons rencontré dans la forêt une heure avant qu'une balle...

— Qui ose m'accuser? interrompit le jeune homme les dents serrées.

— Moi! » s'écria Pablo.

Luis fit un mouvement pour s'élancer sur son accusateur; il fut contenu par Pochotl et ses acolytes.

« Mort à l'assassin! » cria une voix.

Tous les travailleurs présents à la veillée s'armèrent aussitôt de pierres et accoururent vers le perron en répétant :

« A mort, l'assassin! »

CHAPITRE XVII

ACCUSATION. — DÉVOUEMENT DE M. PINSON. — INTERVENTION DE JOSÉ. ISTAC ET VIF-ARGENT. — TERRIBLE RÉVÉLATION.

Pablo avait reculé, tandis que M. Pinson, jusqu'alors paralysé par la surprise, se précipitait vers Luis.

« Arrêtez! » dit l'ingénieur d'une voix forte.

Luis, les sourcils froncés, promenait des regards indignés sur ceux qui l'entouraient.

« Vous m'accusez, vous! s'écria-t-il enfin en apostrophant Pablo.

— Mon oncle n'avait point d'ennemis, répondit Pablo; vous seul, dans la vallée, aviez intérêt à le voir disparaître.

— Moi? dans quel but? pour quelle cause!

— Il vous réclamait une somme que vous ne pouviez rembourser.

— C'est là un mensonge que...

— A mort! » crièrent de nouveau les Indiens.

Attirées par ces cris, doña Magdalena et Amalia parurent.

Toutes deux regardèrent autour d'elles avec stupéfaction; elles ne comprenaient rien à la scène de désordre qui s'offrait à elles. Amalia fit un pas vers Luis.

« N'avancez pas, cousine! lui dit Pablo. Cet homme est le meurtrier de votre père.

— Mon fils un meurtrier! s'écria doña Magdalena. Honte et infamie à celui qui ose proférer une pareille calomnie! »

Une pierre lancée à toute volée vint frapper la muraille; doña Magdalena se rapprocha aussitôt de Luis qu'elle entoura de ses bras. M. Pinson se plaça résolument devant la mère et le fils.

« Lâches! » cria-t-il aux Indiens.

Amalia voulait parler et suffoquait.

« Si don Luis est coupable, dit M. Pinson, il est prisonnier, et il suffit... »

Il ne put continuer; des clameurs sinistres couvrirent sa voix.

« Parlez-leur donc, vous, dit l'ingénieur qui saisit Pablo par le bras et le poussa en avant. Souffrirez-vous que l'on commette un crime sous vos yeux?

— Je veux prompte justice, » répliqua le jeune homme.

Deux nouvelles pierres furent lancées. Le cacique, Amalia, M. Pinson parlaient à la fois. Les Indiens, à moitié ivres ne voyaient que le prisonnier et méconnaissaient jusqu'à la voix de leur vieux chef.

« Il ne me manque plus, pensa M. Pinson, pour que le guêpier dans lequel m'a fourré Boisjoli soit complet, que d'être écharpé par ces peaux rouges. Advienne que pourra, je ne laisserai certes pas maltraiter ce jeune homme tant que je serai capable de m'y opposer. »

M. Pinson enfla sa voix et cria si fort que les Indiens se turent un instant. L'ingénieur se montrait toujours si bon pour eux, il leur avait déjà rendu de si nombreux services, qu'il était généralement aimé. Par malheur, des clameurs parties des derniers rangs étouffèrent une seconde fois ses paroles. Étendant le bras, l'ingénieur saisit le premier assaillant qui parut sur le perron et se fit un rempart de son corps. L'Indien, après avoir en vain essayé de se dégager, poussa un cri de douleur.

« Ce n'est pas ma faute si je te serre si fort, dit M. Pinson, mais charité bien ordonnée commence par soi-même; or, si une tête doit être cassée par les pierres que s'apprêtent à lancer tes compagnons, mon désir est que ce soit la tienne, mon garçon; tu dois comprendre ce raisonnement. »

M. Pinson se rapprocha du cacique qui venait de se placer devant Amalia et doña Magdalena. Pablo, pâle et muet, regardait tour à tour les Indiens et Luis qu'il semblait leur désigner.

« Livrer un homme à ses ennemis dans de pareilles conditions est une lâcheté, dit l'ingénieur au jeune homme dont l'attitude le frappa; oui, une insigne lâcheté. Coupez les liens qui lient les bras de votre fils, señora, dit-il rapidement à doña Magdalena; une fois dégagé, il pourra se défendre ou fuir. »

Les pierres recommencèrent à pleuvoir, et les Indiens entourèrent M. Pinson, qui, contenant d'une main le pauvre diable qu'il avait saisi, en prit un second à la gorge. Mais les assaillants étaient trop nombreux pour que la lutte pût se prolonger longtemps. Déjà l'ingénieur se sentait saisi à son tour, lorsqu'une voix éclatante, dominant les clameurs, résonna soudain. Les Indiens eurent un moment d'hésitation, puis ils s'écartèrent pour livrer passage à José. Le chasseur avait la tête nue, ses yeux brillaient.

« Arrière, cria-t-il aussitôt qu'il eut atteint et gravi le perron, arrière et silence! »

Le prestige exercé par cet homme singulier était si grand, que les Indiens, qui venaient de méconnaître la voix de leur cacique, reculèrent avec un respect mêlé de terreur et se turent.

« Que se passe-t-il? Quelle est la cause de ce tumulte? demanda José qui regardait avec surprise Pablo, le cacique et Luis.

— Ils disent, s'écria doña Magdalena, que Luis est l'assassin de don Ambrosio.

— Ils... Qui?

— Don Pablo; puis ces malheureux, ajouta la veuve qui désigna les Indiens; trompés par cette fausse accusation, ils veulent massacrer mon fils.

— Lâchez vos prisonniers, señor, dit le chasseur à M. Pinson, vous les étranglez. »

L'ingénieur ouvrit les mains; les Indiens qu'il tenait, à demi suffoqués, coururent se perdre parmi leurs compatriotes.

M. Pinson, le contenant d'une main... (Page 314.)

« Je viens d'apprendre la mort de mon ancien maître, dit José avec émotion, et j'accourais consoler sa fille, sans me douter de ce qui se passait ici. Grâce à Dieu, j'arrive à temps pour mettre fin à une erreur déplorable; Luis est innocent, je le certifie.

— Il est coupable, » dit Pablo.

Un long murmure se fit entendre dans la foule devenue plus nombreuse, car les Indiens du village et du Potrero rejoignaient par bandes leurs compagnons.

« Silence, dit José. Expliquez-vous, ajouta-t-il en se tournant vers Pablo; mais par le ciel, jeune homme, pesez chacune des paroles que vous allez prononcer.

— Mon oncle, reprit Pablo, n'avait qu'un ennemi dans la vallée, Luis Avila. Or, un quart d'heure avant le crime, nous avons rencontré don Luis sur le sentier que nous suivions; Pochotl, Antonio, tous les serviteurs qui m'accompagnaient peuvent l'attester.

— Je ne le nie point, dit Luis, que doña Magdalena et Amalia avaient délivré de ses liens et qui s'approcha de son accusateur; oui, revenant de Tlacotalpam, j'ai rencontré don Ambrosio et son escorte près du carrefour du Cèdre; nous avons même échangé quelques mots.

— Vous veniez à peine de vous éloigner, reprit Pablo, qu'une balle, partie d'un buisson, frappait mon pauvre oncle en pleine poitrine; or, nul autre que vous n'avait intérêt à sa mort.

— Moi, souhaiter la mort de don Ambrosio! s'écria Luis. Encore une fois, quel intérêt pouvais-je avoir à le voir disparaître?

— N'étiez-vous pas son débiteur, ne vous avait-il pas mis en demeure de le payer ou de lui céder une partie de votre domaine?

— C'est vrai; toutefois grâce à l'intervention de José, don Ambrosio... »

Des murmures accueillirent ces paroles de Luis; José, grave, silencieux, regardait Pablo avec persistance.

« Ainsi, dit tout à coup le chasseur, ce serait pour échapper au payement de sa dette que selon vous, jeune homme, Luis aurait assassiné don Ambrosio?

Pablo se contenta de baisser la tête en signe d'affirmation.

José garda de nouveau le silence, il semblait réfléchir. Luis voulut parler encore; des clameurs couvrirent sa voix et un grand tumulte se produisit parmi les Indiens. Les uns, croyant à l'accusation portée contre le jeune homme le menaçaient avec fureur; d'autres, n'admettant pas sa culpabilité, voulaient le mettre en liberté. Des rixes sanglantes allaient peut-être s'engager; José prévint ce danger. Il échangea quelques paroles rapides avec le cacique qui se rapprocha de Luis. On se tut.

« Enfant, dit le vieillard au fils de doña Magdalena, je te crois innocent. Veux-tu me suivre jusqu'à ma demeure? elle te servira de prison jusqu'à demain midi. A cette heure, j'aurai convoqué les anciens du village, tes accusateurs parleront devant eux, et tu prouveras ton innocence.

— Père, répondit Luis, je suis prêt à vous suivre.

— Il vont l'aider à fuir, cria Pochotl aux Indiens qui répondirent par des cris sauvages.

— Quand le cacique a parlé, dit José d'une voix forte, qui donc ose refuser d'obéir? Luis Avila ne fuira pas, je m'en porte garant. Demain, le cacique l'a déclaré, les anciens écouteront les accusateurs et jugeront. D'ici là, que chacun retourne à sa cabane, et que l'on ne trouble pas plus longtemps la demeure d'un mort. »

Des murmures accueillirent ces paroles.

— Si quelqu'un veut m'avoir pour ennemi, s'écria José d'une voix tonnante, qu'il me désobéisse.

Un silence profond s'établit.

Doña Magdalena embrassa longuement son fils; puis elle prit le bras d'Amalia pour la reconduire dans sa chambre. La jeune fille, avant de s'éloigner, s'approcha rapidement du prisonnier et lui tendit la main.

« Merci, » dit le jeune homme qui, tout ému, porta cette main à ses lèvres.

Cette action provoqua parmi les Indiens des applaudissements et des huées, selon qu'ils appartenaient à la Héronnière ou au Potrero. José s'interposa de nouveau, fit enlever les barils d'eau-de-vie, et appela plusieurs Indiens à lui dévoués. Plaçant alors Luis entre lui et le cacique, il se dirigea vers le village, suivi par la plupart des travailleurs des deux haciendas. Aussitôt que le cortège eut disparu, Pablo se retira dans sa chambre; il fit un détour pour ne point passer près du lit mortuaire de son oncle.

« Sorcier maudit, murmura-t-il, je finirai bien par découvrir le secret de ta puissance, et alors malheur à toi! »

M. Pinson, brisé par les émotions de cette terrible nuit, se laissa tomber sur un fauteuil et rêva aux événements étranges auxquels sa destinée venait de le mêler. Il contemplait pensif la Héronnière dont les portes closes ne devaient se rouvrir que neuf jours après l'enterrement de don Ambrosio. Tout à coup, il se leva; il venait de se souvenir qu'il allait à la recherche de Vif-Argent au moment où Luis apparaissait, où Pablo formulait la terrible accusation qui avait motivé la mutinerie des Indiens. L'ingénieur interrogea de nouveau les domestiques de l'hacienda et fut bientôt convaincu que Vif-Argent et Istac, partis pour chasser vers le milieu du jour, ne s'étaient pas montrés depuis lors.

« Si mes cheveux ne blanchissent pas aujourd'hui, pensa l'ingénieur en gagnant l'écurie, je n'y comprendrai rien moi-même. »

Quel accident pouvait avoir empêché Vif-Argent de rentrer à son heure accoutumée? de quel animal était-il devenu la proie? Avait-il, lui aussi, rencontré les mystérieux assassins de don Ambrosio et de Pablo! M. Pinson, tandis qu'il surveillait l'équipement de son cheval, se posait ces terribles questions et se reprochait avec amertume sa condescendance pour l'enfant. Vingt fois, en le voyant partir pour la chasse, il avait voulu s'opposer à ses excursions; mais Vif-Argent prenait alors un air si désolé, il venait embrasser si tendrement son vieil ami, que celui-ci se laissait toujours vaincre. Et aujourd'hui...

L'ingénieur, avec sa vive imagination, voyait déjà le corps de son enfant d'adoption reposer, les yeux clos à jamais, près de celui de don Ambrosio.

Son cheval sellé, M. Pinson se trouva très embarrassé. Vers quelle partie de la forêt, à pareille heure, diriger ses recherches?

— Attendez le jour, señor, lui dit Antonio, que feriez-vous dans les ténèbres? Istac et Vif-Argent sont trop avisés pour s'être laissé surprendre par un tigre ou par un crocodile; ils se seront simplement attardés ou égarés, et auront passé la nuit sur un arbre. A l'heure qu'il est, n'en doutez pas, ils sont en route pour regagner l'hacienda; Istac connaît tous les sentiers.

— Et si mon pauvre enfant est blessé, si les assassins de don Ambrosio... »

Un sanglot coupa la voix de l'ingénieur.

« Aussitôt que naîtra l'aube, reprit Antonio, touché de cette douleur, si les deux enfants n'ont pas reparu, nous jetterons l'alarme dans le village. Tous les Indiens se répandront dans la forêt... mais, croyez-moi, señor, avant le lever du soleil, Istac et Vif-Argent seront ici. »

Les conseils d'Antonio étaient sages; M. Pinson se décida à les suivre. Incapable de se tenir en place, il se dirigea vers la forêt et s'assit en face de la lisière. De là, il pourrait apercevoir les deux enfants aussitôt qu'ils déboucheraient du bois. Pendant une heure, qui lui parut éternelle, M. Pinson tressaillit vingt fois, croyant voir les branches s'écarter, croyant entendre marcher ou parler. A la fin il se leva pour aller, selon le conseil d'Antonio, semer l'alarme dans le village et lancer les Indiens dans la forêt.

Il avait à peine fait cent pas qu'il s'écria :

« Vif-Argent ! »

Le petit garçon, qui courait côte à côte avec Istac, venait d'apparaître à la gauche de l'ingénieur. Il s'arrêta en s'entendant nommer, puis se dirigea vers M. Pinson. Dès qu'il l'eut rejoint, celui-ci le souleva de terre et le pressa avec force contre sa poitrine.

« Ah ! monsieur, répétait le petit garçon suffoqué, tout en rendant son étreinte à son vieil ami ; ah ! monsieur... si vous saviez...

— D'où viens-tu, méchant enfant ? lui demanda avec sévérit l'ingénieur qui se croisa les bras. As-tu donc oublié combien ta longue absence devait m'inquiéter ?

— Monsieur, s'écria Vif-Argent, ne vous fâchez pas, ne nous grondez pas ; ce n'est pas notre faute.

— Que vous est-il arrivé ? Vous êtes-vous donc perdus ?

— Oui ; nous voulions revenir vite ; nous avons couru à travers les arbres, la nuit est venue, et nous ne savions plus où nous étions.

— Pourquoi cette hâte ? Un tigre vous poursuivait-il ?

— Nous voulions arriver avant don Pablo.

— Que signifie ce conte ? demanda l'ingénieur. Don Pablo est ici depuis hier, et vous ne connaissez pas le terrible malheur...

— Oh si, monsieur ! s'écria Vif-Argent dont un ruisseau de larmes inonda les joues ; c'est don Pablo qui...

— C'est lui, dit Istac en achevant la phrase de son compagnon, c'est lui qui a tué don Ambrosio. »

CHAPITRE XVIII

RÉCIT DE VIF-ARGENT. — LES SOUPÇONS DE JOSÉ. — VISITE AU CARREFOUR DU CÈDRE. — JUGES ET ACCUSÉ.

L'accusation d'Istac fit bondir M. Pinson.

« Que dis-tu ? s'écria-t-il.

— La vérité, señor. »

L'ingénieur prit les deux enfants par la main et les entraîna près du lac.

« Parlez, dit-il alors avec anxiété ; ici, personne ne peut nous entendre.

— Hier, monsieur, dit Vif-Argent, nous sommes partis pour la forêt. Istac est Vendredi ; moi, je suis Robinson, vous le savez. Depuis longtemps nous cherchions un endroit pour construire une cabane, et nous avions découvert un grand cèdre au tronc creux...

— Va droit au fait, dit l'ingénieur.

— Oui, monsieur ; nous avions donc découvert un grand cèdre au tronc creux, et, toute la journée, nous avons travaillé à fabriquer une porte pour changer ce creux en cabane, ce qui nous a fait oublier l'heure.

— Après ?

— Ce n'est qu'au coucher du soleil que notre porte a été achevée, une porte qui se ferme avec une serrure en bois. Avant de nous mettre en route pour l'hacienda, nous nous sommes reposés un instant dans la cabane. Nous allions sortir, lorsqu'un cavalier parut, c'était don Ambrosio. Un peu en arrière de lui venait don Pablo qui, en passant près de notre cabane, dit à Pochotl : « Tu m'entends bien, s'il ne tombe pas, tu tireras à ton tour. » Alors don Pablo éperonna son cheval ; Istac et moi nous le regardions par les jointures de notre porte, et...

— Qu'avez-vous vu, demanda M. Pinson contenant à peine son impatience.

— Don Pablo dépassa don Ambrosio, puis, se retournant... il

Il déchargea son pistolet dans sa poitrine. (Page 321.)

lui déchargea son pistolet dans la poitrine, et don Ambrosio tomba à la renverse... »

Vif-Argent et Istac, encore émus par ce souvenir, fondirent en larmes.

« Là, là, petits, leur dit M. Pinson, calmez-vous, rassurez-vous. Vous ne vous êtes pas trompés? Ce que vous racontez est vrai?

— Oh oui, monsieur! reprit Vif-Argent, bien vrai; alors nous avons eu peur que don Pablo ne nous tuât s'il nous apercevait, et nous nous sommes cachés au fond de notre cabane. Au bout d'un instant j'ai regardé par une fente ; don Pablo et Pochotl retournaient le corps de don Ambrosio. « Antonio arrive, » a dit don Pablo ; alors il a posé son bras contre un arbre et il a déchargé de nouveau son pistolet. Nous avons cru qu'il devenait fou et nous avions peur de le voir tirer sur nous s'il nous apercevait. Lorsqu'il a été parti, n'osant suivre le sentier dans la crainte de le rencontrer, nous nous sommes sauvés à travers la forêt, afin de vous aviser au plus vite. Nous courions un peu au hasard, reculant chaque fois que nous entendions du bruit, sans songer à marquer les arbres. La nuit nous a surpris, nous ne savions plus de quel côté se trouvait la Héronnière. Nous avons grimpé sur un liquidambar où nous avons passé la nuit ; aussitôt que le jour a paru, Istac a pu se guider, nous sommes revenus vers l'hacienda.

— Le misérable ! s'écria M. Pinson. Pourtant non, murmura l'honnête ingénieur, un tel crime est impossible ; ces pauvres enfants ont mal vu. »

Il les interrogea de nouveau et dut se convaincre, par l'exacte concordance de leurs récits, de la scrupuleuse véracité des deux amis, auxquels il enjoignit d'abord de se rendre à l'hacienda, avec la recommandation formelle de ne révéler à personne le secret qu'ils avaient découvert. Les deux enfants, sachant que Pablo se trouvait à la Héronnière, manifestèrent une répugnance si profonde à l'idée de se trouver en face du meurtrier, qu'ils décidèrent M. Pinson à les garder près de lui.

— Au fait, cela vaut mieux, pensa l'ingénieur après un instant de réflexion. Il faut agir, il n'y a plus à hésiter. »

Il emmena alors les deux camarades vers la maison du cacique.

Les approches de la demeure du chef indien étaient gardées par des sentinelles, précaution prise par José contre une agression possible des travailleurs enivrés et excités par Pochotl. Au moment où M. Pinson arriva, le chasseur, assis près de Luis, causait avec lui. Les deux interlocuteurs, frappés de la consternation peinte sur le visage de leur ami, se levèrent à la fois.

« Je voudrais vous parler, José, dit M. Pinson au premier, vous parler sans témoin. »

José suivit aussitôt l'ingénieur qui, en quelques mots, le mit au courant de ce qu'il venait d'apprendre.

« Hélas ! señor, dit le métis, oserai-je vous avouer que, depuis hier, je soupçonnais cette affreuse vérité? Vous m'avez plusieurs fois entendu parler avec des réticences du passé de Pablo et de Pochotl; ces deux misérables sont capables de tous les crimes, je puis aujourd'hui le dire tout haut. Les circonstances étranges de la mort de don Ambrosio, l'absurde accusation portée contre Luis, les Indiens excités pour le faire massacrer, la répugnance de Pablo à passer près du lit mortuaire de son oncle, tout cela avait éveillé mes soupçons.

— Quel mobile, s'écria M. Pinson, a pu pousser Pablo à devenir en quelque sorte parricide?

— Il voyait son oncle se ruiner peu à peu, et, d'un autre côté, le drôle est trop rusé pour ne pas s'être aperçu qu'Amalia a de l'aversion pour lui. Il a pensé que, don Ambrosio mort, Luis Avila accusé du meurtre et massacré avant d'avoir pu se justifier, il lui serait possible de vaincre la répulsion de sa cousine. Foi de chrétien, le coup était bien monté.

— Que comptez-vous faire, José?

— Bien que les affirmations de ces deux enfants soient concluantes, répondit le chasseur, le cas est si grave que je ne veux agir qu'en toute connaissance de cause. Je vais me rendre avec Vif-Argent et Istac sur le lieu du crime, étudier le terrain, rassembler des preuves; je puis être rentré ici pour midi.

— Je vous accompagne, José; toutefois, ne serait-il pas bon, en attendant, de placer maître Pablo sous de solides verroux?

— Non; il croit son crime ignoré et ne songe guère à une fuite qui serait un aveu; à notre retour, nous verrons. »

Vingt minutes plus tard, José, M. Pinson, Vif-Argent et Istac, montés sur des chevaux qu'on leur avait procurés dans le village, arrivaient en vue du cèdre de Robinson, dont les rameaux touffus couvraient une superficie de plus de vingt mètres. Le lieu était sombre, humide, triste; des salsepareilles, ces mûriers sauvages du Mexique, l'entouraient comme d'une haie. José mit pied à terre et, suivi de ses petits compagnons, il se fit expliquer de nouveau toutes les phases du crime. Ensuite pas à pas, il étudia les empreintes restées sur le sol. Le chasseur put ainsi reconstruire la terrible scène racontée par les deux enfants. Pablo s'était bien réellement blessé lui-même pour faire croire à une agression, car on retrouva la balle de son revolver dans le tronc de l'arbre désigné par les deux enfants.

« N'admirez-vous pas, José, dit M. Pinson à son ami, la vigilance avec laquelle Dieu surveille nos actions? Sans la Providence qui avait amené en ce lieu Vif-Argent et Istac, le crime abominable que nous allons avoir mission de châtier fût probablement resté à jamais ignoré, et Pablo eût régné en maître sur sa cousine et sur la vallée. »

M. Pinson approuva; se rapprochant alors du cèdre, examina curieusement les travaux exécutés par les deux enfants pour le transformer en cabane. José l'appela.

« Partons, dit le chasseur, allons confondre le misérable assassin. Je le ferai ensuite conduire à Tlacotalpam pour le livrer à la justice. »

José recommanda de nouveau le silence à Istac et à Vif-Argent; puis on se mit en route. Il était près de midi quand les explorateurs arrivèrent au galop devant la demeure du cacique. Tous les Indiens du village, hommes, femmes, vieillards, enfants, se pressaient déjà sur la grande place. Les anciens, gravement assis, attendaient qu'on amenât le prisonnier. Le cacique parut bientôt; auprès de lui marchait Luis qui n'était point garrotté. Le jeune homme promena un regard calme sur ceux qui l'entouraient, salua les vieillards chargés de le juger, et, sur leur invitation, se plaça à quelques pas d'eux.

Presque au même instant la foule s'écarta pour livrer passage à Pablo qui, accompagné de Pochotl, arrivait monté sur un magnifique cheval. Le neveu de don Ambrosio mit pied à terre, confia sa monture à son compagnon, et s'avança avec assurance vers le tribunal. Lorsque son regard rencontra celui de José qui, la tête nue, se tenait appuyé sur le siège occupé par le cacique, le jeune homme pâlit visiblement.

CHAPITRE XIX

EXPLICATIONS. — ISTAC VEUT PRENDRE LA PAROLE. — JOSÉ AVOCAT. FUITE DE PABLO. — M. PINSON REPREND ESPOIR.

Un silence profond s'établit; chacun des assistants retenait sa respiration. Le cacique se tourna vers Luis :

« Fils, lui dit-il, on t'accuse d'un meurtre horrible; pour nous, jusqu'à preuve du contraire, tu n'es pas coupable. Réponds donc librement à ton accusateur, il a la parole.

— Juges, dit aussitôt Pablo d'une voix forte, j'accuse Luis Avila, ici présent, d'avoir traîtreusement frappé de mort mon pauvre oncle, don Ambrosio Lerdo. Mon oncle, je l'ai dit déjà, cacique, n'avait point d'ennemis dans la vallée; un seul homme avait intérêt à le voir disparaître, Luis Avila, débiteur d'une somme qu'il ne pouvait rembourser.

— Il y a plusieurs mois, répondit Luis avec calme, don Ambrosio me mit en effet en demeure d'avoir à lui payer une dette contractée par mon père, ou de lui céder une part de mon domaine. José m'offrit alors d'arranger cette affaire, et il l'a fait.

— De quelle façon, demanda Pablo.

— En payant, répondit José.

— C'est faux! s'écria le jeune homme dont les petits yeux brillèrent, je suis chargé de la comptabilité de la Héronnière, et voilà un impudent mensonge.

— Vous parlez trop vite, Pablo; voici la preuve de ce que j'avance. »

Tirant aussitôt de son portefeuille un papier soigneusement plié, José le présenta au cacique qui le lut à haute voix. C'était un reçu en bonne forme des trente mille piastres dues par le père de Luis, somme versée entre les mains de don Ambrosio la veille de son départ pour le Sanctuaire.

Un long murmure se fit entendre, les Indiens échangèrent leurs impressions. José était riche, on ne pouvait plus en douter, puisqu'il avouait avoir prêté à Luis Avila une somme de trente mille piastres. Le cacique leva sa canne à pomme d'or pour réclamer le silence.

« Ce document prouve, dit le vieux chef, que, contrairement à ce qu'allègue don Pablo, Luis Avila n'avait aucun intérêt à la mort de don Ambrosio. »

Pablo parut déconcerté, ses sourcils se froncèrent.

« Une demi-heure avant le crime, dit-il, Luis Avila a traversé notre route; Pochotl, Antonio, les deux domestiques qui m'accompagnaient peuvent le certifier.

— Je le déclare de nouveau moi-même, dit Luis sans se départir de son calme; hier au soir, revenant de Tlacotalpam, j'ai, en effet, rencontré don Ambrosio et son escorte non loin du carrefour du Cèdre. Don Ambrosio m'engagea à l'accompagner à la Héronnière, et plût à Dieu que j'eusse cédé à ses instances, ma présence eût peut-être arrêté le bras de l'assassin. »

Pablo reprit la parole.

« N'est-il pas étrange, s'écria-t-il, que Luis Avila ait refusé de cheminer en compagnie de mon oncle, alors que nous nous trouvions sur l'unique sentier qui met en communication la Héronnière et le Potrero avec le Papaloapam?

— J'avais affaire, répondit Luis, au rancho de l'Aigle. A l'heure où se commettait le crime, j'étais déjà en conférence avec le maître de ce rancho, il pourra le certifier.

— Oui, à prix d'or, répliqua Pablo; car je puis certifier, moi, que depuis l'instant où Luis Avila prit congé de mon oncle, quelqu'un nous suivit en logeant les fourrés. Lorsque nous atteignîmes le carrefour du Cèdre une détonation retentit, et mon oncle tomba. Je m'élançai; un second coup de feu me blessa au bras, et je vis... »

Pablo semblait en proie à une vive émotion, il s'interrompit et essuya son front baigné de sueur.

« Parle, lui dit le cacique, qu'as-tu vu?

— Luis Avila et Ametl qui s'enfuyaient, et que je reconnus à leur allure, bien qu'ils eussent pris soin de se masquer le visage à l'aide de voiles noirs. »

Plusieurs exclamations partirent du milieu de la foule; chacun songea aussitôt au rachat d'Ametl, à l'accusation alors formulée contre lui par Pablo. M. Pinson, qui s'appuyait sur l'épaule d'Istac, sentit l'enfant trembler en entendant accuser son père, et faire un mouvement pour s'élancer.

« Là, là, petit, dit l'ingénieur, laisse venir l'heure. Mais par le ciel, à quoi pense José? Comment permet-il à ce drôle de débiter si hardiment de pareilles calomnies? »

Le chasseur venait de se placer près des anciens, face à face avec l'accusateur.

« Don Pablo se trompe, dit-il de sa voix grave et profonde, il n'a pu voir au carrefour du Cèdre ni Luis Avila qui se trouvait alors au rancho de l'Aigle, ni Ametl qui m'accompagnait. Cependant, don Pablo a raison sur un point; il est vrai que deux hommes, de ceux qui ne reculent devant aucun forfait, suivaient pas à pas mon pauvre maître. Arrivés près du carrefour un de ces bandits arma son revolver et dit à l'autre, en lui montrant don Ambrosio : « S'il ne tombe pas du premier coup, tu tireras à ton tour, et il poussa son cheval en avant. »

Le chasseur parlait d'une voix lente, il regardait Pablo.

« Sorcier trois fois maudit! murmura le jeune homme qui devint livide.

— Depuis longtemps, reprit José sans paraître entendre, un de ces hommes considérait la Héronnière comme son bien; c'était une de ces natures perverses qui, faute de savoir tenir en bride leurs mauvaises passions, en arrivent fatalement au crime. Don Ambrosio, qui ne connaissait pas le passé de ce misérable, l'avait accueilli comme un fils, lui avait ouvert son cœur et sa maison. Redoutant de perdre les biens qu'il convoitait, le traître, le misérable dont le nom brûle mes lèvres, a tiré hier sur son bienfaiteur qui, les bras ouverts, est tombé foudroyé.

— Mensonge! cria Pablo d'une voix étranglée.

— Ce n'est pas tout, continua le chasseur dont la voix devint tonnante, il s'agissait, le crime accompli, de donner le change à la justice. D'un second coup de pistolet, l'assassin se fit au bras une blessure insignifiante, dans l'espoir de détourner ainsi les soupçons et de s'assurer l'impunité. Il rapporta le corps de sa victime à la Héronnière; puis, mettant à profit la confusion causée par l'annonce de la mort du maître, son complice fit boire outre mesure les ouvriers, et les excita contre un innocent qu'il désigna comme le coupable, avec l'espoir de le faire massacrer. Si Luis Avila eût péri dans ce guet-apens, sa mémoire eût pu être à jamais flétrie, et le crime aurait triomphé. Par bonheur, Dieu veille.

— Il faudrait des témoins, s'écria Pablo, pour que les sages juges qui nous écoutent pussent ajouter foi à ce tissu de calomnies.

— J'en ai, répliqua froidement José qui se tourna vers Istac et Vif-Argent, et ils vont parler. »

Istac, dont M. Pinson avait peine à contenir l'impatience, s'élança près du chasseur, désigna Pablo du doigt et dit d'une voix vibrante :

« Vous venez d'accuser mon père, don Pablo, et c'est vous, vous seul qui avez tué don Ambrosio, je le jure.

— Qui t'a dicté ce mensonge? répondit Pablo avec un dédain affecté. Le sorcier?

— Ce qu'avance Istac est la vérité, dit à son tour Vif-Argent, c'est don Pablo qui a tué don Ambrosio; nous l'avons entendu prévenir Pochotl, nous l'avons vu tirer; nous étions cachés dans le tronc creux du cèdre au pied duquel don Ambrosio est tombé. »

Des cris d'horreur, poussés par les Indiens, couvrirent la voix des deux enfants. La contenance de Pablo, terrifié par les révélations concluantes de ses accusateurs, ne laissait plus aucun doute sur sa culpabilité. En entendant des menaces de mort partir du sein de la foule, et cette fois s'adresser à lui, le coupable perdit tout son sang-froid. Obéissant à l'instinct de la conservation, il bondit hors de l'enceinte du tribunal avant qu'on eût pu prévoir son intention, sauta sur son cheval tenu en main par Pochotl déjà en selle, et les deux complices disparurent au galop dans la forêt. Sur l'ordre du cacique, des Indiens se lancèrent à leur poursuite.

Ce moment d'émoi passé, des cris de *vive don Luis!* retentirent. La première action du jeune homme avait été de se précipiter dans les bras de José, puis d'embrasser Istac et Vif-Argent. Malgré les explications qu'il donna, les Indiens, amis du merveilleux, crurent plus que jamais au pouvoir surnaturel du chasseur. Quant à M. Pinson, qui, à la grande stupéfaction des assistants, avait em-

Les deux complices disparurent. (Page 328.)

brassé Luis sur les deux joues, il déplora avec amertume qu'on ne se fût pas tout d'abord assuré de la personne de don Pablo et de celle de Pochotl, ainsi qu'il l'avait conseillé.

« C'est une faute que j'ai commise volontairement, lui dit José à l'oreille; j'ai songé à Amalia. Livrer Pablo, son parent, son fiancé d'hier à la justice, c'est-à-dire à une mort ignominieuse, c'était rendre impossible à la pauvre enfant le séjour à la Héronnière, où son bonheur futur exige qu'elle reste.

— Mais Pablo va recommencer son métier d'écumeur de grand

chemin. Il cherchera à se venger de Luis, de vous, d'Istac et de Vif-Argent.

— Si le misérable échappe à ceux qui le poursuivent, señor, il ira exercer son industrie dans la Terre-Froide, et se gardera bien de reparaître ici. Si les Indiens le rejoignent, il subira le sort qu'il voulait infliger à Luis, il sera massacré et nous ne le reverrons pas vivant, croyez-le. Allons, suivons Luis que je vois se diriger vers l'hacienda, il doit avoir hâte, en effet, d'embrasser sa mère et de se présenter libre devant Amalia. »

En dépit de la chasse ardente qui leur fut donnée, Pochotl et Pablo réussirent à se dérober à toutes les recherches; on supposa qu'ils avaient traversé le Papaloapam et gagné la Cordillère. Une nouvelle catastrophe allait bientôt apprendre aux habitants de la Héronnière que les deux assassins songeaient à se venger, à faire repentir José de sa générosité.

Ce même jour, vers minuit, le corps de don Ambrosio fut déposé sous les dalles de la chapelle du village, et M. Pinson, qui dormait debout, put enfin aller se reposer.

Le lendemain, il était près de midi lorsque l'ingénieur se réveilla; il trouva Vif-Argent à l'étude, l'embrassa, puis s'habilla tout rêveur. Il alla ensuite s'informer de la santé d'Amalia près de laquelle doña Magdalena s'était établie à demeure. Quant à Luis, il était déjà reparti pour le Potrero. Sous le corridor, M. Pinson aperçut José qui, établi devant une petite table, compilait les registres de don Ambrosio.

« Me voilà redevenu momentanément majordome de la Héronnière, dit le chasseur qui tendit la main à l'ingénieur; c'est un service que je dois à Amalia. Pauvre enfant! sa fortune est bien réellement compromise; néanmoins, Dieu aidant, nous la rétablirons.

— Pour ma part, répliqua mélancoliquement M. Pinson, je songe que l'heure est venue de préparer mes malles; j'attendrai cependant que doña Amalia soit un peu remise avant de regagner Vera-Cruz, puis la France, si ma mauvaise fortune me le permet et ne me conduit pas en Chine. J'ai fait un beau rêve, ajouta l'ingénieur qui regarda l'horizon; j'avais pris mon parti de l'exil temporaire auquel je m'étais trouvé fatalement condamné, et j'eusse transformé cette vallée. Vous auriez vu, José, ce que peut la science venant en aide au travail de la nature.

— Par le ciel, señor, dit le chasseur qui se leva, abandonner la Héronnière, vous! Voilà un projet qu'Amalia ne vous laissera certes pas accomplir.

— Ma place n'est plus ici, José; je n'y puis plus être utile.

— Pourtant, señor, reprit le chasseur, je ne vois se dresser dans la plaine aucune des usines dont vous m'avez si souvent montré les plans; l'heure me semble arrivée, au contraire, de rattraper le temps perdu, de vous mettre immédiatement à l'œuvre.

— Vous oubliez, ami, ce que vous venez de me confier; doña Amalia est presque ruinée; or, un des tristes côtés de mon métier, c'est que sans argent, et par conséquent sans bras, je suis réduit à l'impuissance.

— Hum! Voilà qui est fâcheux. Moi aussi, señor, j'ai souvent, ainsi que mon pauvre maître, rêvé de voir cette vallée devenir un centre de civilisation, et les Indiens se transformer en travailleurs utiles. Eh bien, ce rêve, vous pouvez en faire une réalité, et l'on n'a pas tous les jours un homme comme vous sous la main. Voyons, quelle somme don Ambrosio devait-il mettre à votre disposition, ou plutôt à combien se monte le devis de vos projets de réforme?

— A près de trois millions.

— Il faut qu'Amalia soit riche, reprit José à mi-voix, pour épouser Luis qui est à la veille de le devenir, pour qu'elle puisse, comme par le passé, continuer à faire le bien; or, en ma qualité de majordome de la Héronnière, je me charge de vous fournir la somme dont vous déclarez avoir besoin. »

M. Pinson demeura bouche béante, il regardait son interlocuteur comme pour s'assurer s'il parlait sérieusement.

« J'ai dit trois millions, reprit-il en scandant ses paroles : trois millions.

— J'ai bien entendu, señor; donc, comme disent nos voisins de l'Amérique du Nord : en avant!

— Décidément, s'écria l'ingénieur, vous êtes le cousin du diable, José, ou vous avez découvert la pierre philosophale.

— Peut-être, dit le chasseur qui se mit à rire; en tout cas, señor, soyez à l'œuvre demain, je suis pressé. »

M. Pinson serra la main de José; puis, sans perdre de temps, il alla secouer la poussière que la mauvaise fortune de don Ambrosio avait laissée s'amasser sur ses plans.

CHAPITRE XX

JOSÉ EN ROUTE. — SOMMETS INEXPLORÉS. — VISITEURS INATTENDUS, — COUP DOUBLE. — VAGABOND INQUIET.

Huit jours après les événements qui viennent d'être racontés, au moment où le soleil se levait, José, accompagné de Vagabond et conduisant par la bride une robuste mule, descendit de son ermitage.

Au lieu de se diriger vers le Potrero, selon sa coutume, le chasseur marcha droit devant lui pendant une demi-heure environ, puis s'engagea dans un bois de lataniers où le bruit de ses pas mit en fuite d'énormes taupes, peu accoutumées à voir troubler leur solitude. Après avoir franchi le bois et étudié le sommet des montagnes qui se dressaient en face de lui, José traversa la savane dans leur direction. Aux graminées parmi lesquelles le métis s'ouvrit d'abord un passage succédèrent bientôt des euphorbes, plantes au suc corrosif dont l'odeur, âcre et vireuse, incommode même à distance les hommes et les animaux. Après les euphorbes vinrent des cactus de toutes les formes, dont les belles fleurs et surtout les tiges rameuses, semblables à des serpents couverts d'aiguillons acérés, eussent arraché plus d'une exclamation admirative à M. Pinson.

Le pied des montagnes atteint, le chasseur côtoya une sorte de muraille de granit, puis s'engagea dans une gorge qui, à en juger par les apparences, servait à l'écoulement des eaux durant les pluies d'automne. Souvent des quartiers de roches, détachés des sommets, barraient complètement l'étroit ravin. Petite et vigoureuse, la mule franchissait l'obstacle d'un bond ; toutefois de temps à autre, José était obligé de s'arrêter pour la laisser souffler.

Peu à peu la pente s'adoucit, les blocs de granit devinrent moins volumineux, la gorge s'élargit, et le voyageur atteignit un premier plateau. De cette hauteur, ses regards se perdirent sur les immenses savanes de la Terre-Chaude qui, du côté du levant, n'ont d'autres limites que les eaux tièdes du golfe mexicain.

Le plateau franchi, José s'engagea avec précaution dans un nouveau défilé, entre deux parois de granit à peine assez écartées pour lui livrer passage. La végétation se transformait ; l'air devenait moins lourd et moins brûlant. Au sortir du défilé, José eut grand'peine à guider sa mule sur un terrain presque vertical, où ne croissaient que de chétifs aloès. Partout des amoncellements de blocs granitiques, empilés les uns sur les autres, comme si une montagne entière se fût écroulée sur cette pente. Plus de buissons, plus d'animaux, plus de bourdonnements ; la vie végétale et animale, si luxuriante, si fourmillante dans la plaine, semblait nulle sur ces hauteurs arides.

Enfin José s'arrêta sur le bord d'un précipice de forme semicirculaire, taillé à pic dans tout son pourtour. Un torrent mugissait au fond de ce gouffre d'où s'élevaient des arbres séculaires dont les hautes cimes, doucement balancées par la brise, venaient s'épanouir à quelques mètres du chasseur. Des aigles, logés dans les anfractuosités des rochers et troublés par un aboiement de Vagabond, s'élancèrent de leurs nids en faisant siffler l'air sous le battement de leurs ailes puissantes.

La mule fut entravée, et José s'occupa de recueillir des herbes pour la nourriture de l'animal. La tâche n'était pas facile, car sur ce sol rocailleux, brûlé de soleil, ne poussaient guère que des cactus ou des orchidées. Ayant enfin ramassé une provende assez copieuse, José songea à lui-même ; après avoir allumé un feu, il tira de la poche de jonc suspendue à son côté les galettes de maïs et la viande séchée destinées à son repas, provisions qu'il partagea avec son brave chien.

Le rustique déjeuner touchait à sa fin lorsque Vagabond, dressant les oreilles, se mit à grogner. Le chasseur lui imposa silence ;

le chien, grognant de nouveau, s'élança vers la gauche et disparut derrière les roches.

« Voilà qui est étrange, murmura José; l'approche d'un lapin ou d'un écureuil n'exciterait pas ainsi Vagabond. Quel gibier l'inquiète donc? Je ne puis admettre qu'un jaguar se soit hasardé sur ces hauteurs. »

Vagabond reparut. La queue basse, le poil hérissé, montrant ses crocs formidables, le brave animal battait en retraite et se retournait de temps à autre en aboyant. José arma son fusil, marcha à la rencontre de son compagnon et se trouva à l'improviste devant un ours.

C'était là un animal peu connu dans la Terre-Chaude, même d'un vieux chasseur tel que José. Les ours, rares du reste dans la grande Cordillère du Mexique, ne s'aventurent jamais dans les régions basses. En dépit de sa bravoure, José hésita un instant devant cet ennemi inattendu qui venait de s'asseoir sur son train de derrière et le contemplait avec une curiosité visible. Harcelé par Vagabond, l'animal se remit en marche. Des grognements répondirent soudain à ceux qu'il poussait, et un second ours apparut vers la gauche.

Devant cette complication, José pâlit légèrement. Le doigt sur la détente de son fusil, prêt à tirer si besoin était, il se dirigea vers une roche placée à la moitié du chemin qui le séparait du premier ours. L'animal s'arrêta, et le chasseur put escalader la roche au sommet de laquelle il fut aussitôt rejoint par Vagabond. Les ours, surpris de cette manœuvre, se rapprochèrent l'un de l'autre, s'assirent et se balancèrent de droite à gauche; puis, comme s'ils se fussent concertés, ils piquèrent droit vers la roche.

« Ces bêtes sont agiles, pensa José; elles vont essayer de m'atteindre. Allons, pas de précipitation, ne tirons qu'à bout portant. »

Les ours, toujours grognant, approchaient avec une lenteur pleine de prudence; ils s'avançaient de trois pas, puis s'arrêtaient. Une fois près de l'énorme pierre, ils en firent le tour en montrant les dents à Vagabond, qui, du reste, leur rendait énergiquement leur politesse. S'appuyant contre la paroi que José avait escaladée, les deux animaux s'apprêtèrent à grimper. Le chasseur épaula et fit successisivement feu de ses deux coups.

Le chasseur épaula et fit feu. (Page 334.)

Ces détonations, aussitôt répétées par les échos, produisirent un formidable vacarme ; les ours, la tête fracasssée, tombèrent inertes au pied du rocher.

Ce ne fut qu'au bout de dix minutes, c'est-à-dire une fois bien convaincu que ses ennemis étaient morts, que José se décida à descendre de son refuge. Il tourna autour du corps des deux énormes bêtes et les examina curieusement. Les ours, communs dans le nord de l'Amérique, sont si rares dans la Terre-Chaude, que José n'avait jamais eu l'occasion de voir de si près ce monstrueux gibier. Certes, si la chasse eût été le but de son excursion, il eût pu s'applaudir du magnifique coup double qu'il venait de faire ; mais laissant là ses ennemis désormais inoffensifs, il se chargea des poches de jonc qu'il avait apportées sur la mule, longea le précipice au bord duquel il avait campé, et s'engagea sur une étroite corniche. Il avançait pas à pas, s'appuyant contre la muraille de granit, plongeant parfois ses regards sur la cime des arbres qui, partis des profondeurs du gouffre, venaient s'épanouir à cinq mètres au-dessous de lui. Il s'arrêta sur une plate-forme qui surplombait l'abîme, puis disparut à l'improviste, comme si le mur contre lequel il s'était adossé lui eût livré passage en s'entr'ouvrant.

C'est que, près de la plate-forme sur laquelle s'était arrêté le chasseur, se trouvait une ouverture naturelle, à peine assez large pour laisser passer un homme. José, après s'être glissé par cette ouverture, fit quelques pas dans les ténèbres. Bientôt, à l'aide de son briquet et de quelques allumettes soufrées, il enflamma une énorme torche de cire qu'il ramassa dans un coin, puis il se rapprocha d'une encoignure où gisaient un pic de fer, des marteaux, une bêche et une pioche.

« Allons, tout est à sa place, dit-il, cette grotte n'est encore connue que de son créateur et de moi. Bénie soit l'heure à laquelle, pour contenter un désir du docteur Pierre, je m'aventurai sur ces hauteurs afin de ravir aux aigles et aux vautours quelques-uns de leurs œufs. Que de bien ma découverte m'a permis de faire, que d'infortunes, si Dieu me prête vie, je pourrai secourir encore ! »

Emportant plusieurs torches, José suivit un étroit corridor et pénétra dans une vaste salle à l'air tiède. Au fond, on entendait ruisseler une masse d'eau qui semblait tomber en cascade. Le chasseur alluma deux nouvelles torches et les fixa sur le sol. Mille points lumineux scintillèrent aussitôt, et les parois, la voûte, le fond du souterrain apparurent comme constellés de diamants. On eût cru voir une de ces grottes merveilleuses que se plaisent à décrire les conteurs arabes.

La montagne, dans l'intérieur de laquelle le chasseur se trouvait, était semée de filons d'or. L'eau, filtrant des couches supérieures depuis des siècles, dissolvait peu à peu les roches et mettait l'or à nu. Entraîné par son poids, le métal s'accumulait sur le sol, et l'eau, après avoir accompli son travail de mineur, s'engouffrait bruyante par une sorte d'entonnoir ; c'était elle que l'on entendait mugir au fond de l'abîme.

José jeta sur le sol les poches de jonc qu'il avait apportées, poches qui, au Mexique, servent à renfermer les piastres.

« Il me faut au moins deux cents livres d'or, murmura le chasseur; du reste, c'est tout ce que pourra porter la mule, étant donnés les mauvais pas qu'elle doit franchir. Deux cents livres d'or! Combien de siècles ont été nécessaires pour les détacher de cette voûte ! »

Il se mit à l'œuvre ; il n'avait qu'à ramasser, aussi eut-il vite rempli une des poches qu'il porta à l'entrée de la grotte. Il revenait sur ses pas lorsqu'un nouveau grognement de Vagabond le fit se retourner; le chien, posté sur la plate-forme, humait l'air avec inquiétude et grondait. José, accoutumé à tenir compte des avis de son fidèle compagnon, se rapprocha de lui et se pencha au-dessus de l'abîme, dans la direction où il le voyait regarder. Soudain, il aperçut deux hommes à demi cachés derrière un tronc d'arbre; avant qu'il eût pu rétrograder, deux détonations retentirent. José poussa un cri, essaya de se rejeter en arrière, et tomba en tournoyant dans le vide qui s'ouvrait au-dessous de lui. Les feuillages s'écartèrent avec bruit sous son poids, puis se refermèrent aussitôt. Vagabond, un instant indécis, hurla lugubrement, courut affolé le long de la corniche et se précipita derrière son maître. Les feuillages s'ouvrirent une seconde fois pour livrer passage à cette nouvelle victime, puis, peu à peu, comme une onde un instant troublée par la chute d'une pierre, les rameaux reprirent leur immobilité.

Le silence profond, solennel, ordinaire à ces lieux sauvages, se rétablit. Les vautours, les faucons, les aigles, un moment effarés par le bruit qui avait troublé la solitude, se remirent à planer au-dessus de leur aire. Ce qui venait de se passer semblait un rêve, lorsque Pablo et Pochotl, avançant avec précaution, parurent sur le sentier aérien qui conduisait à la grotte. Arrivés sur la plate-forme, ils se penchèrent au-dessus de l'abîme. Pablo saisit une pierre et la lança dans le gouffre. La pierre rebondit de branche en branche, ne frappa le sol qu'au bout de plusieurs secondes.

« Ceux qui tombent là dedans n'en sortent plus, » dit le jeune homme à son compagnon.

— Victoire! s'écria celui-ci; le sorcier est mort, et nous allons enfin connaître le secret de sa puissance.

— Es-tu sûr, Pochotl, qu'il n'avait pas de compagnon?

— Depuis sa sortie des terres du Potrero, ne l'as-tu pas vu, aussi bien que moi, cheminer seul avec sa mule et son chien?

— Mais s'il avait donné ici rendez-vous à l'un de ses amis?

— La peur te fait déraisonner, Pablo.

— Oui, répliqua le jeune homme, j'ai peur de ce sorcier qui...

— Rassure-toi, interrompit Pochotl avec dédain, nous l'avons surpris, et sa science lui a été inutile. Si quelqu'un se place désormais en travers de notre route, ce sera un homme comme nous.

— Il faut, répondit Pablo d'une voix sourde, que Luis et l'ingénieur disparaissent à leur tour pour que je puisse rentrer en maître à la Héronnière.

— Sois tranquille; de gré ou de force tu épouseras ta cousine. Maintenant, nous allons savoir ce que le sorcier venait chercher dans ce désert. »

Se tournant alors vers l'entrée de la grotte, les deux misérables pénétrèrent pas à pas dans le souterrain. La lumière des torches disposées par José les éblouit d'abord; mais aussitôt qu'ils eurent atteint la seconde salle et qu'ils eurent vu le sol et les parois des roches étinceler, ils poussèrent un cri de joie et se précipitèrent sur le sac de jonc à moitié rempli par le chasseur.

« De l'or! de l'or! » répéta Pablo.

Pochotl se coucha sur la roche, saisit à pleines mains les grains du précieux métal et les baisa fiévreusement. Se relevant enfin, il aida Pablo à remplir les sacs des pépites les plus grosses. Bientôt, incommodés par l'atmosphère lourde du souterrain, les deux complices regagnèrent la plate-forme.

Le ciel était bleu, pas un souffle n'agitait les feuilles, rien ne bougeait dans le paysage morne et triste de ce haut sommet. Pablo regarda de nouveau le gouffre. En ce moment, le soleil disparaissait derrière les montagnes; de noirs vautours, au cou chauve, planaient au-dessus de l'abîme au fond duquel gisait José, ou tournoyaient au-dessus des ours qui, la tête fracassée par le vaillant chasseur, dormaient d'un sommeil éternel.

CHAPITRE XXI

JOSÉ SAUVÉ. — M. PINSON EN ROUTE. — LA MINE D'OR. — POCHOTL ET PABLO. — LE DOIGT DE DIEU.

La balle lancée par Pablo avait atteint José au-dessus du front; puis, par un phénomène assez fréquent, elle avait glissé sur son crâne. Étourdi par le choc, le chasseur, comme nous l'avons vu, perdit l'équilibre, ferma instinctivement les yeux, et se sentit entraîner dans le vide. Une violente secousse acheva de lui enlever la conscience de ce qui se passait; il ne vit et n'entendit plus rien.

Lorsqu'il reprit ses sens, après un laps de temps dont il ne put se rendre compte, José fut surpris de se trouver étendu sur des branches entrelacées de lianes, à une hauteur de trente mètres du sol. Regardant au-dessous de lui, il vit immobile, couché sur le côté, la gueule entr'ouverte, son pauvre Vagabond. José comprit que son fidèle compagnon, plutôt que de l'abandonner, s'était précipité dans le gouffre où il l'avait vu disparaître.

Lorsqu'il voulut remuer, le chasseur ressentit de telles douleurs qu'il crut tous ses membres brisés. Il regarda avec tristesse autour de lui; l'abîme auquel il avait échappé une première fois allait le ressaisir, car il ne pouvait espérer que l'on viendrait à son secours. Il n'osait se dégager, de peur que le moindre bruit n'attirât ses assassins. Un coin du ciel bleu, qu'il aperçut à travers le feuillage, lui rendit l'espoir et le courage.

« Dieu veille, dit-il avec conviction, il ne m'abandonnera pas. »

Alors, avec des efforts surhumains, il se dégagea peu à peu d'entre les branches qui le tenaient serré comme dans un étau, puis il essaya de gagner les rameaux inférieurs. Plus d'une heure s'écoula avant qu'il réussît à les atteindre; là, il reprit haleine; une distance de dix mètres le séparait encore du sol.

Incapable d'embrasser l'énorme tronc sur lequel il était logé et de se laisser glisser ainsi jusqu'aux roches, José demeura indécis. Par bonheur il possédait encore son machété, et il se mit à scier la branche sur laquelle il se tenait à califourchon. Une fois le bois suffisamment entaillé, le chasseur, imitant une manœuvre assez ordinaire des bûcherons indiens, s'avança vers l'extrémité de la branche qui s'inclina sous son poids, et dont les feuilles vinrent bientôt balayer le sol à quelques pas du pauvre Vagabond.

Dès qu'il se trouva sur la terre ferme, le métis se jeta à genoux et rendit grâces à Dieu. Il souleva ensuite la tête de Vagabond, qui retomba inerte. Deux larmes roulèrent sur les joues de José lorsqu'il fut convaincu que le brave animal, qui plusieurs fois lui avait sauvé la vie, était bien décidément mort, victime de son dévouement. S'approchant alors du ruisseau, il but à longs traits l'onde glacée, puis se lava le visage et reconnut que sa blessure était peu profonde. Il lui fallait maintenant sortir du gouffre; or c'était une rude tâche pour un homme affaibli, meurtri, que d'escalader des parois presque à pic.

José redoubla de précaution pour éviter de faire aucun bruit, afin de ne pas éveiller l'attention de Pablo et de Pochotl, qui peut-être le guettaient. Ce ne fut qu'au bout d'une nouvelle heure d'efforts qu'il atteignit le bord de l'abîme. A sa grande joie, il retrouva sa mule à l'endroit où il l'avait entravée. La nuit venait; José mangea deux ou trois galettes de maïs qui le réconfortèrent; se hissant alors sur le dos de la mule, il redescendit vers la plaine.

Il était environ trois heures du matin quand le chasseur arriva en face de la Héronnière. Il se fit reconnaître du veilleur toujours de garde à la porte de l'habitation, et se dirigea vers la cour intérieure. Parvenu devant la fenêtre de la chambre de M. Pinson, il appela discrètement.

« Qui est là? demanda l'ingénieur.

— Moi, señor, répondit José d'une voix sourde.

— Qu'y a-t-il? Qu'arrive-t-il?

— Rien d'extraordinaire, répondit le chasseur avec calme; mais n'élevez pas la voix, señor, et n'éveillons personne. Je viens réclamer de vous un grand service.

— Parlez vite, dit M. Pinson, qui apparut à la fenêtre.

— Habillez-vous, armez-vous, puis venez me rejoindre; je vous attendrai près de la porte de l'hacienda. Surtout pas de bruit. »

Dix minutes plus tard, M. Pinson, très intrigué, arrivait dans la cour d'entrée. Il y trouva José qui, secondé par Antonio, achevait de harnacher deux chevaux et de placer un petit baril sur le dos d'une mule. Cette opération terminée, le chasseur se mit en selle, prit la laisse de la mule pour la guider, et engagea M. Pinson à le suivre. Sans mot dire, l'ingénieur sauta sur le dos de Mouton et suivit son guide. Le ciel, constellé d'étoiles, répandait sur la terre une vague clarté. Le chasseur prit le sentier qui conduisait au Potrero et dit à M. Pinson, qui voulait l'interroger :

« Marchons, je vous répondrai plus tard. »

L'ingénieur, qui formait l'arrière-garde, battit le briquet pour allumer un cigare.

« Ne fumez pas, señor, lui dit José; le baril que porte notre mule est rempli de poudre et les accidents arrivent vite. »

M. Pinson jeta son cigare.

« Un baril de poudre! répéta-t-il. Allons-nous donc à la guerre, José?

— Non, je l'espère, répondit le chasseur; cependant, peut-être aurons-nous à nous défendre.

Le sentier devint étroit. José pressa de nouveau sa monture et l'imagination de l'ingénieur eut beau jeu.

« Bah! se dit-il après plusieurs suppositions, laissons-nous conduire; lorsque je pars en voyage, j'ai été à même d'en faire l'expérience, je ne sais jamais où je dois m'arrêter. »

Pendant plus d'une heure les deux voyageurs cheminèrent silencieux. Soudain le soleil apparut au-dessus des sommets, et M. Pinson, émerveillé, admira l'aspect grandiose et sauvage des lieux que lui faisait traverser son compagnon. Il allait parler; José lui dit à voix basse :

« Mettons pied à terre, señor; je vais entraver ici nos montures et nous irons à la découverte. »

M. Pinson obéit, s'approcha du chasseur et s'écria :

« Vous êtes blessé à la tête, José.

— Une simple égratignure, bien qu'elle ait failli me coûter la vie ; mais silence, vous aurez tout à l'heure l'explication de ma conduite. »

José marcha avec précaution, gagna la lisière du bois, écouta longuement, puis se dirigea vers le précipice au bord duquel gisaient les deux ours qu'il avait tués la veille. A la vue des corps de ces terribles animaux, M. Pinson ne put retenir une exclamation.

« Allons, dit le chasseur, sans prendre garde à la surprise de l'ingénieur, nous arrivons à temps. Suivez-moi, señor, et prenez soin de ne pas glisser.

— C'est aujourd'hui samedi, le jour du sabbat, dit M. Pinson ; me conduisez-vous, par hasard, José, dans l'antre au fond duquel, à ce que racontent les bonnes femmes du village, vous conversez avec les démons ?

— Précisément, » répliqua le chasseur.

Quand M. Pinson atteignit l'étroite plate-forme du haut de laquelle José avait été précipité, et qu'il vit son compagnon s'engager dans la fissure du roc, sa surprise augmenta ; mais, dès que José eut allumé une torche et que l'ingénieur aperçut l'or qui scintillait autour de lui, il demeura bouche béante, ébloui.

« Voilà donc, dit-il enfin, le secret de...

— Ce secret, malheureusement, n'en est plus un, » dit le chasseur.

Et, faisant asseoir son compagnon, il lui raconta en peu de mots ses aventures de la veille. Durant ce récit, M. Pinson ne put retenir à plusieurs reprises son exclamation favorite, qu'il avait un peu oubliée depuis quelque temps.

« Ah ! s'écria-t-il, n'avais-je pas raison de regretter la fuite des deux coquins ? Enfin, ils n'auront rien perdu pour attendre, car nous sommes ici, je pense, pour leur rendre la monnaie de leur pièce.

— Nous sommes ici, répliqua José, pour les empêcher de profiter de ce trésor, pour les empêcher surtout de divulguer son existence. D'après une loi de mon pays, que vous connaissez sans doute,

« Voilà donc le secret de... » (Page 342.)

señor, une mine inexploitée appartient à celui qui en révèle le gisement. Par bonheur, Pochotl et Pablo, grâce à la terrible accusation qui pèse sur eux, n'oseront agir eux-mêmes; mais ils pourraient trouver un associé.

— Je comprends, José, que vous soyez jaloux de la possession des richesses qui nous entourent; à dire vrai, je suis même surpris que vous ne soyez pas déjà sur le chemin de Tlacotalpam, afin d'établir vos droits de priorité.

— Loin de songer à rendre publique l'existence de ce trésor, reprit le chasseur, je voudrais qu'il fût en mon pouvoir de l'anéantir. Si je vous ai amené jusqu'ici, señor Pinson, c'est avec l'espoir que votre science me permettra de rendre cette mine inexploitable pendant de longues années.

— Détruire un pareil trésor! s'écria M. Pinson stupéfait. Êtes-vous dans votre bon sens, José, et voulez-vous renoncer à votre rôle de bienfaiteur? Vous désirez voir Luis Avila riche, très riche; notre ami ne trouvera-t-il pas ici l'emploi de ses connaissances et de son activité?

— Voilà précisément ce que je ne veux pas, » répliqua José avec vivacité. »

Et comme M. Pinson le regardait d'un air interrogateur, le chasseur reprit :

« J'ai là-dessus des idées bien arrêtées. Elles vous paraîtront sans doute étranges, señor ; je vous les confierai néanmoins. L'exploitation d'une mine, l'expérience l'a cent fois prouvé, est un jeu de hasard. Le filon, riche aujourd'hui, se perd souvent le lendemain, et il faut parfois des années de recherches avant de le rencontrer de nouveau, des années de ruine et de misère. Il n'y a pour moi, señor Pinson, qu'un travail vrai, sain, moralisateur, productif, celui de la terre. Quand Luis aura défriché ses forêts et ensemencé ses plaines, l'ouragan pourra lui ravir une partie de sa récolte, mais un rayon de soleil réparera vite le dommage et il n'aura jamais complètement travaillé en vain. Une mine, au contraire, si elle procure à son propriétaire les émotions du jeu, l'use par ses alternatives d'abondance et de pauvreté, le ruine plus fréquemment encore qu'elle ne l'enrichit, et c'est souvent alors que son possesseur travaille davantage qu'il récolte le moins.

— L'or est un métal nécessaire, fécondant, dit M. Pinson.

— Oui, il est la source du bien et du mal ; aussi chacune de mes idées pourrait-elle être victorieusement combattue, je n'en disconviens pas. En voici une cependant qui vous ramènera peut-être à mon avis. J'aime Luis, mais j'aime aussi les pauvres Indiens qui peuplent la vallée. Le travail des mines est dur, ingrat, mortel. Il a dépeuplé le Mexique, qui comptait autrefois cinquante millions d'habitants et qui en possède à peine six aujourd'hui. Bien que mon pays, — le docteur Pierre me l'a souvent répété, —

ait produit le tiers de l'argent qui circule dans le monde, il est le plus pauvre de l'Amérique. Tandis que nous extrayons l'or de la terre, nos voisins travaillent le cuir, la laine, le coton, la soie; ils vivent au soleil, et, par l'échange, nous ravissent cet or, fait de notre sang. Je désire, señor Pinson, que les Indiens de cette contrée continuent à vivre en plein air, égayés par la vue des arbres, des fleurs, des oiseaux; je veux qu'ils soient toujours des laboureurs et que le trésor que j'ai découvert reste ignoré le plus longtemps possible. »

M. Pinson secoua la tête. L'humanité guidait José, et c'était là un mobile trop respectable pour qu'il essayât de le combattre. Au fond, le chasseur avait raison; l'agriculture, l'industrie, seront toujours la vraie richesse des nations; l'Europe et ses colonies en sont la preuve. Néanmoins, M. Pinson risqua de nouveau quelques objections.

« Mon estime pour vous est si profonde, lui dit José, que je n'ai voulu me confier qu'à vous. Croyez-moi, señor, si, comme vous le dites avec raison, il y a ici assez d'or pour faire quelques douzaines d'heureux, ce trésor, le jour où il sera connu, coûtera par contre la vie à des milliers de travailleurs indiens. »

M. Pinson demeura longtemps pensif.

« Eh bien? demanda enfin José.

— Hum! fit l'ingénieur, le problème que vous me donnez à résoudre est des plus compliqués, mon cher José; anéantir cette mine n'est pas en notre pouvoir, et je ne vois qu'un moyen de la rendre introuvable pour maître Pablo, c'est de l'anéantir lui-même. Voyons, le coquin vous croit mort, et, loin de chercher un associé qui pourrait le trahir, je suis convaincu qu'il viendra puiser ici de quoi satisfaire sa cupidité, qu'il gardera le secret de sa découverte avec le même soin que vous.

— Il saura vite que je vis encore.

— Mettons-nous à sa recherche alors, logeons-lui une balle dans la tête; ce sera justice.

— Ni vous ni moi, señor Pinson, ne sommes gens à mener à bien une pareille besogne.

— C'est vrai, répondit l'ingénieur, nous aurions des scrupules que le drôle n'aurait pas, lui, s'il nous tenait au bout de sa carabine;

il vous l'a du reste prouvé hier. Seulement, faire sauter la grotte ou la corniche ne servira pas à grand chose, car Pablo saura bien faire sauter à son tour quelque roche pour rétablir le chemin.

— Que faire alors?

— Courir à Tlacotalpam, rendre ainsi la découverte de Pochotl et de Pablo inutile pour eux.

— Non, répliqua José avec énergie; jamais, par ma volonté, les Indiens de ce district ne seront exposés à devenir des mineurs.

— Diable! dit M. Pinson en se grattant le front, je ne sais plus en vérité que vous proposer. Voulez-vous que nous retournions à la Héronnière? nous consulterons Vif-Argent... Ne riez pas de mon idée, José; cet enfant a des façons si ingénieuses d'envisager les choses qu'il me surprend toujours. Attendez un peu... oui, cela me semble praticable, et peut-être allez-vous accepter cette solution.

— Parlez vite, señor; les heures sont précieuses.

— L'entrée de cette grotte, reprit M. Pinson en regardant autour de lui, est taillée dans le granit et d'une sécheresse absolue, car la voûte ne laisse pas suinter la moindre goutte d'eau. Pablo, c'est ma conviction comme la vôtre, n'ira pas « dénoncer » la mine, selon l'expression consacrée, mais il y reviendra puiser à son aise, attendu que la quantité d'or qu'il a pu emporter hier ne saurait suffire à sa cupidité. Semons la poudre que vous avez apportée sur le sol, recouvrons-la d'une couche de feuilles pour la dissimuler, puis laissons agir la Providence. Si Pablo revient, vous voyez d'ici l'effet que produira la moindre flammèche qui tombera de sa torche sur le lit de poudre, dans ce lieu étroit.

— Le malheureux sera mis en pièces.

— Vous voulez dire que l'assassin de don Ambrosio, le vôtre, sera châtié par Dieu; sans compter que l'écroulement qui résultera de l'explosion comblera l'entrée de la grotte, et votre souhait de rendre la mine introuvable sera presque exaucé. »

Après quelques minutes de réflexion, José se rendit à l'idée de M. Pinson. Sans perdre plus de temps, le chasseur remplit les nouvelles poches de jonc dont il s'était muni des plus grosses pépites, et les porta au dehors. Dix fois, secondé par M. Pinson, il fit le voyage de la grotte à la forêt, vidant les sacs pleins d'or dans le tronc creux d'un acajou, afin de se constituer une abondante réserve. Le baril fut ensuite transporté dans la grotte, et bientôt une épaisse couche de poudre couvrit le sol crevassé du couloir. Cette opération terminée, les deux travailleurs regagnèrent la terre ferme; ils couvrirent de mousse le trésor confié à l'acajou, et M. Pinson se frotta joyeusement les mains.

« Partons, dit-il.

— Pas encore, répliqua le chasseur. Avant de quitter ces lieux, je veux enterrer le corps de mon pauvre Vagabond, le soustraire à la rapacité des vautours. »

M. Pinson suivit son compagnon au fond du ravin et le seconda dans sa funèbre besogne. Plusieurs fois, durant la triste opération, des larmes mouillèrent les yeux de José.

« Les vrais amis sont rares, dit-il, comme pour excuser son attendrissement, et Vagabond était un ami à toute épreuve, sa mort l'a démontré. »

La tâche terminée, le chasseur, qui n'avait pas dormi depuis l'avant-veille, se sentit épuisé. Il s'étendit sur l'herbe pour se reposer un instant, et s'endormit aussitôt sous la garde de M. Pinson.

Il était quatre heures de l'après-midi environ lorsque l'ingénieur, qui avait passé son temps à herboriser, songea qu'il était temps de reprendre le chemin de la Héronnière. Il se rapprochait de son compagnon lorsqu'une formidable détonation ébranla le sol, et une pluie de pierres s'abattit au fond du ravin.

« Qu'arrive-t-il? s'écria José réveillé en sursaut et déjà debout.

— Ou nous avons laissé dans la grotte un flambeau mal éteint, dit avec gravité M. Pinson, ou la justice de Dieu vient de châtier Pablo. »

José s'élança, et, en quelques minutes, il réussit à escalader la pente presque à pic. Parvenu au sommet de l'abîme, il s'arrêta : devant lui, quatre mulets et deux chevaux, entravés côte à côte, se débattaient effarés. Du premier coup d'œil, le chasseur reconnut les montures de Pablo et de Pochotl. Levant les yeux vers la grotte, au-dessus de laquelle planait un nuage de fumée, il vit qu'un éboulement en comblait l'entrée. En ce moment, M. Pinson le rejoignit, et tous deux contemplèrent en silence l'œuvre de destruction accomplie en moins d'une seconde par la poudre.

« Voilà votre souhait réalisé, dit enfin l'ingénieur à son ami.

— Oui, répondit José, et puisse Dieu, dans sa miséricorde, prendre en pitié l'âme des misérables dont les corps sont enfouis là-bas. L'existence de cette mine a été un rêve, señor; ne révélons jamais à personne la terrible catastrophe qui vient de s'accomplir ici. »

M. Pinson baissa par trois fois la tête en signe d'acquiescement.

« J'ai su détruire, pensait-il; toutefois, si jamais José changeait d'avis, s'il voulait enrichir quelqu'un, en huit jours la poudre rouvrirait le chemin qu'elle vient de fermer. »

Il faisait nuit lorsque les deux explorateurs rentrèrent à la Héronnière. Après les avoir débarrassés de leurs bâts et de leurs selles, ils avaient rendu la liberté aux chevaux et aux mulets amenés par Pablo. Les braves animaux, avec cette sûreté d'instinct qu'on ne peut se défendre d'admirer, avaient aspiré l'air pour s'orienter, puis s'étaient élancés pour regagner les pâturages où ils avaient été élevés.

CHAPITRE XXII

APRÈS L'ORAGE. — UNE BONNE PENSÉE D'AMALIA. — BOISJOLI. —
LE DERNIER SAUT PÉRILLEUX DE VIF-ARGENT.

Dix-huit mois après les événements qui viennent d'être racontés, M. Pinson se tenait debout à l'endroit où il avait rencontré pour la première fois Luis Avila. Une large route, bordée de jeunes manguiers, reliait maintenant le Potrero à la Héronnière, et des bâtiments en construction se dressaient de tous côtés. La plaine, dans la partie sauvage qu'avait ambitionnée don Ambrosio, se montrait couverte de plantations de caféiers, de cacaoyers, de cotonniers, plantations arrosées par des canaux d'irrigation empruntés à la rivière qui servait autrefois de limites aux deux domaines. Partout des Indiens bêchaient, labouraient, taillaient,

Amalia, souriante, appuyait sa jolie tête contre l'épaule de Luis. (Page 350.)

émondaient, et des métis, armés d'aiguillons, guidaient de légères charrettes, attelées de bœufs et chargées de cannes à sucre, vers une usine où la vapeur faisait entendre ses sifflements.

« Cela marche, cela marche, répétait M. Pinson en se frottant les mains; encore une année, et toutes mes machines, enfin en mouvement, nettoyeront le coton, décortiqueront le café, broyeront les coques du cacao et suppléeront au manque de bras. Je voudrais que mon vieux Boisjoli — qui cherche toujours aux États-Unis ce que j'ai trouvé ici — pût contempler un instant mon œuvre. Il critiquerait, j'en suis sûr ; mais, dussions-nous n'être pas d'accord, je voudrais le tenir ici. »

Une cloche tinta ; M. Pinson se hâta de sauter sur un cheval qui broutait le long du torrent.

« Bon, dit-il, je vais être en retard, et Mme Avila jeune me grondera. Au galop, Caïman. »

Et l'ingénieur, éperonnant avec vigueur la monture fringante à laquelle il avait donné le terrible nom de Caïman, partit d'un train qui prouvait ses progrès dans l'art de l'équitation, et atteignit rapidement la Héronnière.

Sur le perron du corridor de l'hacienda, il aperçut Amalia qui, souriante, appuyait sa jolie tête contre l'épaule de Luis, devenu son mari. Amalia avait retrouvé son teint animé, ses yeux brillants ; elle apparaissait en ce moment dans tout l'éclat de sa beauté rayonnante.

« Toujours en retard, dit-elle à M. Pinson en le menaçant du doigt.

— Pardonnez-moi, répondit-il ; je suis en avance sur votre majordome que j'aperçois là-bas. Or ce n'est pas un mince triomphe que d'être plus exact que José. »

Les deux époux, suivis du chasseur et de M. Pinson, gagnèrent la salle à manger où se trouvaient déjà doña Magdalena et Vif-Argent.

Les deux dames firent les honneurs de la table, dérogation aux vieilles habitudes de la Terre-Chaude, due aux instantes prières de M. Pinson. Le déjeuner terminé, l'ingénieur fut surpris de voir Ametl et Antonio, devenus les serviteurs de confiance de Luis et de sa femme, amener des chevaux harnachés comme pour une expédition. Amalia, qui s'était éloignée un instant, reparut vêtue d'un costume d'amazone à peu près semblable à celui sous lequel M. Pinson l'avait vue pour la première fois ; Vif-Argent, posté sur le perron, regardait son vieil ami et semblait de temps à autre sur le point d'exécuter le fameux saut périlleux qui prouvait toujours sa satisfaction.

« Songez-vous donc à vous mettre en route ? demanda M. Pinson à Amalia.

— Oui, répondit la jeune femme, et je vous emmène, señor ;

nous allons, si vous le voulez bien, rendre visite aux rives du Papaloapam.

— Dans quel but?

— C'est un secret.

— Un secret qu'il est temps de révéler, dit Luis qui s'avança vers l'ingénieur. Voyons, monsieur Pinson, à mesure que votre œuvre de civilisation avance, vous parlez plus fréquemment de nous abandonner, de retourner dans votre pays, ce qui nous attriste tous ici ; car si d'une part nous vous aimons sincèrement, de l'autre nous ne nous dissimulons pas, que longtemps encore, nous aurons besoin de votre savoir et de vos conseils. »

M. Pinson ferma les yeux ; une légère rougeur qui envahit son visage prouva que les paroles de Luis lui causaient une certaine émotion.

« Moi aussi, dit-il, je vous aime, et...

— Attendez, reprit Luis, laissez-moi achever. Plusieurs fois, lorsque cette question de votre départ a été agitée, vous avez déclaré que, si vous aviez près de vous votre ami Boisjoli, vous prendriez patience et que le Mexique deviendrait votre seconde patrie.

— C'est vrai, répondit avec vivacité M. Pinson, Boisjoli, auquel je pensais précisément tout à l'heure, est plus habile que moi ; à l'École Centrale comme à Saint-Barbe, il l'emportait toujours dans les compositions, et ce serait l'homme qu'il faudrait pour achever l'œuvre que j'ai ébauchée, pour mener à bien les entreprises que vous rêvez.

— Eh bien, señor, Amalia m'a fait écrire à votre ami ; il arrive ce soir, et c'est au devant de lui que nous nous rendons. »

M. Pinson demeura un instant muet, pâlit, rougit, puis s'écria :

« Boisjoli... ici, avec moi !... Quoi ! je vais pouvoir lui faire goûter du piment, le présenter aux caïmans, aux taureaux sauvages, me venger de ce misérable qui m'a arraché à ma rue Nollet pour me lancer sous les tropiques, et l'embrasser tout mon content. Prodigieux, oui, et bien agréable !

— Vous resterez ? lui demanda Amalia de sa voix si douce, si claire, si sympathique.

— Si je resterai ! s'écria-t-il, si je resterai ! »

M. Pinson suffoquait; revoir son ami, se fixer avec lui près d'Amalia, de Luis, de doña Magdalena, près de José, n'était-ce pas le bonheur complet, idéal? Il regarda un instant ses amis, ensuite Vif-Argent, qui, cette fois, exécutait pour tout de bon une suite de sauts périlleux. L'ingénieur eut quelque peine à reprendre son sang-froid, puis il se raprocha de doña Magdalena, lui saisit les mains, et tandis qu'une larme tombait de ses yeux :

« Madame, chère madame, dit-il avec effusion, en désignant du regard Luis et Amalia, ils ont pensé à Boisjoli?... Décidément, vous êtes une heureuse mère... Je reste... mais partons!

LA

FRONTIÈRE INDIENNE

LA

FRONTIÈRE INDIENNE

CHAPITRE I

LE YUCATAN. — LE DOCTEUR PIERRE. — UN ANE RÉTIF. — DON PEDRO AGUILAR.
— PRISONNIERS TOLTÈQUES. — CÉLESTIN. — DENTS-D'ACIER. — PÉLICAN.

La péninsule du Yucatan, située entre la baie de Campêche et celle du Honduras, borne au sud le golfe du Mexique. Cette vaste contrée, encore couverte de forêts vierges, traversée du nord à l'est par une chaîne de montagnes, passe pour le point le plus chaud et le plus sain de l'Amérique équinoxiale. C'est à l'extrême sécheresse de son sol que les savants attribuent la salubrité du Yucatan qui, de Campêche au cap Catoche, c'est-à-dire sur une côte longue de plus de cent lieues et d'une largeur à peu près égale, présente cette singularité de n'être arrosé par aucune rivière, de n'avoir d'eau potable que celle des lacs ou des puits.

Le Yucatan, qui a pour capitale Mérida, ville bâtie à dix lieues du petit port de Sizal, ne fit jamais partie de l'ancien empire astèque ou mexicain. Les Espagnols ont pu coloniser les côtes, mais l'intérieur du pays, défendu par d'impénétrables forêts, a toujours servi de refuge à des Indiens rebelles à tous les jougs. Ces Indiens, considérés comme les descendants de ces fameux Toltèques dont la civilisation prépara celle des autres nations de l'Amérique, vivent de chasse, de pêche, un peu d'agriculture, et sont animés d'une haine implacable contre la race blanche qui, de son côté, les combat comme des êtres placés, par leur cruauté, en dehors du droit des gens.

Les Toltèques vivent donc barbares, au sein de leurs montagnes, au milieu de ruines qui prouvent le haut degré de civilisation intellectuelle déjà atteint par leurs pères à une époque qui semble correspondre à l'ère chrétienne. Toute la superficie du Yucatan est, en effet, couverte d'édifices encore debout, de chaussées comparables, pour l'ampleur et la solidité, aux célèbres voies romaines. Sous l'ombre séculaire de ses forêts, le Yucatan cache les débris de plus de vingt villes importantes. C'est dans sa partie Est, formant aujourd'hui l'État de Campêche, que se trouvent les gigantesques ruines de cette mystérieuse cité de Palenqué dont les monuments, décorés d'hiéroglyphes étranges, couvrent une superficie de seize kilomètres carrés et sont une énigme pour les savants.

Les Espagnols, ces intrépides pionniers du Nouveau-Monde, réussirent autrefois, grâce à la supériorité de leurs armes, à dompter les Indiens établis sur le littoral de la péninsule yucatèque. Plusieurs villages furent christianisés, comme on disait alors, c'est-à-dire que leurs habitants eurent à choisir entre la mort ou le baptême. Poursuivie avec vigueur, cette œuvre de civilisation, malgré sa forme regrettable, eût peut-être amené la soumission entière du pays si de mauvais jours n'étaient venus pour l'Espagne. Pendant un siècle, la cour de Madrid eut grand'peine à maintenir ses conquêtes et ne songea guère à les pousser plus loin. En 1821, le Mexique ayant secoué le joug de la mère patrie, le Yucatan essaya de se constituer en État indépendant. Bon nombre des Indiens christianisés, appelés aux armes par leurs compatriotes restés barbares, reprirent eux-mêmes la vie sauvage. A dater de ce moment, les Toltèques firent de fréquentes excursions dans la péninsule occupée par les descendants des Espagnols, ravageant les cultures, pillant les fermes ou *haciendas*, pour se retirer ensuite dans leurs montagnes en n'emmenant guère d'autres prisonniers que les jeunes femmes et les enfants dont ils avaient pu s'emparer.

Par suite de ces excursions redoutables, auxquelles le gouvernement de la province ne pouvait opposer qu'une faible digue, les créoles ou métis établis dans l'intérieur du pays durent reculer pied à pied, abandonner leurs propriétés pour se rapprocher du littoral. Depuis quarante ans, les Indiens Toltèques ont dévasté plus de cent lieues de pays, et, si le gouvernement de Mexico ne trouve le moyen d'agir, le Yucatan, avant un demi-siècle, aura certainement disparu du nombre des États civilisés du Nouveau-Monde.

Or, le 20 avril 1840, vers trois heures de l'après-midi, un muletier, conduisant un âne chargé d'une énorme caisse, déboucha soudain d'un bois de tamarins et s'arrêta pour contempler les clochers de Mérida, qui se dessinaient à l'horizon. Le muletier fut bientôt rejoint par un homme de haute taille, long, maigre, le front abrité par un chapeau à larges ailes, et qui marchait absorbé par la contemplation d'une plante qu'il venait de cueillir sur le bord du chemin.

« Mérida, señor, » dit le muletier, en étendant le bras pour désigner la capitale du Yucatan.

Le voyageur releva brusquement la tête, retira le chapeau dont il était coiffé et regarda silencieusement la ville qui se dressait devant lui. Une épaisse chevelure bouclée couronnait son front large. Il avait de petits yeux, un grand nez, une grande bouche. Et cependant l'ensemble de son visage révélait tant d'intelligence, son regard vif était si caressant, un si doux sourire errait sur ses lèvres, que l'on se sentait attiré vers lui. Son vêtement se composait d'une veste de chasse de couleur marron, d'un gilet de toile grise et d'un pantalon de même étoffe, dont les extrémités se perdaient dans des guêtres de cuir. Outre un fusil retenu par une courroie sur son épaule gauche, il portait en bandoulière une de ces boîtes de fer-blanc sans laquelle ne voyagent guère les naturalistes.

« Belle ville, dit-il enfin avec un léger accent étranger; oui, ces palmiers, ces dômes, ces clochetons que nous apercevons se découpent à merveille sur le fond azuré du ciel. Belle ville, j'en conviens; mais dis-moi, mon ami, combien de gredins renferme-t-elle? »

Le muletier regarda son interlocuteur sans répondre.

« Je te demande, reprit le voyageur avec une brusquerie qui contrastait avec son air doux, combien cette ville renferme d'habitants?

— Vingt mille, señor; et ils jouissent d'une réputation d'honnêteté proverbiale.

— Serait-ce par hasard ta ville natale?

— Oui.

— Cela m'explique ta façon de penser. En route. »

Le muletier, peu flatté sans doute des réflexions de son compagnon, cingla vigoureusement son âne qui, profitant du temps d'arrêt qu'on lui avait accordé, s'était mis à brouter le long de la route. Surpris des coups inattendus qui pleuvaient sur lui, l'animal bondit et exécuta une série de ruades. Une des cordes qui retenaient sa charge se rompit, et la grande caisse, roulant sur le sol, laissa échapper de ses flancs disloqués des peaux d'oiseaux, de mammifères, de reptiles, et un herbier dont le vent se mit à feuilleter les pages.

A cette vue, le voyageur leva ses longs bras vers le ciel d'un air consterné. Comme il vit le muletier s'apprêter à châtier de nouveau l'animal, cause du désastre, il cria :

« Arrête, barbare, et ne fais pas supporter à cette pauvre bête les conséquences de ta sottise. Tu l'as frappée mal à propos, elle a répondu par une ruade, quoi de plus logique?

Je veux la corriger de ses manies, señor.

— Commence par te corriger des tiennes, mon ami, si tu le peux. En attendant, aide-moi à réparer cette caisse. »

Le voyageur se débarrassa de son fusil, de sa boîte de fer-blanc, jeta son chapeau sur le sol, puis se mit à ramasser ses collections. En ce moment un cavalier mexicain, richement vêtu et suivi de quatre domestiques à cheval, parut sur la route. C'était un homme d'une soixantaine d'années, aux traits réguliers et nobles.

« Il vous est arrivé un accident, señor, dit avec courtoisie le nouveau venu, puis-je vous être utile à quelque chose?

— Ce maladroit, répondit le voyageur, a frappé mal à propos la bête qu'il est chargé de conduire, et vous voyez le résultat de sa brutalité. Voici le dégât en partie réparé; il s'agit maintenant de replacer cette caisse en équilibre.

— Laissez faire mes gens, señor, ils vont aider votre domestique. »

Le cavalier, pendant que son escorte mettait pied à terre, regardait avec attention le voyageur.

« Pardon, señor, dit-il en soulevant sa coiffure, n'êtes-vous pas le docteur Pierre Brigault? »

A cette interrogation, le voyageur se retourna, posa sa main droite sur sa chevelure bouclée, puis, à la grande stupéfaction de son interlocuteur et de ses domestiques, l'enleva prestement de sa tête laissant à nu son crâne presque chauve.

« Oui, señor, dit-il enfin, je suis le docteur Pierre Brigault; à quoi l'avez-vous deviné?

— Un de mes amis, répondit le cavalier, le commandant de Sizal, m'a écrit, il y a quelques jours, pour m'annoncer votre visite.

— Vous êtes donc le propriétaire du château d'Éden, le señor don Pedro Aguilar?

— Un serviteur du vrai Dieu et le vôtre, docteur, dit le cavalier en saluant.

— Parbleu, voici une heureuse rencontre, je me rends chez vous.

— Vous y serez le bienvenu, docteur. Me permettez-vous de vous prévenir, ajouta le cavalier, en essayant à grand'peine de réprimer un sourire, que vous venez de replacer votre perruque à l'envers?

— Merci, répliqua le docteur, ce n'est pas par coquetterie que je la porte, je vous prie de le croire, mais simplement pour défendre mon crâne contre le soleil et les insectes de votre exécrable pays. »

Le cavalier fronça les sourcils; entendre mal parler de sa patrie est peut-être la chose qui indigne le plus un Mexicain. Bientôt un sourire reparut sur les lèvres de don Pedro.

« Je vous considère déjà comme mon hôte, dit-il en s'inclinant, et vous avez votre franc parler. Mes affaires m'appellent à Sizal, señor, et je serai huit jours absent. Si vous avez la patience de m'attendre à Mérida, nous partirons ensemble pour la frontière ; si par hasard le temps vous presse, je vais vous donner deux de mes domestiques qui vous conduiront jusqu'à mon château.

— J'attendrai, répondit le docteur, j'ai à compléter mon équipement. Votre château, señor, est-il réellement situé sur la limite des contrées occupées par les Indiens sauvages ?

— Il est le poste le plus avancé de la frontière, docteur.

— On y court la chance d'être scalpé ?

— C'est une mésaventure contre laquelle nous nous gardons de notre mieux, répondit le châtelain. La vieille demeure de mes pères, señor, a bravé plus d'un assaut, et, le cas échéant, elle en braverait plus d'un encore.

— Je sais, don Pedro, que vous êtes un vaillant homme. Mais voilà mon âne équipé, et je ne veux pas vous retenir plus longtemps sur cette route que le soleil chauffe à blanc. Au revoir, je vais vous attendre à Mérida.

— Logez-vous à l'hôtel de l'*Aguila*, docteur, c'est là que je descends moi-même, et vous y trouverez un cuisinier de votre nation. »

Le docteur remercia, salua et reprit sa marche en avant, tandis que son interlocuteur le regardait s'éloigner avec curiosité.

« Décidément, dit le cavalier en se mettant en selle, Guzman ne m'a point trompé ; ce docteur Brigault me paraît un original fieffé ; Guzman m'assure que son ami est aussi bon que savant, en dépit de ses allures bourrues ; nous verrons. »

Éperonnant sa monture, vrai cheval de race, don Pedro et son escorte disparurent bientôt parmi les tamarins.

Le docteur Pierre Brigault, Parisien d'origine, venait d'atteindre sa quarante-cinquième année et paraissait avoir la soixantaine. Très instruit, naturaliste distingué, il avait en partie perdu sa fortune par suite de son aveugle confiance dans un homme qu'il croyait son ami ; puis, coup plus douloureux, le choléra, en moins d'une semaine, lui avait enlevé sa mère, sa femme et ses deux enfants, tout ce qu'il aimait. Presque fou de douleur, le docteur s'était retiré dans une petite maison qu'il possédait en Auvergne, et là, en proie au spleen, à des humeurs noires, il avait vécu deux ans en

« Mérida, señor, » dit le muletier. (Page 357.)

dehors de toute société, s'absorbant dans sa douleur et faisant profession de misanthropie. Peu à peu l'étude de l'histoire naturelle, pour laquelle il avait toujours été passionné, arracha le docteur à son chagrin; un beau matin, il s'embarqua pour l'Amérique, cherchant des consolations dans les voyages, rêvant d'enrichir la science de découvertes nouvelles.

De sa longue séparation du monde, le docteur, autrefois aimable et gai, avait gardé une certaine originalité de tenue et de langage. A l'entendre parler, il détestait ses semblables et souhaitait leur extermination, ce qui ne l'empêchait pas de se préoccuper sans cesse du bonheur de ceux qui l'entouraient. Il prétendait exécrer les femmes, et nul plus que lui ne se montrait touché de leur bonté native, de leur grâce et de leurs vertus. Quant aux enfants, le docteur ne parlait qu'avec un souverain mépris de ces petits êtres bavards, remuants, malfaisants; toutefois, avait-il à soigner un d'eux, qu'une mère ne se serait pas montrée plus patiente, plus douce, plus complaisante que lui. En somme, c'était un faux misanthrope.

Le docteur Pierre traversa les rues de Mérida en compagnie de son muletier et de l'âne qui portait son bagage, non sans attirer l'attention des passants, surpris de voir un homme de race blanche cheminer à pied. En pénétrant dans la cour de l'hôtel de l'*Aguila*, le docteur la trouva remplie de curieux. On entourait quatre Indiens sauvages, faits prisonniers dans une récente rencontre; des soldats vendaient ces malheureux à la criée.

Plusieurs acheteurs se pressaient; un gros homme, drapé dans un long manteau en dépit de la chaleur, resta maître des Indiens moyennant une somme de 500 francs.

« Je croyais, dit le docteur qui s'était approché, que l'esclavage n'existait plus au Mexique?

— Et vous aviez raison, répondit un des assistants; ici, nous sommes tous libres.

— A l'exception des gens qui viennent d'être mis aux enchères, je suppose?

— Ils ne forment pas une exception, señor. »

Le docteur allait soulever sa perruque; il se retint.

« Est-ce donc pour les rendre à la liberté qu'on les achète?

— Pas pour autre chose, señor; le gouvernement, qui n'est jamais riche, envoie ces malheureux dans les bagnes où ils ne tardent guère à succomber. Par bonheur, il y a de bons chrétiens en ville; ils rachètent aux soldats leurs prisonniers, les font instruire, baptiser, et leur font apprendre un état.

— Puis?

— Puis ils les rendent à la liberté.

— Et que gagnent ces honnêtes chrétiens à ce commerce?

— La satisfaction d'avoir rempli un devoir.

— Ce sont des sots, murmura le docteur qui, tourmentant sa perruque sans la déplacer, s'avança vers l'acquéreur des quatre prisonniers. « Je vous demande pardon, lui dit-il, je vous avais pris pour un marchand de chair humaine, et je viens d'apprendre que vous êtes un homme de bien. La chose est si rare, señor, que je n'ai pu résister au désir de vous saluer. »

Et, sans attendre la réponse de son interlocuteur surpris, le docteur pénétra dans l'hôtel où il fut bientôt installé.

Le cuisinier de l'établissement, ainsi que l'avait annoncé don Pedro, était un Français répondant, comme il le disait lui-même, au joli nom de Célestin. Célestin, à l'âge de seize ans, avait embrassé la profession de marin, et, après avoir visité l'Afrique, la Chine, l'Océanie, était venu échouer en vue de Campêche. Fatigué de la vie de bord, Célestin, renonçant au droit de se faire rapatrier, vivait tant bien que mal en attendant la fortune. C'était un vigoureux petit homme, âgé d'une trentaine d'années, gai, vif, bavard, curieux, un vrai gamin de Paris légèrement modifié par les voyages et les années. Son entrain plut au docteur, qui, pour les excursions qu'il rêvait d'entreprendre dans le pays des Indiens Toltèques, sentait le besoin de posséder un compagnon sur lequel il pût compter. Donc, quatre jours après son arrivée, le docteur appela Célestin, lui expliqua les voyages qu'il projetait de faire, sans lui en dissimuler les risques ni les périls, et lui proposa de l'accompagner.

L'accord fut vite établi entre les deux compatriotes; moyennant la table, le logement, le tabac et la promesse d'être ramené en France à la fin du voyage, Célestin devint le serviteur du médecin.

Le traité venait à peine d'être conclu que l'ex-matelot se gratta l'oreille, le bout du nez, puis, tortillant son chapeau de paille comme s'il eût été de feutre, il dit à son nouveau maître :

« Il est bien entendu, monsieur, que Pélican entre à votre service en même temps que moi.

— Tu veux sans doute parler de ton chien? dit le docteur en désignant un énorme mâtin qui, assis sur son train de derrière, avait écouté la conférence en remuant la queue.

— Non, répondit Célestin, mon chien se nomme *Dents-d'Acier*.

Je lui ai donné ce nom, monsieur, depuis qu'il a rongé la chaîne de fer à laquelle on l'avait attaché après me l'avoir volé. *Dents-d'Acier*, tout naturellement, est à vous comme à moi à dater d'aujourd'hui.

— Alors, qu'est-ce que Pélican? demanda le docteur.

— Pélican, monsieur, est une bête aussi, pour la bonté et la fidélité, s'entend, car il marche sur deux pieds. Son nom lui vient de son amour pour les enfants, il semble né pour être nourrice, et... Voulez-vous me permettre de le héler? »

Le docteur, intrigué, fit un signe d'assentiment. Sortant aussitôt de la chambre, Célestin siffla d'une façon particulière. Une minute plus tard arrivait en courant un nègre du plus bel ébène, aux formes athlétiques, au visage naïf, qui salua gauchement le docteur en lui montrant une double rangée de dents aussi blanches et aussi solides que celles de *Dents-d'Acier*.

CHAPITRE II

UNE CONTROVERSE. — RECOMMANDATIONS DU DOCTEUR. — LE DÉPART. — LE PÈRE ESTEVAN. — DOÑA GERTRUDIS. — DOULOUREUSE COÏNCIDENCE. — CAMILLE. — LA VALLÉE DES PALMIERS.

Célestin s'était avancé vers le nègre, lui avait pris la main et la secouait avec énergie.

« Voilà Pélican, monsieur, dit-il avec satisfaction ; sa famille, vous en pouvez juger par la couleur de sa peau, est d'origine africaine. Lui, c'est autre chose, et l'on serait mal venu à lui dire qu'il n'est pas Français, attendu qu'il l'est en réalité, puisqu'il est né à la Martinique. Quant à ses qualités morales et physiques, les voici : fort comme un Turc qui serait fort ; doux comme un agneau, sobre comme un chameau, brave comme un lion, dévoué comme un caniche, une perle enfin. Par-dessus le marché, Pélican parle trois langues : le français, l'espagnol et l'anglais. Il les parle même souvent toutes les trois à la fois, ce qui produit une musique très agréable à l'oreille, bien qu'assez difficile à comprendre. »

Tandis que Célestin prononçait son éloge, le grand nègre semblait vouloir creuser le sol avec l'orteil de son pied droit, et regardait tour à tour le plafond, Dents-d'Acier, Célestin et le docteur.

« Pélican est mon ami, monsieur, reprit l'ex-matelot, il m'a sauvé la vie lors du naufrage de la *Jeune-Amélie*, sur les côtes du Yucatan, et...

— Moi pas sauver la vie à toi, massa Célestin, dit doucement le grand nègre; c'est toi qui sauver la vie à moi.

— Non, répliqua l'ex-matelot, en lançant vers son compagnon un regard sévère.

— Si, répondit celui-ci avec conviction.

— Je me verrai bientôt forcé, Pélican, reprit Célestin, de vous rafraîchir la mémoire en vous administrant la série de coups de poing que je vous tiens en réserve depuis longtemps, si vous continuez à outrager la vérité.

— Moi outrager personne; toi sauver moi, vrai.

— Non.

— Si.

— Bravo! s'écria le docteur. Voilà ce que l'on nomme deux amis, deux vrais amis! Ces misérables, ajouta-t-il en enlevant sa perruque, prétendent s'aimer et ils se détestent, c'est dans l'ordre. »

Pélican, stupéfait de voir apparaître le crâne nu de son futur maître, se tut et demeura bouche béante.

« Ce qu'il y a de sûr, monsieur, reprit Célestin, c'est que, pour m'avoir à son bord, il faut embarquer du même coup Pélican; or je ne suppose pas que cette petite clause change rien à notre traité.

— Peste, tu en parles à ton aise, maître Célestin, en appelant une petite clause un gars de cinq pieds huit pouces, doué d'une poitrine de taureau et d'une mâchoire de baleine; ta petite clause deviendra singulièrement embarrassante les jours de disette.

— Non pas, monsieur, répliqua le matelot avec vivacité, ce

jour-là je mettrai Pélican à la broche, et nous aurons ainsi huit jours de vivres assurés.

— Oui, répondit l'intéressé d'un air radieux, et alors moi sauver à mon tour la vie à toi.

— Encore! s'écria Célestin.

— Assez, dit le docteur, qui remit en place sa perruque; votre inimitié me décide, car j'aurai la satisfaction de vous voir, un jour ou l'autre, vous dévorer à titre d'amis. Je vous retiens aux conditions stipulées. Maintenant je vous recommande d'exécuter fidèlement votre besogne, c'est-à-dire de déchirer mes habits en les brossant, de les tacher sous le prétexte de les nettoyer, de mal balayer ma chambre, de briser la plus grande partie des objets qui m'appartiennent, en un mot d'accomplir consciencieusement les mille et un mauvais tours que je suis en droit d'attendre de vous.

— Monsieur! s'écria Célestin avec indignation.

— Tu auras le droit d'agir autrement si cela te plaît, reprit le docteur, je ne m'y opposerai pas. Nous partirons dans quatre jours, c'est convenu. »

Célestin allait répliquer de nouveau. « Bah! se dit-il, j'en ai assez vu depuis quarante-huit heures pour savoir que j'ai affaire à un original. Mon patron est un brave homme, j'en suis sûr; si je me trompe, il sera toujours temps d'aviser. »

Et voilà de quelle façon Célestin, Pélican et Dents-d'Acier entrèrent au service du docteur Pierre, qu'ils ne devaient plus quitter.

Le premier soin du docteur fut de pourvoir ses serviteurs d'un revolver, d'une carabine et d'un machété, sabre court qui, dans les forêts vierges, sert à trancher les lianes, à abattre les branches, en un mot à s'ouvrir un chemin. En même temps, il fit confectionner pour eux et pour lui des vestes, des culottes et des brodequins en peau de daim, seule matière capable de résister à l'action du soleil, de la pluie et des broussailles. Les trois aventuriers, équipés et munis de provisions de toute sorte, attendirent avec impatience l'heure du départ. Le Yucatan, du moins dans la partie occupée par les Indiens sauvages, est un pays complètement inexploré. Célestin et Pélican se réjouissaient comme des enfants à l'idée de camper dans les bois, de vivre de chasse, de voir chaque jour des contrées nouvelles. Quant au docteur, il espérait surtout retrouver la fameuse plante nommé *amsle*, ce remède aussi infaillible, au dire des anciennes chroniques, contre la morsure des serpents que contre la rage.

Enfin don Pedro Aguilar reparut, et, quarante-huit heures après son retour, on se mettait en route pour le château d'Éden, situé à quatre-vingts lieues environ de Mérida. Don Pedro, outre une escorte d'une cinquantaine d'hommes, emmenait un convoi de quatre cents mules.

« Sont-ce là des animaux dont vous venez de faire l'acquisition? demanda le docteur.

— Non pas, señor, ces mules appartiennent à mon domaine; c'est avec leur aide que, deux fois l'an, je porte à Mérida mes récoltes de cacao, de coton et de café.

— Et tous les hommes qui vous accompagnent sont vos serviteurs?

— Ils sont plutôt mes associés; le village qui s'étend au pied d'Eden renferme environ quatre cents habitants, nés comme moi dans la vallée des Palmiers. Leurs pères ont servi les miens, et ils m'aident à cultiver mes terres, à les défendre contre l'envahissement des sauvages.

— Ils sont de race indienne; ne craignez-vous pas qu'ils ne vous égorgent un beau jour pour s'emparer de vos biens?

— Ce sont d'honnêtes gens, señor; une fois soumis, les Indiens se montrent doux et traitables. D'ailleurs, si j'ai du sang espagnol dans les veines, mes aïeux se sont souvent alliés à des femmes toltèques.

— Il est vrai, reprit le docteur, que ces honnêtes gens vivent si en dehors de la civilisation que les occasions de mal faire doivent leur manquer. »

Pendant trois jours la caravane chemina parmi des plantations de toute espèce, traversant la partie la plus fertile et la plus peuplée du Yucatan. Peu à peu, les traces de culture devinrent plus rares, et l'on entra dans le désert. Assez ordinairement, on campait près de lacs creusés par les anciens Toltèques pour parer à la sécheresse du sol, et le docteur admirait ces gigantesques travaux.

Bien que don Pedro l'eût pourvu d'une excellente monture, le docteur mettait souvent pied à terre, bravant la chaleur, devançant ou suivant la caravane, afin de récolter au passage des insectes et des plantes. On atteignit une vaste plaine de sable. Le soleil, presque vertical, brûlait les voyageurs de ses rayons ardents, et aucun bruit ne troublait le morne silence de cette solitude. Peu à peu, la verdure reparut; on traversa des bois, et les montagnes de l'intérieur montrèrent bientôt la luxuriante végétation dont elles sont couvertes. On passait de loin en loin près d'immenses édifices en ruines, et le docteur faisait de longues stations devant ces débris du passé.

« Vous trouverez à Éden, señor, dit un soir don Pedro à son hôte, un homme avec lequel vous pourrez causer des monuments qui attirent si fort votre attention, car une partie de sa vie a été employée à les étudier : mon chapelain, le père Estevan....

— Vous possédez un chapelain?

— Oui, un saint homme qui m'a vu naître, car il compte aujourd'hui plus de quatre-vingts ans. Le père Estevan a poursuivi deux buts durant sa longue carrière : la reconstruction de l'histoire des anciens Toltèques, et la conversion de leurs descendants.

— Et, naturellement, il a échoué dans ce dernier dessein?

— C'est vrai; mais son corps, couvert de cicatrices, prouve qu'il n'a manqué ni de zèle ni de courage.

— Il exècre ses persécuteurs?

— Il les aime, docteur, les défend en toute occasion, et déplore leur aveuglement.

— C'est un niais, un fanatique?

— Ni l'un ni l'autre; c'est un homme de bien pour lequel vous vous prendrez d'amitié. »

Le docteur fit exécuter à sa perruque un demi-tour et prit les devants, sans répondre.

Une heure plus tard, il cheminait de nouveau près de don Pedro.

« A propos, lui demanda-t-il, vous vivez seul à Éden?

— Seul avec ma femme de charge, excellente personne...

— Une femme excellente! s'écria le docteur.

— Je ne prétends pas, reprit don Pedro avec bonne humeur, que doña Gertrudis soit sans défauts. La brave dame a été belle,

« Un temps de galop vous ferait-il peur? » (Page 371.)

très belle, et elle a la faiblesse d'oublier parfois qu'elle compte cinquante ans sonnés pour ne se souvenir que du temps où chacun admirait son frais visage. C'est la veuve d'un de mes anciens majordomes; elle a soigné avec un dévouement sans pareil ma femme et mon fils.

— Vous avez un fils? »

Le front du châtelain se rembrunit, sa voix devint tremblante.

« Il y a six ans, señor, dit-il, j'avais une compagne dévouée et deux enfants chers à mon cœur, car mon fils était marié. J'étais heureux, et il me semblait que Dieu n'avait plus rien à m'accorder. Un jour, le choléra s'abattit sur la vallée, et la noire maladie, en moins d'une semaine, emporta tous ceux que j'aimais. »

Deux larmes coulèrent sur les joues de don Pedro; or, quelle ne fut pas sa surprise en voyant son compagnon s'essuyer aussi les yeux !

« Señor, dit le docteur d'une voix étranglée, moi aussi j'ai possédé une compagne adorée, deux enfants... Votre histoire est la mienne... et... je suis seul, seul. »

Le docteur, suffoqué, n'en put dire davantage; il éperonna son cheval et s'éloigna au galop. Durant toute cette journée, il marcha en tête de la caravane et ne se rapprocha pas de don Pedro. Le lendemain matin, à l'heure du repas, les deux hommes échangèrent un salut cordial, toutefois aucun d'eux ne fit allusion à la conversation de la veille.

Bien qu'il parût à peine s'occuper d'eux, le docteur surveillait de temps à autre Célestin et Pélican. Les deux amis, sans cesse côte à côte, se multipliaient le long du convoi, et secondaient les muletiers dans leurs rudes tâches. Une fois au campement, ni l'un ni l'autre ne ménageait sa peine; ils supportaient la soif, la fatigue et les mille inconvénients d'un pareil voyage avec un stoïcisme plein de bonne humeur.

« Vous avez là, dit un soir don Pedro à son hôte, deux serviteurs actifs et intelligents, je m'y connais.

— Je commence à le croire, répondit le docteur; seulement les deux coquins s'exècrent et finiront par se dévorer.

— Eux, s'exécrer ! Allons donc, docteur, aucun d'eux ne veut prendre de repos si son camarade n'est assis.

— Pure hypocrisie ! Ils s'exècrent, je suis certain de ce que j'avance. »

Don Pedro se tut; il savait déjà à quoi s'en tenir sur l'humeur bizarre de son compagnon et ne prenait plus la peine de le contredire.

L'après-midi du septième jour de son départ de Mérida, la caravane s'engagea sur les rampes d'une haute montagne, et, au moment où il s'y attendait le moins, le docteur domina la vallée au fond de laquelle se dresse le château d'Éden. A sa droite s'ouvrait une grotte que son compagnon lui apprit être un lieu de refuge pour les femmes et les enfants, lorsque Éden était assiégé.

« Un temps de galop vous fait-il peur? demanda ensuite don Pedro à son hôte.

— Pourquoi cette question, señor?

— C'est que, si vous y consentez, nous abandonnerons la caravane, maintenant qu'elle n'a plus rien à redouter, et, avant la nuit, nous atteindrons ma chère demeure.

— Qui vous presse tant d'y rentrer?

— Camille m'attend.

— Camille! Je croyais que votre femme de charge se nommait doña Gertrudis.

— Vous ne vous trompez pas, docteur; Camille est le nom de ma petite-fille, une fée de huit ans que j'ai hâte de vous présenter.

— Vous avez une petite fi... Célestin! Pélican! cria le docteur de toute la force de ses poumons.

— Que désirez-vous donc? demanda le châtelain surpris.

— Vous faire mes adieux, señor, et partir avec mes gens.

— N'est-il pas convenu qu'Éden, que la vallée des Palmiers doit être pendant quelque temps votre quartier général?

— J'ignorais que vous eussiez un enfant, et qui plus est une petite-fille, autrement dit ce quelque chose que l'on croit charmant et que l'on ne manque jamais de rendre exécrable à force de le gâter. J'abhorre cette engeance, señor, et pour rien au monde...

— Là, là, docteur, ma pauvre Camille n'a jamais fait peur à personne, puis vous ne la verrez que si cela vous convient. Mais, par le ciel, vous ne serez pas venu en face d'Éden sans y pénétrer, dussé-je appeler à mon tour mes gens pour vous y entraîner de force.

— N'ai-je pas le droit d'aller où bon me semble?

— Aujourd'hui, non, répondit Pedro en souriant; demain, ce sera une autre affaire. Un brave ne doit pas fuir le danger sans l'avoir au moins regardé en face. »

Le docteur Pierre poussa une sorte de gémissement. Quant à don Pedro, il excita sa monture en entraînant celle de son compagnon qui bientôt galopa de bonne grâce près de son hôte. Sur les pas du châtelain, on traversa des plaines, on gravit des collines, et, au moment où le soleil se couchait, on se trouva en vue du château.

Éden mérite à la rigueur son nom de château; c'est un vaste parallélogramme de pierres, flanqué à gauche d'une tourelle. Sa façade se compose d'une longue galerie extérieure soutenue par des piliers autour desquels s'enroulent des plantes grimpantes. On y parvient en franchissant sept à huit larges marches. Cette longue véranda, surmontée d'une terrasse, sert durant le jour à tempérer l'ardeur des rayons du soleil, et permet aux habitants d'admirer un immense horizon.

Un vestibule, seule issue extérieure de la massive construction, donne accès dans une cour bordée de portiques mauresques sous lesquels s'ouvrent toutes les chambres de l'habitation. Un bassin, alimenté par une source amenée des montagnes, laisse échapper son trop-plein dans un ruisseau qui, après deux ou trois détours capricieux, pénètre dans une seconde cour où se trouvent les greniers, les étables et les écuries. De là, le ruisseau descend vers le village occupé par les travailleurs, village composé de maisonnettes aux murs de bambou et aux toits de feuilles de palmier.

Une muraille, épaisse de deux mètres et haute de trois, entoure les bâtiments. Construite à l'endroit où le terrain s'incline vers la plaine, cette muraille est extérieurement d'un accès difficile. La porte principale, en forme d'ogive, flanquée de deux pavillons, s'ouvre juste en face du vestibule; une seconde, plus petite, se trouve du côté du village, ce qui, en cas d'alerte, permet aux travailleurs de venir se réfugier dans l'enceinte fortifiée.

Du sommet sur lequel il s'arrêta un instant, le docteur découvrit le château et ses cours intérieures, où se balançaient de hauts palmiers. En tous sens, des plantations de caféiers, de tabac, de coton. Au delà, des bouquets de citronniers ou d'orangers. Plus loin encore, des savanes où paissaient en liberté des chevaux, des mulets, des vaches. Comme dernière limite, une ceinture de collines couronnées de forêts vierges, montagnes au delà desquelles s'étendent les contrées inconnues habitées par les Toltèques.

Le soleil disparaissait à peine à l'horizon lorsque les voyageurs, dont l'approche avait été signalée par le tintement d'une cloche, pénétrèrent dans la cour du château et mirent pied à terre devant le vestibule. Le docteur fut présenté à doña Gertrudis qui, vêtue d'une robe de soie rose, le reçut avec toutes les grâces d'une ex-jolie femme. Doña Gertrudis, bonne et sensée, en dépit des apparences, avait la haute administration du château; c'eût été une femme parfaite sans son innocent défaut de ne point vouloir vieillir.

Le vénérable père Estevan, dont une longue barbe blanche encadrait le noble visage, tendit au docteur ses mains mutilées par les Indiens en lui souhaitant cordialement le bonsoir. Le docteur, malgré ses préventions, se sentit attiré par la seule vue de ce martyr de la foi.

Dès l'arrivée de don Pedro, une petite fille de huit ans environ, aux grands yeux noirs, aux longs cheveux, à la bouche rose, était venue se suspendre à son cou, et le docteur avait détourné la tête. Au moment où il y songeait le moins, la petite fille qui, descendue des bras de son grand-père, avait rôdé près de Célestin et de Pélican, revint se placer en face du savant.

« Est-ce vrai, señor, dit-elle avec gentillesse, que vous pouvez retirer vos cheveux de dessus votre tête?

— C'est vrai, dit le docteur.

— Montrez-moi comment vous faites? »

Le docteur, avec une gravité comique, retira sa perruque.

L'enfant recula d'un pas.

« Remettez vos cheveux, dit-elle au bout d'un instant, vous êtes plus beau quand ils sont sur votre tête. Voulez-vous être mon ami? »

Le docteur ne répondit pas; il se baissa, ses longs bras saisirent l'enfant, l'entourèrent, et bientôt il la pressa contre sa poitrine, l'embrassant avec effusion.

« Suis-je assez bête! murmura-t-il quand ce fut fait.

— Comment te nommes-tu, señor? demanda la petite fille qui, après cette embrassade, se crut autorisée à tutoyer son nouvel ami.

— Je me nomme Croquemitaine, répliqua le docteur d'un ton bourru.

— Croquemitaine! répéta l'enfant; bon, je n'oublierai pas ton nom, il est très joli. »

Et, pour elle, ce nom devint à jamais celui du docteur.

Pélican et Célestin avaient reçu l'ordre de se tenir prêts à partir le lendemain; or, six mois après leur arrivée à Éden, ils étaient occupés à clouer des planches dans la chambre de leur maître. C'est que la vallée des Palmiers se montrait inépuisable en richesses zoologiques, et le docteur ne rentrait jamais d'une excursion sans avoir découvert de nouvelles espèces d'insectes, de plantes ou d'animaux. L'esprit élevé du père Estevan, la bonne humeur et l'entrain cordial de don Pedro l'avaient séduit; aussi une estime réciproque unit-elle bientôt ces trois hommes. Quant à doña Gertrudis, le docteur, sans cesser de déclarer qu'il détestait le beau sexe, ne manquait jamais de lui offrir la main pour la conduire à table ou la ramener au salon. Cette courtoisie ravissait la bonne dame, qui se montrait aussi touchée de la politesse du maître que de celle des serviteurs, attendu que Célestin la complimentait sans cesse, tandis que Pélican, que les étoffes de couleurs voyantes dont se parait doña Gertrudis séduisaient, riait à gorge déployée chaque fois qu'il l'abordait.

Quant à Camille, elle ne tarda guère à s'attacher au docteur Croquemitaine, bien qu'il la grondât sans relâche. Sous la triple garde de Célestin, de Pélican et de Dents-d'Acier, la petite fille accompagna bientôt son nouvel ami dans presque toutes ses excursions.

Deux années s'écoulèrent. Chaque mois, Célestin recevait de son maître, pour le transmettre à Pélican qui le transmettait à son tour à Dents-d'Acier, l'avis de se tenir prêt à partir pour franchir la frontière, et vingt fois une nouvelle découverte rendit cet ordre illusoire. Au fond, l'idée de se séparer de ses amis, de Camille devenue son élève, affligeait le docteur, qui se gardait pourtant de l'avouer. Grâce aux deux voyages annuels de don Pedro à Mérida, le naturaliste pouvait expédier à Paris les collections qu'il réunissait et que le savant directeur du Muséum l'engageait vivement à compléter.

Aussi le docteur prolongeait-il indéfiniment son séjour dans un pays où il se trouvait heureux, où il lui restait toujours quelque chose à découvrir.

La petite Camille gagna beaucoup au contact du docteur; sans la présence du savant au château, les connaissances de l'enfant n'eussent guère dépassé la lecture et l'écriture. Don Estevan s'était jusque-là borné à faire son éducation religieuse. Pour ce qui est de don Pedro, toujours en chasse, il n'apprenait à sa petite-fille qu'à monter à cheval, à manier un fusil, à lacer un taureau. Grâce au docteur et à doña Gertrudis, Camille apprit en outre ce que doit savoir une jeune fille bien élevée. Par bonheur, l'enfant possédait une grâce native qui, cultivée par sa gouvernante, tempérait ce qu'avait de trop viril l'éducation que lui donnait son grand-père.

Le docteur, bien qu'il fût satisfait et aimé, ne renonçait point à ses dehors de misanthropie; mais, dans la vallée, chacun savait à quoi s'en tenir sur ses boutades, et on le laissait dire.

En somme, au début de l'année 1842, don Pedro, le père Estevan, doña Gertrudis, le docteur Pierre, Camille, Célestin, Pélican et Dents-d'Acier vivaient contents dans cette magnifique vallée des Palmiers, où la nature semble avoir semé à plaisir les plus riches productions. Depuis plusieurs années, les Indiens sauvages avaient porté leurs déprédations vers la partie nord de la Péninsule, de sorte que le docteur, dans ses chasses et ses expéditions, pouvait s'aventurer au loin sans danger. En dépit de cette sécurité, le château restait soumis à une discipline militaire, et aucune précaution n'était négligée pour éviter une surprise des Indiens, événement toujours à redouter.

CHAPITRE III

L'AUTOUR DESTRUCTEUR. — VUE D'ÉDEN. — UNE FAMILLE DE JAGUARÉTÉS. — UN TIGRE DÉGUISÉ. — CAMILLE ET CROQUEMITAINE. — UN SAUVAGE.

Trois années presque jour pour jour après son arrivée à Éden, le docteur Pierre Brigault, vêtu de son inusable veston en peau de daim, les jambes serrées dans des guêtres lacées, et coiffé d'un léger chapeau en feuilles de latanier posé en équilibre sur sa perruque, gravissait la pente des collines qui, au nord, c'est-à-dire dans la direction de Mérida, bornent la vallée des Palmiers. Le docteur avançait pas à pas, examinant avec soin les arbres, les plantes et le sol. Un léger bruit se fit entendre dans les broussailles; il s'arrêta. Une détonation retentit, et une lourde masse, tournoyant dans l'air, vint tomber aux pieds du naturaliste stupéfait.

« Qui a tiré? s'écria-t-il en relevant la tête.

— Moi, señor, dit Pélican, dont la bonne face noire se montra soudain ; grand oiseau passer là-haut, et moi tuer lui pour muséum à vous. »

Continuant d'avancer, le nègre se dirigea vers un fourré.

« Prends garde, cria le docteur en voyant son serviteur se pencher pour saisir un aigle au cou garni d'un collier de plumes noires, à la tête surmontée d'une longue huppe, prends garde, si tu tiens à tes doigts. »

L'aigle venait de se renverser sur le dos; les tarses repliés, les serres ouvertes, l'œil étincelant de sombres lueurs, il semblait prêt à déchirer l'imprudent qui tenterait de l'approcher.

« Lui méchant, dit Pélican, que l'attitude du rapace fit reculer de trois pas.

— Le malheureux cherche à défendre sa vie, répondit le docteur, mais tu as bien visé, et il ne se débattra pas longtemps. Une fois de plus, tu as tiré trop vite, Pélican, il ne faut tuer qu'à bon escient.

— Moi pourtant bien regarder avant de tirer, dit le nègre avec humilité, et moi être sûr de n'avoir jamais vu ce gros moineau. Massa Célestin a de bons yeux, et lui non plus pas le connaître, car c'est lui qui crier à moi : Feu! feu!

— Eh bien, Célestin s'est trompé. Nous possédons déjà deux exemplaires de l'aigle qu'il te plaît d'appeler un gros moineau. L'oiseau que tu viens d'atteindre est l'*autour destructeur;* il s'attaque aux biches, aux faons, aux lièvres et aux singes.

— Alors moi content d'avoir tué ce gredin.

— Il ne fait qu'obéir aux instincts que lui a donnés la nature, Pélican ; son estomac ne pourrait digérer ni l'herbe ni les fruits; il lui faut des proies palpitantes. Oh! quelle énergie vitale dans ce corps, que d'éclairs dans cet œil d'un jaune d'or! Ce moribond doit, en ce moment, penser des hommes ce que j'en pense moi-même, à savoir que le meilleur ne vaut rien. »

L'autour, après avoir fouetté l'air de ses ailes, retomba inerte. Pélican, le saisissant alors, le suspendit à sa carnassière et suivit le docteur qui avait repris sa marche en avant. En moins de dix minutes la crête de la colline fut atteinte, et le nègre courut montrer à Célestin, occupé près d'un feu de branches sèches à griller un lapin, le rapace dont il était chargé.

« Où est Camille? » demanda le docteur en regardant autour de lui.

En guise de réponse, Célestin désigna du doigt une énorme roche au sommet de laquelle, habillée comme ses compagnons de vêtements en peau de daim et appuyée sur une légère carabine, se tenait la fille de don Pedro. Sous cet accoutrement, on pouvait la prendre pour un jeune garçon. Le docteur se dirigea de son côté; Camille était si bien absorbée dans sa contemplation, qu'elle n'entendit point venir son ami.

« Découvres-tu quelque chose dans la plaine? » demanda aussitôt le docteur.

L'enfant se retourna avec vivacité.

« Non, dit-elle, et je trouve que grand-père tarde bien.

— Nous n'avons pas lieu d'être inquiets; don Pedro nous a promis d'être de retour pour le 23 ou le 24, et, pour ma part, je l'attends au plus tôt demain.

— S'il doit arriver demain, il doublera l'étape et arrivera ce soir, j'en suis sûre. »

Pélican parut.

« Massa Célestin envoie moi prévenir que déjeuner être cuit, » cria-t-il.

En trois bonds Camille fut au bas de la roche, et s'élança en courant vers le bivouac. La petite créole venait d'atteindre sa onzième année. Svelte, vive d'allure, les membres bien proportionnés, elle possédait de grands yeux noirs, d'épais cheveux de la même couleur, une bouche souriante et vermeille garnie d'admirables dents. Camille, de même que la plupart des femmes de son pays, avait la peau légèrement orangée, teinte que produit le mélange du sang indigène avec le sang espagnol. Rien de plus charmant que le caractère de cette gracieuse enfant, gaie, brave, pétulante, et pourtant très réfléchie à ses heures. Devenue la compagne ordinaire du docteur dans ses expéditions autour du château, elle portait dans ces courses, à cause de leur commodité, des vêtements de garçon qui, si l'on ne prenait garde à la délicatesse de ses traits et surtout aux tresses de sa chevelure ramassées sur sa nuque, la faisaient ressembler à un malicieux adolescent.

Le docteur et Camille, sur l'invitation de Célestin, s'assirent devant une immense feuille de palmier étendue sur le sol en guise de nappe; l'ex-matelot posa bientôt, sur la galette de maïs dont s'arma chaque convive, un morceau de lapin rôti. Du point où se trouvaient les voyageurs, leurs regards plongeaient sur la vallée. On voyait le grand parallélogramme formé par Éden et ses dépendances, mais de cette hauteur la muraille qui entourait le château au lieu de paraître en relief, semblait un simple fossé. Dans les champs, des travailleurs allaient, venaient, et, de loin en loin, retentissait un aboiement ou le cri d'un coq. A voir cette paisible vallée dont l'aspect révélait l'activité d'une grande exploitation agricole, il fallait un effort d'esprit pour se rappeler que l'on était en plein désert, sur la frontière qui sépare les Indiens civilisés de leurs frères encore sauvages, et que, derrière chaque colline, commençait un monde vierge.

Le repas terminé, tandis que Célestin et Pélican bourraient leurs pipes en tiges de bambou d'un tabac préparé par l'ex-matelot, et que le docteur se disposait à dormir sa sieste, Camille retourna se poster sur la roche du haut de laquelle on découvre l'immense savane qui, sauf quelques ondulations, s'étend jusqu'aux environs de Mérida, et demeura bientôt seule éveillée. L'enfant ne perdait pas de vue le point de l'horizon où devait apparaître le convoi ramené par son grand-père, tant elle désirait être la première à l'apercevoir.

Il y avait près d'une heure qu'elle se tenait immobile à son poste d'observation, et son attention n'avait été distraite que par un craquement produit à sa gauche, comme si quelqu'un eût brisé une branche morte. A plusieurs reprises ce bruit se répéta; mais Camille, accoutumée aux mille tressaillements des forêts, se contenta de retourner la tête et d'examiner les fourrés, sans s'inquiéter davantage.

Tout à coup, son oreille exercée la mit en défiance; évidemment un animal de grande taille rampait derrière les buissons. Elle chercha le léger fusil dont elle était toujours armée, et s'aperçut qu'elle l'avait laissé près du foyer.

« Bon, pensa-t-elle, voilà un oubli qui me vaudra un sermon de Croquemitaine, une gronderie de Célestin et un coup de bec de Pélican. »

Prudente comme le sont les personnes accoutumées aux surprises des forêts, Camille se préparait à descendre de son observatoire pour se rapprocher du bivouac, lorsqu'elle aperçut, glissant derrière le tronc des arbres qui lui faisaient face, une longue forme noire et luisante. Presque au même instant, les feuilles d'un chêne rouge, dont une maîtresse branche s'étendait au-dessus de la tête de l'enfant, frémirent comme si l'arbre eût été doucement secoué. Camille ignorant que ses amis dormaient, saisit un sifflet d'argent pendu à son cou, et fit entendre une sorte de gazouillement afin d'attirer leur attention sans effrayer l'animal qu'elle cherchait à voir. Le chêne avait repris son immobilité; peu à peu, la branche dont l'extrémité touchait la roche s'abaissa; Camille, cette fois, fit entendre un strident coup de sifflet; elle venait d'apercevoir, fixés sur elle, deux yeux jaunes se détachant sur une face noire.

« A moi, Célestin! » cria-t-elle.

Puis, avec une admirable présence d'esprit, elle se laissa glisser le long du rocher. Il était temps : elle roulait encore sur la mousse et les feuilles sèches, que son terrible ennemi s'abattait sur la plateforme, juste à l'endroit qu'elle occupait moins de deux secondes auparavant. Déçu dans sa tentative, l'animal rugit, se ramassa sur lui-même, et d'un bond encore plus prodigieux que le premier, vint tomber à trois pas en avant de Camille.

Vive comme l'éclair, la petite fille dégaina le machété pendu à sa ceinture. Heureusement pour elle, elle n'eut pas à faire usage d'une arme qui eût été insuffisante dans sa main. Deux coups de feu retentirent à ses oreilles, et son terrible adversaire tomba foudroyé à ses pieds. Au même instant, Pélican s'élançait vers elle, la saisissait entre ses bras et l'enlevait de terre.

« Où vous blessée? cria le nègre dont les gros yeux blancs semblaient vouloir sortir de leurs orbites.

— Nulle part, mon bon Pélican, nulle part. »

Pélican laissa retomber l'enfant dont Célestin prit aussitôt les deux mains.

« Vrai? demanda l'ex-matelot avec anxiété. Vous n'avez pas été touchée?

— Non; mais donnez-moi vite à boire, car j'ai eu presque aussi peur que le jour où nous avons été poursuivis par les pécaris. »

Camille rendait à Pélican la gourde que celui-ci lui avait présentée, lorsque le docteur parut.

« Sur quel animal avez-vous tiré? demanda-t-il.

— Nous tuer cette canaille qui voulait manger mam'zelle, dit Pélican en frappant de la crosse de son fusil le corps inanimé du fauve.

— Un *jaguarété*, s'écria le docteur; parle vite, Camille; as-tu donc couru quelque danger?

— Nous dormirions encore comme de bons bourgeois du Marais après leur dîner, s'empressa de répondre Célestin, sans un coup de sifflet qui est venu nous réveiller. Par bonheur, Pélican a toujours un œil ouvert, même lorsqu'il ronfle; quand j'ai saisi ma carabine, Mlle Camille et cet animal roulaient de compagnie en bas du rocher. »

Le docteur enleva sa perruque que le temps avait quelque peu défrisée, et la replaça sens devant derrière, selon sa coutume lorsqu'il voulait dissimuler ses émotions.

« Pourquoi cette demoiselle nous avait-elle quittés? s'écria-t-il. Vous avez fait de belle besogne. Le monde n'en eût été que mieux avec une petite personne désobéissante de moins.

— Le monde, c'est possible, répliqua Camille; quant à toi, Croquemitaine, tu as beau faire le méchant, que deviendrais-tu si je n'étais plus là pour t'accompagner dans tes courses, pour t'aider à mettre de l'ordre parmi tes herbes et tes bêtes? Tu me regretterais, tu t'ennuierais, tu pleurerais. En tout cas, voici une histoire que je te prie de ne raconter ni à doña Gertrudis, ni à mon grand-père, si tu veux qu'on me confie encore à ta garde.

— Ce serait manquer à tous mes devoirs, Mademoiselle, que de passer sous silence ton... imprudence et ton exploit.

Deux coups de feu retentirent. (Page 379.)

— Mon exploit, dit Camille en avançant ses lèvres d'une façon mutine, consiste à m'être laissé surprendre, et me vaudra, s'il est connu, l'invitation de rester au château quand tu iras en chasse. Donc, tu voudras bien te taire.

— Hum! fit le docteur, nous verrons.

— Si nous avoir amené Dents-d'Acier, dit Pélican, lui pas dormir et prévenir nous de la venue du tigre noir.

— Dis tigre nègre! s'écria Célestin. Il y a des bêtes nègres, Pélican. »

Cette médiocre plaisanterie de Célestin causa une telle hilarité au naïf Pélican qu'il se roula sur le sol. Bientôt il se rapprocha du docteur qui examinait le fauve.

« Singulier pays, oui, singulier pays, répéta le naturaliste. A n'en pouvoir douter, voilà bien le *jaguarété* ou couguar noir.

— N'est-ce donc pas un tigre? demanda Célestin.

— Si, assurément, et l'un des plus féroces du Nouveau-Monde. On prétend que sa chair, aussi blanche que son pelage est noir, est un manger des plus délicats.

— Moi savoir cela ce soir, murmura Pélican.

— Prends ton fusil, Camille, dit le docteur, c'est un autre motif que la faim qui a poussé cette bête à se jeter sur toi, car ici la pâture est abondante. Le jaguarété loge d'ordinaire dans les troncs d'arbres, et, si nous savons chercher, nous trouverons très probablement un ou deux petits orphelins dans les environs. »

Camille, ayant instruit ses compagnons du chemin suivi par l'animal pour se rapprocher du rocher, on se mit en quête d'un arbre mort. Pélican, qui marchait le nez en l'air, frappa tout à coup le tronc d'un cyprès de la crosse de son fusil et appliqua son oreille contre l'écorce.

« Fou, fou, fou, dit-il, en imitant le crachement d'un chat irrité, petit chat noir demeurer là-dedans.

— Pélican a raison, » s'écria Célestin en montrant, à une hauteur d'un mètre et demi, un trou parfaitement visible.

Le nègre se disposait à grimper lorsque le docteur, ne sachant quelle taille pouvait avoir l'animal que l'on voulait déloger, recommanda de nouveau la prudence.

« Pas danger, massa, reprit Pélican, si Célestin prête son épaule, moi grimper sur grosse branche et voir fond du trou. »

Célestin, trouvant ingénieuse l'idée de son ami, l'aida dans son ascension. Le docteur et Camille se tinrent prêts à faire feu.

« Laissez fusils tranquilles, cria bientôt Pélican, lui être petit, tout petit. »

Et, plongeant son bras dans la tanière de la terrible bête, le nègre en retira par la peau du cou un jeune jaguarété. Le petit animal poussa un miaulement aigre auquel répondit aussitôt un rugissement. Le docteur recula de plusieurs pas, entraînant Camille, tandis que Célestin criait à Pélican de lâcher sa proie et de descendre au plus vite, attendu que le nouvel ennemi qui s'annonçait allait, selon toute probabilité, bondir vers le trou qui servait d'asile à son petit. Mais, au nombre des défauts de Pélican, il fallait ranger un entêtement capable de résister aux meilleures raisons. Le brave nègre refusa donc de bouger.

« Moi vouloir garder petit chat noir, dit-il à son ami; si papa à lui veut manger moi, toi tirer fusil, massa Célestin.

— Et si le papa te saute sur le dos, Pélican?

— Toi tirer tout de même.

— Afin d'envoyer Pélican dans l'autre monde, voilà qui me paraît... »

Célestin n'acheva pas sa phrase; comme il tenait la tête levée pour parler à son ami, il vit briller au-dessus de lui les yeux jaunes du second jaguarété.

« Garde à toi! » cria l'ex-matelot.

Il fit feu. Atteint en pleine poitrine, l'animal tomba de tout son poids sur Pélican, qui fut entraîné.

« Es-tu convaincu maintenant, méchante tête dure que tu es? Avais-je raison de t'ordonner de descendre? s'écria Célestin en courant vers son ami qui n'avait pas lâché sa proie.

— Pas fâcher toi, massa Célestin, voilà moi descendu très vite.

— Très vite assurément. Où t'es-tu fait mal?

— Seulement petite bosse à la tête.

— Tu en mériterais une grosse pour te rendre à l'avenir plus prudent.

— Détache la peau de ces bêtes, Célestin, dit le docteur avec tranquillité, comme s'il se fût agi de deux lapins; je vais emmener Camille que la vue de cette opération n'amuserait pas. Ton travail terminé retourne au château où nous arriverons sans doute avant toi, car nous redescendrons par le ravin. »

Camille, ayant rechargé son fusil, le plaça sur son épaule et suivit la crête de la colline. Bientôt, avec la confiance que donne l'habitude, les explorateurs s'attardèrent dans des fourrés. Durant une demi-heure ils marchèrent sous des arbres centenaires qui, s'espaçant peu à peu, leur livrèrent un libre passage. Camille se mit alors à courir pour sortir du bois. Lorsque le docteur la rejoignit, la petite fille, assise sur l'herbe, dans un endroit découvert, examinait déjà l'horizon dans la direction de Mérida.

« Voyons, Croquemitaine, n'es-tu pas un peu inquiet? demanda-t-elle à son compagnon.

— Pourquoi serais-je inquiet, mon enfant?

— Grand-père devrait être ici depuis midi; regarde la plaine, elle est déserte.

— Don Pedro, reprit le docteur, ramène un long convoi de mules, et il y a dix jours de marche d'ici à Mérida. Vingt-quatre heures de retard, dans un si long voyage, ne peuvent être pour nous une cause d'inquiétude.

— Il n'y a jamais de retard avec grand-père, tu le sais.

— Ici, où tous ses pas sont réglés; voyons, ne peut-il avoir été retenu à la ville?

— Veux-tu que nous retournions au château? je ferai seller ton cheval et le mien, puis nous irons au-devant de grand-père.

— Une telle excursion me semble peu prudente par une nuit obscure, Camille. La lune se lève à onze heures, il sera temps alors de prendre une décision. En attendant, partons. »

Un son de cloche se fit entendre.

« C'est celle de la poterne, dit Camille; Célestin et Pélican rentrent au château.

— Nous avons eu tort de perdre du temps, dit le docteur; ne nous voyant pas arriver, ils vont semer l'alarme. »

Camille ne l'écoutait plus, elle avançait et frappa tout à coup joyeusement ses mains l'une contre l'autre.

« Voici grand-père, cria-t-elle.

— Que dites-vous là, petite fille, et comment pouvez-vous voir don Pedro dans les ténèbres où nous nous trouvons? »

L'enfant se rapprocha du naturaliste.

« Regarde par ici, dit-elle, là, un peu à ta gauche.

— Tu me prends pour un chat; que puis-je voir, alors que je distingue à peine l'endroit où je pose le pied? Sur ma foi! un feu brille là-bas.

— C'est un bivouac. Les mules n'auront pu fournir l'étape d'une seule traite, et grand-père aura ordonné de camper. Quant à lui, il galope vers nous, j'en suis sûre, et nous ferons bien de nous hâter, si nous voulons arriver au château pour le recevoir. »

En dépit de l'obscurité, Camille fut vite en bas de la colline. Là, elle attendit le docteur. Aussitôt qu'il l'eut rejointe, elle repartit avec rapidité, car désormais elle connaissait à merveille le terrain sur lequel elle marchait. Elle approchait de la poterne lorsqu'elle entendit le trot de plusieurs chevaux. La cloche résonna, la lourde porte tourna sur ses gonds, et don Pedro se disposait à la franchir avec son escorte lorsque sa petite-fille, qui s'était postée de façon à se trouver sur son passage, posa lestement le pied sur son étrier et s'élança en selle devant lui. Ce fut en pressant avec force l'enfant sur sa poitrine que le châtelain atteignit le perron de sa demeure.

Au même instant, un amas de branches résineuses, disposées sur un carré de pierres construit pour cet usage, fut allumé. L'ardent foyer éclaira bientôt la façade du château et une partie de la vaste cour. Doña Gertrudis, le docteur, Célestin, Pélican, tous les habitants d'Éden se pressèrent pour saluer le maître; don Pedro répondait à chacun avec affabilité.

« Tu étais donc en chasse, mignonne? demanda-t-il en remarquant l'accoutrement de sa petite-fille.

— C'est-à-dire, grand-père, que, le soleil à peine levé, j'ai conduit Croquemitaine au sommet de la montagne afin de te voir venir de plus loin. Je savais bien que tu arriverais aujourd'hui.

— Ah! petite, ton impatience ne pouvait surpasser la mienne. Enfin, me voici, et avec grande faim, doña Gertrudis. Mais je je ne vois pas le père Estevan.

— Il est au village, señor, répondit la femme de charge; je viens de l'envoyer prévenir de votre arrivée. »

Don Pedro allait pénétrer dans le château lorsqu'un des cavaliers de son escorte s'approcha de lui.

« Que devons-nous faire du sauvage, señor? demanda l'écuyer.

— Sur mon âme, j'allais oublier ce pauvre garçon! Amène-le, Francisco; il doit être las. »

Tous les regards se tournèrent vers la poterne; Francisco reparut bientôt, tenant par le bras un jeune Indien drapé dans une couverture de laine, et qui semblait n'avancer qu'à regret.

CHAPITRE IV

UNAC. — DEUX INSTITUTEURS. — DIABLE NOIR ET DIABLE BLANC. — BONS CONSEILS. — UN ESSAI CULINAIRE DE PÉLICAN. — TENTATIVE DE FUITE. — DENTS-D'ACIER.

A l'apparition du jeune Indien, les assistants se rapprochèrent pour le mieux voir. En ce moment, le foyer jetait de vives lueurs dont l'éclat permettait de distinguer les traits du prisonnier. C'était un enfant de douze à treize ans, au front haut, aux yeux noirs, au nez aquilin, à la bouche gracieuse, au regard vif et intelligent. Ses cheveux, longs sur les côtés du visage, retombaient en deux nattes jusque sur ses épaules et donnaient à ses traits une expression de douceur féminine. Il était robuste et bien pris. La couverture dont il s'enveloppait s'étant entr'ouverte, on vit sur sa poitrine un tatouage représentant un soleil, au centre orné d'une tête de serpent.

« Bonté du ciel! señor, s'écria doña Gertrudis, cet enfant est-il véritablement un sauvage?

— Oui, ma bonne dame, un vrai sauvage!

— L'avez-vous donc pris en route?

— Non pas, le chemin est libre et sûr d'ici à Mérida; mais les Toltèques, descendus des montagnes, se sont avancés jusqu'à vingt lieues de la ville, brûlant et saccageant tout, selon leur coutume. Au bourg des Lagartos, ils sont tombés sur un bataillon de troupes nationales qui leur a infligé une rude leçon. Dans la bagarre, ce garçon est devenu prisonnier d'un soldat, qui, de retour à Mérida, l'a mis en vente sur la place du Marché. Je passais, et, pris de pitié, j'ai donné vingt piastres en échange de ce pauvre petit. »

Camille embrassa son grand-père, puis s'approcha du prisonnier :

« Venez, » lui dit-elle.

L'enfant la regarda, sans répondre ni bouger.

« Ne parle-t-il pas espagnol, grand-père? demanda la petite fille.

— Je ne sais trop; durant la route j'ai cru deviner, à certains mouvements de son visage, qu'il comprend ce que l'on dit dans cette langue; cependant, il refuse de répondre lorsqu'on lui adresse parole.

— Quel est son nom?

— Je l'ignore; peut-être, cependant, me l'a-t-il dit; or comment le saisir au milieu des phrases de son jargon? »

Le docteur s'était approché de l'enfant et l'examinait avec attention.

« Voilà donc, murmurait-t-il, un homme dans toute sa simplicité primitive; le drôle est beau, et ses yeux ont plus d'expression qu'on ne devrait s'y attendre, car les idées doivent être rares et confuses dans son cerveau. Ainsi, ce petit bonhomme, en sa qualité de sauvage, sait déjà piller une ferme, l'incendier, et, au besoin, couper la gorge de son semblable avec la même indifférence que celle d'un hanneton. Admirable, en vérité! Et comme ce gaillard est bâti! quelle poitrine! quelles jambes! comme il doit courir et sauter! »

Le docteur se tut un instant, puis reprit :

« Pauvre petit, plus de patrie, plus de famille; le voilà prisonnier. Peu à peu, les souvenirs de son enfance s'effaceront de sa mémoire; seulement, si elle existe, sa mère l'oubliera-t-elle?

En prononçant ces derniers mots, le docteur, selon son habitude lorsqu'une émotion le gagnait, enleva sa perruque. A la vue de cet homme se dépouillant de sa chevelure, le jeune Indien fit un bond en arrière; il eût fui, si Francisco ne l'eût retenu.

« Vilain Croquemitaine! s'écria Camille qui se rapprocha de son ami; veux-tu bien remettre tes cheveux sur ta tête et ne pas effrayer le petit garçon? »

Le docteur, interdit, se hâta d'obéir. En ce moment, le père Estevan parut. A la vue du vieillard, don Pedro se découvrit avec respect et lui baisa la main, déférence dont le chapelain voulut en vain se défendre. Après avoir échangé quelques mots avec le prêtre, don Pedro lui montra du doigt le nouveau venu.

« Approche, mon fils, dit le *padre* en langue maya, cet antique idiome encore en usage chez les modernes Toltèques, approche et dis-moi ton nom. »

En entendant parler le vieillard, le jeune Indien se rapprocha de lui, et ses regards se fixèrent avec curiosité sur les lèvres qui venaient de prononcer des mots de sa langue. Néanmoins il ne répondit pas, et une larme glissa sur sa joue brune.

« Pourquoi pleures-tu, mon enfant? demanda le chapelain avec sollicitude et en saisissant la main de l'Indien. Réponds, ne sais-tu pas la langue des mayas?

— C'est celle de ma nation, répliqua le jeune sauvage avec fierté. Mais vous, qui vous a appris à la parler?

— J'ai vécu parmi tes compatriotes, mon cher fils, et j'ai tenté de leur enseigner le nom et les commandements du vrai Dieu.

— Le vrai Dieu se nomme *Téotl*, et il habite les plaines enflammées du soleil, répondit sentencieusement le jeune garçon; puis, écartant sa couverture pour montrer l'image de l'astre dessiné sur sa poitrine il ajouta : Je suis le petit-fils de *Téotl*.

— Ton père est un chef?

— Lorsqu'il vivait, la tribu entière des fils du soleil lui obéissait.

— Tu ne m'as pas dit ton nom.

— Je suis Unac, fils d'Unac, petit-fils de *Téotl*.

— Je comprends, tu descends d'une famille de chefs et tu crois avoir le Soleil pour ancêtre; nous t'apprendrons que le Soleil a un maître.

— Veut-on me faire mourir?

— Rassure-toi; celui qui t'a amené et qui commande ici est juste et bon.

— Par le ciel, *Padre*, s'écria tout à coup le châtelain qui ne comprenait mot à cette conversation, nous causerons demain. Songeons à souper, s'il vous plaît, j'ai faim.

— A qui voulez-vous confier cet enfant? demanda le chapelain.

— A vous d'abord, mon père, car il vous faudra vous occuper de son âme; quant à son corps, je suis tenté de le confier momentanément à Célestin, si toutefois le docteur y consent.

— Très volontiers, répondit celui-ci; grâce à Célestin, le malheureux pourra bientôt unir aux défauts des sauvages ceux de nos espèces civilisées.

— Soit! s'écria don Pedro. Nous savons ce que cela veut dire;

par parenthèse, docteur, vous avez bien de la peine à vous corriger de vos... qualités. Je viens d'apprendre que, durant mon absence, vous avez sauvé, à force de veilles et de soins, deux de mes serviteurs.

— Mon devoir professionnel, dit le docteur, est de guérir les gens. »

Célestin, s'étant approché, reçut l'ordre de veiller sur le jeune Indien, de s'occuper de sa nourriture, de son coucher, et de le traiter avec la plus grande douceur.

« Très bien, dit l'ex-matelot; seulement, en quelle langue, s'il vous plaît, dois-je parler à mon pupille?

— Unac comprend-il la langue des blancs? » demanda le chapelain au jeune garçon.

Celui-ci demeura un instant silencieux; le *padre* répéta sa question.

« Oui, répondit enfin le prisonnier, quand les blancs traitent Unac comme un homme, il les comprend; il ne les comprend plus lorsqu'ils veulent le traiter comme un chien. »

Cette réponse fut faite en espagnol, avec lenteur, comme si le jeune Indien cherchait un peu ses mots.

« Par le Christ, enfant, s'écria don Pedro, depuis douze jours que nous voyageons ensemble, tu aurais dû délier plus tôt ta langue. C'est non seulement en homme que je veux que tu sois traité, c'est en frère. Tu n'as ici d'autre maître que moi, et c'est à moi que tu te plaindras si quelqu'un, sur mon domaine, te traite autrement que comme un enfant de la maison. Si le *padre* réussit à dissiper les ténèbres de ton esprit, tu deviendras mon filleul, c'est-à-dire mon fils. En attendant sois docile, je t'en prie. »

Après ce petit discours, don Pedro, faisant passer devant lui le *padre* et le docteur, pénétra dans le château.

Célestin se rapprocha d'Unac.

« Venez par ici, mon garçon, dit l'ex-matelot en prenant le bras de l'Indien pour le guider, vous avez fourni une longue course et vous devez avoir faim.

— Es-tu un chef? demanda Unac à son interlocuteur.

— Un chef? Pas précisément. Après tout, qui sait? Moi aussi, j'ai des petits soleils gravés sur la peau. »

Et, retroussant sa manche gauche, Célestin montra son bras orné de ces tatouages chers aux marins, et qui semblent à la mode aussi bien chez les nations civilisées que chez les sauvages.

Unac examina avec attention le dessin tracé sur le bras du matelot, dessin qui représentait un navire. Il réfléchit un moment, puis secoua la tête comme pour déclarer qu'il ne comprenait pas le sens de cet hiéroglyphe. Néanmoins, il parut considérer son guide avec respect; il se disposait à le suivre lorsqu'il fit un bond en arrière et poussa une exclamation de surprise : il venait de voir apparaître Pélican dont la bonne face, d'un magnifique noir, semblait pour lui un objet de terreur.

« Qui est celui-là? demanda-t-il d'une voix légèrement altérée.

— Personne autre que mon ami Pélican.

— Pourquoi est-il peint en noir? »

Célestin se mit à rire.

— Le pauvre garçon te prend sans doute pour le diable, Pélican, s'écria l'ex-matelot; il est clair qu'il n'a jamais vu d'hommes de ta race.

— Hommes blancs plus pareils au diable qu'hommes noirs, dit Pélican avec conviction.

— Au Sénégal, c'est possible; en France, c'est une autre question; laissons cela et approche; il faut convaincre ce petit homme que tu n'es noir que par dehors, que tu as l'âme et le cœur d'un blanc. »

Pélican, sous prétexte de sourire, montra sa double rangée de dents et s'avança vers Unac.

« Pélican pas méchant, dit le nègre, et lui devenir l'ami à vous, si vous aimez lui. »

Unac murmura quelques mots dans sa langue, et se pressa contre Célestin, qui, le rassurant, le conduisit vers un des pavillons construits de chaque côté de la poterne, et dans lequel, dès son arrivée à Éden, il avait élu domicile avec Pélican. Un vieux créole, nommé Juan, qui servait en quelque sorte de concierge, occupait le second pavillon.

« Allez-vous sortir, señor Célestin? demanda le gardien en voyant paraître l'ex-matelot.

— Non, je viens dresser un lit pour le nouvel hôte du maître.

— Va-t-il coucher dans votre chambre?

— Parbleu! où voulez-vous que je le place?

— Gare qu'il ne vous coupe la gorge durant la nuit; c'est là une opération que ses pareils savent pratiquer à merveille.

— Merci de l'avis, Juan : mais nous ne sommes pas en guerre, ce garçon et moi; est-ce vrai, Unac? »

Sans répondre, le jeune Indien se pressa de nouveau contre son guide. Dents-d'Acier venait de se montrer et s'avançait en grognant.

« Tout beau, Dents-d'Acier, s'écria Célestin, c'est un camarade que je vous amène, et je vous engage à ne pas l'oublier. Silence, méchant chien, et laissez-nous passer. »

Dents-d'Acier obéit, grâce à Pélican qui s'interposa. Unac fut introduit dans le pavillon, composé de deux chambres dont l'une servait de cuisine et de salle à manger, l'autre de chambre à coucher. Un troisième lit, c'est-à-dire une épaisse natte de jonc, fut étendu dans un coin, et Pélican, qui, ce jour-là, remplissait les fonctions de cuisinier, posa bientôt sur une petite table une espèce de gigot rôti. Unac refusa de prendre place entre les deux amis; il s'empara de quelques galettes de maïs, puis alla s'étendre sur sa couche où il parut bientôt dormir.

« Qu'as-tu fait de ton jaguareté? demanda Célestin à son compagnon

— Lui dans une cage.

— Tu veux l'apprivoiser? C'est une éducation qui te donnera quelque peine. Hum! quelle viande est-ce donc là? Voilà une heure que je mâche ce morceau qui résiste à mes dents. »

Pélican sourit.

« Lui un peu dur, dit-il.

— Et Dents-d'Acier refuse sa part? Est-il malade?

— Non; seulement, lui pas aimer jaguareté.

— Comment, s'écria Célestin en se levant, ce rôti est du ?..... »

L'ex-matelot, bien que son estomac fût solide, ne put achever. Il s'empara d'une bouteille d'eau-de-vie de canne à sucre, s'en gargarisa longuement le gosier et reprit :

« Que le diable t'emporte, Pélican, de me faire goûter une pareille viande!

— Oui, lui pas fameux, répondit le nègre qui cherchait à faire bonne contenance et ne pouvait avaler le morceau qu'il avait dans la bouche; décidément, lui pas bon. »

Un jambon fut posé sur la petite table, et les deux convives mangèrent alors avec appétit. Leur souper terminé, ils fumèrent une ou deux pipes en devisant, et se couchèrent après avoir expulsé Dents-d'Acier. Les deux amis dormaient depuis une heure environ, lorsqu'Unac redressa la tête; une faible lueur, venant d'une fenêtre sans vitres, éclairait la vaste pièce. Le jeune Indien se leva, et, à pas sourds, se dirigea vers la porte. Après quelques tâtonnements, il réussit à faire jouer la pièce de bois qui la fermait et s'élança dehors.

La nuit était sombre; à peine le seuil franchi, Unac demeura immobile. Il promena ses regards autour de lui, retenant sa respiration et cherchant à percer les ténèbres. Un profond silence régnait dans l'immense cour du château; nul autre bruit que la plainte mélancolique produite par les deux palmiers plantés de chaque côté de la poterne, et dont la brise agitait doucement les larges feuilles. De loin en loin un cri sourd, étouffé, venait du bois; parfois aussi un insecte lumineux traversait l'air comme une étoile filante, et disparaissait happé sans doute par un oiseau de nuit.

Unac, le corps penché en avant, fit enfin deux ou trois pas et s'arrêta. Peu à peu, ses yeux s'accoutumèrent à l'obscurité; il distingua la grande porte par laquelle il avait pénétré dans l'enceinte du château, courut aussitôt vers cette issue et poussa une exclamation de désappointement en la voyant close. Il promena ses mains sur les énormes poutres, à la recherche d'un verrou semblable à celui dont le mécanisme peu compliqué venait de lui permettre de sortir de la chambre de Célestin. Mais la porte d'entrée se fermait à l'aide d'une traverse de fer assujettie par un cadenas, et, durant un quart d'heure, Unac se fatigua les doigts à tirer, à pousser, à tordre ce cadenas. A la fin, le jeune Indien se cramponna aux poutres et se mit à grimper. Arrivé au faîte de la porte, il rencontra la muraille qui surplombait; bientôt convaincu qu'il ne pourrait franchir cet obstacle, il redescendit.

Il allait sauter sur le sol, lorsqu'il vit briller deux yeux flamboyants : c'étaient ceux de Dents-d'Acier, qui, tranquillement assis

A deux ou trois reprises, Unac tenta de se rapprocher de terre. (Page 393.)

paraissait observer avec curiosité les mouvements du fugitif. Tout à coup, le chien s'élança en grognant; s'il ne se fût hâté de regrimper, Unac eût été atteint par les crocs du terrible mâtin.

Après cette démonstration hostile, Dents-d'Acier, comme s'il considérait que la proie qu'il semblait convoiter ne pouvait lui échapper, se rassit paisiblement. A deux ou trois reprises, Unac tenta de se rapprocher de terre; aussitôt le chien grondait, menaçant. Au bout d'un quart d'heure, sentant ses bras se lasser, le pauvre Unac essaya de saisir un des poteaux qui soutenaient la porte, avec l'espoir d'atteindre un des palmiers. En étendant la main, il sentit une chaîne et la tira, voulant s'assurer qu'elle pouvait le porter. Aussitôt, à son grand effroi, une cloche se mit à tinter; c'était celle qui, pourvue d'un double cordon, servait le jour à sonner les heures pour les travailleurs occupés dans les champs, et, la nuit venue, de signal pour réclamer l'ouverture de la poterne.

Ce bruit sonore, inconnu pour lui, terrifia Unac qui faillit se laisser choir, et d'autre part exaspéra Dents-d'Acier, lequel, comme la plupart de ses pareils, avait horreur du son des cloches. Le chien se mit à hurler d'une façon lugubre. Une minute après, Juan sortait en grommelant de son pavillon.

« Qui nous arrive si tard? disait le vieux gardien. Holà! Dents-d'Acier, vous tairez-vous, que je puisse interroger celui qui a sonné? »

Célestin se montra.

« Est-ce la caravane qui nous arrive, Juan? demanda l'ex-matelot.

— Par mon saint patron, les mules n'auraient pu marcher par cette nuit noire, puis le maître eût prévenu; d'un autre côté tout le monde est rentré.

— Peut-être y a-t-il quelque événement au village? Ouvrez vite le guichet.

— Faites taire le chien, alors, afin que je puisse parler et entendre ce que l'on me répondra.

— A la façon dont il aboie, Juan, je ne crois pas que nous ayons affaire à un ami. Ici, méchante bête!... Eh mais, une lumière; vite, il y a quelqu'un là. »

Le vieux gardien disparut. Il rapporta bientôt une torche enflammée dont le rouge éclat montra le malheureux Unac cramponné à une poutre de la poterne et à bout de forces.

« Quoi! mon aimable pupille! s'écria Célestin avec stupéfaction. Parbleu, j'aurais dû prévoir cela. A bas, Dents-d'Acier, et silence! »

Le mâtin se tut, et Célestin aida Unac à regagner le sol.

« Vous avez voulu fuir, garçon, reprit l'ex-matelot; voilà une mauvaise inspiration, et vous devez remercier le ciel de n'être pas, à l'heure qu'il est, à demi dévoré par Dents-d'Acier, qui n'entend guère les plaisanteries de ce genre. Regagnez votre lit, Juan, je vais clore ma porte assez solidement pour vous épargner toute nouvelle alerte. »

Célestin ramena Unac dans le pavillon et alluma une petite lampe.

« Pourquoi vous déjà levé? demanda Pélican qui se dressa sur sa natte et regarda son ami avec surprise.

— Oui, il est bien temps de se frotter les yeux, répondit Célestin. Tu dors trop solidement, Pélican, je t'en préviens. Si ce n'est pas la paresse qui t'a tenu dans ton lit, si tu n'as entendu ni notre pupille ouvrir la porte, ni Dents-d'Acier aboyer, ni la cloche tinter, tu n'es plus digne de ta réputation, et, à notre première excursion dans les bois, tu seras croqué par quelque bête sauvage.

— Dans les bois, Pélican dormir d'un seul œil; dans la maison, Pélican dormir sur ses deux oreilles.

— Voilà des choses dont je te défie, mon brave ami, attendu que les yeux se ferment et s'ouvrent de compagnie, et que tes oreilles sont placées de chaque côté de ta tête, comme celles du premier venu. Allons, voici la porte bien assujettie, et tu peux maintenant dormir comme il te plaira. Couchez-vous, enfant, dit le matelot au jeune Indien, vous devez être convaincu que vous ne pouvez fuir. »

Unac, sans répondre, s'étendit sur sa natte; accablé par la fatigue, il s'endormit bientôt profondément.

CHAPITRE V

RÉVEIL. — LE MIROIR. — CÉLESTIN VALET DE CHAMBRE. — TRISTE HISTOIRE. — LEÇONS DE BELLES MANIÈRES. — L'AMSLÉ. — PERDU!

Pélican et Célestin, selon leur habitude, se levèrent avec le jour, c'est-à-dire vers cinq heures du matin. Unac suivit leur exemple, fit deux ou trois fois le tour de la chambre, puis revint s'asseoir sur la natte qui lui avait servi de couche. Là il examina curieusement les deux amis procédant à leur toilette, et parut très surpris de voir Pélican se plonger les bras et le visage dans l'eau, sans que la belle couleur noire de sa peau en fût altérée. La pièce dans laquelle se trouvait le jeune Indien était vaste et recevait le jour par une immense ouverture garnie de barreaux, sans fenêtres ni vitres, le brûlant climat de la vallée rendant ce luxe inutile. Tout à coup, des sons graves retentirent au dehors; de nombreuses voix chantaient en chœur. Unac, surpris, se rapprocha de la baie qui servait de fenêtre et vit, rassemblés dans la cour du château, les travailleurs auxquels le majordome venait d'indiquer la tâche à exécuter dans la journée. Ces hommes défilaient en psalmodiant un cantique, vieille coutume autrefois générale dans les habitations des Amériques espagnoles, et pieusement observée sur le domaine de don Pedro. Les chanteurs s'éloignèrent. Peu à peu, leurs voix se perdirent dans vingt directions, et Unac se mit à rôder dans la chambre, regardant avec curiosité mille objets nouveaux pour lui. Soudain il poussa une exclamation, il venait de voir son image se refléter dans une petite glace pendue au mur. Après un moment d'hésitation, Unac passa sa main sur la glace, parut étonné de rencontrer une résistance, et retourna le miroir. Pélican et Célestin, qui l'observaient, se mirent à rire. Le jeune Indien prit aussitôt un air d'indifférente gravité; se rapprochant d'un râtelier garni de fusils il en saisit un, et le mania de façon à montrer que, s'il ne connaissait pas les miroirs, il savait en revanche se servir des armes à feu.

Unac, pour tout vêtement, portait une culotte en peau de daim qui lui descendait aux genoux, et des sandales maintenues à ses pieds par des courroies de cuir s'enroulant autour de ses jambes. Ce costume primitif parut peu convenable aux deux amis.

« Il est fâcheux que tu ne saches pas le métier de tailleur, Pélican, dit Célestin à son compagnon, car il nous faut songer à vêtir ce garçon de façon qu'il puisse se présenter dans le monde.

— Moi lui prêter un de mes habits, répondit le nègre avec un grand sérieux.

— Le pauvre garçon y entrerait des pieds à la tête, et cela pourrait le gêner pour marcher. Je suis moins grand et moins gros que toi, Pélican; apporte ici ma vieille veste de matelot. »

Le vêtement apporté, Célestin engagea Unac à l'essayer. Les yeux du jeune Indien brillèrent de plaisir à la vue de la veste, ou plutôt des boutons de métal dont elle était garnie. Sans se faire prier et secondé par Pélican, il l'eut bientôt endossée. Mais la veste, posée sur un torse nu, produisait un si déplorable effet, que Célestin jugea nécessaire l'adjonction d'une chemise.

Peu à peu, et grâce à la satisfaction visible avec laquelle il se prêtait à tous les essais de ses valets de chambre, Unac se trouva empaqueté dans un pantalon, une chemise et une veste appartenant à Célestin. Sous cet accoutrement, Unac se croyait magnifique; il se promenait en se redressant avec fierté. Enfin, la toilette terminée, Célestin se dirigea vers le château, emmenant avec lui son pupille, comme il continuait à l'appeler.

La caravane, restée la veille en arrière, venait d'entrer dans la cour du château, et l'on s'occupait de décharger les mules des caisses rapportées par don Pedro. Chacun avait sa part dans les achats faits à Mérida par le châtelain; doña Gertrudis et Camille, mises en possession d'un ballot d'étoffes, étaient dans leurs chambres plongées dans l'admiration de ce beau présent. Le docteur dévorait les lettres et les journaux d'Europe rapportés pour lui par son ami, qui, assis sur un fauteuil à bascule, procédait à la répartition des caisses à mesure qu'on les apportait.

« Holà, Célestin, cria don Pedro aussitôt qu'il aperçut l'ex-matelot; approchez un peu, je vous prie, il y a ici différents objets à votre adresse : ce ballot d'abord, où vous trouverez un vêtement complet pour vous et un autre pour Pélican, puis plusieurs bagatelles que je vous prie d'accepter. »

Célestin remercia simplement son hôte et fit résonner le sifflet pendu à son cou. A cet appel, on vit bientôt accourir Pélican. Le nègre, instruit des attentions de don Pedro, balbutia un compliment.

« As-tu toujours envie de posséder une montre? lui demanda don Pedro au moment où il se retirait.

— Oh oui! señor, pour avoir soleil dans ma poche, comme massa Célestin.

— Eh bien! Pélican, j'ai trouvé celle-ci. Te convient-elle? »

Le nègre ouvrit démesurément les yeux en voyant briller une montre d'argent, toutefois il n'osait avancer la main.

« N'en veux-tu pas? » demanda don Pedro en souriant.

Cette fois, Pélican sauta sur le bijou, le saisit, le porta à son oreille; puis, comme un véritable enfant, courut le montrer à tous les habitants du château.

« Où est Unac? demanda don Pedro.

— Il est là, señor, répondit Célestin; cette nuit, il a failli se faire dévorer par Dents-d'Acier. »

Et le matelot raconta l'aventure de l'Indien.

« Pauvre petit! s'écria don Pedro. Amenez-le-moi, Célestin. »

Le matelot fit sortir Unac de l'embrasure de la porte où il se tenait en quelque sorte caché.

« Qu'est-ce que cela, grand Dieu? s'écria don Pedro.

— Je l'ai un peu habillé, señor, en attendant. »

En ce moment, Camille, enveloppée dans un joli peignoir de mousseline blanche, s'avança vers son grand-père. A sa vue, Unac se pencha en avant, l'examina avec attention, puis promena ses regards autour de lui. Une profonde surprise se lisait sur les traits de l'Indien, évidemment intrigué de la ressemblance de la personne qu'il avait sous les yeux avec le jeune garçon qu'il avait vu la veille.

Il s'approcha de la jeune fille, qui, frappée du singulier accoutrement dont Célestin avait affublé son pupille, partit d'un franc éclat de rire. Unac, interdit, comprit que ses habits causaient la gaieté de ceux qui l'entouraient. Il se dépouilla brusquement de la veste qui d'abord l'avait séduit et la jeta loin de lui. Célestin s'élança aussitôt, mais trop tard; il ne put que suivre le jeune Indien qui s'enfuit dans le jardin. Là, Unac s'assit au pied d'un magnolia, se couvrit le visage de ses mains et pleura.

Célestin, touché de la douleur du jeune Indien, essaya de le consoler. Il fut rejoint par Pélican qui vint déposer, aux pieds de l'enfant, des vêtements de toile et un équipement de chasseur en peau de daim.

« Le maître, penser à vous, dit le nègre, et voici des beaux habits. Il y en a encore d'autres que nous porter dans notre chambre. Venez aider moi. »

Unac ne répondit pas. Le *padre*, qui survint, s'approcha de lui.

« Qu'avez-vous, mon enfant? demanda affectueusement le chapelain.

— Je voudrais retourner dans mon pays.

— Vous songez à votre père, à votre mère? »

Le jeune garçon secoua tristement la tête.

« Mon père, dit-il, chasse depuis longtemps dans les plaines du soleil; à la dernière floraison des palmiers, il a appelé ma mère, elle est allée le rejoindre.

— La terre des Toltèques est loin, reprit le *Padre* en posant sa main sur la tête de l'orphelin, et vos pieds seraient las, bien las, avant que vous puissiez l'atteindre. Demeurez ici, montrez-vous docile, reconnaissant. On ne vous veut que du bien; l'heure venue, quand vous serez un homme, vous retournerez dans votre pays si vous le voulez encore. »

Le bon prêtre causa longtemps avec le jeune sauvage; il fut surpris de son intelligence, de la vivacité de sa compréhension, de la droiture de son esprit. A n'en pas douter, Unac était le fils d'un chef célèbre de sa tribu, car il craignait par-dessus tout de se voir assujetti à des travaux indignes de lui. Don Pedro, instruit des craintes du jeune homme, le fit appeler.

« Écoute, enfant lui dit-il avec bonté. Aussitôt que tu seras assez instruit pour comprendre nos lois, pour juger qu'elles valent mieux que celles de tes compatriotes, tu seras libre. En attendant, je n'exige de toi que le respect dû à ceux qui sont tes aînés. Apprends à te faire aimer; chacun ici t'en donnera l'exemple. »

Unac s'inclina, et don Pedro décida que, jusqu'au moment où le jeune Indien saurait se conformer aux exigences de la vie civilisée, il resterait sous la tutelle de Célestin et de Pélican, chargés de lui enseigner l'usage du savon, des mouchoirs, des fourchettes et de mille petits détails auxquels il était étranger. Cette éducation première terminée, don Pedro voulait que son futur filleul vînt prendre place à sa table et loger dans le château.

Ces résolutions furent longuement expliquées à Unac par le *padre* qui, dès le lendemain, se mit en devoir d'enseigner à son élève les premières notions de la lecture. Chacun promit son concours pour l'éducation du jeune Indien; il n'y avait pas de temps à perdre, car, d'une série de questions que lui posa le chapelain, il résulta que Unac qui, dans son pays, vivait sous la tutelle d'un de ses oncles, venait d'atteindre sa quatorzième année.

De cet oncle, nommé Ahuisoc, Unac ne parlait qu'avec une amertume que le *padre* remarqua bientôt. Peu à peu, en dépit de la réserve du jeune Indien, le chapelain crut comprendre que cet Ahuisoc, nommé chef de la tribu pendant la minorité de son neveu, avait contribué à le faire tomber prisonnier. Par la suite ce doute se tranforma en certitude; l'orphelin avait été sacrifié par un ambitieux.

Bien que leur couvert fût toujours mis à la table des serviteurs du château, Célestin et Pélican préféraient manger chez eux, comme ils disaient. Ni l'un ni l'autre n'appréciait la cuisine yucatèque, et ils étaient leurs propres cuisiniers. Pénétrés de l'importance des fonctions qui venaient de leur être confiées, ils s'appliquèrent à justifier la confiance de don Pedro, et n'épargnèrent aucun soin pour former Unac aux belles manières.

Leur petit ménage fut très strictement tenu, et leur table couverte d'une nappe, de salières, de verres, de ces nombreux objets dont les deux amis, d'ordinaire, se passaient volontiers. A force de supplications, Célestin réussit à faire endosser à Unac un des vêtements rapportés pour lui par don Pedro, vêtement qui consistait en une chemise de fine toile, une veste de coutil, et un pantalon de même étoffe, le tout complété par une paire de brodequins lacés. Ainsi vêtu d'habits à sa taille, Unac, bien que chacun de ses mouvements fût encore empreint de gaucherie, ne perdit rien de sa bonne mine. Ses tuteurs improvisés le lui répétèrent à l'envi, et il vit bien qu'ils parlaient sérieusement.

Célestin et Pélican étaient de braves cœurs, aussi se prirent-ils d'amitié pour le pauvre orphelin. L'ex-matelot, fort de la supériorité que lui donnait la couleur de sa peau, s'érigea sérieusement en professeur et se montra prodigue de bons conseils.

« Donnez-vous la peine de vous asseoir, dit-il un jour à Unac au moment de se mettre à table, et continuez à ouvrir l'oreille, mon garçon. Vos progrès sont réels, parole d'honneur, et bientôt on ne vous reconnaîtra plus. Vous avez de l'amour-propre et j'en suis ravi, car on ne se mouche pas du pied quand on a de l'amour-pro-

Quand Unac visita la vaste pièce. (Page 402.)

pre; seulement il ne faut pas pousser les choses trop loin, attendu que, comme dit la chanson, « l'excès en tout est un défaut ». Si Pélican et moi nous vous sermonnons sans cesse, c'est que nous voulons vous apprendre les belles manières, pas autre chose. Mais n'oubliez jamais que Pélican aime à rire; si je l'imite parfois en voyant vos balourdises de jeune sauvage, ne vous fâchez pas, le rire est souvent involontaire, et personne ne veut vous humilier. Vous êtes destiné à vivre avec les blancs; bons ou mauvais, vous devez adopter les usages des blancs.

— Pélican, répondit le jeune Indien en regardant son voisin de table, n'est pas un blanc.

— Faut pas se fier aux apparences, reprit Célestin avec gravité; elles sont souvent trompeuses. Vu en dehors, Pélican n'est pas d'un blanc irréprochable, bien qu'il ait la faiblesse de n'en pas convenir; vu par dedans, c'est une autre histoire : il est alors plus blanc que la neige, car son âme est honnête et son cœur bon; vous avez déjà pu vous en convaincre.

— Oui, répondit Unac, qui posa sa main sur le bras du nègre, Pélican ne peut me voir triste sans chercher à me consoler.

— Regardez-nous donc et imitez-nous, ajouta Célestin en débourrant sa pipe à l'aide de son petit doigt avant de la placer dans sa poche, et cela ira comme sur des roulettes. Surtout ne vous fâchez plus, ainsi que vous l'avez fait le lendemain de votre arrivée. Déchirer ses habits n'est pas comme il faut. »

Unac s'assit docilement, et, pour la vingtième fois, examina avec curiosité les cuillers, les fourchettes et la façon dont ses compagnons se servaient de ces instruments. Il était sans cesse tenté de porter ses aliments à sa bouche avec ses doigts; rappelé au bon ton par Célestin, il rougissait et s'empressait de mettre en pratique les avis qu'on lui donnait.

Unac comprenait très bien l'espagnol; frappé dès les premiers jours de l'accent étranger de Célestin et de Pélican, il les interrogea sur cette particularité. Les deux commensaux lui firent, l'un de la Martinique et l'autre de Paris, une description à laquelle le pauvre petit ne comprit absolument rien, attendu que pour lui il n'y avait qu'une seule terre au monde, le Yucatan.

Tantôt en compagnie de Célestin, tantôt en compagnie de Pélican, Unac rôdait sans cesse dans le château. La chapelle où le *padre* disait la messe surprit l'Indien par sa richesse, et il contempla longtemps le grand Christ suspendu au-dessus de l'autel. Lorsque Pélican lui déclara que c'était là l'image du fils de Dieu, l'enfant secoua la tête, ramena le nègre vers la porte et dit en désignant le soleil :

« Celui-là seul est Dieu. »

Lorsqu'Unac visita la vaste pièce où le docteur gardait ses collections, il fut littéralement ravi. Il nomma les oiseaux, les mammifères dans sa langue, précieux renseignement pour le naturaliste, qui s'empressa de prendre des notes. Les insectes et les plantes étonnèrent l'Indien; mais les oiseaux que le docteur avait empaillés l'émerveillèrent par leur apparence de vie.

Durant plusieurs semaines, Unac erra sans relâche dans le château; puis, peu à peu, il devint triste et se tint de préférence dans le jardin.

« Dans quelle direction se trouve mon pays? demandait-il souvent au chapelain.

— De ce côté, lui répondait le *padre* en montrant l'Orient.

— Et combien de jours faut-il marcher pour l'atteindre?

— Vingt, environ. »

Ces questions, Unac les adressait également à Célestin et au docteur, et il écoutait leurs réponses avec attention.

Le docteur, sans en avoir l'air, s'occupait beaucoup du petit sauvage. Le voyait-il absorbé, il s'approchait de lui, tournait à demi sa perruque et lui disait :

« Patience, petit, travaille; je me charge, tôt ou tard, de te reconduire dans ton pays. Il me faut l'*Amslé;* nous irons de compagnie chercher cette plante merveilleuse dont tu m'affirmes avoir entendu parler.

— Vrai? s'écriait Unac dont les regards devenaient brillants.

— Vrai, répondait le docteur; seulement tâche d'avoir un peu de patience. »

Unac montait souvent au sommet de la tourelle qui servait de poste d'observation, et passait là de longues heures en plein soleil à regarder les montagnes qui bleuissaient au loin. Souvent aussi il allait s'établir en face de Camille alors qu'elle cousait, lisait ou brodait, assise près de doña Gertrudis; là, il demeurait dans une muette comtemplation, attentif à tout ce que disait ou faisait la jeune fille. Il assistait parfois au repas du soir dans le château; il surveillait alors tous les gestes de Camille, puis cherchait à les imiter lorsqu'il se retrouvait avec Célestin et Pélican.

Il ne répondait guère que par monosyllabes à tout autre qu'à la jeune fille; avec elle sa langue se déliait, et il ne craignait pas de s'aventurer dans de longues phrases, surtout lorsqu'elle se chargea de lui apprendre à lire.

Il se prit aussi d'amitié pour doña Gertrudis dont il admirait, presque autant que le brave Pélican, les toilettes aux couleurs voyantes. La bonne dame, de son côté, cessa d'avoir peur du sauvage, comme elle appelait Unac, et cela à dater d'un jour où, ayant revêtu une robe de couleur bleu tendre, le jeune garçon, saisi d'admiration, lui répéta par trois fois qu'elle était belle.

Il y avait deux mois qu'Unac habitait le château; mais on ne lui en laissait jamais franchir les murs. Une fois, ayant accompagné Célestin et Pélican au village, il s'élança brusquement vers les bois, et ses tuteurs durent presque employer la force pour le ramener au château. Là, au lieu d'expliquer qu'il ne voulait que revoir de près les arbres, les oiseaux et les fleurs, il se renferma dans un mutisme absolu. On crut à des projets de fuite, et la porte qui s'ouvrait sur la campagne fut tenue soigneusement fermée dans la crainte que le jeune Indien n'allât se perdre dans la forêt, en croyant pouvoir rejoindre sa tribu.

Un matin, en sortant du pavillon où il venait de voir Célestin et Pélican s'équiper d'une façon inaccoutumée, Unac trouva Camille vêtue de ses habits de garçon, caracolant entre son grand-père et le docteur. On allait en chasse. L'Indien regarda autour de lui avec inquiétude.

« N'y a-t-il point de cheval pour Unac? demanda-t-il à Camille.

— Savez-vous donc vous tenir en selle? lui dit la jeune fille en guise de réponse.

— Je suis le fils d'un chef, » répondit-il.

Camille, piquant sa monture, se rapprocha de don Pedro.

« Grand-père, n'emmenons-nous pas Unac? Il sait se tenir à cheval.

— Je n'en doute pas, petite; seulement, te charges-tu de courir après lui s'il s'élance au galop vers les montagnes?

— Croyez-vous qu'il songe à nous quitter?

— Qui sait? En tout cas, il est peut-être trop tôt pour risquer l'aventure, et certainement trop tard pour la risquer aujourd'hui.

— Et s'il promet de ne pas fuir?

— Je ne crois pas, mignonne, qu'il sache encore la valeur d'une parole donnée. En route! il y a longtemps que nous n'avons chassé, j'ai hâte de voir si je sais encore tirer. »

Camille poussa son cheval vers Unac.

« Consolez-vous, lui dit-elle; à la première chasse vous nous accompagnerez. Grand-père y consentira. »

Unac ne répondit pas. Il regarda tristement défiler les chasseurs et la grande porte se refermer sur eux. Alors il s'élança vers le sommet de la tourelle, s'accouda sur le parapet, vit les cavaliers traverser la vallée, puis s'enfoncer dans la forêt. Ils étaient depuis longtemps invisibles que l'Indien regardait encore. Enfin, se redressant, il se tourna vers l'Orient pour étudier les collines qui, de ce côté, bornaient l'horizon. Trois kilomètres environ séparaient le château du pied de ces collines, encore couvertes de forêts primitives, et au delà desquelles s'étendaient une suite de vallées inexplorées.

« Mon pays est là, murmura-t-il : les blancs disent qu'il faut que le soleil se lève et se couche vingt fois avant qu'un homme puisse l'atteindre en marchant; mais les sages de ma tribu m'ont appris que les blancs savent mentir. »

Durant toute cette journée, Unac se promena dans la cour intérieure du château, jouant avec Dents-d'Acier auquel il était chargé de donner sa nourriture, précaution prise par Célestin pour familiariser le mâtin avec le nouveau venu. Le jeune Indien regarda Juan ouvrir plusieurs fois la poterne, et revint s'asseoir près de doña Gertrudis, à la place qu'occupait ordinairement Camille. Le soir, au moment où le soleil atteignait l'horizon, les chasseurs rentrèrent fatigués, mais joyeux, ils rapportaient deux cerfs. Ils trouvèrent le chapelain et doña Gerdrudis en émoi. Unac avait disparu depuis une heure, et nul ne savait ce qu'il était devenu.

CHAPITRE VI

A LA RECHERCHE D'UNAC. — UN GUIDE A QUATRE PATTES. — LES IMPATIENCES DE CAMILLE. — LE DAHLIA SAUVAGE. — UNE SAVANE. — DU DÉSAGRÉMENT D'ÊTRE PETIT. — UNE IDÉE DE CÉLESTIN. — PÉLICAN ET SALOMON. — LE LAC.

Célestin et Pélican, consternés de la nouvelle qu'ils venaient d'apprendre, se mirent aussitôt à la recherche d'Unac. Se souvenant du dépit manifesté par l'Indien au moment de leur départ, ils le crurent d'abord caché par bouderie dans quelque coin du château. Juan, dix fois interrogé, protestait que nul n'avait franchi la poterne sans qu'il l'eût ouverte lui-même; d'ailleurs il semblait peu probable qu'Unac, s'il avait réellement fui, se fût aventuré dans des champs toujours couverts de travailleurs.

Un bouvier, venu pour rendre compte du bétail confié à sa garde, raconta que, vers cinq heures de l'après-midi, il avait aperçu, de trop loin pour distinguer les traits du marcheur, un jeune garçon se dirigeant vers le bois situé au sud du château. Célestin courut aussitôt au village, et il apprit qu'Unac, traversant la prairie baignée par le ruisseau, avait, en effet, gagné le bois. Il marchait avec lenteur, suivi de Dents-d'Acier, et ne semblait nullement chercher à se cacher.

« Le gaillard n'est point un sot, murmura Célestin; cependant il a eu tort d'emmener le chien, qui nous reviendra certainement. »

Deux minutes plus tard, comme pour donner raison à son maître, le mâtin arrivait en courant. Il haletait, preuve qu'il venait de fournir une longue course, et son poil fauve était souillé de débris de feuilles.

« Bravo, garçon, cria Célestin en le caressant, vous revenez de la forêt; cela est visible, et vous n'avez pas voulu découcher. Oui, oui, vos grognements, vos mouvements de queue, nous disent à votre manière où vous avez laissé mon pupille; il n'y a qu'un malheur, c'est que vos avis manquent de précision. »

Tout en parlant, Célestin regagnait le château. Il pénétrait à peine dans la cour que Pélican vint lui annoncer qu'Unac avait passé par-dessus la porte donnant sur le village, que les traces de cette escalade étaient encore visibles. Une fois hors de l'enceinte, l'Indien avait rencontré Dents-d'Acier et, avec ou sans invitation, le chien avait suivi le fugitif, devenu son ami.

Ces nouvelles affligèrent beaucoup don Pedro.

« N'aurai-je racheté ce pauvre enfant de la servitude que pour être cause de sa mort? s'écria-t-il. Le malheureux va certainement périr de faim, de soif ou de fatigue dans ces bois inhospitaliers.

— Il faut envoyer sans retard à sa poursuite, grand-père, dit Camille.

— Il fait nuit, mignonne, tu oublies cela.

— Peu importe, señor, dit Célestin, je vais partir avec Pélican et Dents-d'Acier. »

Le docteur, qui depuis un instant faisait pirouetter sa perruque sur sa tête, l'enleva brusquement.

« Je ne vois pas la nécessité, dit-il, de courir les bois à pareille heure, à la recherche d'un mauvais drôle; demain, dès l'aurore, il sera temps; le fugitif n'a pas de bottes de sept lieues et, d'ailleurs, on le retrouvera toujours trop tôt...

— Vilain Croquemitaine! s'écria Camille avec indignation... Mais, non, tu es aussi inquiet que nous. Voyons, que comptes-tu faire?

— Je compte, dit le docteur, souper d'abord, puis aller me coucher. En ce moment il est nuit pour tout le monde, et, quelle que soit son envie de s'éloigner, Unac a dû s'arrêter aussitôt la disparition du soleil. Demain, à l'aurore, il aura juste la même avance qu'il a présentement; ne nous exposons donc pas, par une hâte intempestive, à nous égarer sans utilité, faute de pouvoir nous assurer que nous suivons bien sa piste.

— Faut-il le laisser périr? reprit Camille.

— Il ne périra pas, petite, pour une nuit passée dans les bois; il connaît les dangers qui peuvent le menacer, et saura se mettre à l'abri. Soyez équipés demain à quatre heures, ajouta le docteur en se tournant vers Célestin et Pélican; nous irons voir, par curiosité, ce que ce petit bonhomme est devenu.

— C'est à quatre heures que je dois être prête? demanda Camille.

— Prête? s'écria don Pedro. Songes-tu donc à te mettre en chasse avec le docteur?

— Oui, grand-père, si tu y consens.

— Tu oublies que cette excursion peut durer plusieurs jours?

— Sera-ce la première fois que je dormirai dans les champs?

— Il faudra plus d'une marche forcée.

— Est-ce mon habitude de rester en arrière?

— Mais...

— Plaide pour moi, Croquemitaine, s'écria Camille en saisissant les mains du docteur. Quoi, je t'aurai cent fois suivi dans les bois pour recueillir des plantes, des oiseaux ou des insectes, et je resterais ici lorsqu'il s'agit de porter secours à quelqu'un! Dis oui, grand-père, dis oui! »

Don Pedro garda un instant le silence et le docteur, par déférence, attendit les objections de son hôte afin de les combattre, vu que son intrépide et docile petite compagne n'était jamais pour lui un embarras.

« Si mam'zelle fatiguée, moi porter elle sur mon dos, dit Pélican.

— Eh bien, Pélican, au besoin, tu me porteras moi-même, s'écria le châtelain, car je vous accompagnerai aussi, tant je désire être rassuré sur le sort du pauvre Unac. »

Doña Gertrudis risqua quelques timides observations; mais Camille eut raison des craintes de sa gouvernante, et elle s'occupa aussitôt de mettre ses vêtements et ses armes en état.

Le lendemain, au moment où le soleil se montra au-dessus des collines, don Pedro, le docteur, Camille, Célestin et Pélican pénétraient dans les fourrés, précédés par Dents-d'Acier qui, paraissant deviner quels services on attendait de lui, trottait d'un pas délibéré. Célestin et Pélican, outre les havresacs dont ils chargeaient d'ordinaire leurs épaules, portaient une petite tente destinée à abriter Camille durant la nuit. La jeune fille, toute ravie, suivait de près Dents-d'Acier; puis venaient Célestin, don Pedro, Pélican et le docteur, car il fallait marcher à la file sur ce terrain où n'existait aucun sentier.

Les voyageurs, après avoir traversé un bois de ricins égayé par les chants harmonieux de mille oiseaux saluant l'aurore, tombèrent au milieu d'une colonie de perroquets dont les voix criardes étouffèrent tout autre bruit.

« Vous marchez trop vite, Mademoiselle, dit Célestin à Camille qui faisait de longues enjambées pour se tenir près de Dents-d'Acier. Unac, selon toute probabilité, nous fera naviguer plus d'un jour, et il est urgent de ménager nos voiles.

— Pauvre Unac, quelle nuit il a dû passer! Ah! il a glissé ici, nous sommes bien sur sa piste.

— Oui, oui, reprit Célestin, et, jusqu'à nouvel ordre, nous pouvons nous fier à maître Dents-d'Acier; son nez vaut une boussole. »

Pendant deux heures, les voyageurs cheminèrent sur un terrain plat, à travers des arbres dont les larges feuilles interceptaient la lumière. Plus un chant d'oiseau, plus d'herbe, rien qu'un sol humide d'où s'élevait, uniforme et triste, une noire colonnade de troncs de palmiers. Chacun se taisait, l'esprit influencé par la rumeur mélancolique que produisait la brise en agitant les feuilles sèches. On atteignit le pied d'une colline, et Dents-d'Acier se mit à gravir la pente. Arrivé au sommet, le mâtin, au lieu de redescendre, suivit une crête étroite et s'arrêta près d'une roche. Camille, arrivée la première, vit sur la mousse l'empreinte du corps d'Unac. Surpris en cet endroit par la nuit, le jeune Indien avait borné là son étape, et Dents-d'Acier, ne voyant aucun apprêt de souper, avait alors rebroussé chemin. Lorsque le terrain eut été étudié, les conjectures de Célestin devinrent des certitudes. Les traces du chien furent retrouvées. L'animal, comme pour l'engager à le suivre, avait longtemps tourné autour de son jeune compagnon avant de l'abandonner. Camille s'étant aventurée au sommet de la roche, appela aussitôt son grand-père; de la pointe sur laquelle elle se tenait debout, la jeune fille, dominant les bois de palmiers que l'on venait de traverser, apercevait le château dont la tourelle, vue à cette distance, ressemblait au tronc gigantesque d'un arbre découronné.

On procéda aux préparatifs du déjeuner qui, grâce aux provisions emportées, fut assez copieux. Seulement, sur l'ordre de don

Pedro, chaque convive ne but que la quantité d'eau strictement nécessaire pour apaiser sa soif. Il fallait ménager ce précieux liquide, toujours rare dans les solitudes du Yucatan. Le repas terminé, Camille s'équipa pour se remettre en route. Quelle ne fut pas son indignation en voyant son grand-père allumer tranquillement son cigare, tandis que Célestin et Pélican bourraient leurs pipes!

« Allez-vous aussi dormir la sieste? demanda la jeune fille aux deux amis.

— Oui, Mademoiselle, répondit l'ex-matelot, si toutefois don Pedro nous y autorise.

— Plaisantes-tu, Célestin?

— Pas le moins du monde, ma chère maîtresse; il faut ménager nos forces, si nous voulons aller loin.

— Crois-tu qu'Unac perde son temps à fumer ou à dormir?

— Non; mais ses jambes, comme les nôtres, sont de chair et d'os; or, plus le pauvre petit se surmènera, plus vite il sera fatigué. Il a marché tant qu'il a pu, et il ne s'arrêtera aujourd'hui qu'au coucher du soleil, cela est probable. Demain, altéré, affamé, brisé, il aura quelque peine à mettre un pied devant l'autre, et n'avancera plus que pas à pas. Nous gagnerons alors du terrain sur lui, et en quarante-huit heures nous l'aurons rejoint. »

La justesse de ce raisonnement ne convainquit point Camille, qui, se rapprochant de son grand-père, essaya de le décider à donner l'ordre du départ.

« Tu n'es pas seule impatiente, mignonne, répondit le châtelain; mais Célestin a parlé avec sagesse, tu en seras bientôt convaincue. Si Unac avançait avec la même prudence que nous, il nous serait difficile de le joindre. Par bonheur, il a ton âge; de même que toi, il voudra marcher tant que ses forces le lui permettront, et cette hâte irréfléchie nous le livrera. »

Son grand-père, Célestin et Pélican s'étant mis à sommeiller, Camille, qui ne pouvait tenir en place, rejoignit le docteur. Celui-ci, à l'aide de sa houlette de botaniste, sorte de petite bêche sans laquelle il ne s'aventurait jamais dans les bois, s'occupait à fouiller la terre.

« Toi aussi, Croquemitaine, dit la jeune fille en poussant un gros soupir, tu songes à tout autre chose qu'au pauvre Unac.

— Peuh! fit le docteur, un Indien de moins dans le monde n'empêchera pas la terre de tourner.

— Ne dis donc pas de méchancetés, alors que nous savons tous que tu es bon, et viens avec moi chercher la piste.

— Non, j'ai trop à faire ici.

— As-tu découvert un trésor?

— Oui, un véritable trésor; pour notre souper, s'entend.

— Quelle est cette plante dont tu arraches les racines?

— Ne reconnais-tu pas le *dahlia*, qui, transporté à Madrid en 1790, n'apparut en France qu'en 1802. Les fleurs jaunes du dahlia, sous l'influence de la culture, se sont teintes de vingt nuances, et l'on ne compte pas moins aujourd'hui de deux mille variétés. Le dahlia, petite, doit son nom au botaniste Dahl, et possède des tubercules qui, au besoin, remplacent la pomme de terre; ce sont ces tubercules que je suis en train de récolter..»

Camille, pour tromper son impatience, aida son compagnon à compléter sa provision, puis elle l'entraîna sur la piste d'Unac.

L'Indien, après avoir suivi durant quelques minutes la crête de la colline, cherchant sans doute un endroit où l'herbe ne pût révéler le lieu de son passage, s'était engagé dans les fourrés. Le docteur dut contenir Camille qui s'élançait déjà sur cette trace, et la ramena vers le bivouac. Par bonheur, don Pedro donnait le signal du départ. Camille, toujours intrépide, voulut prendre la tête de la colonne, suivie cette fois par son grand-père. On déboucha dans une savane. Un sillon, ouvert dans les hautes herbes, révélait clairement le passage du fugitif. Du reste, il n'avait pris aucune précaution pour dissimuler ses traces, ne supposant pas, sans doute, que l'on songeât à le poursuivre si loin.

« Ne nous y fions pas trop, répondit Célestin, à cette observation de son maître : l'herbe est si haute ici que toute précaution pour cacher un sillage eût été inutile; mon pupille l'a compris. Ce pas franchi, nous verrons s'il navigue véritablement à l'étourdie. »

Pendant près de deux heures, les voyageurs avancèrent silencieux, fatigués qu'ils étaient par l'ardeur du soleil. Bien que la route eût été tracée, leurs pieds s'enchevêtraient souvent dans les hautes herbes, ce qui rendait leur marche très fatigante. Camille, perdue parmi les tiges gigantesques des graminées sauvages, ne pouvait voir l'horizon et se dépitait.

« Que distingues-tu? demanda-t-elle à Pélican.

— Moi distinguer vous d'abord, Mam'zelle, puis le dos de massa Célestin.

— Et à l'horizon?

— A l'horizon? Moi voir grandes montagnes avec palmiers dessus.

— Loin ou près?

— Loin, très loin.

— Ce n'est pas possible.

— Si vous grimpez sur mon épaule, vous voir que moi pas mentir. »

Pélican se baissa, Camille s'assit sans façon sur son épaule, et, aussitôt que le nègre se fut relevé, la jeune fille domina la savane. Elle vit son grand-père, dont la tête seule dépassait les herbes, avancer suivi de près par le docteur. Quant à Célestin, on devinait l'endroit où il se trouvait par l'agitation des tiges; de même que Camille, il cheminait sans horizon.

Après avoir mesuré du regard l'espace franchi et celui qui restait à parcourir pour atteindre les bois, Camille se disposait à descendre de son observatoire, lorsque, dégageant son fusil, elle se hâta de l'armer.

« Tiens-moi bien, cria-t-elle à Pélican.

— Quoi vous apercevoir, Mam'zelle?

— Un daim, mon bon Pélican. Grand-père, docteur, garde à vous! »

A la voix de Camille, don Pedro et le docteur se retournèrent et restèrent ébahis en l'apercevant si haut perchée; dirigeant aussitôt leurs regards du côté que leur indiquait la jeune fille, ils virent un daim paraître et disparaître en exécutant des bonds prodigieux.

« Attention! cria don Pedro d'une voix forte, l'animal est poursuivi par un tigre. »

Don Pedro, le docteur et Camille épaulèrent à la fois. Célestin, qui ne pouvait rien voir, se mit à tempêter.

— Ai-je l'air assez sot, perdu parmi ce gazon? criait-il. Pas une roche, pas une taupinière pour grimper dessus. Qui voudra me

La jeune fille domina la savane. (Page 402.)

croire, à Paris, lorsque je raconterai que j'ai cheminé au milieu d'une pelouse dont les marguerites s'épanouissaient au-dessus de ma tête? Cela n'a pas le sens commun. Que se passe-t-il, Pélican? Ne pourrais-tu, au lieu de rester la bouche ouverte, remplir l'office de sœur Anne et me renseigner?

— Daim courir et grand tigre sauter derrière lui, massa Célestin.

— Dans quelle direction, s'il te plaît?

— Eux venir de notre côté.

— Vont-ils me passer sur la tête? s'écria l'ex-matelot exaspéré.

— Moi t'aviser à temps pour que toi puisses te coucher.

— C'est fait, dit Célestin en se jetant sur le sol avec dépit; mais souviens-toi de ceci, Pélican, je ne mettrai désormais à la voile dans de pareilles prairies que muni d'une paire d'échasses.

— Le daim nous a aperçus, s'écria Camille, et il change de direction. Le tigre hésite; ah! il a retrouvé la piste, et les voilà déjà loin. Baisse-toi que je descende, mon bon Pélican, et merci. »

Quelques mots furent échangés entre don Pedro et le docteur, puis ils reprirent leur marche. Un rugissement lointain, auquel Dents-d'Acier répondit par des aboiements furieux, apprit bientôt aux voyageurs que le tigre avait atteint sa proie. Pélican et Camille allaient se mettre en route; quant à Célestin, toujours dépité, il s'obstinait à rester assis.

« Pas faute à toi, si toi être petit, dit le nègre à son ami.

— Non; seulement j'aurais pu songer plus tôt à me servir d'échasses; tu aurais même pu y songer pour moi, Pélican.

— Toi pas pouvoir marcher avec échasses dans les grandes herbes.

— Et pourquoi cela?

— Parce que toi pas pouvoir.

— Prenez la peine de vous expliquer, Pélican, dit Célestin d'un ton piqué.

— Et pendant ce temps-là, grand-père sera hors de la savane! s'écria Camille. Allons, debout, Célestin, tu me dépasses encore de toute la tête, cela doit te consoler. »

L'ex-matelot se décida enfin à se lever. Au bout d'un quart de lieue, il avait recouvré toute sa bonne humeur. Peu à peu les herbes devinrent moins hautes, et les voyageurs atteignirent de nouveau la lisière d'un bois. Là, Unac s'était reposé, puis, se remettant en route au travers de buissons reliés ensemble par des lianes, il s'était ouvert un passage en tranchant les branches, ce qui apprit aux voyageurs que le jeune Indien possédait un machété. Bien qu'elle ressentît une légère fatigue, le désappointement de Camille fut grand lorsqu'elle entendit le docteur déclarer que l'on camperait en cet endroit.

« Maître avoir raison, dit Pélican; Unac pas marcher demain aussi vite qu'aujourd'hui, et nous gagner alors du chemin sur lui. »

Camille secoua la tête d'un air de doute; elle dut cependant se résigner. Tandis que Pélican allumait un feu et que Célestin dressait la tente destinée à la jeune fille, celle-ci s'assit sur la mousse, s'adossa contre le tronc d'un styrax et s'endormit. A l'heure du repas, elle fut réveillée par son grand-père. Un beau feu brillait et, sur les charbons ardents, rôtissait un dindon sauvage que Pélican venait de tuer. Plus lasse qu'elle ne se l'avouait à elle-même, Camille, aussitôt qu'elle eut mangé, se réfugia sous sa tente. Une heure plus tard tous les voyageurs dormaient profondément à l'exception de Dents-d'Acier qui, assis devant le feu, clignotait en se chauffant.

Juste à l'heure où le soleil parut à l'horizon, la marche en avant fut reprise. On s'engagea dans des fourrés jonchés de rameaux tranchés par Unac, et, en moins d'une heure, les voyageurs se trouvèrent près du gîte choisi par l'Indien pour passer la nuit. Don Pedro ne s'arrêta pas et, vers midi, il donna le signal du repos. On déjeuna des restes de la dinde, puis, après une courte sieste, on se remit en route. Vers quatre heures, Célestin, qui tenait la tête de la colonne, siffla pour appeler ses compagnons ; il venait de découvrir le troisième bivouac d'Unac.

« Eh bien, mignonne, dit le châtelain, comprends-tu que nous avons eu raison de ménager nos forces?

— Oui, répondit la jeune fille, et je comprends aussi que le pauvre fugitif doit être bien las.

— Le malheureux doit surtout avoir faim et soif, dit le docteur.

— Lui avoir bu, massa.

— Comment le sais-tu, Pélican? »

Le nègre, s'étant baissé, ramassa deux touffes de la plante nommée par les Indiens fleur de Pâques. Cette plante, de la famille des broméliacées, aux feuilles serrées contre la tige, ne perd aucune des gouttes de rosée qui la mouillent. En la coupant avec soin près de sa racine et en la retournant, on peut recueillir presque un demi-verre d'une eau cristalline.

On atteignit une nouvelle clairière. Là, au pied d'un palmier mort, ce fut Pélican qui découvrit un amas de feuilles sèches et de menues branches. Unac, sans y réussir, avait tenté d'allumer un feu. Près de ce bûcher gisaient des coquilles d'œufs de perroquet et nombre de plumes qui, soumises à l'examen du docteur, furent reconnues pour appartenir à l'espèce de *marail* nommé par les savants *Pénélope pipile*, gallinacé qui, tôt ou tard, enrichira nos basses-cours.

Le marail, qui se loge d'ordinaire au sommet des grands arbres, d'où son cri triste, plaintif, monotone, salue le soleil à son lever et à son coucher, est méfiant et très difficile à surprendre. Comment Unac, sans arme de jet, avait-il pu s'emparer de celui dont les plumes couvraient le sol? Telle fut la question posée par le docteur.

« Il l'aura tué à coups de pierres, répondit Célestin.

— Ou pris pendant son sommeil, dit don Pedro; il m'est arrivé plus d'une fois, lorsque j'étais enfant, de surprendre les oiseaux dans leur nid. »

Pélican, qui rôdait autour du foyer préparé par le jeune Indien, se mit soudain à rire bruyamment.

« Eh bien, Pélican, que signifie cet accès de gaieté? lui demanda Célestin. Ris-tu de mon aventure dans la savane?

— Oh! non, massa Célestin; moi seulement deviner comment petit Unac tuer marail.

— Oui-da! et comment l'a-t-il tué, je te prie?

— Lui fabriquer un arc et des flèches. »

Et d'un tas de copeaux, le nègre retira une baguette brisée, empennée à l'une de ses extrémités.

« Lui pas avoir de feu et lui pas manger viande crue, reprit Pélican, et lui être fatigué, très fatigué.

— Qui te fait croire cela? » demanda don Pedro.

Pélican, avançant de quelques pas, montra près de chacune des traces laissées par le fugitif un petit trou rond dans la terre.

« Et depuis quand des trous dans le sol prouvent-ils que l'on est fatigué? demanda Célestin.

— Toi pas deviner?

— Non, dit le matelot en se grattant le front.

— Et vous, Mam'zelle Camille?

— Moi non plus, mon bon Pélican.

— Unac marcher avec bâton parce que pieds à lui être enflés.

— Pélican, Monsieur, dit Célestin à son maître, eût trouvé le jugement de Salomon, si ledit Salomon ne s'était donné la peine de le trouver lui-même. En vérité, Pélican, tu as cent fois raison, et je suis fier d'être ton ami. Allons, n'est-il pas temps de reprendre notre marche?

— En route! » s'écria don Pedro qui prit les devants.

A deux lieues environ du premier, on retrouva un nouveau campement d'Unac; là encore l'Indien avait amoncelé des branches et n'avait pu les enflammer. On se trouvait au pied d'une colline; le châtelain proposa de pousser la marche jusqu'au sommet. Il venait à peine de l'atteindre qu'il appela ses compagnons; Camille fut la première à son côté. Du sommet, les regards plongeaient sur un bois de palmiers large d'une demi-lieue environ, et au delà duquel s'étendait une vaste nappe d'eau qui, éclairée par les rayons du soleil couchant, semblait un lac d'or en fusion.

CHAPITRE VII

LA CHACHALACA. — AIGLES ET SINGES. — UN TROUPEAU DE CAÏMANS. — CÉLESTIN TREMBLE POUR PÉLICAN. — L'ARBRE DE LA MORT. — CONSTRUCTION D'UN RADEAU. — DÉCEPTION DE CAMILLE.

La vue du beau lac émerveilla les explorateurs, et, bien qu'ils eussent déjà presque doublé leur étape, tous furent d'avis de gagner le bord de l'eau. On descendit pendant un quart d'heure, puis don Pedro jeta sa carnassière sur le sol.

« Nous blâmons Unac, dit-il, et nous l'imitons, oubliant que nous avons encore notre dîner à conquérir. Vite un feu, Pélican, nous camperons ici. »

Camille, sans essayer de lutter contre la décision de son grand-père, poussa un soupir de regret.

« Repose-toi, mignonne, lui dit celui-ci, le docteur et moi nous nous chargeons de pourvoir au souper.

— Chut! » murmura Pélican, qui, un doigt sur ses lèvres, penchait sa tête pour mieux écouter.

Au bout d'un instant, une sorte de gloussement se fit entendre vers la droite; c'était le cri bien connu de la chachalaca (*ortalida poliocephala* des savants), proche parente du marail et du dindon. Don Pedro disparut aussitôt dans le bois. Camille, se rapprochant d'un goyavier sauvage, aperçut le lac par une échappée, et, tandis que Célestin dressait sa tente et que Pélican préparait un foyer, elle se perdit dans une muette contemplation.

Au-dessus de la cime des arbres qu'elle dominait, la jeune fille vit planer des aigles dont elle suivit le vol avec intérêt. Parfois les puissants rapaces décrivaient de grandes courbes et s'élevaient vers le ciel, parfois ils redescendaient rapides, comme menaçants. Une ou deux fois, ils semblèrent vouloir se poser, et reprirent leur vol pour revenir bientôt.

« Que se passe-t-il là-bas, se demandait Camille, et à qui en veulent ces deux terribles chasseurs? »

Elle s'aventura sur la pente; elle avait à peine marché deux ou trois cents pas lorsqu'une clameur confuse vint frapper son oreille. Elle saisit le sifflet d'argent suspendu à son cou, en tira un son aigu et remonta vers le point qu'elle venait d'abandonner. Là, Célestin et Pélican la rejoignirent.

« Qu'y a-t-il? » demandèrent à la fois les deux amis.

Camille, revenue près de l'échappée d'où elle dominait la cime des arbres, fit signe à ses compagnons d'écouter, et chercha du regard les deux aigles. Elle allait parler lorsqu'un des rapaces reparut; il lui semblait tenir entre ses serres un animal que l'on pouvait prendre pour un enfant. Camille poussa un cri; presque aussitôt le second aigle émergea à son tour du sommet des arbres et partit dans la direction suivie par son compagnon, c'est-à-dire vers les montagnes. Au même instant un vacarme effrayant de cris et de branches brisées remplit la forêt.

« Grand aigle prendre petit singe pour son dîner, s'écria Pélican, moi prendre un aussi. »

Une double détonation retentit.

« Arrête, Pélican, cria Célestin, don Pedro vient de décharger les deux canons de son fusil, et tu sais qu'il ne tire jamais en vain.

— Nous manger singe, si toi laisser moi tirer.

— Non pas; notre dîner est conquis, te dis-je, et le docteur ne te pardonnerait pas de mettre inutilement à mort un simple vermisseau. »

Pélican désarma son fusil; Camille regagna le bivouac avec ses deux compagnons, regrettant de n'avoir pas effrayé les aigles afin de sauver la vie du singe qu'elle avait vu emporter.

« Pourquoi vous plaindre petit singe, mam'zelle? demanda Pélican. Aigle avoir aussi besoin de dîner.

— C'est vrai, répondit la jeune fille, mais il y a, entre le singe et nous, une ressemblance qui me fait prendre son parti.

— Une ressemblance! s'écria Pélican indigné; vous pas semblable à un singe, Mam'zelle Camille, ni moi, ni massa Célestin non plus. Si moi pas être homme, moi aimer mieux avoir des ailes que faire vilaines grimaces. »

Célestin se dispensa de répondre au compliment de son ami; il lui fallait s'occuper de mettre à la broche deux belles poules sauvages que venait de lui remettre don Pedro. Ces volatiles et les tubercules de dahlia récoltés le matin par le docteur devaient suffire aux voyageurs.

La nuit vint, nuit sereine, chaude, étoilée, comme elles le sont d'ordinaire au Yucatan. Don Pedro, le docteur et Camille s'endormirent; Pélican et Célestin restèrent à deviser, à fumer près du foyer. Tout à coup Dents-d'Acier, étendu près de la tente de sa jeune maîtresse, se redressa et se mit à grogner.

« Une visite à cette heure! voilà qui est singulier, dit Célestin; attends-tu donc quelqu'un, Pélican? » ajouta le matelot avec un grand sérieux.

Pélican roula la prunelle de ses yeux avec vivacité; il ne comprenait pas toujours sur l'heure les plaisanteries de son ami.

« Moi attendre personne, massa Célestin, bien vrai.

— Je te crois, Pélican. Attention alors; on rampe dans les broussailles à notre gauche. Place-toi en arrière du feu, il faut voir qui vient. Retiens Dents-d'Acier, par exemple, ou il va mettre notre visiteur en fuite. »

Ces paroles étaient prononcées à voix basse; Pélican venait à peine de saisir le mâtin par son collier, lorsqu'un jeune caïman, sortant de derrière un tronc d'arbre, apparut en pleine lumière. Le reptile, comme fasciné par le feu, s'arrêta brusquement, puis avança par soubresauts. Arrivé à trois mètres environ du foyer, il ouvrit sa large gueule et montra une rangée de dents formidables.

« Ce monsieur a-t-il l'intention de manger notre feu? murmura tout bas Célestin; voilà un hardi compère! Comment se trouve-t-il en plein bois?

— Lui fuir le lac pour être pas croqué par son papa, répondit Pélican.

— Oui, il paraît que les sentiments de famille font défaut à ces monstres que notre maître considère comme les derniers représentants du monde avant le Déluge, dit Célestin, ce qui prouve que notre temps vaut mieux que celui-là, puisque aujourd'hui les loups ne se mangent pas entre eux. »

Les grognements de Dents-d'Acier devinrent si bruyants en face du reptile, que don Pedro et le docteur se réveillèrent.

« Que se passe-t-il donc, Célestin? demanda ce dernier.

— Un visiteur pour vous, Monsieur, répondit le matelot en montrant le caïman; faut-il lui faire donner la chasse par Dents-d'Acier, ou lui envoyer une balle?

— Prends un tison enflammé et marche vers lui, je suis curieux de voir ce qu'il fera. »

Le matelot obéit, s'attendant à voir fuir l'animal; le caïman demeura immobile.

« Quelle étrange fascination le feu exerce sur tous les êtres, murmura le docteur, et qui pourra expliquer ce phénomène? Ah! il se décide à battre en retraite. »

Le jeune caïman venait, en effet, de fermer sa gueule et de s'enfoncer sous les arbres, du côté opposé à celui par lequel il était venu. A la place qu'il occupait apparut bientôt un nouveau monstre; celui-là, long d'au moins quatre mètres. Bientôt le mâtin se démena furieux, cinq nouveaux caïmans de taille gigantesque venaient d'apparaître à la file, et, comme obéissant à un mot d'ordre, se rangeaient en cercle autour du feu.

Les caïmans se rangeaient autour du feu. (Page 420.)

Camille, en dépit de sa bravoure, sentit son cœur battre un peu plus fort que de coutume, et se rapprocha de son grand-père. La jeune fille se trouvait pour la première fois en présence d'une escadre de caïmans, comme le dit Célestin qui aimait toujours à employer les mots de son ancienne profession, et un pareil spectacle est bien fait pour intimider même un brave. Par bonheur, le foyer se trouvait près d'un arbre dont l'énorme tronc garantissait les voyageurs de toute attaque en arrière. De nouveaux alligators survinrent, et, sans prêter la moindre attention aux aboiements de

Dents-d'Acier, ils se placèrent près de leurs compagnons, empestant l'air de l'odeur musquée que leur corps exhale.

« C'est un siège en règle, dit Célestin. Ces messieurs vont-ils nous obliger à monter la garde toute la nuit?

— Sur mon honneur, s'écria don Pedro, je n'ai jamais vu pareille impudence chez ces monstres. Sont-ils sourds et aveugles?

— Eux peut-être apprivoisés, » dit Pélican.

Le docteur, pour qui les allures des caïmans semblaient un sujet d'étude, les examinait et réfléchissait.

« Non, ils ne sont pas apprivoisés, répondit-il enfin ; mais ils voient pour la première fois des êtres humains, du feu, et leur curiosité met leur méfiance en défaut. Prends un tison, Pélican, et lance-le au milieu de la bande. »

Le docteur achevait à peine de parler, qu'un tison enflammé, traversant l'air, s'engouffrait dans la gueule ouverte d'un des reptiles. La hideuse bête fit entendre un soufflement sourd, et se précipita sur son voisin. Alors une lutte terrible s'engagea, et les deux antagonistes, faisant claquer leurs énormes mâchoires, essayèrent de se saisir les pattes. Toute la bande s'enfuit, à l'exception des deux combattants, qui, se tordant, se mordant, ne se connaissant plus, vinrent rouler sur le foyer. Ils n'y restèrent pas longtemps, chacun d'eux poussa un ronflement assez semblable à celui que produit un soufflet de forge, et disparut.

En dépit de leur expérience des mille incidents de la vie des forêts, les voyageurs, impressionnés par le combat qui venait de se livrer sous leurs yeux, demeurèrent quelque temps immobiles, prêtant l'oreille à toutes les rumeurs. Le bois reprit vite son calme, et, dans la crainte d'une nouvelle visite, Célestin et Pélican se hâtèrent de disposer le foyer en demi-cercle. Don Pedro et le docteur discutèrent sur la cause probable de la confiance des caïmans, et le naturaliste persista dans sa première idée : accoutumés à régner en maîtres dans cette solitude, les caïmans avaient bravé un danger qu'ils ignoraient. Néanmoins, un point restait inexpliqué, c'était la soudaine irruption des reptiles à une distance de plus d'une demi-lieue du lac, alors qu'ils s'écartent si rarement de l'élément liquide qui leur fournit leur nourriture ordinaire. Chacun se perdit en conjectures ; Célestin pensait que la présence du chien avait attiré les monstres, cependant aucune démonstration hostile de leur part ne justifiait cette supposition.

Au bout d'une heure, rien de nouveau n'étant venu troubler le silence du bois, Camille regagna sa tente, tandis que don Pedro et le docteur reprenaient leur sommeil interrompu. Néanmoins, il fut convenu que l'on veillerait à tour de rôle afin d'éviter toute surprise. Aux heures de faction, chaque sentinelle eut de sinistres pressentiments sur le sort du pauvre Unac qui ne possédait pour se défendre ni armes, ni feu.

Le soleil levant trouva le docteur en faction; mais il jugea sage de laisser dormir ses compagnons. S'aventurant dans la direction suivie par les caïmans, aussi bien à leur arrivée que dans leur retraite, le savant arriva sur le bord d'un talus au bas duquel, sur un sol dénudé, près d'une eau couverte d'herbes marines, reposaient les terribles monstres dont la visite avait troublé le petit camp. Sans s'en douter, les voyageurs avaient établi leur bivouac à cent mètres à peine d'une baie remplie par les eaux du lac. La visite des caïmans se trouvait ainsi naturellement expliquée, et il fallait se féliciter de leur mansuétude, car c'était par douzaines qu'ils remplissaient le ravin.

Retournant en arrière, le docteur se hâta de réveiller ses compagnons et les amena près de la berge. Camille recula à la vue d'une véritable fourmilière de caïmans, elle en compta près de cinquante. Demeurer en ce lieu eût été une imprudence gratuite; aussi résolut-on de gagner les bords du lac où l'on s'occuperait de déjeuner. Dents-d'Acier fut conduit en laisse par Célestin, qui, non sans raison, craignait que le brave animal n'allât se faire dévorer.

La petite caravane ne mit pas moins d'une heure pour atteindre les bords du lac, et elle déboucha sur une plage bordée de palmiers. On marchait vite, étudiant les traces d'Unac, car chacun avait hâte de découvrir le dernier gîte de l'Indien. Dents-d'Acier, rendu à la liberté, dépassa les derniers arbres, courut droit à l'eau, baissa la tête et la redressa au lieu de se désaltérer. Le lac, comme presque tous ceux du Yucatan, était rempli d'une eau saumâtre.

Don Pedro, marchant toujours sur les pas du fugitif, arriva près du mâtin et promena autour de lui des regards intrigués.

« Ne foulez pas le sol dans cette direction, cria-t-il à ses compagnons; ou plutôt arrêtez, et que Pélican avance seul. »

Le nègre, sans perdre de vue les traces du jeune Indien, rejoignit don Pedro, et, de même que lui, s'arrêta surpris.

« Que penses-tu de cela, Pélican? demanda le châtelain.

— Petit Unac entrer dans le lac.

— Sans s'arrêter, sans reprendre haleine; voilà une action bien étrange?

— Lui sans doute suivi par des caïmans.

— Il se fût livré sans défense à leur férocité en pénétrant dans l'eau; et, tout jeune qu'il est, Unac ne doit pas ignorer cela.

— Lui pourtant entrer dans le lac. »

Le docteur, Célestin et Camille se rapprochèrent à leur tour et partagèrent bientôt les appréhensions que don Pedro n'osait exprimer tout haut. Les regards errèrent sur la belle nappe d'eau, et des larmes vinrent perler dans les yeux de Camille qui se couvrit le visage de ses mains. Le docteur tourmenta sa perruque.

« Toi et moi, Pélican, dit Célestin d'une voix dont il essayait en vain de dissimuler l'émotion, nous eussions dû marcher nuit et jour... »

Le matelot, dont l'écorce seule était rude, sentit sa gorge se serrer et se tut. Don Pedro et le docteur paraissaient consternés. Pélican rebroussa chemin jusqu'aux palmiers, se pencha sur le sol et suivit de nouveau la piste en se parlant à lui-même.

« Lui sortir du bois ici, bon. Lui s'avancer là en boitant, puis regarder. Lui marcher encore, et pas pressé du tout, car pas courir ni sauter. Lui se baisser pour boire, puis entrer dans l'eau. »

Tout en parlant, Pélican pénétrait à son tour dans le lac, cherchant une trace à travers l'eau transparente.

« Où vas-tu? cria Célestin à son ami. Veux-tu offrir une nouvelle proie aux caïmans?

— Petit Unac, continua le nègre sans interrompre son raisonnement, passer ici, et pied à lui déplacer ce caillou; lui croire que lac pouvoir être traversé sans nager.

— Pélican! cria Célestin d'une voix impérieuse. »

Pélican, tout à son étude, marchait sans se retourner; mais l'eau devenait si profonde qu'il dut s'arrêter. Au même instant, il fit un soubresaut en se sentant saisi par la ceinture.

« Es-tu devenu sourd ? lui cria Célestin qui venait de le rejoindre et le tirait avec force vers la rive ; oublies-tu que ce lac est peuplé d'animaux friands de chair fraîche ?

— Caïmans pas croquer Pélican, massa Célestin.

— Voilà ce dont je ne suis pas sûr ; en tous cas, ils ne te mangeront pas seul. »

Pélican, comprenant enfin l'inquiétude et le dévouement de son ami, fut pris d'un fou rire selon son habitude.

« Toi gentil, massa Célestin, toi aimer trop pauvre Pélican.

— Moi vous aimer! répliqua Célestin. Rayez cela de votre livre de bord, marin d'eau douce que vous êtes! Allons, regagnez le rivage s'il vous plaît ; là je me dédommagerai de la peur que vous venez de me causer, en caressant vos épaules avec une trique dont vous me donnerez de bonnes nouvelles. »

Pélican fit deux ou trois pas vers la rive. Tout à coup, ses regards s'étant tournés vers la droite, il aperçut Dents-d'Acier qui, ayant traversé le promontoire, flairait le sol en agitant la queue. Le nègre partit en courant dans cette direction, bientôt suivi de Célestin. Don Pedro, le docteur et Camille, surpris de cette manœuvre, se regardaient avec étonnement, lorsque les sifflets des deux amis résonnèrent à coups pressés.

Camille, toujours aventureuse, partit en avant, traversa les buissons qui garnissaient le promontoire, et arriva haletante près de Célestin.

« Je te gardais un coup de poing en réserve, Pélican, disait le matelot, oui, je te gardais un coup de poing. Mais j'avoue que, si le capitaine de la *Jeune-Amélie* eût eu la moitié de ta cervelle, nous serions encore à son bord au lieu d'avoir été semés sur le sable avec les débris de notre pauvre navire.

— Dents-d'Acier trouver la bonne piste avant moi, massa Célestin, lui avoir meilleur nez que nous tous. Voyez ici, mam'zelle Camille, petit Unac être pas mangé. Lui entrer dans le lac, voir eau profonde et venir ici. Lui abattre palmier, couper morceaux, faire radeau, et prout... »

Les débris dont le sol était jonché parlaient plus clairement encore que Pélican. Unac, à n'en pas douter, avait traversé le lac.

« Songeons au déjeuner, s'écria don Pedro joyeux; l'enfant vit et mon cœur est soulagé d'un grand poids.

— Cependant, dit le docteur, ce mauvais garnement méritait une leçon. »

Célestin s'étant avancé parmi les palmiers, appela ses compagnons qui, près d'un feu mal éteint, virent une écaille de tortue.

« Le malin garçon a réussi à faire du feu, dit l'ex-matelot.

— Oui, massa Célestin; lui trouver ici champignon sec et battre briquet avec machété. »

Le foyer fut vite ranimé; au moment où don Pedro se disposait à tirer sur une bande de jolis oiseaux au plumage de pourpre, et pour cette raison nommés cardinaux, Pélican vint triomphalement poser sur les braises une belle tortue.

« Où as-tu pêché cette bête? demanda le châtelain.

— Moi ramasser elle sous racine du grand arbre qui pousse là, dans l'eau.

— Lequel arbre est tout simplement un mancenillier, dit le docteur.

— Un mancenillier! s'écria Célestin, n'est-ce pas lui que les Indiens nomment l'arbre de la Mort?

— Précisément; toutefois, s'il est vrai que le suc âcre et laiteux qui découle des incisions pratiquées à son tronc ou à ses branches soit un poison actif, on peut cependant dormir à l'ombre du mancenillier sans être frappé de mort. Les jolis fruits roses qui pendent au bout de tous ces rameaux, Camille, ressemblent à un fruit d'Europe nommé pomme, et c'est au mot espagnol *manzanilla*, petite pomme, que le mancenillier doit son nom.

— Est-il vrai que les sauvages trempent leurs flèches dans le suc de cet arbre?

— Cela n'est que trop vrai, dit don Pedro, et j'ai autrefois vu périr plus d'un de mes braves compagnons des suites d'une simple égratignure causée par un de ces dards empoisonnés.

— Tu entends, Pélican? s'écria Célestin.

— Oui, massa Célestin; donc, si toi jamais blessé par flèche empoisonnée, toi mâcher tout de suite grains de ricin, et être guéri.

— Es-tu sûr de ce que tu avances, Pélican? demanda le docteur.

— Oui, maître, et moi montrer à vous tout de suite... »

Le nègre se dirigea vers le mancenillier.

« Que vas-tu faire? lui cria Célestin.

— Piquer moi et manger ricin après.

— Voilà une expérience qui serait par trop bête, Pélican; et si tu bouges, je te paye, avec les intérêts, la volée de coups de trique à laquelle tu as échappé tout à l'heure. »

Le docteur s'interposa et l'on s'occupa de déjeuner.

Le lac, large d'une lieue environ, semblait long de deux ou trois; une magnifique ceinture de palmiers entourait ses eaux blanchâtres, que l'éclat du ciel si pur du Yucatan rendait étincelantes. De hautes collines se voyaient dans tous les sens et rappelaient au châtelain d'Éden la délicieuse vallée au milieu de laquelle se dressait son habitation, similitude qu'il fit remarquer au docteur. On oublia bientôt la beauté pittoresque des lieux pour songer à Unac et aux moyens de l'atteindre. Côtoyer le lac pour gagner la rive opposée eût exigé au moins deux jours de marche.

Il fut résolu que l'on construirait un radeau semblable à celui qu'avait dû fabriquer l'Indien, que Célestin et Pélican s'embarqueraient sur cet esquif pour continuer à suivre le fugitif. Cette résolution prise, on se mit à l'œuvre; en moins de trois heures, quatre troncs de palmiers, reliés ensemble à l'aide de lianes, formèrent un de ces esquifs que les Indiens nomment *balza*, simple embarcation qui leur sert à descendre le courant des grands fleuves.

Célestin et Pélican, avant de partir, aidèrent leurs maîtres à tailler une trentaine de pieux destinés à enclore un abri pour la nuit. Puis, pourvus de longues perches, ils montèrent sur le radeau.

Jusqu'à la dernière heure, Camille avait compté les accompagner, et l'aventureuse jeune fille eut un moment de dépit lorsqu'elle s'entendit condamner à rester sur la rive. Elle offrit en vain de prendre la place de Dents-d'Acier, don Pedro fut sourd à ses supplications. Célestin et Pélican réussirent à la convaincre qu'elle serait pour eux un embarras.

Elle alla s'installer sur le promontoire et les regarda tristement s'éloigner. Les deux marins ne mirent pas moins d'une heure à gagner la terre vers laquelle ils se dirigeaient. De la hauteur qu'elle occupait, Camille pouvait suivre leurs manœuvres. Elle les vit longer la rive, s'enfoncer dans une baie, reparaître, étudier le terrain, cherchant évidemment l'endroit où Unac avait débarqué. Enfin les aboiements confus de Dents-d'Acier parvinrent à son oreille, Célestin et Pélican disparurent de nouveau, pour ne plus se montrer cette fois.

CHAPITRE VIII

MÉSAVENTURE D'UNE TORTUE. — L'IBIS ROUGE. — LE BOIS DE CAMPÊCHE. — UN KOURI. — TOUR DE SINGES. — UNE VILLE MORTE. — SEULS.

Pendant une heure environ, Camille demeura pensive en face du lac, regardant les vautours planer au-dessus des collines, ou de gigantesques martins-pêcheurs raser, comme des flèches d'azur, la surface immobile de l'eau. De temps à autre une tête de caïman surgissait de l'onde, et des hérons en faction le long des rives poussaient des cris mélancoliques que répétait un écho.

A la fin, s'arrachant à cette contemplation, Camille retourna vers don Pedro, qui, secondé par le docteur, fichait en terre les pieux façonnés pendant la matinée.

« Pourquoi ne nous aides-tu pas, mignonne? cria le châtelain à sa petite-fille; cela te consolerait d'être forcée de me tenir compagnie.

— Je suis toujours heureuse d'être près de toi, grand-père, répliqua la jeune fille avec vivacité, et tu le sais bien; ce que je regrette, c'est qu'au lieu de prendre la peine de planter en terre ces morceaux de bois, tu n'aies pas consenti à la construction d'une seconde *balza*, ce qui nous eût permis de suivre Célestin.

— Et de perdre un jour, alors que les heures sont comptées. »

Camille ne répondit pas.

« Dans quel but, demanda-t-elle au bout d'un instant, enfermez-vous ce gros arbre dans une cage?

— As-tu oublié la visite nocturne des caïmans? A n'en pas douter, ces messieurs reviendront cette nuit rôder autour de notre foyer, et il est bon de nous mettre à l'abri de leurs dents. »

Bientôt, sur les indications de son grand-père, Camille s'occupa de couper des branches souples de mimosa, branches destinées à être enlacées entre les pieux. Il ne fallut pas moins de deux heures d'un travail assidu pour mettre la petite forteresse en état de braver les ennemis que l'on redoutait. Cette tâche terminée, la tente fut dressée; le foyer, disposé à trois mètres environ de la palissade, éclaira bientôt les buissons de ses lueurs rouges.

Les restes de la tortue pêchée le matin par Pélican servirent au souper. Alors, fatigués de leur journée et la porte de l'enceinte qu'ils avaient construite ayant été bien close, don Pedro et le docteur s'endormirent. Camille, accoudée sur la muraille de verdure qui lui venait à mi-corps, cherchait à découvrir les bords opposés du lac.

Peu à peu, elle vit de longues formes noires sortir de l'eau, ramper silencieuses et se ranger autour du foyer : c'étaient des caïmans. Mais la jeune fille se savait en sûreté, elle gagna sa tente et s'endormit à son tour.

Le lendemain matin, le docteur ouvrit le premier les yeux. Une légère brume couvrait le lac, et le soleil se montrait sans rayons, présage d'une journée brûlante. Le naturaliste, regardant par-dessus la palissade, ne s'étonna pas trop de voir une vingtaine de caïmans étendus sur le rivage, immobiles comme s'ils étaient pétrifiés. Cinq ou six tortues rôdaient autour des monstres et semblaient vivre en bonne intelligence avec eux. Une d'elles, qui sait dans quel dessein? essayait, sans y réussir, de se hisser sur le dos d'un jeune caïman. Celui-ci ayant fait un mouvement brusque, dame tortue retomba soudain sur le dos, et rentra toutes ses extrémités dans sa carapace, sans doute pour mieux réfléchir à l'accident qui venait de lui arriver.

Un bel ibis rouge, après avoir plané un instant, poussa un cri rauque et vint s'abattre près des caïmans.

« Oh! oh! murmura le docteur, serait-il donc vrai que l'ibis, ainsi que l'affirment les Indiens, se charge de nettoyer la gueule des alligators des sangsues qui s'attachent à leurs gencives? »

Le naturaliste se garda de bouger, dans la crainte d'effrayer l'échassier qui, se rapprochant de lui, se mit en quête de vermisseaux. La voix de don Pedro, résonnant à l'improviste, effraya le bel oiseau aux plumes couleur de feu; il prit son vol et les caïmans, avec une lenteur majestueuse, rampèrent vers le lac suivis par les tortues. La malheureuse tombée sur le dos se débattit alors avec vigueur; vains efforts. Elle fut transportée dans l'intérieur de la palissade, pour le cas où la chasse ne serait pas fructueuse.

Camille, tout en se frottant les yeux, explorait du regard la rive qui lui faisait face; rien ne lui révéla la présence de Célestin ou de Pélican. Sur l'invitation de son grand-père, la jeune fille se hâta de s'équiper. Les gourdes étaient presque vides, il fallait s'occuper de les remplir, ce qui exigeait une course dans la forêt.

Nommé guide par le châtelain, le docteur remonta vers le sommet de la colline, afin de sortir de la bordure de palmiers. A mi-côte, on rencontra un *hematoxylon campechianum*, arbre de la famille des légumineuses, une des richesses du Yucatan. L'hematoxylon, — arbre de sang, comme le nomment les Indiens, — produit ce fameux bois de Campêche dont l'usage, pour teindre en rouge et en violet, est si répandu en Europe. Bientôt ce fut sous l'ombre épaisse de ces colosses séculaires que les explorateurs durent cheminer. Que de richesses perdues dans ce coin du monde!

De joyeux gazouillements s'étaient fait entendre vers la gauche; le docteur se dirigea de ce côté, et s'arrêta bientôt devant un mince filet d'eau qui, sans bruit, s'échappait du flanc de la colline. Avec quelle joie on but cette onde fraîche, qui sembla d'autant plus savoureuse qu'on ne comptait guère que sur l'eau tiède des fleurs de Pâques. A vingt pas au-dessous de la source, Camille découvrit un petit bassin et se hâta de se rafraîchir le visage; exemple suivi par ses amis. Certains d'avoir à déjeuner, grâce à la tortue prisonnière, les voyageurs se reposèrent longtemps près de ce ruisseau, autour duquel les oiseaux, un moment effrayés, revinrent bientôt voltiger et gazouiller. Un léger bruit ayant frappé l'oreille de Camille, elle releva la tête et montra aussitôt au docteur un animal au pelage d'un brun fauve, qui, cramponné par une patte à une branche d'arbre, paraissait prêt à se laisser choir. La pauvre bête, aux membres d'une longueur disproportionnée, aux yeux noirs et doux, poussa un cri plaintif.

« Un kouri! s'écria le docteur.

— Faut-il l'abattre! demanda don Pedro qui venait d'armer son fusil.

— Non; ce serait perdre inutilement une charge de poudre; le kouri appartient à cette singulière espèce d'animaux que les savants nomment paresseux, il ne fuira pas.

— Je connais l'unau et l'aï, reprit le châtelain, mais je vois pour la première fois la bête que nous avons sous les yeux. Quelle force dans ce bras, ou plutôt dans les deux ongles qui le terminent! Je suis curieux de savoir combien de temps cet animal restera ainsi suspendu. »

Camille, son grand-père et le docteur se tinrent pendant près d'une heure en observation, le kouri ne bougea pas. De la taille d'un gros lièvre, il ouvrait ou fermait les yeux, et, de temps à autre, un léger mouvement laissait croire qu'il allait sauter à terre ou grimper de nouveau. Ses muscles détendus, il reprenait son immobilité.

« Voilà une bête bien nommée, s'écria Camille impatientée; ne bouge-t-elle qu'une fois par jour?

— Tu pourrais dire une fois par semaine, sans exagérer, Camille, répondit le docteur, car le kouri vit et meurt en quelque sorte là où il est né.

— Est-il carnivore?

— Pas le moins du monde; il passe même pour un ruminant, bien qu'il ne possède qu'un estomac.

— Les tigres, les pumas, les chacals, les aigles doivent le dévorer par douzaines.

— Aussi son espèce est-elle à la veille de disparaître, son indolence lui enlevant toute idée de défense. »

Camille se rapprocha du kouri pour le mieux examiner; aussitôt il se laissa choir aux pieds de la jeune fille et se roula en boule, tandis qu'elle reculait surprise.

« Ne crains rien, dit le docteur à sa compagne, cette habitude de se laisser choir quand il est à bout de forces, plutôt que de descendre en se cramponnant au tronc de l'arbre qu'il a escaladé, a fait croire que le kouri mesure sa chute pour tomber sur la proie qu'il convoite ; c'est là une erreur, puisque l'animal ne se nourrit que de feuilles ou de fruits. Sa chair, blanche et grasse, est un manger délicieux ; néanmoins, si don Pedro le permet, nous nous contenterons de notre tortue, et j'essayerai d'emporter ce malheureux, afin d'étudier ses habitudes. »

Le naturaliste, à l'aide d'une mince liane, lia aussitôt les quatre pattes du kouri, qui se prêta de la meilleure grâce du monde à cette opération. Don Pedro, ravi de la fraîcheur du lieu où naissait la source, proposa d'y transporter le bivouac. De cette façon, on serait d'abord à l'abri des caïmans, puis assez rapproché du lac pour surveiller le retour de Célestin et de Pélican. Cette proposition approuvée, on rebroussa chemin pour aller chercher la tortue qui devait servir au déjeuner, et rapporter en même temps les carnassières et le reste de l'équipement, déménagement qui ne demanda pas moins d'une heure. De retour près de la source, Camille s'occupait de ramasser des branches mortes pour le foyer, lorsqu'elle s'écria :

« Et le kouri, Croquemitaine, où l'as-tu donc placé ?

— Près de l'arbre duquel il est tombé.

— Il n'est plus là. »

Le docteur se rapprocha, et fut tout surpris de voir sur le sol les lianes à l'aide desquelles il avait garrotté le prisonnier.

« Oh ! oh ! s'écria-t-il, le kouri aurait-il était calomnié ?

— Peut-être ne sommes-nous pas seuls ici, » dit don Pedro en saisissant son fusil.

Le docteur leva machinalement la tête et poussa un cri de surprise. Le kouri, ses longues pattes étendues sur la branche de laquelle il s'était laissé choir, semblait sommeiller doucement.

« Est-ce un rêve ? s'écria le naturaliste, je suis sûr d'avoir lié les quatre membres de ce gaillard, et j'ai mis des lianes en double, de crainte qu'il ne les rompît dans un effort.

— Elles ont été rongées, dit Camille.

— C'est vrai ; alors le kouri sait donc remuer à ses heures et démentir son nom de paresseux. »

Une sorte de ricanement attira l'attention des trois interlocuteurs vers les branches où le kouri, toujours immobile, continuait son somme apparent; il ne bougea pas. Comme il n'y avait rien à redouter de sa présence, le docteur résolut d'abord de ne point le troubler. Mais, se ravisant, tandis que Camille et son grand-père s'occupaient de rôtir la tortue, le naturaliste s'empara du kouri, le garrota de nouveau et le plaça sur le gazon.

« Ce qu'il a fait une fois avec succès, il le recommencera sans aucun doute, se disait le savant, et j'aurai alors l'explication d'une action que je ne puis comprendre. »

Durant le déjeuner, il ne fut guère question que d'Unac. D'après les derniers indices recueillis, sa marche était celle d'un être las, boiteux, à bout de force; don Pedro croyait fermement que Célestin et Pélican l'atteindraient dans la journée, et il comptait voir reparaître les explorateurs le lendemain au plus tard, ce qui semblait encore bien long à l'inquiète Camille.

Le repas terminé, le docteur entraîna ses compagnons à une cinquantaine de pas du bivouac, et don Pedro, selon la vieille coutume yucatèque, s'étendit sans façon sur la mousse pour dormir sa sieste. Le docteur et Camille demeurèrent en observation. Tout à coup le ricanement entendu une première fois résonna de nouveau ; il semblait cette fois partir du sommet des arbres. Le naturaliste pria sa compagne de ne point bouger et redoubla d'attention. Un quart d'heure s'écoula, puis peu à peu les feuillages s'écartèrent, et cinq ou six têtes de singes à queues prenantes — *Atelles Belzebuth* — apparurent dans les branches. Le docteur et Camille retinrent leur haleine; les singes se rapprochèrent du sol, puis entourèrent le kouri. En un instant, les liens du prisonnier furent rongés. Alors le saisissant, qui par les pattes, qui par les jambes, qui par la tête, les singes, avec mille grimaces, hissèrent l'animal sur la branche d'où l'avait délogé le docteur. L'indolent mammifère, durant cette ascension, ne seconda même pas ses libérateurs, et son incroyable paresse ne se démentit pas un instant. Leur tâche accomplie, les singes firent claquer leurs lèvres à grand bruit, puis disparurent avec un ensemble parfait.

« En vérité, s'écria le docteur, voilà une action que je traiterais de fable si elle ne venait de se passer sous mes yeux.

— La sagacité des êtres que nous nommons inférieurs est souvent merveilleuse, dit don Pedro que sa petite-fille avait réveillé, et les vieux chasseurs de mon espèce pourraient raconter vingt actions aussi curieuses que celle qui vous surprend.

— Les daims, les pécaris, les dindons, se concertent pour dérouter ceux qui les poursuivent, dit à son tour Camille; toutefois le chacal n'aide pas le tigre, ni le fourmilier le tatou : qu'ont à voir les singes avec les kouris?

— Rien, répondit le docteur; le kouri, ou petit *unau*, est un bradype; il appartient à l'ordre des édentés, à la famille des tardigrades, et il a pour parent le grand aï.

— Cela ne m'apprend pas pourquoi les singes sont venus délivrer le premier. »

Le docteur secoua la tête d'un air pensif.

« Est-ce pour nous faire une niche, est-ce pour rendre un service à un pauvre diable dans l'embarras? En un mot, est-ce par malice, par bonté, ou simplement pour employer leur activité, que ces grimaciers sont venus en aide à mon prisonnier? Je cherche en vain à me l'expliquer. Aussi, cette fois comme bien d'autres, Camille, je répondrai à ta question par ces mots qui coûtent tant à l'amour-propre de notre espèce : Je ne sais pas. »

Le kouri fut laissé sur sa branche, et Camille proposa une excursion sur le sommet de la colline. Don Pedro, chargé de pourvoir au dîner, prit la tête de la petite colonne et s'enfonça dans les broussailles. Une demi-heure de marche amena les explorateurs sur un plateau dénudé d'où ils pouvaient apercevoir le lac par-dessus le bois qu'ils venaient de traverser. Camille, une fois de plus, examina la rive où elle désirait tant aborder; mais la quiétude des hérons posés sur ce bord lui prouva qu'aucun être humain ne se trouvait en ce moment de ce côté.

La jeune fille, ayant rejoint son grand-père, le vit arrêté devant une pyramide composée de blocs de granit.

« Par le ciel, mignonne, s'écria le châtelain, voilà un de ces monuments toltèques que le père Estevan aime tant à étudier, et il regrettera de ne pas nous avoir accompagnés. »

Le docteur fit le tour de la pyramide, dont chacune des faces mesurait trois mètres environ. Sur celle de ces faces tournée vers l'orient, le naturaliste découvrit un bas-relief à moitié caché par les pariétaires, les géraniums et ces menues plantes qui, plus encore sous les tropiques que sous nos climats, couvrent les murs d'un manteau de verdure. Lorsque les trois explorateurs, se servant de leurs machétés, eurent mis le côté du monument qu'ils voulaient examiner à découvert, ils reculèrent pour voir l'effet de leur déblaiement.

Le bas-relief, d'un travail très soigné, représentait un guerrier qui, le pied posé sur la poitrine d'un adversaire expirant, lui arrachait des mains une fleur de lotus. Le docteur se mit aussitôt en devoir de copier cette scène, tandis que Camille, sur ses indications, dessinait l'ensemble du monument. La fleur ravie de la main fléchie du guerrier renversé, c'était l'emblème de sa vie tranchée avant l'heure par un chef redouté, car une triple couronne ceignait le front du victorieux.

« Étrange destinée de la bête humaine! dit le docteur. Qui nous apprendra si cette pyramide a été élevée à la mémoire du vaincu, ou pour la glorification du vainqueur?

— C'est une histoire que raconte probablement cette inscription hiéroglyphique, répondit don Pedro en nettoyant la base de la pyramide.

— Ainsi, reprit le naturaliste en promenant ses regards autour de lui, ces lieux ont été habités, des êtres humains les ont ensanglantés de leurs haines. Puis, un beau jour, les hommes ont disparu, et la vallée, un moment pleine de bruit, est retombée dans le silence. Les arbres alors se sont mis à pousser avec une vigueur nouvelle sur ce terrain arrosé de sang, effaçant les traces de ceux qui avaient passé.

— Tout n'est que vanité, dit don Pedro avec gravité, le sage des sages l'a dit, il y a longtemps. »

La découverte de la pyramide ayant éveillé la curiosité des explorateurs, ils suivirent la crête de la colline, cherchant à droite et à gauche de nouvelles ruines. Une immense pierre plate enterrée dans le sol leur barra tout à coup le chemin. Camille sauta sur l'obstacle.

« Vois donc, grand-père, s'écria-t-elle aussitôt, ne dirait-on pas que la mousse suit ici des lignes tracées à dessein? Je ne me trompe pas, voici un nez, une bouche, un menton...

— Voici des bras, des jambes et un corps, ajouta le docteur. Sur ma foi, Camille, tu viens de découvrir un monument encore plus ancien que la pyramide de tout à l'heure! Nous avons sous les yeux une de ces pierres sur lesquelles les premiers Toltèques ont marqué les incidents de leur migration. Recule un peu, que nous puissions bien voir ces lignes.

— Elles sont creusées dans la pierre, la terre a rempli les rigoles, et la mousse a posé dessus ses broderies.

— Bien dit, Camille; mais remarque combien ce dessin est primitif, comparé aux bas-reliefs de la pyramide.

— Prendrons-nous copie de ce guerrier dont l'arc tendu menace un vautour, et qui semble suivi d'une meute de lièvres?

— Ces lièvres marquent les siècles employés par les Toltèques pour venir de leur patrie jusqu'ici. Il y en a six, et chacun d'eux comprend une période de cinquante ans. De Tollan, leur pays, situé dans le nord de l'Amérique, les Toltèques employèrent donc trois cents ans pour atteindre le point où nous nous trouvons, et où leur civilisation se déroula pendant un espace de quatre cents ans, c'est-à-dire jusqu'à la mort de leur dernier roi, Topiltzin, qui arriva vers l'an 1000. »

Une nouvelle marche en avant amena bientôt les explorateurs sur un plateau spacieux couvert de murs à demi écroulés; là avait existé une ville toltèque. Le docteur passa de longues heures parmi ces ruines enfouies au fond d'une forêt aux arbres séculaires; mais le temps et la végétation avaient tout dégradé. Il eût fallu pouvoir creuser le sol. Une fois de plus, le savant songea à la lumière que jetteraient sur l'histoire des peuples d'Amérique des fouilles intelligentes pratiquées sur cette terre du Yucatan, couverte des débris d'un passé inconnu.

Don Pedro dut rappeler vingt fois à son ami que l'heure du dîner approchait, avant de réussir à l'arracher aux murailles parmi lesquelles il errait avec l'espoir, toujours déçu, d'une découverte inattendue. Camille elle-même faisait la sourde oreille; elle eût voulu rapporter un croquis de tout ce qu'elle voyait au chapelain d'Éden. Don Pedro réussit enfin à ramener ses deux compagnons

MÉSAVENTURE D'UNE TORTUE.

« Ils reviennent seuls ! » (Page 439.)

vers le lac. Là, il comptait trouver une chasse plus abondante que dans la forêt. Il ne se trompait pas, car il tomba au milieu d'une bande de canards qui fournit les provisions nécessaires.

Aussitôt après le dîner, tandis que le docteur et le châtelain causaient et fumaient, Camille, sans cesse préoccupée du sort d'Unac, se posta de façon à ne point perdre de vue la rive sur laquelle elle espérait voir reparaître Pélican et Célestin. Peu à peu, le soleil parut descendre vers la crête des montagnes, les cigales firent résonner leur bruissement aigre, et les oiseaux entonnèrent leur chant du soir.

Les aigles, les milans, les vautours, les perroquets, les aras au plumage teint des couleurs de l'arc-en-ciel traversèrent l'air pour regagner leurs asiles de nuit, et, à mesure que venait le crépuscule, la forêt s'emplissait de rumeurs, de gazouillements, de cris sauvages, de rugissements. Pendant une demi-heure, mille clameurs inexplicables et inexpliquées frappèrent les oreilles des voyageurs, puis le soleil disparut. Alors un silence profond succéda comme par enchantement au vacarme, et la quiétude ne fut plus troublée que de loin en loin par la chute d'un arbre s'écroulant de vieillesse dans les profondeurs de la forêt.

Après avoir résolu de passer la nuit près du ruisseau, don Pedro se ravisa.

« Bien que les caïmans se risquent rarement aussi loin des eaux, dit-il, il y aurait témérité à tenter l'aventure. Retournons à notre palissade, il vaut mieux pécher par excès de confiance. »

Camille qui, des palissades, pouvait mieux examiner l'horizon, fut la première à se mettre en route ; la nuit était déjà noire lorsqu'elle pénétra dans l'enceinte construite par son grand-père et par le docteur. Un grand foyer fut allumé, et bientôt le sommeil engourdit les trois compagnons.

Ils se réveillèrent en sursaut, il faisait encore nuit sombre.

« Il m'a semblé, dit don Pedro, entendre le bruit d'une détonation. Ai-je rêvé?

— Un feu! cria Camille, en étendant la main vers le couchant. »

Don Pedro et le docteur se tournèrent vers le point indiqué par Camille ; ils virent une grande flamme briller au sommet de la colline. Presque au même instant une détonation retentit, longuement répétée par l'écho.

Camille, saisissant aussitôt son fusil, pressa la détente et répondit au signal de ses amis. Une heure plus tard, une teinte rose couvrit le ciel, annonçant l'approche du jour.

Sans s'inquiéter des caïmans étendus sur la plage, Camille s'élança hors de la palissade, chassant en quelque sorte devant elle le troupeau de monstres antédiluviens. Arrivée sur le bord de l'eau elle poussa un cri de joie ; la *balza*, conduite par Célestin, se détachait de la rive et glissait sur les flots ; un aboiement sonore de Dents-d'Acier retentit.

« Que voyez-vous, grand-père? demanda la jeune fille avec appréhension.

— Ce que tu vois probablemeut toi-même, mignonne, Pélican assis, Célestin maniant la perche.

— Puis?

— Puis Dents-d'Acier qui va d'un bord à l'autre de la *balza*.

— Ils reviennent seuls? »

Don Pedro ne répondit pas sur l'heure; de même que le docteur, il examina avec soin le radeau. Au bout d'un instant il répéta avec tristesse les paroles de sa petite-fille :

« Ils reviennent seuls! »

CHAPITRE IX

PÉLICAN BLESSÉ. — LE DOCTEUR A L'ŒUVRE. — RÉCIT. — UNAC ET PÉLICAN. — LA LITIÈRE IMPROVISÉE. — DÉPART POUR ÉDEN. — UN ÉCOLIER INDOCILE.

En dépit de l'ardeur intense des rayons du soleil, don Pedro, Camille et le docteur demeurèrent à découvert sur la plage, suivant du regard les oscillations du radeau que continuait à diriger Célestin. Chaque fois que la longue perche du matelot atteignait le fond du lac, l'esquif, obéissant à une vigoureuse impulsion, avançait assez rapidement; mais après ces élans, il semblait demeurer immobile, tournoyait au milieu des eaux. Peu à peu, il parcourut la moitié de la distance qu'il avait à franchir.

« Ohé! ohé! cria don Pedro en approchant ses deux mains de sa bouche afin que sa voix portât plus loin.

— Ohé! ohé! » répondit Pélican.

Au même instant, on vit se dresser sur la *balza* la tête d'Unac.

Un cri de soulagement s'échappa de la poitrine de don Pedro.

« Bénit soit Dieu! s'écria-t-il, ils ramènent le pauvre enfant; est-il donc blessé qu'il se tient couché? »

Pendant une demi-heure au moins, don Pedro et ses compagnons en furent réduits aux conjectures. Enfin le radeau vogua sur des bas-fonds et sa marche s'accéléra. Bientôt Dents-d'Acier, qui aboyait avec fureur, se jeta à la nage et vint couvrir Camille de caresses et d'eau. Tandis que la jeune fille se débarrassait avec peine des témoignages d'amitié du brave mâtin, la *balza* atteignait le rivage. Unac, pâle, maigre, l'œil fiévreux, les pieds enveloppés de linges, se tenait couché sur un lit de mousse. A la vue de l'état pitoyable du jeune Indien, une larme mouilla les yeux de Camille.

« Est-ce simplement la fatigue qui a mis ce pauvre garçon dans un tel état? demanda don Pedro à Célestin.

— La fatigue, la faim et la soif, répondit le matelot. Lorsque Dents-d'Acier l'a découvert, le pauvre petit grelottait et délirait.

— Et il a consenti à vous suivre?

— C'est-à-dire que nous l'avons porté, à tour de rôle.

— Vous êtes de braves gens! s'écria don Pedro.

— Nous pas pouvoir laisser enfant dans l'herbe, au soleil, dit Pélican du ton dont il se serait justifié d'une mauvaise action.

— Bon, bon, reprit le châtelain; mais que signifie ce linge ensanglanté qui entoure ton bras?

— Oh! petite égratignure, rien du tout.

— Un rien du tout qui a traversé les chairs, dit Célestin. Quand ce bambin s'est réveillé de sa fièvre, qu'il s'est vu prisonnier, il a saisi une des flèches qu'il a fabriquées et l'a lancée à Pélican.

— Flèche petite, dit le brave nègre.

— Oui, reprit Célestin, et ornée d'un caillou tranchant à son extrémité. »

Durant cette conversation, le docteur, débarquant le prisonnier, le porta d'une traite près du ruisseau et l'assit au pied d'un ébénier. Unac, encore sous l'influence d'un accès de fièvre, demandait sans cesse à boire et regardait d'un air égaré ceux qui l'entouraient. Son corps, à demi nu, se montrait couvert d'égratignures produites par les plantes épineuses des fourrés, et ses pieds gonflés, crevassés, ne lui permettaient plus de se tenir debout.

Le docteur lui tâtait le pouls, essayait de voir sa langue. Il colla son oreille contre la poitrine du petit malade, puis écouta sa respiration haletante. Soudain il le prit de nouveau dans ses bras, le plongea brusquement dans l'eau fraîche du ruisseau et le frictionna ensuite sans mot dire. Peu à peu, l'enfant s'endormit sur le lit de feuilles préparé la veille pour Camille.

« Eh bien? demanda don Pedro à son ami.

— Hum! fit le docteur en retirant sa perruque, il y a là des symptômes qui ne me plaisent guère.

— O mon bon Croquemitaine, s'écria Camille dont deux larmes mouillèrent les joues un peu pâlies, je t'en prie, ne laisse pas mourir Unac. »

Le docteur embrassa la petite fille.

« Il faut aller camper un peu plus loin et le laisser dormir, dit-il, nous verrons ce soir. »

Et il s'assit près du petit malade, tandis que don Pedro entraînait Camille, Célestin et Pélican, en amont du ruisseau.

« Ouf! dit le matelot en s'adressant au châtelain, je vous préviens, señor, que Pélican n'a ni bu ni mangé depuis hier, et son estomac doit crier famine aussi fort au moins que le mien. »

Par bonheur, quelques provisions restaient de la veille, et Camille s'empressa de les étaler devant les deux amis.

« N'avez-vous donc rencontré aucun gibier? leur demanda-t-elle en les voyant manger avec avidité.

— Pas le moindre oiseau, Mademoiselle, répondit Célestin; derrière cette belle colline que vous voyez là-bas, il n'y a qu'une savane qui, au dire de Pélican, doit s'étendre jusqu'à l'océan Pacifique. C'est parmi ses herbes que nous avons retrouvé notre pupille, et nous n'avons plus songé qu'à vous rejoindre.

— Vous devez tomber de sommeil alors.

— Aussi vais-je vous demander la permission de commencer ma nuit. Quoi! Pélican, tu vas fumer? Bon appétit, mon garçon... Quant à moi, je n'ai même pas le courage de bourrer... Bonsoir. »

Et le matelot, se renversant en arrière, s'endormit profondément.

Le docteur ne voulut pas quitter Pélican sans avoir pansé son bras. Cela fait, il l'engagea à dormir à son tour, mais le brave nègre ne lui obéit qu'après avoir répondu aux mille et une questions dont Camille l'accabla.

Le docteur était retourné près d'Unac. Assis l'un près de l'autre, Camille et son grand-père l'observaient. Ils connaissaient assez les allures de leur ami pour comprendre que son mutisme cachait de sérieuses inquiétudes. Vers le soir, Unac se réveilla.

« Voyons, petit homme, où souffres-tu? lui demanda aussitôt le médecin.

— Là et là, » répondit l'enfant en touchant sa tête et ses pieds.

Il demanda à boire, avala sans trop de répugnance une potion que le docteur, qui ne voyageait jamais sans une petite pharmacie de poche, avait préparée, puis il se rendormit.

La nuit vint, le souper fut triste. Le docteur n'abandonna son malade que le temps nécessaire pour croquer une galette de maïs, puis chacun se coucha, sans cependant songer à dormir. Un grand feu avait été allumé et, à sa lueur rouge, on voyait le médecin se promener, tourmenter sa perruque, se rapprocher du malade, l'aider à changer de position, lui parler doucement, maternellement, lui tâter le pouls. A la fin, vaincus par la fatigue, les voyageurs s'endormirent. La voix du docteur les réveilla brusquement, le jour naissait.

« Debout, debout! criait-il; personne ne songe-t-il au déjeuner?

— Unac? dit Camille en se levant.

— Le mauvais garnement, répondit le savant dont la perruque était dans un parfait équilibre, n'a pas ce qu'il mérite.

— Il est sauvé! s'écria Camille avec joie.

— Oui, c'est possible, car le troisième accès de sa fièvre vient d'avorter. A sa place, un honnête garçon... »

Il ne put achever, Camille le serrait trop fort dans ses bras. La petite fille comprenait qu'Unac devait être hors de danger pour que le docteur reprît ses déclamations habituelles. Don Pedro, Célestin, Pélican le comprirent aussi et s'approchèrent de la couche d'Unac. A la vue de tous les habitants d'Éden, surtout de Camille et de don Pedro, l'Indien dit d'une voix faible :

« Vous aussi vous êtes venus!

— Fallait-il vous laisser périr, méchant garçon que vous êtes? répondit le docteur de son ton bourru. Voyons, votre main. Bon. L'accès de fièvre est décidément passé. Cela va bien. »

Unac fit un effort pour se lever. A peine debout, il chancela et serait tombé si Camille ne l'eût soutenu.

« Unac va mourir, dit-il.

— Non, Unac, tu ne mourras pas, répliqua le docteur avec vivacité.

— Mes jambes ne peuvent plus me porter.

— C'est la faute de la fièvre, enfant, rien de plus. »

Don Pedro et Camille amoncelèrent des feuilles près du foyer, tandis que le docteur délayait une dose de quinine dans un peu de cognac, breuvage qu'il fit avaler au jeune garçon. L'Indien saisit la main de don Pedro et la baisa.

« Grand-père est bon, dit-il en appelant don Pedro du nom que lui donnait Camille.

— Pourquoi fuir mon toit, enfant? dit le châtelain. Si tu ne peux vivre loin de ton pays, eh bien, je t'y ferai conduire, je te le promets. »

Le docteur pansa de nouveau les pieds du petit malade qui, redoutant de mauvais traitements, recevait les soins qu'on lui prodiguait avec une surprise visible. Ses yeux noirs, agrandis par la fièvre, regardaient avec reconnaissance ceux qui l'entouraient. Il raconta sa fuite, ses marches forcées, ses terreurs en se voyant sans armes dans les bois.

« Je croyais, dit-il naïvement, trouver la terre des Toltèques derrière les montagnes; elle est bien petite, puisque j'ai marché trois jours sans pouvoir l'atteindre.

— N'as tu mis que trois jours, Unac, pour te rendre de ton village à Mérida, demanda don Pedro.

— Non; j'ai dû marcher pendant huit jours; pour m'amener dans votre cabane de pierre, vous m'avez fait marcher huit jours encore. »

Don Pedro essaya d'expliquer à l'Indien la forme de la péninsule, leur patrie commune; il n'y réussit qu'à demi.

Unac, sur l'instance du docteur, consentit à manger quelques grillades; puis il se recoucha et s'endormit. Tout en dînant, les explorateurs tinrent conseil, et il fut résolu que l'on se remettrait en route pour le château dès que l'aurore paraîtrait. Grâce à la hache qu'il portait toujours à sa ceinture, Pélican eut vite façonné une sorte de brancard sur lequel le malade devait se coucher, car, dans l'état où se trouvaient ses pieds, on ne pouvait songer à le laisser marcher.

Le lendemain matin, Unac, étendu sur son lit de feuilles, regardait d'un air inquiet les préparatifs du départ. Lorsqu'il vit chacun équipé, et don Pedro jeter un dernier coup d'œil sur l'emplacement du bivouac pour s'assurer que l'on n'oubliait rien, il essaya en vain de se lever et se cacha le visage dans ses mains.

« Sommes-nous prêts? cria tout à coup Célestin à son ami.

— Oui, répondit Pélican en apportant la litière qu'il avait fabriquée la veille.

— En route, alors. Eh bien, Unac, pourquoi vous cachez-vous le visage? Aidez-vous, petit. »

L'enfant, se sentant soulevé, abaissa ses mains. Lorsqu'il se vit placer sur le brancard, et qu'il comprit que Célestin et Pélican allaient le porter, il saisit le bras du nègre.

« Pardon, cria-t-il, pardon!

— Pardon! Pourquoi vous crier pardon? » demanda Pélican.

Unac posa son doigt sur le bras qu'il avait blessé la veille; des larmes inondèrent ses joues.

« Ça égratignure, rien du tout, Unac. C'est pour ça vous pleurer?

— Oui, répondit l'Indien; je vous ai blessé, et vous êtes bon pour moi.

— Chrétien devoir être comme ça. Vous devenir bon aussi; bon comme don Pedro, comme mam'zelle Camille, comme docteur, comme massa Célestin, comme Dents-d'Acier... »

Le mâtin, pour justifier cet éloge, vint lécher la main d'Unac.

« En route! » répéta Célestin en donnant une taloche affectueuse à son grand Pélican.

La litière fut enlevée par les deux robustes amis.

La litière fut enlevée par les deux robustes amis. (Page 444.)

Camille se tourna une dernière fois vers le lac; puis elle courut à l'avant-garde seconder son grand-père et le docteur qui, le machété à la main, ouvraient un passage à la litière improvisée.

La marche fut laborieuse; toutefois, quelles que fussent les instances du docteur et même de don Pedro pour seconder Célestin et Pélican, ceux-ci refusèrent avec obstination de céder leur fardeau. Les montées et les descentes les fatiguaient beaucoup. D'autre part, si la marche était relativement facile parmi les grands arbres, elle devenait lente et pénible dans les taillis. Les voyageurs n'employèrent pas moins de six jours pour regagner Éden où ils arrivèrent exténués, ayant doublé la dernière étape.

Unac, dont la fièvre se montrait rebelle, fut établi dans une des chambres du château. Nuit et jour, il eut successivement près de lui Célestin, Pélican, doña Gertrudis, le père Estevan ou don Pedro. Camille venait le voir souvent, surtout lorsqu'il entra en convalescence, c'est-à-dire quinze jours après le retour au château.

Les soins incessants dont il se voyait l'objet, la douceur, les bonnes paroles de ceux qui le soignaient, frappèrent vivement le jeune Indien, car, de temps à autre, il exprimait sa gratitude par des mots attendris. A l'exemple de Camille, il ne nomma bientôt plus don Pedro que grand-père, et don Pedro approuva cette appellation. Quant à Pélican, il devint le favori du jeune Toltèque ; du reste, de qui Pélican, si bon, si serviable, si naïf, n'était-il pas le favori ?

Ce fut une grande joie pour Unac lorsque le docteur, un matin, lui permit enfin de sortir. Il fit deux fois le tour du jardin, appuyé sur le bras de Célestin, puis s'assit sous un oranger. Là, il se tourna vers l'orient où le soleil, dont il croyait descendre, apparaissait chaque matin, et rêva longuement.

Quinze jours plus tard, transformé en écolier, Unac s'appliquait avec ardeur à l'étude. Sa mémoire était heureuse, ses progrès furent donc rapides. A toute heure du jour, portant le livre que don Pedro lui avait donné, il allait réclamer les conseils du docteur, de doña Gertrudis et surtout de Camille. Parfois, cependant, il était pris d'impatience et même de découragement. Un beau jour, n'ayant pu comprendre la leçon que lui expliquait le *padre*, il jeta le volume à terre et refusa d'écouter son professeur. S'élançant dans la cour du château, il alla se loger au faîte d'un des palmiers placés à la porte d'entrée.

Célestin, témoin de cette escapade, et craignant que l'enfant ne se laissât choir, l'engagea à quitter le poste périlleux qu'il occupait. Unac, perdu dans le feuillage, fit la sourde oreille. Camille et doña Gertrudis ne furent pas plus heureuses dans leurs supplications.

« Moi chercher lui, » dit Pélican en se dirigeant vers le tronc du palmier qu'il embrassa.

A cette vue, Unac, avec une témérité sans pareille, se plaça debout sur la nervure d'une des larges feuilles de l'arbre et s'avança vers l'extrémité qui, se courbant, semblait devoir le précipiter dans l'espace. En ce moment don Pedro rentrait.

« Arrête, cria le châtelain à Pélican. Puis, s'adressant à Unac : Viens ici, enfant, dit-il d'une voix forte, je te l'ordonne. »

Unac hésita ; puis, avec la même agilité qu'il avait mise dans son escalade, il se laissa glisser le long de l'arbre et vint se placer devant le châtelain, en disant :

« Me voici.

— Bien, répondit don Pedro touché de cette prompte obéissance ; mais que me raconte-t-on, tu ne veux plus apprendre à lire ?

— Si, répondit Unac, je le veux. »

Marchant alors vers le père Estevan, il lui dit :

« Où est le livre ? »

Le chapelain, posant la main sur la tête de son élève, l'emmena en lui parlant dans sa langue, et, à dater de ce jour, n'eut plus jamais à le réprimander.

Unac, en dehors des heures qu'il devait consacrer à l'étude, parcourait librement le domaine. Don Pedro lui avait fait don d'un petit cheval à la robe noire, à peu près de même taille que celui que montait ordinairement Camille. Souvent, dans l'après-midi, les deux enfants accompagnaient le châtelain dans ses tournées de surveillance, galopant autour de lui. Unac, en s'amusant, fabriqua des arcs et des flèches, puis il apprit à sa petite compagne à se servir de ces armes qu'il maniait lui-même avec une rare dextérité.

En somme, le jeune sauvage se civilisa plus rapidement qu'on ne l'avait espéré, et il se fit vite aimer des habitants de la vallée. Unac possédait une dignité native ; ses amis les plus chers, Célestin et Pélican, bien que le traitant avec familiarité, lui accordaient les mêmes respects qu'à Camille.

Le docteur continuait ses études ; souvent il s'absentait durant deux ou trois jours pour aller explorer les bois, toujours avec l'espoir de découvrir l'*amslé*. Au retour, alors qu'il classait les plantes, les insectes, les animaux rapportés de ces expéditions, il avait à coup sûr pour aide Unac, anxieux de voir, de savoir.

De temps à autre, Camille partait pour vingt-quatre heures avec ses amis. Unac, alors, se postait sur la tourelle, suivant du regard les explorateurs, puis il errait triste dans la vaste cour du château.

Un soir, il aidait la jeune fille à préparer ses armes. Il se rapprocha soudain de don Pedro qui, assis sur un fauteuil à bascule, se balançait en fumant.

« Grand-père, dit-il, pourquoi ne puis-je accompagner mes amis?

— Tu le peux certainement, Unac, si le docteur consent à t'emmener.

— Il m'a refusé une fois.

— Il craignait de te voir fuir, et ne voulait pas être responsable de ta mort.

— Je ne veux plus fuir, père, je veux vivre près de vous.

— Tu nous aimes donc un peu? demanda le châtelain.

— Pas un peu, répliqua Unac avec émotion, mais beaucoup. Sans vous, que serais-je devenu? Ce que vous avez fait pour moi, le *padre* me l'a expliqué et je l'ai compris. Je suis votre fils d'adoption comme je suis le frère de Camille, je ne veux plus être autre chose.

— Tu es libre, Unac; donc, si le docteur consent à t'emmener, tu as mon autorisation.

— Il consentira, s'écria Camille ravie, c'est moi qui vais l'en prier. »

Le lendemain, au point du jour, don Pedro se dirigeait au pas de sa monture vers la forêt, précédé de Dents-d'Acier qui aboyait à tue-tête. Près de lui marchaient Camille et Unac, tous deux vêtus de costumes de chasse et armés de légers fusils. Derrière eux cheminait le docteur, portant tout un monde de boîtes, de pinces, de filets; puis enfin Célestin et Pélican, chargés de provisions. Parvenu à la lisière du bois, don Pedro s'arrêta. Camille, mettant le pied sur son étrier, monta jusqu'à lui pour l'embrasser, et Unac lui baisa la main. Le châtelain se découvrit pour dire adieu au docteur, puis il demeura immobile, regardant la petite caravane s'enfoncer sous les feuillages. Unac et Camille se retournèrent une dernière fois pour lui envoyer un salut; ils avaient disparu depuis longtemps que don Pedro regardait encore de leur côté.

Enfin, piquant son cheval, le châtelain s'élança au-devant des travailleurs auxquels il devait désigner leur tâche de la journée, et qui saluèrent son approche d'amicales acclamations.

CHAPITRE X

LIBRE! — LE CHINCHILLA. — LE CHIEN DES BOIS. — LES TINAMOUS. — L'ARBRE-VACHE. — UN OPOSSUM. — DISSERTATION SUR LE DÉLUGE. — BRAVOURE D'UNAC.

A peine Unac se vit-il dans les bois que, partant comme un trait, il se mit à sauter, à gambader, à pousser des cris joyeux. Au bout de quelques minutes, il revint essoufflé près de Camille.

« Vous pas aller loin, massa Unac, lui dit Pélican, si vous courir autour de nous comme Dents-d'Acier.

— C'est si beau les bois, répondit le jeune Indien en dilatant ses narines pour respirer avec plus de force les senteurs parfumées, qu'il faut me pardonner ma gaieté; merci, señorita, ajouta-t-il en se tournant vers Camille, je vous dois cette heure de liberté.

— Vous n'avez jamais été prisonnier, Unac, ne l'avez-vous pas encore compris?

— On craint pourtant de me voir partir, puisque les portes du château se ferment toujours devant moi.

— Nous redoutons, Unac, de vous voir vous égarer, ainsi que cela vous est déjà arrivé.

— Alors j'étais triste, je voulais regagner mon pays.

— Êtes-vous convaincu, maintenant, que votre pays est si éloigné d'ici qu'abandonné à vos seules forces vous péririez avant de pouvoir l'atteindre?

— Ne parlons pas de cela, s'écria l'Indien, je n'y veux plus songer... Voyez donc le docteur! A-t-il l'intention de soulever ainsi toutes les pierres qu'il rencontrera sur son chemin?

— Oui, répondit Célestin, c'est ainsi que l'on fait la chasse aux insectes et aux reptiles, et nous allons imiter notre maître. Holà! Pélican, cria l'ex-matelot, l'arbre renversé, près duquel vous passez le nez en l'air, ne vous dit donc rien?

— Lui cacher serpent, massa Célestin; non, lui pas cacher serpent, mais petite bête à quatre pattes.

— Un insecte à quatre pattes! répliqua Célestin; ces gaillards-là en possèdent six en moyenne, ce qui me paraît bien humiliant pour notre race.

— Bête cachée là être un *mimifère*, pas un insecte, dit Pélican avec gravité.

— Je persiste à croire, Pélican, s'écria Célestin, qu'il faut dire un *momifère*.

— Le docteur prononce *mammifère*, dit gaiement Camille, et ce nom s'applique aux animaux qui allaitent leurs petits.

— Je vous crois, Mademoiselle, répondit Célestin avec déférence; cependant, si vous aviez visité l'Égypte, vous sauriez qu'on nomme momie tout animal empaillé, que cet animal soit un oiseau, un crocodile ou un chat.

— Un chat! s'écria Pélican d'un ton de triomphe; c'est pour ça eux s'appeler *mimifères*. »

Un éclat de rire de Camille mit fin à la controverse des deux matelots, qui, après s'être regardés avec surprise, s'avancèrent pour aider Unac à faire rouler le tronc d'arbre sur lui-même. Le tronc à peine en mouvement, on vit s'enfuir un petit quadrupède, au museau rose, au pelage d'un beau gris perle, à la queue en forme de panache, qui, laissant à découvert un joli nid de mousse où se débattaient cinq ou six jeunes, disparut aussitôt. Bientôt l'amour maternel l'emporta sur la frayeur, et l'animal effaré revint se poser sur son nid.

« Bon, voilà madame qui rentre. Faut-il la prendre? demanda Célestin à son maître qui venait de s'approcher.

— Non, dit le docteur avec vivacité; bien qu'elle manque à ma collection, je ne puis consentir à séparer cette brave mère de ses petits, qui périraient. Reconnais-tu la famille à laquelle appartient ce rongeur, Camille?

— Lui avoir l'air d'un rat, dit Pélican.

— C'est un rat, en effet, reprit le docteur, un rat de la famille des chinchilla. Nous en découvrirons sans doute plus d'un dans les environs, car ces animaux vivent en troupes. Le chinchilla du Pérou et du Chili, dont la fourrure est si estimée en Europe, sert de type à cette famille. Si nous transportions cette bête sur les hauteurs, là où le froid se fait sentir, son pelage deviendrait peu à peu laineux, et ne le céderait en rien par sa beauté à celui du vrai chinchilla. Allons, éloignons-nous, et laissons respirer cette pauvre petite maman.

La partie du bois qu'ils traversaient avait été si souvent fouillée par les explorateurs que le docteur ordonna de pousser en avant. L'excursion devait durer trois jours, et il importait, pour la rendre fructueuse, d'atteindre un point non encore visité. Jusqu'à midi on marcha parmi de grands arbres, cécropias, dragonniers ou mimosas, puis on s'enfonça dans une gorge étroite. Unac, bien que sans cesse en mouvement, revenait près de Camille lorsqu'un obstacle, — trou, rocher, liane ou tronc renversé, — venait à barrer la route. Enfin, vers une heure, le docteur donna le signal du repos, et un feu fut allumé.

Les explorateurs s'étaient engagés dans une gorge dont la largeur moyenne ne dépassait guère sept à huit mètres. A droite et à gauche se dressaient des talus presque perpendiculaires couverts d'arbres dont les racines, mises à nu par les pluies, s'enroulaient autour des roches comme de gigantesques serpents. Les térébenthinées et les légumineuses : césalpiniées, swartziées et papilionacées, formaient la végétation principale de ce lieu humide. Du sommet de ces arbres descendaient en guirlandes épaisses vingt lianes surprenantes par leurs dimensions, leurs fleurs ou leurs fruits.

Dans les excursions dont il était un des auxiliaires obligés, Dents-d'Acier recueillait bien quelques miettes du festin de ses maîtres; mais, doué d'un formidable appétit, il devait pourvoir lui-même à le satisfaire. On entendit tout à coup aboyer, puis gronder au loin. Les explorateurs avancèrent avec précaution, et aperçurent le terrible mâtin qui, la gueule ouverte, le poil hérissé, tournait autour d'un animal acculé contre un rocher.

« Un chien! » s'écria Célestin.

— Ce n'est qu'un simple renard, dit le docteur, le renard du Brésil ou chien des bois. Oui, son poil est gris sur le dos, jaunâtre sur le ventre, et voilà la bande noire qui, partant de sa nuque, se prolonge jusqu'à l'extrémité de sa queue. Tu dois le reconnaître, Pélican, tu as failli te faire dévorer la main par un de ses frères que tu voulais domestiquer.

— Quoi! dit Célestin en riant, cet animal est le frère de celui dont Pélican avait si bien adouci le caractère, qu'il étrangla cinq poules le jour où il le mit en liberté? Cependant le soi-disant chien de Pélican avait le ventre blanc.

— Comme celui-ci l'a eu dans sa jeunesse, dit le docteur. Avec quelle bravoure cet animal tient tête à Dents-d'Acier! il est effrayant à voir. »

Le mâtin, selon sa tactique ordinaire dans les batailles qu'il livrait, se jeta soudain sur l'oreille du renard, manqua son coup et reçut un formidable coup de gueule. Rendu furieux par son insuccès, Dents-d'Acier saisit son adversaire par la nuque et l'eut vite terrassé. Unac, qui venait de s'avancer, assomma le renard d'un coup de la crosse de son fusil.

« A quoi bon le faire souffrir? dit-il. Puisqu'il doit mourir, qu'il meure vite. Le chien des bois ne marche jamais seul, ajouta l'Indien en regardant autour de lui avec méfiance.

— Tu as raison, Unac, répliqua le docteur, le chien des bois aime assez la compagnie; néanmoins, s'il tient tête aux dogues, il fuit devant l'homme. Emmène Dents-d'Acier, Pélican; ne le laisse pas, comme un lâche, s'acharner contre le corps de son ennemi. »

Une heure plus tard, ayant repris leur marche, les voyageurs débouchèrent dans une petite vallée, au milieu de fougères arborescentes du plus pittoresque effet. On gagna la colline que l'on avait en face de soi, et le docteur établit le bivouac sous l'ombre d'un magnifique liquidambar. Célestin et Pélican, secondés par Camille et Unac, se hâtèrent d'amasser des branches mortes pour l'entretien du foyer, puis des mousses destinées à servir de matelas. La tente de Camille fut dressée; Unac étudia avec curiosité la façon dont on la disposait, déclarant vouloir, désormais, se charger de ce soin.

« Un chien! » s'écria Célestin. (Page 451.)

L'excursion, plus laborieuse que longue, avait fatigué les voyageurs; aussi, leurs préparatifs pour la nuit terminés, se bornèrent-ils à chasser aux insectes et aux plantes dans les alentours du petit campement. Au moindre bruit, on se tenait immobile, car le docteur se plaisait à étudier les libres allures des animaux qu'il rencontrait.

« Chut! fit tout à coup Unac.
— Qu'avez-vous entendu? demanda Célestin.
— Le sifflement d'un Ynambu.

— Un Ynambu! Quelle espèce de bête est-ce là, s'il vous plaît?

— Un oiseau qui vit dans les plaines, là où il y a des taureaux. Écoutez. »

On se tut, et un sifflement doux, tremblant, triste, se fit entendre. Unac s'élança vers le sommet de la colline, suivi de Pélican et de Camille. Au bas du versant opposé à celui où se dressait le bivouac, s'étendait une prairie où paissaient des bestiaux appartenant à don Pedro.

Unac s'engagea résolument sur la pente, bien qu'il n'eût en ce moment d'autre arme que son arc et ses flèches. Il s'arrêta soudain et fit signe à ses compagnons de garder le silence. Au bout d'un quart d'heure, le sifflement recommença, aussitôt répété sur trois ou quatre points différents. Unac, l'œil ardent, courbé, se glissait sans bruit sous les taillis.

« Sur mon âme, Pélican, dit Célestin à son ami, regarde notre pupille, n'est-ce pas un véritable chasseur? Comme il rampe, léger, rapide, silencieux! Ah! il ajuste; croit-il donc avoir raison du gibier avec son joujou à corde? Il se baisse pour viser, que signifie cela?

Les trois flèches que possédait Unac furent rapidement décochées l'une après l'autre; puis, poussant un cri de triomphe, l'Indien s'élança en avant. Bientôt il ramassait un oiseau de la taille d'un pigeon, à la tête noire, à la gorge blanche, au ventre roux, et l'élevait au-dessus de sa tête.

« Prenez garde, señorita, dit-il à Camille qui venait de le rejoindre, le nid est à vos pieds. »

Camille, se baissant aussitôt, vit six œufs d'un beau violet clair, et présentant cette singularité d'être de même grosseur à leurs deux extrémités.

Unac ramassa bientôt deux autres oiseaux; chacune de ses flèches avait porté.

« Eh bien, Pélican, s'écria Célestin avec admiration, que penses-tu de cela?

— Petit Unac meilleur chasseur que nous, massa Célestin; fusil à lui être muet, et pas faire peur aux bêtes comme ceux à nous; du reste, moi savoir depuis longtemps que lui bien tirer, ajouta-t-il en se frottant le bras. »

Unac avait déjà dégagé ses flèches. Célestin, jugeant la provision plus que suffisante pour le souper, ramena ses compagnons près du docteur. Dans les oiseaux qu'on lui présenta, le naturaliste reconnut une espèce de perdrix assez commune dans les prairies du Brésil, et baptisée par les savants du singulier nom de tinamou. Peu farouche, le tinamou, ainsi que l'avait dit Unac, se plaît sur les bords des plaines fréquentées par les bestiaux; il vit en troupes et, quand vient le soir, fait entendre une sorte de sifflement. Les Indiens chassent souvent le tinamou à coups de bâton, car cet oiseau, dont le vol est lourd, ne quitte la terre qu'avec difficulté.

Pendant que Pélican et Célestin s'occupaient du repas, Camille s'exerçait à manier l'arme de son jeune compagnon.

« Oui, oui, dit Célestin, ce joujou, excellent, j'en conviens, pour chasser aux oiseaux, serait d'un faible secours en face d'un taureau, d'un jaguar, ou d'un simple chien des bois.

— Les flèches tuent les taureaux et les tigres, répondit Unac. La poudre est rare chez les Toltèques; on la garde pour la guerre, et les chasseurs ne tuent les animaux qu'à l'aide des flèches.

— Ce harpon percerait une peau de taureau?

— Oui, à la condition de le lancer de près.

— Et si l'on fait une fausse manœuvre?

— On risque de perdre la vie; seulement, un Toltèque ne manque jamais le but qu'il vise.

— Je vous crois, Unac; cependant, si notre mauvaise fortune nous place sur le sillage d'une bête fauve, servez-vous de votre fusil, croyez-moi. »

La nuit vint, les foyers furent disposés, et les voyageurs, après s'être régalés des tinamous, ne tardèrent pas à s'endormir sous la garde de Dents-d'Acier, vigilante sentinelle à laquelle on pouvait se fier. Quand les premiers rayons du jour réveillèrent les dormeurs, Pélican, déjà debout, leur présenta une calebasse pleine de café. Une heure plus tard chacun explorait la vallée sur les pas du docteur, soulevant les mousses, les écorces et les pierres. En passant près d'un arbuste aux feuilles d'un vert pâle, au tronc noueux comme une tige de bambou, Unac s'écria :

« L'arbre à lait!

— Voilà une jolie plaisanterie, dit Célestin ; voulez-vous nous faire accroire, mon garçon, que cet arbre donne du lait?
— Oui, dit l'Indien, et du lait sucré.
— As-tu jamais entendu parler, Pélican, demanda l'ex-matelot en se retournant vers son ami, d'un arbre de cette force-là?
— Jamais, massa Célestin ; à Martinique, lait donné par vaches ou chèvres.
— Exactement comme en France, Pélican. »

Unac, dégaînant son machété, pratiqua une légère entaille au bas de l'arbuste et plaça au-dessous la calebasse qui lui servait de verre.

« Nous reviendrons dans une heure, dit-il, et vous verrez. »

En effet, lorsque, après avoir exploré la partie sud de la vallée, les voyageurs revinrent près du bivouac, Unac leur présenta la calebasse pleine d'un liquide blanc, crémeux, en tout semblable au lait comme apparence, et dont la saveur sucrée plut beaucoup à Pélican.

« En vérité, Monsieur, dit Célestin à son maître, voilà une buvette précieuse pour l'avenir. Que de fois nous avons eu soif dans les forêts, alors qu'un tas de végétaux pareils à celui-ci devaient nous crever les fanaux!

— Cet arbre, Célestin, appartient à la famille des artocarpées; il est parent de celui que, dans les îles de la Sonde, on nomme l'arbre à pain.

— Avec votre permission, je nommerai dorénavant celui-ci arbre-vache.

— C'est précisément le nom qu'on lui a donné, et encore celui de *galactodendron*. Mais que veut Pélican? a-t-il l'intention d'escalader ce tronc? »

Après s'être débarrassé de son attirail de chasse, à l'exception de sa carnassière, Pélican venait, en effet, de se hisser sur les premières branches d'un arbre au feuillage touffu.

« Que vas-tu chercher là-haut? lui cria aussitôt son ami.

— Moi rapporter bon nanan pour déjeuner, massa Célestin. »

Bientôt Pélican redescendit et étala devant le foyer une douzaine de magnifiques *sapotés*. Ces fruits, de la grosseur d'un fort concombre, renferment sous leur coque brune une chair onctueuse, rouge, sucrée, rafraîchissante, dont la saveur rappelle celle de la nèfle prise à sa juste maturité. Les sapotacées forment une nombreuse famille d'arbres dans les forêts du Yucatan, arbres remarquables par leur port majestueux et leur feuillage sombre. Des incisions pratiquées à leurs branches découle un suc laiteux, âcre, qui, en se desséchant, acquiert une certaine élasticité. Ce suc passe pour être vermifuge, et, bien qu'il soit un poison plus ou moins violent, suivant la taille de l'arbre sur lequel il a été recueilli, les Indiens l'administrent comme purgatif à leurs enfants.

La fin du déjeuner fut troublée par les aboiements de Dents-d'Acier, qui s'était enfoncé dans le bois. Camille et Unac s'élancèrent les premiers, et trouvèrent le mâtin aux prises avec un opossum ou sarigue. De moitié moins gros que son adversaire, l'opossum se défendait pourtant avec vigueur. Comment cet animal si leste, si habile à grimper dans les arbres où sa queue prenante lui est d'un si grand secours, s'était-il laissé surprendre? Un cri poussé au-dessus des combattants révéla ce secret. Sur une branche peu élevée, une sarigue, ses petits cramponnés autour de son corps, regardait le combat d'un air furieux, grognant, se penchant, comme tentée de porter secours à son compagnon. Unac et Camille réussirent à contenir le chien; le pauvre opossum, étourdi, demeura un instant immobile; reprenant bientôt contenance, il s'élança sur l'arbre, disparut avec sa famille parmi les plus hautes branches, ce qui ne satisfit guère le brave Dents-d'Acier.

Le reste de la journée se passa à chasser aux insectes, sans qu'aucun incident vînt troubler la quiétude des chercheurs. Le soir, le docteur se montra joyeux; la récolte avait été bonne pour ses collections. Le lendemain, vers six heures, on reprit le chemin du château.

Au lieu de regagner la gorge par laquelle ils avaient pénétré jusqu'au lieu où ils se trouvaient, les explorateurs résolurent de gravir la montagne qui se dressait devant eux, de redescendre ensuite dans la vallée des Palmiers. Il fallait, pour réaliser ce programme, se lancer à l'aventure, franchir taillis et fourrés, ce qui fit sauter de joie Camille toujours ravie de ces marches hasardeuses, souvent fécondes en découvertes imprévues.

La jeune fille voulut prendre la tête de la colonne et s'engagea bientôt sur une montée rapide, semée de roches couvertes d'empreintes fossiles.

Ces empreintes parurent vivement intriguer Unac.

« Vous êtes sûre, señorita, dit-il à sa compagne qui venait de lui en expliquer la formation, que la mer a autrefois couvert ces montagnes?

— Notre religion nous l'apprend, et la science confirme l'histoire de ces grands bouleversements, Unac; le docteur vous le répétera comme moi.

— Les vieillards de mon pays, reprit le jeune Indien, racontent, en effet, qu'un matin, irrité contre les hommes, le soleil cacha sa face. Tout devint ténèbres sur la terre, et les eaux la couvrirent.

— Ce fut Dieu, Unac, qui cacha la face du soleil.

— Les vieillards de mon pays racontent encore, reprit le jeune garçon, que tous ceux qui habitaient sur la terre furent noyés, à l'exception d'un homme et d'une femme qui se sauvèrent dans une pirogue.

— Cette pirogue était une arche, c'est-à-dire un immense bateau, et l'homme se nommait Noé. Sur l'ordre de Dieu, il avait enfermé dans cette arche un couple de tous les animaux.

— Oui, le *padre* me l'a dit. »

La montée devint si rapide, si glissante, que les deux jeunes gens eurent besoin de toute leur attention pour ne pas perdre pied. Enfin, après une heure d'ascension, ils atteignirent un large plateau.

Les palmiers, parmi lesquels ils avaient cheminé au départ, avaient fait place aux liquidambars, aux cécropias, aux césalpinées; puis à ceux-ci se mêlèrent bientôt de gigantesques pins sur lesquels couraient, alertes et joyeux, des centaines d'écureuils noirs.

Assis côte à côte, en attendant l'arrivée du docteur, Camille et Unac gardaient le silence. Ils se divertissaient à voir grimper le long des troncs, ou s'élancer d'une branche à l'autre avec une hardiesse sans pareille, les gracieux rongeurs qui, peu accoutumés à voir troubler leur solitude, semblaient ne point prendre garde à leurs visiteurs. Cependant le bruit produit par Célestin et Pélican parut les inquiéter. Les courses, les sauts, les poursuites furent suspendus; chacun se tint immobile, penchant la tête avec une profonde attention. Une branche craqua, et, comme par enchantement, les jolis animaux disparurent.

Le docteur, Célestin et Pélican ayant repris haleine à leur tour, on traversa le plateau. Mais il fallait songer au déjeuner, dont les écureuils firent les frais.

Après le repas, on traversa un espace émaillé de mousses rouges, jaunes, vertes, aux couleurs si bien assorties, si bien nuancées, qu'on eût dit un tapis tissé par une main savante. Bientôt, par une pente douce, on descendit jusqu'au fond d'une gorge sombre, au milieu de laquelle s'étendait une eau dormante couverte d'herbes marines. Un énorme oiseau à la tête chauve, au plumage d'un blanc sale, se tenait immobile sur une patte au milieu de cette mare. Camille reconnut le Tantale d'Amérique, un proche parent des cigognes.

Les voyageurs respectèrent le mélancolique pêcheur qui les salua d'un cri, et se hâtèrent de sortir de la gorge. Ils atteignirent un second plateau, et, par une pente presque insensible, se dirigèrent vers la vallée des Palmiers. Camille et Unac marchaient toujours en avant; ils s'engagèrent parmi des roches, et se trouvèrent à l'improviste devant une large ouverture à peine assez haute pour les laisser passer. Dents-d'Acier pénétra comme un trait dans la grotte, et reparut bientôt tenant dans sa gueule le corps d'un jeune *puma* ou lion d'Amérique, qu'il venait d'étrangler net.

Unac et Camille reculèrent instinctivement; un rugissement terrible résonna à leur gauche, ils virent la mère de la victime sortir du bois et accourir vers eux. L'animal, d'un beau jaune fauve, sans crinière, arrivait par sauts prodigieux. La fuite eût été dangereuse; les deux enfants le comprirent, et, aussi hardis l'un que l'autre, ils armèrent leurs fusils et attendirent. Lorsque le puma fut à vingt pas, ils tirèrent à la fois. L'animal tomba sur le ventre, ses deux pattes de devant étaient brisées; en dépit de la douleur, il avança en se traînant, l'œil sanglant, la gueule ouverte. Unac se plaça devant Camille et dégaina son machété, tandis que Dents-d'Acier, le poil hérissé, la tête appuyée sur le sol, guettait le moment de se jeter sur le terrible ennemi dont il venait d'étrangler le petit.

Le puma, avec d'héroïques efforts, se mit à ramper sur ses pattes blessées, se rapprochant de plus en plus de la grotte qui lui servait de tanière. Il se ramassa sur lui-même pour tenter un bond suprême ; alors Unac, poussant sa compagne dans la grotte, se plaça résolument à l'entrée. Camille, pleine de sang-froid, se hâta de recharger son fusil. Avant qu'elle fût prête à tirer, la lionne se dressa et retomba de tout son poids sur Unac qui, bien que préparé au choc et son machété à la main, disparut sous le corps de son formidable adversaire.

CHAPITRE XI

LE LION D'AMÉRIQUE. — DE L'INCONVÉNIENT DE GRANDIR. — LA VIE A ÉDEN. — PROJET DE DÉPART DU DOCTEUR. — UN COMPAGNON INATTENDU. — LEMAI. DU PAYS. — EN ROUTE.

Camille poussa un cri d'épouvante. N'osant tirer dans la crainte de blesser celui qu'elle eût voulu défendre, elle porta à ses lèvres le sifflet d'argent dont le timbre était bien connu de ses amis, et fit retentir l'air de sons aigus. Par bonheur Dents-d'Acier était là ; saisissant la lionne à la nuque, il la secoua et dégagea Unac qui, couvert de sang, gisait immobile sur le sol. Le docteur et ses deux serviteurs apparurent presque en même temps.

« Êtes-vous blessée, Camille? demandèrent-ils à la fois à la jeune fille qui, pâle et tremblante, s'appuyait contre les rochers.

— Non, répondit-elle d'une voix étranglée, mais Unac... »

Elle fondit en larmes sans pouvoir achever.

A la façon inerte dont le puma se laissait secouer par Dents-D'Acier, le docteur comprit vite que l'animal devait être mort, et s'occupa du jeune Indien.

« Le gaillard vit encore, s'écria-t-il de son ton bourru.

Dents-d'Acier dégagea Unac. (Page 460.)

— Et il a éventré le puma, » dit Célestin en retirant du corps de la fauve le machété d'Unac.

Pélican, sur l'ordre de son maître, aspergea de l'eau de sa gourde le visage du jeune Indien qui ouvrit les yeux.

« Camille? dit-il en se redressant et en regardant autour de lui avec angoisse.

— Me voici, Unac, répondit aussitôt la jeune fille, me voici saine et sauve, grâce à vous. »

Unac sourit, puis referma les yeux.

Le docteur, écartant alors avec soin les habits du jeune garçon, chercha sur sa poitrine l'empreinte des griffes du terrible ennemi qu'il venait de combattre et contre lequel s'acharnait Dents-d'Acier.

« Je ne suis pas blessé, dit Unac en se relevant, je suis seulement meurtri. J'ai été renversé par le poids du puma, et, dans ma chute, ma tête a heurté contre la roche, ce qui m'a étourdi. Il est mort, n'est-ce pas? ajouta-t-il en se penchant vers le corps de l'animal.

— Et bien mort, s'écria Célestin; peste, ami Unac, continua l'ex-matelot, vous avez le grappin solide sans que cela paraisse; cette pauvre bête a le ventre ouvert du haut en bas. Que penses-tu de cet accroc, Pélican? »

Tranquillisé, le docteur interrogea Camille, qui, encore tout émue du danger couru par son compagnon, raconta la façon dont il s'était comporté.

« Les Toltèques sont des hommes, dit Unac.

— Soit, dit Célestin; toutefois si vous êtes un Toltèque de naissance, vous n'avez encore ni l'âge ni la taille d'un homme.

— Il fallait bien défendre la señorita.

— Votre fusil a deux canons; pourquoi n'avez-vous tiré qu'un coup?

— Le second est chargé de petit plomb qui se serait aplati sur le corps du puma.

— Bravo! voilà qui prouve que vous ne perdez pas la boussole à l'heure du danger. Garder son sang-froid en face d'un pareil animal, ajouta l'ex-matelot, lui ouvrir le ventre du haut en bas au moment où il veut vous embrasser, c'est l'action d'un homme, j'en conviens. »

Le puma, couguar ou lion d'Amérique est le *felis discolor* des savants. Plus élancé, plus vif, plus agile que le jaguar, il le dépasse aussi en cruauté et en hardiesse. De couleur fauve, le dessous de la gorge blanchâtre, il n'a ni crinière ni mouchetures, et cependant sa peau est très estimée des Yucatèques qui aiment à garnir la selle de leurs chevaux de sa dépouille.

Pélican, qui s'amusait à lisser le poil de l'animal, se tourna tout à coup vers son maître qui allait et venait en regardant le sol. Le bon docteur cherchait sa perruque tombée dans la bagarre.

L'ayant retrouvée, il la plaça sur son crâne avec gravité, et, comme s'il eût deviné la question que le nègre allait lui adresser, il dit :

« Le puma est un tigre, et c'est uniquement à la couleur de son pelage qu'il doit son nom de lion d'Amérique. En réalité, l'Amérique, en fait d'animaux, ne possède que des diminutifs de ceux de l'ancien continent. Ainsi le Nouveau-Monde ne peut opposer aucun animal comparable, pour la taille, à l'éléphant, au rhinocéros, à l'hippopotame, à la girafe, au chameau, etc. Il est même à remarquer que les animaux transportés d'Europe sur le nouveau continent, tels que le taureau, le cheval, le chien, y sont devenus plus petits et moins robustes.

— Moi fils du Nouveau-Monde, dit Pélican, et moi plus grand que massa Célestin.

— C'est possible, répliqua le docteur ; toutefois, qu'est-ce que cela prouve? Tu es un homme, non une bête. »

Pélican se rengorgea, et les voyageurs se remirent en route. Camille et Unac reçurent l'ordre de se tenir entre Célestin et son ami, tandis que le docteur ouvrait la marche. Vers cinq heures, sans autre aventure que la rencontre de quelques oiseaux, on découvrit Éden. La nuit était venue depuis longtemps lorsque Camille se suspendit à la cloche de la poterne. A peine entrée, elle courut vers son grand-père, assis sous la galerie extérieure, et, tout émue, lui raconta le dévouement d'Unac.

« L'enfant est de bonne race, dit le châtelain, et son courage ne saurait m'étonner ; je n'oublierai jamais, mignonne, que je lui dois ta vie. »

Les heures s'écoulèrent à raconter les péripéties du voyage, et doña Gertrudis, toujours consternée de voir son élève errer dans les bois, conjura don Pedro de mettre un terme, au moins pour Camille, à ces dangereuses excursions.

« Elle vit comme un garçon, señor, dit la femme de charge, et ne prend plaisir qu'à manier des armes, à courir les bois ou à monter à cheval.

— Elle a treize ans, doña Gertrudis, et la jeunesse aime l'activité.

— Ne suis-je donc pas active, moi?

— Si, ma brave amie, je vous rends justice ; seulement vous

n'avez plus treize ans, et vos plaisirs ne sont plus ceux de Camille.

— Quand j'avais treize ans, señor, je cousais, je brodais, j'allais à l'église, je ne portais pas des vêtements d'homme. Il est sans doute dans vos intentions de marier un jour notre chère enfant; or, j'en appelle à votre sagesse, pensez-vous que les jeunes gens de Mérida choisissent jamais, pour conduire leur maison, une fille qui manie mieux le fusil que l'aiguille et qui, de vos chevaux, n'aime à monter que les plus fougueux?

— Elle changera de goûts en grandissant, doña Gertrudis; néanmoins, merci de vos conseils. Au fond, je sens que vous avez raison. »

Cette fois, ce qui influa le plus sur l'esprit de don Pedro, ce fut le danger couru par sa petite-fille, dont le docteur lui donna les détails. Ce danger, il est vrai, n'était qu'un de ces mille accidents auxquels expose la vie du désert, et le châtelain penchait plutôt à l'atténuer qu'à l'exagérer. Cependant, ainsi qu'il aimait à le répéter, il ne faut pas tenter le sort. Aussi, à dater de ce jour, et sans trop en avoir l'air, don Pedro essaya de détourner Camille d'accompagner le docteur dans les bois, du moins lorsqu'il s'agissait d'une longue expédition. La jeune fille se montra d'autant plus rebelle que la récompense d'Unac, lorsque ses professeurs étaient satisfaits de son travail, consistait à suivre le naturaliste au fond des forêts.

La première fois que Camille vit partir son petit camarade sans elle, ce fut en quelque sorte son premier chagrin, et ses pleurs émurent son grand-père. Il tint bon, et, pour la distraire, la fit monter à cheval et l'emmena visiter les plantations. Camille revint brûlée par le soleil, et doña Gertrudis trouva que le remède ne valait guère mieux que le mal. Ce que voulait obtenir la sage gouvernante fut l'effet du temps, ce grand régulateur de toutes choses.

Trois années s'écoulèrent; Camille grandit, son corps se développa, sa raison se forma, et elle répugna d'elle-même à endosser des habits d'homme, à coucher sur la dure, à mener la vie vagabonde qui lui plaisait tant dans sa première jeunesse. Elle tint plus souvent compagnie à doña Gertrudis et la seconda dans la direction du ménage. Elle comprit encore qu'elle se devait surtout à son grand-père, et, chaque soir, vers quatre heures, alors que l'ardeur du soleil devenait moins intense, elle l'accompagnait dans sa tournée à travers les champs. Unac, que chacun continuait à désigner sous ce nom, bien qu'il eût été baptisé sous celui d'Emmanuel et qu'il eût fait sa première communion en même temps que Camille, renonça, de son côté, à suivre le docteur, et s'appliqua avec ardeur aux travaux agricoles. Don Pedro se montra ravi de l'ordre, de l'activité, de l'énergie de son fils adoptif, dans lequel il retrouvait, avec satisfaction, bon nombre des qualités qui le distinguaient lui-même.

Chaque matin, au point du jour, le châtelain et Unac, déjà levés, ordonnaient le travail à exécuter dans la journée. Ils montaient ensuite à cheval et rentraient vers dix heures. Ils trouvaient alors Camille tantôt près du *padre*, tantôt près du docteur, toujours guettant leur retour. A midi, le déjeuner réunissait tous les hôtes du château. Le repas terminé, tandis que don Pedro dormait sa sieste, Camille et Unac étudiaient ou s'exerçaient à tirer au fusil ou à l'arc. Vers quatre heures un domestique amenait les chevaux, et le châtelain, admirable cavalier, partait en compagnie de ses deux enfants pour inspecter les travaux exécutés. Le soir, sous le corridor extérieur, les habitants d'Éden se réunissaient de nouveau pour souper et causer. A neuf heures tout le monde dormait. De temps à autre une grande chasse au tigre, au taureau sauvage ou au daim mettait le château en émoi; souvent Camille et Unac devenaient les héros de ces dangereuses battues.

Un jour, dans une de ces chasses périlleuses, don Pedro fut assailli à la fois par deux taureaux, et son cheval, éventré, s'abattit sous lui. C'en était fait du châtelain si Unac, intrépide et résolu, ne fût venu se placer entre son bienfaiteur et le second taureau. Renversé par le choc le jeune homme, bien qu'ayant le bras gauche démis, avait pu dégainer son épée, et, comme les *toreadores*, frapper l'animal à mort. Cet acte de courage avait rendu son fils d'adoption encore plus cher au châtelain, et à tous les habitants de la vallée.

Trois nouvelles années s'écoulèrent, sans que rien vînt troubler la quiétude et les habitudes régulières du château d'Éden.

Unac, qui venait d'atteindre sa vingt-et-unième année, était alors un beau jeune homme aux formes vigoureuses et sveltes. Ses traits, réguliers et nobles, étaient empreints d'une douceur qui n'excluait pas l'énergie. Les leçons incessantes du docteur et du *padre* avaient orné son esprit de connaissances solides, trempé son âme de principes plus solides encore. Intrépide cavalier et digne de son maître don Pedro, il le ravissait par ses hardiesses équestres.

D'un autre côté, grâce à son adresse naturelle et aux conseils de Célestin, Unac passait pour le plus habile tireur de la vallée. Peu à peu, il prit la haute direction du domaine et accompagna don Pedro dans ses voyages à Mérida. Là, le jeune Indien eut bientôt une réputation de savoir, et, de même que dans la vallée, on oubliait son origine pour ne voir en lui que le fils de don Pedro.

Camille, de son côté, venait d'atteindre sa dix-huitième année, et la jeune fille tenait les promesses de son enfance. De taille moyenne, vive, gracieuse, elle ne se montrait hardie qu'à cheval ou en face d'un danger.

De même qu'Unac, elle avait les grands yeux noirs, les belles dents, les fines extrémités qui semblent l'apanage des Yucatèques des deux sexes. Toujours gaie, elle mettait le château en belle humeur, et il suffisait qu'elle se montrât pour qu'un sourire de contentement se dessinât sur toutes les lèvres. Rien de plus charmant, chaque après-midi, que de voir apparaître, sous la grande galerie du château, don Pedro donnant le bras à sa petite-fille.

Le châtelain se distinguait par sa taille droite, sa martiale tournure, et, sous sa couronne de cheveux blancs, son beau front semblait plus noble encore que par le passé. Camille, le plus souvent vêtue d'une robe blanche, son fin chapeau de paille posé sur ses nattes épaisses, une cravache à la main, rappelait, par ses grâces suprêmes, une de ces châtelaines dont les peintres du moyen âge ont reproduit les formes élancées. Il fallait la voir en chasse pour comprendre ce que cette mignonne créature possédait de vigueur et d'énergie.

A l'apparition de don Pedro et de Camille, Unac, toujours vêtu d'habits en peau de daim, garnis de broderies d'argent, jetait un dernier coup d'œil sur l'équipement des chevaux. Il aidait don

Pedro et Camille à se mettre en selle, puis, s'élançant à son tour sur un cheval ardent, les rejoignait en caracolant.

Pendant ce temps le docteur, Célestin, Pélican et Dents-d'Acier continuaient à explorer les bois ; les découvertes commençaient à devenir rares, et le naturaliste sentait que l'heure d'abandonner la vallée approchait. Il y avait bientôt huit ans qu'il était l'hôte de don Pedro, et ces années avaient passé si rapides, si heureuses, que le bon docteur ne cessait de s'en étonner. Chaque fois qu'il parlait de son départ, un nuage assombrissait le front du châtelain.

« Êtes-vous las d'être heureux ? demandait celui-ci.

— Hum ! l'homme n'a pas été jeté sur la terre pour être heureux, répondait le docteur en faisant pivoter sur son front la perruque neuve que son ami lui avait récemment rapportée de Mérida.

— J'en conviens, répliquait don Pedro ; cependant la raison vous conseille de ne point quitter Éden. Où trouverez-vous des cœurs plus dévoués ?

— Nulle part, assurément. Toutefois ma venue avait un but que j'ai trop oublié : l'*amslé* est encore à découvrir.

— Laissez cet honneur à un autre, docteur. Ne serait-ce pas mentir à vos principes, ajoutait malicieusement le châtelain, que de vous mettre en peine d'une plante qui peut être utile à l'humanité ? »

Le docteur s'éloignait sans répondre, mais il persistait dans son idée. D'un autre côté, il ressentait ce besoin impérieux de revoir la patrie, qui tourmente les Français à l'étranger ; or, partir sans tenter de découvrir l'*amslé*, qu'Unac affirmait exister dans le pays des Toltèques, lui paraissait inadmissible. En outre, depuis cinq ans, les sauvages se tenaient en repos dans leurs montagnes, et le moment paraissait favorable, alors qu'ils ne semblaient plus songer à la guerre, pour tenter de pénétrer pacifiquement dans leur pays. Exécuter ce voyage, puis après, seulement après, retourner en France, devint l'idée fixe du naturaliste ; quant à Célestin et à Pélican, si heureux qu'ils se trouvassent à Éden, ils étaient dans la force de l'âge et ne demandaient pas mieux que de « voir du pays ».

Le lendemain d'un jour où le docteur avait parlé d'une façon formelle de son départ, Unac se présenta devant lui.

« Songez-vous sérieusement, demanda-t-il à son ami, à visiter le pays des Toltèques?

— Plus que jamais, Unac.

— Et quand comptez-vous partir?

— Le plus tôt que je pourrai; toutefois, il y a si longtemps que je vis ici, que j'ai peine à m'arracher à cette vallée. On n'abandonne pas sans regret des hommes comme don Pedro.

— A force de vous entendre parler de votre départ, il n'y croit plus.

— Son amitié a tort, Unac; ma résolution est enfin prise; je pars dans trois jours.

— Docteur, dit le jeune Indien, puisque vous êtes résolu, le moment est venu pour moi de vous demander une grâce. Voulez-vous m'emmener?

— T'emmener? s'écria le docteur en regardant le jeune homme avec stupéfaction; penserais-tu réellement à abandonner le château?... tes amis?

— Non, certes! je ne veux rien abandonner, mais je voudrais revoir la terre où je suis né, où dorment mes aïeux. J'obéis en cela à un sentiment naturel, señor, car je vous entends souvent déclarer vous-même que vous voulez à tout prix revoir votre France.

— C'est vrai, Unac; seulement la France n'est pas le désert.

— Vous ne faites que me donner une raison de plus, dit Unac, de partir avec vous. La France pourrait se passer de vous, docteur; vous n'y serez, après tout, qu'un homme distingué de plus parmi beaucoup d'autres. Moi, une voix me crie que, plus qu'un autre, que seul entre tous même, je puis être utile à mes compatriotes, aux amis que je laisserai ici en vous accompagnant. Tout a l'air tranquille à cette heure, mais la tranquillité du désert n'est jamais sûre. Il suffit d'une mauvaise récolte, d'une querelle avec les tribus voisines pour faire pousser le cri de guerre à des gens qui souffrent, à un pays dont les conditions d'existence sont difficiles. Servir de lien entre les Toltèques et nos amis d'ici, faire comprendre à ceux que vous appelez des sauvages qu'ils auraient profit à cesser de l'être, c'est un but, docteur, qui vaut qu'on se dérange, une tâche qui me tente. Je payerai ainsi, tout à la fois, ma dette à mon pays de naissance et à mon pays d'adoption, au passé et au présent...

— Hum! hum! » fit d'abord le docteur pour toute réponse. Puis il ajouta : « Ce que tu dis là, Unac, a du vrai, du spécieux tout au moins.

— Si vous partez, reprit le jeune homme d'une voix grave, m'acceptez-vous comme guide, comme interprète?

— Certes, Unac, tu serais pour moi un précieux compagnon, et ta présence diminuerait de moitié les périls de mon voyage. Néanmoins, Dieu me garde de t'enlever à... don Pedro. »

Le jeune homme répéta qu'il ne s'agissait après tout que d'un voyage, qu'il reviendrait très certainement, qu'il ne consentirait pour rien au monde à s'éloigner s'il ne devait pas revenir. Il écouta les objections qui lui furent faites, et réfléchit longuement. Sortant enfin d'un pas résolu de la chambre du docteur, il se rendit près de don Pedro. Le châtelain, selon sa coutume, fumait sous le corridor extérieur du château, doucement bercé dans son hamac.

« Père, lui dit Unac après lui avoir baisé la main, le docteur Pierre va partir pour une longue expédition, le savez-vous?

— Pour le pays des Toltèques, dit don Pedro en souriant; il y a longtemps que notre ami projette ce voyage; Dieu aidant, j'espère qu'il le projettera longtemps encore.

— Non, père; cette fois il est décidé.

— Tant pis, dit le châtelain dont le front se plissa : d'abord parce que ce voyage peut n'être pas sans danger pour lui; puis le départ de cet homme de bien laissera un grand vide dans nos cœurs.

— Père, reprit Unac, le docteur ne sait pas la langue des Toltèques.

— Il la sait un peu, enfant, car je l'entends parfois causer avec toi et avec le *Padre*.

— Il ne la sait pas assez père, pour voyager avec sécurité parmi eux. Les Toltèques ne sont pas cruels, ils sont ignorants, ils se croient encore au temps de la conquête espagnole. Bien souvent, en désignant les plaines et les forêts qui nous entourent, je vous ai entendu déplorer que tant de trésors fussent perdus faute de bras pour les exploiter.

— Où en veux-tu venir? demanda don Pedro avec anxiété. D'ordinaire, tu vas droit au but.

— Le docteur va partir; c'est pour lui, vous en convenez, une entreprise hasardeuse; voulez-vous me permettre de l'accompagner? Il peut être utile pour lui, pour nous-mêmes, que je ne le laisse pas exécuter seul un voyage dont ma présence amoindrira les dangers. »

Don Pedro ne répondit pas; il regardait Unac et semblait ne pas avoir entendu sa demande.

« Tu veux me quitter; s'écria-t-il enfin, abandonner Éden!

— Pour un mois, deux tout au plus, père. Je songe aux dangers que vont courir mes amis, je crois que ma présence peut être une sauvegarde pour eux, et je pense au bien que je puis faire là-bas.

— Tu veux me quitter! » répéta douloureusement don Pedro.

Unac se tut; il tomba aux pieds du châtelain, dans les yeux duquel une larme venait de briller.

« Je suis votre fils, s'écria le jeune homme, je jure de vivre et mourir ici, près de vous. Ne vous méprenez pas sur mon intention, je vous en prie. Oui, un désir, que je m'explique mal, m'attire vers les lieux où je suis né; je veux les revoir, mais pour revenir ensuite près de vous, n'en doutez pas. Un rêve obsède mon esprit : mes compatriotes considèrent cette vallée comme le berceau de leur race; ils la regrettent, leur idée fixe est de la reconquérir; c'est là un danger constant pour Éden, pour vous. Je voudrais les décider à devenir vos amis, à se ranger sous votre juste loi, à revenir habiter paisiblement, en travailleurs, cette terre fertile, à rentrer enfin dans la grande famille des hommes civilisés, dont ils se sont séparés pour retourner à la barbarie.

— C'est là un rêve que j'ai longtemps caressé, enfant, hélas! ce n'est qu'un rêve.

— Qui sait, père? On ne leur a jamais parlé comme je puis le faire. J'ai été, je devrais être encore leur chef. Pourquoi n'écouteraient-ils pas ma voix? »

Don Pedro, après s'être levé, se promena de long en large, en proie à une agitation violente ; il s'arrêta devant Unac :

« Tu es libre, lui dit-il, je comprends d'autant mieux le sentiment qui t'attire vers les lieux où tu es né, que c'est ce même sentiment qui m'a ramené et cloué ici. Va donc, et je maintiens plus que jamais les paroles que tu viens de rappeler. Si les Toltèques, renonçant à la vie sauvage, veulent venir vivre ici, je les accueillerai en frères, car il y a plus de terres autour de la vallée qu'il n'en faut pour nous nourrir tous.

— Je ne veux convaincre, père, que les guerriers de ma tribu, ceux dont mes ancêtres ont été les chefs.

— Il en sera, mon enfant, ce que la volonté de Dieu décidera ; je ne lui demande que de te revoir. »

L'annonce du départ du docteur et de ses deux serviteurs contrista tous les habitants d'Éden ; mais la surprise fut à son comble lorsque l'on apprit qu'Unac devait les accompagner. A la première nouvelle de ce départ, Camille refusa d'abord d'y ajouter foi et crut à une plaisanterie qui, pourtant, n'était guère dans les habitudes de son grand-père. Lorsque celui-ci affirma qu'il parlait sérieusement, lorsqu'il exposa les raisons mises en avant par le jeune homme, Camille pâlit et, sans mot dire, courut s'enfermer dans sa chambre.

Doña Gertrudis jeta feu et flamme. A l'entendre, le docteur était un fou, Unac un ingrat, un vrai sauvage dont les mauvais instincts, un instant dominés, reprenaient le dessus.

« L'avenir le montrera, s'écria-t-elle.

— Plus un mot, dit don Pedro, il s'éloigne avec mon consentement, et quoi que vous pensiez, doña Gertrudis, il reviendra. »

Cinq jours plus tard, les quatre voyageurs se trouvaient sur la lisière de la forêt située vers l'orient d'Éden ; ils passaient une dernière inspection de leur équipement et de leurs munitions. Ils étaient venus jusqu'à ce lieu à cheval, accompagnés de Camille et de don Pedro. Le soleil apparaissait radieux au-dessus des collines, les oiseaux le saluaient de chants harmonieux.

« Adieu, dit Camille en tendant la main à Unac.

— Non, répliqua avec vivacité le jeune homme, au revoir ! »

La jeune fille secoua la tête d'un air de doute ; au grand désappointement d'Unac, elle éperonna son cheval et s'éloigna en répétant ce triste mot : « Adieu! »

« Père, bénissez-moi, dit Unac en mettant un genou en terre devant don Pedro.

— Que la Vierge et son Fils te protègent, enfant, et quoi qu'il arrive, n'oublie jamais leurs saints noms. »

Le vieillard étendit sa main.

« Père, ajouta Unac en se relevant, dites à Camille que je lui prouverai bientôt qu'elle a tort de douter de son frère d'adoption. »

Le docteur, très ému lui-même, brusqua les adieux. Il saisit le bras d'Unac, et, franchissant le point que don Pedro lui-même considérait comme la frontière qui séparait son domaine du pays des Toltèques, il s'enfonça dans le bois. Célestin et Pélican suivirent; Dents-d'Acier, regardant tour à tour du côté de Camille et de ses maîtres, hurla tristement, puis s'avança vers la forêt. Lorsque, après une heure de marche, parvenus au sommet d'une colline, les voyageurs se retournèrent, ils aperçurent encore au loin le château, et dans la plaine la vague silhouette de Camille près de son grand-père.

« Que Dieu les bénisse! » s'écria le docteur.

Et ses compagnons répétèrent, en saluant de la main ceux qui ne pouvaient plus les entendre.

« Que Dieu les bénisse! »

CHAPITRE XII

HEURES DE MÉLANCOLIE. — LE SECRET D'UNAC. — LA FORÊT DE PALMIERS. MÉSAVENTURE DE PÉLICAN. — LE TATOU GÉANT. — LE KINKAJOU. — LA GROTTE MYSTÉRIEUSE. — ALERTE.

Les quatre voyageurs, marchant à la file, avancèrent pendant plus de deux heures n'échangeant que de rares paroles; chacun d'eux perdu dans ses souvenirs, absorbé dans ses pensées, semblait vouloir respecter celles de son voisin. Souvent, comme mus par le même ressort, ils se retournaient vers Éden, devenu invisible. Dents d'Acier seul se montrait joyeux; le brave animal ignorait qu'il venait de quitter pour longtemps ses amis de la vallée. Célestin, qui formait l'arrière-garde, profita du moment où l'on traversait un bois de palmiers, dont les troncs espacés livraient facilement passage, pour se rapprocher de son ami.

« As-tu laissé ta langue à Éden, Pélican, lui demanda-t-il, ou as-tu juré de garder le silence jusqu'au moment où nous aborderons le pays des Toltèques? Je voudrais savoir à quoi m'en tenir.

— Moi rien oublier, massa Célestin, répondit le nègre en secouant la tête avec mélancolie; mais moi penser à petite mam'zelle Camille, à don Pedro, à doña Gertrudis, et moi avoir mal au cœur.

— Tu veux dire que tu as du chagrin, Pélican, et je te comprends d'autant mieux que je n'ai pas moi-même envie de rire. D'où vient cela? Ce n'est pas la première fois que nous quittons le château, et nous avons toujours levé l'ancre en riant.

— Parce que nous savoir alors revenir bien vite; aujourd'hui nous aller loin, bien loin, chez sauvages.

— Crains-tu qu'ils ne te mangent, Pélican?

— Non, massa Célestin; seulement des jours d'un mois passer sans nous entendre rire petite mam'zelle Camille; si temps pas courir si vite, elle être aujourd'hui avec nous, comme autrefois.

— Tu parles d'or, Pélican, et ton idée m'est venue bien souvent; si je n'avais pas grandi, je serais resté à Paris, près de ceux qui m'ont élevé. C'est égal, ne nous plaignons pas trop, nous reviendrons à toutes voiles vers Éden avant un mois; nous avons donc tort d'être tristes.

— Bon docteur et massa Unac pas gais non plus, dit le nègre avec une grimace significative.

— Non, il s'en faut de beaucoup. Ne ferions-nous pas bien, Pélican, de leur rappeler que le soleil marque l'heure où il serait bon de goûter aux provisions qui rendent nos havresacs si lourds? Le docteur, je suppose, n'a pas l'intention d'aborder ce soir au pays des Toltèques; cependant il marche comme Unac, le jour où nous avons dû nous mettre à sa poursuite.

— Unac tout petit et sauvage alors, massa Célestin ; lui pas savoir, comme aujourd'hui, lire dans les livres.

— C'est qu'il y a de cela sept ans, dit Célestin en posant à terre la crosse de son fusil. Sept ans, cela semble un rêve ! »

Replaçant bientôt son arme sur son épaule, Célestin et son ami se remirent en marche.

Le docteur, par une manœuvre pareille à celle qui avait rapproché les deux amis, venait de rejoindre Unac et de se ranger à sa gauche.

« Où voyage ton esprit, Unac? demanda le naturaliste. Est-il en avant ou en arrière?

— En arrière, señor, répondit le jeune homme, près de don Pedro, près de Camille. Je songe que voici l'heure à laquelle on va amener les chevaux et que... »

Unac poussa un soupir et doubla le pas.

« Si nos calculs ne sont pas erronés, reprit le naturaliste, nous avons besoin de dix jours de marche pour atteindre ton pays, et la prudence nous ordonne de ne pas tant nous presser. A en juger par tes enjambées, on dirait que tu veux t'éloigner au plus vite de la frontière?

Unac ralentit son allure.

« Bien au contraire, señor, depuis ce matin j'ai été vingt fois tenté de reprendre le chemin d'Éden.

— Je vois d'ici la joie que ton retour causerait au château, répondit le docteur; oui, je vois d'ici Camille, émue, te sourire, et don Pedro te tendre les bras. Mais après, le désir qui te tourmente de revoir ton pays serait-il apaisé? le projet que tu as conçu d'une réconciliation si souhaitable entre les Toltèques et les blancs, l'aurais-tu exécuté? Non... Ce qui est endormi au cœur de l'homme, vois-tu, s'y réveille tôt ou tard. Les reproches que tu aurais à t'adresser d'avoir oublié ce que tu considères comme un devoir, sais-tu à qui tu les adresserais un jour dans le secret de ton esprit? à tout ce qui te rappelle en ce moment à Éden, à don Pedro, à Camille surtout.

— A Camille, s'écria Unac dont les yeux étincelèrent; non je ne reprocherais jamais quoi que ce soit à Camille. »

Il s'arrêta, comme interdit d'avoir prononcé si vivement ce nom.

« Si, répliqua le docteur, et tu te reprocherais, en outre, d'avoir laissé ton vieux professeur s'aventurer, sans toi, au milieu des dangers que tu peux l'aider à combattre.

— Votre absence, docteur, reprit Unac après un nouveau silence, laisse dans la vallée un vide plus grand que la mienne.

— Si tu le crois, Unac, répliqua le docteur, tu te trompes, et tu feras bien de rebrousser chemin.

— Je dois à votre bonté d'être l'égal des hommes blancs, répondit le jeune homme ; je vous estime et je vous aime. Le voyage que vous entreprenez vous expose, cela est certain, à des périls que ma présence peut conjurer ou amoindrir. En vous accompagnant, señor, en essayant de protéger votre vie, je vous prouve, je l'espère, que vos leçons ne sont pas tombées sur un sol ingrat. Vous m'avez appris que le dévouement est une vertu, et, malgré mon chagrin de m'éloigner de... d'Éden, j'ai la satisfaction d'accomplir un double devoir.

— Serais-tu, par hasard, reconnaissant ? s'écria le docteur d'une voix dont il essayait de cacher l'émotion, et en plaçant sa perruque sous son bras. Quoi, c'est vraiment aussi un peu pour moi que... Il est vrai que tu es un sauvage... un ci-devant sauvage, mon pauvre Unac... Ne pensons pas à moi, mon enfant ; toute la question se réduit à ceci : Est-il sage que tu joues avec ton bonheur ? Or ton bonheur est à Éden, ceci est clair. Du côté des Toltèques, je ne vois pour toi qu'un devoir un peu exagéré, que des projets dont la réalisation est si douteuse qu'on peut les considérer comme des chimères. Retourne à Éden. »

Unac se tut un instant ; une fois de plus, un combat secret se livrait dans son âme. Ce débat intérieur, dans un esprit aussi résolu, ne pouvait être long.

« Non, répondit-il avec fermeté, je souffre, je souffrirai, soit, toutefois je ne retournerai pas en arrière. Je me suis promis de vous accompagner au pays des Toltèques, de vous en ramener, je le ferai.

— Ce voyage est plein de périls, Unac, tu viens de le dire.

— Nous les braverons ensemble, señor. D'ailleurs, ajouta le jeune homme avec gaieté, ma qualité de ci-devant sauvage me protègera.

— Qui sait, dit le docteur, qui sait si, ne voyant en toi qu'un transfuge, tes compatriotes ne te seront pas plus hostiles qu'à moi-même?... »

En ce moment, Célestin s'approcha de son maître.

« Monsieur, dit l'ex-matelot en soulevant son chapeau, Pélican demande si la manœuvre des repas est changée pour la présente traversée.

— Quelle heure est-il donc, Célestin?

— Cinq heures de l'après-midi, monsieur, à la montre de Pélican qui, vous le savez, retarde toujours.

— Halte! alors. C'est assez marcher pour aujourd'hui. »

Tandis que Célestin et Pélican disposaient le dîner, le docteur et Unac se promenaient à l'écart, causant avec animation. Il fallut les appeler par trois fois pour qu'ils revinssent près du bivouac.

« Non, non, répétait Unac au naturaliste, je ne vous laisserai pas seul à la merci des Toltèques; d'ailleurs, je veux revoir mon pays. Ce n'est qu'après avoir tout tenté pour ramener mes compatriotes au sentiment de leurs vrais intérêts que, s'ils refusent de m'écouter, j'aurai le droit de me séparer d'eux pour toujours. Plus un mot sur ce point, docteur, ma résolution est inébranlable. »

Le repas fut morne; à peine était-il terminé que la nuit vint; il fallut songer à dormir. Le sommeil se montra rebelle dans le petit camp, et, plus d'une fois, les voyageurs se relevèrent pour alimenter le foyer de branches.

Enfin ils s'endormirent et, la nature reprenant ses droits, ils ne se réveillèrent qu'aux cris nasillards d'une bande de perroquets logés au-dessus d'eux.

Les provisions emportées du château suffisaient amplement pour le déjeuner; aussi ne fut-il pas nécessaire de se mettre en chasse. L'eau seule fut ménagée, car la soif était un des principaux périls du voyage, l'implacable ennemi contre lequel on pouvait avoir à lutter.

Pendant deux jours, les voyageurs marchèrent silencieux, recueillis à travers une forêt de palmiers. Rien de plus inhospitalier que ces arbres uniformes dont les larges feuilles, en interceptant les rayons du soleil, ne permettent guère à la végétation de se développer. En général, sous l'ombre des arbres monocotylédons, le sol semble stérile : pas d'herbes, pas de lianes, pas d'insectes, pas d'oiseaux ; un calme lugubre règne dans ces forêts, que paraissent fuir tous les êtres animés. Le matin du troisième jour, les provisions emportées du château étant épuisées, on tint conseil.

Fallait-il continuer d'avancer en droite ligne, ou incliner soit à droite, soit à gauche pour sortir enfin de la forêt de palmiers ? Célestin prétendait qu'en se dirigeant vers la gauche on retrouverait les collines et, par conséquent, des bois à essences variées. Tandis que l'on discutait, Pélican, avisant un palmier dont la cime dépassait celle de ses voisins, se hissa jusqu'au faîte et redescendit bientôt :

« Massa Célestin avoir raison, dit le nègre ; en avant, en arrière, à droite, partout palmiers ; à gauche, petites montagnes et grands arbres. »

La marche fut aussitôt reprise dans cette direction. Au bout d'une heure, on vit les lianes paraître. Le terrain se releva et un plateau fut atteint. Sans hésiter, le docteur s'engagea sur le versant et, vers quatre heures de l'après-midi, le naturaliste s'arrêtait au fond d'une vallée, près d'une petite source, en face d'une forêt bordée d'ébéniers, de liquidambars et de sapotés.

Des cris de joie saluèrent ce joli site, et l'on résolut d'y passer la journée du lendemain. Unac, qui avait emporté son arc et ses flèches, fut bientôt maître d'un dindon sauvage.

Les voyageurs soupèrent joyeusement, libres de se désaltérer à satiété. Ils causèrent encore d'Éden, mais leurs cœurs étaient moins serrés. Tout au bien présent, il leur semblait que, désormais, ils ne devaient plus trouver que de riants bivouacs.

Les deux rives du ruisseau étaient bordées de beaux arbres au feuillage d'un vert d'émeraude.

« Ne sont-ce pas là des cécropias ? demanda Unac au docteur.

— Oui, répondit le naturaliste, et je serais bien surpris si, ce soir, nous n'entendions pas le cri du paresseux ou aï. Ce singulier animal se nourrit presque exclusivement des feuilles du *cecropia*, et je le considère comme le parasite de cet arbre. »

Comme pour donner raison au savant, les sons aï, aï, qui ont valu son nom au paresseux, retentirent lugubres.

« Moi trouver lui, s'écria Pélican, et nous savoir si lui être bon à manger. »

Le nègre venait à peine de disparaître qu'il appelait Célestin en poussant des cris de douleur. L'ex-matelot courut vers son ami et partit d'un éclat de rire. Un grand aï, suspendu à une branche, avait saisi Pélican par les cheveux et le tirait à lui.

« Fais vite lâcher lui, massa Célestin, dit Pélican, ou lui pas laisser à moi une seule mèche. »

Ce ne fut pas chose facile que d'ouvrir la patte de l'aï, patte composée de trois doigts soudés ensemble jusqu'aux ongles. L'intervention d'Unac et du docteur devint même nécessaire pour débarrasser Pélican; mais l'aï paya sa hardiesse de sa vie.

« Le vilain singe! s'écria le nègre en se frottant le crâne; moi plus jamais avoir pitié de ses pareils.

— L'aï n'est pas un singe, Pélican, dit le docteur, bien qu'il s'en rapproche beaucoup par ses formes. D'abord il n'a pas de pouce, et son estomac est construit comme celui des ruminants. L'aï, l'unau, le kouri sont des bradypes, mot qui signifie pieds lents, et ils sont rangés par les savants dans la famille des édentés; ce sont des frères des fourmiliers et des tatous. »

L'animal dont on venait de se rendre maître mesurait soixante centimètres environ; c'est à peu près la taille extrême de l'aï. Pélican se mit en devoir de le dépecer.

« M'expliqueras-tu, dit Célestin en le secondant, par quelle étourderie tu as confié ton toupet à la patte de ce *momifère?*

— Moi rien confier, massa Célestin, lui prendre toupet tout seul.

— Veux-tu me faire croire, Pélican, que cette bête, qui a besoin d'un jour pour franchir un espace d'un mètre, a mis à la voile pour courir après toi? »

En somme, Pélican étant sorti sain et sauf de cette aventure, Célestin put en rire à son aise. Bientôt les deux amis revinrent près du foyer, laissant à Dents-d'Acier une abondante curée. Unac et le docteur avaient suivi le cours du ruisseau; séduits par une herbe épaisse, ils s'étaient assis et causaient. En face d'eux se trouvait une berge assez rapide et l'entrée d'un terrier auquel ils n'avaient pas pris garde. De ce terrier sortit tout à coup un museau. Les deux causeurs se turent et, peu à peu, virent apparaître un *tatou géant*, le *dasypus gigas* des savants.

L'animal, une fois dehors, regarda avec méfiance autour de lui, puis se hasarda à faire cinq ou six pas. D'un brun noirâtre, la cuirasse du tatou géant est composée de douzes bandes d'écailles mobiles, disposées comme les tuiles d'un toit. Il se nourrit d'insectes et fouille les nids de termites, à la morsure desquels il se montre insensible.

Après avoir humé l'air dans toutes les directions, le tatou, qui mesurait près d'un mètre, se mit à marcher d'un pas indolent. Le docteur se leva aussitôt et le suivit d'assez loin pour ne pas lui donner l'éveil. De temps à autre l'édenté creusait la terre à l'aide de son museau, ou se dressait contre un tronc d'arbre pour happer de pauvres insectes. Rien de plus étrange que de voir cette bête au dos et à la croupe couverts de petites écailles, au ventre garni de longs poils roux, flâner ainsi parmi les herbes et les buissons.

Après chaque station, le tatou humait l'air et reprenait sa marche. Le docteur, en dépit de ses précautions, agitait parfois un rameau. Aussitôt, rapide comme l'éclair, le tatou se roulait en boule. Peu à peu le silence le rassurait, et, se replaçant sur ses quatre pattes, il continuait sa route vers l'endroit où gisait le paresseux dont Dents-d'Acier dévorait les débris.

« Oh! oh! murmura le docteur, ai-je eu tort de traiter de fable l'assertion des Indiens qui prétendent que le tatou géant est attiré par l'odeur des cadavres, qu'il se repaît à l'occasion de leur chair? Mais non, les édentés sont des herbivores, des insectivores et non des carnivores. »

Les allures du tatou devenaient à chaque pas plus intéressantes pour le naturaliste, lorsque Dents-d'Acier, assez coutumier du fait, vint déranger les calculs de son maître. Le mâtin fondit à l'improviste sur le promeneur qui, surpris, eut recours à sa grande ressource et se roula sur lui-même. Étonné de ne plus voir qu'une boule devant lui, le chien eut un moment d'hésitation et fut saisi par Célestin qui le contint. Le tatou se releva avec prestesse, regagna son terrier, et la question de savoir si ce singulier animal devient à l'occasion carnivore fut de nouveau ajournée.

Le docteur ne se tint pas pour battu ; il découpa un morceau de la cuisse du paresseux et le déposa près de la demeure du tatou, se promettant de surveiller cet appât.

La chair du paresseux, blanche et délicate, fut assez du goût des quatre voyageurs. Néanmoins ils s'attaquèrent de préférence à celle du dindon, car l'homme éprouve toujours une certaine répugnance à manger pour la première fois un mets inconnu. Le grand paresseux et le kouri sont des animaux trop rares pour que les Indiens en fassent leur nourriture ordinaire; quant à l'unau, commun sur les bords des grands cours d'eau, il leur fournit un aliment dont ils se montrent friands.

Vers cinq heures du soir, de nombreux oiseaux vinrent se poser sur les buissons qui bordaient le ruisseau, et ce fut bientôt un bruit assourdissant de notes tristes, gaies, sonores, plaintives, étranges. Le soleil disparut derrière les collines et les voix se turent comme par enchantement. Profitant des derniers rayons du jour, le docteur se dirigea vers le terrier du tatou. Approchant avec précaution, il vit un animal qui, assis sur son train de derrière, dévorait l'appât.

« Quelle est cette bête? demanda Célestin à son maître qu'il avait suivi.

— Un kinkajou, répondit le naturaliste.

— Je n'en ai pas encore vu.

— C'est qu'il très rare... Chut! ne l'effrayons pas. »

Le kinkajou, *cecroleptus* des savants, est un animal dont la singulière structure déroute un peu les naturalistes. Les uns, comme Cuvier, le rangent parmi les ours à cause de sa marche plantigrade; cependant, sa queue prenante le fait d'ordinaire ranger parmi les singes. Long d'un mètre environ, celui que le docteur examinait avait les poils d'un gris mêlé de roux vif; sa tête, arrondie comme celle d'un chat, était ornée de deux grands yeux noirs, qui lui donnait un air très intelligent.

Une fois rassasiée, la jolie bête étira ses membres, poussa un grognement de satisfaction et s'élança d'un bond sur une branche autour de laquelle s'enroula aussitôt sa queue velue. Là, assise sur son train de derrière, elle se mit à lisser ses poils avec mille gracieuses mines. Un mouvement de Célestin ayant attiré son

HEURES DE MÉLANCOLIE.

Ils se trouvèrent devant une statue. (Page 482.)

attention, le kinkajou se coucha le long de la branche, dans l'attitude d'un chat qui guette une proie.

« Faut-il l'abattre? demanda Célestin.

— Non, répondit le docteur, je possède déjà la peau d'un de ses pareils. »

Au bruit de ces voix, le kinkajou répondit par un cri aigu; grimpant aussitôt jusqu'au sommet de l'arbre, il disparut dans le feuillage. Une heure plus tard les voyageurs, étendus au pied d'une roche et protégés par deux foyers, dormaient d'un profond sommeil. Dents-d'Acier, dont on redoutait les excursions nocturnes, était solidement attaché et, de temps à autre, répondait aux rugissements des fauves par un aboiement étouffé.

Le lendemain, ainsi qu'il avait été convenu, on passa la journée près du ruisseau. Le docteur déposa un nouvel appât près de la demeure du tatou, et perdit de longues heures à attendre l'apparition de l'animal. Célestin et Pélican s'occupèrent de fourbir les armes; Unac rôda autour du bivouac, recueillant machinalement des insectes et des plantes.

Le surlendemain, au point du jour, les voyageurs se mettaient en route.

« En avant! cria Unac en s'élançant sur la pente de la colline au pied de laquelle naissait le ruisseau; plus nous marcherons vite, plus vite nous reviendrons.

— En avant! » répétèrent ses compagnons.

Et la colline fut lestement escaladée. On gagna un plateau couvert de pins, d'où l'on apercevait une colline plus haute encore que celle que l'on venait de gravir. Il fallut descendre au fond d'une gorge, puis s'engager sur une pente presque à pic. Vers trois heures de l'après-midi les voyageurs, harassés, n'avaient pas encore atteint le sommet sur lequel ils se proposaient de camper.

« Pousserons-nous plus loin, Unac? demanda le docteur au jeune homme qui marchait près de lui.

— Pélican et Célestin portent de plus lourds fardeaux que nous, répondit Unac; or, puisque vous me demandez mon avis, il me semble que l'étape a été longue et que ce lieu serait un bon bivouac.

— Halte! cria le docteur.

— Ouf! dit Célestin en se laissant tomber sur l'herbe.

— Où est Pélican? demanda le naturaliste en regardant autour de lui.

— Pélican, monsieur, répondit Célestin, au lieu de marcher comme nous en droite ligne, décrit des zigzags qui, dit-il, rendent les pentes moins pénibles à gravir. Il a emprunté cette manœuvre à Dents-d'Acier, qui louvoie sans cesse à droite et à gauche. Holà! cria l'ex-matelot à son ami, arriveras-tu enfin, Pélican?

— Moi rester ici et vous venir, cria le nègre.
— Et pourquoi cela, s'il te plaît? As-tu par hasard découvert une hôtellerie?
— Oui, répliqua Pélican, moi découvrir femme et maison.
— Une femme! une maison! » s'écria Célestin en s'avançant vers son ami.

Le docteur et Unac suivirent le matelot des yeux, le virent s'arrêter, lever les bras d'un air stupéfait, et les appeler aussitôt. Ramassant leur équipement ils se hâtèrent de le rejoindre, et se trouvèrent avec surprise devant une statue colossale de femme posée à l'entrée d'une grotte, dont elle semblait défendre l'accès.

CHAPITRE XIII

LA DÉESSE MICTANCIHUALT. — VOYAGE DANS LES TÉNÈBRES. — DÉCOUVERTES FOSSILES. — UNE ALERTE. — ÉLÉPHANT, MASTODONTE ET MAMMOUTH. — SECONDE ALERTE.

La statue, grossièrement taillée dans un bloc de granit rouge, mesurait environ trois mètres de haut. Ses pieds nus reposaient sur le sol, et sa tête, assez expressive, souriait d'une façon étrange. L'artiste avait voulu représenter un corps de femme; mais son œuvre, raide, d'une venue, semblait à peine ébauchée. Néanmoins, il y avait quelque chose de saisissant à voir se dresser, dans la solitude où l'on se trouvait, cette grande silhouette qui, la main droite levée vers l'orient, désignait de la gauche l'entrée de la grotte. Unac fit deux ou trois fois le tour de l'image de pierre.

« La dame possède des armes pareilles aux vôtres, dit Célestin au jeune homme en lui montrant un carquois suspendu à l'épaule de la statue.

— Et les flèches qu'elle porte sont destinées aux hommes, répondit Unac. Je reconnais maintenant la déesse Mictancihualt, que les Astèques, après les Toltèques, ont longtemps adorée.

— Mictanc... Mictanci.... Mict... Que signifie ce nom? dit Célestin en renonçant à l'articuler.

— Ce nom est celui de la déesse des ténèbres, répondit Unac. Dans la croyance des Toltèques, Mictancihualt, afin de peupler les sombres régions qu'elle habite, est sans cesse occupée à immoler les vivants. Nous sommes, ajouta le jeune homme en montrant l'ouverture de la grotte, devant l'entrée d'un de ses mystérieux palais.

— Palais que nous visiterons puisqu'elle semble nous y inviter, dit le docteur. Ta déesse, Unac, me paraît sœur de cette Proserpine de la mythologie grecque, dont je t'ai appris l'histoire.

— Elle lui ressemble d'autant mieux, señor, qu'elle a pour époux Mictanteuctli, roi des ténèbres, auquel les Astèques avaient élevé un temple à Mexico.

— Les Toltèques l'adorent-ils encore?

— Oui, ils lui offrent souvent des sacrifices.

— Dans les grottes qui lui sont consacrées?

— Non; ils osent rarement pénétrer dans les cavernes. Quant aux anciens Toltèques, ils enterraient dans ces lieux obscurs ceux de leurs chefs qu'ils croyaient avoir été atteints, durant une bataille, par les flèches meurtrières de la déesse. »

L'emplacement du bivouac choisi, les branches résineuses d'un liquidambar, découvert par Célestin, fournirent aux quatre explorateurs plus de torches qu'il ne leur en fallait. Ne gardant que leurs armes, ils pénétrèrent hardiment sous la sombre voûte. Ils se trouvèrent bientôt dans une galerie étroite, au fond de laquelle, sortant à demi d'un monceau de terre rougeâtre, se montraient quelques ossements.

« Les victimes de la déesse, dit Unac.

— Non pas, ami, s'écria le docteur, mais des débris fossiles d'une magnifique conservation. Éclaire-moi, Pélican, et toi, Célestin, aide-moi à dégager cette tête. Voici une précieuse trouvaille. »

Tout en parlant, le naturaliste écartait la terre à l'aide de son machété, et retirait avec soin les os qu'il rencontrait.

« Est-il bien de troubler les restes des morts? demanda Unac.

— Ces débris, s'empressa de répondre le docteur, sont ceux d'animaux antédiluviens. Si par hasard un fragment d'os humain

Les voyageurs pénétrèrent dans la grotte. (Page 489.)

se trouvait parmi eux, il appartiendrait à cet homme fossile que les savants cherchent depuis tant d'années. Doucement, Célestin, ces os sont friables et, vu leur âge, demandent à être maniés avec délicatesse. »

Ayant dégagé assez d'ossements pour en charger ses deux serviteurs, le docteur regagna l'entrée du souterrain et se mit aussitôt à l'étude.

« Oh, oh! dit-il soudain, voici un fragment qui provient d'un ancêtre du tatou-géant, le fameux *glyptodon* de Cuvier.

— Lui être grand alors, dit Pélican.

— Sa taille était à peu près celle d'un bœuf.

— Un tatou de la taille d'un bœuf! s'écria Célestin, n'est-ce pas là un conte, monsieur?

— Non, Célestin, et en voici la preuve. Du reste, on a retrouvé plusieurs carapaces ayant appartenu à cet édenté, et ces carapaces mesuraient de trois à quatre mètres.

— Et lui creuser trous dans terre pour loger lui? demanda Pélican.

— Je ne crois pas, répondit le docteur; le *glyptodon*, selon toute probabilité, vivait de racines, de feuilles, et habitait au grand air.

— Que dirais-tu, Pélican, demanda Célestin à son ami, si, à l'heure où tu cherches des branches pour le foyer, tu voyais apparaître un tatou ayant la taille d'un bœuf?

— Moi avoir très peur et m'en aller très vite, massa Célestin.

— Sans me flatter, répondit l'ex-matelot, j'exécuterais, je crois, la même manœuvre.

— Je n'oserais répondre, dit à son tour le docteur, que fuir ne fût aussi mon premier mouvement. Aide-moi à nettoyer ce fémur, Célestin, c'est celui du *megatherium* américain, animal dont la taille égalait celle de l'éléphant. Sa force devait être extraordinaire, à en juger par ses restes, et le savant Owen, qui le premier a découvert le squelette de cet habitant du monde primitif, croit qu'il renversait les arbres pour se nourrir de leurs feuilles.

— Alors le grand tatou n'était rien du tout à côté de lui! s'écria Célestin. C'est égal, au risque de prendre mes jambes à mon cou, je donnerais bien une pipe de tabac, — et ce n'est pas offrir peu de chose dans ce désert, — pour voir défiler devant moi ces bêtes du temps passé. Je te conseille, Pélican, ajouta Célestin en s'adressant à son ami, de naviguer dorénavant en regardant avec soin devant toi, ce que tu ne fais pas toujours. Nous allons pénétrer dans des pays inconnus, et, bien que notre maître affirme que les bêtes dont il nous a raconté l'histoire n'existent plus, l'une d'elles, restée comme échantillon, pourrait bien se présenter à nos yeux.

— Moi prendre garde, massa Célestin; cependant, moi pas fâché de rencontrer petit lapin gros comme un porc, ou petit écureuil gros comme Dents-d'Acier.

— Un lapin gros comme un porc ne serait plus un petit lapin, Pélican. »

La nuit était venue depuis longtemps que le naturaliste, à la lueur du foyer largement alimenté, étudiait encore les ossements rapportés du fond de la grotte, expliquant à ses compagnons les formes singulières et les habitudes plus singulières encore des animaux disparus de la surface du globe, et dont les cavernes et les lits des fleuves livrent de temps à autre les débris.

Enfin, vaincus par la fatigue, les voyageurs s'étendirent pour goûter un peu de repos.

Vers trois heures du matin, bien avant qu'il fît jour, un aboiement de leur chien réveilla les dormeurs. Ils examinèrent le terrain éclairé par la lueur de leur foyer, cherchant en vain ce qui avait pu motiver l'avis de leur vigilant compagnon. Ils commençaient à croire à une fausse alerte lorsqu'un bruit sourd, prolongé, semblable à un mugissement lointain, parut sortir des profondeurs de la grotte. Célestin et Pélican sautèrent sur leurs armes.

« Serait-ce le grand tatou? » s'écria l'ex-matelot, tandis que Pélican ouvrait démesurément les yeux et armait son fusil.

Le mugissement cessa peu à peu, et le silence régna de nouveau.

L'oreille des voyageurs, familiarisée depuis longtemps avec tous les bruits des solitudes et des forêts, se trouvait cette fois en défaut. Chacun d'eux, au mouvement du feuillage, au bruit des branches sèches, au plus léger grognement, savait d'ordinaire reconnaître la nature de l'animal qui, surpris, fuyait ou se plaignait. Mais le mugissement entendu, et surtout le lieu d'où il partait déroutèrent leur expérience.

« Grosse bête cachée là-dedans, dit Pélican en montrant l'entrée de la grotte.

— Non, dit Unac, nous avons pénétré dans ce souterrain jusqu'à des profondeurs où les fauves ne se hasardent jamais, et ce n'est point le cri d'un animal que nous avons entendu.

— Sommes-nous véritablement devant une des entrées de l'enfer? s'écria Célestin.

— Que pensez-vous de ce bruit, señor? demanda enfin Unac au docteur qui gardait le silence et semblait réfléchir.

— Je pense, Unac, qu'un éboulement vient de se produire dans la grotte et qu'un écho nous en a renvoyé le bruit. »

En ce moment le mugissement reprit de nouveau et dura près de cinq minutes sans interruption. Le docteur et Unac s'étant rapprochés de l'entrée du souterrain, écoutèrent avec attention. De même que la première fois, la rumeur s'éteignit peu à peu.

« Voilà qui est étrange! s'écria le naturaliste. Ne dirait-on pas qu'un troupeau de bœufs mugit à la fois dans ces profondeurs? Il y a là un écoulement d'eaux intermittentes. »

Unac secoua la tête en signe de doute.

« Alors quelle est ton idée?

— Ce bruit est produit par des hommes, señor.

— Par des hommes! oublies-tu où nous sommes? Par le ciel! comme dit notre cher hôte don Pedro, j'aurai l'explication de ce phénomène. Holà! Pélican, possédons-nous encore des branches de liquidambar?

— L'arbre être là, massa.

— Alors fabrique-moi une demi-douzaine de torches, je vais explorer cette grotte.

— Vous aller tout seul là-dedans? s'écria le nègre.

— A moins que tu ne veuilles m'accompagner, Pélican?

— Moi aller partout avec vous, massa.

— Et moi, Pélican, me comptes-tu pour un zéro? demanda Célestin.

— Où moi aller, toi toujours aller, massa Célestin, dit le nègre, en montrant ses dents, même au fond de l'eau pour repêcher moi.

— C'est toi qui m'as repêché, entêté.

— Non...

— Si...

— Il faudra décidément que je te rosse d'importance, Pélican, s'écria Célestin, pour faire entrer de force dans ta tête que c'est toi qui m'as repêché. »

Le docteur mit fin à cette éternelle discussion de ses deux serviteurs en leur ordonnant d'aller tailler des branches résineuses. Un quart d'heure plus tard, munis chacun d'une torche enflammée, les voyageurs pénétraient dans la grotte et parcouraient rapidement la galerie qu'ils avaient explorée une première fois. Arrivé près du monticule de terre dont il avait extrait les ossements fossiles, le docteur se mit à le fouiller de nouveau et parut bientôt oublier le vrai but de sa présence dans la caverne. Le mugissement déjà entendu résonna pour la troisième fois.

Le docteur, abandonnant la tête d'une gigantesque chauve-souris qu'il faisait admirer à ses compagnons, se releva et suivit Unac qui, descendant une pente assez rapide, pénétra dans une seconde galerie. Les ténèbres devinrent si épaisses que les torches éclairaient à peine, et l'on n'avança plus qu'avec lenteur. Pélican, malgré les recommandations du docteur, allait de droite à gauche sur les traces de Dents-d'Acier.

« Oh! s'écria tout à coup le nègre, toi venir vite, massa Célestin; moi trouver grand tatou.

— Vivant? demanda l'ex-matelot.

— Non; lui mort, et laisser ici cuirasse à lui. »

Le docteur et Unac, se rapprochant de Pélican, se trouvèrent en effet près d'une gigantesque carapace soudée au sol par une couche calcaire provenant de la filtration des eaux. Cette carapace, longue de plus de trois mètres, eût suffi pour couvrir un cheval. L'attention des explorateurs fut attirée d'un autre côté par un monceau de défenses de mastodonte. A la vue de ces dents gigantesques, Unac et Pélican, qui n'avaient jamais vu d'éléphant que dans les livres d'histoire naturelle, poussèrent une exclamation de surprise.

« Est-il possible, dit Unac avec stupéfaction, qu'un animal ayant de tels crocs dans la bouche ait pu exister! Sa taille devait être celle d'une montagne.

— Et falloir à lui une baleine ou un arbre pour déjeuner, s'écria Pélican.

— Ces crocs, comme tu les appelles, Unac, reprit le docteur, ont appartenu à un animal nommé *mastodonte* par les savants, et cela à cause de la forme mamelonnée de ses dents. Le mastodonte a été, sur le globe, le prédécesseur de notre éléphant.

— De pareilles dents, dit Unac qui ramassa une molaire plus

grosse que son poing, furent trouvées par un Toltèque dans une lagune desséchée. On les suspendit à un poteau où elles sont sans doute encore, et mon père me raconta qu'elles appartenaient à une race de géants qui avaient précédé la nôtre sur la terre du Yucatan.

— Cette croyance est commune à tous les peuples d'Amérique, Unac. Les Chichimèques, les Tépanèques, les Astèques eux-mêmes ont cru à l'existence de géants, dont l'appétit formidable épuisa si bien tous les produits de la terre, qu'un beau jour, ne trouvant plus rien à manger, ils moururent de faim. Le musée de Mexico renferme des os ayant appartenu à des *mammouths* ou à des *mastodontes*, et, il y a quelques années à peine, on les regardait encore comme les restes de cette race gigantesque qui, au dire des ignorants, occupait autrefois le Mexique.

— Éléphant, mammouth ou mastodonte, ce n'est donc pas un même animal? demanda Unac.

— Non certes, répondit le naturaliste, l'éléphant est un pachyderme, de la famille des proboscidiens ; il n'a pas de dents incisives ; les deux canines de sa mâchoire supérieure, développées outre mesure, portent le nom de défenses et lui servent à arracher du sol les racines dont il se nourrit. L'éléphant se divise en deux espèces : celui des Indes qui a cinq ongles aux pieds de devant et quatre à ceux de derrière, tandis que l'éléphant d'Afrique n'en possède que trois. Quant au mammouth, nom donné par les Russes à l'éléphant fossile, il ne différait de l'éléphant d'Asie que par l'épaisse fourrure qui couvrait son corps, comme celui de tous les animaux des pays froids. Le mastodonte, primitivement désigné sous le nom d'animal de l'Ohio, du nom d'un fleuve d'Amérique sur les bords duquel on trouva ses débris en abondance, a été découvert depuis sur toute l'étendue du continent américain ; on en compte aujourd'hui sept ou huit espèces, et qui sait si ce n'est pas une neuvième que nous avons sous les yeux?

— Si nous possédions une voiture pour transporter la cargaison d'ivoire que voilà, dit Célestin à son ami, notre fortune serait faite.

— Nous pouvoir toujours emporter une ou deux grosses dents pour donner à mam'zelle Camille, dit le nègre.

— L'idée n'est pas mauvaise, répondit Célestin; mais explique-moi, Pélican, comment tu t'y prendrais pour défiler à travers les arbres avec cette quenotte sur le dos.

— Moi couper lui en deux.

— Possèdes-tu donc une scie?

— Moi avoir machété.

— Couper de l'ivoire avec un machété! voilà un tour de force dont je te défie. N'essaye pas, entêté que tu es; tu vas ébrécher ton arme. »

Un seul coup frappé sur l'une des défenses suffit pour convaincre Pélican de la dureté de l'ivoire fossile.

« Célestin a raison, dit le docteur à Unac, un véritable trésor est enfoui là. A notre retour à Éden nous instruirons don Pedro de l'existence de cette grotte; tôt ou tard il pourra faire exploiter les richesses qui dorment ici depuis tant de siècles. »

Une fois encore, captivés par les débris qu'ils venaient de rencontrer, les voyageurs perdirent de vue l'objet principal de leur exploration.

« Avançons, » dit Unac, que le bruit entendu semblait intriguer beaucoup plus que ses compagnons.

Le docteur se décida enfin à se remettre en route.

« Je commence à croire, dit Unac, que cette grotte traverse la montagne de part en part; les Toltèques ont parfois creusé de pareils chemins.

— Oui, répondit le naturaliste, mais, ici, la nature seule s'est chargée d'agir; les amas de fossiles que nous venons de rencontrer ont été déposés dans ces grottes par les eaux, et cela bien avant l'apparition des Toltèques. Ah! la voûte s'abaisse, allons-nous être forcés de marcher à quatre pattes? »

Plus d'une heure s'était écoulée depuis que les hardis explorateurs avaient pénétré dans la grotte, et le mugissement singulier, inexplicable qui les y avait attirés, ne résonnait plus. Unac, qui marchait en avant, s'engagea soudain sur des fragments de rocher tombés de la voûte. Parvenu au faîte de cet éboulement, il se baissa et jeta sa torche.

« Éteignez vos lumières et retenez Dents-d'Acier, » cria-t-il à ses compagnons d'une voix impérieuse.

Au même instant un bruit formidable, semblable au roulement du tonnerre, envahit la grotte. Le docteur et ses deux serviteurs, stupéfiés, obéirent à l'ordre qui venait de leur être donné, et furent bientôt enveloppés d'épaisses ténèbres.

CHAPITRE XIV

LES TOLTÈQUES. — UNE RECOMMANDATION DE CAMILLE. — PROMENADE DANS LE CAMP ENNEMI. — ÉDEN EN DANGER. — RETOUR EN ARRIÈRE. — PRISONNIERS !

Pélican, qui se trouvait près de Dents-d'Acier, l'avait saisi par son collier et le retenait avec force, car le mâtin essayait de rejoindre Unac.

« Sommes-nous donc dans une fabrique de tonnerres ? murmura Célestin en couvrant ses oreilles de ses mains. Sans fanal, comment allons-nous naviguer dans cette bouteille d'encre ? »

Levant les yeux vers la voûte, l'ex-matelot aperçut un faible rayon de lumière, et, peu à peu, il distingua Unac qui, assis au sommet de l'éboulement, se penchait en avant. Célestin se mit aussitôt en route pour rejoindre le jeune homme ; ce n'était pas chose facile que de se hisser sur ces décombres semés de trous dangereux. Soudain sa main se posa sur un pied.

« Qui va là ? demanda le matelot.

— La jambe à moi, massa Célestin. Moi monter là-haut pour voir clair.

— Alors nous ferons route de conserve. Sais-tu dans quelle direction se trouve le maître ?

— Lui être à côté de moi et tenir aussi Dents-d'Acier. »

Le bruit cessa ; les échos du souterrain s'apaisèrent avec lenteur.

« Saurons-nous enfin d'où vient cette musique ? » s'écria Célestin.

Les deux amis atteignirent le sommet de l'éboulement ; leurs regards plongèrent aussitôt dans une galerie longue d'au moins trois cents mètres, à l'extrémité de laquelle se trouvait une large ouverture par laquelle le jour pénétrait. Devant cette ouverture, une douzaine d'hommes se tenaient debout près d'un gigantesque tambour sur lequel ils frappaient à tour de rôle.

« Qu'est-ce que cela ? s'écria Célestin stupéfait.

— Des Toltèques, répondit Unac.

— Des Toltèques! s'écria l'ex-matelot au comble de la surprise ; nous devions marcher durant huit ou quinze jours pour atteindre leur pays ; ce souterrain abrège-t-il les distances? »

Unac ne répondit pas ; de même que le docteur, il regardait les Indiens, postés à l'entrée de la grotte, passer et repasser en se démenant comme de véritables démons. Enfin le tambour fut emporté, les Indiens baisèrent le sol, puis disparurent un à un. Le dernier, posant la main à la hauteur de son front, resta longtemps le regard fixe, comme si son attention eût été attirée par quelque chose d'étrange. Tout à coup il saisit son fusil, le déchargea dans les ténèbres, et s'éloigna.

« Est-ce sur nous que ce gueux vient de tirer ? demanda Célestin.

— Non, répondit Pélican ; lui viser à gauche. »

Unac imposa silence à ses compagnons, qui, pendant un quart d'heure demeurèrent immobiles et silencieux.

« Suivez-moi sans bruit, dit enfin le jeune homme, et n'oubliez pas que, jusqu'à nouvel ordre, nous devons considérer les guerriers que nous venons d'apercevoir comme nos ennemis.

— Et que penses-tu de cette rencontre, Unac, demanda le docteur.

— Je pense, señor, que les Toltèques connaissant cette grotte, et frappés de quelque calamité dans leur pays, sont venus offrir des présents à la déesse de la Nuit.

— Est-ce leur coutume de s'aventurer si loin ?

— Quelquefois ; cependant le fait est rare et m'inquiète. »

Unac, rasant la muraille de roche, se dirigea vers l'ouverture de la grotte.

« Attendez-moi ici, dit-il à ses compagnons en leur montrant un enfoncement qui pouvait les abriter.

— Prétends-tu aller seul à la découverte, demanda le docteur.

— Oui ; à quoi bon nous exposer tous ?

— Reste, dit le naturaliste ; le soin de veiller sur notre petite troupe m'appartient.

— Ce soin, monsieur, s'écria Célestin, appartient à vos serviteurs, c'est-à-dire à moi et à Pélican.

— Non, non, mes amis ; partout et toujours, c'est au capitaine de marcher en avant.

— Au départ, fit Unac, j'ai promis à mon grand-père de veiller sur vous.

— Au départ, reprit Célestin, nous avons fait serment, Pélican et moi, de ne jamais vous perdre de vue, señor Unac.

— Et à qui avez-vous fait une pareille promesse ?

— A mam'zelle Camille, répondit Pélican.

— Quoi ! s'écria le jeune homme ; Camille... »

Il n'acheva pas.

« La même personne, Unac, reprit le docteur, m'a aussi chargé de veiller sur toi.

— Petite mam'zelle Camille aimer très fort massa Unac, » dit sentencieusement Pélican. »

Le sang afflua sur les joues du jeune homme, mais il ne répliqua pas.

Les voyageurs allaient oublier la situation dans laquelle ils se trouvaient, lorsqu'un battement d'ailes attira leur attention vers l'ouverture de la grotte, devant laquelle venaient de s'abattre deux vautours. En même temps, de petits oiseaux lancèrent quelques notes joyeuses.

« Messieurs Toltèques être partis, s'écria Pélican ; sans cela vautours pas venir ici et petits oiseaux pas chanter. »

La remarque de Pélican était judicieuse ; néanmoins le docteur, qui se plaça d'autorité en tête de la colonne, n'avança qu'avec prudence. Lorsqu'il atteignit l'entrée du souterrain, les vautours poussèrent un cri rauque et reprirent leur vol.

Les voraces oiseaux avaient été attirés par les cadavres d'une demi-douzaine d'animaux égorgés et gisant sur le sol, sanglant sacrifice offert par les Indiens à la déesse des ténèbres.

La grotte s'ouvrait à mi-côte d'un ravin presque à pic, et les voyageurs ne se hasardèrent sur cette pente qu'après un sérieux examen des alentours. Dents-d'Acier, tenu en laisse, flairait le sol et grognait. Le mâtin savait au besoin demeurer muet, mais il était toujours difficile de l'empêcher de se jeter sur une proie; or, sans nul doute, il eût traité un Indien comme une bête fauve.

Au bas du ravin, les explorateurs trouvèrent un ruisseau; ils s'empressèrent d'y remplir leurs gourdes. Dents-d'Acier tirait si fort Pélican vers la gauche, que le nègre se laissa entraîner dans cette direction. Il arriva bientôt dans un large espace découvert où des feux brûlaient encore; c'était le bivouac récemment abandonné par les Indiens.

Le nombre des feux, et surtout le sol foulé dans tous les sens, prouvaient que les Toltèques étaient nombreux. Çà et là des huttes de branches, des lits de feuilles sèches. Unac demeura longtemps pensif devant ce camp, se promenant à travers les cabanes désertes. Le jeune homme paraissait ému; c'est que mille souvenirs, effacés depuis qu'il vivait de la vie civilisée, se ravivaient dans sa mémoire. Parfois, à la vue d'un morceau de bois taillé d'une certaine façon, d'une sandale usée, de joncs tressés, un sourire illuminait son visage ou une larme perlait dans ses yeux.

Comprenant le trouble jeté dans l'esprit de son jeune ami par les choses qu'il rencontrait, qui lui rappelaient son enfance, le docteur se gardait de lui parler. Quant à Célestin et à Pélican, ils venaient de découvrir un jeune faon à moitié dépecé, et taillaient sans façon des grillades dans ce gibier oublié.

Enfin Unac entraîna le docteur sur un sentier fraîchement tracé dans les hautes herbes, et suivit cette piste avec ardeur. Le sentier obliquait vers la gauche; les Toltèques, à n'en pas douter, franchissaient en ce moment la montagne traversée par le souterrain.

Unac marchait de plus en plus rapidement; le docteur l'arrêta.

« As-tu l'intention de rejoindre les Toltèques? lui demanda-t-il.

— Non, répondit Unac, je voulais seulement m'assurer de la direction qu'ils suivent.

— Et tu la connais?

— Ils marchent vers la frontière, c'est-à-dire vers le château, dit le jeune homme, qui regarda son compagnon avec anxiété.

— C'est aussi ma crainte, répondit le naturaliste; à ton avis, Unac, quel est leur nombre?

— Deux cents au moins doivent avoir campé ici, et ce sont presque tous de jeunes hommes.

— Deux cents! Il en faudrait plus du triple pour forcer les murailles d'Éden.

— Si, dans leurs expéditions, les Toltèques marchaient réunis, ils ne pourraient pas vivre, reprit Unac; ils ont coutume de se diviser par colonnes plus ou moins nombreuses, de se rejoindre sur un point donné. Qui sait, ajouta-t-il en promenant ses regards autour de lui, combien de bandes sont cachées par l'ombre de ces forêts?

— Alors c'est en ennemis qu'ils s'avancent? »

Unac baissa plusieurs fois la tête en signe d'affirmation, et se couvrit le visage de ses mains.

« A quoi songes-tu? demanda le docteur après un moment de silence.

— Je songe à me présenter à ces guerriers.

— Dans quel dessein?

— Ce sont des hommes appartenant à la tribu dont mon père était chef.

— A quoi le reconnais-tu? »

Unac montra à son compagnon une calebasse peinte en vert qu'il avait ramassée, et sur laquelle se découpait, en rouge, une image du soleil portant à son centre une tête de serpent.

« Crois-tu, reprit le docteur, être bien accueilli de tes compatriotes? Es-tu sûr de les décider à rétrograder?

— Je ne suis sûr de rien, señor; les pensées se pressent dans ma tête. Voici ma tribu; or qui la commande et quels sont les desseins de ce chef? Ma voix sera-t-elle écoutée, alors que chaque guerrier songe sans doute au butin qu'il a promis de rapporter aux siens? Puis, au nom de quelle divinité puis-je conseiller aux Toltèques de retourner en arrière? Prendre ostensiblement parti pour les blancs serait me faire traiter comme un renégat, et frapper de mort.

— Ce que tu dis est juste, Unac; cependant, hier encore, tu ne doutais pas d'être écouté des Toltèques?

— Oui, si j'avais trouvé, comme je l'espérais, ma tribu livrée au repos ou occupée des seuls travaux de la paix. Si nous étions arrivés jusqu'au village où je suis né, près des grands palmiers qui abritent la demeure du chef, là j'aurais pu m'avancer, une branche de cèdre à la main, en signe de paix. J'aurais parlé à des esprits calmes, j'aurais invoqué l'hospitalité à laquelle un Toltèque ne manque jamais. Peu à peu, j'aurais pu étudier l'esprit des chefs, réveiller les souvenirs des jeunes hommes qui ont été mes amis d'enfance. Mais comment dire aujourd'hui, sans préparation aucune, à ces guerriers en mouvement : « Arrêtez et retournez sur vos pas? » A l'heure présente, señor, et en face de cet incident, il ne nous reste plus qu'à retourner nous-mêmes en arrière, qu'à marcher nuit et jour afin de devancer à tout prix les Toltèques. Il faut, en un mot, que nous soyons à Éden avant eux pour prévenir don Pedro de l'attaque dont il est menacé.

— Les Toltèques ont toujours vainement tenté de forcer les murailles d'Éden, dit le docteur.

— Vous oubliez qu'aujourd'hui Éden n'a point de défenseurs.

— Point de défenseurs, Unac? dit le naturaliste avec surprise.

— Nous allons entrer dans la semaine sainte, et, comme de coutume, la plupart des travailleurs ont dû se rendre à Mérida. Ne devaient-ils pas se mettre en chemin le surlendemain de notre départ?

— Tu dis vrai, j'oubliais cette circonstance. En route, Unac! il importe, en effet, que l'un de nous arrive au château avant les Toltèques.

— Que n'ai-je un cheval! » s'écria le jeune homme.

D'un pas rapide le docteur rétrograda vers le bivouac où se tenaient Célestin et Pélican, qu'il mit au courant de la situation. Tout en expédiant le repas, on discuta un plan de campagne. Grâce au souterrain, on pouvait espérer traverser assez vite la montagne pour devancer les Toltèques sur le versant opposé. Alors le chemin d'Éden serait ouvert, et, en marchant sans relâche, on arriverait à temps pour éviter que don Pedro fût surpris, pour prendre part à la résistance désespérée qu'il s'agissait d'opposer aux envahisseurs.

Ce plan arrêté, confiants les uns dans les autres, les explorateurs procédèrent avec le calme et la promptitude d'hommes expérimentés. Les armes furent chargées et il fut convenu que l'on avancerait silencieux, car tout buisson pouvait cacher un Indien. Dents-d'Acier, dont on redoutait l'ardeur indiscrète, fut placé sous la surveillance de Pélican qui, dans les marches qu'on allait exécuter, devait former l'arrière-garde.

On regagna l'entrée de la grotte. De nouvelles branches de liquidambar furent enflammées, et, grâce à la connaissance acquise des détours du souterrain, on put avancer assez vite. Au bout d'une heure, un faible rayon de lumière apparut.

« Éteignez vos torches, dit Unac à ses compagnons et, surtout, pas de bruit. Si les Toltèques ont déjà franchi la montagne, s'ils découvrent l'entrée qui nous a servis, il se peut qu'ils viennent ou même qu'ils soient déjà venus offrir de nouveaux sacrifices à la déesse des ténèbres. J'y songe, dit-il en se frappant le front, notre équipement est aux pieds de la statue et va nous trahir...

— Courons vite, s'écria Célestin.

— Non, dit Unac, laissez-moi agir. »

Se glissant le long des parois de la voûte, le jeune homme avança d'abord avec rapidité; puis, se courbant de plus en plus, il finit par ramper. Une fois hors de la grotte, Unac examina avec soin les arbres, les roches, les buissons. Sans se relever, il se rapprocha des bagages; alors, secondé par Pélican qui l'avait rejoint, il les rapporta près du docteur.

« Il faut abandonner cet attirail, dit-il. Plus tard, si Dieu nous prête vie, nous saurons où le retrouver. Ne prenez que des cartouches, Célestin; le salut des habitants de la vallée des Palmiers dépend de notre célérité. Bien; rien que nos armes et nos gourdes; nous les trouverons encore trop pesantes si par malheur les Toltèques, au lieu d'être derrière nous sont devant nous, s'ils nous donnent la chasse. Une dernière recommandation, Pélican, ajouta Unac; quoi qu'il arrive n'allez pas céder à la tentation de décharger votre fusil, ce serait attirer sur nous plus d'ennemis que nous ne pouvons en combattre. Marchez sur mes traces et au besoin laissez faire mon arc, il est discret. »

On allait se mettre en route lorsque Dents-d'Acier, tirant sur la corde qui le tenait prisonnier, se mit à grogner. Pélican imposa silence au mâtin, puis on prêta l'oreille, car le brave chien ne grognait jamais sans motif. Bientôt, devant l'entrée pleine de lumière de la grotte, apparut un jeune Indien qui, après s'être prosterné devant la statue, s'approcha de l'ouverture.

« Ouvre l'œil, Pélican, dit Célestin, et regarde ce garçon; ne te semble-t-il pas voir notre pupille lorsqu'il débarqua dans la cour du château? Hum! ce drôle voit-il dans les ténèbres? il me lorgne, mon vieux, aussi vrai que je suis ton ami. »

Le jeune Indien, reculant de plusieurs pas, fit entendre un sifflement prolongé.

« Nous voilà prisonniers, murmura Unac, nous avons trop tard découvert le danger qui nous menaçait ».

Après avoir de nouveau fait le tour de la statue, le jeune Indien sembla réfléchir. Il paraissait âgé d'une douzaine d'années et son costume, assez primitif, se composait d'une sorte de veste sans manches, d'un caleçon atteignant à peine les genoux, de sandales dont les courroies s'enroulaient autour de ses jambes. Ses longs cheveux, nattés sur les côtés, retombaient sur ses épaules chargées d'une sorte de valise en peau de tigre. Un machété pendait à sa ceinture, et il tenait à la main un arc d'assez grande dimension.

Il fut bientôt rejoint par un guerrier de haute taille qui, après s'être prosterné devant la statue, fit entendre à son tour un sifflement aigu. Ce guerrier, exactement vêtu comme son jeune compatriote, était coiffé d'une sorte de bonnet surmonté d'une plume, et, outre l'arc qu'il tenait à la main, un fusil pendait à son épaule. Il se rapprocha de la statue et parut l'interpeller.

« Cause-t-il véritablement avec la femme de pierre? demanda Célestin surpris.

— Il la prie de donner à son arc et à ses flèches la précision nécessaire pour percer le cœur des blancs, répondit Unac.

— Bien obligé, dit l'ex-matelot; après tout, je ne suis pas fâché de connaître les vœux charitables formés par ces messieurs, cela mettra ma conscience à l'aise s'ils me forcent à tirer sur eux. »

Plusieurs Indiens venaient d'apparaître. Quelques-uns se drapaient dans des couvertures aux dessins bizarres; tous avaient de longs cheveux nattés. La plupart, outre l'arc reposant sur leur épaule gauche, portaient des fusils en bandoulière, des fusils probablement échangés contre des peaux à Balize, petite colonie anglaise située sur les côtes sud du Yucatan.

Un tambour, simple tronc de palmier haut d'un mètre, creux dans toute sa longueur et garni à ses deux extrémités d'une peau tendue, fut apporté. A tour de rôle, les sauvages frappèrent sur cet instrument et remplirent la grotte de ce bruit qui, durant la nuit, avait troublé les voyageurs. Bientôt les chasseurs déposèrent au pied de la statue qui un oiseau, qui un petit mammifère; une danse bizarre, dans laquelle deux guerriers semblaient se menacer, puis lutter, attira de nombreux spectateurs.

Les contorsions des lutteurs, leurs cris singuliers, les applaudissements des spectateurs lorsque les coups étaient bien portés, amusèrent d'abord Célestin. Toutefois ce spectacle, qui paraissait ne devoir point se terminer, — car de nouveaux danseurs remplaçaient ceux que la fatigue obligeait à s'arrêter, — lassa la patience de l'ex-matelot.

« Pardon, señor, dit-il à Unac, vous qui connaissez les usages du pays, vous devez savoir combien de temps va durer ce petit divertissement?

— Il durera jusqu'au coucher du soleil, répondit le jeune homme.

— Et si je déchargeais mon fusil, — en l'air, bien entendu, — le bruit ne ferait-il pas envoler cette bande d'oiseaux de proie?

— Peut-être, Célestin, mais ils iraient alors se poster à bonne portée de flèche de la statue et se mettraient à l'affût. Attendons. En restant ici, nous avons au moins une chance de n'être pas découverts. »

Les Toltèques avaient allumé un grand feu dont la lumière, pénétrant peu à peu sous la voûte de la grotte, obligea les prisonniers à rétrograder. Bientôt le sourd mugissement de la veille retentit.

« Les deux issues sont gardées, s'écria le docteur.

— Je m'y attendais, répondit Unac. Dans leurs expéditions, je vous l'ai déjà dit, les Toltèques se divisent en un nombre infini de colonnes afin de pouvoir vivre.

— A ce compte, chaque heure qui s'écoule leur laisse prendre une avance précieuse. Il faut...

« Nous voilà prisonniers ! » (Page 499.)

— Il faut attendre, interrompit Unac avec autorité, c'est-à-dire agir avec la patience des Indiens eux-mêmes. »

Des luttes et des danses se succédèrent. De longues heures s'écoulèrent durant lesquelles Célestin, Dents-d'Acier et Pélican grommelaient parfois si haut qu'Unac dut leur imposer silence. Enfin, étendus côte à côte, les trois amis s'endormirent.

Le docteur et Unac, attentifs à ce qui se passait devant eux, n'échangeaient que de rares paroles. La nuit vint, et les Toltèques se couchèrent un à un autour du foyer qu'ils avaient allumé. Un seul, dont une plume rouge ornait la chevelure, demeura éveillé.

« Est-ce une sentinelle? demanda le docteur à son compagnon.

— Je ne le crois pas, répondit Unac ; les Toltèques sont encore trop loin de la frontière pour se tenir sur leurs gardes. Ce guerrier est un chef, il songe à sa cabane ou à ses projets et s'endormira bientôt. »

L'Indien, comme pour donner raison au jeune homme, s'enveloppa dans sa couverture et se coucha près de la statue. Une demi-heure plus tard, Unac se penchait vers Célestin et lui touchait le bras.

« Qu'y a-t-il? demanda l'ex-matelot, réveillé en sursaut par ce simple attouchement.

— L'heure est venue, dit Unac.

— Ah! l'heure est venue, c'est heureux. Allons-nous nous battre? Le mot d'ordre, s'il vous plaît?

— Parlez moins haut d'abord, Célestin, et surtout surveillez Dents-d'Acier, il y va de notre vie. »

Unac, se glissant le long des parois de la grotte, de façon à se tenir en dehors des rayons de la lumière projetée par le foyer, s'arrêta lorsqu'il ne fut plus qu'à une vingtaine de mètres des dormeurs.

« Je vais m'approcher de la statue, dit alors le jeune homme à ses compagnons qui l'avaient suivi; ne me perdez pas de vue et, à chacun de mes signaux, que l'un de vous me rejoigne. »

Se jetant à plat ventre, rampant avec précaution, Unac arriva derrière la statue; se dirigeant alors vers la gauche, il disparut un instant aux regards de ses amis. Cinq minutes plus tard, il reparaissait et élevait son bras au-dessus de sa tête. Le docteur, rampant à son tour, le rejoignit, puis suivit la direction dans laquelle le jeune homme avait d'abord disparu. Le bras d'Unac s'étant levé de nouveau, Célestin, avec autant de bonheur que son maître, exécuta la manœuvre indiquée. Enfin le bras d'Unac se leva pour la troisième fois et Pélican, ayant lié le museau de Dents-d'Acier, avança à son tour.

Une fois près de la statue, le nègre, sur l'indication du jeune homme, gravit une petite berge et rejoignit Célestin qu'il trouva accroupi derrière une roche, côte à côte avec le docteur. Unac arrivait à peine à son tour qu'une détonation éveillait tous les échos du ravin, et que les Indiens, se redressant à la fois, s'éloignaient à la hâte de la grotte.

CHAPITRE XV

VISIONS NOCTURNES. — UN PAYS DE MONTAGNES. — L'ARCHE DE NOÉ. — UNE FANTAISIE DE DENTS-D'ACIER. — CÉLESTIN SE FACHE.

Aussi surpris que les Toltèques de la détonation qui venait de troubler le silence de la nuit, les fugitifs s'étaient levés brusquement. Unac, conservant son impassibilité, leur fit signe de se rasseoir.

« Nous sommes découverts, dit le docteur à voix basse ; ne vaut-il pas mieux que nous gagnions les bois sans retard ?

— Ce n'est pas sur nous qu'on a tiré, répondit Unac ; mais, à n'en pas douter, tous les regards des Indiens sont en ce moment tournés vers la grotte. Or il serait impossible de nous éloigner d'ici sans traverser le cercle de lumière projetée par leur foyer, et cette hardiesse pourrait nous coûter cher. »

Près d'une demi-heure s'écoula ; aucun nouveau bruit ne vint troubler les échos. Unac, avec une prudence, un sang-froid qui émerveillèrent ses amis, plus accoutumés à ses hardiesses et à son impétuosité qu'à son calme, se glissa en dehors du rocher. Le foyer des Indiens, rouge et sans flammes, ne projetait plus que de faibles lueurs ; aucun d'eux ne reparaissait. Après avoir examiné ce qui l'entourait avec une attention scrupuleuse, Unac se rapprocha de ses compagnons.

« Tout semble tranquille, dit-il, et cependant je n'ose répondre que des yeux qui savent y voir ne nous épient.

— L'arme dont nous avons entendu la détonation est peut-être partie par mégarde, dit Célestin.

— Cela est peu probable, répondit Unac : ou ce coup de feu a été tiré sur un fauve qui se sera trop approché d'un bivouac, ou il a été un signal.

— Les Indiens endormis à l'entrée de la grotte, et près desquels nous avons passé, ne nous ont certainement ni vus ni entendus.

— Ceux-là, non, Célestin; mais ils ont des compagnons au bas du ravin.

— S'ils nous avaient découverts, ne seraient-ils pas déjà à nos trousses?

— Les Toltèques sont braves; néanmoins ils ne donnent pas leur vie à leurs ennemis, ils la leur vendent cher. Un cercle que nous aurons peine à briser se forme peut-être en ce moment autour de nous.

— Alors falloir s'en aller tout de suite, dit Pélican.

— Il faut d'abord éviter les balles et les flèches, répondit Unac.

— Eh bien! massa, moi marcher en avant; si messieurs Toltèques être au guet, eux courir après moi et vous partir d'un autre côté.

— Reste ici, cria Célestin, oubliant toute prudence; si tu démarres d'une semelle, Pélican, je te décoche le coup de poing que je te promets depuis si longtemps. Nous n'avons pas besoin, entends-tu, que tu ailles te faire larder les côtes à notre profit. S'il est absolument nécessaire que quelqu'un sacrifie un de ses membres pour le salut de la société, ce sera moi et non toi; je te prie de te loger cela dans la cervelle. »

Unac et le docteur, bien qu'accoutumés aux disputes des deux amis, ne purent s'empêcher de sourire du singulier raisonnement de Célestin et surtout de la mine du nègre, qui répliqua :

« Eh bien! si toi partir, moi suivre toi et Dents-d'Acier aussi; et, si toi pas vouloir, moi donner à toi pas un coup de poing, donner deux.

— Silence! dit Unac, laissez-moi écouter. »

Un bruit de branches écartées et de pas furtifs se fit entendre au-dessous des fugitifs, en même temps que des voix parlaient avec animation.

« Voilà qui est de bon augure, murmura Unac; si les Toltèques étaient en chasse ils marcheraient sans frôler une seule feuille et seraient muets. »

Bientôt les guerriers reparurent un à un près du foyer, causant à voix haute de la détonation qui les avait inquiétés. Un jeune garçon, placé en vedette dans le but de l'accoutumer aux veilles, avait tiré sur un animal qui rôdait autour de lui et jeté l'alarme dans les bivouacs. Les Indiens, après avoir ranimé leur feu, s'étendirent sur le sol et ne tardèrent pas à se rendormir.

Il était environ minuit lorsque Unac jugea le moment venu d'abandonner la roche pour gagner le sommet de la montagne. Le docteur gravit le premier la pente, se rapprocha du bois qui la couronnait. Pour atteindre les arbres, on devait parcourir un espace d'au moins vingt mètres, espace inondé de lumière par le foyer ranimé. Les fugitifs n'avaient guère à redouter les guerriers endormis près de la statue; mais une sentinelle, placée plus bas, pouvait les apercevoir et donner l'alarme. Il n'en fut rien : le docteur se vit rejoindre successivement par Célestin, Pélican, Dents-d'Acier et enfin par Unac, qui poussa une sourde exclamation de joie en retrouvant ses amis.

« En route! dit le jeune homme. Il nous faut maintenant marcher à la suite les uns des autres, à la façon indienne, afin de laisser le moins de traces possible.

— Moi marcher le dernier, dit Pélican.

— Pour être mieux à portée de recevoir les coups si nous sommes suivis, lui dit tout bas Célestin. Vrai, là, Pélican, tu n'es pas bête! Démarre devant moi, s'il te plaît.

— Moi marcher le dernier, répéta Pélican en s'asseyant sur le sol.

— Et moi aussi, répliqua Célestin en s'adossant contre un arbre. »

Les deux entêtés durent obéir au docteur, qui, revenu sur ses pas, les obligea à défiler devant lui. Bientôt on chemina parmi des arbres, dans une obscurité profonde, sur une pente semée de buissons, de roches, de branches détachées par les ouragans. Enfin le sommet fut atteint, et l'on s'arrêta pour reprendre haleine.

Du point culminant sur lequel les voyageurs se trouvaient, leurs regards plongeaient sur deux vallées. Ils comptèrent jusqu'à cinq feux, dont deux brillaient sur la crête qui leur faisait face, dans la direction d'Éden.

« Nous sommes entourés par plus de cinq cents guerriers, dit

Unac. Or, à l'heure présente, le château compte à peine une trentaine de défenseurs. Je donnerais volontiers ma vie pour que don Pedro, prévenu à temps, puisse s'enfuir à Mérida.

— S'enfuir, Unac! s'écria le docteur, voilà un mot qui offenserait votre père.

— C'est au nom de Camille que nous le supplierons, señor, si nous avons le bonheur d'arriver à temps. »

La lune apparut. Ses rayons, pénétrant à travers les arbres, permirent aux voyageurs d'avancer avec rapidité. Après deux heures d'une marche laborieuse, ils dépassèrent enfin le dernier feu. Alors Unac gagna le fond du ravin, et se trouva bientôt sur les bords du ruisseau où l'on avait campé l'avant-veille.

Dents-d'Acier, rendu à la liberté, sauta et aboya de joie. Réprimandé par Pélican, le mâtin se tut et baissa la tête; on eût dit qu'il comprenait les reproches que son maître lui adressait.

Unac, appuyant toujours sur sa gauche, dans le but de se tenir autant que possible hors de la route présumée des Toltèques, commença l'ascension de la colline au delà de laquelle s'étendait l'inhospitalière forêt de palmiers, qu'aucun des voyageurs ne s'attendait à revoir de sitôt. Grâce aux rayons de la lune, la marche était assez facile; mais, en dépit de son expérience, les formes fantastiques prêtées aux buissons et aux roches par la blanche lumière de notre satellite, faisaient souvent hésiter Unac. Tantôt il lui semblait voir un guerrier indien qui, genou en terre, l'arc tendu, se tenait prêt à tirer; tantôt plusieurs Toltèques, de dimensions gigantesques, paraissaient couvrir le sol de leur ombre. Ces mirages évanouis, des mirages non moins inquiétants les remplaçaient, et plus d'une halte retarda les voyageurs.

Une légère brise se mit à souffler, et le bruit des feuillages devint un nouveau sujet d'appréhension. Par instants, on croyait entendre résonner des pas; d'autres fois, c'était une sourde rumeur, semblable à celle produite par une grande assemblée d'hommes, qui venait frapper l'oreille de Célestin, du docteur, d'Unac et de Pélican. Dans ces occasions, Dents-d'Acier remplissait le rôle d'éclaireur. Le brave mâtin, le nez en l'air, allait explorer les buissons, les troncs d'arbres renversés, et là où ses maîtres croyaient distinguer un bruit de voix, son instinct, mis en éveil, savait reconnaître la vérité. Il dressait les oreilles, et ses mouvements instruisaient vite ses compagnons que le danger redouté n'existait que dans leur imagination.

La nouvelle pente sur laquelle Unac guidait ses amis devint peu à peu si raide, qu'il fallut se cramponner aux branches pour maintenir son équilibre et pouvoir avancer.

« Je comprends, dit tout bas Célestin à Pélican, pourquoi l'on dit souvent que l'on marche le nez sur les talons de quelqu'un; le mien est juste à la hauteur des tiens, Pélican, et, tout à l'heure, tu as failli m'atteindre en plein visage.

— Pourquoi toi pas marcher devant, massa Célestin ?

— Parce qu'alors ce seraient mes talons qui seraient sur ton nez, ce qui ne changerait rien à notre situation. Eh bien ! tu t'arrêtes ?

— Massa Unac arrêté aussi.

— L'ascension est impossible, dit le jeune homme, une muraille de roche se dresse devant nous.

— Alors, il n'y a plus qu'à se laisser rouler en bas ? demanda Célestin.

— Non pas, dit le docteur, obliquons à gauche pour chercher une trouée.

— Appuyons au contraire sur notre droite, señor, dit Unac.

— Cette direction nous rapprochera des Toltèques ?

— Pas beaucoup, je l'espère; en tout cas, nous sommes sûrs de trouver un passage de ce côté; de l'autre, ce serait nous exposer à allonger notre route d'une journée, ce qu'il nous importe d'éviter, même au prix d'un danger.

— J'attends que tu me montres le chemin, » dit simplement le docteur.

Unac suivit latéralement le flanc de la colline, et ses compagnons l'imitèrent aussitôt. Le terrain était si escarpé, si dangereux, que toute l'attention des voyageurs devint nécessaire. Ils durent avancer avec lenteur, retard qui désespérait Unac.

« Faisons un effort pour franchir l'obstacle qui nous barre le passage, dit soudain le jeune homme au docteur. En continuant à marcher sur le flanc de la colline, nous allons certainement tomber au milieu des Toltèques. »

Après vingt escalades plus périlleuses les unes que les autres, les fugitifs atteignirent le sommet désiré. De cette hauteur, tandis qu'ils reprenaient haleine, ils virent l'Orient se teindre de lueurs roses, et le soleil se lever dans un brouillard d'or. Presque au même instant, les oiseaux entonnèrent leur cantique matinal. Unac, ayant placé ses compagnons derrière un buisson, afin qu'on ne pût les découvrir du sommet que l'on avait en face de soi, se posta lui-même de manière que ses regards pussent plonger sur l'immense ravin boisé que l'on venait de traverser. Bientôt quelques oiseaux volèrent du côté des voyageurs.

« Une troupe de Toltèques passe là, dit Unac au docteur, et la prochaine bande d'oiseaux qu'ils effaroucheront nous apprendra quelle direction suivent nos ennemis.

— En vérité, Unac, voilà une observation aussi juste que rationnelle. Ah! voici des perroquets, et, cette fois, je crois pouvoir dire à mon tour que des Toltèques traversent ce bouquet de bois. »

Unac fit un signe affirmatif.

« Partons! » cria-t-il à Célestin et à Pélican.

Les voyageurs étaient à peine réunis que Dents-d'Acier, après avoir en quelque sorte humé l'air, dressa les oreilles et fit entendre un léger grognement.

« Attache-le, Pélican, dit Unac, et profitons de l'avis qu'il nous donne. Bien; maintenant en route, et surveillez-le. »

On se remit en marche, et, au bout de cent pas, on arriva sur le bord d'une clairière; Dents-d'Acier tira aussitôt sur sa laisse en montrant les crocs.

« Lui sentir gibier à gauche, massa Unac, dit Pélican, et gros gibier, car lui tirer fort. »

Unac plaça rapidement ses compagnons derrière le tronc d'un cyprès, tronc assez large pour les cacher tous. A peine étaient-ils installés derrière cet abri qu'un magnifique tamanoir déboucha en trottant sur la clairière.

Le tamanoir, s'asseyant sur son train de derrière, manifesta tout à coup une sorte d'inquiétude, puis s'aplatit sur le sol comme s'il cherchait à se cacher dans l'herbe. Une lionne d'Amérique, ou puma femelle, apparut à l'improviste, suivie d'un petit collé à ses

Les voyageurs atteignirent le sommet. (Page 508.)

flancs. Le bel animal, sans s'arrêter, traversa la clairière et disparut dans la forêt. Au même instant, un daim, au pelage fauve semé d'étoiles blanches bondit, suivi de près par un loup qui ne semblait pas en chasse, car il se retournait presque à chaque instant.

« Assistons-nous au déballage de l'arche de Noé? s'écria Célestin surpris.

— Les Toltèques traversent le ravin, dit Unac, et les animaux qui habitent les bas-fonds s'écartent sur leur passage. »

Les voyageurs se remirent en route et avancèrent jusqu'au moment où la fatigue eut raison de leur courage. Se croyant enfin hors de la portée de l'ennemi, ils prirent un repos nécessaire. Un peu avant le jour, Unac éveilla ses compagnons.

« Laisse Dents-d'Acier en liberté, dit le jeune homme à Pélican ; il pourra maintenant nous donner d'utiles avis sans trop nous compromettre. Holà ! que va-t-il chercher de ce côté ? Ce n'est pas sa coutume de se tenir à l'arrière-garde. »

Pélican siffla le chien ; un aboiement éloigné lui répondit. Le nègre siffla plus fort ; Dents-d'Acier ne reparut pas.

« En route ! dit Unac visiblement contrarié.

— En route ! répéta le docteur qui tourmenta sa perruque. Puis il ajouta.

— N'as-tu pas entendu, Pélican ? la sûreté d'Éden importe plus que la vie de notre brave compagnon ; du reste, il nous rejoindra.

— Vous pas gentils d'abandonner Dents-d'Acier, dit Pélican qui se mit en marche de mauvaise grâce. Dents-d'Acier brave, Dents-d'Acier fidèle, et lui jamais abandonner nous.

— N'est-ce pas précisément ce qu'il vient de faire ? dit le docteur.

— Lui avoir bonnes raisons ; moi en être sûr. »

Le nègre allait siffler de nouveau, il fut retenu par Unac. On avança en silence. Célestin n'avait soufflé mot durant cette scène, toutefois l'abandon de Dents-d'Acier lui paraissait une félonie, et il grommelait.

Les voyageurs atteignirent des arbres largement espacés, et s'aperçurent que Pélican n'était plus avec eux.

Célestin, stupéfait, plaça son fusil sur son épaule, et fit mine de rétrograder.

« Où vas-tu ? lui demanda son maître en le saisissant par le bras.

— A la recherche de Pélican, monsieur ; je ne suppose pas que le règlement veuille qu'il soit abandonné comme Dents-d'Acier.

— Ton ami ne peut être loin, Célestin ; il marchait encore près de moi, il y a moins de dix minutes. »

Unac, les sourcils froncés, s'appuyait sans mot dire sur le canon de son fusil dont la crosse reposait sur le sol.

« L'action de Pélican est blâmable, dit-il, et Dieu sait de quels malheurs elle sera cause.

— Aussi, señor, reprit Célestin avec énergie et en montrant ses poings, est-ce pour lui payer avec tous les arrérages ce que je lui dois depuis si longtemps que je songe à le retrouver. »

On se tut pour écouter. Soudain on vit apparaître Dents-d'Acier qui, le nez sur le sol, remuant la queue, cherchait la piste de son maître. D'un bond il fut aux pieds des voyageurs et les combla de caresses.

« Oui, oui, venez près de moi, murmura Célestin en se baissant, et je vais vous offrir un échantillon de la lourdeur de mes poings, afin que vous en puissiez causer avec Pélican. »

A ce nom, le mâtin dressa les oreilles, regarda autour de lui; puis, à la grande déception de Célestin, repartit en courant.

L'ex-matelot n'eut pas le temps de manifester son indignation, il vit les buissons s'agiter en face de lui; la main d'Unac, se posant lourdement sur son épaule, le força de se baisser. Bientôt, du milieu des buissons, surgit un Toltèque qui, d'un bond, se plaça derrière un tronc d'arbre.

Unac banda son arc et se tint prêt à tirer, ne perdant pas de vue le tronc qui cachait l'ennemi qui venait de s'embusquer. Plusieurs minutes s'écoulèrent. Unac croyait que l'Indien allait pousser un cri d'appel; or, soit qu'il se figurât n'avoir affaire qu'à un seul ennemi, soit qu'il mit son amour-propre à triompher seul, le Toltèque demeura immobile et muet.

« Avons-nous rêvé? murmura Célestin.

— Silence! » lui dit son maître.

Dents-d'Acier, qui revenait en ce moment sur ses pas, aperçut l'Indien, et, les crocs en avant, se mit à tournoyer autour de lui, le forçant à se montrer. Occupé du mâtin qu'il cherchait à frapper d'une flèche, le guerrier n'entendit pas qu'on marchait derrière lui. Tout à coup la tête de Pélican se montra près de la sienne et l'Indien, brusquement enlevé de terre, poussa un cri aigu. Mais les bras de Pélican l'étreignaient avec une telle force qu'il perdit la respiration, et ce fut une masse inerte que le nègre vint déposer aux pieds du docteur.

Au même instant Célestin, se précipitant sur son ami, lui cingla les côtes de trois ou quatre formidables coups de poing.

CHAPITRE XVI

LÉAC. — UN GUERRIER TOLTÈQUE. — LE FILS DE LA NUIT. — UNE RUSE INDIENNE. — SOUVENIRS D'ENFANCE. — DÉPART D'UNAC.

Stupéfait de cette agression inattendue, Pélican recula sans même essayer de se défendre.

« Moi pas tuer lui, massa Célestin, cria le nègre en montrant l'Indien qui, grâce à l'eau que le docteur lui jetait au visage, commençait à reprendre ses sens, moi serrer un peu fort pour empêcher lui d'appeler, mais moi pas tuer lui.

— Il s'agit bien de ce bonhomme, répondit Célestin avec indignation; c'est de toi, animal, qu'il est question pour le quart d'heure. Que dirais-tu, je te prie, si, profitant du moment où tu aurais le dos tourné, j'allais me promener dans le camp des ennemis, au risque d'être massacré? Serais-tu content?

— Non, massa Célestin, moi alors avoir très peur pour toi.

— Eh bien, voilà justement mon histoire. Depuis vingt minutes, grâce à la légèreté de ta conduite, j'ai l'air d'une mère qui aurait perdu son enfant dans une forêt pleine de loups.

— Moi pas faire exprès de perdre moi, massa Célestin; moi courir après Dents-d'Acier; lui suivre monsieur Toltèque; monsieur Toltèque suivre vous; alors moi suivre monsieur Toltèque et apporter lui tout doucement.

— Tout doucement! cela te plaît à dire. Enfin, je te pardonne, dit Célestin en tendant la main à son ami d'un air majestueux.

— Moi aussi, répondit Pélican qui se frotta les côtes; seulement un autre jour toi pas frapper si fort, hein?

— Un autre jour! Est-ce à dire, Pélican, que tu veux recommencer à te perdre? demanda l'ex-matelot d'un ton menaçant.

— Non, non, massa Célestin; maintenant, moi toujours marcher devant.

Peu à peu le Toltèque se ranimait; sa respiration reprit son cours, il ouvrit les yeux. Il regarda le docteur avec surprise, puis Unac avec une curiosité persistante. C'était un jeune homme d'une vingtaine d'années, grand, svelte, aux traits réguliers, aux yeux d'une vivacité rare. Ses cheveux, nattés comme l'étaient autrefois ceux d'Unac, retombaient sur ses épaules. Il portait une sorte de culotte en peau de daim et une veste de coton sans manches, costume commun à tous les Toltèques. Il avait laissé choir son arc sous l'étreinte de Pélican, et par mesure de prudence, Célestin lui avait déjà enlevé le long couteau passé dans la ceinture d'étoffe roulée autour de sa taille.

« Quel est ton nom? » demanda Unac au prisonnier, aussitôt qu'il le vit remis de son alerte.

En entendant ces mots prononcés dans sa langue, l'Indien se releva. Il aperçut alors Pélican; une stupéfaction visible se peignit sur son visage : il voyait évidemment un nègre pour la première fois.

« Qui est celui-là? demanda-t-il avec une sorte d'effroi.

— Un fils de Mictanteuctli, » répondit Unac.

L'Indien s'inclina, posa sa main sur sa poitrine et dit :

« J'ai toujours honoré le dieu des ténèbres et je respecterai son fils.

— Pourquoi lui dire bonjour à moi? demanda Pélican.

— Le pauvre diable te remercie peut-être de ne pas l'avoir complètement étouffé, dit Célestin.

— Quel est ton nom? » demanda de nouveau Unac à son compatriote.

L'Indien répondit avec orgueil :

« Je suis Léac.

— Léac! Es-tu véritablement Léac?

— Oui, Léac, fils de Tolotl. »

Unac, les regards fixés sur le visage du Toltèque dont sa main crispée pressait l'épaule, le contempla longtemps en silence.

« Nous pas bien ici pour causer, dit tout à coup Pélican, beaucoup de messieurs Toltèques promener eux dans la forêt et pouvoir trouver nous. »

Cette réflexion de son noir compagnon fit tressaillir Unac; le jeune homme, en proie à une émotion visible, passa plusieurs fois sa main sur ses yeux.

« Je veux savoir, dit-il au prisonnier, de quel côté sont campés les Toltèques.

— Les Toltèques, répondit Léac, remplissent les bois et les plaines; ils te voient, ils t'entendent, ils se rapprochent.

— Nous voulons te conduire vers eux.

— Léac n'est plus un enfant, il peut marcher seul.

— Sais-tu parler la langue des blancs.

— Un Toltèque ne parle que la langue maya.

— Nous n'obtiendrons de lui aucun renseignement, dit Unac en s'adressant en français au docteur, et il refusera de nous suivre. Liez-lui les bras, Célestin, et veillez à ce qu'il ne puisse fuir. »

L'Indien se laissa lier sans résistance; cependant une légère pâleur, sensible sous sa peau cuivrée, envahit peu à peu son visage.

« Où vont les Toltèques? lui demanda Unac. Est-ce un secret?

— Non, les Toltèques marchent vers le couchant, ils vont reconquérir les terres de leurs aïeux.

— Je veux causer avec toi, Léac. Consens-tu à nous accompagner?

— Où veux-tu me conduire?

— Hors de la portée des flèches et des balles de tes guerriers. »

Léac demeura pensif.

« Tu es un Toltèque, n'est-ce pas? demanda-t-il enfin à son interlocuteur.

— Oui, répondit Unac; aussi ta vie est-elle en sûreté.

— Mes pères m'ont appris, répliqua l'Indien, et tu dois avoir appris toi-même que la vie n'est rien sans la liberté.

— Suis-nous sans résistance, nous ne voulons pas la guerre, et foi d'Un... »

Le jeune homme n'acheva pas de prononcer son nom; il s'enfonça dans le bois en faisant signe à ses compagnons de le suivre. Célestin et Pélican, saisissant Léac par les bras, essayèrent de l'entraîner. L'Indien résista et poussa un cri prolongé. Unac revint aussitôt sur ses pas.

« Nous n'en voulons pas à ta vie, je te le jure, dit-il à son compatriote; mais nous ne voulons pas non plus tomber entre les mains des Toltèques. Suis-nous de bonne volonté, ou tu nous forcerais à te maltraiter. Faites-le marcher, Célestin, ajouta le jeune homme en s'adressant en espagnol à l'ex-matelot et en appuyant sur les mots; et, s'il essaye de crier, de fuir, tuez-le. »

Célestin et Pélican s'apprêtaient à saisir de nouveau l'Indien; il les devança et se mit en route.

« Il comprend l'espagnol, dit Unac au docteur, c'est ce que je voulais savoir. Marchez droit devant vous, señor, je vais me tenir près du prisonnier; sa contenance pourra nous éclairer sur la direction que nous devons suivre. »

Le jeune homme se rapprocha de Célestin et de Pélican, et, autant que les accidents de terrain le lui permirent, il avança sur la même ligne qu'eux.

« Inclinez à droite! » cria-t-il soudain en espagnol au docteur.

Un éclair passa dans les yeux de Léac, éclair dont Unac saisit la sombre lueur.

« Holà! reprit-il au bout d'un instant, à gauche maintenant, encore plus à gauche. »

Les traits du Toltèque se contractèrent; Unac, instruit de ce qu'il voulait apprendre, rejoignit le naturaliste.

« Par ici, lui dit-il en prenant les devants, nous sommes dans la bonne voie pour ne pas rencontrer l'ennemi; vous pouvez le lire sur le visage décontenancé du prisonnier. »

Pendant au moins trois heures, on marcha sans discontinuer, sans presque parler. Plusieurs fois Pélican et Célestin adressèrent la parole au Toltèque; il feignit de ne pas les comprendre et demeura silencieux, observant toujours les gestes de Pélican sur lequel se concentrait sa curiosité.

« Un peu de repos ne serait-il pas nécessaire? dit Célestin à son maître. Le prisonnier traîne de plus en plus la jambe et semble à bout de forces.

— Il traîne la jambe pour égratigner le sol de sa sandale et laisser ainsi une trace de son passage, dit Unac; c'est une manœuvre que j'ai observée depuis notre départ.

— Voilà une finesse dont je ne me doutais guère, s'écria l'ex-matelot; et toi, Pélican?

— Moi voir prisonnier toltèque traîner la jambe et moi pas croire lui fatigué.

— Que croyais-tu donc, Pélican?

— Moi penser monsieur Toltèque vouloir marquer chemin, comme Petit Poucet.

— J'avoue n'être qu'une bête, s'écria l'ex-matelot. C'est moi, Pélican, qui t'ai raconté l'histoire du Petit Poucet, et j'aurais dû voir aussi clair que toi dans cette manœuvre. »

On pénétra parmi des buissons si épais qu'il fallut mettre le machété à la main pour s'ouvrir un passage, et pendant une demi-heure les voyageurs n'avancèrent qu'avec une extrême lenteur. Enfin ils débouchèrent dans une clairière semée de mimosas, et mirent en fuite des nuées de cardinaux au plumage pourpre. Bientôt, gravissant une colline sablonneuse de la hauteur de laquelle ils dominaient un vaste espace, ils campèrent sur l'ordre d'Unac. Dents-d'Acier, affamé comme ses maîtres, rapporta une iguane verte qu'il venait de capturer. Un feu fut allumé.

« Nous ne voudrions pas te traiter en ennemi, Léac, dit alors Unac à son compatriote, et c'est seulement pour notre sûreté que nous te gardons prisonnier. Un Toltèque n'a qu'une parole; donne-moi la tienne de ne pas fuir, tes liens tomberont, et tu mangeras avec nous.

— Depuis quand, demanda l'Indien, les blancs sont-ils les amis des Toltèques?

— Depuis des années, Léac, et les Toltèques le sauraient s'ils ne fermaient l'oreille à toutes les offres de paix. Veux-tu me donner la parole que je t'ai demandée?

— Qui donc es-tu? dit Léac au lieu de répondre; tu commandes à des blancs, tu commandes même à ce fils de la Nuit, et tous t'obéissent. Cependant, si mes yeux savent voir, si mes oreilles savent entendre, tu es bien un Toltèque?

— Qui je suis, tu le sauras, Léac; donne-moi d'abord la parole que je t'ai demandée.

— Non, reprit l'Indien, ce serait un lien trop fort; je ne veux pas me garrotter moi-même.

— Dans une heure le soleil aura disparu; promets-moi que, jusqu'au lever de la lune, tu n'essayeras pas de fuir. Je te révélerai alors qui je suis, et je te dirai les paroles que je désire te voir porter aux Toltèques, car tu seras libre de les rejoindre. »

Léac réfléchit un instant.

« Par Tonatiu, père du Soleil, dit-il enfin, je jure de ne point fuir avant le lever de la déesse de la Nuit.

— Détachez les liens du prisonnier, Célestin, dit aussitôt Unac, et qu'il prenne en frère sa part de notre repas. »

Célestin, ébahi, se fit répéter deux fois cet ordre.

« Avec votre permission, señor, dit l'ex-matelot, je vais d'abord ranger les fusils du bon côté, c'est-à-dire du mien et de celui de Pélican. Voilà qui est conclu. Maintenant, nous ferons bien de veiller sur nos têtes; ce monsieur Toltèque doit être tourmenté de l'envie d'en casser une. »

Le repas fut presque silencieux; de temps à autre, Unac et le docteur échangeaient quelques mots en français. La surprise de l'Indien, lorsque le son étranger de cette langue résonnait à son oreille, était visible; en revanche, il demeurait impassible lorsque les convives parlaient espagnol, preuve qu'il comprenait cette dernière langue et dissimulait.

Célestin, Pélican et le docteur, sans attendre que le jour eût disparu, s'étendirent sur le sable pour prendre un peu de repos; Unac s'était chargé de veiller. Il ne ranima pas le foyer qui, dans la nuit, n'eût pas manqué d'être aperçu des Indiens. Il s'assit en face de Léac et garda longtemps le silence. Le ciel se teignit au couchant de belles lueurs roses; des perroquets caquetèrent au loin, de grands vautours traversèrent le ciel; la nature, prête à s'endormir, assoupissait peu à peu ses voix.

« Tu es Léac, fils de Tolotl? dit Unac à son prisonnier.

— Je suis Léac, répondit l'Indien.

— La cabane où tu es né, reprit Unac après une pause, se dresse près de celle du chef Ahuisoc; des bananiers la cachent sous leurs feuilles, et un palmier, où viennent le soir roucouler les colombes, se dresse en face de son seuil.

— C'est vrai, répondit l'Indien, dont le regard ardent se fixa sur le visage de son interlocuteur.

— Qui donc, aujourd'hui, commande les enfants de la tribu du Soleil?

— Ahuisoc, répondit l'Indien.

— Je sais qu'il avait un neveu, un neveu qui devait être un chef; un jour les guerriers toltèques se mirent en campagne; Ahuisoc les guidait, il emmena...

— Unac! s'écria l'Indien.

— Tu sais son nom?

— On parle souvent de lui dans les conseils, il est cité aux jeunes guerriers comme un exemple. Le jour où il mourut, la tribu perdit son véritable chef.

— Unac n'était qu'un enfant?

— Pour la taille, oui; pour la raison, l'adresse et le courage, c'était un homme. »

Cet éloge inattendu fit briller un éclair de satisfaction dans les yeux du fils adoptif de don Pedro, qui reprit :

« Unac est donc mort?

— Oui, Unac est mort, pleuré, regretté de tous. S'il vivait, je ne serais pas ton prisonnier.

— Comment cela?

— Unac était mon frère d'armes, nous devions marcher côte à côte dans les combats. Près de la cabane, cachée dans les touffes de bananiers dont tu parlais tout à l'heure, s'en dresse une autre plus vaste, au toit plus élevé, comme il convient à la cabane d'un chef. C'est là qu'Unac est né. Nous avions grandi ensemble, reçu les mêmes conseils des sages de la tribu, appris en même temps à manier l'arc et le fusil.

— Et cependant vous n'étiez pas toujours d'accord; un jour, tu refusas de lui obéir, tu le frappas d'une flèche.

— Qui t'a dit cela? s'écria le Toltèque en se redresant.

— Unac lui-même, Unac que le frère de sa mère, Ahuisoc, a traîtreusement livré aux blancs.

— Dis-tu vrai?

— Oui, comme un homme parlant à un homme.

— Unac vit donc encore?

— Réponds d'abord, dit le jeune homme en se levant à son tour; quelle serait la place d'Unac s'il reparaissait dans la tribu?

— Celle d'un chef, d'un chef suprême.

— Dix ans se sont écoulés depuis qu'il a disparu; compte-t-il donc encore des partisans? Son nom règne-t-il encore dans les mémoires?

— Il règne dans la mémoire des jeunes hommes et des vieillards, c'est le nom vénéré d'un chef.

— Encore une fois, s'il reparaissait dans la tribu, quelle serait sa place?

— S'il reparaissait dans la tribu et que son cœur fût toujours celui d'un Toltèque, moi et tous ceux qui me suivent nous irions nous ranger près de lui; les femmes elles-mêmes forceraient Ahuisoc à lui rendre le pouvoir. »

Le jeune Indien parlait avec chaleur, et, en l'écoutant, le visage de son interlocuteur changea plusieurs fois de couleur.

« Je suis Unac! s'écria-t-il enfin, je suis ton ami d'enfance, Léac, et voici la cicatrice produite par la flèche dont tu m'as frappé. »

Unac avait écarté sa chemise et montrait sa poitrine. Léac se pencha et, près de la cicatrice, aperçut le tatouage indélébile représentant un soleil avec une tête de serpent à son centre. Aussitôt il saisit son ami dans ses bras, le souleva de terre; puis, après ce premier élan, il lui prit la main, la posa sur son front et dit :

« Salut à Unac, chef de la tribu du Soleil. »

Les questions se pressèrent alors entre les deux amis d'enfance; chacun d'eux interrogeait l'autre avec curiosité. Unac dut raconter son histoire.

« As-tu donc pris l'âme des blancs? demanda Léac avec inquiétude en entendant Unac ne parler de don Pedro qu'avec vénération.

— Un vrai Toltèque, répondit Unac, rend le bien pour le bien, le mal pour le mal. Mon oncle, par ambition, m'a livré aux blancs dans l'espoir qu'ils me feraient périr; les blancs m'ont accueilli comme un frère, ils ont ouvert mon cœur et mes yeux, ils m'ont aimé.

— Tu les guidais vers la tribu, » dit Léac avec méfiance.

Unac expliqua longuement à son ancien ami la cause de son voyage, les intentions nécessairement pacifiques du docteur et de ses trois compagnons. Léac avait l'esprit droit et ouvert, il comprit vite les choses que lui expliquait Unac.

« La tribu, dit-il, est lasse du despotisme de ton oncle, il ne songe qu'au pillage; c'est pour amasser du butin, non pour défendre notre indépendance, qu'il nous conduit au combat. Moi et tous les jeunes hommes de la tribu, Unac, nous croyons depuis longtemps que la guerre impitoyable que nous faisons aux blancs causera tôt ou tard notre perte. Dans les conseils, nous proposons la paix.

— Pourrais-tu, Léac, convaincre les Toltèques qu'ils auraient tout à gagner à se présenter, devant Éden, des branches de cyprès à la main?

— Non, répondit Léac; ton oncle a enflammé l'esprit des guerriers en leur parlant des richesses que renferme cette demeure des blancs, et ils sont prêts à mourir pour la conquérir. Mais viens avec moi; le nom de ta race est puissant, les gardes d'Ahuisoc l'abandonneront peut-être en apprenant qui tu es. »

C'était là une tentative trop incertaine pour qu'Unac, sage et prudent, songeât à s'y prêter. Il voulait avant tout sauver Éden; il ne le cacha pas à son ami. Les deux jeunes gens causèrent de longues heures, et une sorte d'entente s'établit entre eux. Léac s'engagea, s'il arrivait malheur à Éden, à employer son influence pour protéger les habitants du château. Une première bataille semblait impossible à éviter; mais, quels que fussent ses résultats, Unac et Léac se promirent de s'interposer, chacun de son côté, pour amener une trêve et la paix.

La lune argentait depuis longtemps la plaine lorsque Léac, remis en possession de ses armes, se disposa à partir. Il saisit la main qu'Unac lui tendit, la posa sur son front en signe de déférence, puis gagna le bois. Dents-d'Acier fit mine de se lancer à sa poursuite, Unac le retint. Peu après il réveilla le docteur et le mit au courant de sa longue conversation avec Léac. En somme, la situation ne s'était guère améliorée, et il importait toujours d'atteindre promptement Éden.

Le docteur, qui depuis la rencontre des Toltèques avait en partie renoncé à ses paradoxes, appela Célestin et Pélican. La première action de celui-ci fut de chercher des yeux le prisonnier.

« Oh! s'écria-t-il le monsieur Toltèque avoir emmené lui. »

Célestin, indécis, regarda alternativement son maître et Unac.

« Le prisonnier, dit ce dernier, marche vers les siens; à notre tour, nous ferons bien de nous mettre en route.

— Ne crains-tu aucune traîtrise? demanda le docteur.

— Aucune. Léac sait qui je suis, et, je vous l'ai dit souvent, señor, on peut se fier à la parole d'un Toltèque.

Léac aperçut le tatouage indélébile. (Page 519.)

— Hum! fit l'incorrigible docteur, ce sont des hommes, pourtant; il est vrai qu'ils sont sauvages. »

Nos voyageurs s'engagèrent de nouveau parmi les palmiers, et, vers deux heures de l'après-midi, ils débouchèrent dans une savane où paissaient des chevaux libres. Des cris de joie, poussés par Célestin et Pélican, saluèrent ce lieu séparé d'Éden par une étape de quarante lieues. Un foyer fut allumé, et bientôt trois perroquets grillèrent sur des charbons ardents.

Le docteur, assis près d'Unac, regardait les chevaux courir et bondir dans la plaine. Tout à coup il retira sa perruque.

« Si je ne me trompe, dit-il, le lieu où nous nous trouvons est d'une bonne journée plus rapproché de Mérida que ne l'est Éden.

— Vous ne vous trompez pas, señor.

— Eh bien ! il faut à tout prix nous rendre maîtres d'un des chevaux que voilà là-bas; puis, galopant par monts et par vaux, l'un de nous ira prévenir la garnison de Mérida et l'amènera au secours de don Pedro.

— Oui, oui, docteur, vous avez cent fois raison, s'écria Unac qui se leva. Holà! Célestin, Pélican, en chasse : il s'agit de capturer une bonne monture; nous déjeunerons plus tard. »

Ce ne fut pas un mince travail que celui de s'emparer d'un cheval, et l'honneur de cette prise revint en partie à Pélican. Lorsque l'animal poursuivi fut enfin prisonnier, le docteur retira sa perruque.

« A présent, dit-il à Unac, je ne vois guère que toi qui puisse monter cette bête.

— Pélican est bon cavalier, señor; moi, ma place est à Éden.

— Tu oublies, mon enfant, que, seul d'entre nous, tu possèdes l'autorité suffisante pour amener la garnison de Mérida jusqu'à la frontière. »

Unac demeura un instant silencieux.

« Je voudrais pouvoir aller à Éden et à Mérida tout ensemble, dit-il, vous le comprenez, mon vieil ami. Or, à Éden vous pouvez faire ce que je ferais moi-même, et seul, en effet, je puis réussir à ramener de Mérida les secours nécessaires. Si, grâce à vous, mes amis, Éden peut résister pendant sept jours, dans sept jours j'apporterai le salut à tous ses habitants. Dites à don Pedro, dites à Camille, continua-t-il avec émotion, que je ne leur ai jamais fait un plus grand sacrifice qu'en me rendant aujourd'hui à Mérida au lieu de vous accompagner.

— Nous sommes d'accord, dit le docteur. Déjeunons vite, mais déjeunons. Il ne serait pas sage de partir l'estomac vide pour la besogne qui nous reste à faire. »

Le repas fut promptement expédié. Célestin et Pélican dégagèrent alors le cheval des entraves qui liaient ses jambes.

« Pas d'imprudence, dit le docteur à Unac qui s'approchait de sa monture, contenue à grand'peine par les deux amis; n'oublie pas que le salut de ceux que tu aimes dépend de toi. Éden se défendra jusqu'à ton retour, je te le promets. »

Unac ne répondit pas. Il s'élança sur le dos de son coursier frémissant. Pélican et Célestin lâchèrent à la fois le caveçon improvisé qui étreignait les naseaux de l'animal; celui-ci, dévorant l'espace, disparut bientôt.

« Brave garçon! » murmura le docteur. Que Dieu le guide!

Sur les pas de leur maître, qui semblait infatigable, Célestin et Pélican s'enfoncèrent dans les bois et cheminèrent toute la nuit. Lorsque le soleil se leva, trois jours plus tard, les voyageurs exténués traversaient la vallée des Palmiers, et la tour blanche d'Éden se dessinait à l'horizon.

CHAPITRE XVII

RETOUR. — PRÉPARATIFS DE DÉFENSE. — UNE RECONNAISSANCE MILITAIRE. — ESCARMOUCHE. — CONTRADICTION DU DOCTEUR. — L'ENNEMI!

Il était environ dix heures du matin; les plantations qui entouraient Éden, d'ordinaire si animées, se montraient presque désertes. Don Pedro, assis sous le corridor extérieur du château, fumait en écoutant une lecture que lui faisait Camille, qu'il interrompait de temps à autre pour parler du docteur, d'Unac, de leurs compagnons. Soudain un joyeux aboiement retentit, et Dents-d'Acier, franchissant la cour au galop, vint lécher les mains du châtelain et de sa petite-fille qui laissa tomber son livre.

« Que signifie cela? s'écria don Pedro qui se leva. Dents-d'Acier ici! serait-il arrivé malheur à nos amis? »

Le docteur parut traînant la jambe, sa perruque à la main.

« En dois-je croire mes yeux? lui cria don Pedro. Vous, docteur? Mes conseils, mûris par votre esprit, vous ont-ils fait renoncer à votre périlleux voyage?

— Où est Unac? s'écria Camille.

— Il galope dans la direction de Mérida, se hâta de répondre le docteur; or ce n'est ni sa volonté ni la nôtre, ce sont de graves événements qui nous ramènent.

— Unac à Mérida! répéta don Pedro, que signifie?... Parlez donc, docteur.

— Nous avons rencontré les Toltèques en armes à cinq journées de marche d'ici. Ils s'avancent contre Éden. C'est par une série de miracles que nous avons réussi à ne pas tomber dans leurs mains, à les devancer, et cela de bien peu peut-être, pour vous prévenir de leur arrivée.

— Les Toltèques! Est-il possible? Par le ciel! quelque traître a dû les aviser que la vallée reste sans défenseurs aux anniversaires de la mort du Christ. Quel est leur nombre? Parlez vite, mon vieil ami. »

Alors le docteur, que Célestin et Pélican venaient de rejoindre, raconta les péripéties du voyage jusqu'à l'heure du départ d'Unac pour Mérida.

« Le brave enfant! je comprends qu'il ait pu hésiter, dit don Pedro, mais il a pris le plus sage parti. La vieille demeure de mes pères connaît le sifflement des balles et des flèches, docteur; elle a résisté vingt fois aux assauts des Toltèques, elle résistera bien une fois de plus.

— Songez-vous sérieusement à vous défendre? Ne serait-il pas plus sage d'évacuer Éden, d'aller au-devant des forces de Mérida?

— Sur mon honneur, voici une étrange question et une non moins étrange proposition! s'écria le châtelain. Pensez-vous, docteur, que je sois homme à livrer bénévolement aux sauvages tout ce qu'il faudrait laisser ici?

— Où sont vos combattants?

— A Mérida pour la plupart, j'en conviens; toutefois il m'en reste une trentaine à qui les cris de guerre des Toltèques ne font pas peur. »

Don Pedro se promena un instant de long en large sous le corridor. La tête nue, ses cheveux blancs rejetés en arrière, les yeux étincelants, on eût dit un lion en cage. Parfois il s'arrêtait, et ses regards se portaient sur les collines par lesquelles devaient apparaître les Toltèques.

« Les instants s'écoulent et chaque minute est précieuse, dit-il soudain. Par mon salut! docteur, si je ne recherche pas la lutte, je ne la fuis pas non plus lorsqu'elle se présente. Unac sera ici dans quelques jours, mettons huit, neuf, au besoin; nous tiendrons jusque-là. Sonne la cloche d'alarme, mon vieux Juan; nous allons faire partir les femmes et les enfants pour les grottes, puis nous aviserons. Holà! Pélican, Célestin! Mais non, vous tombez de fatigue et de sommeil, mes braves amis; allez vous reposer d'abord; reprenez des forces dont nous aurons besoin. Il faut que vous soyez alertes pour l'heure à laquelle les Toltèques paraîtront. »

Les deux amis gagnèrent leur pavillon, tandis que la cloche d'Éden tintait lugubrement. Bientôt les travailleurs au nombre d'une trentaine, puis les femmes et les enfants, se pressèrent dans la cour du château. En quelques mots, don Pedro mit ce monde au courant de la situation; les femmes demandèrent avec instance à rester à l'hacienda; mais don Pedro ordonna, et chacun obéit. Deux heures plus tard, un long convoi de mules, chargées de vivres, de femmes et d'enfants, se dirigeait, sous la conduite de six hommes, vers la grotte située au sommet des collines qui dominent la route de Mérida.

« Ne pars-tu pas, mignonne? dit le châtelain à sa petite-fille.

— Ma place est près de vous, grand-père, répondit la jeune fille, à pareille heure surtout.

— Et vous, doña Gertrudis?

— Ma place est près de Camille, señor, et, dussé-je mourir de la peur que me causent d'avance ces affreux sauvages, je n'abandonnerai pas mon enfant.

— Pourquoi, dit alors le docteur, ne partirions-nous pas tous? La grotte où vont se réfugier ces enfants et ces femmes est inexpugnable, et la prudence... »

Don Pedro l'interrompit avec véhémence :

« Eh quoi, docteur, vous y revenez! Partir! abandonner Éden sans essayer de le défendre! Non, par mes aïeux, je ne suis pas de taille à commettre une pareille lâcheté. Vous oubliez, docteur, que le moindre meuble de cette maison me tient au cœur, car il a appartenu à mon père, à ma mère, à mes enfants. Ici, tout est plein de souvenirs chers à mon âme, tout, jusqu'à ces murs que le temps effrite de son impitoyable main. Je défendrai donc Éden jusqu'à mon dernier souffle, c'est un devoir sacré. Quant à vous, mon ami, ce n'est pas votre métier de vous battre, et vous n'avez pas les mêmes raisons que moi pour tenir à ces murs. Partez, je vous en prie. »

Le docteur sourit, tourmenta sa perruque, la replaça sur son crâne, et se frotta vigoureusement les mains :

« Partir, dit-il, non pas, s'il vous plaît. Je vais, pour le moment, imiter Célestin et Pélican, prendre un peu de repos; mais je reste, señor, je reste. Je veux voir des hommes dans leur vrai rôle : la guerre!

— Ne vous faites donc pas pire que vous n'êtes, mon brave docteur, lui répondit don Pedro. Vous ne voulez abandonner ni Camille, ni moi, ni aucun des gens à qui vous savez que votre secours pourra être utile ici, voilà vos raisons. Dormez bien, ami, Dieu nous viendra en aide. »

Vers quatre heures du soir, quand le docteur reparut dans la cour du château, les conducteurs du convoi rentraient. Plusieurs arbres plantés le long des murailles venaient d'être abattus, et don Pedro, suivi de Camille qui lui servait d'aide de camp, veillait lui-même aux préparatifs de la défense. Du côté du village, le terrain à pic rendait un assaut peu probable; deux ou trois sentinelles, postées sur la longue muraille, suffiraient pour déjouer les surprises. C'était vers la poterne que, selon toute apparence, les Indiens dirigeraient leur attaque principale. Là, les deux pavillons, pourvus de terrasses crénelées, permettraient d'opposer une première résistance à l'ennemi. Des munitions abondantes furent portées sur ce point, où devaient se masser les défenseurs d'Éden. Vers l'aile droite du bâtiment les portes furent barricadées intérieurement, puis la tourelle d'observation fut pourvue de vivres; c'était là, qu'en cas de malheur, devaient se réfugier les défenseurs du château.

Quand la nuit vint, grâce à l'activité déployée par don Pedro, les préparatifs de défense se trouvaient à peu près terminés. Les bestiaux et les volailles du village avaient été entassés dans la seconde cour, et ceux qu'on n'avait pu atteindre chassés dans les bois, afin de laisser aux Toltèques le moins de vivres possible.

Au coucher du soleil, les sentinelles furent postées sur la crête des murs d'enceinte. Camille, qui voulait prendre sa part des dangers qu'allaient courir son grand-père et ses amis, apparut vêtue d'un costume de chasse qui avait, quelques années auparavant appartenu à Unac, et qu'on eût dit fait pour elle. La grâce et l'air déterminé de la jeune fille arrachèrent des acclamations aux braves défenseurs du château.

Célestin et Pélican, logés sur la terrasse du pavillon qu'ils habitaient d'ordinaire, dont la défense leur avait été confiée, se tenaient appuyés sur les créneaux et cherchaient à percer les ténèbres pour examiner l'horizon.

« Il faut avouer, disait l'ex-matelot à son ami, que ces messieurs Toltèques, comme tu te plais à les nommer, Pélican, sont d'une politesse rare; ils n'ont pas même attendu notre visite pour nous la rendre; seulement ils viennent en ennemis, alors que nous allions vers eux en amis.

— Eux être bien reçus tout de même, dit le nègre en faisant jouer à plusieurs reprises le chien de son fusil.

— Je te recommande de nouveau, Pélican, de ne montrer ton nez qu'avec prudence par-dessus les crénaux; les Toltèques sont d'habiles tireurs, don Pedro nous en a prévenus. Nous ne sommes pas nombreux, il s'agit donc d'économiser nos personnes; quant à celles des messieurs Toltèques, c'est une autre affaire, ils sont dans leur tort; et, s'il leur arrive malheur, ils ne l'auront pas volé.

— Moi pas méchant, massa Célestin, pourtant si Toltèques tirer sur toi, moi tuer eux si pouvoir.

— C'est exactement ma manière de voir, répliqua Célestin; je tiens à ta chevelure, Pélican, et je la défendrai de mon mieux contre ces sauvages qui, paraît-il, sont très amateurs de cet ornement. »

Pélican se mit à rire.

« Si sauvages vouloir prendre cheveux au docteur, dit-il, eux bien attrapés.

— C'est ma foi vrai, répondit Célestin; mais, pour qu'un sauvage en arrive à toucher un seul des cheveux du maître, il faudra que je sois devenu manchot, et toi aussi, j'aime à le croire.

Allons! assez causé; de vraies sentinelles ne doivent pas parler sous les armes. »

La nuit s'écoula sans aucun incident; lorsque le soleil se leva sur la vallée, elle apparut paisible et déserte.

Don Pedro, Camille et le docteur, montés sur le sommet de la tourelle, étudièrent l'horizon à l'aide de longues-vues.

« Les Toltèques auraient-ils changé de direction? s'écria don Pedro. Si votre récit est exact, docteur, ces démons devraient être ici.

— Nous n'avions qu'un jour d'avance sur eux, répondit le docteur; mais plusieurs centaines d'hommes, obligés de pourvoir à leur subsistance, n'avancent pas avec la rapidité de trois simples piétons. D'ailleurs, ne nous plaignons pas de cette lenteur. Unac est peut-être déjà à Mérida, et, s'il y est, soyez sûr qu'il met le temps à profit. »

Don Pedro, impatienté de ne rien découvrir, appela quatre de ses serviteurs, leur ordonna de seller des chevaux; puis, se plaçant à leur tête en compagnie de Camille, qui déclara ne pas vouloir se séparer de lui, il se lança à la découverte. Du haut de la terrasse, le docteur put suivre des yeux la marche des explorateurs. Il les vit franchir la plaine au galop, traverser un petit bois, gravir une colline, disparaître. Alors, impatient à son tour, il parcourut le château allant de Célestin au père Estevan, retournant chaque quart d'heure à son observatoire pour en redescendre plus inquiet.

Près de trois heures s'étaient écoulées depuis le départ de la petite troupe, lorsqu'une détonation lointaine résonna. En un instant, les défenseurs de l'hacienda coururent se poster sur la muraille, regardant avec anxiété dans la direction où le bruit avait retenti. Grâce à sa lunette, le docteur distingua Camille et don Pedro; ils marchaient au pas de leurs chevaux, se retournant de temps à autre pour décharger leurs fusils. Bientôt les hommes de leur escorte tirèrent de leur côté, et des détonations incessantes troublèrent les échos de la vallée. Ces détonations devinrent si pressées que le docteur, descendant à la hâte de son observatoire, ordonna à Célestin et à Pélican de l'accompagner. Il se dirigea vers ses amis, craignant qu'ils ne fussent serrés de près par les

RETOUR. — PRÉPARATIFS DE DÉFENSE.

Le docteur put suivre des yeux les explorateurs. (Page 528.)

sauvages. C'était là une imprudence dont le *padre* essaya vainement de détourner le docteur; il ne voulut rien écouter. Par bonheur, à moins d'un quart de lieue du château, il rencontra les explorateurs qui revenaient au galop.

« Quoi de nouveau? leur cria-t-il.

— L'ennemi! répliqua don Pedro; mais, par le ciel! docteur, que faites-vous ici, à pied, si loin d'Éden?

— Je me promène, señor, en compagnie de Célestin et de Pélican.

— La vérité, señor, s'écria l'ex-matelot, c'est que mon maître, vous supposant aux prises avec les Toltèques, nous emmenait à votre aide.. »

Une nouvelle détonation retentit; une balle siffla aux oreilles des causeurs.

« Montez derrière moi, docteur, s'empressa de dire don Pedro, et vous, garçons, ajouta-t-il en s'adressant aux deux amis, montez en croupe derrière mes hommes.. »

Les deux matelots obéirent; quant à leur maître, il allait argumenter pour se justifier du bon sentiment dont on venait de l'accuser, lorsque Camille s'approcha de lui :

« Croquemitaine, dit la jeune fille, si tu ne montes pas sur l'heure en croupe de grand-père, je mets pied à terre et je chasse mon cheval pour rester avec toi. »

Le docteur savait Camille de trempe à exécuter sa menace; il se hissa sur le cheval de don Pedro, et la petite caravane, saluée de plusieurs coups de fusil tirés par d'invisibles ennemis, se dirigea en toute hâte vers le château. Elle franchit la poterne sans accident, et la lourde porte fut soigneusement refermée.

Célestin et Pélican coururent à leur poste, don Pedro monta sur la tourelle.

Le soleil baignait la vallée de ses feux ardents, de légères vapeurs bleuâtres dansaient dans l'air, des oiseaux fuyaient à tire-d'aile. Sur aucun point on ne voyait trace des ennemis; l'escarmouche qui venait d'avoir lieu semblait un rêve.

La nuit vint, et un silence morne, troublé de temps à autre par la voix des sentinelles vigilantes, régna dans l'intérieur du château. Vers trois heures du matin, une multitude de feux s'allumèrent à l'improviste dans la plaine, tandis qu'une clameur immense remplissait la vallée. En entendant les cris poussés par les sauvages, le *padre* et don Pedro échangèrent un long regard. Ces cris rauques, semblables à ceux des fauves, les avaient assourdis plus d'une fois, et ils en savaient la terrible signification.

Bientôt les sons du lugubre tambour que connaissaient si bien Célestin et Pélican se firent entendre. Lorsqu'il cessa de résonner, le *padre* découvrit son front, et, se jetant à genoux, pria tout haut pour invoquer la protection du Seigneur en faveur des défenseurs d'Éden.

CHAPITRE XVIII

UNE PRÉCAUTION DE CÉLESTIN. — LE PÈRE ESTEVAN. — LES PARLEMENTAIRES. — LE MESSAGE D'AHUISOC. — UNE IDÉE DE PÉLICAN. — EXPÉDITION NOCTURNE.

Don Pedro parcourut toute la ligne de défense, encourageant ses hommes par son sang-froid, son entrain, sa décision.

« Il faut prouver à ces mécréants, disait-il, que la paix ne nous a pas amollis, qu'Éden est toujours imprenable. Ne te tiens pas à découvert, mon brave Célestin; nous avons affaire à des ennemis vigilants et qui savent tirer. Si Pélican, lui aussi, ne prend soin de s'abriter derrière les créneaux, il pourra bien recevoir une flèche ou une balle, je l'en préviens. Ménagez vos personnes, j'aurai bientôt besoin de votre adresse.

— Je me suis déjà frotté l'œil droit, señor, répondit Célestin, afin de le maintenir éveillé et de viser plus juste quand l'heure sera venue. Quel silence là-bas! On pourrait croire que nos ennemis se sont endormis.

— Les Indiens, Célestin, ne procèdent guère que par surprise; alors que nous y songerons le moins, nous aurons à supporter quelque rude assaut. Mais voici l'aurore, ils ne combattent d'ordinaire que la nuit, et nous allons peut-être gagner une journée de repos. Ils ne s'attendaient pas à nous trouver sur nos gardes.

— Moi bien rire, dit Pélican, quand massa Unac paraître et tomber sur messieurs Toltèques. »

Pélican s'était levé, son front dépassait le parapet. Célestin le tira violemment à lui.

« Si, comme j'en suis convaincu, tu n'as pas une tête de rechange, grand animal, s'écria l'ex-matelot, je te prie de prendre au sérieux la recommandation que vient de nous faire don Pedro, et de ne pas te mettre debout sans nécessité.

— Pas fâcher toi, massa Célestin; moi rester maintenant assis comme Dents-d'Acier. Moi vouloir vivre pour battre messieurs Toltèques et rendre docteur content, puisque lui aimer la guerre.

— Crois-tu donc, répondit Célestin en secouant la tête, que notre maître soit aussi sanguinaire que te l'ont fait croire ses paroles? S'il pouvait, sans être vu, retirer les balles de nos fusils et de ceux des Toltèques, Pélican, je gage que le brave homme le ferait sans hésiter.

— Oui, lui bon, très bon, et falloir veiller sur lui.

— Sur lui, sur mademoiselle Camille, sur don Pedro, Pélican, c'est notre devoir. A l'heure de la mêlée, si elle arrive, je te recommande d'y avoir l'œil, comme je l'aurai de mon côté. Holà! que se passe-t-il donc dans la cour? »

Le matelot traversa rapidement la terrasse du pavillon sur laquelle il était posté, et vit le *padre* Estévan qui, revêtu de ses habits d'officiant, insistait pour que Juan lui ouvrît la poterne.

« Par votre divin maître, *padre*, répétait don Pedro qui venait d'accourir, suivi du docteur, me direz-vous quel est votre dessein?

— Je veux me rendre au camp des Indiens, mon fils; je connais leurs mœurs, leur langue, et je ne crois pas impossible de les décider à reculer devant l'effusion du sang.

— Voilà une cause perdue d'avance, répondit le châtelain; les Toltèques considèrent Éden comme une proie sûre et ne reculeront pas.

— Dieu est grand, reprit le vieux prêtre, et nul ne connaît ses desseins.

— Nous connaissons ceux de nos ennemis, répliqua don Pedro, vous surtout qu'ils ont déjà martyrisé. Je vous en prie, *padre*, n'allez pas au devant d'une mort inutile et certaine. »

Le *padre*, avec une douceur ferme, résolue, combattit une à une les objections que leur attachement pour lui suggérèrent à don Pedro, à Camille, au docteur. Néanmoins, si faible que fût son propre espoir d'empêcher l'effusion du sang, le chapelain considérait la démarche qu'il allait entreprendre comme un devoir sacré; il persista.

« Allez donc, s'écria enfin don Pedro d'une voix émue ; seulement avant de partir, mon père, bénissez-nous. »

Le vieux prêtre étendit ses mains mutilées au-dessus de la tête de ses amis agenouillés ; puis, la poterne ayant été ouverte, il se dirigea vers le camp des Toltèques, la tête haute et les bras croisés.

Les défenseurs du château le virent atteindre une plantation de bananiers située vers la gauche, à bonne portée de fusil des murs d'Éden. Deux Indiens, ayant reconnu en lui un parlementaire, s'avancèrent à sa rencontre, et il disparut avec eux derrière le rideau de feuillage.

Pendant plus d'une heure don Pedro, le docteur et Camille, se tinrent près des créneaux de la terrasse avec l'espoir, sans cesse déçu, de voir reparaître leur ami. Ils n'échangèrent que de rares paroles, pleines de tristes pressentiments. Vers midi, deux Indiens sortirent d'entre les bananiers ; ils élevaient au-dessus de leur tête une longue branche garnie de ses feuilles.

« Auraient-ils écouté le *Padre?* s'écria don Pedro. Ce sont des parlementaires. »

Le châtelain, montant sur une poutre, se plaça au centre d'un créneau, souleva son chapeau et le tint en l'air. Au bout d'un instant, les deux Indiens se mirent en marche vers la poterne. Don Pedro et le docteur descendirent pour les recevoir, tandis que Camille transmettait à tous les combattants l'ordre de se tenir sur la défensive et de ne point tirer.

« Sur mon honneur ! cria soudain Célestin à son maître du haut de la muraille, l'un des oiseaux qui s'avancent, monsieur, est celui que Pélican a failli étouffer en le dénichant de derrière un arbre. »

Juan se disposait à ouvrir la poterne.

« Vous pas ouvrir, vous pas ouvrir ! s'écria Pélican.

— Qu'aperçois-tu ? demanda don Pedro.

— Moi voir Dents-d'Acier derrière vous, prêt à sortir, señor. Dents-d'Acier pas connaître ambassadeurs, lui, et manger eux, c'est sûr. »

En effet, le brave chien, voyant que l'on se disposait à ouvrir la porte, se tenait prêt à s'élancer dehors. Pélican, l'ayant saisi, s'empressa de l'enfermer et remonta près de Célestin.

La poterne fut entr'ouverte devant les deux parlementaires; ils pénétrèrent dans la cour du château. Célestin avait bien vu; l'un d'eux était, en effet, Léac. Son compagnon, homme aux traits rudes, énergiques, contractés par la grimace habituelle aux sauvages qui bravent le soleil la tête nue, se dégagea de sa couverture de laine et se montra vêtu d'un costume de peau de daim, enrichi de broderies d'argent.

Les regards des deux ambassadeurs se promenèrent successivement de don Pedro au docteur, puis se fixèrent sur Camille. Ils contemplaient la jeune fille avec surprise et se taisaient.

« J'attends, Toltèque, dit enfin don Pedro en s'adressant au plus âgé, que tu me fasses connaître l'objet de ta venue.

— Je suis Téletl, répondit l'Indien en assez bon espagnol, et mon père est le Soleil.

— Et moi je suis Pedro Aguilar, serviteur du vrai Dieu, répliqua le châtelain.

— Pedro Aguilar est un nom que connaissent les Toltèques, reprit le chef indien avec courtoisie; ils ont plus d'une fois rencontré celui qui le porte dans les batailles.

— Que veux-tu, chef? Parle.

— Je suis l'envoyé d'Ahuisoc, maître de la tribu du Soleil, et j'apporte des paroles de paix. »

Don Pedro tressaillit au nom de l'oncle d'Unac. Le docteur et Camille se rapprochèrent de lui.

« Puisses-tu dire vrai, Toltèque! répondit enfin don Pedro. Quel message m'envoie Ahuisoc?

— Le grand prêtre des blancs, reprit Téletl après un silence, est l'ami des Toltèques; il est venu dans leur camp affirmer que les blancs n'aiment pas à répandre le sang.

— Il a dit la vérité, chef. Après?

— Cette terre, reprit Téletl en frappant le sol du pied, appartient aux Toltèques. Les guerriers de ma tribu veulent se promener librement dans cette vallée, parcourir les salles du palais d'Éden, reprendre possession de l'héritage de leurs pères.

— Par le Christ! répondit don Pedro, de la terre il y en a pour tous, et, sur ce point, nous pourrions nous entendre. Quant au château il est à moi, non à vous; il a été construit par mes pères, non par les vôtres. Je n'admets pas de discussion sur ce point. En dehors de ceci, que je ne puis t'accorder, que veux-tu?

— Téletl ne veut rien.

— Alors lui décamper! » s'écria Pélican qui du haut de son observatoire écoutait cette conversation, et qu'un regard de son maître fit rentrer derrière les créneaux.

Vingt fois, sans trop y réussir, don Pedro essaya de ramener son interlocuteur au but secret de sa visite, à celui qu'il ne disait pas.

« Voyons, chef, s'écria don Pedro qui perdit soudain patience, parle clairement ou retire-toi. Que veux-tu?

— Un Toltèque manque depuis longtemps à la tribu du Soleil, dit enfin l'Indien; il habite cette demeure et se nomme Unac. Je lui apporte un message du frère de sa mère, appelle-le. »

Camille et le docteur se rapprochèrent encore de don Pedro. Le châtelain, redevenu maître de lui, garda le silence à son tour. Révéler l'absence d'Unac était un danger, car les Toltèques devineraient vite que le jeune homme devait être à Mérida.

« Unac habite en effet cette demeure, répondit don Pedro; que lui veut Ahuisoc?

— Ahuisoc ne veut pas qu'un Toltèque soit le serviteur des blancs. Si Pedro Aguilar consent à rendre Unac à ses frères, les Toltèques seront cléments; ils consentiront, peut-être, à reprendre le chemin de leur pays. »

Léac regardait silencieusement don Pedro, il semblait anxieux d'entendre sa réponse; penché en avant, il retenait presque son haleine.

« Unac n'est ici le serviteur de personne, répondit le châtelain, Unac est libre de ses actions; s'il lui plaisait de rejoindre Ahuisoc, il ferait ouvrir la poterne et marcherait vers son camp; nul ici ne l'en empêcherait.

— Qu'il vienne donc parler lui-même.

— S'il n'est pas là, c'est qu'il ne veut pas paraître.

— Pourquoi? reprit Téletl.

— Parce qu'il n'a pas confiance dans votre chef, dans celui qui a usurpé sa place. Vous rendre Unac, ce ne serait pas le rendre, ce serait le livrer, Téletl, tu le sais encore mieux que moi. »

Léac parut respirer avec satisfaction. Téletl, soulevant alors la branche verte qu'il avait apportée, la brisa par le milieu, la jeta aux pieds de don Pedro et se dirigea vers la poterne.

« Un mot encore, dit le châtelain; si Unac déclarait lui-même vouloir rester ici, les Toltèques retourneraient-ils dans leurs villages?

— Les Toltèques savent que les blancs ont perverti Unac; ils veulent lui rapprendre les coutumes de ses pères, ils veulent, de gré ou de force, le ramener dans son pays.

— Unac est devenu mon fils, chef, s'écria don Pedro, et, moi vivant, nul ne lui fera violence. Retourne vers les tiens, renvoie mon ambassadeur, et que Dieu décide entre nous.

— Le grand prêtre des blancs veut rester dans le camp des Toltèques; ils ne le rendront qu'en échange d'Unac.

— A ce compte, je pourrais donc vous garder tous deux comme otages, répondit don Pedro dont les sourcils se froncèrent; mais la trahison me répugne, même pour répondre à la trahison. Ahuisoc manque à la bonne foi en retenant le *padre* prisonnier, dites-le-lui de ma part; dites-lui aussi, chef, que, si un seul cheveu tombe de la tête du *padre*, la justice de Dieu, tôt ou tard, saura le punir. »

Les deux Indiens franchirent la poterne et disparurent bientôt.

« Que pensez-vous de cette singulière ambassade, docteur? demanda don Pedro. Vous attendiez-vous à voir les Toltèques réclamer Unac?

— Ahuisoc les commande, señor, il a dû apprendre de Léac la présence de son neveu parmi nous.

— J'ai remarqué, dit Camille au docteur, que celui que tu nommes Léac semblait écouter avec inquiétude la réponse de grand-père; il a respiré avec une sorte de soulagement lorsque grand-père a déclaré qu'il ne livrerait pas celui que l'on réclamait.

— Unac doit avoir atteint Mérida, repartit don Pedro. Encore quatre jours, et il répondra lui-même à ses ennemis. »

Plusieurs coups de feu furent tirés contre les murailles; chacun courut à son poste; cependant personne ne répondit à cette provocation. En somme, c'était là un avis que les hostilités étaient ouvertes, et la surveillance devint active. Don Pedro, Camille, le

La poterne tourna sans bruit. (Page 538.)

docteur se tenaient volontiers sur la terrasse occupée par Célestin et Pélican. Les longues-vues, souvent promenées sur l'horizon, ne révélaient nulle part la présence des Indiens; on eût pu croire la vallée déserte.

« Ces païens nous gardent pour cette nuit quelque tour diabolique, répétait don Pedro; qu'ils viennent, ils trouveront à qui parler. Le *padre*, par malheur, est un otage précieux, et je me repens de l'avoir laissé partir.

— Moi, dit le docteur, je regrette que nous n'ayons pas gardé, comme représailles, les deux envoyés des Toltèques. C'eût été de bonne guerre.

— Moi avoir bonne idée, dit en ce moment Pélican.

— Explique-toi, s'empressa de répondre Célestin.

— Messieurs Toltèques travailler là-bas, derrière bananiers.

— C'est vrai, dit le docteur, j'ai fait la même remarque que Pélican.

— Quand nuit venue, reprit le nègre, moi sortir avec Célestin et Dents-d'Acier, et nous, tout doucement, marcher vers bananiers.

— Après? dit l'ex-matelot.

— Quand nous être tout près, nous prendre un ou deux messieurs Toltèques et amener eux ici. Alors nous offrir changer prisonniers pour curé; voilà.

— Ton idée est si bonne, Pélican, s'écria Célestin enthousiasmé, que je regretterai toute ma vie de ne pas l'avoir trouvée moi-même. Oui, avec l'aide de Dents-d'Acier, nous nous emparerons bien d'une paire de Toltèques.

— Pour cette expédition, dit don Pedro, il vous faut des hommes agiles, résolus. Antonio, Sébastien, Manuel vous accompagneront; je vais les prévenir. »

Au coucher du soleil, quelques flèches et quelques balles furent lancées contre les murailles d'Éden par une vingtaine d'Indiens, qui se montrèrent à découvert. Célestin et Pélican répondirent par deux coups de feu; les Toltèques s'empressèrent aussitôt de regagner la ligne d'arbres derrière laquelle ils s'abritaient.

Vers dix heures du soir, la poterne tourna sans bruit sur ses gonds. Célestin, Dents-d'Acier, puis Antonio, Sébastien et Manuel se glissèrent silencieux à la suite de Pélican, promoteur de cette tentative. Don Pedro et le docteur crurent pouvoir sans inconvénient leur faire quelques centaines de pas de conduite. Camille, postée sur la terrasse du pavillon, entourée de bons tireurs, cherchait à percer les ténèbres afin de suivre plus longtemps dans leur marche aventureuse les hardis partisans. Mais la nuit était si profonde qu'on voyait à peine à trois pas devant soi, et les explorateurs marchaient avec tant de précautions que la jeune fille cessa bientôt de les entendre. Il y avait un quart d'heure environ qu'ils avaient complètement disparu; elle commençait à s'inquiéter de ne pas voir son grand-père et le docteur revenir, lorsqu'elle crut entendre une vague rumeur vers sa droite, c'est-à-dire du côté opposé à celui par lequel s'était éloigné son grand-père. Elle se pencha au-dessus de la muraille pour mieux écouter et entendit, cette fois, un léger grincement contre le mur. Elle étendit le bras, sa main rencontra les deux montants d'une échelle.

« Alerte! cria-t-elle. L'ennemi est là! »

En même temps, elle fit feu. Bientôt des détonations pressées retentirent, et d'affreuses clameurs emplirent la vallée.

CHAPITRE XIX

MOMENT DE CONFUSION. — DÉSESPOIR DE CÉLESTIN. — LE DOCTEUR AU CAMP DES TOLTÈQUES. — LE FILS DE LA NUIT. — SINISTRE ENTRETIEN. — LA PERRUQUE DU DOCTEUR.

Grâce à la connaissance qu'ils possédaient du terrain, don Pedro et ses hardis compagnons, aussitôt après avoir franchi la poterne, s'étaient guidés avec assez de sûreté dans les ténèbres. Cependant le châtelain, occupé qu'il était de multiplier ses recommandations à Pélican, à Célestin et à leur escorte, ne s'apercevait pas qu'il s'éloignait des murailles d'Éden plus que de raison. La petite troupe tout entière arriva sans accident près des bananiers; là on fit halte pour écouter, car il fallait redoubler de prudence à mesure que l'on approchait de l'ennemi. Pélican, dont Célestin essayait en vain de contenir l'ardeur, dépassa les premiers arbres en compagnie de Dents-d'Acier, juste au moment où le coup de feu tiré par Camille retentissait.

« Cette détonation vient d'Éden, dit sourdement don Pedro, ramené à la réalité de la situation; que signifie cela?

Il n'y avait pas à hésiter; on était découvert, il fallait regagner le château. De nouveaux coups de feu résonnèrent, et bientôt le cri de guerre des Toltèques se mêla à la fusillade.

« A la poterne! enfants, cria don Pedro d'une voix forte; quelque chose d'inattendu se passe là-bas.

— A la poterne! » répéta-t-on comme un mot d'ordre.

Et, sans essayer cette fois de dissimuler le bruit des pas, on rétrograda rapidement.

Un immense brasier s'enflamma tout à coup, et ses lueurs, éclairant la plaine, montrèrent une centaine de guerriers indiens qui, par groupes, s'éloignaient du château. Don Pedro et ses compagnons n'eurent pas le temps de s'expliquer cette singularité, ils se trouvèrent à l'improviste en face d'une vingtaine d'ennemis.

« En avant! » cria le châtelain qui dégaîna son sabre.

Une mêlée s'engagea : les Indiens, pour qui l'apparition des blancs sur leur derrière était inexplicable, résistèrent à peine et s'enfuirent terrifiés, laissant quatre ou cinq des leurs sur le carreau. Le docteur, toujours de sang-froid, et ne perdant pas de vue, même au milieu de la mêlée, le but primitif de l'expédition, s'était cramponné au bras de l'un des fuyards et tentait de le contenir. Le Toltèque, plus robuste que son adversaire allait l'entraîner, lorsque Célestin vint prêter main-forte à son maître en jetant à bas, d'un coup de machété, celui qui de prisonnier était devenu agresseur. La voie dès lors étant libre on se rapprocha de la poterne, et bientôt la petite troupe, augmentée de quatre Toltèques faits prisonniers dans la bagarre, se trouva réunie dans la cour du château.

« Avez-vous compris quelque chose à notre aventure? s'écria don Pedro en s'adressant au docteur qui, du plus beau sang-froid, replaçait sa perruque en équilibre.

— Pas un mot, répondit le savant; cependant c'est d'ici qu'est parti le premier coup de feu. »

Camille, descendue à la hâte de la terrasse, se précipita dans les bras de son grand-père et l'étreignit avec force.

« Est-ce toi qui as ordonné de tirer, mignonne?

— A peine étiez-vous partis, répondit la jeune fille, que, par une singulière coïncidence, une bande de Toltèques s'avançait de ce côté pour nous surprendre. Un léger bruit attira mon attention; j'étendis la main, je sentis les montants d'une échelle.

J'étais armée, je tirai à tout hasard sur un Indien prêt à franchir le parapet; le malheureux tomba comme une pierre. Que Dieu ait son âme! dit-elle en frissonnant au souvenir de son exploit. L'important, ajouta-t-elle, c'est que l'alarme était donnée. Ah! pourquoi vous étiez-vous laissé entraîner si loin, grand-père?

— Qu'importe! mignonne, puisque ton sang-froid nous a sauvés, s'écria le châtelain; tu es une vraie Aguilar. Je comprends maintenant la panique de nos ennemis en nous apercevant dans la plaine : ils se sont vus entre deux feux sans s'expliquer mieux que nous ce qui leur arrivait. Mais depuis quand les Toltèques escaladent-ils les murailles à l'aide d'échelles? A n'en pas douter, ce sont les Anglais de Balise qui, en leur vendant des fusils et de la poudre, leur apprennent ces gentillesses. Allons boire un grog, docteur; les feux qu'ils allument prouvent que les Toltèques nous laisseront en repos cette nuit. Holà! que se passe-t-il donc là-bas? Célestin devient-il fou? »

Le châtelain se rapprocha de la poterne, que le matelot voulait ouvrir malgré l'opposition de ses compagnons.

« Laissez-moi! criait-il en se débattant avec rage, je vous assomme si vous ne me lâchez pas.

— Qu'avez-vous Célestin? demanda le châtelain avec autorité.

— Pélican, señor, répondit le matelot d'une voix étranglée, Pélican n'est pas rentré avec nous. »

Don Pedro et le docteur regardèrent autour d'eux : le nègre n'était pas là.

« Il faut qu'il soit dangereusement blessé, reprit Célestin, et les Toltèques l'achèvent peut-être à cette heure. Ordonnez qu'on m'ouvre la porte, señor, ou je ferai quelque malheur.

— Vous seriez mort avant d'avoir fait cent pas dans la plaine, mon pauvre Célestin, dit le châtelain. Ne voyez-vous pas que les Toltèques, éclairés par leurs feux, pourraient tirer sur vous à coup sûr?

— Qu'ils me tuent, mais je n'abandonnerai pas le compagnon qui, autrefois, a risqué sa vie pour sauver la mienne. Lâchez-moi, Sébastien! lâchez-moi, Juan! »

Le docteur s'interposa. Le matelot ne voulait rien entendre et se débattait furieux entre les mains de ses compagnons.

« M'écouteras-tu, enfin? dit le docteur en le saisissant au collet et en le secouant avec force : si tes violences pouvaient quelque chose pour ton ami, crois-tu que nous te refuserions la clef des champs? Est-ce donc si agréable de garder de force un enragé de ton espèce? Écoute-moi. Nous avons quatre prisonniers, les Toltèques le savent, et, dans la crainte de représailles, ils se garderont d'attenter à la vie de Pélican. Voilà une meilleure garantie de son salut que toutes les sottises que tu pourrais entreprendre.

— Je connais les Toltèques, Célestin, dit à son tour don Pedro; aussitôt le jour venu, ils viendront réclamer leurs compagnons prisonniers et proposer un échange. »

Il fallut répéter cent fois ces paroles au pauvre matelot avant qu'il se calmât. Ses cris, ses appels à Pélican émouvaient tous les assistants, et le docteur, au lieu de ses sarcasmes habituels, finit par ne prononcer que de bonnes paroles pour calmer son serviteur. Enfin, muet, sombre, farouche, Célestin alla se poster sur la terrasse et, durant toute la nuit, demeura tourné vers les bananiers.

« S'ils ont tué Pélican, répétait-il de temps à autre en étendant le poing vers le camp des Toltèques, malheur à eux! »

Les quatre prisonniers avaient été renfermés dans le pavillon de Juan. Eux aussi passèrent la nuit à veiller et refusèrent de toucher aux aliments qu'on leur présenta.

Le soleil venait à peine de se montrer sur l'horizon que Célestin réveillait son maître, qui, étendu sous le corridor extérieur, dormait près de don Pedro.

« Voici le jour, monsieur, dit le matelot, il est l'heure de songer à Pélican. »

Don Pedro releva la tête.

« Patience encore, mon brave Célestin, dit-il; les Toltèques, crois-le bien, sont aussi anxieux que toi de connaître le sort de leurs compagnons. La meilleure politique est de les laisser venir, non d'aller à eux. »

Sur ce point, Célestin ne voulut rien entendre; aussi, une demi-heure plus tard, sans armes, portant une branche verte à la main, s'avançait-il avec son maître, qu'il était parvenu à entraîner, vers le camp des Toltèques.

« J'ai consenti à faire la sottise avec toi, dit le docteur à son compagnon, or j'entends la faire posément, dans les règles. Si tu ne veux pas procéder avec méthode et gravité, je t'avertis, Célestin, que je te plante là. Don Pedro nous a répété que la gravité d'un ambassadeur pèse d'un grand poids dans l'esprit des Toltèques; donc, soyons graves!

— Pélican attend, monsieur, il doit être blessé et.... »

Le pauvre matelot se tut, il se sentait prêt à pleurer.

Les deux parlementaires se dirigèrent vers les bananiers; cinquante pas les en séparaient lorsqu'une douzaine d'Indiens se montrèrent à l'improviste, leur intimant l'ordre de s'arrêter.

« Que voulez-vous? demanda l'un d'eux en espagnol.

— Nous sommes envoyés, répondit le docteur, par don Pedro Aguilar, et nous voulons parler au chef Ahuisoc. »

Les Indiens entourèrent Célestin et son maître, puis les guidèrent vers la droite en les éloignant des bananiers. Les parlementaires durent traverser un champ de cannes à sucre dévasté et se trouvèrent dans une plantation de cotonniers. Là se dressaient une multitude de huttes de feuillage. Le docteur et Célestin, en un instant, furent entourés de plusieurs centaines de Toltèques, occupés les uns à fourbir leurs armes, les autres à griller de la viande sèche sur des charbons ardents. Leurs guides écartèrent cette foule et s'arrêtèrent à cent pas d'une cabane plus haute que les autres, autour de laquelle se tenaient des guerriers de haute taille, gardes d'Ahuisoc.

Les regards de Célestin ne cessaient d'errer autour de lui; vingt fois il avait été tenté d'interroger les Indiens sur Pélican, chaque fois son maître lui avait imposé silence.

« Le chef va venir, dit un des Indiens; que les blancs se préparent à dire la vérité. »

L'escorte s'écarta; le docteur et Célestin restèrent isolés, entourés à distance des Toltèques attirés par la curiosité.

Tout à coup Célestin poussa une exclamation de joie et saisit le bras de son maître.

« Pélican! cria-t-il; j'aperçois Pélican et dents-d'Acier, sains et saufs tous les deux, monsieur! »

Et, avant que le docteur eût pu s'opposer à son action, Célestin courait vers son ami. Soudain il s'arrêta, interloqué au plus haut degré par ce qu'il voyait. Au lieu d'être dans l'attitude d'un prisonnier gardé à vue, Pélican, entouré d'une vingtaine d'Indiens, semblait pérorer avec une solennité que son ami ne lui connaissait pas, et ses auditeurs, suspendus à ses lèvres, se penchaient vers lui avec déférence. Pélican était armé d'un fusil, un grand manteau indien enveloppait son admirable torse, et, sur son front, se dressait une plume d'aigle retenue par un éclatant bandeau d'étoffe rouge.

Revenu de sa surprise, Célestin reprit sa marche vers son ami, le hélant de toute sa force par son nom. Au son de cette voix, Pélican tressaillit; les Indiens qui l'entouraient s'écartèrent, et le nègre fit un pas en avant. Tout à coup, se ravisant, il dégagea son fusil, posa la crosse sur le sol, et, cent fois plus imposant qu'un tambour-major s'appuyant sur la pomme d'argent de sa canne, il appuya sa main droite sur le canon de son arme.

« Pélican! s'écria Célestin, prêt à sauter au cou de son ami, et suffoquant de joie.

— Arrêter vous, dit le nègre d'une voix impérieuse, en s'exprimant en espagnol. Vous dire, s'il vous plaît, qui oser appeler Pélican?

— Qui j'appelle Pélican? reprit Célestin, stupéfait. Qui diable pourrais-je appeler Pélican si ce n'est toi, mon vieux camarade?

— Moi pas camarade à vous, et moi pas Pélican, répondit le nègre avec un dédain suprême.

— Comment, toi pas Pélican! Ai-je la berlue, par hasard, et n'es-tu pas assez reconnaissable pour que l'on ne puisse s'y tromper? Toi pas Pélican, voilà du nouveau!

— Non, répliqua le nègre avec assurance, moi pas Pélican, et moi pas connaître du tout vous.

— Toi pas connaître moi! répliqua Célestin; voilà une bonne plaisanterie. Laisse-moi t'embrasser, mauvais garçon, je te croyais mort et je viens de passer une nuit...

— Moi pas mort, moi pas Pélican, moi pas connaître vous.

— As-tu perdu la tête? s'écria Célestin qui regarda son ami avec terreur, et ne sais-tu plus parler français?

— Moi pas fou et moi pas Pélican non plus.

MOMENT DE CONFUSION. 545

Soudain il s'arrêta, interloqué. (Page 554.)

— Qui es-tu donc alors?

— Moi Fils de la Nuit, moi grand chef de tribu du Soleil, moi protecteur des Toltèques. »

Tout en parlant, Pélican étendait les bras. Les Indiens s'inclinèrent; un murmure de satisfaction accueillit les gestes et les paroles du nègre.

La foudre, tombant aux pieds de Célestin, ne l'eût pas stupéfié autant que ce qu'il entendait. Il demeura muet et regarda, sans mot dire, son ami qui s'éloignait majestueux.

« Vous êtes un coquin, un drôle, une canaille, un serpent, cria-t-il enfin. Vous un chef toltèque! un beau chef, ma foi! Voulez-vous savoir mon opinion? Vous êtes un rien du tout, voilà ce que vous êtes. Je comprends. Ces sauvages vous ont comblé de caresses, et vous êtes passé à leur bord. Ah! je n'aurais jamais cru cela de votre part. Et moi qui vous pleurais!... Vous êtes un rien du tout, un traître, un lâche, un faux frère, voilà mon opinion. »

Pélican, déjà loin, n'entendait plus.

Célestin, furieux, siffla Dents-d'Acier; le chien dressa bien les oreilles, remua bien la queue, mais il partit rejoindre le nègre.

« Quoi, lui aussi! » s'écria le pauvre matelot qui, dans son indignation, s'élança dans la direction suivie par son ami avec l'intention de l'assommer à coups de poing.

Un jeune Indien, qui avait observé cette scène en silence, le saisit d'une main de fer :

« Tais-toi, lui dit-il rapidement à voix basse, veux-tu te faire massacrer et ton maître en même temps que toi? »

C'était Léac. Le matelot regarda le jeune homme bouche béante, et se laissa docilement ramener près du docteur. Il allait lui raconter son aventure lorsque Ahuisoc, le front ceint d'une sorte de diadème, les vêtements couverts de broderies d'or, s'avança d'un pas majestueux.

Ahuisoc, haut de taille, un peu obèse, avait un regard sans cesse en mouvement; ses traits durs, mobiles, intelligents, manquaient de franchise. Le docteur regardait avec curiosité cet homme dont Unac lui avait si souvent parlé, qui, pour satisfaire son ambition, avait sacrifié son jeune neveu. Le chef indien, de son côté, examina longtemps le médecin.

« Es-tu Pedro Aguilar? lui demanda-t-il enfin.

— Non, répondit le docteur; je viens seulement te parler en son nom.

— J'écoute.

— Tu retiens prisonniers dans ton camp, chef, deux hommes appartenant au château.

— Tu te trompes, répondit le sauvage; le grand prêtre des blancs est ici par sa volonté, et le Fils de la Nuit est venu le rejoindre.

— Le Fils de la Nuit, monsieur, s'écria Célestin avec indignation n'est autre que Pélican, qui, en effet, a viré de bord du côté des sauvages et navigue… »

En entendant le matelot élever la voix et s'exprimer dans une langue incompréhensible pour lui, Ahuisoc recula avec méfiance. Le docteur s'empressa d'imposer silence à son serviteur.

« De vous deux qui est le chef? demanda Ahuisoc.

— Moi, répondit le docteur.

— Viens, dit Ahuisoc, et que celui-ci reste en arrière; il ne parle pas avec le calme d'un guerrier. »

Ahuisoc, salué par les Indiens devant lesquels il passait, se dirigea d'un pas lent vers la plaine, sortit du champ de canne à sucre et regarda un instant Éden dont les hautes murailles se dressaient devant lui.

« Pedro Aguilar veut-il la paix, ou la guerre? demanda-t-il à mi-voix, de façon à n'être point entendu de son escorte demeurée, ainsi que Célestin, à vingt pas en arrière.

— La paix, chef, répondit le docteur, la paix à des conditions acceptables. Tu sais sans doute que quatre de tes guerriers sont en notre pouvoir.

— Tu te trompes encore, répliqua Ahuisoc en regardant en face son interlocuteur, il y a cinq Toltèques dans le camp de Pedro Aguilar.

— Quatre, sur mon honneur.

— Pedro Aguilar, reprit Ahuisoc en interrompant le parlementaire, a-t-il si bien changé le cœur d'Unac que celui-ci se considère comme un blanc? Unac renierait-il son pays? Écoute, ajouta Ahuisoc, et parlons comme des hommes. Mes guerriers sont nombreux, et les défenseurs du château sont comptés. Avant vingt-quatre heures Éden sera en ma possession, et tous ceux qui l'habitent, hommes, femmes, enfants, payeront de leur vie l'audace d'avoir résisté à mes guerriers. Toutefois Ahuisoc est généreux, il n'est pas l'ennemi de Pedro Aguilar. Que celui-ci lui renvoie Unac, et les Toltèques regagneront leur pays.

— Pedro Aguilar, chef, a déjà dit aux guerriers venus en ton nom qu'Unac est libre, que c'est par sa volonté qu'il reste près des blancs.

— Je veux Unac, répondit Ahuisoc dont les yeux clignotèrent; qu'il ramène ici mes quatre guerriers, aussitôt le grand prêtre et le Fils de la nuit seront libres. »

— Unac, dit le docteur, désire vivre parmi les blancs. Comment lui faire violence? Le livrer, ce serait le trahir.

— Je le veux, dit Ahuisoc; je veux Unac vivant ou mort! comprends-tu? »

A cette proposition, accentuée d'une façon sinistre et qui permit au docteur de lire jusqu'au fond de l'âme de son interlocuteur, le brave médecin fut pris d'une envie presque irrésistible de sauter à la gorge d'Ahuisoc. Pour se contenir il enleva brusquement sa perruque, et la fit tournoyer avec rage.

Ahuisoc, étonné, recula de quelques pas. Tous les sauvages, dont les regards étaient fixés sur le parlementaire, poussèrent un cri en voyant celui-ci se scalper en quelque sorte lui-même; ils se rapprochèrent en tumulte.

« Nous possédons quatre de tes guerriers, dit enfin le docteur d'une voix brève, et je te les offre de nouveau en échange de mes deux compagnons. Quant à te livrer Unac pour que... jamais.

— Bon, dit Ahuisoc, don Pedro veut la guerre, il l'aura. Avant vingt-quatre heures le château sera en mon pouvoir, va le lui annoncer. »

Ahuisoc s'éloigna. Le docteur appela Célestin et tous deux, consternés, rentrèrent au château.

Si le récit du docteur surprit Camille et don Pedro, celui de Célestin, en ce qui concernait Pélican, leur parut invraisemblable.

« Tu auras mal entendu, répétait Camille, Pélican est incapable d'une telle félonie.

— Il est homme, disait le docteur en secouant la tête.

— C'est justement pour cela, répliquait don Pedro, que je ne puis croire à son abandon. Il y a là-dessous un mystère qui tôt ou tard nous sera expliqué.

— En attendant, señor, dit Célestin, il va falloir tirer sur lui et sur Dents-d'Acier. Quel bouleversement! je m'y perds, je m'y perds en vérité.

— Ainsi, reprit don Pedro, c'est Unac que ce misérable sauvage vient chercher ici; avant trois jours, docteur, mon brave enfant répondra lui-même, et, je l'espère, victorieusement. »

Des détonations répétées rappelèrent les combattants à leur poste; une centaine d'Indiens, divisés par petits groupes, attaquaient le château dans vingt directions différentes. Bientôt les défenseurs, obligés de se multiplier, n'eurent plus de répit.

CHAPITRE XX

MANŒUVRES TOLTÈQUES. — MOMENT DE PÉRIL. — LES BLESSÉS. — LA TOURELLE. — PÉLICAN ET DENTS-D'ACIER REPARAISSENT.

Au bruit de la première détonation, Célestin s'était élancé sur la terrasse de son pavillon; là, l'œil au guet, prenant son temps pour viser, il cherchait à ne pas brûler en vain sa poudre. Le souvenir de la conduite de Pélican continuait à troubler l'esprit droit et le cœur aimant du matelot. S'être vu renié par le nègre lui semblait un fait si monstrueux qu'il se demandait à chaque instant s'il n'avait pas rêvé.

« Hélas! non, se répétait-il, j'ai vu, entendu. Si cette scène eût été une comédie, une nécessité imposée à Pélican par les circonstances, un geste, un clignement d'yeux de sa part eût suffi pour m'en instruire. Pélican, lorsqu'il le veut, est plus fin que Maître renard. Quelle aventure! Mon maître a raison d'exécrer les hommes; dorénavant, au lieu de rire de ses sorties, je ferai chorus avec lui. »

Et triste, sombre, le matelot tirait avec rage sur les ennemis qui s'aventuraient de son côté.

La journée s'écoula en vaines démonstrations de la part des Indiens. Huit ou dix furent atteints. Blessés ou morts, ils étaient aussitôt emportés par leurs compagnons. La nuit venue, les Toltèques allumèrent de grands feux, sans toutefois cesser de tenir l'ennemi en éveil. Leur but, évidemment, était de fatiguer la petite garnison. Don Pedro, devinant cette tactique, força une moitié de ses hommes à se reposer.

« Encore trois jours, répétait-il, et Unac apparaissant à la tête de nos hommes, chassera comme de la poussière ces mécréants. Ah! docteur, si nous étions cent au lieu d'être trente, je ferais une sortie et vous verriez une belle bataille. Hum! patience. »

Vers minuit les feux s'éteignirent, et l'ombre envahit la vallée. Devant les braises ardentes des foyers on voyait, du haut des murailles, défiler des Indiens qui semblaient se porter vers la droite du château. Célestin signala cette manœuvre à son maître; don Pedro, redoutant un assaut, porta la plus grande partie de ses hommes sur le point menacé. Le feu des assiégeants cessa tout à coup.

« Encore une nuit de gagnée? s'écria Célestin trompé par cette apparence; dans deux heures il fera jour. »

Il achevait à peine de prononcer cette phrase qu'une bruyante clameur s'éleva, et qu'une grêle de balles vint frapper la crête des murs du côté vers lequel les Indiens s'étaient peu à peu massés. Don Pedro, le docteur, Camille coururent vers ce point; ils l'atteignaient à peine que deux de leurs hommes tombaient blessés. Un feu nourri répondit à celui des Toltèques. Soudain un rouge éclair embrasa l'horizon, bientôt suivi d'une formidable explosion. Une pluie de pierres tomba autour des défenseurs du château qui, se retournant, aperçurent une immense brèche ouverte dans la muraille, du côté du village.

« Les démons, s'écria le châtelain, minaient l'enceinte tandis qu'ils nous tenaient ici en haleine. Par le ciel! docteur, ils ont appris à faire la guerre, et ne combattent plus comme de grands enfants. »

Don Pedro se tut : une bande de sauvages escaladait la brèche.

« A la tour! cria le châtelain d'une voix de stentor. Vite! Camille, rallie nos gens et guide-les vers la tour. »

Don Pedro, le docteur et les combattants se précipitèrent tête baissée sur les assaillants, dans le dessein de les contenir, de donner aux hommes épars sur les murailles le temps de gagner le point désigné. Grâce à leur sang-froid, les soldats de don Pedro exécutèrent cette retraite avec ensemble et rapidité. Le châtelain et le docteur, sans cesser de combattre, reculèrent peu à peu dans la direction de la tour; ils étaient près de l'atteindre lorsqu'ils aperçurent Célestin qui, du haut de son pavillon, tirait encore avec rage sur les Toltèques.

« Portez cette prune de ma part au Fils de la Nuit, criait le matelot chaque fois qu'il déchargeait sa carabine. Où donc se cache-t-il, ce vaillant chef? »

Don Pedro et le docteur, secondés par l'intrépide Camille, firent un retour offensif pour dégager le matelot.

« Descendras-tu, malheureux? lui cria son maître. Veux-tu nous faire massacrer tous? »

D'un bond prodigieux, Célestin s'élança sur le parapet; puis, avec l'agilité d'un singe ou plutôt d'un matelot qu'il était, il se laissa glisser dans la cour et se rangea près de ses amis.

« A la tour! à la tour! » cria de nouveau don Pedro.

Deux minutes plus tard, la lourde porte se refermait derrière le châtelain, rentré le dernier. Vingt fusils sortirent alors des meurtrières, et une première décharge mit cinq ou six Toltèques hors de combat. Leurs compagnons, intimidés, rétrogradèrent aussitôt, et la cour fut évacuée en un instant. Le feu continua pendant une heure encore, puis le jour parut.

Les défenseurs du château avaient sept hommes blessés, dont trois atteints mortellement, et une vingtaine de Toltèques gisaient le long des murs, près des pavillons. Le docteur, escorté de Célestin, s'occupa bientôt de relever ces malheureux, et les fit transporter sous le corridor pour les panser. La plaine était redevenue déserte.

« Les Toltèques ont appris à faire la guerre, répétait sans cesse don Pedro, soit; mais comment ont-ils pu se procurer assez de poudre pour établir la mine dont l'explosion a failli nous perdre?

— Ils en ont peut-être trouvé dans les cabanes du village, señor, répondit Célestin.

— Par le ciel! vous avez cent fois raison, et nous sommes châtiés pour avoir été négligents... Patience! Encore quarante-huit heures et Unac sera ici. »

Célestin hocha la tête. Bien qu'il remplît héroïquement son devoir, le pauvre matelot ne pouvait secouer le poids qui oppressait son cœur.

Doña Gertrudis, tout en se lamentant, secondait le docteur dans les soins qu'il prodiguait aux blessés. Quant à celui-ci, il semblait avoir renoncé à ses paradoxes. Après avoir vaillamment combattu aux côtés du châtelain, s'occupant surtout de protéger Camille, il pansait les sauvages tout surpris de la douceur avec laquelle il les traitait.

Don Pedro comptait sur plusieurs heures de répit, et s'attendait à voir des parlementaires se présenter. Son espoir ne se réalisa pas. La fusillade recommença à l'improviste; il fallut regagner la tour au plus vite et entraîner de force le docteur qui voulait rester près des malades.

« Ces brigands vont périr si je les abandonne, dit-il; transportons-les dans la tour.

— Je le ferais volontiers, dit don Pedro, si ce n'était nous exposer à une mort certaine.

— Demandons une trêve aux Toltèques.

— Ahuisoc ne l'accordera pas; il veut notre extermination, et surtout celle d'Unac. »

Les balles pleuvaient, le docteur, bon gré mal gré, dut suivre ses compagnons.

Plusieurs heures se passèrent à tirailler sans dommage pour les assiégés, bien abrités dans la tour. Néanmoins ce ne fut pas sans appréhension qu'ils virent la nuit s'approcher, car, à n'en pas douter, les Toltèques, dont ils venaient d'apprendre à craindre les machinations, tenteraient alors un effort désespéré. Vers le soir ils cessèrent leur feu. A deux heures du matin, de sourdes rumeurs donnèrent l'alarme; de grandes ombres défilaient dans la cour. Don Pedro, Camille, Célestin tiraient sur ces ombres qui, en dépit des coups les mieux ajustés, avançaient jusqu'au pied de la tour et semblaient invulnérables. C'est que les Indiens avaient fabriqué d'énormes fagots, et, protégés par ces remparts portatifs, ils les amoncelaient au pied de la tourelle. Bientôt ils les enflammèrent, se placèrent hors de portée, et ne répondirent plus au feu des assiégés. Les flammes grandirent peu à peu, léchèrent les murailles, et les assiégés se virent forcés d'abandonner les meurtrières. Pendant une demi-heure on n'entendit plus dans la cour d'autre bruit que le crépitement des branches. Tout à coup une explosion, plus violente encore que la première, ébranla

Ahuisoc parut sur la brèche de la muraille. (Page 553.)

le château : des pierres, des tisons incandescents furent lancés vers le ciel; on eût dit l'éruption d'un volcan. Lorsque la fumée se dissipa, la vieille tour démantelée, entr'ouverte, jonchait le sol de ses débris, et, de ses défenseurs, plus un seul n'était debout!

Des cris de triomphe furent poussés par les sauvages, et Ahuisoc parut sur la brèche de la muraille, porté par ses guerriers. La cour, semée de matières enflammées, était inabordable; le chef fut donc forcé de reculer jusqu'au dehors de l'enceinte. Dans cette vaste ruine, le silence n'était troublé que par les cris des blessés.

Tout à coup un homme s'élança sur les murailles encore fumantes; c'était Pélican, suivi de Dents-d'Acier.

« Célestin! massa Célestin! » cria le nègre.

Puis il se tut pour écouter.

« Célestin! docteur! massa Célestin! mam'zelle Camille! » répéta-t-il.

Rien que le silence.

Pélican, comme saisi de rage, se mit à écarter les pierres, à lancer des blocs autour de lui, soulageant en quelque sorte sa fureur par ses efforts de Titan. Dents-d'Acier, de son côté, grattait le sol avec ardeur.

« Célestin? » répétait Pélican de temps à autre.

Enfin, vaincu par la fatigue, voyant l'inutilité de son travail, le nègre s'arrêta.

« Eux morts! dit-il d'une voix étranglée, eux morts! »

Les poings fermés, il se tourna vers les Toltèques :

« Quand massa Unac venir, s'écria-t-il, moi tuer eux tous! tous! puis mourir aussi. »

Alors le nègre s'assit sur les décombres, se cacha le visage et se prit à pleurer. Serré contre lui, léchant ses mains ou flairant le sol, Dents-d'Acier, de loin en loin, hurlait à la façon lugubre des chiens perdus.

CHAPITRE XXI

TRIOMPHE D'AHUISOC. — MALHEUR AUX VAINCUS. — DÉVOUEMENT DE PÉLICAN. RÉSURRECTION.

Lorsque le soleil apparut au-dessus de la vallée d'Éden, d'ordinaire si paisible, ses rayons éclairèrent une affreuse scène de désolation. Çà et là des corps mutilés de Toltèques, ceux des malheureux blessés que le docteur avait abrités sous le corridor, et que la violence de l'explosion avait lancés dans toutes les directions. La tourelle, encore fumante, se montrait à demi démolie. Au pied des murs calcinés, couché la face contre terre, gisait immobile le pauvre Pélican, près duquel Dents-d'Acier se tenait accroupi. Dans la campagne, le son lugubre du tambour des sauvages résonnait presque sans interruption, couvert parfois par les cris de triomphe des vainqueurs.

Peu à peu des guerriers isolés se hasardèrent dans la cour du château. Aussitôt convaincus que, les blessés exceptés, pas une âme vivante ne restait dans l'antique demeure, ils pénétrèrent dans les bâtiments, préservés du feu par un hasard providentiel. Le pillage commença par la chambre de doña Gertrudis, et Dieu sait quels gémissements eût poussés la bonne dame, si elle eût pu voir ses plus belles parures entre les mains des sauvages émerveillés.

Ahuisoc, entouré des guerriers qui composaient sa garde particulière, parut à son tour sur la brèche, et ordonna de démolir la poterne à coups de hache. Il fit transmettre à tous les Toltèques l'ordre impératif de venir se ranger dans l'immense cour du château; mais ce fut une rude tâche que d'arracher les sauvages aux joies du pillage. Il fallut même employer la force pour rassembler leurs bandes indisciplinées. Enfin, les issues du château bien gardées, Ahuisoc se plaça sur le perron du corridor, et sa main étendue annonça qu'il voulait parler.

« Le soleil a récompensé le courage de ses fils, dit-il d'une voix forte, au milieu d'un profond silence, et la forteresse de don Pedro Aguilar leur appartient. Les Toltèques seront bientôt les maîtres de Mérida, car il leur faut la terre entière du Yucatan.

— Vive Ahuisoc, le chef victorieux! crièrent les gardes comme obéissant à un mot d'ordre.

— Nous sommes venus dans les plaines, reprit l'astucieux sauvage, pour délivrer le fils aimé des descendants du Soleil, Unac, mon neveu, que chacun croyait mort, et qui était prisonnier des blancs. Or les blancs sont habiles; ils avaient changé le cœur d'Unac, fait de lui leur esclave. Nous l'avons appelé en vain par nos cris de guerre; ne sachant plus combattre, il a refusé de nous rejoindre. Il gît maintenant sous les ruines de la forteresse de nos ennemis, et l'heure est venue pour la tribu d'élire un nouveau chef, puisque celui dont je gardais l'héritage et au nom duquel j'exerçais le pouvoir n'existe plus. »

Un tumulte indescriptible se manifesta dans les rangs des sauvages, qui s'interpellaient avec animation. Ahuisoc fit signe qu'il voulait parler encore.

« Devant ces ruines, dit-il en montrant la poterne et la tourelle, devant cette demeure dont nous allons partager les richesses conquises par leur courage, que les enfants du Soleil nomment celui qui doit devenir à jamais leur chef suprême; moi, ma tâche est accomplie, je ne suis plus qu'un simple guerrier. »

Tout en parlant, Ahuisoc retirait le cercle d'or qui ceignait sa tête et le présentait à la foule. Alors le commandant de ses gardes s'approcha de lui.

« Depuis dix ans, dit-il, tu nous conduis à la victoire, et le sang des ancêtres d'Unac coule dans tes veines. Nous voulons continuer à t'obéir. Unac est mort, vive Ahuisoc, chef redouté des Toltèques! »

Léac, autour duquel une trentaine de jeunes guerriers s'étaient groupés depuis le commencement de cette scène, s'avança.

« Unac n'est pas mort! cria-t-il, et, s'il est devenu le prisonnier des blancs, c'est... »

La voix du jeune Indien fut couverte par les clameurs menaçantes des gardes d'Ahuisoc qui, replaçant le cercle d'or sur sa tête, s'écria :

« Au nom de notre père Tonatiu, j'accepte le commandement qui m'est imposé. C'est notre grand ancêtre, ajouta-t-il en montrant l'Orient, qui veut que je sois chef de ses fils; malheur à ceux qui tenteraient de désobéir au Soleil! »

Léac, irrité de cette usurpation effrontée, voulut protester de nouveau. Les gardes d'Ahuisoc préparèrent aussitôt leurs armes, comme prêts à fondre sur le jeune Indien et sur le petit groupe de ses partisans. Jugeant la lutte par trop inégale, Léac entraîna ses compagnons, tout en déclarant que, une fois de retour au village, il protesterait derechef, devant la tribu entière, contre cette élection imposée.

Ahuisoc, triomphant, nomma aussitôt des chefs chargés, sous son inspection immédiate, de dresser un inventaire du butin que

Ils avaient mis fin à la vie criminelle d'Ahuisoc. (Page 559.)

renfermait le château. En un instant les sauvages se répandirent dans toutes les salles, et l'œuvre de dévastation recommença. Tout ce que contenaient les meubles était transporté sous le corridor, où Ahuisoc, assis sur le vieux fauteuil de don Pedro, trônait et procédait au partage.

Chaque nouvel objet apporté devant le chef excitait la curiosité ou l'admiration, et les Toltèques s'ingéniaient à en découvrir le véritable emploi. Tout à leur œuvre, ils erraient en désordre des bâtiments du château aux cabanes du village, ne songeant guère qu'on pût les troubler. Peu à peu, les sentinelles chargées de la garde du camp abandonnèrent les postes qu'elles devaient surveiller, vinrent grossir le nombre des dévastateurs. Ahuisoc essaya en vain de contenir ces nouvelles recrues, de rétablir l'ordre parmi sa troupe indisciplinée, il ne put y réussir. Il réclama l'aide de Léac qui, appuyé sur le canon de son fusil, contemplait avec tristesse ce qui se passait. Des tonneaux contenant de l'eau-de-vie de canne à sucre furent soudain découverts; toute tentative de contenir les sauvages devint alors inutile. Tout à coup, un bruit sourd attira l'attention de quelques guerriers, puis les sons aigres d'un clairon retentirent.

« L'ennemi! l'ennemi! cria Léac d'une voix forte; que le tambour résonne, qu'il appelle les combattants. »

Aux cris poussés par le jeune Indien et par ses partisans, les sauvages, surpris, sortirent en foule des bâtiments; mais, avant qu'ils eussent pu comprendre ce qui se passait, ils virent apparaître, dans la plaine, les uniformes bleus des dragons de Mérida. Unac, sabre en main, galopait à la tête de cette troupe d'élite. Il s'arrêta un instant : la tour en ruines, la brèche de l'enceinte, la vue des Toltèques remplissant la cour du château, ne lui apprenaient que trop clairement les événements survenus. Fou de désespoir en reconnaissant qu'il arrivait trop tard pour secourir don Pedro et Camille, le jeune homme reprit le galop après quelques mots adressés aux soldats qui le suivaient, et parut bientôt près de la poterne qu'il franchit.

Les Toltèques, effarés, erraient dans tous les sens et déchargeaient leurs armes au hasard. La garde d'Ahuisoc, composée de vétérans qui n'avaient pas pris part au pillage, se groupa derrière son chef. Unac venait de reconnaître son oncle; il s'élança vers lui.

« Traître! lui cria-t-il, reconnais-tu celui que tu as autrefois livré aux blancs par une trahison infâme, reconnais-tu Unac? »

Ahuisoc ne répondit pas; saisissant la carabine d'un de ses gardes, il tira à bout portant sur son neveu. Par bonheur, prévoyant cette attaque, Unac avait fait cabrer sa monture, dont la balle effleura le cou. Le jeune homme allait tirer à son tour, quand plusieurs coups de feu, partis des décombres de la tourelle foudroyèrent Ahuisoc; le sauvage tomba la face contre terre.

Une mêlée affreuse s'engagea, les gardes d'Ahuisoc se défendirent avec vigueur. Mais, ébranlés par la mort de leur chef, ils essayèrent bientôt de gagner la campagne. Ils trouvèrent toutes les issues gardées par les dragons, qui ne faisaient point de quartier.

Un jeune Indien, couvert de sang, parvint enfin près d'Unac.

« Fais cesser ce massacre! cria-t-il; ceux que l'on tue, Unac, ce sont tes frères. »

Unac reconnut Léac, son compagnon d'enfance. Sans lui répondre, il étendit le bras dans la direction de la tourelle sous laquelle gisaient broyés, morts, les êtres qu'il chérissait.

Sa voix allait de nouveau exciter les soldats au carnage lorsqu'il demeura comme pétrifié. Sur les murs écroulés de la tour se tenaient don Pedro, Camille, le docteur, Célestin. C'étaient eux dont les balles, bien dirigées, avaient frappé Ahuisoc et mis fin à la vie criminelle de l'ambitieux.

« Arrêtez, arrêtez! cria alors Unac en se précipitant vers les dragons, arrêtez, mes amis, et ne faisons plus que des prisonniers. »

Le jeune homme, bien que secondé par les chefs, eut quelque peine à calmer l'ardeur des soldats, il n'y parvint même qu'en exposant plusieurs fois sa vie. Léac, de son côté, parlait aux Toltèques, leur conseillait de se rendre. Le combat cessa enfin, et les vautours, planant dans le ciel empourpré des lueurs du couchant, poussèrent des cris rauques comme pour célébrer la fureur des hommes, qui venaient de travailler pour eux.

Unac, une fois assuré que l'on ne se battait plus sur aucun point, sauta à bas de son cheval et courut se jeter dans les bras de don Pedro.

CHAPITRE XXII

LE SECRET DU CHATEAU. — DÉSESPOIR DE CÉLESTIN. — LES PRISONNIERS. — EXPLICATION. — PÉLICAN DEVIENT BLANC COMME NEIGE. — SERMENT DE CÉLESTIN.

Quelle étreinte, bon Dieu, et quelle pirouette exécuta la perruque du docteur à la vue d'Unac! Des bras de son père adoptif, le jeune homme passa dans ceux du naturaliste, puis il baisa la main de Camille qui regardait attendrie les traits pâles de son ami de jeunesse, devinant ses fatigues et l'énergie qu'il avait dû déployer pour arriver si rapidement au secours d'Éden.

« J'ai cru que j'allais mourir, dit le jeune homme, lorsque, débouchant dans la vallée, j'ai vu le château en flammes, la tourelle écroulée, les Toltèques maîtres d'Éden. Je vous croyais tous ensevelis sous les décombres, et je ne puis encore, à l'heure qu'il est, m'expliquer votre apparition.

— Chut! chut! dit don Pedro qui posa un doigt sur ses lèvres, il y a là un secret dont tu auras plus tard l'explication; pour le moment, occupons-nous de tes compagnons et des prisonniers. »

La vérité, c'est que le château, comme toutes les anciennes demeures féodales, possédait d'immenses souterrains destinés à servir de magasins en temps de paix, de lieu de refuge en temps de guerre. Don Pedro, voyant les flammes monter le long des murs de la tour où les munitions avaient été entassées et prévoyant une catastrophe, avait entraîné ses compagnons dans un caveau éloigné, dont seul il connaissait l'existence. Là, les défenseurs d'Éden avaient pu braver l'explosion destinée à les anéantir. Lorsque le bruit des clairons apprit aux prisonniers l'arrivée de leurs libérateurs, ils sortirent à la hâte de leur refuge dans l'espoir de pouvoir opérer une utile diversion. Et l'on sait s'ils y étaient parvenus.

Célestin, tandis qu'Unac se précipitait vers son père adoptif, avait sauté hors des décombres et s'était lancé à la recherche de Pélican. Il retrouva le père Estevan parmi les Toltèques que les soldats s'occupaient à désarmer. Le bon père exhortait les soldats à la douceur, les prisonniers à la résignation. Quant à Pélican, Célestin le découvrit couché sur une natte, blessé, en proie à la fièvre, au délire et n'ayant plus conscience de rien.

Le docteur, réquisitionné par le matelot, dut tout quitter pour donner ses soins au pauvre nègre.

« Guérissons-le, d'abord, dit Célestin, après l'avoir fait porter dans sa chambre et s'être installé auprès de lui comme garde-malade; ensuite… nous verrons. »

Pendant ce temps, don Pedro et Unac conduisaient les prisonniers dans la seconde cour du château, tandis que les dragons disposaient leur campement dans la première. Grâce à Léac, les Toltèques savaient qui était Unac et l'acclamaient chaque fois qu'il traversait leurs rangs. Ils savaient aussi dans quel sinistre dessein Ahuisoc les avait amenés à Éden, et protestaient de leur dévouement pour le fils de leur ancien chef. Leur abattement se dissipa lorsque Unac leur eut déclaré qu'ils n'étaient prisonniers que pour quelques jours; que don Pedro, loin de les laisser emmener par les dragons, permettrait à ceux qui ne voudraient pas rester sur les terres d'Éden de regagner librement leur pays; qu'il était prêt à conclure avec eux un traité de paix et d'amitié.

Huit jours plus tard, le château avait en partie repris son ancienne allure. On reconstruisait déjà la tour, et les travailleurs, revenus derrière les dragons, réparaient les dégâts causés dans les plantations. Léac et les principaux chefs indiens circulaient en liberté sur le domaine; ils avaient de fréquentes conférences avec Unac, qu'ils espéraient voir partir avec eux. Le fils adoptif de don Pedro, doux, persuasif, ne cessait de leur expliquer les inconvénients de leur vie guerrière, et surtout les avantages qu'ils trouveraient à rentrer dans la civilisation. Beaucoup de jeunes hommes se décidèrent à rester; mais les vieux guerriers, qui avaient laissé dans les montagnes leurs femmes et leurs enfants, ne songeaient qu'à regagner leur pays. Chacun demeura libre. Unac, cédant les pouvoirs que lui donnait sa naissance à son ami, animé comme lui d'esprit de conciliation, chargea Léac de reconduire vers leur tribu ceux des Toltèques qui ne consentaient pas à se grouper autour d'Éden. Tous acceptèrent l'autorité du jeune chef.

Pendant cinq jours Pélican, en proie au délire, avait à peine ouvert les yeux; le docteur venait le voir à chaque instant et ne semblait pas trop préoccupé de cette fièvre continue. Célestin, inquiet, accablait son maître de questions, et, tout en maugréant, soignait son ami avec la sollicitude d'une mère. Le matin du sixième jour Pélican, se soulevant à demi, regarda autour de lui avec surprise. Sa respiration était calme. Il se tourna vers son ami, qui, armé d'un couteau, raclait une branche d'ébénier.

« Bonjour, massa Célestin, » dit le malade d'une voix faible.

Célestin lâcha son couteau, puis sa branche, et se rapprocha de son compagnon.

« Bonjour, massa Célestin, répéta Pélican en essayant d'étendre les mains.

— Vous êtes prié de vous taire et de ne point bouger, dit enfin l'ex-matelot d'une voix tremblante d'émotion, c'est l'ordre de votre médecin. En attendant, je suis bien aise de vous voir revenir à la raison, señor Pélican, car, depuis cinq jours, vous me racontez un tas de fariboles près desquelles les contes de la Mère l'Oie ne sont que de la Saint-Jean. Allons, levez la tête, et buvez cette tasse de tisane. Bon ; attendez que je vous aide à vous recoucher. Maintenant, dormez.

— Moi pas dormir, massa Célestin, répondit Pélican, moi trop content de voir toi.

— Vous êtes en vérité trop bon, répliqua Célestin ; dormez, vous dis-je, j'ai besoin de vous voir guéri. »

Célestin, après avoir soigneusement recouché son ami, reprit sa branche d'ébénier qu'il se mit à racler avec ardeur, surveillant du coin de l'œil Pélican.

« Quoi toi faire là ? demanda le nègre après un long silence.

— Je pourrais vous répondre que cela ne vous regarde pas, dit Célestin, or ce serait mentir, et j'ai horreur du mensonge et des menteurs. Je fabrique, señor Pélican, une trique de bonne grosseur et assez résistante pour ne point se casser du premier coup.

— Pourquoi toi tailler trique ?

— Vous avez toujours été curieux, mon bon ami, et je ne sais trop si je dois vous répondre. Cependant, pourquoi pas ? Donc, cette trique, dans un temps donné, doit me servir à régler un petit compte arriéré avec les épaules de certain chef toltèque, autrefois de mes amis et aujourd'hui Fils de la Nuit, rien que ça.

— Moi pas chef toltèque, moi Pélican, répliqua le nègre avec vivacité.

— Ah ! ah ! il paraît que quelque chose vous démange ! Tenez-vous coi, s'il vous plaît ; votre ancien maître, qui est toujours le mien, le veut ainsi. »

Pélican voulut en vain parler ; Célestin l'obligea à se taire. Le nègre dormit deux heures.

« Moi plus chef toltèque, massa Célestin, dit-il en se réveillant.

— Mais vous l'avez été, Pélican ; osez-vous le nier ?

— Quand nous aller en reconnaissance, massa Célestin, moi marcher en avant et tomber dans grand trou.

— Après ?

— Coup de fusil partir, toi partir aussi, et beaucoup de messieurs Toltèques prendre moi prisonnier ; moi très vexé, seulement mais moi pas plus fort.

— Après ?

— Messieurs Toltèques emmener moi, puis massa Léac paraître, appeler moi Fils de la Nuit, et dire vouloir conduire moi à massa Ahuisoc.

— Alors ce gredin vous a empâté la bouche en vous conférant un grade que vous avez accepté ?

— Massa Léac, reprit Pélican, expliquer à moi que Toltèques pas connaître homme noir ; que moi être pendu si moi pas vouloir rester Fils de la Nuit. Moi comprendre tout de suite et devenir, pour rire, Fils de la Nuit.

— Et c'est pour rire aussi, Pélican, que vous m'avez renié lorsque je vous ai rencontré vêtu d'une plume d'aigle et d'un manteau ? C'est pour rire que vous m'avez aussi appelé sot, bête, etc., etc. ?

— Toltèques avoir bons yeux ; si moi reconnaître toi, moi pendu, et après plus bon à rien ! »

Pélican raconta ensuite à son ami son désespoir lorsqu'il avait vu la tour s'écrouler. Il lui expliqua qu'il était devenu fou, qu'il n'avait plus qu'une idée : déplacer les pierres pour trouver dessous mam'zelle Camille et son papa. « Avoir travaillé à ça toute la nuit, ajouta-t-il, pleuré beaucoup, puis si las que mal à la tête et plus savoir... »

Célestin, convaincu enfin qu'il avait à tort accusé son fidèle Pélican de trahison, le prit dans ses bras, lui demanda pardon de sa méprise, de ses injustes récriminations. Puis il courut raconter à son maître, à Unac, à don Pedro, à Camille, l'histoire de Pélican, que Léac confirma.

Ah ! de quel poids était soulagé le cœur de Célestin ! Il brisa sa trique et jura devant Dents-d'Acier, pris pour témoin, de ne plus s'en rapporter dorénavant ni à ses yeux ni à ses oreilles lorsqu'il s'agirait de juger une action de Pélican.

Un mois après les événements qui viennent d'être racontés, la réparation des fortifications d'Éden touchait à sa fin. La tourelle d'observation, droite et blanche, dominait de nouveau la vallée. Assis comme autrefois sous la galerie de l'habitation, entre Camille et Unac, don Pedro fumait paisiblement. Son regard examinait à tour de rôle les deux jeunes gens.

« Comme le temps passe! dit-il soudain. Il y aura demain huit jours que les dragons de Mérida nous ont quittés, et ils doivent arriver aujourd'hui dans leur cantonnement. D'un autre côté, grâce aux soins du docteur Pierre, les blessés toltèques sont tous debout, et Léac vient de m'annoncer qu'il compte partir dans trois jours.

— Il me l'a dit aussi, père, répondit Unac, et de nouveau, devant ceux des guerriers qui doivent le suivre, je lui ai cédé mes droits au commandement. Avant peu, j'en ai la conviction, nous reverrons Léac, à la tête de la tribu des Fils du Soleil, revenir vers nous à titre d'allié.

— Ne songes-tu pas à accompagner ton ami?

— Non, père, répondit Unac surpris de cette question; n'ai-je pas à m'occuper, avant tout, de ceux de mes compatriotes qui consentent à rester avec nous en qualité de colons?

— C'est juste. Si les ouvriers tiennent leur parole, Unac, ils termineront après-demain les travaux du château; nous les enverrons alors au pied des collines qui sont en face de nous.

— Dans quel but, père? demanda Unac.

— Je veux qu'ils se hâtent, enfant, d'édifier une demeure semblable à celle-ci. Je t'ai abandonné les terrains situés à l'extrémité de la vallée, car tu possèdes maintenant autant de bras qu'il en faut pour les défricher, et je désire que tu sois promptement chez toi.

— Moi et mes colons, père, dit Unac en se levant pour se rapprocher de don Pedro, nous n'avons qu'un désir : rester soumis à votre sage autorité. Je serai votre lieutenant, pas autre chose, et je n'ai qu'une ambition, garder ma place à votre foyer.

— Je te remercie, enfant, dit le châtelain avec son bon sourire;

Le vieillard les pressa contre son cœur. (Page 566.)

toutefois, si tu oublies l'avenir, je dois y songer pour toi. Tu te marieras quelque jour...

— Jamais, père! s'écria Unac. Je me trouve heureux entre vous, la señorita Camille et vos amis.

— Je croyais, j'avais cru deviner, dit le châtelain qui aspira à petits coups la fumée de son cigare, que la señorita Camille... et toi... vous aviez une certaine affection l'un pour l'autre. J'avais cru qu'étant mon fils adoptif, l'idée de le devenir par les liens du sang pourrait un jour... »

Unac s'élança vers don Pedro; puis, les yeux fixés sur Camille, il devint pâle comme un mort.

« Ai-je bien entendu! s'écria-t-il. Ai-je bien entendu? — Et, fléchissant un genou devant son père adoptif : Je n'ose pas, dit-il... Non, je n'ose pas vous comprendre.

— Par le ciel! tu m'embarrasses fort, répondit don Pedro. Tu as autrefois sauvé la vie à Camille; tu viens de la lui sauver encore, et, si tu osais, comment m'y prendrais-je, mon enfant, pour te dire : « Non? » Toutefois, tant que Camille n'aura pas parlé, il est clair que je dois me taire.

— Père! oh! père, dit la jeune fille, tombant à son tour aux pieds de son grand-père et posant son visage sur les genoux du châtelain pour cacher sa rougeur, vous savez depuis un an ce que pense votre fille. »

Le vieillard releva à la fois les jeunes gens, dont il avait vu naître l'affection mutuelle, et les pressa contre son cœur.

« Belle besogne, en vérité! dit soudain une voix bourrue; marier Camille à un sauvage. Il la battra, j'en réponds. »

Don Pedro, Camille et Unac se retournèrent; ils aperçurent le docteur qui, non content cette fois de soulever sa perruque, l'avait logée à un mètre au-dessus de sa tête, à l'extrémité de sa houlette de botaniste.

« Vilain Croquemitaine, s'écria Camille, oublies-tu qu'il est ton élève, ce sauvage, et que tu m'as déclaré cent fois qu'il valait mieux que son maître? »

La jeune fille courut vers son vieil ami qu'elle voulait embrasser; il s'enfuit pour ne pas laisser voir combien le bonheur des deux êtres qu'il aimait tant le rendait heureux.

Le soir même, les habitants de la vallée, instruits qu'Unac était le fiancé de Camille, vinrent féliciter les jeunes gens.

Trois jours plus tard, les Toltèques, pourvus de vivres, chargés de présents pour leurs femmes, leurs enfants et leurs vieux parents, défilaient devant la petite garnison d'Éden, mise sous les armes pour cette circonstance. Léac, par la droiture de son caractère, par son amitié pour Unac, avait conquis toutes les sympathies, et chacun lui cria cordialement : Au revoir! Les Toltèques, au passage, saluèrent Unac de bruyantes acclamations, lui promettant un prompt retour. Mais quelle ne fut pas la stupéfaction générale lorsqu'on vit le docteur, Célestin et Pélican, équipés de pied en cap, se mettre à la suite des Indiens!

« Que signifie ceci? s'écria don Pedro en s'élançant vers son ami.

— J'ai fait alliance avec les Toltèques, répondit celui-ci de son ton le plus bourru, et je vais chercher l'*amslé*.

— Tu veux partir? tu pars? » dit Camille qui saisit le bras du docteur.

Les habitants de la vallée entourèrent le médecin.

« J'avais espéré, docteur, dit don Pedro dont la voix tremblait, que nous ne nous quitterions plus. En tout cas, je n'aurais jamais supposé que vous choisiriez, pour partir, le moment où nous avons à marier nos enfants...

— C'est vrai, dit le docteur Pierre, c'est trop vrai, et j'avoue que le moment est mal choisi. Cependant, señor, faire la route avec Léac, au lieu de la faire seul avec Célestin et Pélican, a ce bon côté d'épargner à ces deux braves garçons plus d'un danger.

— J'en tombe d'accord, dit don Pedro; néanmoins...

— Si vous partez, docteur, s'écria doña Gertrudis, nous serons tous malades demain, c'est sûr.

— Reste, Croquemitaine, reste, » dit Camille dont les beaux bras entourèrent le cou de son ami.

Puis elle lui dit à l'oreille :

« Quel autre que toi pourra tenir lieu de père à Unac, dans ce jour solennel? Deux mois encore, et tu pourras partir... »

Le docteur n'était pas à son aise; il se faisait violence pour retenir tout à la fois ses larmes et dissimuler sa contrariété.

« Soit, dit-il, je serai à ta noce, mon enfant. »

S'adressant alors d'un ton bourru à ses deux serviteurs :

« Venez, vous autres! »

Et, suivi de Célestin, de Pélican et de Dents-d'Acier, il se dirigea vers le château, franchit la poterne et gagna sa chambre.

« Il murmure, dit Camille avec joie, il gronde; en somme il reste, il obéit. »

Chacun se tourna alors vers la colonne des Toltèques. Elle venait de s'arrêter près de l'endroit où reposaient ses morts, pour leur adresser un dernier adieu.

Léac, tourné vers le soleil levant, prononça un assez long discours. Puis le père Estevan prit la parole, et promit de veiller sur la tombe de ceux qui ne devaient plus revoir leurs cabanes. Chaque guerrier toltèque jeta ensuite sur le monticule de terre une fleur de souci dont il s'était pourvu, et s'éloigna en saluant une dernière fois don Pedro.

Pendant ce temps, le docteur, assis devant son bureau, traçait trois ou quatre lignes de sa plus grande écriture sur une feuille de papier qu'il plia et mit dans une enveloppe. Il écrivit sur cette enveloppe le nom de don Pedro, la déposa bien en vue sur le milieu du bureau, puis, s'adressant à Célestin et à Pélican :

« Nous partons, dit-il à ses serviteurs ébahis, mais pas un mot. Quand on se sauve, c'est sans tambour ni trompette qu'il faut déguerpir. »

Traversant alors la seconde cour, le fugitif gagna la porte donnant sur le village et se dirigea rapidement vers le bois. Il imposa silence à Dents-d'Acier qui n'aurait pas mieux demandé que d'aboyer, ainsi qu'à Célestin et à Pélican consternés.

Le soir venu, les deux amis, postés sur le sommet d'une des collines qui entourent la vallée, saluaient une dernière fois Éden.

« Adieu, murmura Célestin en étendant le bras vers le château.

— Adieu, dit Pélican en sanglotant.

— Non, s'écria le docteur avec vivacité, au revoir, et pas plus tard que dans deux mois, pour la noce ! La lettre que j'ai laissée sur ma table est une promesse formelle de retour pour cette époque. Nous la tiendrons. »

Ceci dit, il s'enfonça dans le bois afin de ne plus voir le château.

Six semaines plus tard les habitants d'Éden, qui comptaient les jours depuis le départ du docteur, commencèrent à s'inquiéter de ne pas le voir apparaître. Soir et matin, ils dirigeaient leurs promenades dans la direction qu'il devait suivre à son retour. Cependant les jours s'écoulaient, et le docteur semblait avoir oublié sa promesse. Don Pedro redoutait une félonie des Toltèques, et ne dissimulait pas ses appréhensions. La veille du grand jour arriva, et à l'aurore, selon la coutume mexicaine, le père Estevan devait bénir les jeunes époux. Au coucher du soleil on entendit la voix bien connue de Dents-d'Acier, et le docteur, Célestin, Pélican, exténués, mais sains et saufs, firent leur entrée dans la cour du château, salués par les acclamations de leurs amis. Le lendemain, ils assistaient à la fête organisée par don Pedro pour célébrer l'heureuse union de ses deux enfants, fête où Pélican but si copieusement au bonheur des jeunes époux, qu'il se crut de nouveau Fils de la Nuit.

LUCIA

LUCIA

CHAPITRE PREMIER

AU DÉSERT.

« Ohé, Pélican !

— Quoi toi vouloir, massa Célestin ?

— Peu de chose, mon garçon ; je te demande simplement, par compasion pour tes jambes et les miennes, de modérer ton allure. Voilà près de six heures que nous grimpons, et je commence à me convaincre que nous allons déboucher à l'improviste dans un des compartiments de la lune.

— Nous pas monter si haut, massa Célestin, heureusement.

— Pourquoi pas, garçon ? Après avoir visité le Yucatan, la Mistèque, la Huastèque, le Chihuahua, le Coahuila, le Tamaulipas, le Nouveau-Léon, en un mot toutes les provinces qui, au dire de notre maître, composent la république mexicaine ; après avoir gravi dix fois les montagnes de la grande Cordillère, ce qui, entre parenthèse, nous a obligés de les descendre un nombre de fois égal; après nous être baignés successivement dans les eaux de l'océan Pacifique, de l'océan Atlantique et de la mer Vermeille, je ne vois pas, Pélican, pourquoi nous n'irions pas dans la lune. Cela n'aurait rien de si étrange. Notre maître nous y conduirait même sur l'heure, c'est ma conviction, s'il espérait y découvrir une plante, un coquillage, un insecte ou un quadrupède nouveau.

— Oui, lui aimer beaucoup petites bêtes.

— Il aime aussi les grosses, ami, nous sommes en mesure de l'affirmer, toi et moi; car s'il est vrai que le bon docteur Pierre ne nous adresse guère la parole que pour nous gronder, il est encore plus vrai que, sans en avoir l'air, il nous chérit comme si nous étions ses enfants.

— Pendant nous causer, lui être déjà tout là-haut, dit Pélican, en levant les bras vers le sommet de la montagne qu'il gravissait.

— Tu as raison, ami, ce qui t'arrive de temps à autre. En route donc; mais naviguons cette fois de conserve, comme de vieux matelots que nous sommes; je m'ennuie d'être seul en arrière. »

Les deux interlocuteurs, dont de lourds fardeaux fixés sur leurs épaules alourdissaient la marche, reprirent leur pénible ascension. Ils cheminaient en ce moment sur un sol rocailleux, semé de rares cactus, où l'on ne voyait aucune trace de sentier. Derrière eux, les oreilles basses, la langue pendante, marchait un énorme chien de la race des mâtins. Dents-d'Acier, — ainsi se nommait le mâtin, — avait pour maîtres depuis sa naissance d'abord Pélican, nègre du plus beau noir, bien qu'il fût né à la Martinique, puis Célestin, un Parisien devenu matelot, que les hasards de la vie maritime avaient jeté autrefois sur les côtes du Yucatan.

Grand, robuste, toujours de bonne humeur, Pélican, de même que son compagnon, était vêtu d'un pantalon et d'une veste en cuir souple, et ses jambes étaient garanties contre les épines et les morsures de serpents par de longues guêtres lacées. Les deux voyageurs semblaient dans la force de l'âge; mais le plus petit de taille, celui qui répondait au nom de Célestin, montrait, chaque fois qu'il découvrait son front pour essuyer la sueur qui l'inondait, une chevelure noire, bouclée, semée de fils d'argent. Ses traits, empreints de la même expression de douceur, de franchise et de bonté qui caractérisait ceux de son camarade, avait de plus une mobilité malicieuse. Les deux amis, — pour se convaincre qu'ils l'étaient il suffisait de voir les regards de sollicitude qu'ils échangeaient lorsque la pente à gravir devenait dangereuse, — portaient en bandoulière de légers fusils à deux coups, et, à leur ceinture, pendait le grand couteau de chasse mexicain, indispensable à ceux qui se hasardent dans les forêts vierges, le fameux *machété*.

« Docteur passer là, dit soudain Pélican en montrant un tronc d'arbre que le temps avait renversé, et qui apparaissait nouvellement dépouillé de son écorce.

— Oui, répondit Célestin, et il doit avoir fait quelques découvertes, car il a épluché ce vieil arbre d'une extrémité à l'autre. Ouf! ajouta l'ex-matelot, n'arriverons-nous jamais! Quand nous naviguions à bord de la *Jeune-Amélie*, Pélican, nous avions cet avantage que le navire marchait pour nous.

— Oui, seulement, un jour qu'il faisait nuit, *Jeune-Amélie* casser lui sur les rochers et laisser tomber nous dans la mer.

— Au fond de laquelle je dormirais depuis une quinzaine d'années, mon vieux camarade, si tu ne m'avais repêché au risque de ta vie.

— C'est toi qui repêcher moi, massa Célestin.

— Je croyais, Pélican, reprit Célestin d'un ton sévère, que cette question n'en était plus une, et qu'il avait été bien entendu que, le repêché, c'est moi. »

Deux ou trois coups de sifflet venant du faîte de la montagne coupèrent court à la réplique de Pélican.

« Maître appeler, » dit-il.

Célestin saisit aussitôt un sifflet d'argent suspendu à son cou, et en tira un son strident. C'était, selon toute apparence, un signal convenu, car on n'entendit plus rien, et les deux ex-matelots reprirent leur rude ascension. Au bout d'une demi-heure, environ, ils atteignirent enfin le sommet de la montagne, et se trouvèrent au milieu d'un bois de sapins. Ils s'arrêtèrent un instant pour reprendre haleine, regardant autour d'eux avec curiosité. Partout des arbres renversés, couverts, de même que le sol, d'une couche épaisse de mousse d'un vert obscur. Sur ce sombre tapis s'épanouissaient çà et là de petites fleurs roses, sorte de géranium sauvage. Tout à coup, Pélican montra à son compagnon une large entaille récemment pratiquée sur le tronc d'un arbre ; c'était là une indication de la route à suivre, car les voyageurs se rapprochèrent aussitôt de l'arbre et s'enfoncèrent dans le bois. La montagne se terminait par une arête vive, aussi, après avoir fait une dizaine de pas, Célestin et Pélican se trouvèrent-ils sur une pente aussi rapide que celle qu'ils venaient de gravir, mais que, cette fois, il leur fallait descendre. Ils cheminèrent alors plus vite qu'ils ne l'eussent voulu, entraînés par leur propre poids et guidés de loin en loin par des entailles pratiquées au tronc des arbres, sortes de jalons laissés par leur maître. Bientôt les deux amis, dépassant les sapins, se trouvèrent parmi des chênes, puis sur un plateau à l'extrémité duquel ils aperçurent leur maître, le docteur Pierre Brigaut.

Le docteur était debout, appuyé sur le canon d'un long fusil. Vêtu d'une veste de chasse couleur marron, d'un gilet de toile grise et d'un pantalon de même étoffe dont les extrémités se perdaient dans des guêtres de cuir, il portait un léger paquet, et, en outre, une de ces boîtes de fer-blanc sans lesquelles ne voyagent guère les naturalistes. Il avait jeté à terre son chapeau de paille à larges bords, et son crâne, au front proéminent, apparaissait sans l'ombre d'un seul cheveu. Haut de taille, il avait de petits yeux, un grand nez aquilin, une grande bouche, mais il y avait tant d'intelligence dans l'ensemble des traits tourmentés de son visage, tant de douceur dans son regard vif, que l'on devinait un homme bon. Il l'était, en effet, bien qu'il cachât sa sensibilité naturelle sous des paroles ironiques, parfois amères, dont la brusquerie ne trompait guère que ceux qui le voyaient pour la première fois.

Il était absorbé dans une muette contemplation, et le panorama qu'il dominait expliquait son extase. Une suite de crêtes, de moins en moins élevées, semblables aux marches d'un escalier gigantesque, s'abaissaient graduellement vers le littoral baigné par les eaux du golfe du Mexique, littoral auquel sa température

Il était absorbé dans une muette contemplation (Page 576.)

suffocante a valu le nom de Terre-Chaude. Immédiatement audessous de lui planaient des aigles, des vautours noirs, des sarcoramphus. Plus bas, des milans, des troupiales, des martinets peuplaient l'air; plus bas encore, des perroquets passaient par couples; puis d'épaisses masses de verdure, aux teintes plus ou moins foncées, s'étendaient jusqu'aux rivages du golfe du Mexique, cette immense chaudière d'où s'échappent les flots du *Gulf-Stream*, pour aller réchauffer les côtes de France, d'Angleterre, et fondre jusqu'aux glaces du Groënland.

Le docteur était si bien perdu dans sa contemplation, que ses deux serviteurs purent se rapprocher de lui, se débarrasser de leurs fardeaux et se ranger à ses côtés sans qu'il parût s'en apercevoir. Les deux ex-matelots de la *Jeune-Amélie*, bien qu'accoutumés aux grandes vues de la Cordillère, demeurèrent muets et immobiles à leur tour devant ce magnifique horizon. Le soleil se couchait derrière eux, et l'ombre envahissait l'orient. Des profondeurs qu'ils dominaient, montaient ces mille bruits étranges qui, à l'heure du crépuscule, troublent le grand silence du désert. Un lointain rugissement de fauves fit grogner Dents-d'Acier, qui, gravement assis au bord du ravin, regardait aussi l'espace en clignotant et en bâillant.

« Quoi, qu'y-a-t-il? s'écria le docteur comme réveillé en sursaut. Ah! vous voilà, maîtres fainéants, continua-t-il en se tournant vers ses deux serviteurs, il y a plus d'une heure que je vous attends.

— Chemin très rude, dit Pélican.

— Et les boîtes sont lourdes, » ajouta Célestin.

Le docteur haussa les épaules d'un air de compassion railleuse, frotta vigoureusement son crâne dénudé avec la paume de sa main droite, et regarda de nouveau l'horizon.

« Où sommes-nous, monsieur? lui demanda Célestin. Le savez-vous?

— Oui, oui, répondit le docteur, car c'est la seconde fois qu'il m'est donné de contempler la scène qui s'offre à nos regards. Singulier animal que l'homme, ajouta-t-il comme se parlant à lui-même; mes souvenirs se réveillent devant ce paysage, je revois le passé, et, Dieu me pardonne, cela m'émeut.

— Ma mémoire déménage-t-elle? s'écria Célestin après avoir examiné de nouveau les sommets et en se tournant vers son ami. Voyons, Pélican, te souviens-tu, par hasard, d'avoir jamais posé le pied sur ce plateau?

— Non, massa Célestin, répondit le nègre. Nous être jamais venus ici, bien sûr.

— Je ne vous connaissais pas encore, mes amis, reprit le docteur, lorsque je visitai pour la première fois cette partie du Mexique. J'arrivais d'Europe, de France, d'où m'avait chassé.... »

Le docteur se tut brusquement; Célestin et Pélican retinrent leur haleine, comme s'ils eussent craint de le troubler. Ils savaient de longue date que leur maître avait autrefois perdu une femme et une enfant qu'il chérissait; qu'à la même époque, à la suite de revers de fortune, son frère unique avait disparu, sans qu'il eût jamais pu découvrir ce qu'il était devenu ; ils savaient qu'à la suite de cette triple infortune, le docteur, ayant pris en haine les lieux où il avait été heureux, s'était embarqué pour le Mexique, afin de se livrer exclusivement à des études d'histoire naturelle et de chercher dans la vie active, accidentée, périlleuse des voyages d'exploration, sinon l'oubli, du moins un palliatif à la plaie toujours saignante dans son cœur. Ils savaient donc que la brusquerie, la misanthropie apparentes du docteur cachaient l'âme la plus aimante, la plus sensible qui eût jamais animé corps humain, et, depuis quinze ans qu'ils voyageaient avec lui, bien qu'il affectât de se montrer rude et exigeant, ils l'adoraient et savaient qu'il leur rendait avec usure leur sincère affection.

Dix minutes s'écoulèrent; ce fut Dents-d'Acier qui de nouveau troubla le silence par un grognement.

« Paix! lui cria le docteur. Ce maudit animal, continua-t-il, a toujours le talent de parler hors de propos, exactement comme les hommes. Si l'un de vous daignait m'obéir, il y a longtemps que nous serions débarrassés de cet aboyeur.

— Il est plus difficile que vous ne pensez, monsieur, répondit Célestin, de se débarrasser de Dents-d'Acier. Ne doit-il pas son nom à la chaîne de fer qu'il rongea pour nous rejoindre alors qu'il nous avait été volé? Dents-d'Acier est de la même trempe que Pélican et moi, monsieur; vous aurez beau lui donner son congé, il vous aime et reviendra vers vous, quoi que vous fassiez.

— Eh bien, reprit le docteur, il faudra tout simplement le jeter au fond de la première rivière que nous aurons à traverser; en attendant, ayez soin de lui servir ce soir une bonne pitance; le drôle, une fois au bivouac, ne se donne plus la peine de pourvoir à sa subsistance.

— Lui devenir vieux, dit Pélican, et lui aimer petit coin du feu.

— Vieux, vieux! répéta le docteur. Au fait, il a seize ans. Le temps passe, il nous glace, il nous rend tristes, hommes ou bêtes. Qui a demandé tout à l'heure où nous étions?

— Moi, monsieur, dit Célestin.

— Eh bien, mon brave garçon, nous sommes sur la limite du pays des Mistèques, et nous allons pénétrer dans celui des anciens Totonaques, c'est-à-dire dans la province de Vera-Cruz. Cette province, je l'ai parcourue d'un bout à l'autre lors de mon arrivée au Mexique, il y a de cela dix-huit ans. Si mon calcul est exact, nous sommes à quatre jours de marche de la Héronnière, hacienda sur laquelle j'ai passé trois années en compagnie de l'homme le plus intelligent et le meilleur que j'aie jamais rencontré, le métis José.

— Alors, monsieur, reprit Célestin, en avant de nous se trouve la mer?

— Non, garçon, la mer est à notre gauche; en avant de nous se trouve le Yucatan.

— Le Yucatan! répétèrent à la fois Célestin et Pélican.

— Ah! mes gaillards, ce nom vous fait dresser l'oreille. Vous songez à la vallée des Palmiers, cette Capoue où nous avons perdu dix années précieuses. On était bien au château d'Éden. Rien à faire, qu'à boire, manger et dormir, les trois seules choses que vous sachiez exécuter à merveille.

— Ce nom a pour nous mille souvenirs, en effet, reprit Célestin sans paraître prendre garde à la boutade de son maître; c'est sur les côtes du Yucatan, monsieur, que nous avons fait naufrage, Pélican et moi, et que nous vous avons ensuite connu. C'est là encore, ainsi que vous venez de le rappeler, que nous sommes devenus les hôtes de don Pedro Aguilar; c'est là que vous nous aviez confié l'éducation d'Unac, ce petit Toltèque qui devint par la suite le mari de mademoiselle Camille. Oh! monsieur, comme on vous aimait là-bas, comme on serait heureux de vous revoir.

— Peuh, fit le docteur, qui pense à moi?

— Don Pedro, mademoiselle Camille, et petit Unac, s'écria Pélican, moi en être sûr.

— Ce dont je suis sûr, moi, s'écria le docteur, c'est qu'aussitôt le soleil couché nous gèlerons sur ces hauteurs, car, grâce à votre négligence, nous allons rester sans feu.

— Un dernier mot, je vous en prie, monsieur, dit Célestin, retournons-nous au Yucatan? »

Le docteur se caressa le menton, frotta son crâne, regarda d'un air narquois ses deux serviteurs, paraissant jouir de leur anxiété.

« Nous allons à la Héronnière, dit-il, où je veux serrer la main de mon vieil ami José, si toutefois, ajouta-t-il, tandis que son front se plissait, la mort ne l'a point touché de son doigt impitoyable. Nous passerons là un mois afin de nous reposer du long voyage que nous venons d'accomplir, et pour mettre un peu d'ordre dans les richesses scientifiques que nous avons glanées de l'isthme de Téhuantépec jusqu'ici. Ensuite, s'il vous plaît, avant de nous embarquer pour l'Europe, de retourner au Yucatan, de revoir la vallée des Palmiers, eh bien, vous m'y conduirez, puisque je suis votre maître et que je dois vous obéir. »

Célestin et Pélican se regardèrent et saisirent à la fois la main de leur maître.

« Bon, bon, fainéants que vous êtes, s'écria celui-ci ; lâchez-moi et occupez-vous de disposer le bivouac. »

Pélican et Célestin se rapprochèrent d'un thuya au pied duquel ils avaient déposé leurs fardeaux, et se mirent en quête de branches sèches. Soudain ils se redressèrent surpris : une détonation lointaine venait de retentir au-dessous d'eux, et les échos de la Cordillère répétaient à tour de rôle le formidable bruit.

CHAPITRE II

LE SOULIER BLEU.

Les trois voyageurs se savaient en plein désert, à quatre journées de marche de toute habitation humaine, aussi le coup de feu qui venait de retentir les inquiéta un peu. Célestin et Pélican se rapprochèrent de leur maître, et tous trois regardèrent dans la direction où le bruit semblait avoir pris naissance. La nuit envahissait l'horizon ; les sommets étagés, si distincts un quart d'heure auparavant, se confondaient maintenant en une masse sombre.

« Quelque vieux colosse de la forêt a dû s'écrouler là-bas, » dit le docteur.

Pélican secoua la tête.

« Bruit nous avoir entendu être bruit de fusil, dit-il, et pas du tout bruit d'arbre tombé.

— Pélican a raison, monsieur, dit à son tour Célestin, et il faudrait n'avoir jamais navigué pour s'y méprendre.

— C'est absurde, dit le docteur; nous sommes à quatre grandes journées de marche du domaine de la Héronnière, et à l'ouest, c'est-à-dire dans la direction où nous nous trouvons, la Héronnière est la dernière étape du monde civilisé, j'en suis sûr.

— Êtes-vous sûr aussi, monsieur, qu'aucun Indien n'habite ces forêts?

— Parfaitement sûr, Célestin; j'ai voulu autrefois, en dépit des conseils de mon ami José, traverser ce désert pour gagner la sierra de Téhuantépec; les arbres, les arbustes, les buissons, les lianes, qui croissent là depuis la création du monde, m'ont opposé d'invincibles obstacles.

— Alors, monsieur, ce désert s'est peuplé depuis que vous avez tenté de le traverser. Voyez. »

Une lueur, semblable d'abord à une étoile scintillante, venait d'apparaître dans les sombres profondeurs situées au-dessous des voyageurs. Après l'avoir longtemps examinée, le docteur dut se convaincre qu'elle était produite par le feu d'un bivouac. Il se mit alors à se promener de long en large.

« Eh bien, dit-il en s'arrêtant devant Célestin et Pélican qui le regardaient immobiles, est-ce une raison, parce qu'un feu brille là-bas, pour que vous négligiez d'allumer le nôtre?

— Nous attendons vos ordres, monsieur, dit Célestin. Ne vous semble-t-il pas prudent d'établir le bivouac un peu en arrière, sur la pente que nous avons gravie?

— Et pour quelle raison, s'il te plaît?

— Afin que notre foyer ne révèle pas notre présence à ceux qui sont là, avant que nous sachions si ce sont des amis ou des ennemis.

— Oui, bien pensé, s'écria le docteur avec ce rire sardonique qu'il affectionnait; nous nous rapprochons des hommes, donc il faut nous tenir sur nos gardes et dérouter leur férocité. Pour se garantir des fauves les plus terribles, un simple foyer suffit; mais contre l'être raisonnable qui s'appelle un homme, c'est à peine assez de nos fusils, de nos pistolets et de nos couteaux. »

Célestin et Pélican, accoutumés aux boutades misanthropiques de leur maître, ne répliquèrent pas, et se hâtèrent de transporter leurs fardeaux à cinquante mètres en arrière de la hauteur sur laquelle ils se disposaient à camper. Ce côté de la montagne, encore éclairé par les rayons du soleil couchant, leur offrit une provision de branches sèches de sapin. Au moment où la nuit devint obscure, les flammes de leur foyer dorèrent les troncs des vieux arbres qui les entouraient, et ce fut avec une vive satisfaction que les trois voyageurs se groupèrent autour du feu, car la température, aussitôt le dernier rayon de soleil disparu, s'était presque subitement abaissée. Dents-d'Acier ne fut pas le dernier à se rapprocher du feu; couché tout de son long, il surveillait d'un œil clignotant les provisions que Pélican tirait d'une poche de jonc, et il se lécha le museau avec convoitise en contemplant la cuisse de daim que le nègre posa sans façon sur la mousse.

Durant le repas, il ne fut naturellement question que du coup de fusil entendu dans la plaine, C'était là un gros événement pour les trois voyageurs qui, partis six semaines auparavant de l'isthme de Téhuantépec, n'avaient point vu d'hommes depuis cette époque, et se croyaient encore en plein désert. Tout en fumant des feuilles sèches de mélisse, plante vulnéraire qu'ils récoltaient le long de leur chemin et qui leur tenait lieu de tabac, Célestin et Pélican se perdaient en conjectures sur le feu aperçu, tandis que leur maître mettait philosophiquement au net les notes qu'il avait crayonnées dans la journée. Vers huit heures du soir, on bourra le foyer de branches, moins dans la prévision de la visite d'une bête féroce, — elles se hasardent rarement jusqu'aux sommets de la Cordillère, — que pour combattre le froid que chaque heure écoulée rendait plus vif. Bientôt, enveloppés de la tête aux pieds dans leurs couvertures de laine, maître et serviteurs s'endormirent sous la garde de Dents-d'Acier, qui, sentinelle vigilante en dépit de son âge, se relevait de temps à autre pour décrire un grand cercle autour du bivouac, reconnaissance après laquelle il revenait se blottir tout près des tisons.

Vers cinq heures du matin, le soleil apparut; or, bien qu'on fût sous les tropiques, à peine la voix de quelques oiseaux se fit-elle entendre. En revanche, une multitude d'écureuils noirs commencèrent à gambader, à sauter, à se poursuivre. Pélican et Célestin se redressèrent.

« Brrrou!... fit ce dernier. As-tu chaud, Pélican?

— Moi gelé, dit le nègre; et bien dormir tout de même.

— Sur mon honneur, Pélican, j'ai les doigts aussi engourdis que si nous étions en Sibérie, et je me demande si je possède encore un nez.

— Toi en avoir un, répondit avec gravité Pélican, le même que tous les jours. »

Célestin se mit à rire de la naïveté de son ami, naïveté qui le divertissait souvent. Une casserole pleine d'eau fut placée sur des charbons ardents, et, faute de café, les deux amis préparèrent une infusion de glands grillés. Le docteur se réveilla juste à temps pour boire une calebasse pleine de ce chaud breuvage; puis, lorsque Pélican se fut emparé de deux écureuils cernés dans un tronc creux et qui devaient servir au déjeuner, on rassembla les bagages afin de se remettre en route.

« Ne vous semble-t-il pas, monsieur, dit Célestin à son maître, qu'il serait bon de faire cuire nos écureuils sur-le-champ?

— Pourquoi cela? as-tu peur que nous manquions de bois dans la Terre-Chaude?

— Non pas, mais il y a des hommes dans la vallée vers laquelle nous allons nous diriger, et, aujourd'hui comme hier, je crois inutile de leur révéler notre présence avant de savoir qui ils sont.

— Soit, répondit le docteur, qui alla aussitôt explorer le tronc d'un sapin.

— Moi content tout de même, massa Célestin, dit Pélican en embrochant les écureuils à l'aide de la baguette de son fusil, de savoir que nous voir bientôt des hommes.

— Hum, fit Célestin, il y a homme et homme, Pélican, le maître a raison. S'il s'agit d'Indiens *mansos*, la rencontre sera agréable, j'en conviens; en revanche si nous tombons sur un nid de ces sauvages Toltèques qui ont failli nous pendre autrefois, mieux vaudrait peut-être avoir affaire à des tigres.

Les voyageurs avancèrent avec précaution. (Page 588.)

— Toltèques pas demeurer par ici, répliqua Pélican, et moi content de voir des hommes, parce que nous voir aussi petits enfants.

— Sans me vanter, camarade, s'écria Célestin, je prévoyais cette dernière partie de ton discours. Ce n'est pas à tort que je t'ai donné le nom de cet oiseau qui, bien que notre maître prétende que c'est un conte, se perce au besoin les flancs pour nourrir ses petits.

— Moi rien percer du tout, massa Célestin, ni oiseau pélican non plus. Mais enfants si gentils! Toi aussi aimer eux, car parler souvent de mamzelle Camille et de petit Unac.

— C'étaient là des enfants exceptionnels, mon vieux.

— Petits enfants être tous exceptionnels, répondit le nègre avec conviction. »

Célestin se mit à rire.

« Tu en parles comme une vraie maman, dit-il; en vérité, si le maître le permettait, tu aurais, je crois, un mioche dans ton bagage. Holà! retire tes écureuils si tu ne veux pas les réduire en charbon, et en route. »

Les deux matelots, après avoir ramassé les divers objets qui jonchaient le sol et fixé leurs charges sur leurs dos, se déclarèrent prêts à partir. Le docteur prit aussitôt les devants.

« Avec votre permission, monsieur, lui dit Célestin, nous vous prions, Pélican et moi, de ne pas nous laisser en arrière aujourd'hui, et de toujours naviguer en vue.

— Et pourquoi cela, garçon? Les entailles que je laisse aux arbres ne suffisent-elles plus pour vous guider?

— Si, certes, monsieur. Ce n'est pas de cela qu'il s'agit; nous approchons des lieux habités, le feu que nous avons aperçu hier soir nous l'a prouvé; or, il n'est pas prudent de vous aventurer seul en avant, alors que nous ignorons si ceux que nous pouvons rencontrer d'un moment à l'autre sont des amis ou des ennemis. »

Le docteur Pierre haussa les épaules, contempla de nouveau le panorama qu'il avait admiré la veille, puis se lança sur la pente d'un pas ferme et alerte. Moins chargé que ses serviteurs il les eut bientôt laissés de beaucoup en arrière. Il dégaîna alors son machété, et, de loin en loin, entailla le tronc des arbres près desquels il passait. Arrivé dans une clairière il négligea cette précaution, car l'herbe foulée indiquait à ses compagnons la route qu'il avait suivie.

Pendant une heure il marcha sans que rien attirât son attention. Le bruit de pas pressés le fit se retourner, et il aperçut Célestin et Pélican haletants, inondés de sueur, prêts à perdre haleine.

« Holà! cria-t-il, qui vous fait détaler avec cette vitesse? Un tigre est-il à vos trousses?

— Nous pas avoir peur d'un tigre, répondit Pélican.

— Nous avons peur pour vous, monsieur, ajouta Célestin, et, puisque vous ne voulez pas marcher doucement, nous marchons vite. »

Le docteur retira son chapeau, frotta son crâne, pinça le bout de l'oreille de Pélican et cria :

« Halte! »

Les deux matelots, qui n'en pouvaient plus, s'empressèrent d'obéir.

« Vous êtes des fous, leur dit leur maître, de vous surmener de cette façon. Nous ne sommes ni dans le pays des Toltèques ni dans celui des Comanches, et nous ne pouvons guère rencontrer par ici que des chasseurs de tigres appartenant au domaine de la Héronnière.

— Nous savons par expérience, monsieur, répondit Célestin, que les chasseurs d'hommes sont encore plus communs au Mexique que les chasseurs de tigres. Il nous est trop souvent arrivé, depuis quinze ans que nous voyageons avec vous, d'avoir à défendre notre vie et notre liberté contre les Indiens pour que nous partagions votre sécurité.

— Tu conviens donc, Célestin, que l'homme est un méchant animal qui ne mérite aucune pitié?

— Il y a homme et homme, monsieur, reprit l'ex-matelot, ainsi que je le rappelais tout à l'heure à Pélican. Vous ne pouvez le nier, vos vieux amis du Yucatan, don Pedro Aguilar, Unac, le *padre* Estevan, ce José, dont vous nous avez parlé hier et que vous désirez revoir, sont d'excellents animaux, comme vous dites; et remarquez que je ne parle ni de Pélican, ni de Dents-d'Acier qui, en fait de bonté, ne rend de points à personne. »

Le docteur se mit à rire et caressa le mâtin qui, ayant entendu prononcer son nom, agitait sa queue avec gratitude.

« En route, dit le naturaliste, et, puisqu'il me faut vous obéir, marchez devant.

— Avec votre permission, monsieur, dit Célestin, le rôle d'éclaireur sera rempli par Dents-d'Acier; avec lui, on est certain de ne jamais être surpris. Par là, garçon, cria l'ex-matelot, et alerte! »

Dents-d'Acier s'enfonça aussitôt sous les arbres. De temps à autre, il s'arrêtait pour attendre ses maîtres, puis repartait le nez en l'air. Pendant deux heures, les voyageurs marchèrent silencieux. Le docteur, fidèle à sa promesse, formait l'arrière-garde et s'attardait souvent afin d'examiner une plante, soulever une pierre ou fouiller un tronc vermoulu. Un grognement se fit entendre; d'après les calculs de Célestin, après les montées et les descentes que l'on venait d'accomplir, on devait approcher de l'endroit où, la veille, avait résonné la détonation. Or, un grognement de Dents-d'Acier était toujours un avis d'avoir à se tenir sur ses gardes. Célestin et Pélican se débarrassèrent donc à la hâte de leurs fardeaux pour saisir leurs fusils qu'ils armèrent, tandis que le mâtin gagnait les fourrés.

Rejoints par le docteur qui imita leur manœuvre, les voyageurs avancèrent avec précaution. Dents-d'Acier reparut. Il tenait dans sa gueule un objet qu'il vint déposer aux pieds de Pélican. Le nègre se baissa, son visage s'épanouit, puis il se mit à gambader en élevant au-dessus de sa tête un petit soulier en cuir bleu verni, chaussure alors de mode au Mexique pour les enfants.

CHAPITRE III

GENTILLESSE DE BOA

La surprise de Robinson, lorsqu'il découvrit à l'improviste des pas d'homme sur le sable de son île, ne fut certes pas plus vive que celle du docteur Pierre et de ses serviteurs à la vue du petit soulier bleu. On se le passa de main en main pour l'examiner, et Pélican finit par le conserver.

« Comme lui être gentil, répétait le nègre.

— Qui, lui? demanda Célestin.

— Petit enfant au soulier bleu, massa Célestin; regarde comme lui devoir être mignon. »

Le docteur réfléchissait.

« Nous sommes au désert, dit-il au bout d'un instant, et, bien que quinze ans se soient écoulés depuis ma venue dans cette contrée, je ne puis admettre que le domaine de la Héronnière ait prospéré au point de s'étendre jusqu'ici. »

Dents-d'Acier, secouant la queue, allait, venait, regardait ses maîtres et semblait les engager à le suivre. Sur l'ordre du docteur, les bagages furent cachés sous les rameaux d'un buisson, puis le mot « alerte » fut plusieurs fois prononcé par Célestin. C'était là un commandement familier à Dents-d'Acier, qui, les oreilles dressées, le nez en l'air, repartit aussitôt. Il s'arrêtait de temps à autre, mais ne manifestait aucune inquiétude. S'il eût senti des hommes ou des fauves, le mâtin eût marché en se traînant, les oreilles basses, le poil hérissé, la gueule entr'ouverte. Sa quiétude prouvait qu'aucun danger n'était proche. Célestin et Pélican doublèrent le pas, contenus cette fois par leur maître, plus soucieux de leur vie que de la sienne. Les explorateurs se trouvèrent bientôt dans une vallée peuplée d'oiseaux; la vie tropicale, si morne sur les hauteurs abandonnées le matin, montrait en ce lieu toute sa luxuriante intensité. On atteignit le bord d'un ruisseau dans l'onde duquel on se hâta de s'abreuver et de remplir les gourdes. Dents-d'Acier avança désormais plus lentement. L'oreille au guet, le museau en l'air, le mâtin imitait les manœuvres des chiens d'arrêt qui flairent une piste. Une triple exclamation s'échappa tout à coup de la bouche des voyageurs : ils débouchaient à l'improviste devant deux huttes semblables à celles qu'ils improvisaient eux-mêmes à l'aide de branches, lorsqu'ils devaient camper plusieurs jours dans un endroit.

Les cendres d'un feu, — celui qu'on avait aperçu la veille, — couvraient une partie du sol entre les cabanes, et Pélican, guidé par Dents-d'Acier, pénétra sans façon dans un des rustiques abris. Le premier objet qui frappa les regards du nègre fut un soulier semblable à celui qu'avait rapporté le mâtin, soulier dont il s'empara. Dans le coin de la hutte, un amas de mousse portait l'empreinte du corps d'un enfant.

Le docteur et Célestin s'étaient glissés dans la seconde cabane où ils trouvèrent quatre couvertures de coton de manufacture indienne, plus deux poches de jonc remplies de galettes de maïs. Sous une des couvertures étendues sur le sol, Célestin découvrit un sac de poudre. Il remplit sa poudrière, appela Pélican et l'engagea à suivre son exemple.

« Voilà bien la nature humaine ! s'écria le docteur. Voulez-vous bien laisser là cette poudre qui ne vous appartient pas.

— Vous savez aussi bien que moi, monsieur, lui dit Célestin, que nos munitions, pour le quart d'heure, se réduisent à une douzaine de cartouches, puisque c'est pour ce motif que vous avez songé à nous ramener vers les habitations. De deux choses l'une : ou les propriétaires de ces cabanes seront nos amis avant ce soir, et nous les indemniserons alors de nos emprunts, ou ils seront nos ennemis, et, si nous avons à nous repentir de quelque chose, ce sera de leur avoir laissé de quoi nous donner la chasse.

— Indiens de la cabane être bons, dit Pélican, en montrant sa double rangée de dents blanches, puisque avoir avec eux petit enfant.

— Hum, fit Célestin, ta réflexion n'est pas précisément concluante, mon vieux Pélican, et je ne partage qu'à demi ta manière de voir. Ce n'est guère la coutume, parmi les Indiens, de chausser leurs enfants de cuir verni. Or, la façon dont ces huttes sont construites prouve qu'elles ont été dressées par des Indiens, non par des hommes ayant dans les veines du sang blanc. A mon avis, il nous faut regagner le sommet de la montagne, et chercher un endroit d'où nous puissions observer ce bivouac sans être vus. Lorsque ses habitants reviendront vers leurs provisions, nous jugerons, à leur mine, s'il nous convient de lier conversation avec eux, ou de passer outre.

— Bien pensé, dit le docteur, quoique ces galettes de maïs annoncent que nous aurons affaire à des Indiens *manzos*.

— Moi rester ici pour embrasser petit enfant, dit Pélican.

— Voilà une sottise que tu ne commettras certes pas, grand enfant que tu es toi-même, s'écria Célestin, à moins que tes épaules ne tiennent à faire connaissance avec la crosse de mon fusil.

— Toi méchant aujourd'hui, massa Célestin.

— C'est possible, répliqua l'ex-matelot ; en attendant, marche. »

En ce moment, Dents-d'Acier hérissa les poils de son cou et

poussa un léger grognement, tandis que ses yeux s'allumaient comme des charbons ardents. C'était là un avis sérieux, et, en dépit de ses réclamations, Célestin poussa son ami devant lui. Le docteur imposa silence au nègre, et les trois voyageurs, qui eurent soin de ne briser aucune branche dont le craquement pût révéler leur présence, furent bientôt à une centaine de mètres du bivouac qu'ils venaient de découvrir. Dents-d'Acier reprit peu à peu son allure paisible, signe que l'on s'éloignait du danger. Gravissant plus haut encore, les voyageurs firent halte derrière un amas de roches. Pélican, après avoir repris haleine, grimpa au sommet de ce monticule et invita Célestin à le rejoindre. Du point occupé par le nègre, sans autre obstacle que le feuillage peu épais d'un arbuste, on découvrait les cabanes et l'emplacement du foyer. Pélican voulait s'établir sur ce point; il en fut délogé par le docteur.

« Le maître a raison, dit Célestin à son ami; ton amour immodéré pour les petits enfants, Pélican, te ferait oublier toute prudence, et, jusqu'à nouvel ordre, il ne s'agit de rien moins que de mettre notre peau à l'abri de tout ce qui pourrait l'endommager. Baissez-vous, monsieur, ajouta l'ex-matelot en s'adressant à son maître, et placez-vous près de ce rameau touffu qui croît à votre gauche; il semble posé là exprès pour vous empêcher d'être vu. Bien. Maintenant, Pélican, ne te semble-t-il pas à propos d'aller chercher les bagages et de les apporter ici?

— Non, massa Célestin, nous pas apporter ici bagages.

— Et pourquoi cela, s'il te plaît?

— Eux gêner nous, si Indiens n'être pas nos amis, car nous pas courir vite avec grandes boîtes sur le dos.

— Tu parles comme un livre, mon vieux camarade, répondit l'ex-matelot, et ce n'est pas sans motif qu'il m'arrive de te comparer à feu Salomon. Oui, nous devons prévoir le cas où il faudrait battre en retraite.

— Monter bagages là-haut, dit le nègre qui désigna le sommet de la montagne, et trouver pour sûr bonne cache dans les roches. »

Le docteur, ayant approuvé cette précaution, demeura seul avec Dents-d'Acier, tandis que ses serviteurs se rendaient à l'endroit où ils avaient déposé leurs fardeaux. Une détonation lointaine rendit Célestin et Pélican circonspects; ils eurent soin de marcher courbés, silencieux, et d'éviter les endroits découverts.

Il ne leur fallut pas moins d'une heure pour gravir la montagne, pour trouver une cachette à leur goût. Après bien des tours et des détours, ils dissimulèrent les bagages entre trois pierres hérissées de plantes épineuses; puis, ayant bien étudié le terrain pour être sûrs de retrouver la cachette qu'ils venaient de choisir, les deux matelots redescendirent vers la pente occupée par leur maître qui classait tranquillement ses notes, tandis que Dents-d'Acier sommeillait à ses pieds.

On déjeuna des restes de la cuisse de daim entamée la veille. Les écureuils devaient servir au dîner. Après le repas, la question de savoir s'il serait prudent ou non de fumer fut agitée; le docteur, qui savait quel besoin impérieux c'était pour ses compagnons, résolut la question affirmativement et les obligea seulement à se retirer un peu en arrière.

Leurs pipes éteintes, Célestin et Pélican, vaincus par la chaleur, s'endormirent tous les deux.

Il était midi. Un silence profond régnait; pas un souffle n'agitait le feuillage; oiseaux et insectes se taisaient; la singulière calotte dont se coiffait le docteur aux heures du repos était seule en mouvement, tourmentée par sa main fiévreuse.

Lors de son arrivée au Mexique, le docteur Pierre, afin d'abriter son crâne déjà chauve, portait une perruque qu'il déplaçait souvent, au grand divertissement de ceux qui vivaient dans son intimité. A la longue, cette perruque avait fini par devenir chauve à son tour. N'ayant pu trouver dans les villages indiens qu'il avait traversés un artiste capable de lui en confectionner une autre, le docteur, pour protéger son front contre les rayons du soleil, avait tout simplement découpé le fond d'un chapeau de feutre noir et s'était improvisé une calotte assez semblable au serre-tête traditionnel d'Arlequin. La calotte, sans cesse tourmentée comme autrefois la perruque, prenait sur le front de son propriétaire, surtout aux heures de perplexité, mille et une positions comiques.

Dès que ses serviteurs furent endormis, le docteur, armé d'une loupe, se mit à étudier une série de coléoptères piqués autour de son chapeau. Chaque fois qu'il découvrait des caractères qui lui

GENTILLESSE DE BOA.

Le docteur regarda curieusement le reptile. (Page 594.)

donnaient à croire que l'insecte qu'il examinait appartenait à une espèce nouvelle, sa calotte de feutre s'inclinait, s'abaissait ou disparaissait de sa tête, brusquement arrachée. Un léger bruit, semblable à un frottement, attira l'attention du naturaliste, qui regarda autour de lui. Célestin, Pélican et Dents d'Acier dormaient à qui mieux mieux.

L'horizon que pouvaient embrasser les regards du docteur, excepté du côté du bivouac, était des plus restreints. Partout des arbres ou des buissons. Le frottement se répéta, et, à dix pas de la roche contre laquelle il se tenait adossé, le voyageur aperçut un énorme serpent qui, enroulé autour du tronc d'un acajou, descendait avec lenteur sur le sol.

Le docteur ne bougea pas, et regarda curieusement le reptile. Celui-ci, de son côté, semblait contempler avec stupéfaction l'être singulier qui se trouvait en face de lui. De temps à autre, de ses mâchoires, jaillissait une langue noire et fourchue.

« Dieu me pardonne, murmura le naturaliste, voilà bel et bien le boa *constricteur* ou *devin*, dont je niais l'existence dans ces parages. Oui, le dos brun, les flancs jaunes tachés de noir, le ventre argenté et pointillé, il n'y a pas à s'y méprendre. Bel échantillon de l'espèce, ma foi! Ce gaillard doit mesurer au moins sept mètres. Voit-il donc une proie qu'il abaisse ainsi sa mâchoire inférieure, laquelle, faute d'un os mastoïde soudé, peut se détendre indéfiniment? Ouais! aurait-il la prétention de m'avaler? Prends-y garde, mon gaillard, je me mettrais en travers, et il pourrait t'arriver malheur. »

Le boa décrivit de lentes spirales, toucha terre et se tint de nouveau immobile.

« Pline raconte, murmura le docteur, que Régulus, durant les guerres puniques, fit avec ses soldats le siège d'un serpent gros comme une tour et long de cent vingt pieds. Il y a si longtemps de cela, que chaque génération a dû ajouter un anneau au serpent de Régulus, car on n'a jamais retrouvé son pareil. Mais les hommes aiment le merveilleux. Il n'est pas jusqu'à ce nom de boa, venu du grec *boès* — vache — et donné à cet ophidien sous prétexte qu'il a coutume de se pendre au pis des vaches pour se régaler de leur lait, qui ne soit le résultat d'une erreur, d'un vrai conte de nourrice, c'est le cas de le dire. »

Le docteur se tut, se redressa, saisit son machété; le boa rampait vers lui. Soudain le reptile inclina vers la gauche et se dirigea vers les écureuils rôtis que Pélican avait enveloppés de feuilles et déposés dans une fourche formée par des branches. Rapide comme l'éclair, le reptile saisit cette proie, puis, avec circonspection, se coucha en droite ligne sur le sol. Pendant deux minutes, sa langue noire parut caresser le gibier dont il venait de s'emparer, et qu'il ne perdait pas de vue. Sa mâchoire s'ouvrit, et, avec leur enveloppe de feuilles, les écureuils commencèrent à disparaître. Le naturaliste s'avança avec intrépidité vers le reptile qui s'enfuit aussitôt sans se mettre en peine, cette fois, du bruit que produisait son corps en glissant sur les feuilles sèches. Le docteur Pierre se prit à rire de l'audace de ce singulier voleur, et il allait le poursuivre lorsqu'un son de voix humaine ramena son attention vers les huttes. Il s'étendit sur sa roche et vit bientôt paraître deux Indiens qui, après avoir déposé leurs fusils dans une des cabanes, se mirent en devoir de rallumer le foyer.

CHAPITRE IV

ÉNIGME.

Certes, depuis près de quinze ans qu'il parcourait en tous sens les déserts du Mexique afin de compléter ses collections d'histoire naturelle, le docteur avait eu plus d'une aventure. Vingt fois il avait eu à défendre sa liberté ou sa vie contre les attaques des Toltèques, des Comanches, des Apaches; et plus d'une fois aussi les Indiens *mansos*, c'est-à-dire soumis, lui avaient donné la chasse alors qu'il espérait trouver dans leurs villages une cordiale hospitalité. Sa prudence égalait son courage et son sang-froid, et, s'il se montrait parfois insoucieux du danger lorsqu'il s'agissait de sa personne, il veillait en père sur ses braves serviteurs, toujours prêts, surtout Pélican, à croire bons et généreux comme lui-même tous ceux qu'il rencontrait.

La présence d'Indiens en ce lieu était un fait anormal. Si les chasseurs de tigres s'éloignent parfois des habitations, ils s'aventurent rarement à plus d'une ou deux journées de marche d'un village. Que pouvaient donc être les Indiens dont le docteur observait en ce moment les gestes et le bivouac?

A n'en pas douter, ils appartenaient au domaine de la Héronnière, ainsi que le révélaient leurs caleçons brodés aux extrémités, leurs vestes de laine grise, leurs chapeaux en paille de latanier. C'étaient des hommes dans la force de l'âge, aux membres robustes, au teint cuivré, à la chevelure épaisse. Le foyer allumé, ils s'accroupirent sur le sol et se tinrent immobiles et silencieux.

Célestin et Pélican dormaient toujours. Dents-d'Acier se réveilla, s'étira, huma l'air, et ses poils se hérissèrent aussitôt. Le mâtin, sans bruit, vint se placer près du docteur qui, ne l'ayant pas entendu venir, fit un soubresaut.

« Là, là, mon vieux, murmura-t-il en saisissant l'animal par son collier, je vois que tu as toujours l'oreille fine et alerte. Reprends ton somme, et imite ces triples paresseux qui ronflent comme de vrais tambours, » ajouta-t-il en jetant un regard sur ses serviteurs.

Dents-d'Acier aperçut les Indiens, grogna, puis s'étendit près du docteur. De temps à autre, il redressait la tête comme pour demander un ordre. Le docteur lui posait alors la main sur le museau, et le brave chien s'aplatissait aussitôt sur le sol.

Tout à coup les Indiens se levèrent, et selon la coutume des hommes de leur race qui parlent toujours à mi-voix alors même qu'ils sont seuls dans les forêts, ils échangèrent quelques paroles dont le bruit n'arriva pas aux oreilles du docteur. Un d'eux s'éloigna de trois pas, parut écouter, puis se rapprocha du foyer qu'il ranima. Le crépitement produit par les branches sèches que l'on venait de jeter sur le feu n'empêcha pas le médecin d'entendre les rameaux s'écarter, et cinq nouveaux Indiens parurent, précédant de quelques pas à peine un métis vêtu d'un costume de vaquero, c'est-à-dire d'une veste de cuir aux broderies d'argent, d'un pantalon ouvert sur les côtés, et coiffé d'un chapeau à larges bords. Ce métis, homme d'environ trente ans, à la peau bistrée, au visage farouche, sur lequel reluisaient deux yeux noirs très mobiles, conduisait par la main une petite fille d'environ six ans, vêtue d'une robe en lambeaux, dont les jambes et les pieds étaient enveloppés dans une peau de chacal. L'enfant avait la tête nue, les cheveux bouclés, et semblait marcher avec peine.

Le docteur, instinctivement, retint son souffle.

« Qu'est-ce que cela? murmura-t-il, et par quel hasard une en-

Le foyer allumé, ils s'accroupirent sur le sol. (Page 596.)

fant de sang blanc se trouve-t-elle en compagnie de ces Indiens et de ce vaquero? »

Le docteur se tut pour écouter; le vaquero parlait. La petite fille, assise près d'une des cabanes, regardait avec curiosité un des Indiens qui, dépouillant un tatou, le plaça bientôt sur les charbons du foyer. Il était cinq heures du soir; déjà l'ombre envahissait la forêt.

La calotte du docteur ne tenait guère en place; de sa tête elle passa même tout à coup sur celle de Dents-d'Acier qui, toujours attentif et accoutumé sans doute à cette fantaisie, ne bougea pas. Les Indiens causaient, seulement, ils étaient trop éloignés pour que le docteur pût entendre leurs paroles. Il vit la petite fille s'approcher du vaquero et lui parler; celui-ci répondit à peine. Elle retourna s'asseoir près de la cabane et se mit à pleurer, sans qu'aucun de ses compagnons prît la peine de la consoler.

La nuit venait; bientôt éclatèrent de toutes parts les notes du magnifique concert qui, au désert, célèbre chaque matin et chaque soir le lever et le coucher du soleil. Les aigles et les vautours, passant au-dessus du bivouac des Indiens, tournoyaient un instant autour de la longue colonne de fumée qu'il produisait, poussaient un cri sauvage et s'éloignaient à tire-d'aile. Des rossignols préludaient; des calandres, logées sur les rives du ruisseau, répondaient à leurs chants par des cris multipliés. Çà et là, un dernier rayon filtrait à travers les feuillages et allait se poser sur un tronc, où il dessinait des plaques d'or. Le ciel se teignait de lueurs orangées, et les perroquets s'abattaient par couples sur les branches d'un céiba.

Peu à peu les bruits s'apaisèrent; un glapissement de renard fit taire les voix d'oiseaux, et le lointain rugissement d'un tigre réveilla d'une façon sinistre les échos de la Cordillère.

Les Indiens et le vaquero étaient groupés autour du foyer, tous enveloppés de leur couverture. Un d'eux dépeça le tatou, et la petite fille reçut une cuisse de l'animal posée sur une galette de maïs. Elle mangea quelques bouchées; puis, distraite, elle laissa tomber le reste. Elle grelottait. Un des Indiens s'en aperçut, l'enleva du sol et la posa devant le foyer. Le docteur, aux vives clartés de la flamme, put distinguer alors un fin visage ovale, à la peau mate, aux grands yeux noirs, à la bouche rose. Les regards pensifs de l'enfant suivirent longtemps la danse capricieuse des flammes; ils se fermèrent peu à peu, et, s'appuyant sur les genoux d'un des Indiens, elle s'endormit.

Depuis longtemps le docteur n'était plus seul à regarder. Célestin et Pélican, réveillés à la chute du jour, se tenaient près de lui. Pélican seul parlait de loin en loin pour répéter avec un accent plein de tendresse :

« Comme moi avoir envie d'embrasser lui.

— Serait-ce par hasard ce grand escogriffe de vaquero que tu brûles d'embrasser, murmura tout à coup Célestin à l'oreille de son ami; par le ciel, Pélican, ce bonhomme au front bas, aux prunelles sans cesse en mouvement, a l'air d'un fieffé gredin. Que fait-il ici en pareille compagnie? Aucun de ces individus n'est équipé à la façon des chasseurs de tigres. D'ailleurs, ce n'est guère l'habitude des hommes de ce métier d'emmener des enfants dans leurs expéditions.

— Moi pas vouloir embrasser du tout massa Cogriffe, répondit naïvement le nègre; mais petit enfant si gentil et si chagrin.

— Que pensez-vous de ce que nous voyons, monsieur? demanda Célestin à son maître.

— Rien de bon, répondit le docteur, qui hocha la tête; la présence de cette petite m'intrigue au plus haut point. Si nous pouvions au moins savoir ce que disent ces hommes, peut-être ce qui nous surprend s'expliquerait-il d'une façon naturelle.

— Eux peut-être en chasse comme nous autrefois avec mamzelle Camille, dit Pélican.

— Mademoiselle Camille, Pélican, répliqua Célestin, avait douze ans bien comptés lorsqu'elle nous accompagnait dans les bois; elle savait se servir d'un fusil et d'un machété, et elle ne pleurait pas comme cette pauvre enfant.

— Moi, savoir quoi disent les messieurs Indiens, » reprit résolument Pélican en retirant les sandales qui lui servaient de chaussure.

Célestin saisit la veste de son compagnon.

« Pas si vite, mon vieux camarade, et apprends-nous d'abord ce que tu veux faire.

— Moi laisser ici fusil, massa Célestin, et approcher moi tout bas du gros arbre placé près les cabanes. Là, moi entendre quoi dire messieurs Indiens, et venir ensuite rapporter à vous.

— Oui, l'idée est bonne, dit l'ex-matelot, aussi, je me charge de son exécution.

— Moi marcher plus vite et plus bas que toi, massa Célestin.

— C'est vrai, répondit le matelot, et j'ai trop souvent admiré ton adresse à te glisser dans les fourrés, pour ne pas confesser ta supériorité. Mais, une fois à portée de la mignonne fillette que nous voyons si bien endormie, auras-tu la prudence de ne point céder à cet instinct qui t'attire vers les enfants?

— Moi savoir d'abord si Indiens être bons ou méchants, dit Pélican, et moi pas exposer docteur, ni toi, ni Dents-d'Acier, ni moi à recevoir des coups de fusil.

— Va, dit le docteur qui intervint tout à coup dans la conversation. Je ne vois pas d'autre moyen d'apprendre de quelle façon nous devons nous conduire avec ces gaillards, dont le nombre nous oblige à la prudence. D'ici, Célestin et moi nous pouvons observer le bivouac, te prévenir si par hasard le bruit de ta marche éveillait l'attention des Indiens. Célestin, pour t'aviser de te tenir sur tes gardes, imitera le cri nocturne de la sarigue; ce cri, répété par deux fois, sera pour toi un ordre de revenir vers nous. As-tu compris?

— Oui, répondit Pélican.

— En route donc, et souviens-toi que je veux que tu obéisses sans hésiter, au signal convenu. »

Pélican baissa par deux fois la tête en signe d'acquiescement et s'enfonça aussitôt sous les fourrés. Célestin saisit Dents-d'Acier qui allait s'élancer sur les pas du nègre, et le ramena près du docteur aux côtés duquel il s'établit. Les deux hommes armèrent leurs fusils, et leur attention se concentra sur les Indiens groupés autour du bivouac.

Un silence presque absolu régnait; à peine entendait-on la faible rumeur produite par les eaux du ruisseau se heurtant contre les pierres qui leur barraient le passage. De loin en loin, un souffle de brise agitait le sommet des arbres, imitant le vague murmure des flots de la mer, lorsque le reflux les amène à l'assaut du rivage. Parfois un Indien jetait une brassée de bois sec dans le foyer, et des crépitements réveillaient, dans les branches, les oiseaux endormis.

Les Indiens avaient achevé leur repas. Un d'eux prit la petite fille dans ses bras, et, sans qu'elle s'éveillât, il alla la déposer dans la cabane où se trouvait le lit de mousse remarqué le matin par le docteur et ses compagnons. Il reparut bientôt et reprit sa place au foyer, écoutant parler le vaquero. Celui-ci seul fumait; souvent il se redressait, entr'ouvrait la couverture de laine qui l'enveloppait, et l'on voyait alors reluire la poignée d'argent de son machété, et l'extrémité du canon d'un revolver sortant d'une gaîne de cuir pendue à sa ceinture. Le vaquero parlait à voix haute; mais, quelle que fût l'attention du docteur et de Célestin ils ne pouvaient saisir le sens de ses paroles, dont le bruit seul arrivait jusqu'à eux.

Un des Indiens se leva, s'éloigna du foyer de trois ou quatre pas, et se pencha en avant, dans l'attitude d'un homme qui écoute.

« Il faut mettre Pélican sur ses gardes, dit aussitôt le docteur à Célestin; il aura froissé quelque branche sur son passage. »

Célestin, se tournant aussitôt vers le sommet de la montagne afin que sa voix n'arrivât pas directement à l'oreille exercée des Indiens, poussa le cri strident que la sarigue fait entendre la nuit, lorsqu'elle atteint une proie. Ce cri fut si parfaitement imité que Dents-d'Acier lui-même s'y méprit, et le docteur dut apaiser ses grognements.

L'Indien demeura longtemps immobile, ses compagnons s'étaient tus. Il revint enfin prendre sa place au bivouac, et la conversation reprit son cours. Cinq minutes plus tard, le docteur saisissait le bras de Célestin pour attirer son attention; à vingt pas à peine du foyer, en arrière d'une des cabanes, venait d'apparaître Pélican. Debout, l'oreille au guet, il avançait avec une lenteur prudente; on eût dit la marche d'une statue noire. Il atteignit bientôt l'arbre sous les branches duquel s'étendait le bivouac, et se blottit derrière le tronc.

Pendant une heure encore, le vaquero et les Indiens conversèrent, puis ils pénétrèrent dans les cabanes, à l'exception de celui qui devait veiller. La sentinelle disposa le feu en demi-cercle et s'assit sur le sol, les genoux rapprochés contre la poitrine, les mains sur les genoux, dans cette attitude familière aux Indiens et qu'ils semblent avoir empruntée aux dieux égyptiens.

Célestin, sur l'ordre de son maître, allait pousser les deux cris qui devaient rappeler Pélican, lorsque Dents-d'Acier se redressa et remua la queue; presque au même instant le nègre parut.

« Eh bien? lui demandèrent à la fois le docteur et Célestin.

— Eux pas bonnes gens, dit le nègre en faisant une grimace, eux pas aimer du tout petit enfant.

— Qui sont-ils? d'où viennent-ils? demanda le docteur.

— Eux vivre à la Héronnière. Petit enfant perdre lui, eux le trouver et vouloir bonne récompense pour rendre lui à son maman. »

Un enfant perdu à quatre grandes journées de marche de son lieu de résidence! c'était là une histoire bien singulière.

« Ne disais-tu pas, Pélican, reprit le docteur, qu'ils n'aiment pas la petite fille?

— Eux dire elle méchante parce que pleurer toujours et vouloir son maman.

— Ne sont-ils pas en marche pour la reconduire?

— Non, eux attendre ici autre massa.

— N'auraient-ils pas tout simplement volé l'enfant? s'écria Célestin. Qu'en pensez-vous, monsieur? »

Le docteur fit pirouetter sa calotte, l'idée de Célestin le tourmentait lui-même.

« Si ces hommes ont trouvé l'enfant et songent à la reconduire, dit-il enfin, il sera bon de nous réunir à eux, puisque nous aussi nous nous rendons à la Héronnière. Si, au contraire, ils... Voyons, Pélican, n'as-tu rien entendu qui puisse nous éclairer d'une façon certaine?

— Moi avoir tout raconté, répondit le nègre; mais, demain, moi écouter encore et savoir tout.

— Ta, ta, ta, fit le docteur qui replaça sa calotte sur le sommet de son crâne, nous aurons de l'ouvrage si nous nous engageons dans la voie des suppositions; ne perdons pas de vue ce bivouac, au point du jour, nous aviserons. »

Célestin et Pélican savaient par expérience qu'il ne fallait pas combattre de front les idées de leur maître; tous deux se turent donc. Le nègre s'éloigna de quelques pas et se mit à tâter les buissons, allant de droite à gauche et secouant les branches d'une façon compromettante.

« Auras-tu bientôt fini, lui dit son maître, de tourner comme un écureuil en cage.

— C'est justement eux moi chercher, massa; moi avoir faim, et moi pas trouver écureuils.

— Il y a belle heure, mon garçon, que le gibier que tu cherches est dévoré. »

Les gros yeux de Pélican s'écarquillèrent.

« Vous dîner pendant moi être là-bas?

— Voilà une indélicatesse dont nous sommes incapables, s'empressa de répondre Célestin ; sans compter que nous avions assez à faire de te surveiller. Le maître plaisante.

— Pas le moins du monde, reprit le docteur, les écureuils sont bel et bien mangés.

— Quoi, monsieur, dit Célestin en regardant son maître avec stupéfaction, deux écureuils à vous tout seul !

— Non pas, garçon ; mais nous possédons un voisin qui est venu me rendre visite pendant que vous dormiez. Ce voisin, avec un sans-façon de grand seigneur, s'est dirigé vers le garde-manger de Pélican, n'a fait qu'une bouchée des deux écureuils et des feuilles qui les enveloppaient. En un mot, ce voisin est un boa. »

Pour le coup, Célestin et Pélican regardèrent leur maître bouche béante, et celui-ci dut leur décrire les manœuvres exécutées par l'intelligent reptile pour s'emparer de leur souper.

« Alors falloir nous serrer notre ventre, dit Pélican en poussant un gros soupir.

— Bah ! dit Célestin, c'est peut-être la dernière fois que cela nous arrive ; mais ce n'est pas la première. »

Les trois voyageurs grignotèrent quelques galettes de maïs, à la grande surprise de Dents-d'Acier qui allait de l'un à l'autre, quêtant une pitance plus substantielle. A la fin, le mâtin prit son parti de ce demi-jeûne et se coucha paisiblement. Célestin et Pélican, enveloppés de leur couverture, s'étendirent au pied de la roche, tandis que le docteur, qui devait veiller le premier, s'établissait de façon à ne perdre de vue ni le mystérieux bivouac, ni son immobile gardien.

CHAPITRE V

LUCIA

La nuit était calme, et, à défaut de la lune, les étoiles emplissaient la forêt de pâles clartés. La brise de mer, dont le souffle avait un moment secoué les feuillages après le coucher du soleil, s'apaisait peu à peu. A peine, de loin en loin, quelques feuilles frissonnaient-elles encore, presque sans bruit. Le docteur réfléchissait, parlant parfois à mi-voix, selon son habitude.

« Peste soit de l'espèce humaine, disait-il. De toutes les engeances qui peuplent la terre, elle est sans conteste la plus exécrable. En vérité, je ne puis me lasser d'admirer la patience du Créateur qui, pouvant l'anéantir d'un seul geste, supporte ses plaintes, ses contradictions, ses insultes et même ses crimes. Il y a près de deux mois que nous avons quitté le rivage de l'océan Pacifique, que nous traversons paisiblement le désert, et tout allait bien. Nous rencontrons des hommes, adieu quiétude et sécurité! Nous voilà sur le qui-vive, inquiets des allures mystérieuses de ces inconnus, et sur le point d'avoir peur de ce qui devrait nous rassurer. »

Le docteur garda un instant le silence.

« Célestin a raison, reprit-il, c'est un fait étrange que la présence de cette fillette de sang blanc à une pareille distance de la Héronnière. »

Vers une heure du matin, Célestin vint prendre la place de son maître. Durant la faction de l'ex-matelot, rien de particulier ne se passa au bivouac. Un Indien vint relever celui qui était de garde, alimenta le foyer, puis s'asseyant sur le sol dans une position identique à celle du compagnon qu'il avait remplacé, parut s'endormir bien qu'en réalité tous ses sens fussent aux aguets.

A trois heures du matin, Pélican s'établit à son tour sur le rocher. L'air s'était refroidi et le nègre contempla d'un air d'envie le foyer qui brûlait au loin.

« Brrrou, fit-il, ce monsieur Indien être bien heureux de pouvoir chauffer lui; moi gelé pour de vrai, massa Célestin.

— Ce n'est pas un mal, Pélican, répondit avec bonne humeur l'ex-matelot qui s'enveloppait de sa couverture pour s'étendre près de son ami, ce léger frisquet t'empêchera de t'endormir. Bonsoir, garçon, bonsoir. »

Cinq minutes plus tard, le nègre seul veillait dans le petit camp. Il ne perdait de vue le mystérieux bivouac que pour regarder de temps à autre son maître, Célestin et Dents-d'Acier.

Vers cinq heures du matin, un léger bruit se fit entendre dans l'épais feuillage des arbres, une bande de lumière orangée venait d'apparaître à l'horizon. Le ciel devint d'un bleu plus clair, les étoiles pâlirent et s'effacèrent bientôt. Un oiseau lança quelques notes sonores, ce fut comme un signal. Deux ou trois perroquets s'interpellèrent de cette voix nasillarde, articulée, qui a de si réelles inflexions humaines que le voyageur le plus expérimenté s'y méprend sans cesse. La bande orangée s'étendit rapidement et un globe de feu, sans rayons, surgit dans le lointain encore brumeux. Mille voix joyeuses retentirent alors, l'air s'attiédit presque subitement, les branches et les feuilles se redressèrent, les oiseaux secouèrent leurs ailes engourdies, et les vautours apparurent dans les profondeurs du ciel, comme s'ils avaient passé la nuit dans ces hautes régions.

Pélican, en ce moment, ne prêtait nulle attention à ce réveil de la nature qui d'ordinaire le ravissait. Étendu sur la roche, il regardait le bivouac. Les huit Indiens et le vaquero, déjà debout, s'équipaient comme pour se mettre en route; ils semblaient discuter avec vivacité. Soudain Pélican quitta son poste, s'engagea dans les fourrés, suivit le chemin qu'il avait parcouru la veille. Il voulut chasser Dents-d'Acier qui marchait déjà sur ses talons; mais le mâtin ne tint aucun compte de cet ordre. Pélican dut le ramener près du rocher et le forcer à se coucher. Le nègre repartit aussitôt, suivi par les regards brillants de son camarade à quatre pattes qui, sans bouger cette fois, tant il était bien dressé, fit entendre un petit gémissement.

Le docteur et Célestin, réveillés par le caquetage des perroquets qui paraissaient se consulter sur l'emploi de leur journée, se levèrent avec prestesse en voyant vide la place que Pélican devait occuper.

« Ah ça, demanda le docteur, après avoir jeté un coup d'œil scrutateur autour de lui, où est Pélican? »

Célestin, déjà sur la roche, examinait le bivouac des Indiens.

« Il se sera passé quelque chose d'extraordinaire là-bas, dit le matelot, et Pélican doit être en reconnaissance.

— Il aurait pu nous prévenir, nous éveiller.

— C'est ce que je pensais, monsieur, et je me propose de m'en expliquer sérieusement à son retour. »

Cela dit, Célestin, repliant et avançant ses bras à plusieurs reprises, exécuta les gestes rapides d'un homme décochant une série de coups de poing.

« Voyons, Célestin, dit le docteur, lorsque le matelot eut achevé son énergique pantomime, est-il bien raisonnable de nous mêler des affaires d'autrui?

— Il faut au moins que nous sachions, monsieur, par quel miracle ces gens, dont les allures ne me disent rien de bon, se trouvent dans les bois en compagnie d'une enfant qui n'est point de leur race.

— Et en quoi cela te regarde-t-il!

— Ah! par exemple, s'écria Célestin, c'est à moi de vous le demander, monsieur. Ne répétez-vous pas souvent que rien de ce qui touche le bonheur ou le malheur de nos semblables ne doit nous être indifférent?

— C'est un poète latin qui a dit cela, Célestin, un poète vieux de plusieurs siècles. Depuis lors, on a inventé un proverbe qui conseille de ne jamais mettre le doigt entre l'arbre et l'écorce, proverbe que bien des gens trouvent beaucoup plus sage.

— Soit, monsieur, mais nous ne sommes pas de ces gens-là, que vous désignez sous le vilain nom d'égoïstes.

— Allons, siffle pour appeler Pélican, lave-lui la tête pour son escapade; puis, en route. »

Célestin, au lieu d'obéir, regardait Dents-d'Acier. Le mâtin dressait les oreilles, remuait la queue, sans toutefois bouger de la place où Pélican l'avait installé. Ses démonstrations devinrent bruyantes; bientôt on entendit marcher dans le bois, et l'oreille exercée de Célestin reconnut le pas de son ami.

« Est-il devenu fou, s'écria-t-il, de cheminer ainsi sans précaution, ou a-t-il reconnu que les gens du bivouac peuvent devenir nos amis? »

Le docteur fit trois pas vers l'endroit où le nègre devait déboucher, prêt à le foudroyer par quelque invective. Tout à coup il recula d'un pas et demeura muet. Pélican, le visage épanoui par un sourire, venait d'apparaître portant la petite fille du bi-

Pélican venait d'apparaître... (Page 605.)

vouac, qui, les bras passés autour du cou du nègre, appuyait sur sa joue noire son visage d'une blancheur de lis.

« Que signifie cela? s'écria le docteur.

— Jolie petite mamzelle pour nous, » dit Pélican d'un ton triomphant.

La petite fille, sérieuse et craintive, examinait le docteur et Célestin. Pélican voulut la poser sur le sol, elle se pressa plus fort contre lui et dit en espagnol, d'une voix dans laquelle on sentait des larmes :

« Ce n'est pas maman, ça. »

— Non, repondit Pélican, mais bons amis à moi, et nous conduire vous chez maman.

— T'expliqueras-tu enfin? dit le docteur à Pélican.

— Oh! reprit la petite, dont une larme mouilla la joue, ce señor est méchant; allons vite chez maman.

— Lui pas méchant du tout, dit Pélican, qui cessa de sourire, lui faire toujours semblant d'aimer personne, et aimer tout le monde; lui, bon, bon... comme Dents-d'Acier. »

Cette comparaison de sa personne avec le mâtin arracha un sourire au docteur.

« Explique-toi vite, dit-il à son serviteur; par quel hasard te trouves-tu en possession de cette enfant?

— Vous parler gentil s'il vous plait, massa, pour que petite fille pas pleurer, et moi conter tout. Messieurs Indiens lever eux de bonne heure, puis causer, causer beaucoup. Moi retourner là-bas, derrière gros arbre, puis prendre petite fille et revenir vite.

— Et ces gens t'ont laissé faire?

— Eux partis chasser quand moi prendre petite fille.

— Elle a consenti à t'accompagner?

— Moi promettre à lui son maman, dit Pélican d'un air entendu. Moi tout conter à vous plus tard. A présent partir vite.

— Alors tu as volé cette enfant? s'écria le docteur.

— Rien volé du tout, répliqua Pélican d'un air offensé; messieurs Indiens être voleurs, pas moi; vous demander plutôt à petite mamzelle. »

La petite fille, tout d'abord, avait paru écouter les questions et les réponses des interlocuteurs d'un air surpris; à deux reprises, elle avait baissé et relevé la tête comme pour appuyer les paroles du nègre. Or quelle ne fut pas la stupéfaction des trois voyageurs en l'entendant soudain répondre en français un : « c'est vrai! » parfaitement accentué, à l'appel fait par Pélican à son témoignage.

« Qu'est-ce que cela? s'écria le docteur qui se rapprocha, ai-je bien entendu, et ce chiffon parle-t-il véritablement français?

— Je suis Lucia Avila, et je ne me nomme pas chiffon, répliqua la petite fille; puis elle ajouta aussitôt : Je veux maman.

— Ah! la chère mignonne! dit le docteur.

Dents-d'Acier poussa un grognement.

« Nous aller chercher bagages et partir vite, dit Pélican avec inquiétude. »

Le docteur, ému, intrigué, comprenait de reste qu'il y avait urgence à s'éloigner; il prit les devants sans demander pour l'heure plus d'explications.

« N'ai-je pas eu cent fois raison, monsieur, lui dit tout bas Célestin qui marchait sur ses talons, de donner à mon vieux camarade le nom de Pélican? Nous savions déjà qu'il n'a pas son pareil pour apprivoiser les enfants, mais en pêcher un en pleine forêt, et un enfant qui parle français, encore, c'est merveilleux!... Naviguez vers votre gauche, monsieur, c'est au pied des cactus, que voilà là-bas, que les bagages sont à l'ancre. »

En ce moment, Dents-d'Acier, qui ouvrait la marche, poussa un cri de colère et on le vit secouer avec rage un objet qu'il tenait à pleine gueule. C'était le boa ravisseur des écureuils, qui, inerte, le cou gonflé par le corps des animaux qu'il avait avalés, digérait incapable de se défendre. Célestin, non sans peine, fit lâcher prise au mâtin à qui les reptiles étaient antipathiques, et l'on atteignit le sommet de la montagne. Célestin et Pélican assujettirent leurs fardeaux sur les épaules et, après une courte consultation, il fut résolu que l'on suivrait la crête rocailleuse sur laquelle on se trouvait, sol qui ne gardait aucune trace des pas. Après plusieurs invitations faites d'une voix aussi douce que celle de Pélican pour le moins, le docteur décida la petite Lucia à lui donner la main. Mais l'enfant n'avait pas les jambes longues, et il importait de marcher vite, car il fallait s'attendre à être poursuivi. Le docteur saisit la petite fille, la souleva, la plaça sur son épaule. L'enfant, charmée de cette façon de voyager, embrassa gentiment son porteur.

CHAPITRE VI

EXPLICATIONS.

La petite Lucia Avila, comme elle avait elle-même déclaré se nommer, paraissait âgée de six à sept ans. C'était une fillette nerveuse, fine, au visage aussi gracieux qu'intelligent. Ses grands yeux noirs, ombragés de longs cils, surmontés de sourcils admirablement arqués, possédaient ce brillant, ce velouté, cette douceur qu'on admire dans les yeux de presque toutes les créoles. Elle était vêtue d'une petite robe bleue garnie d'une collerette de dentelle, et ses cheveux, d'un noir intense, s'ébouriffaient un peu au-dessus de son front, sans nuire néanmoins à l'harmonie de sa jolie physionomie. En guise de chaussure, des peaux de chacal grossièrement cousues ensemble enveloppaient les pieds et les jambes de l'enfant, simulant des bottines. Cette chaussure primitive avait sans doute été improvisée par les Indiens pour remplacer les souliers bleus dont la vue avait ravi Pélican, et dont le cuir mince n'eût pu résister longtemps aux aspérités du sol, surtout aux ronces qui le tapissaient.

Le docteur, encore surpris de l'aventure qui venait d'enrichir sa troupe d'une enfant, réfléchissait tout en marchant sur les pas de ses serviteurs.

« Vous me conduisez chez maman pour de vrai, n'est-ce pas, monsieur? lui dit soudain Lucia.

— Oui, mignonne. Où demeure-t-elle, ta maman?

— Chez nous, à la Héronnière.

— Quel est son nom?.

— Maman.

— Oui, pour toi, dit le docteur dont un sourire effleura les lèvres; mais les personnes qui l'entourent, comment la nomment-elles?

— Doña Amalia.

— Que fait-elle à la Héronnière?

— Elle est la maîtresse, comme mon papa est le maître.

— Et quel est le nom de ton papa?
— Luis Avila.
— Luis Avila, répéta le docteur; il y a quinze ans, le propriétaire du domaine de la Héronnière se nommait don Ambrosio Lerdo.
— Oui, c'était mon grand-papa; José et maman parlent souvent de lui.
— José! s'écria le docteur, qui s'arrêta subitement pour lever la tête vers l'enfant, il vit encore?
— Oui, répondit Lucia, il est le majordome du domaine, l'ami de papa et de maman.
— Dis-moi, petite, ce José, dont tu parles, est-ce un homme de ma taille, aux cheveux noirs, au visage noble, à...?
— José est si grand, répondit l'enfant, qu'il se baisse tout à fait quand je veux l'embrasser; seulement ses cheveux ne sont pas noirs du tout, ils sont blancs.
— Quinze années se sont écoulées, murmura le docteur; c'est plus qu'il n'en faut pour teindre en gris une tête noire ou blonde. Dis-moi, mon enfant, ce José vit-il depuis longtemps à la Héronnière?
— Oui; il dit toujours qu'il y est né.
— Bénie sois-tu, chère petite, s'écria le docteur en embrassant Lucia, pour la bonne nouvelle que tu me donnes! José, ce brave et honnête homme existe encore; je pourrai de nouveau presser ses mains loyales, parcourir avec lui la forêt... oui, bénie sois-tu de m'apprendre que ce brave cœur bat toujours! »
Et le bon docteur, dont la bouche, d'ordinaire, ne parlait des hommes qu'avec des sarcasmes, avait des larmes dans les yeux à la seule idée de revoir un de ses vieux amis.
« Voyons, petite, reprit-il émerveillé de l'intelligence manifestée par l'enfant, charmé de l'entendre s'exprimer en français, raconte-moi par quel hasard tu te trouves si loin de la Héronnière, en compagnie d'Indiens.
— J'étais aussi avec Yago, monsieur, un des gardes de papa.
— L'homme vêtu en vaquero, sans doute?
— Oui, c'est lui qui m'a amenée jusqu'ici, en me disant qu'il me conduisait vers maman.

— Ta mère n'est donc pas à la Héronnière?

— Elle est allée avec papa à Tlacotalpam, et je m'ennuyais de ne plus la voir. Un soir, pendant que je courais sous la vérandah, Yago passa, et je lui demandai s'il savait par quel chemin reviendrait maman. Alors il m'a dit : « Je le sais si bien, señorita, que je vais au devant d'elle. Si vous voulez la revoir plus vite, venez avec moi. » J'ai voulu prévenir grand'maman Magdalena, il n'a pas voulu; il était pressé.

— Ensuite?

— Je lui ai pris la main, il m'a menée vers le bois, et nous avons rencontré des Indiens. Alors nous avons marché si longtemps, que je me suis endormie. Il faisait jour quand je me suis réveillée; un Indien me portait sur ses bras.

— Après? dit le docteur anxieux.

— Yago n'était plus là; je me suis mise à pleurer, et les Indiens ont encore marché un jour et une nuit.

— Ils ne t'ont pas maltraitée?

— Non, dit la petite fille; mais lorsque Yago est revenu, comme je pleurais toujours en demandant maman, il m'a battue pour me faire taire. Ça, je le dirai à José et il grondera Yago. Vous n'êtes pas menteur comme lui, vous n'est-ce pas? C'est pour de vrai que vous me conduirez chez maman?

— Oui, chère petite, c'est pour de vrai; seulement, plusieurs jours s'écouleront avant que nous arrivions, et il ne faudra ni t'impatienter ni pleurer.

— Est-ce que vous me battrez, si je pleure? demanda l'enfant, dont les yeux grands ouverts se noyèrent de larmes. Voyez-vous, monsieur, je ne peux pas toujours m'empêcher de pleurer.

— Non, non, mignonne, se hâta de répondre le docteur, personne ne te battra dorénavant; seulement, cela nous fera de la peine à Célestin, à Pélican et à moi de te voir pleurer, parce que nous sommes tes amis et ceux de José.

— J'essayerai de ne pas pleurer, dit l'enfant avec résolution.

— Il faut songer que tu vas revoir ta maman.

— Oui, et papa, et Vif-Argent.

— Ce diable de Pélican, murmura le docteur, guidé par l'instinct qui, au dire de Célestin, l'attire vers les enfants, a fait un

« Es-tu bien là-haut? demanda-t-il à Lucia? » (Page 614.)

coup de maître en s'emparant de cette mignonne fillette. Elle a été volée par ce misérable Yago; la chose paraît claire. Voyons, dans quel but? Bah! dans le but d'obtenir une riche rançon, cela est plus clair encore. Le rapt, comme on nomme cet horrible crime, devient décidément de mode au Mexique, et voilà ce malheureux pays doté d'une plaie de plus. »

On marcha silencieusement.

« Vous êtes bon, dit tout à coup Lucia au docteur en lui caressant le visage de sa petite main libre.

— Moi bon! » s'écria le docteur.

Mais, au lieu de lancer une de ses boutades habituelles, il se contenta de hocher la tête.

— Es-tu bien là-haut? demanda-t-il à Lucia.

— Oh! oui, monsieur, aussi bien que ce matin sur l'épaule de M. Pélican.

— Dis-moi, petite, par quel hasard parles-tu si bien français? Qui donc t'a appris cette langue?

— Papa, Vif-Argent, M. Pinson et M. Boisjoli.

— Vif-Argent, M. Pinson, M. Boisjoli? répéta le docteur surpris d'entendre des noms qui lui rappelaient son pays. Quelles sont ces personnes?

— Des amis à moi, surtout Vif-Argent.

— Un camarade de ton âge?

— Vif-Argent est grand; il a des moustaches.

— Il est Français?

— Oui, comme son papa M. Pinson et leur ami M. Boisjoli.

— Et ils vivent tous à la Héronnière? Que font-ils là?

— Ils bâtissent des maisons, ils raccommodent les machines à vapeur, ils arrangent les chemins....

— Des chemins, des machines à vapeur à la Héronnière? Que dis-tu là, petite! s'écria le docteur.

— La vérité, monsieur. Lorsque papa et José parlent de M. Pinson et de M. Boisjoli, ils disent que ce sont les bienfaiteurs du domaine, et ils les aiment beaucoup. »

Des routes, des machines à vapeur, là où il avait laissé un désert à peine cultivé, et tout cela établi en apparence par une colonie de Français! Le docteur avait peine à croire ce qu'il entendait.

Il continua son interrogatoire, et Lucia répondit avec tant de clarté à toutes ses questions, qu'il s'émerveilla de plus en plus de l'intelligence et de la vivacité de sa gentille compagne.

« Allons, allons, dit-il, la Providence se montre moins aveugle que les méchants cherchent à se le persuader. C'est elle qui nous a amenés sur la route de ces bandits, qui nous a choisis pour sauver cette chère petite et la rendre à sa mère. Nous lui obéirons. »

Jusqu'alors les voyageurs avaient cheminé parmi des buissons; le sol végétal devint bientôt plus épais, les arbustes apparurent plus vigoureux, plus élevés, et l'on marcha en plein bois. Le docteur dut mettre Lucia sur ses pieds, car, à chaque pas, la tête de la petite fille menaçait de se heurter contre les branches.

Pélican et Célestin, qui n'avaient cessé d'échanger des coups de coude en voyant leur maître prendre une voix caressante et douce pour parler à Lucia, s'arrêtèrent à l'improviste.

« Qu'y a-t-il, garçons? leur demanda le docteur.

— Nous pas bien dîner hier, dit Pélican, et petite mamzelle avoir faim aussi, bien sûr.

— Très faim, répondit Lucia.

— Et que renferment vos bissacs? demanda le docteur.

— Galettes de maïs, seulement, répondit Pélican avec une moue dédaigneuse, puisque vous laisser voler rôti par grand boa.

— Hum! la situation se complique; le silence est de rigueur jusqu'à nouvel ordre. Les détonations de nos fusils attireraient vers nous la bande de vautours à laquelle tu as ravi ce pauvre moineau, mon bon Pélican.

— Moi avoir donc eu raison d'amener petite mamzelle? demanda le nègre.

— Cent fois, mille fois raison, mon brave ami, aussi, dans trois jours, le père et la mère de Lucia te béniront lorsque tu leur rendras leur cher trésor.

— Vous savoir maintenant l'histoire?

— Oui, Lucia me l'a racontée pendant la route.

— Messieurs Indiens vouloir rançon, et, pendant eux aller chasser, moi approcher tout bas et décider petite à venir. Moi rire fort en pensant que messieurs Indiens plus trouver personne dans la cabane. »

Et le nègre se mit à rire de nouveau, tandis que le docteur lui frappait l'épaule et que Célestin lui lançait un coup de poing amical.

« Vous reposer là, dit Pélican qui désigna un épais tapis de mousse; massa Célestin allumer bois bien sec pour faire feu sans fumée, et moi attraper grosse bête pour rôtir.

— Oublies-tu donc, Pélican, que nos fusils doivent rester muets?

— Moi rien oublier et rapporter grosse bête, répliqua le nègre, et tout de suite. »

Il fit claquer sa langue pour appeler Dents-d'Acier qui, assis en face de Lucia, la regardait de ses gros yeux doux et remuait la queue pour solliciter une caresse. Le mâtin, à cet appel, se redressa et partit à la suite du nègre, tandis que Célestin se mettait en devoir de ramasser des branches sèches.

CHAPITRE VII

PREMIÈRE ÉTAPE

Pélican était homme de ressource, et la naïveté de son langage ne déguisait la finesse de son esprit et son bon sens qu'à ceux qui le connaissaient peu. Il retourna sur ses pas, s'enfonça dans le bois, et ne ralentit sa marche que lorsqu'il eut atteint le sol semé de buissons qu'il avait traversé un quart d'heure auparavant. Alors il regarda au-dessous de lui, vers un endroit où apparaissait une immense tache jaune, produite par un espace sablonneux émaillé de mimosas nains. A dater de ce moment, le nègre ne marcha plus qu'avec précaution; il assourdissait ses pas et se dissimulait de son mieux derrière les buissons. Parvenu à la lisière du terrain sablonneux, il posta Dents-d'Acier près d'un mimosa.

« Vous rester ici et pas bouger, dit-il au mâtin; vous venir quand moi appeler. »

Dents-d'Acier, pour toute réponse, agita sa queue, dressa les oreilles et regarda son maître s'éloigner.

Après avoir gravi de nouveau la montagne, Pélican atteignit l'extrémité supérieure du champ de sable; là, couché sur le sol, il se mit à ramper. Il s'arrêta près de trois ou quatre trous assez semblables à ceux que creusent les lapins, et se tint longtemps immobile, l'œil fixé sur le sable que le soleil faisait étinceler. Çà et là, sur cette surface brillante, apparaissaient des points bruns ou verts qu'à distance on pouvait prendre pour des touffes de plantes, pour des souches de bois mort.

Soudain ces points semblèrent s'agiter, se dresser, courir. En réalité, c'étaient des animaux pourvus de quatre pattes et d'une longue queue. De leur front à l'extrémité de ladite queue courait une crête dentelée, épineuse, qui leur donnait un aspect fantastique. On a déjà reconnu des iguanes, reptiles de la famille des sauriens très communs dans les Terres-Chaudes du Mexique, surtout dans la Mistèque où l'Indien, friand de leur chair blanche et délicate, leur fait une guerre incessante.

Pélican regarda au delà des iguanes, vers l'endroit où il avait posté Dents-d'Acier. Le docile animal, la tête posée sur le sol, ne bougeait pas plus que s'il eût été pétrifié.

« Pille! pille! » lui cria le nègre.

Le mâtin bondit au milieu des iguanes qui, au bruit de la voix de Pélican, avaient dressé la tête et répondu par un soufflement. A la vue du chien, ils s'enfuirent dans toutes les directions. Un d'eux, avec la rapidité de l'éclair, se dirigea en droite ligne vers Pélican qui, ayant compté sur cette manœuvre, saisit l'animal au moment où il s'engouffrait dans le terrier qui lui servait de demeure. Dents-d'Acier, accoutumé à cette chasse, vint bientôt déposer aux pieds de son maître un reptile encore palpitant; c'était plus de gibier qu'il n'en fallait pour le repas du soir.

Pélican dépouilla sur l'heure les deux sauriens dont les débris servirent de régal à Dents-d'Acier. Cette besogne achevée, le nègre, au lieu de gravir la montagne pour regagner le bivouac, la côtoya latéralement.

« Falloir dessert pour petite fille, disait-il en regardant en l'air; pauvre petite, moi soigner lui comme son maman. »

Il s'arrêta, poussa un petit cri de satisfaction, déposa son gibier sur le sol, puis escalada, avec une agilité de singe, un arbre au feuillage d'un vert presque noir. C'était un sapoté dont les fruits oblongs, à la chair brune et sucrée, sont un régal pour les Mexicains. Chargé d'une douzaine de ces fruits, gros comme des concombres de grandeur moyenne, Pélican se hâta de gravir la montagne, non sans glaner encore au passage quelques figues de Barbarie.

« Oh! dit-il tout à coup, massa Célestin jamais apprendre à dresser foyer sans montrer fumée. »

En effet, au-dessus de la cime des arbres s'élevait un léger brouillard dont l'origine n'eût pu tromper l'œil exercé d'un Indien.

Dents-d'Acier, prenant les devants, courut annoncer au bivouac l'arrivée de Pélican, qui trouva le docteur et Célestin occupés à divertir la petite Lucia. Le grave médecin, pour obéir aux caprices de l'enfant, posait de mille façons sur sa tête sa fameuse calotte de feutre, et s'amusait parfois à en coiffer la petite fille devant laquelle Célestin avait déposé une brassée de fleurs.

« Nous jouer au cheval tout à l'heure, dit Pélican à Lucia, lorsqu'il se fut débarrassé des deux iguanes.

— Bravo! s'écria Célestin. Entre nous, j'avais remarqué comme toi la plage sablonneuse de là-bas, et je me doutais de ce que tu allais rapporter.

— Oui, répondit Pélican, toi malin pour beaucoup de choses; et toujours grosse bête pour faire feu sans fumée.

— C'est moi la grosse bête, dit le docteur avec gravité; si Célestin a ramassé le bois qui l'alimente, j'ai seul disposé le foyer. »

Pélican demeura tout confus.

« Moi pas vouloir dire grosse bête, mais petite bête, reprit-il, espérant atténuer ainsi la qualification qu'il avait cru adresser à son ami, oui, petite, toute petite bête.

— Ne t'excuse pas de ta franchise, répondit le docteur; explique-moi plutôt ce que tu trouves à critiquer dans la disposition de ce foyer. J'ai choisi les branches une à une pour m'assurer de leur sécheresse; néanmoins, je ne puis nier qu'une légère fumée ne s'élève vers les arbres.

— Vous pas bien nettoyer par terre, massa, et mousse toujours brûler avec fumée.

— Tu as raison, Pélican, j'ai négligé de déblayer le sol, ce qui ne m'arrivera plus. »

Durant un quart d'heure, Pélican, bouche béante, admira Lucia qui disposait en bouquet les fleurs cueillies par Célestin.

« Comme lui gentil, répétait-il sans cesse, gentil comme mamzelle Camille. »

Et c'était tout dire pour Pélican, qui, pendant dix ans, avait été le favori de la fille de don Pedro Aguilar, le maître de la vallée des Palmiers.

« Il me semble, dit le docteur qui huma l'air, que notre iguane doit être cuit.

— Vous pas bête du tout, s'écria aussitôt Pélican, heureux de trouver une nouvelle occasion de pallier sa malheureuse expression ; iguane être cuit pour de vrai. »

Les convives, sans excepter Lucia, mangèrent avec appétit. Au dessert, Pélican présenta les fruits qu'il avait cachés jusqu'alors, ce qui lui valut un gros baiser de l'enfant. Les restes du repas furent enveloppés dans les longues feuilles d'une aristoloche, ficelés à l'aide d'une tige flexible de convolvulus, puis placés par Pélican au fond de son bissac.

« Si massa boa venir, dit-il, lui pas pouvoir avaler bissac sans manger moi en même temps, et moi pas laisser faire. »

Les deux amis s'occupèrent ensuite de disperser les tisons et les cendres ; ils poussèrent la précaution jusqu'à recouvrir de feuilles sèches l'emplacement du foyer. Ce travail accompli, ils allumèrent leurs pipes.

« Est-ce que nous n'allons pas partir tout de suite pour la Héronnière ? demanda Lucia en voyant les deux matelots se rasseoir.

— Oh ! si, mamzelle, répondit Pélican ; nous seulement fumer un peu pour prendre courage, puis, hop ! en route. »

Le docteur et ses serviteurs discutèrent alors la direction qu'il convenait de suivre. On devait redouter d'être épié, découvert par Yago et ses acolytes, ce qui obligerait à échanger des coups de fusil, extrémité qu'il fallait éviter à cause surtout de la présence de Lucia. Le docteur proposa de longer la crête de la Cordillère aussi longtemps qu'on le pourrait, et de ne descendre qu'à la dernière heure dans les plaines. Cet avis fut partagé par Célestin. Pélican secoua la tête.

« Il paraît, lui dit son ami, que l'idée n'est pas de ton goût, Pélican. Si tu connais une meilleure manœuvre, parle, garçon ; nous ne demandons pas mieux que de naviguer dans tes eaux.

— Señor Yago, dit Pélican, amener petite mamzelle par les plaines.

— Cela me semble hors de doute, répondit le docteur ; Lucia nous l'a expliqué ; et elle est trop intelligente pour confondre une savane avec une montagne.

— Massa José, massa Vif-Argent, massa Pinson, reprit Pélican, voir tout de suite que petite mamzelle être plus là, et mettre eux en route pour la chercher.

— Voilà qui est encore bien raisonné, dit le docteur.

— Massa José, continua Pélican, pas chercher mamzelle sur les montagnes, mais sur chemin suivi par voleurs.

— Où veux-tu en venir, Pélican?

— Si nous promener par ici, nous rencontrer ni massa José, ni massa Pinson ; si nous descendre dans la plaine, nous rencontrer eux pour sûr, et alors tomber tous sur voleurs de petite mamzelle pour tirer les oreilles à eux.

— Foi de Parisien! s'écria Célestin, si j'empoigne seulement la moitié d'un de ces gredins, il payera sa coquinerie d'une façon plus sérieuse que celle dont tu le menaces, Pélican ; allons, ne vendons pas la peau de l'ours avant de l'avoir tué, cela porte malheur. Ne trouvez-vous pas, monsieur, ajouta l'ex-matelot qui se tourna vers son maître, que Pélican a parlé comme ce Carton dont vous nous citez souvent les paroles!

— Carton? répéta le docteur d'un ton indécis. Ah, j'y suis! Le sage Romain auquel tu fais allusion s'appelait Caton et non Carton. Pour le distinguer des autres Caton, on l'avait surnommé « le Censeur ». Consul en Espagne et en Grèce, il administra avec tant de sévérité et de prudence qu'on lui éleva une statue avec cette inscription : A Caton, qui a corrigé les mœurs. En vérité, il eût dû naître de notre temps ; les Yago auraient beau jeu. Au résumé je me range à l'avis de Pélican ; donc, en route! »

Célestin et le nègre, chargés de leurs fardeaux, suivirent le docteur qui, cette fois, conduisait Lucia par la main. En dépit de ses instances pour la porter, la petite fille avait voulu marcher, promettant de faire de longues enjambées.

« Arriverons-nous ce soir à la Héronnière? monsieur? demanda l'enfant à son guide.

— Non, petite, répondit le docteur. Il nous faudrait, pour cela, les ailes de cet aigle qui plane là-bas. Nous arriverons dans trois jours, si aucun incident ne vient y mettre obstacle. »

Les voyageurs, qui longeaient obliquement les flancs de la montagne, pénétrèrent bientôt dans une forêt obscure. Le sol était

Deux crocodiles se chauffaient au soleil. (Page 622.)

nu, car, sous les tropiques, la végétation s'arrête dans les endroits que le soleil n'éclaire pas de ses rayons. De loin en loin, on rencontrait des clairières produites par des arbres écroulés de vieillesse. Le soleil prenait alors sa revanche, et, autour des colosses renversés, croissaient des fougères, des lierres, des orchidées qui les enveloppaient d'un manteau de verdure. Sur ces espaces, momentanément rendus à la lumière, des arbustes se hâtaient de grandir. Dans un temps donné ils devaient les recouvrir de leur ombre, les condamner de nouveau à la stérilité.

Lucia chemina d'abord avec courage et gaieté. Puis ses petits pieds se lassèrent, elle devint sérieuse, muette, et, s'étant penché à l'improviste pour lui parler, le docteur vit de grosses larmes sillonner ses joues. Il s'arrêta.

« Qu'as-tu donc, mon enfant? s'écria-t-il.

— Je ne pleure pas tout à fait, monsieur, se hâta de répondre la petite fille.

— Eh bien, pourquoi commences-tu à pleurer?

— Je voulais marcher pour ne pas vous fatiguer, et voilà que mes pieds sont déjà las, dit l'enfant qui ne put retenir un sanglot.

— Décidément, Pélican avait raison tout à l'heure, s'écria le naturaliste; oui, je ne suis qu'une bête. Comment n'ai-je pas deviné le bon cœur de cette mignonne qui a voulu m'éviter une peine, et comment ai-je pu oublier que, ne possédant ni les longues jambes de Célestin ni les miennes, nos grands pas devaient la fatiguer doublement? »

De même que le matin, il plaça Lucia sur son épaule, et, en dépit des instances de Célestin et de Pélican qui voulaient joindre ce doux fardeau à celui qu'ils portaient déjà, il refusa de le leur céder. L'air était lourd sous les grands arbres; Dents-d'Acier tirait une langue d'une longueur démesurée, et de grosses gouttes de sueur mouillaient le front des voyageurs. A force de descendre, ils atteignirent une petite vallée, et poussèrent un cri de joie à la vue d'une rivière large de cinq ou six mètres, dont les eaux, un peu troubles, ne permettaient pas d'apercevoir le fond.

On côtoya la rive, autant que le permettaient les arbres, les buissons, les lianes et les roseaux qui en défendaient l'accès.

Deux crocodiles, la gueule béante, se chauffaient au soleil; ils daignèrent à peine se laisser glisser dans l'eau à l'approche de Dents-d'Acier. Un peu plus loin, on tomba au milieu d'une bande de spatules roses qui, maladroitement perchées sur des arbustes, semblaient regarder naviguer une flottille de canards aux plumes dorées. Spatules et canards, de même que les crocodiles, furent à peine troublés par l'arrivée de la petite troupe. Ces hôtes naïfs du désert, comptant pour s'enfuir sur la rapidité de leur vol, ne connaissaient encore ni l'homme, ni les moyens qu'il possède de les atteindre.

Par bonheur pour les canards, le docteur et ses serviteurs ne songeaient pas à se servir de leurs armes; il fallait se garder de révéler à Yago et à sa bande la route que l'on suivait. On s'établit au pied d'un monticule qui dominait la rivière, près d'un cèdre vieux comme le monde. Comme les restes des iguanes pouvaient servir au dîner, on résolut de ne point allumer de foyer, dont la lueur aurait pu trahir la route suivie. Tandis que le docteur prenait des notes, que Pélican s'amusait à promener Lucia sur le dos de Dents-d'Acier, lequel se prêtait à ce jeu avec une bonne grâce sans pareille, Célestin, toujours pourvu d'hameçons, avait improvisé une ligne et s'était mis à pêcher. Il ne tarda guère à venir déposer près de son maître un magnifique *rovalo*, poisson assez semblable par la forme aux carpes d'Europe, et dont le corps, surtout pendant l'agonie, présente aux regards éblouis les vives couleurs de l'arc-en-ciel.

« Les poissons n'ont pas que des écailles argentées, dit Célestin, tout fier de sa prise; celui-ci les a d'or, de pourpre et d'azur.

— Pas le moins du monde, répliqua le docteur, et aucun poisson, que je sache, n'a les écailles argentées. »

Célestin regarda son maître pour voir s'il parlait sérieusement, et Pélican, qui s'était rapproché, s'écria, le doigt posé sur le *rovalo* :

« Moi avoir bons yeux, massa, et bien voir ici écailles d'or et d'argent.

— Eh bien, Pélican, tes bons yeux te trompent. Ce pauvre animal est mort, tu peux donc lui enlever une écaille sans le faire souffrir, et tu conviendras qu'elle est transparente, sans traces d'or, d'argent, ni d'aucune couleur.

— L'argent est resté sur la peau du *rovalo*, dit Célestin, et cette écaille, que je viens de détacher, est en effet transparente.

— La couleur métallique des poissons, reprit le naturaliste, vient de lamelles qui recouvrent leur épiderme, lesquelles, en dépit du préjugé consacré, n'ont rien à voir avec leurs écailles. Ces lamelles argentées peuvent être détachées; à Paris, on en fait une pâte avec de la colle, et ce mélange, nommé *essence d'Orient*, sert à fabriquer les perles fausses.

— Et ce rouge, ce bleu de ciel que voilà, monsieur, d'où viennent-ils ?

— Des lamelles dont je t'ai parlé et qui, selon toute probabilité, ont la propriété de se dilater, peut-être de décomposer la lumière.

— Décomposer la lumière! s'écria Célestin. Qui a jamais entendu parler de cela?

— Les physiciens, garçon. La lumière, qui nous paraît blanche, est en réalité composée de rouge, d'orangé, de jaune, de vert, de bleu, d'indigo et de violet, comme le démontre le prisme, et c'est ce que l'on nomme les sept couleurs primitives.

— Vous, monsieur, s'écria la petite Lucia qui, pendant que le docteur parlait, s'était familièrement placée entre ses genoux pour mieux l'écouter, vous êtes comme M. Pinson, vous savez tout. »

Le docteur embrassa l'enfant; puis le beau poisson fut abandonné à Dents-d'Acier, car on espérait en pêcher un autre le lendemain. Le soleil disparaissait, la forêt s'emplissait de gazouillements, et la nuit devait succéder rapidement à ce concert. Les voyageurs, fatigués, se disposaient à dormir. Pélican, dès l'arrivée, avait disposé pour Lucia un matelas de roseaux.

« Je raconterai à maman, dit la petite fille en prenant la main du nègre, que tu m'as promenée sur le dos de ton chien, que tu as ramassé des herbes pour faire mon lit, et maman t'aimera bien.

— Oui, moi soigner vous pour rendre maman contente; à présent vite dormir pour lever matin.

— Il faut d'abord prier le bon Dieu, » dit Lucia.

Les voix d'oiseaux avaient cessé de retentir; Lucia, agenouillée, les mains jointes, se mit à réciter une prière espagnole. Célestin et Pélican, croyants comme de vrais matelots se découvrirent, tandis que le docteur se hâtait d'enlever sa calotte. Ce n'est point au milieu de la grande nature, au désert, entouré de dangers, que l'homme oublie jamais Dieu. Dans sa simplicité, c'était un spectacle touchant que celui de ces trois hommes qui écoutaient avec respect l'invocation de l'enfant qu'ils s'étaient chargés de protéger.

Sa prière terminée, Lucia embrassa ses nouveaux amis, se pelotonna sur les roseaux disposés par Pélican avec un soin tout maternel, et ne tarda guère à s'endormir. Célestin, chargé de la garde du bivouac, s'installa au sommet du monticule au pied duquel reposaient ses amis. Pendant près de trois heures, sans plus bouger qu'un Indien, l'ex-matelot regarda la surface paisible de l'eau. Le silence n'était troublé de loin en loin que par les bonds d'un poisson fuyant une loutre, ou par le cri d'un oiseau nocturne. Vers minuit, Célestin se leva pour réveiller son ami et se reposer à son tour. Il s'arrêta : un point lumineux, tremblotant, se reflétait devant lui, sur le miroir de l'eau.

CHAPITRE VIII

HÉROÏQUE RÉSOLUTION.

Le premier mouvement de Célestin fut de lever la tête vers le ciel; là, rien qu'un dôme noir, impénétrable, formé par les branches du haut sommet des arbres; ce n'était donc pas la scintillante image d'une étoile, comme l'ex-marin le crut d'abord, qui se reflétait sur la rivière.

« Bah! pensa-t-il, quelque *cucuyo* se sera sottement laissé choir, et le malheureux fait briller ses fanaux afin de pouvoir regagner la rive. »

Mais l'insecte phosphorescent nommé *cucuyo* projette une lueur pâle, blanchâtre, et le point lumineux, de couleur rouge, semblait fixé sur l'eau. Célestin retourna sur le monticule, étudia l'horizon, et ne découvrit pas l'explication qu'il cherchait. Pendant une minute, le point lumineux disparut, pour reparaître bientôt plus intense.

Célestin, intrigué, se rapprocha de Pélican et lui toucha le bras. A ce léger contact le nègre se redressa.

« Bon, dit-il à voix basse, après s'être frotté les yeux, à présent toi dormir et moi veiller.

— Viens, » lui dit à l'oreille son ami.

Et il le conduisit à l'endroit d'où s'apercevait la lueur scintillante. Pélican, de même que Célestin, leva aussitôt ses regards vers le ciel.

« Ce n'est pas de ce côté qu'il faut chercher, dit le matelot ; les étoiles sont cachées par le feuillage et n'ont rien à voir avec cette lumière. »

Pélican se rapprocha de la rivière, se plaça juste en face de la lueur, puis se tourna vers la montagne. Après un long examen, il secoua la tête.

« Moi pas comprendre, murmura-t-il.

— Je vais réveiller le maître, dit Célestin.

— Attends, lui dit son ami ; nous assez grands pour trouver secret tout seuls. »

Après s'être penché dans toutes les directions, le nègre, comme saisi d'une idée subite, se coucha sur le sol et se mit à ramper, le visage tourné vers la montagne. Il se haussait ou se baissait alternativement, cherchant la ligne suivie par le rayon.

« Ah ! dit-il enfin, moi trouver.

— Quoi ? demanda Célestin avec vivacité.

— Toi venir ici, tout près, et t'asseoir. Bien. Baisse ton tête, encore, encore. Maintenant quoi toi voir ?

— Du noir, rien que du noir, et de première qualité.

— Toi chercher là, à travers buisson, et trouver petit trou.

— J'y suis, s'écria Célestin. Voici un rayon, il vient du sommet de la montagne et va se refléter sur l'eau. Encore un trait à la Salomon que je marque à ton compte, mon vieux Pélican. Jamais, je l'avoue, je n'aurais songé à chercher à mes pieds, ou en arrière de moi, le foyer d'un phare allumé sous mon nez.

— Jamais fumée sans feu ; jamais feu sans fumée ; jamais lumière sans feu, et jamais feu sans lumière, dit Pélican.

— Sur mon honneur, garçon, voilà des sentences dignes du Romain dont il a été question ce matin. Réveillons le maître.

— Non, dit Pélican ; nous réveiller lui quand nous savoir qui demeurer là-haut.

— Et qui veux-tu que ce soit, sinon maître Yago et ses Indiens ?

— Pouvoir être aussi amis de Lucia, massa José et massa Pinson.

— Dans cette direction ?

— Yago chercher nous, eux chercher Yago, et tous marcher sur même chemin.

— Que veux-tu faire alors?

— Partir avec Dents-d'Acier, aller voir bivouac, puis revenir causer avec toi et docteur. »

Durant la vie aventureuse qu'ils menaient depuis bientôt quinze ans, les voyageurs s'étaient plus d'une fois trouvés dans des circonstances périlleuses, soit par le fait des hommes, soit par celui des bouleversements de la nature. Trois mois auparavant, ils avaient dû se soustraire, à force d'énergie et de sang-froid, à la double poursuite de deux tribus d'Apaches en guerre. Dans ces occasions, Pélican se montrait plus habile encore que ses compagnons à ramper sous les fourrés, à marcher sans agiter une feuille, à reconnaître la nature de tous les bruits; aussi leur servait-il toujours d'éclaireur. Le docteur, pas plus que Célestin, pourtant fin et avisé comme un ancien gamin de Paris, n'avait jamais songé à disputer au nègre cette supériorité, qu'il devait à son éducation première dans les forêts de la Martinique. Aussi Célestin approuva-t-il le projet de son ami; il se contenta de lui prêcher la plus grande prudence, et cela au nom de la petite Lucia qu'ils avaient mission de sauver.

« Pauvre petite mamzelle, murmura Pélican en jetant un regard attendri sur la couche de l'enfant, c'est pour lui moi aller voir si feu de là-haut allumé par ses amis. Sans cela, nous marcher vite en avant, et pas avoir peur de massa Yago. »

Il suffit d'un léger psitt pour réveiller Dents-d'Acier, qui arriva en s'étirant et en bâillant.

« Nous aller là-bas, dit Pélican en lui frottant les oreilles, caresse à laquelle le mâtin se montrait toujours sensible, et nous pas parler. »

Dents-d'Acier remua la queue, — c'était là sa façon ordinaire de répondre, — puis il se plaça le nez sur les talons de son maître qui disparut bientôt aux regards de Célestin.

« Dieu lui donne bon vent, » murmura l'ex-matelot, qui, revenu près du monticule au pied duquel reposaient son maître et Lucia, s'assit de façon à ne pas perdre de vue le point lumineux.

Il fallait en vérité que Pélican fût à demi noctiluque pour avancer aussi rapidement qu'il le fit à travers le dédale d'arbres, de buissons, de roches qui lui barraient à chaque instant le passage.

Dents-d'Acier, il est vrai, avait pris les devants; mais si le matin montrait à son maître où il devait poser le pied, plus d'une fois le nègre heurta du front contre une branche ou s'enchevêtra dans les tiges des lianes. Après un quart d'heure d'une marche laborieuse, Dents-d'Acier n'avança plus qu'avec circonspection. A plusieurs reprises, le nègre s'arrêta pour écouter : rien qu'un silence solennel.

Pélican, qui jusqu'alors avait marché dans la direction du foyer un instant entrevu, inclina un peu à droite et atteignit enfin le plateau. Là, il s'arrêta pour reprendre haleine. Il se trouvait parmi de grands arbres, dans une obscurité presque complète.

« Cherche, cherche, dit-il sourdement à son chien. »

Dents-d'Acier, après avoir humé l'air, suivit la crête de la montagne, ramenant son maître sur la route qu'il avait suivie le matin en compagnie du docteur et de Lucia. Pélican se trouva dans une clairière; en face de lui, des troncs d'arbres s'éclairaient d'une lueur rouge, et Dents-d'Acier grogna.

« Attention, attention, » lui dit son maître.

Alors le matin, le ventre contre le sol, se traîna vers l'endroit d'où partait la lueur.

« Ah! murmura Pélican, eux pas bêtes du tout, et moi comprendre pourquoi pas voir feu d'en bas. »

Avec une hardiesse qui lui eût certes valu une réprimande de son ami, Pélican continua d'avancer jusqu'à moins de trente pas du bivouac. De ce côté, rien n'interceptait la lumière du foyer qui illuminait au loin les roches et le sommet des arbres. Du côté des plaines, c'est-à-dire dans la direction où veillait Célestin, une haie de branches avait été dressée, et c'était par un hasard providentiel qu'un rayon, trouvant une issue dans ce mur de verdure, courait au loin se refléter sur la surface de l'eau.

« Eux savoir que nous être là-bas, pensa Pélican, et demain matin attraper nous. »

Le nègre se rapprocha plus encore. Aux pieds des arbres, il aperçut les huit Indiens qui dormaient, roulés dans leurs couvertures. Près de la haie dressée pour dissimuler la vue du feu, Yago, appuyé sur sa carabine, regardait d'une façon distraite les branches se tordre et crépiter dans le foyer.

HÉROIQUE RÉSOLUTION.

Le nègre réussit à se loger derrière un des arbres. (Page 630.)

Soudain le métis releva la tête; une expression inquiète se dessina sur son visage, et ses regards parcoururent l'horizon pour s'arrêter dans la direction où se tenait Pélican, où un bruit sec venait de se faire entendre. Yago arma sa carabine, recula de plusieurs pas et passa derrière la haie. Après avoir écouté un instant avec attention, il revint près du bivouac et réveilla ses compagnons. Quelques brèves paroles s'échangèrent, les Indiens saisirent leurs armes et se rapprochèrent des arbres qui entouraient le foyer.

Pélican, qui dans sa marche avait brisé une branche morte, ne perdait aucun des gestes des bandits. Il se tint coi d'abord; puis, comme Yago s'avançait, il plaça sa main sur sa bouche et imita le hululement du hibou. Yago s'arrêta; un second hululement se fit entendre, et un véritable hibou, agitant à peine l'air de ses ailes silencieuses, tournoya au-dessus du foyer et se perdit dans l'ombre. Yago et ses Indiens désarmèrent aussitôt leurs carabines et revinrent près du feu, tandis que Pélican riait tout bas de voir sa ruse si bien secondée par le hasard.

De même que l'avant-veille, le nègre réussit à se loger derrière un des arbres éclairés par le foyer des ravisseurs de Lucia, à vingt pas à peine de Yago.

« Par Barrabas, disait ce dernier, j'ai cru que ces démons de là-bas, — et sa main désignait le point occupé par le docteur, — venaient rôder autour de nous.

— Il ne fallait pas allumer de feu, répondit un des Indiens.

— Tu oublies, Popocatl, répliqua Yago, que nous n'avions pas mangé depuis vingt-quatre heures, et que, sur ces hauteurs, il fait un froid à nous tuer tous. »

Pour les frileux Mexicains des Terres-Chaudes, accoutumés à vivre dans un air chauffé à 40° il fait froid, en effet, aussitôt que le thermomètre s'abaisse à 12°, température ordinaire de la nuit sur le sommet des premières assises de la Cordillère.

« Ah! pensa Pélican, moi avoir bien fait de venir; eux savoir où nous camper. »

Le nègre prêta de nouveau l'oreille; Yago venait de reprendre la parole.

« Je ne puis m'expliquer la présence de ces hommes, dit-il. Comment ont-ils trouvé notre bivouac? comment se sont-ils emparés de Lucia? comment l'ont-ils décidée à les suivre? Je les ai vus hier au soir d'assez près, lorsqu'ils se sont établis sur le bord du ruisseau, pour être certain qu'aucun d'eux ne vît à la Héronnière. Ce sont des étrangers, mais d'où sortent-ils? Par l'enfer, dût-il nous en coûter quelques écorchures, il nous faut reprendre l'enfant ou perdre les cent mille piastres que nous avons demandées pour sa rançon, et que le vieux sorcier de José peut fournir à lui seul.

— Perez tarde bien à nous rejoindre, dit un des Indiens; si José le tient prisonnier, il nous trahira peut-être, et alors malheur à nous!

— Malheur à lui d'abord, répliqua Yago avec vivacité et en brandissant son macheté d'une façon sinistre, tôt ou tard il payerait sa traîtrise de sa vie. Non, Perez est un homme; s'il nous avait trahis, José et les Français seraient déjà sur notre piste. Et pourtant, ce sont des Français, j'en jurerais, qui nous ont repris l'enfant. »

Yago secoua la tête, puis reprit :

« Nous le saurons à la première lueur du jour. Je vous recommande encore de bien viser, les étrangers ont la vie dure. »

Pélican, à son tour, porta la main à la poignée de son macheté, il se sentait pris d'une irrésistible envie de se précipiter au milieu de ces brigands, de les anéantir. Il se contint, non sans effort, comme il le raconta plus tard à Célestin, et se mit en devoir de battre en retraite. Ses précautions redoublèrent; il sentait toute l'importance de rejoindre au plus vite ses amis sans être découvert, de les instruire de ce qu'il venait d'apprendre.

« Ouf, murmura-t-il aussitôt qu'il fut assez éloigné pour n'être plus trahi par le moindre bruit, comme moi content pouvoir taper sur ces canailles. Toi prévenu, Dents-d'Acier, eux vouloir tuer nous. »

Dents-d'Acier grogna.

« Pas parler, s'empressa de lui dire Pélican, et marcher vite. Cherche Célestin, cherche. »

Le mâtin huma l'air et prit les devants. Sans l'instinct de son compagnon à quatre pattes, Pélican, au milieu de l'obscurité, eût eu quelque peine à retrouver le point d'où il était parti. Par deux fois il s'arrêta pour imiter le cri nocturne de la sarigue, avec l'intention d'aviser ses amis de son approche et de prévenir ainsi toute surprise. Enfin Célestin répondit, et les deux matelots échangèrent bientôt une poignée de main.

Le premier soin de Pélican fut d'éveiller le docteur, de le mettre au courant de son expédition.

« Oui, tout cela est clair, dit le naturaliste; ces misérables ont amené Lucia dans ces solitudes pour la soustraire aux recherches de ses amis, et un des leurs est resté en arrière pour toucher la rançon qu'ils auront ordonné de déposer dans un endroit convenu. C'est un procédé imité des fameux *traboucaires* d'Espagne; grâce à nous, il ne réussira pas cette fois. Ainsi, ces bandits espèrent nous assaillir au point du jour. Par le ciel, sans l'enfant qui pourrait attraper une balle, nous recevrions ces drôles comme ils le méritent, et la surprise serait pour eux. Mais non, pas de bataille, à moins que nous n'y soyons forcés. »

Le naturaliste se promena de long en large dans l'étroit espace du bivouac, ramena sa calotte sur son front, puis la posa sur le coin de son oreille pour la plonger enfin dans la poche de sa veste.

« Quelles sont vos intentions, monsieur? lui demanda Célestin.

— Nous allons nous mettre en route sur-le-champ. Nous n'avancerons guère par cette nuit noire; néanmoins, si courte que soit la distance que nous réussirons à mettre entre nous et les gredins qui en veulent à notre vie, elle nous donnera le temps de réfléchir. Partons. »

Célestin et Pélican se rapprochèrent aussitôt des fardeaux qu'ils portaient à si grand'peine, et qui se composaient d'insectes, de peaux d'oiseaux, de plantes desséchées, de coquilles, d'échantillons de minerais, en un mot de toutes les découvertes importantes faites par le docteur en parcourant une province qu'aucun naturaliste n'avait encore explorée. Le médecin, à cause de la difficulté du transport, ne recueillait jamais que les objets rares ou inconnus; aussi étaient-ce de véritables trésors qu'il confiait à ses serviteurs. Plus d'une fois, durant le voyage qu'ils venaient d'accomplir, ces derniers avaient vu leur maître se frotter les mains avec satisfaction, en songeant qu'il allait si abondamment enrichir le Muséum d'histoire naturelle de Paris d'insectes et d'oiseaux encore inconnus, en se disant que cet établissement, grâce à lui, ne pouvait manquer de reprendre en Europe le rang auquel l'avait autrefois élevé Buffon, c'est-à-dire le premier. Ces insectes et ces oiseaux, il y tenait comme à sa vie. Aussi quelle ne fut pas la stupéfaction de Célestin et de Pélican lorsque leur maître leur ordonna de ne se charger que de leurs armes et de leurs munitions.

« Et les bêtes? s'écria Célestin.

— L'existence de Lucia, répondit le docteur dont la voix trembla légèrement, vaut plus que.... ne raisonnons pas, ne discutons pas, partons.

— Si vous vous chargez de l'enfant, monsieur, reprit Célestin, Pélican et moi nous n'abandonnerons certes pas des fardeaux qui nous ont déjà coûté tant de peine, et...

— Obéirez-vous une fois dans votre vie? s'écria le docteur de son ton bourru; si vous teniez à ces collections, il ne fallait pas nous embarrasser du chiffon qui dort là paisible, et que je vais réveiller.

— Moi emporter chiffon et petites bêtes, dit résolument Pélican.

— Non, dit le docteur, et ne perdons pas des minutes précieuses. Voyons, garçons, transportez ces ballots de l'autre côté du monticule; dans leur hâte de nous rejoindre, Yago et ses Indiens ne les découvriront peut-être pas. Plus tard, lorsque Lucia sera en sûreté, nous reviendrons les chercher. »

Célestin et Pélican voulurent encore répliquer; le ton de leur maître les força d'obéir. Une fois les fardeaux déposés de l'autre côté du monticule, le docteur revint vers Lucia, toujours endormie, et la souleva.

« Est-ce toi, mère? dit l'enfant.

— Non, chère petite, c'est-moi, ton ami, répondit le médecin. Ne t'effraye pas, mon enfant; nous allons nous mettre en route pour la Héronnière.

— Il fait trop noir, dit Lucia qui, après s'être frotté les yeux, pencha sa tête alourdie pour se rendormir.

— Le sommeil est si impérieux chez les enfants, que cette pauvre mignonne ne pourra jamais se tenir éveillée sur nos épaules murmura le naturaliste.

— Moi porter lui comme mamans indiennes porter enfants à eux, dit Pélican, vous voir ça. »

Le nègre étendit son sarapé, souleva Lucia, et la déposa au milieu; s'asseyant alors sur le sol, il prit les deux extrémités de la couverture et les noua sur sa poitrine. La petite Lucia, perdue dans cet abri, ne s'éveilla que pour murmurer des paroles inintelligibles.

« Moi prêt, » dit alors Pélican qui se releva.

Enveloppée dans la couverture comme dans une sorte de hamac,

Lucia se trouvait garantie contre le froid et contre les rameaux qui eussent pu l'atteindre dans la marche nocturne. C'est, en effet, de cette façon simple, primitive et commode, que les mères indiennes, ainsi que l'avait dit Pélican, portent leurs enfants lorsqu'elles entreprennent un voyage.

On s'orienta. Le docteur, après avoir réfléchi, décida qu'il fallait gravir obliquement la montagne, afin de gagner le plateau où les arbres, plus clairsemés, permettraient d'avancer avec plus de rapidité. Dents-d'Acier, Pélican et Célestin étaient en route depuis cinq minutes que le naturaliste, encore accoté contre le monticule qui abritait ses collections, tourmentait d'une main fiévreuse son chapeau qui menaçait de se transformer en calotte. Au fond, il avait le cœur serré, et, le moment venu, il hésitait à se séparer des richesses si péniblement acquises.

Un cri de sarigue, qui résonna au-dessus de lui, le fit tressaillir; c'était là un appel; il retentit par trois fois avant que le bon docteur se décidât à y répondre. Une larme mouillait ses yeux; songeait-il à ses insectes, à ses coquilles, à ses plantes, ou à la petite fille qui dormait quelques minutes auparavant sur les roseaux que foulaient ses pieds? Cette enfant avait-elle évoqué le souvenir de celle qu'il pleurait depuis vingt ans? Ce qu'il y a de certain, c'est qu'il murmurait un nom, et que ses regards étaient levés vers le ciel, instinctivement, où nous cherchons tous, la trace de ceux que nous avons perdus.

CHAPITRE IX

ALERTE.

Le docteur aurait eu quelque peine à retrouver ses serviteurs, si Dents-d'Acier ne fût venu au-devant de lui.

« Là, là, dit le naturaliste qui rendit au brave mâtin ses caresses, marchons, mon garçon, le temps est précieux, bien que je vienne de l'oublier; bon, bon, te dis-je, je sais que tu es une excellente bête, comme tes associés, du reste. »

Les associés de Dents-d'Acier c'étaient Pélican et Célestin qui, déjà inquiets de ne pas voir leur maître, l'attendaient avec anxiété.

« L'enfant dort toujours? demanda le docteur en les rejoignant.

— Comme petit oiseau dans un nid, répondit Pélican, et lui pas plus lourd que petit oiseau.

— Ceci est une autre affaire, répliqua Célestin; et, qu'il soit lourd ou non, au moment voulu tu me passeras ton oiseau.

— Après moi, dit le docteur; le poids de cette mauviette sera pour moi un soulagement... »

Il n'acheva pas, prit avec Dents-d'Acier la tête de la colonne, suivi par Pélican, puis par Célestin. Il fallait la longue expérience acquise par les voyageurs pour réussir à se guider parmi des arbres dont les sommets touffus cachaient le ciel. Plus d'une fois, le docteur se heurta contre un tronc renversé ou contre une pierre; il signalait aussitôt l'obstacle à Pélican, afin que le nègre pût l'éviter. Les yeux de Dents-d'Acier, brillant dans l'obscurité, servaient parfois de fanal à son maître, et ce fut grâce au mâtin qu'à deux reprises différentes on échappa au danger de tomber dans des trous profonds. Enfin les arbres s'espacèrent, on chemina parmi des ricins gigantesques, et un bout de lune éclaira l'horizon.

Célestin voulut alors se charger de Lucia; mais il fallut de longs pourparlers et les ordres péremptoires du docteur pour décider Pélican à se dessaisir de son fardeau. Il céda en grommelant, accepta le rôle d'éclaireur, et, pendant près d'une heure et demie, marchant à l'aise sur un terrain semé de rares arbustes, la petite caravane avança assez vite. Les buissons, vaguement éclairés par la faible clarté d'une lune à son premier quartier, prenaient à distance mille formes fantastiques. Alors Pélican lui-même s'arrêtait indécis, envoyait Dents-d'Acier en reconnaissance. On ne se remettait en route que lorsque le mâtin reparaissait calme, remuant la queue. C'est que Dents-d'Acier, rendu sage par l'âge, ne courait plus de droite et de gauche pendant les marches, ainsi qu'il le faisait à l'époque où ses maîtres visitaient les forêts du Yucatan, en compagnie d'Unac et de Camille, ces deux enfants que Pélican et Célestin ne nommaient jamais que d'une voix attendrie.

Le jour annonça son apparition par une bande de lumière rose, qui se dessina au-dessous des voyageurs; ils s'arrêtèrent aussitôt. Ils se trouvaient sur un plateau sablonneux, parmi des buissons de cette plante que sa délicatesse nerveuse a fait nommer sensitive, et dont les rameaux, les pétioles et les feuilles se recroquevillent au moindre souffle de brise, au simple effleurement d'une aile de papillon. A la droite des voyageurs, se dressait la pente presque à pic d'une nouvelle montagne aux flancs couverts de noirs sapins. A leur gauche, le sommet d'une immense forêt, et, plus loin encore, à l'endroit où le ciel se teignait des mille nuances de l'aurore, les plaines aux longues herbes jaunes de la Terre-Chaude se devinaient.

Tous les regards étaient tournés vers ce point, lorsqu'un grognement de Dents-d'Acier attira l'attention de son maître sur le plateau. Les voyageurs tressaillirent; en face d'eux, une lionne d'Amérique, — puma, — se tenait gravement assise sur son train de derrière, tandis qu'à ses pieds un lionceau, dont la taille égalait presque celle de Dents-d'Acier, déchirait à belles dents le corps d'un animal de couleur grise. Pélican arma son fusil.

« Laisse cette bête tranquille, lui dit le docteur, et ne tire que si elle fait mine de se diriger vers nous. »

Le nègre saisit Dents-d'Acier par son collier, car la vue d'un puma, d'un jaguar, d'un chacal, d'un crocodile ou d'un serpent, mettait le mâtin en fureur; c'étaient là, pour lui, d'irréconciliables ennemis. Le repas du jeune puma terminé, sa mère dévora les restes, poussa un rugissement rauque et bondit vers la forêt. Son fils, les regards tournés vers la petite caravane, fit mine de s'avancer vers elle; un nouveau rugissement maternel le rappela, et il disparut à son tour.

« Bonjour, monsieur Pélican, » dit alors une petite voix argentine.

Et, près de la tête de Célestin, sortant du pli de la couverture comme d'un capuchon, apparut le frais visage de Lucia.

Les voyageurs tressaillirent ; en face d'eux une lionne... (Page 636.)

Célestin se baissa; l'enfant, au sortir de son abri, chancela d'abord sur ses jambes engourdies. Soutenue par le nègre, elle regarda autour d'elle, vit au loin la plaine et dit :

« C'est par là ma maison.

— Tu ne te trompes pas, chère petite, dit le docteur, et, si Dieu nous prête assistance, nous y serons, comme nous te l'avons promis, dans trois jours.

— Alors je ne verrai pas encore ma maman aujourd'hui?

— Non, tu ne la verras qu'après demain.

— Dites donc, monsieur, reprit l'enfant après avoir exprimé par une petite moue son désappointement, j'ai faim.

— Aussi allons-nous songer au déjeuner, » s'empressa de répondre Célestin.

Le soleil, comme un globe de feu incandescent, venait d'apparaître à l'horizon. Il se dégagea des brumes qui le voilaient, et ses chauds rayons attiédirent l'air en un instant. Les voyageurs tinrent conseil. Une bande de perruches caquetaient sur un buisson, et Célestin, d'un coup de fusil, se faisait fort d'en abattre plus qu'il n'en fallait pour le déjeuner. Mais était-il prudent de donner, par une détonation que tous les échos de la Cordillère allaient répéter, avis à Yago et à ses Indiens de la direction précise qu'ils devaient suivre? A n'en pas douter, les ravisseurs étaient déjà en route, et, avant une heure, ils pouvaient rejoindre la petite caravane, surtout si on leur épargnait les détours nombreux auxquels condamne toute marche au désert. Pendant que le docteur et Célestin discutaient, Pélican, suivi de Lucia, s'était avancé jusqu'à l'endroit où le jeune puma avait pris son repas. L'animal qu'il avait dévoré était un lapin, et, à cent pas plus loin, Pélican découvrit plusieurs terriers. Il siffla Dents-d'Acier, qui, comme s'il eût deviné ce qu'on attendait de lui, flaira les terriers pour s'arrêter enfin devant le plus grand, qu'il se mit à fouiller avec ses pattes. Pélican, à l'aide de son macheté, coupa aussitôt une longue et mince branche, et tailla en pointe l'une des extrémités; mouillant alors cette pointe avec de la salive, il introduisit la branche dans le terrier où elle disparut à demi.

« Moi tenir petit lapin, » dit-il à Lucia, qui suivait d'un regard curieux toutes ses actions.

Il fit tourner la branche sur elle-même durant quelques secondes, puis tira avec précaution. Bientôt, à l'entrée du terrier, ramené par la branche autour de laquelle ses poils s'étaient tordus, on vit apparaître un lapereau que Dents-d'Acier étrangla d'un de dents.

Ce procédé de chasse, souvent mis en usage, dit-on, par les braconniers d'Europe, permet aux chasseurs américains de s'emparer, sans détériorer leurs peaux, des animaux qu'ils recherchent pour leurs fourrures, tels que les blaireaux, les jeunes renards et souvent les écureuils.

Les voyageurs se trouvaient sur un terrain sec, qui ne conservait pas l'empreinte de leurs pieds; aussi espéraient-ils dérouter les Indiens dont ils devaient être suivis. On traversa le plateau. Le docteur guidait Lucia, et Pélican formait l'arrière-garde pour effacer autant que possible les moindres traces du passage. On pénétra parmi des roches, et, comme il fallait manger, Célestin et Pélican, qui tout en marchant avaient ramassé des branches sèches, soulevèrent une large pierre qui servait d'abri à un serpent corail. Troublé dans sa retraite, le reptile, loin de fuir, se ramassa sur lui-même, prêt à s'élancer. Dents-d'Acier le regarda un instant, l'œil en feu, la gueule ouverte, et se précipita sur lui avec tant d'adresse, que le terrible ophidien n'eut pas le temps de se défendre. Son corps, long d'un mètre, dont Pélican détacha la tête pourvue de crochets venimeux, fut admiré à distance par Lucia, séduite par les beaux anneaux écarlates, alternants avec des bandes noires, qui font au serpent corail une si magnifique parure.

Sur l'espace nu laissé par la large pierre qu'ils avaient soulevée, Célestin et Pélican, à l'aide d'un briquet, d'amadou et de feuilles sèches, eurent promptement allumé un feu, et le lapin fut suspendu sur ce fourneau en plein air. Tandis qu'il rôtissait, Pélican, qui songeait à tout, lava le visage et les mains de Lucia, tressa ses beaux cheveux noirs, puis rajusta les vêtements de la petite fille qui parut encore plus jolie.

« Toi, dit-elle à Pélican qu'elle embrassa pour le remercier, je t'aime presque autant que Vif-Argent.

— Et qui est ce Vif-Argent dont tu nous as déjà parlé? demanda le docteur.

— Le fils de M. Pinson, donc.

— Il est jeune alors?

— Oui; il n'a qu'une toute petite barbe.

— Pourquoi le nomme-t-on Vif-Argent?

— Il n'y a que M. Pinson et moi qui lui disions Vif-Argent; papa, maman, tout le monde sur le domaine l'appelle M. Victor.

— Victor! répéta le docteur. »

Et comme si ce nom eût réveillé en lui quelque pénible souvenir; il demeura pensif jusqu'au moment où Célestin déclara le lapin prêt à être mangé.

En moins d'un quart d'heure le repas fut terminé; Célestin et Pélican s'occupèrent alors, avec un soin minutieux, à remettre la grosse pierre sur l'emplacement qu'elle occupait d'abord. Toute trace du foyer fut ainsi dissimulée, et les deux amis, secondés par leur maître, examinèrent le sol pour effacer jusqu'au moindre indice de leur séjour en ce lieu.

Pendant qu'ils prenaient ce soin, Lucia, courant à droite et à gauche, cueillait des fleurs qu'elle assemblait.

« Que fais-tu, petite malheureuse! » lui cria le docteur.

L'enfant, qui venait de se pencher pour couper un dahlia rouge, se redressa. Elle demeura interdite en voyant le front plissé du docteur et la mine désappointée de Célestin et de Pélican.

« Vous ne voulez donc pas, monsieur, que l'on touche à vos fleurs? demanda-t-elle en laissant tomber son bouquet; je les cueillais pour maman. »

Il eût été trop long d'expliquer à Lucia qu'elle venait, en décapitant les plantes dont on était entouré, de rendre nulles les précautions prises pour cacher les traces du bivouac.

« Lui pas savoir, dit Pélican, aussi pas falloir gronder lui.

— Oh! non, monsieur, reprit l'enfant, les mains jointes, ne me grondez pas; je ne le ferai plus.

— Les fleurs qui croissent ici sont au bon Dieu, et par conséquent à toi, chère petite, reprit le docteur de sa voix la plus douce, et je ne songe pas à te gronder. Partons, mes amis; il faut marcher plus vite encore pour remédier au mal commis par cette innocente.

— Le monsieur est-il fâché pour de vrai? demanda Lucia, que Pélican se disposait à placer sur son épaule.

— Non, mamzelle, lui jamais fâché pour de vrai; avoir peur seulement que massa Yago trouver nous.

— Faut-il lui demander pardon?

— Il faut m'embrasser, dit le docteur avec émotion. En vérité, grommela-t-il, cette enfant, avec ses grands yeux profonds, sa bouche rose et ses reparties en français, est bien la plus séduisante petite fée que l'on puisse imaginer; on comprend que les mères soient folles de ces poupées vivantes et parlantes. »

Lucia voulait marcher de nouveau; on lui fit comprendre qu'il importait d'aller vite, et elle reprit sa place dans la couverture, cette fois sur le dos de Pélican. Les voyageurs se dirigèrent à grands pas vers le bois qui leur faisait face, obliquant un peu dans la direction des plaines. Ils atteignaient à peine le premier arbre que Dents-d'Acier grogna. Presque aussitôt une balle ricocha sur le sol entre le docteur et Célestin, tandis que les échos répétaient le bruit d'une détonation.

CHAPITRE X

L'OURAGAN

Célestin, Pélican, le docteur, voire Dents-d'Acier, étaient trop accoutumés aux périls pour perdre leur sang-froid et s'effarer. Le premier soin du nègre fut de s'enfoncer dans le bois pour mettre Lucia à l'abri des balles. Célestin et le docteur armèrent leurs fusils et, postés derrière le tronc d'un ébénier, examinèrent l'horizon. D'après la direction suivie par le projectile qui avait passé à son côté, le docteur jugeait que les agresseurs se trouvaient un peu au-dessus de lui. Une seconde balle, qui vint frapper le tronc qui l'abritait, ne lui laissa aucun doute à cet égard.

« Les gredins sont adroits, s'écria Célestin, mais ont-ils des ailes pour être déjà dans notre sillage? Dois-je répondre à leurs politesses à l'aide du même porte-voix, monsieur?

— Oui, en vérité, répondit le docteur; il y a ici cas de légitime défense, et nous ne sommes pas des agneaux pour nous laisser dévorer. »

Les agresseurs se tenaient derrière une roche. Un d'eux, ayant montré la tête, fut aussitôt salué par un coup de fusil de Célestin.

« Les brigands ont sur nous un avantage, dit l'ex-matelot, ils tirent de haut en bas et nous voient tout entiers, alors que nous pouvons à peine apercevoir le bout de leur nez. »

Deux ou trois coups de feu furent encore échangés.

« Holà! Célestin, cria Pélican.

— Qu'y a-t-il, garçon? demanda l'ex-matelot sans se retourner.

— Toi venir à ton tour garder petit enfant, pendant moi tirer coup de fusil.

— Non pas, répliqua Célestin avec vivacité, chacun son poste, aujourd'hui, et, sur ma foi, je ne céderais pas le mien au Grand Turc lui-même. Eh bien, ces drôles de là-bas sont-ils morts, qu'ils ne tirent plus?

— Ta dernière balle a frappé si près de la tête de celui qui regardait par-dessus la roche, dit le docteur, que les gaillards hésitent à se montrer. Par bonheur, ils ne peuvent quitter l'abri qu'ils ont choisi sans que leurs intentions deviennent visibles pour nous, et un homme prévenu en vaut deux.

— N'êtes-vous pas surpris comme moi, monsieur, reprit Célestin au bout d'un instant, que ces coquins aient si vite commencé les hostilités? Nous les croyions encore bien loin; s'ils avaient manœuvré avec la prudence ordinaire aux gens de leur race, ils nous auraient pris sans voiles et à bout portant. Il est vrai que Dents-d'Acier, mieux avisé que nous, a signalé leur approche.

— Je crois, dit le docteur, que Yago ou un de ses compagnons, nous voyant à bonne portée de son escopette, n'a pu résister à l'envie de tuer l'un de nous, catastrophe qui leur donnait un grand avantage. »

Le docteur ne se trompait pas, car, au même moment, Yago et ses complices accablaient le coupable de malédictions.

Deux coups de feu furent encore échangés; Pélican reparut de nouveau et supplia son ami de venir prendre sa place, ne fût-ce qu'un instant.

« Fusil à moi tout rouillé, disait le nègre, et moi avoir besoin de tirer pour nettoyer lui. »

Le docteur et Célestin, agenouillés derrière le tronc de l'ébénier trouvé si à propos, ne perdaient pas de vue la roche qui servait d'abri à leurs ennemis. Ceux-ci, de temps à autre, tiraient un coup de fusil; mais, au désert, on est économe de poudre, et bientôt on se contenta de s'observer.

« Il nous faut tenir ici jusqu'au coucher du soleil, dit Célestin à son maître; nous ne pourrons échapper à ces drôles qu'à l'aide de l'obscurité.

— C'est aussi mon avis, reprit le docteur; il s'agit seulement de les tenir prisonniers derrière leur forteresse, jusqu'à l'heure où nous pourrons battre en retraite. »

Près d'une heure s'écoula sans démonstrations hostiles de part ni d'autre. Les oiseaux, un peu rassurés, reparurent sur les buissons, et les vautours et les aigles, si nombreux dans cette région du Mexique que le voyageur les voit presque toujours planer dans un coin du ciel, décrivirent de nouveau les cercles immenses à l'aide desquels ils sondent l'horizon pour trouver une proie.

Tout à coup une détonation, presque aussitôt suivie d'une seconde, retentit à trois cents mètres environ au-dessus de l'endroit où se tenaient le docteur et Célestin. Quatre coups de feu, tirés par Yago et ses Indiens, répondirent à cette provocation.

« Qu'est-ce que cela? » s'écria le docteur.

Il se tut; Yago et ses compagnons, abandonnant leur abri, couraient aussi vite que le leur permettaient leurs jambes, portant un des leurs blessés. Stupéfait de cette déroute inattendue, le docteur oublia de tirer; mais Célestin salua les fuyards d'une balle; ils étaient déjà hors de portée. Le docteur et Célestin se regardaient surpris, lorsque Pélican se montra au sommet de la hauteur; il agitait son chapeau avec un geste triomphal.

« Et Lucia? lui crièrent à la fois son maître et Célestin.

— Lui dans la forêt, répondit Pélican, qui se hâta de descendre vers ses amis.

— Seule?

— Oh! non, moi recommander petite mamzelle à Dents-d'Acier.

— D'où viens-tu? Comment te trouves-tu dans cette direction? demanda le docteur au nègre lorsqu'il arriva essoufflé.

— Moi asseoir petite mamzelle sur l'herbe et faire asseoir aussi Dents-d'Acier, répondit Pélican; puis, caché par troncs d'arbres, monter vite. Alors voir monsieur Indien devant moi, blesser lui, et les autres courir pour pas être tués.

— Bravo, garçon! s'écria Célestin; en vérité il n'y a que toi pour avoir d'aussi ingénieuses idées. Ne croyez-vous pas, monsieur, que Pélican eût fait un excellent général?

— Oui, oui, répondit le naturaliste, s'il était moins entêté, Pélican... Songeons à profiter du désarroi de nos ennemis pour gagner du terrain. Ils ne viendront pas à nous de ce côté ; ils savent maintenant qu'il est dangereux de nous attaquer à découvert. Selon toute probabilité, ils se dirigeront vers la base de la montagne et tenteront de nous rejoindre en longeant les fourrés, ce qui leur demandera au moins une heure.

— Vous prendre petite Lucia et marcher, dit Pélican.

— Que veux-tu faire encore? demanda Célestin à son ami qui coupait une branche.

— Toi voir ça, » dit Pélican.

Le nègre, après avoir déchiré sans façon une des manches de sa chemise, suspendit le morceau d'étoffe à l'extrémité de la branche qu'il venait de dépouiller de ses feuilles. Il plaça ensuite ce jalon près de l'ébénier, de façon qu'un bout de l'étoffe, que la brise agitait, apparût de temps à autre. Cette opération terminée, Pélican sortit de la forêt et pria Célestin de se montrer aussi à découvert. Le nègre aperçut Yago et ses Indiens qui, debout à l'autre extrémité du plateau, semblaient se concerter.

Revenu près de l'ébénier, il dit à son ami :

« Eux voir remuer morceaux de chemise et croire nous être toujours là. Maintenant nous partir vite. »

Le docteur et Célestin approuvèrent la ruse à l'aide de laquelle Pélican espérait retarder la poursuite de l'ennemi en le tenant sur le qui-vive, et on pénétra dans le bois. Ils retrouvèrent Lucia assise près de Dents-d'Acier ; elle avait passé son bras autour du cou du brave mâtin, et sa jolie tête apparaissait à côté de celle du chien, presque aussi haut qu'elle.

« J'ai été bien sage et je t'ai obéi, cria l'enfant à Pélican ; et regardez, monsieur, ajouta-t-elle en se tournant vers le docteur, je n'ai pas touché à vos fleurs, aujourd'hui.

— Si ce matin je t'ai fait un reproche à propos de ton bouquet, ma mignonne, dit le botaniste, c'est que les tiges que tu avais brisées pouvaient guider ceux qui nous poursuivent et les ont, en effet, guidés.

— Il faut courir plus vite qu'eux, répliqua Lucia d'un ton résolu. »

Pélican agitait son chapeau avec un geste triomphal. (Page 643.)

Le docteur hocha la tête et reprit :

« Le bruit des fusils ne t'a pas fait trop peur?

— Oh! non, monsieur; papa, José et Vif-Argent tirent souvent des coups de fusil pour attraper des tatous, des iguanes et des pécaris.

— Oui, murmura le docteur, seulement, tout à l'heure, le gibier chassé appartenait à l'exécrable race humaine. Hum! n'apprenons pas ces choses à cette chère petite, elle ne saura que trop tôt.... »

On se mit en route ; il s'agissait d'avancer avec rapidité, et Lucia, bien qu'elle voulût marcher, dut se résoudre à reprendre sa place sur le dos de Célestin. Le docteur servait d'éclaireur, tandis que Pélican et Dents-d'Acier formaient l'arrière-garde.

L'air était lourd, et l'on respirait à peine sous les grands arbres dont le soleil chauffait les sommets. On avança pendant deux heures, sans que rien vînt révéler qu'on était suivi. Mais, en dépit de leurs précautions pour laisser le moins de traces possibles, le sol humide gardait parfois l'empreinte du passage des voyageurs. Lorsque Célestin se sentit fatigué, le docteur insista pour se charger à son tour de la fillette.

« Dites donc, monsieur, demanda Lucia à son porteur, comment donc vous appelez-vous ?

— Pierre, mon enfant, le docteur Pierre, comme disent mes amis. »

Lucia demeura pensive.

« Le docteur Pierre ? répéta-t-elle. Alors je vous connais.

— Que veux-tu dire ?

— Le soir, reprit Lucia, lorsque le travail est fini, et que papa, M. Boisjoli et M. Pinson fument sous la galerie et content des histoires, José, quand c'est son tour, parle souvent de vous.

— De moi ? s'écria le docteur qui, par un brusque mouvement, ramena l'enfant sur sa poitrine.

— Oui, reprit la petite fille, il dit toujours que vous lui avez appris beaucoup de choses ; que vous êtes très drôle, parce que vous faites semblant de ne pas aimer les hommes, et que vous leur rendez sans cesse des services. »

Le docteur souleva son chapeau, le posa sur le coin de son oreille droite, le ramena vers son oreille gauche et l'y laissa.

« Dites donc, monsieur, si vous n'aimez pas les hommes, vous aimez tout de même les petites filles, n'est-ce pas ? reprit Lucia.

— Oui, chère mignonne, surtout lorsqu'elles te ressemblent, s'écria le naturaliste. Ainsi ce brave José, après quinze ans écoulés, se souvient encore de son vieil ami, du pauvre docteur Pierre ! Allons, il y a parfois du bon chez l'être humain ; il est vrai que José, par son intelligence et... sa reconnaissance, est un être à part.

— Mon papa, M. Pinson, M. Boisjoli et Vif-Argent sont tous bons, reprit Lucia; vous aussi vous êtes bon, puisque vous me portez pour que je ne me fatigue pas; il n'y a que Yago qui soit méchant, parce qu'il ne m'a pas conduite chez maman.

— Nous te conduirons près d'elle, chère petite; oui, Dieu m'accordera cette joie de te rendre à tes parents, à ton ami José dont j'ai hâte de serrer la main. »

Célestin et Pélican avaient entendu cette conversation; si en ce moment quelqu'un les eût regardés bien en face, il eût vu une larme humecter les yeux des deux braves matelots. C'est qu'ils partageaient l'émotion de leur maître, et tout ce que disait la petite Lucia leur allait d'autant mieux au cœur qu'elle le disait en français. Il faut avoir vécu loin de sa patrie pour sentir la puissance des liens qui rattachent à elle. Il y avait plusieurs mois que Célestin, Pélican et leur maître couraient dans les solitudes, loin des villes, des hommes et de leurs passions, et le hasard, ou plutôt la Providence, avait soudain jeté sur leur route la petite prisonnière qu'ils avaient délivrée d'abord, et qu'ils s'étaient ensuite donné mission de sauver. Or, Lucia, à ses grâces incontestables, joignait une qualité sans égale pour nos voyageurs : elle leur parlait la langue de leur chère patrie, ce français si doux à leurs oreilles.

Célestin venait à son tour de se charger de l'enfant, et le docteur, tout en s'épongeant le front, se plaignait de l'atmosphère lourde au milieu de laquelle on cheminait. Pas une feuille de la forêt ne bougeait. Lorsqu'ils traversaient une clairière baignée de soleil et couverte de plantes, les voyageurs remarquaient que les fleurs, comme lasses ou flétries, s'inclinaient languissantes sur leurs tiges. C'est à peine si, de temps à autre, un oiseau s'envolait à leur approche; les insectes eux-mêmes, coléoptères, hyménoptères et diptères, toujours occupés à ronger, à voler, à bourdonner, se tenaient immobiles sur les feuilles pendantes.

« L'air est chargé d'électricité, dit le docteur, nous aurons de l'orage ce soir.

— Avant ce soir, répondit Célestin, ou je me trompe fort. »

Dans ces occasions, les voyageurs faisaient halte, et, avec la prestesse que donne l'habitude, ils se hâtaient de construire une cabane de feuillage qui les mit à l'abri de l'eau du ciel. Ce jour-là, bien qu'ils levassent souvent les yeux vers les cimes des arbres pour essayer de découvrir un coin du ciel, aucun d'eux ne parla de s'arrêter. Peu à peu la forêt devint presque aussi obscure qu'à l'heure fugitive du crépuscule. Un éclair jaillit, un grondement lointain se fit entendre, et deux ou trois rugissements répondirent à ce bruit, prélude d'un ouragan.

Les voyageurs longeaient en ce moment une montagne, seconde assise de la Cordillère; ils étaient à quinze cents mètres au-dessus des plaines de la Terre-Chaude, plaines qu'ils eussent aperçues si le terrain eût été découvert. Au bruit du tonnerre, le docteur s'était arrêté.

« Nous ne pouvons stationner ici, dit-il à ses serviteurs; ne faut-il pas gravir la montagne qui se dresse à notre gauche avant que le sol, détrempé par la pluie, ne rende l'ascension impossible? »

Célestin et Pélican approuvèrent l'idée de leur maître, qui se rapprocha aussitôt de la base de la montagne. Un tourbillon ébranla la forêt; pendant quelques minutes les branches des cimes s'entrechoquèrent, semant le sol de bois mort. Il y avait à redouter d'être atteint par un de ces éclats, et il fallut avancer avec précaution. Lucia, mise sur ses pieds, conduite par Pélican, marchait en interrogeant le nègre sur la cause du frémissement qui venait de s'emparer de la forêt.

Un calme de dix minutes environ s'établit; puis une seconde rafale ébranla les vieux arbres, et la pluie de branches mortes recommença. Un effroyable bruit emplit la forêt; on eût dit que les colosses centenaires qui la composaient, secoués par des mains invisibles, s'ébranlaient sur leur base. Les feuilles imitaient le bruit des vagues courroucées. Célestin et son maître regardaient sans cesse en arrière avec inquiétude. Au milieu du vacarme produit par le vent et par les cris des animaux épouvantés, il devenait impossible de savoir si Yago et ses compagnons ne marchaient pas sur les talons de ceux qu'ils avaient tant d'intérêt à rejoindre.

Enfin, trouvant un endroit favorable, bien que la pente fût des plus rudes, les voyageurs commencèrent à s'élever. De larges gouttes de pluie s'abattaient sur les feuillages et produisaient l'effet de la grêle; les éclairs et les grondements de tonnerre se succédaient à de courts intervalles. Dents-d'Acier, mis en éveil par ses maîtres, formait l'arrière-garde. Le pauvre mâtin, la queue et les oreilles basses, semblait ahuri par les bruits divers qu'il entendait.

Pendant une demi-heure l'ouragan ne parut pas augmenter d'intensité. Continuant leur marche ascensionnelle, les voyageurs atteignirent la région des cèdres et des sapins. Il fallut surveiller et aider davantage Lucia, dont les petits pieds glissaient sur le sol tapissé de menues feuilles, et Pélican ne ménagea ni ses peines, ni ses soins.

« Pourquoi le vent souffle-t-il si fort? lui demanda soudain l'enfant.

— Bon Dieu être fâché, répondit Pélican.

— Ce n'est pas contre moi, dis? demanda la petite fille en regardant le nègre avec crainte.

— Non, se hâta de répondre Pélican; bon Dieu faire souffler vent et gronder tonnerre pour massa Yago.

— Pourquoi n'allons-nous pas dans ma maison? nous se serions pas mouillés?

— Maison à vous encore très loin, mamzelle, et nous pas pouvoir arriver tout de suite.

— Il faut courir.

— Nous pas pouvoir courir ici.

— Alors allons dans une autre maison. »

Pélican, dans son langage quelque peu embrouillé, en dépit de sa forme concise, tâcha d'expliquer à Lucia qu'aucune maison ne se trouvait dans les environs. Il fut interrompu par une rafale si violente qu'elle le força de s'arrêter.

« Gare, gare à l'arbre! » cria le nègre.

Et saisissant Lucia entre ses bras, il se blottit derrière un sapin. Au même instant un bruit formidable retentit; déraciné par la force du vent un énorme cèdre venait de s'abattre, ensevelissant sous ses branches le docteur et Célestin.

CHAPITRE XI

NOUVELLE ÉTAPE

C'est un accident assez ordinaire, dans les forêts vierges, que celui de l'écroulement d'un arbre qui, rongé à sa base par les insectes, s'affaisse à l'improviste ou perd l'équilibre sous l'impulsion d'un coup de vent. Dans sa chute imprévue, le géant brise les arbustes qui poussent autour de lui, et couvre souvent cent mètres carrés de terrain de son énorme cadavre. Aussi les Indiens ont-ils coutume de faire leurs adieux aux chasseurs qui s'enfoncent dans les forêts, en leur souhaitant d'être préservés, par Dieu, des atteintes de la chute d'un arbre.

Pélican et Lucia, pressés contre le tronc du pin, le sentirent se courber sous le choc d'une grosse branche; puis, en même temps que le docteur, Célestin et Dents-d'Acier, ils disparurent sous les feuilles.

« Vous pas blessée, n'est-ce pas? demanda le nègre tout en palpant les jambes et les bras de sa petite compagne.

— Non, répondit l'enfant d'une voix tremblante, mais j'ai eu très peur. Est-ce le méchant Yago qui a jeté cet arbre sur nous? »

Pélican ne prit pas le temps de répondre. Certain que Lucia était saine et sauve, il dégaina son machété pour se dégager des rameaux qui le pressaient, et poussa un cri de terreur en apercevant le docteur qui, le front ensanglanté, essayait d'abattre une branche qui le tenait prisonnier.

« Grande blessure? cria Pélican à son maître.

— Non, se hâta de répondre le naturaliste, rien qu'une écorchure; où est Célestin? »

Les deux voyageurs regardèrent autour d'eux. A la rafale qui venait d'amener la chute du cèdre avait succédé une accalmie momentanée.

« Célestin! » cria Pélican avec angoisse.

Un hurlement plaintif, semblable à celui que font entendre les chiens lorsqu'ils ont perdu leur maître, répondit à la voix du nègre. Ce hurlement, qui fit pâlir le docteur et Pélican, — les nègres pâlissent, — partait du sommet de l'arbre renversé.

Pélican s'élança vers ce point, dont mille branches enchevêtrées, tordues, repliées défendaient l'accès, et, à l'aide de son machété, il essaya de s'ouvrir un passage. Ce n'était pas là une tâche facile, car il fallait trancher d'énormes rameaux. Le docteur vint à l'aide de son serviteur, et tous deux, tourmentés par la même crainte, celle que Célestin n'eût été broyé, attaquèrent les branches à coups de sabre avec l'entrain des forgerons martelant un morceau de fer. En même temps ils appelaient Dents-d'Acier, qui répondait par des aboiements plaintifs. Feuilles et menues branches volaient, tourbillonnaient; chaque coup produisait dans le bois une entaille profonde, le passage s'ouvrait. Une dernière branche craqua et tomba. Se précipitant par l'issue, Pélican aperçut alors Célestin renversé sur le dos, les yeux fermés, immobile, tandis que Dents-d'Acier, couché à son côté, lui léchait le visage.

Le nègre, sans s'inquiéter des derniers obstacles, marcha droit vers son ami.

« Célestin, massa Célestin? » cria-t-il d'une voix étranglée.

Il s'agenouilla et souleva la tête du matelot, qui ne bougea ni ne répondit.

« Lui mort! lui mort! » répéta le nègre anéanti; et, se jetant sur le corps de son ami, il éclata en sanglots.

Le docteur, dont un frisson secouait tous les membres, sentit sa gorge se serrer. Il s'approcha à son tour et posa sa main sur le cœur du matelot.

« Ta gourde, dit-il au nègre d'une voix brève, vite. »

Pélican présenta à son maître la gourde demandée. Le docteur Pierre inonda d'eau la tête de Célestin, et lui plaça sous les narines le flacon d'alcali qu'il portait toujours sur lui comme remède contre les morsures de serpents. A la seconde aspiration, le visage du matelot se contracta.

« Barre à bâbord, laisse arriver, murmura-t-il; carguez les voiles. »

Les yeux de Pélican s'ouvrirent démesurément lorsqu'il entendit ces étranges paroles.

« Lui vivant puisque lui parler, » dit-il.

Et, dans l'élan de sa joie, il saisit Dents-d'Acier et l'étreignit si fort que le mâtin poussa un petit cri.

Le docteur souleva la tête de Célestin et fit signe à Pélican de la soutenir, tandis qu'il palpait avec soin les côtes, les bras, les mains du blessé.

« Allons, allons, s'écria-t-il avec satisfaction, tout est à sa place; je commence à espérer que nous en serons quittes pour la peur.

— Comme la nuit est noire, dit encore Célestin; nage... Pélican, nage.

— Lui penser au naufrage de *la Jeune Amélie*, » dit le nègre à voix basse.

Célestin ouvrit les yeux et regarda autour de lui avec surprise.

« Qu'y a-t-il? Où sommes-nous? Suis-je donc malade? » demanda-t-il.

Tout en parlant, le matelot se redressait. Il porta la main à son front, ses regards perdirent leur fixité, une légère rougeur anima ses joues, sa respiration reprit son mouvement mesuré.

« Ah! dit-il, je reviens de loin, je me suis cru assommé. Vous êtes blessé, s'écria-t-il ensuite en voyant le front ensanglanté du docteur.

— Non, se hâta de répondre celui-ci, égratigné, rien de plus.

— Pourquoi Pélican se cache-t-il le visage? on dirait qu'il pleure.

— Moi croire toi mort, dit le nègre en laissant voir ses joues inondées de larmes. Toi tout blanc, yeux fermés, muet, et moi pleurer. »

Célestin saisit la main de son ami et la pressa avec une énergie qui annonçait le retour de ses forces.

« Où as-tu été atteint? demanda le docteur au matelot.

— Au creux de l'estomac, monsieur; j'ai vu aussitôt briller deux cent trente-six mille chandelles, puis brout! tout s'est éteint. »

Le docteur palpa de nouveau Célestin, posa son oreille sur sa poitrine, le fit respirer, tousser, puis lui ordonna de se mettre debout et de marcher.

Les voyageurs admirèrent ce spectacle. (Page 655.)

« Peuh! dit-il, ce matelot a l'âme chevillée dans le corps, et nous n'en serons pas encore débarrassés pour cette fois. »

En même temps il pinçait l'oreille de Célestin avec une force qui prouvait, à sa manière, le soulagement qu'il ressentait.

Pour que le docteur lançât une boutade désobligeante, il fallait que Célestin fût en bon état; Pélican le comprit, et, dans sa joie, il se précipita sur son ami, puis sur son maître, les serra dans ses bras, les embrassa et se mit à gambader.

« Cet animal devient-il fou! s'écria le naturaliste d'une voix dont il essayait en vain de cacher l'émotion, car, au fond, il était plus touché qu'il n'eût voulu le paraître de voir Célestin hors de danger, et de la joie manifestée par Pélican.

« — Oui, moi fou, fou de *contentation* de voir massa Célestin pas cassé, » dit le brave nègre, qui bondit soudain en arrière.

Il venait d'entendre un petit gémissement et courut vers Lucia. La petite fille, que les branches empêchaient d'approcher, et encore troublée par la chute de l'arbre qui avait failli l'atteindre, pleurait tandis que Dents-d'Acier mordillait doucement sa robe.

« Pas chagriner vous, chère petite mamzelle, lui dit le nègre qui la prit dans ses bras, Célestin vivant, lui rire, lui parler, lui marcher. »

Et il ramena Lucia près de ses amis qui l'embrassèrent à tour de rôle et l'eurent vite consolée.

Pendant les incidents qui viennent d'être racontés, l'ouragan avait augmenté d'intensité, et la pluie continuait à tomber avec violence. Les voyageurs s'éloignèrent de l'arbre qui avait failli les ensevelir sous ses débris, et songèrent à continuer leur route.

Pélican, toujours maternel pour Lucia, l'enveloppa de sa couverture pour la protéger contre la pluie, et le docteur se tint près de Célestin dont il observa la marche. L'ex-matelot déclarait ne sentir qu'une légère douleur à l'épigastre, juste à l'endroit où il avait été atteint. Au bout d'un quart d'heure, échauffé sans doute par le mouvement, il déclara que sa douleur venait de disparaître.

Peu à peu, à mesure que les voyageurs continuaient leur ascension, la pluie tomba moins abondante, bien que les éclairs et les coups de tonnerre se succédassent presque sans interruption. Bientôt ils se trouvèrent au milieu d'un épais brouillard. Plus d'arbres autour d'eux, rien que des buissons et des roches. Un arc-en-ciel se dessina au-dessus de leurs têtes, puis le brouillard, devenant de plus en plus diaphane, le ciel leur apparut pur, resplendissant, embrasé par les feux du soleil.

« Halte ! » cria le docteur.

Chacun obéit. Débarrassée de la couverture qui l'abritait, Lucia poussa un petit cri et demeura muette de surprise. Au-dessus d'elle, le soleil, au milieu du ciel d'un bleu pâle, dorait les sommets de la Cordillère découpés en pics de formes bizarres. A ses pieds, une vaste mer de nuages s'agitait avec de sinistres roulements de tonnerre et s'illuminait presque à chaque seconde d'éclairs rouges. C'est qu'à force de gravir, les voyageurs s'étaient élevés au-dessus de l'ouragan, dont la colère dévastait en ce moment les forêts et les plaines situées au-dessous d'eux.

Le docteur s'assit, exemple aussitôt suivi par ses compagnons, heureux de sentir les rayons du soleil les réchauffer et sécher leurs habits. Pendant plus d'un quart d'heure, les voyageurs admirèrent le spectacle sauvage et grandiose des éléments déchaînés, aux prises. Les masses de nuages, tourmentées par le vent furieux, s'abaissaient, se soulevaient, ondulaient à la façon des vagues. Le fracas du tonnerre éveillait sans cesse les échos, et c'était en réalité une scène imposante, magnifique, surprenante, que de contempler, assis en plein soleil, l'ouragan au-dessus duquel planaient des faucons, des aigles, des vautours et jusqu'à de rapides martinets, ces joyeux frères des hirondelles.

« Pourquoi les nuages sont-ils sous nos pieds, monsieur? demanda Lucia au docteur.

— Parce que nous touchons presque au sommet de la Cordillère, mon enfant, et que nous dominons la plaine de trois mille mètres. Les nuages, en ce moment chargés d'eau, sont trop lourds pour s'élever jusqu'ici; à mesure qu'ils s'allégeront ils remonteront vers nous et même nous dépasseront.

— Vif-Argent dira que j'ai mal regardé, reprit la petite fille, quand je lui raconterai que j'ai vu les nuages en bas du ciel au lieu de les voir en haut; et pourtant c'est vrai, n'est-ce pas, monsieur? »

Un aboiement sourd de Dents-d'Acier empêcha le docteur de répondre; il se leva d'un bond, ainsi que Célestin et Pélican, tous ramenés à la réalité de leur situation par l'avis du mâtin. Ils regardèrent d'abord dans la direction qu'ils avaient suivie pour atteindre le lieu où ils se trouvaient, redoutant de voir apparaître Yago. Mais Dents d'Acier rampait sur le sol, et se dirigeait vers la gauche; un beau cerf mexicain, au pelage roux étoilé de points blancs, se montra tout effaré. L'élégant animal faisait deux ou trois bonds, puis se retournait. Un coup de fusil tiré par Pélican atteignit l'hôte léger des bois qui s'affaissa.

« A quoi songes-tu ? s'écria le docteur.

— Au dîner, massa, et moi profiter du grand *tountoun* de tonnerre à bon Dieu pour tirer sans faire bruit.

— C'est vrai, dit le docteur qui sourit de la façon pittoresque dont Pélican expliquait son action, le bruit de ton arme a dû se perdre, en effet, dans le vacarme qui nous assourdit. Seulement est-il prudent de camper ici?

— Non, répliqua Célestin; aussi, sauf meilleur avis de votre part, monsieur, je propose de mettre immédiatement à la voile; Pélican et moi nous nous chargerons d'un quartier de la pauvre bête que la Providence a placée, à mauvaise heure pour elle sur notre chemin, et vous naviguerez de conserve avec l'enfant pour la protéger. »

En signe d'acquiescement, le docteur saisit la main de Lucia, et s'avança sur un sol semé de pierres volcaniques, mais qui avait cet avantage de ne point garder l'empreinte des pas. Pendant ce temps, Célestin et Pélican dépouillaient le cerf, et ils ne tardèrent pas à rejoindre leur maître.

Les voyageurs s'engagèrent alors dans un dédale de roches dont les unes, fixées au sol, se dressaient en pointes aiguës, tandis que d'autres, qui semblaient avoir roulé du sommet de la Cordillère, se tenaient en équilibre sur le plan incliné, soutenues par un arbuste ou par un simple caillou.

« Si fin que soit le flair de maître Yago, dit Célestin en regardant autour de lui, je crois qu'il aura quelque peine à retrouver par ici notre sillage.

— Des Indiens l'accompagnent, répliqua le docteur, et nous savons de reste, garçons, avec quelle sagacité ces démons suivent une piste. »

Enfin il fallut songer à se reposer; Pélican, qui servait d'éclaireur, gravit une sorte d'aiguille presque à pic. Il appela aussitôt ses compagnons qui ne le rejoignirent pas sans peine. De cette hauteur, les regards dominaient un vaste chaos de roches, ne laissant entre elles que d'étroits passages. Le sommet atteint par

Pélican semblait un fortin construit pour dominer tous les alentours. Certains de ne pouvoir être surpris s'ils campaient en cet endroit, les voyageurs se hâtèrent d'allumer un feu et de griller la cuisse du cerf tué par Pélican.

A peine le repas terminé, Lucia, accablée de fatigue, s'endormit d'un profond sommeil; Célestin, qui ne se ressentait plus du coup qu'il avait reçu, seconda son ami déjà occupé d'éteindre le foyer. En somme, en dépit ou plutôt à la faveur de l'ouragan, on croyait avoir gagné une journée de marche sur Yago et ses Indiens, et l'on espérait qu'il suffirait de se remettre en route, aussitôt que la lune apparaîtrait, pour atteindre la Héronnière sans nouvel incident. Célestin et Pélican se couchèrent et s'endormirent donc pleins de confiance, tandis que leur maître, chargé de la première veille, regardait les étoiles apparaître sur le ciel, les nuages se dissiper à ses pieds, et la nature, après l'épouvantable convulsion qui l'avait si profondément troublée, reprendre peu à peu sa majestueuse quiétude.

CHAPITRE XII

GUET-APENS

Vers trois heures du matin, la lune apparut dans un coin du ciel. Célestin, alors de garde, se hâta d'éveiller son maître et son ami. Aussitôt équipé, Pélican se rapprocha de Lucia dont il souleva la tête. La petite fille sourit et se frotta les yeux.

« Oh! dit-elle, il fait tout noir, je veux encore dormir.

— Quoi, dit le nègre, vous pas vouloir plutôt chercher maman? »

Lucia se leva d'un bond :

« Si, si, dit-elle; là, je ne dors plus. Est-ce que nous arriverons aujourd'hui dans ma maison?

— Pas aujourd'hui ni demain, répondit Pélican, mais si vous bien marcher et bien sage, nous arriver après-demain.

— Je suis très sage, répliqua l'enfant; si j'ai pleuré un peu hier, c'est parce que le grand arbre a voulu tuer Célestin. »

Lucia grelottait. Pélican l'enveloppa dans sa couverture, et il se disposait à la loger sur son dos pour qu'elle reprît son somme interrompu, lorsque le docteur lui ordonna de la laisser marcher un peu afin qu'elle pût se réchauffer. On se mit en route; toutefois on avançait moins vite qu'on ne l'eût voulu, à cause de l'obscurité. Lorsque le jour se montra, une distance de deux lieues environ avait été franchie, et les voyageurs se trouvaient sur le bord d'un précipice au fond duquel mugissait un torrent. On s'assit pour déjeuner. Tout en mangeant, le docteur déclara qu'aussitôt la dernière bouchée avalée, on repartirait pour ne s'arrêter que lorsque la nuit viendrait rendre la marche dangereuse. Il s'agissait de doubler, de tripler même, s'il était possible, les étapes ordinaires, ce qui permettrait d'atteindre la Héronnière douze heures plus tôt. Quelle satisfaction de se sentir enfin libéré de la lourde tâche qu'on avait assumée, de rendre le calme à une mère qui devait être en proie à un désespoir si cruel ! Puis un autre motif, que le docteur n'avouait pas tout haut, le poussait à marcher plus vite. Il était pris d'une impatience fébrile de revoir et d'embrasser ce José qui avait gardé son souvenir.

Le médecin fut le premier prêt à partir; aussitôt que les restes du cerf eurent été placés au fond du sac de Célestin, il prit le rôle d'éclaireur et longea le précipice, bien décidé, si les obstacles du terrain rendaient la marche par trop pénible sur les crêtes, à descendre dans la plaine pour gagner en ligne droite la Héronnière. On rencontrerait peut-être Yago et ses Indiens dans cette direction; mais peut-être aussi trouverait-on des auxiliaires dans les explorateurs que José avait dû lancer sur les traces des ravisseurs, ou dans ces Indiens que l'amour de la solitude entraîne à s'établir sur les limites du désert.

Les pierres et les débris volcaniques qui couvraient le sol augmentèrent peu à peu de volume, au point d'obliger les voyageurs à de longs détours. Un nouveau précipice se présenta devant eux, les arrêta net. Ils se trouvaient sur un plan incliné, sol de lave où croissaient à peine quelques lichens. Vers leur droite, à une hauteur de quarante mètres environ, se dressait une sorte de cône tronqué. Espérant trouver un passage dans cette direction, la petite caravane acheva de gravir la pente et pénétra par une large brèche dans un cirque étroit, au sol couvert de soufre.

Dans cette enceinte, bordée de murailles taillées à pic, dont la base se perdait dans de noires profondeurs, le docteur reconnut vite le cratère d'un ancien volcan. De la brèche par laquelle ils avaient pénétré, les voyageurs voyaient s'étendre devant eux un espace libre, entouré d'un amas de roches qui lui formaient comme un mur d'enceinte. Au delà de cette fortification naturelle, large d'au moins cent mètres, l'horizon se trouvait borné par les arbres de la forêt distante d'un millier de mètres à peine. En somme, les voyageurs semblaient occuper le sommet d'une haute tour accessible par un seul point.

Le docteur pénétra avec précaution dans l'ancien cratère, où les cristaux de soufre craquaient sous ses pieds avec le bruit sec que produit la neige durcie par la gelée. La rencontre d'une fissure était à craindre, mais le savant avait aperçu trois ou quatre plantes qui lui paraissaient appartenir à des espèces inconnues. Pendant un quart d'heure, oublieux de toute autre préoccupation, il étudia les pierres, les fleurs, puis des insectes qu'il découvrit dans les pores d'une pierre ponce. De leur côté, Célestin et Pélican, après avoir sondé du regard les gouffres ténébreux qui leur barraient la route vers le couchant, examinèrent l'horizon dans la direction de la Terre-Chaude. Dents-d'Acier, qui venait d'inspecter avec un soin méticuleux l'intérieur du cratère, se lança sur la pente découverte, les oreilles droites et la queue basse. Arrivé près des roches, il ralentit sa course et se coucha. Célestin, Pélican et Lucia suivaient avec curiosité les mouvements du brave mâtin, et cherchaient à découvrir ce qui attirait son attention. Il bondit, se perdit parmi les blocs de lave, pour reparaître bientôt traînant un animal presque aussi gros que lui, dans lequel la vue perçante de Pélican reconnut vite un jeune faon.

Célestin et Pélican s'apprêtaient à descendre pour aider Dents-d'Acier à rapporter sa proie, lorsqu'ils le virent s'arrêter, flairer l'air vers la gauche, et un sourd grognement qu'il poussa arriva jusqu'à eux. Un fauve s'approchait-il pour disputer sa chasse au mâtin? ce fut la première pensée de Célestin qui arma son fusil.

Mais le matelot demeura bouche béante en voyant apparaître sur la lisière de la forêt Yago et ses Indiens, qu'en raison de leur marche nocturne les voyageurs croyaient encore bien loin d'eux.

Le nègre et son ami se rapprochèrent de Lucia et se couchèrent sur le sol; précaution inutile; ils avaient été aperçus, l'allure des Indiens, longeant à découvert la lisière de la forêt, les en convainquit bientôt.

« Ces diables de gens ont-ils donc des ailes? grommela Célestin. Il faut qu'ils aient pris le chemin de fer pour nous avoir déjà rejoints. »

En dépit de la gravité des circonstances, l'idée d'un chemin de fer traversant le désert égaya Pélican.

« Eux pas prendre chemin de fer, dit-il, eux marcher comme nous jour et nuit, voilà tout; mais pas heure de rire, nous aviser docteur. »

Célestin pénétra aussitôt dans le cratère; Dents-d'Acier, traînant le faon qu'il avait étranglé, venait de le déposer aux pieds de Lucia.

« Oh! le méchant! s'écria l'enfant. Il a mordu cette jolie bête, et sa bouche est pleine de sang.

— Dents-d'Acier pas méchant, dit Pélican pour justifier son camarade à quatre pattes, lui penser au dîner. »

Le docteur parut, il jeta un regard vers la forêt; son front se plissa.

« Nous voilà bel et bien prisonniers sur cette crête, dit-il en montrant les précipices, et nous n'aurions pas dû séjourner ici une seule minute; qui pouvait imaginer que ces démons nous suivaient de si près? Allons, il va falloir se battre, tuer ou être tués. Par le ciel, Célestin, à cause de cette enfant, j'aurais voulu éviter toute bataille... Qu'est-ce que cela, un signal? »

Les Indiens, postés sur la lisière de la forêt, venaient de s'asseoir. Yago, le chapeau à la main, s'avançait vers les roches et levait les bras de temps à autre pour montrer qu'il était sans armes. Le docteur et ses serviteurs ne perdaient aucun des gestes du métis. Il cheminait avec lenteur; seulement, à mesure qu'il se rapprochait, Lucia se pressait avec plus de force contre Pélican.

« Il vient me chercher, s'écria la petite fille d'une voix étranglée par la terreur, il vient me chercher et je ne veux pas... »

Pris à l'improviste, le docteur ne put crier. (Page 664.)

Elle fondit en larmes sans pouvoir achever sa phrase.

« Vous pas avoir peur, lui dit aussitôt Pélican; si lui vouloir prendre vous, moi tuer lui avec fusil.

— Il te tuera d'abord, répliqua l'enfant dont les bras s'enroulèrent autour du cou de Pélican, allons-nous-en vite. »

Célestin se joignit à son ami pour calmer la pauvre petite, qui frissonnait à l'idée de retomber au pouvoir de Yago. Dents-d'Acier, comme s'il voulait seconder ses maîtres dans leurs efforts pour rassurer Lucia, vint lécher les mains de l'enfant.

Le docteur ne perdait pas de vue Yago qui avançait toujours; le métis franchit les roches, s'arrêta, agita son chapeau à plusieurs reprises.

« Ce maître gredin veut nous parler, dit Célestin, et je suis tenté de commencer la conversation en le saluant d'une balle.

— Je te le défends! s'écria le docteur qui se débarrassait à la hâte de son revolver et de son machété, il faut savoir ce qu'il nous veut.

— Songez-vous donc à vous rendre auprès de lui? »

Le docteur fit un signe de tête affirmatif, auquel ses serviteurs, y compris Dents-d'Acier, répondirent par un grognement.

« Paix! dit le savant d'un ton d'autorité. Il nous importe de savoir ce que nous veut ce coquin.

— Avec votre permission, monsieur, répliqua Célestin, je vais aller m'en informer; c'est pour remplir de pareilles ambassades que vous m'avez pris à votre service, vous devez vous en souvenir.

— Non, Célestin, je ne m'en souviens pas.

— Moi causer en espagnol mieux que Célestin, dit Pélican, et moi aller tout de suite dire bonjour à...

— Là, là, interrompit le docteur, vous êtes trop gourmands l'un et l'autre lorsqu'il s'agit d'un danger à courir; si bien que vous m'ayez dressé à vous obéir, j'enfreindrai la règle aujourd'hui. Restez ici, veillez, et si les Indiens de maître Yago font mine de bouger, avisez-moi par un coup de sifflet.

— Moi très bon ambassadeur, dit encore Pélican; autrefois moi devenir chef Toltèque pour sauver vous. Si laisser moi... »

Le docteur, dépouillé de ses armes pour imiter Yago, était déjà loin. Célestin et Pélican, quel que fût leur désir de ne pas abandonner leur maître durent se tenir cois, et leur attention se concentra sur les Indiens. Dents-d'Acier, au moment où le docteur s'était mis en marche, avait regardé Célestin et Pélican comme pour demander quel devait être son rôle. Personne ne prit garde à lui, et le mâtin, d'un pas paisible, insoucieux, gagna, tout en flairant les pierres et les plantes qui se trouvaient sur sa route, en véritable flâneur, les roches au pied desquelles se tenait Yago.

Le docteur s'arrêta à cinq pas du nouveau venu. Yago, homme

de sang mêlé, métis, ainsi que l'on nomme les individus de cette race au Mexique, pouvait avoir une trentaine d'années. Sur sa peau, d'un jaune orangé, ses yeux brillaient comme des escarboucles, et ses jambes, fortement arquées, prouvaient qu'il était plus accoutumé à cheminer à cheval qu'à pied. Il portait des habits de cuir ornés de broderies, vêtement ordinaire aux hommes de sa condition; sa tête était coiffée d'un chapeau à larges ailes orné d'une torsade d'argent, chapeau qu'il souleva aussitôt que le docteur fit halte.

« Salut, señor, dit-il, et que Dieu marche avec vous!

— Et avec toi, garçon », répond le docteur, tutoyant, selon la coutume mexicaine, cet homme d'une classe inférieure à la sienne.

Yago regardait le savant avec une surprise visible.

« J'étais chargé, dit-il, de conduire à sa mère Lucia Avila, fille du maître de la Héronnière, vous et vos compagnons, señor, vous vous êtes emparés de l'enfant, que je viens réclamer.

— Il est très vrai, répondit le docteur, que Lucia Avila est en mon pouvoir; je la reconduis à la Héronnière où tu peux nous précéder, annoncer notre arrivée.

— Ce n'est pas à la Héronnière que je suis chargé de conduire la petite Lucia; son père et sa mère l'attendent à Tlacotalpam.

— Oui-dà, dit le docteur, et depuis quand, mon ami, Tlacotalpam a-t-il été transporté de l'Orient au Midi?

— La route ordinaire n'est pas sûre, et...

— Je vais t'épargner la peine de mentir, répliqua le docteur avec vivacité, car tu altères en ce moment la vérité. La petite Lucia, tu l'oublies, parle couramment, et je sais par elle à l'aide de quelle fourberie tu l'as entraînée. Toi et tes compagnons vous êtes de lâches gredins; voilà en toute sincérité, mon opinion sur votre compte. Pour me prouver que je me trompe, tu n'as qu'à te rendre avec moi à la Héronnière, et, là, je te présenterai loyalement mes excuses.

— L'enfant m'a été confiée, répliqua Yago, et je ne suis pas homme à l'abandonner aux mains d'étrangers...

— Tu veux dire, interrompit le docteur, que notre intervention menace de te priver des cent mille piastres de rançon que tu croyais arracher à sa famille. C'est fâcheux, j'en conviens; par bonheur la Providence n'est pas une aveugle comme les gredins de ton espèce essayent de se le persuader; elle intervient souvent pour les bons, et déjoue les projets des méchants. Oui, ajouta le docteur comme se parlant à lui-même, c'est le doigt de Dieu qui, dans ce grand désert, nous a conduits juste sur le point où une iniquité se commettait.

— Prenez garde, señor, reprit Yago; pour rentrer en possession de l'enfant qui m'a été confiée, j'aurai, s'il le faut, recours à la force.

— A ton aise, mon garçon, reprit le docteur avec calme; toutefois ton raisonnement est logique. Je reconduis la petite Lucia à la Héronnière, que veux-tu de plus?

— Encore une fois, ce n'est pas à la Héronnière que je suis chargé de conduire l'enfant.

— C'est dommage; car je tiens à mon idée autant que tu peux tenir à la tienne; j'ai résolu de conduire Lucia à la Héronnière et je l'y conduirai.

— Vous me trouverez en travers de votre route; nous sommes neuf et vous êtes trois.

— Eh bien, nous nous battrons; mes compagnons, que tu vois là-bas, savent viser juste, un des tiens a pu en juger. Ils ont déjà voulu te casser la tête à toi et à tes coquins, je les en ai empêchés. Désormais je les laisserai faire, et vous vous en trouverez mal. »

Les traits de Yago se contractèrent; son regard brillant devint sombre, sa main chercha à la gauche de sa ceinture son machété absent.

« Ainsi, dit-il en se rapprochant du docteur, vous ne voulez pas me rendre l'enfant?

— Non. »

Le docteur achevait à peine ce mot que Yago le saisit à la gorge.

« J'aurai toujours un ennemi de moins! » s'écria le métis dans la main droite duquel brilla la lame d'un couteau.

Pris à l'improviste le docteur ne put crier; il vit le couteau se lever au dessus de sa tête, et, instinctivement, il saisit le bras qui allait le frapper. Il croyait déjà sentir la lame lui entrer dans la poitrine lorsque Yago poussa un cri d'angoisse, recula brusquement et s'affaissa sur le sol.

CHAPITRE XIII

NOUVELLE ALERTE

Dents-d'Acier, on l'a vu, avait suivi le docteur, décrivant des zigzags, flairant les pierres, les plantes, les buissons, avec l'allure réfléchie d'un minéralogiste ou d'un botaniste expert. Le matin, peu à peu, avait atteint, sans avoir été remarqué, l'amas de roches autrefois rejetées par le volcan. Or, tandis que le docteur s'entretenait avec Yago, il s'était gravement assis derrière ce dernier, qui ne se doutait guère qu'une sentinelle vigilante et redoutable épiait chacun de ses mouvements. Aussi, quelque rapide, quelque inattendue qu'eût été l'agression du métis, Dents-d'Acier « n'était pas homme », — comme disait volontiers Pélican en parlant de lui, — à voir maltraiter un de ses maîtres sans prendre aussitôt son parti. Le matin, sans consulter personne, s'était précipité sur l'agresseur, lui broyant la cuisse dans sa terrible mâchoire. Entraîné par le chien, paralysé par la douleur, Yago laissa tomber son couteau; c'en était fait du bandit, si le docteur n'eût pu parler.

Deux Indiens, cachés traîtreusement derrière les roches, se montrèrent à l'improviste, tandis que leurs camarades accouraient. Le docteur était sans armes, et, bien qu'il vit venir à son aide Célestin et Pélican, c'eût été folie d'engager la lutte sur un terrain découvert, où le nombre devait forcément triompher. Il appela impérieusement Dents-d'Acier; mais, dans ces occasions, le matin ne se montrait pas toujours d'une docilité exemplaire; on eût dit que ses mâchoires, lorsqu'elles tenaient un ennemi, ne pouvaient plus se desserrer. Un appel plus énergique le fit cependant lâcher prise, et Yago s'enfuit clopin-clopant. Deux ou trois balles, qui vinrent ricocher à ses côtés, firent secouer la tête au savant. Il battit en retraite à son tour.

« Ce lâche coquin vous a-t-il blessé, monsieur? lui cria Célestin aussitôt qu'il fut à bonne portée.

— Non, garçon, et cela grâce à Dents-d'Acier qui est intervenu à temps, car j'étranglais.

— Vous pas malin, dit Pélican essoufflé, de laisser approcher vous tout contre.

— Merci de ta franchise, Pélican, et je suis bien forcé d'avouer que je me suis laissé surprendre comme un sot.

— Quand moi dire pas malin, moi voulais dire trop confiant, reprit le nègre.

— Bah, c'est à peu près la même chose, reprit le docteur; d'ailleurs, encore une fois, tu as raison. Or ce n'est pas l'heure de causer, montons. »

En ce moment, Dents-d'Acier arriva; il portait triomphalement le chapeau galonné de Yago; ce fut là un sujet de gaieté pour les voyageurs, surtout lorsque le mâtin, ne sachant s'il allait être grondé ou félicité de son escapade, vint déposer humblement son trophée aux pieds du médecin. Celui-ci le saisit par les oreilles et l'embrassa sans façon.

« Toi, dit-il, tu vaux tes maîtres, et c'est tout dire; merci. »

Les Indiens avaient rejoint Yago et l'aidaient à regagner la lisière du bois. Le docteur et ses serviteurs, de leur côté, remontaient vers le cratère; ils rencontrèrent Lucia.

« Est-ce que le méchant Yago vous a battu très fort? demanda la petite fille au docteur en se précipitant vers lui.

— Assez comme cela, répondit le naturaliste qui porta la main à sa gorge; le drôle a la poigne solide, je dois lui rendre cette justice.

— Je vais vous embrasser pour vous guérir, s'écria l'enfant; cela me guérit, moi, quand maman m'embrasse. »

Le docteur souleva Lucia, qui lui entoura aussitôt le cou de ses petits bras et l'embrassa à plusieurs reprises.

« Sur mon honneur, dit le médecin tout ému de ces douces caresses, le remède de ta mère, petite, est efficace, à présent, je me demande si je n'ai pas commis une bêtise, comme dirait Pélican, lorsque j'ai rappelé Dents-d'Acier au lieu de le laisser étrangler ce Yago.

— Vous avez certes eu tort, monsieur, répondit Célestin; le gredin voulait bel et bien vous couler à fond, lui.

— Oui; mais j'ai craint qu'une balle ne blessât notre compagnon.

— Voilà les bandits rentrés dans le bois, où ils vont machiner quelque diablerie à notre adresse; que devons-nous faire, monsieur? demanda le matelot.

— Donne-moi d'abord une ou deux gorgées d'eau; ce Yago m'a serré si fort que je crois sentir encore ses doigts autour de mon cou. Eh bien, me contredirez-vous toujours, ajouta le docteur après avoir bu, quand je déclare que l'homme, de tous les animaux, est le plus traître, le plus cruel, le plus malfaisant et le plus lâche?

— Je vous répondrai sans cesse, monsieur, dit Célestin, que pour un Yago qui vous donne raison, il y a cent José et cent don Pedro qui vous donnent tort.

— Non, non, reprit le naturaliste, les hommes comme José et comme don Pedro ne se comptent pas par centaines, Célestin; on en rencontre un de loin en loin, et tu aurais de la peine à en citer un troisième.

— Moi pas don José, et pas don Pedro, dit Pélican, et moi pas gredin; Célestin pas gredin; vieux *padre* Estevan pas gredin, et Dents-d'Acier pas gredin du tout.

— J'aurais été bien étonné, dit le docteur, qui saisit le bout d'une des oreilles de Pélican, si Dents-d'Acier n'était apparu dans ton discours. Dents-d'Acier, Pélican, est un digitigrade, un parent des pumas et des jaguars; tu lui fais un triste honneur en le rangeant parmi notre espèce, surtout à l'heure où ce brave animal vient de me sauver la vie.

— Vous jamais corriger vous, dit Pélican; au fait, nous savoir vous bon, et cela suffit.

— Mon papa, José, M. Pinson, M. Boisjoli et Vif-Argent sont tous bons aussi, dit Lucia, il n'y a que Yago qui soit méchant.

— Puisses-tu conserver longtemps tes illusions, chère petite, dit le docteur, et ne jamais rencontrer pire que Yago. »

Les voyageurs atteignirent le cratère; se retournant alors, ils examinèrent l'horizon avec soin. La scène terrible qui venait de se passer semblait un rêve, pas un être vivant n'apparaissait dans l'espace qui s'étendait du cratère à la lisière de la forêt.

« Déjeûnons, dit le docteur, j'ai hâte de savoir si les morceaux pourront passer encore par mon gosier. »

La cuisse du cerf acheva de disparaître ; or on possédait comme réserve le faon pris le matin par Dents-d'Acier ; l'eau seule fut donc économisée.

Le repas terminé, les voyageurs tinrent conseil. Le sommet qu'ils occupaient, bordé de précipices, ne permettait aucune surprise. On ne pouvait l'aborder que par le plan incliné, et il n'était guère probable que Yago et ses compagnons songeassent à donner un assaut, car pas un d'eux ne serait arrivé vivant jusqu'au cratère. De leur côté, les voyageurs ne pouvaient s'avancer au delà des roches sans s'exposer aux coups de leurs adversaires; ils étaient donc en réalité prisonniers sur un roc aride où la présence du soufre ne leur permettait pas d'allumer un feu. Célestin et Pélican, tout en fumant, allèrent explorer les bords des précipices avec l'espoir de trouver une descente qui permit d'atteindre le fond ténébreux où mugissait le torrent. Ils dépassèrent l'enceinte des roches, trouvant partout les parois à pic. Ils approchaient de la forêt, lorsqu'une balle vint mourir à leurs pieds.

« Messieurs Indiens garder chemin par ici, dit Pélican.

— Je m'en doutais un peu, répliqua Célestin, et comme nous marchons à découvert, ils peuvent suivre chacun de nos mouvements. Ne t'avance pas davantage, Pélican, il nous suffit d'avoir forcé l'ennemi à se découvrir. »

Les deux matelots s'engagèrent parmi les roches, puis, parvenus au centre du quart du cercle qu'elles formaient, ils firent mine de se diriger de nouveau vers la forêt. Là encore ils aperçurent un Indien qui, posté derrière un arbre, les surveillait.

Sans la présence de Lucia, le docteur et ses serviteurs ne seraient pas trop inquiétés des manœuvres de leurs ennemis, et ils n'eussent pas hésité à livrer bataille. Mais comment exposer leur compagne à recevoir une balle alors qu'ils étaient prêts, au contraire, à sacrifier leur vie pour disputer l'enfant à ses ravisseurs? Tant que durerait le jour on pouvait défier toutes les attaques; seulement, la nuit venue, il faudrait se résoudre à passer de force, et se mettre en garde contre une surprise possible.

« Bah! dit Célestin, si rusés que soient nos ennemis, ils auront peine à tromper la vigilance de Dents-d'Acier.

— C'est vrai, répondit le docteur; néanmoins, ne nous dissi-

NOUVELLE ALERTE. 669

Trois des animaux annoncés apparurent. (Page 672.)

mulons pas la gravité de notre situation; nous sommes enfermés dans une souricière dont Yago garde la porte, et il lui suffit de se tenir coi pour nous affamer, pour nous forcer à capituler.

— Tant que le soleil brillera là-haut, dit à son tour Pélican, nous dormir, fumer et manger tranquilles; quand soleil couché, nous descendre tout doucement, et trouver petit trou pour passer.

— Nous essayerons, du moins, » dit le docteur.

Et, en homme accoutumé aux situations périlleuses et dont les résolutions sont promptes, le savant, en attendant l'heure d'agir, rentra dans l'intérieur du cratère et reprit l'étude des plantes qui le tapissaient.

Célestin, après quelques pourparlers avec son ami, accepta le rôle de sentinelle et se posta à l'entrée du cratère. Pélican, le faon sur les épaules, descendit vers les roches et se mit en quête de menues branches afin de cuire son gibier.

« Pourquoi restons-nous là au lieu de nous en aller? demanda Lucia à Célestin près duquel elle vint s'asseoir.

— Parce que Yago et ses Indiens nous barrent la route.

— Tu as un grand fusil, pourquoi ne leur fais-tu pas peur?

— Yago et ses amis ont aussi des fusils, et nous avons peur pour vous.

— Alors, nous allons toujours rester ici?

— Non pas; aussitôt qu'il fera nuit, nous démarrerons pour essayer de passer.

— Je comprends, dit Lucia, lorsqu'il fera nuit, les fusils de Yago ne verront pas clair pour nous tuer.

— Bien dit, s'écria Célestin en riant, Pélican lui-même n'aurait pas mieux parlé. »

La petite fille regarda Célestin d'un air interrogateur.

« Pourquoi ton ami Pélican est-il allé jusque là-bas pour faire du feu? demanda-t-elle.

— Parce que la poussière jaune sur laquelle nous sommes assis est du soufre qui s'enflammerait et nous brûlerait si nous dressions ici notre cuisine.

— Qui l'a mis là, ce soufre?

— Le bon Dieu.

— Pourquoi l'a-t-il mis ici et non là-bas?

— Je crois, dit Célestin, que les questions de sa compagne commençaient à embarrasser, que cela vient de ce que les bouches de volcan se trouvent toujours sur les hauteurs.

— Ce sont donc les volcans qui fabriquent le soufre? »

Célestin se gratta le front et fit une moue comique; il songeait à l'époque, déjà lointaine, où Camille et Unac, — ses pupilles, comme il les nommait alors, mettaient sans cesse son savoir en défaut, à force de vouloir connaître le dernier pourquoi des choses.

« Qu'est-ce que c'est que le soufre? demanda Lucia en voyant que son compagnon se taisait.

— Le soufre, cria le docteur dont la tête coiffée de sa calotte noire apparut à l'improviste au bord du cratère, est un corps simple que bon nombre de savants rangent parmi les métaux; il fait partie des terrains qui composent l'écorce de notre globe. Si on le trouve surtout près des volcans, cela vient de ce que la chaleur, en le volatilisant, l'a séparé des matières auxquelles il est uni, pour le laisser retomber, par le refroidissement, en une poussière fine nommée fleur de soufre. »

La tête du docteur disparut et Lucia demeura pensive.

« Pourquoi, reprit-elle enfin, passant sans transition d'une idée à une autre, ton ami se nomme-t-il Pélican?

— Sur ce point, s'écria Célestin, je puis vous répondre moi-même, car c'est moi qui l'ai baptisé ainsi. J'ai nommé mon ami Pélican à cause de son amour pour les petits enfants.

— Qu'est-ce que cela veut dire, Pélican?

— C'est le nom d'un oiseau aquatique qui, lorsque ses petits ont très faim et qu'il n'a rien à leur donner à manger, se perce les flancs...

— N'apprends pas de sottises à cette mignonne, cria le docteur dont le front, nu cette fois, se montra de nouveau. Le pélican, petite, est un oiseau de l'ordre des palmipèdes dont la taille atteint parfois une hauteur de deux mètres; il possède, sous la mandibule inférieure de son bec, une poche qui peut contenir quinze ou vingt litres d'eau, et dans laquelle il garde les poissons qu'il pêche. Dans ton pays on le nomme l'*âne marin*, à cause de son cri.

— Je le connais, s'écria Lucia; il y en a toujours sur le lac de la Héronnière; mais ces oiseaux sont bruns et pas noirs, sans compter qu'ils ne ressemblent pas du tout à ton ami. »

Pendant une heure, la petite fille embarrassa vingt fois l'ex-matelot par ses questions, que le docteur n'entendait pas toujours. Enfin Pélican rapporta son faon, un peu enfumé, grâce au mauvais combustible dont il avait dû se servir. Le bruit d'une détonation partie de la forêt fit brusquement sortir le docteur du cratère; il examina l'étroit horizon.

« Je ne sais pourquoi, dit-il, mais j'ai le pressentiment que nous allons voir mon ami José apparaître à l'improviste, et le coup de feu qui a résonné...

— Prouve tout simplement que nos ennemis sont en chasse, » dit Célestin qui désigna la forêt d'où un Indien débouchait chargé d'un animal d'assez grande taille.

L'Indien longea la lisière du bois; il s'arrêtait de temps à autre, regardait en arrière, et semblait alors écouter avec attention. Bientôt une rumeur lointaine frappa les oreilles des voyageurs qui, à leur grande surprise, virent Yago et trois Indiens sortir à la hâte du bois. La rumeur augmenta; Dents-d'Acier, les oreilles dressées, le nez au vent, gronda et se mit à bondir à droite et à gauche avec une impatience visible.

« Que se passe-t-il? s'écria Célestin. Ce José que vous attendez, monsieur, va-t-il réellement paraître? »

Yago, qui marchait avec peine, se dirigea vers un acajou près duquel cinq de ses compagnons se tenaient groupés.

Ceux-ci s'empressèrent d'escalader le tronc et se logèrent sur les branches de l'arbre. Yago, effaré, retourna vers le bois, revint sur ses pas, — il semblait avoir perdu l'esprit. Enfin l'un des Indiens courut vers lui, l'aida à se hisser sur un maigre mimosa et grimpa lui-même sur un jeune goyavier.

Pélican se mit à rire, tandis que Célestin et le docteur le regardaient d'un air interrogateur.

« Vous rire aussi tout à l'heure, » dit le nègre.

La rumeur devenait de plus en plus intense, on eût dit qu'un vent furieux brisait les arbustes situés vers la droite de la forêt.

« Massa Yago payer cher coup de fusil tiré par son ami, ajouta Pélican.

— Puisque tu parais le savoir, daigneras-tu nous expliquer ce qui se passe? s'écria le docteur.

— Pécaris, petits pécaris, » riposta Pélican.

Un frisson parcourut le corps du docteur, et son attention se concentra sur les arbres occupés par Yago et les Indiens.

Deux ou trois des animaux annoncés par Pélican apparurent bientôt; ils galopaient dans toutes les directions, et avaient l'air de reconnaître le terrain. Ils se réunirent brusquement et poussèrent à la fois un cri aigu. Une formidable clameur répondit à ce signal, et une masse serrée, grognante, de plus de trente pécaris, ou sangliers d'Amérique, fit irruption dans la clairière, battant le sol du pied, brisant avec fracas les arbustes qui se trouvaient sur son passage.

CHAPITRE XIV

TRAITRISE.

Les pécaris ou sangliers d'Amérique, bien que d'une taille beaucoup moindre que leurs frères d'Europe, n'en sont pas moins des animaux redoutables. Ils voyagent d'ordinaire par troupes composées de plusieurs douzaines d'individus, et, comme les fourmis et les abeilles, font cause commune lorsqu'il s'agit d'attaquer ou de se défendre.

La troupe bruyante qui venait de se montrer erra d'abord à l'aventure, puis ses chefs se pressèrent autour du cadavre de leur compagnon que l'Indien avait jeté sur le sol, afin de fuir plus vite. Les pécaris se bousculèrent pour examiner la victime, et des cris furieux retentirent; enfin, comme obéissant à un mot d'ordre, ils se divisèrent en deux bandes dont l'une se dirigea vers l'arbre occupé par les Indiens, tandis que l'autre se massait autour du goyavier et du mimosa qui servaient de refuge à Yago et à son guide. Le docteur, Célestin et Pélican retenaient en quelque sorte leur haleine; ils savaient, par expérience, quel terrible danger couraient leurs ennemis.

Les Indiens, le fusil au poing, se gardaient néanmoins de tirer. L'imprudent provocateur de la lutte s'était figuré qu'il avait affaire à un individu isolé, erreur qui pouvait amener de sinistres conséquences. Après avoir tourbillonné autour de l'acajou et reconnu que la position était inattaquable, la première bande de pécaris se réunit à la seconde, et tous se ruèrent sur le mimosa.

Le premier choc ébranla le jeune arbre au tronc fragile, il s'inclina de façon à laisser croire qu'il allait se briser. Bientôt, tourmenté en tous sens, il vacilla comme secoué par une main robuste. En même temps, les pécaris se mirent à le mordre à belles dents, arrachant des lambeaux d'écorce et de bois. Le docteur, bouleversé, croyait, à chaque seconde, voir Yago lâcher prise et tomber au milieu de la bande acharnée, qui l'eût aussitôt mis en pièces et dévoré.

« Laisserons-nous périr ce misérable sans même tenter de le secourir? dit le savant, dont la générosité naturelle fit taire les justes griefs qu'il avait contre le métis, et qui ne voyait plus un ennemi dans cet homme menacé de mort. »

Célestin et Pélican, émus eux-mêmes, tourmentaient leurs fusils.

« Vous tenir fort Dents-d'Acier, monsieur, s'écria tout à coup le nègre; moi avoir bonne idée et vous voir bientôt partir pécaris. »

Sans laisser à son maître le loisir de l'interroger, Pélican, après avoir invité Célestin à le suivre, se lança comme une flèche sur le plan incliné et atteignit bientôt la ceinture de roches. Les deux matelots franchirent l'obstacle; avisant alors un bloc de moyenne taille, ils le poussèrent vers la pente qui descendait vers la forêt. La lourde masse tourna d'abord sur elle-même avec lenteur; puis, à mesure que le mouvement de rotation s'accélérait, elle s'avança par bonds, atteignit les pécaris, pénétra irrésistible dans leurs rangs pressés, joncha le sol de blessés et de tués. Une tempête de cris furieux s'éleva; attaqués par un ennemi invisible, les sangliers s'éparpillèrent. Un second, un troisième bloc roula vers eux et acheva de les mettre en désarroi, ils coururent vers la forêt et disparurent en poussant des cris de douleur, de rage et d'effroi.

« Bravo! bravo! criait le docteur du haut de son observatoire. Vois-tu, petite, disait-il à Lucia : ce finaud de Pélican est comme le renard de la fable, il a toujours quelque tour au fond de son sac. Là, là, Dents-d'Acier, patience; l'ennemi fuit donc et ce n'est pas l'heure de s'exposer à ses coups. »

Soudain le docteur bondit, lâcha la petite main de Lucia et saisit son fusil.

« Mes yeux me trompent-ils? s'écria le savant; hélas! non. Ah! que voilà bien l'homme! les misérables, les bandits, les canailles! Feu sur ces gredins, garçons, feu! feu! »

Tout en criant, le docteur courait vers ses serviteurs. Les pécaris battaient en retraite et, une fois vaincus, ils ne reviennent guère à la rescousse. Yago et ses Indiens le savaient et, débarrassés de leurs terribles adversaires, ils venaient de décharger leurs armes sur leurs généreux défenseurs.

Les deux matelots, dont cette brusque attaque déconcerta la loyauté, reprirent vite leur sang-froid. Au lieu de battre en retraite, ils se dirigèrent vers un bloc posé en face du mimosa occupé par Yago, et sans s'inquiéter des balles qui tombaient à leurs côtés, ils firent rouler la pierre dans la direction de l'arbre. Le projectile fila en ligne droite; c'en eût été fait de Yago, si le quartier de roche n'eût rencontré une pierre qui le fit dévier; il atteignit le goyavier et le broya avec le malheureux qu'il portait.

Célestin et Pélican, salués par une nouvelle décharge des Indiens abrités derrière les branches de l'acajou, se disposaient à recommencer leur manœuvre, lorsque le docteur les rejoignit. Le savant ne réussit à ramener en arrière ses serviteurs exaspérés qu'après s'être exposé lui-même au feu de l'ennemi. Il dut en quelque sorte pousser les deux ex-matelots par les épaules pour les obliger à gravir les roches. Yago et ses compagnons se hâtèrent alors de relever leur camarade tué et de regagner la forêt.

« En vérité, monsieur, s'écria Célestin, vous avez fait le philanthrope à mauvaise heure; si vous nous aviez laissés agir, maître Yago et ses dignes amis auraient tous pour le moins une demi-douzaine de côtes cassées, et les gueux ne méritaient pas mieux.

— Ce n'est pas eux que j'ai voulu sauver, mes braves amis, répondit le docteur, c'est vous. Les gredins logés dans l'acajou lançaient leurs balles à quelques pouces de vos têtes, et j'ai besoin que vous les conserviez intactes. Par le ciel, si ces lâches coquins se trouvent jamais à bonne portée, tuez-les comme des êtres venimeux qu'ils sont, je vous y autorise. »

Les Indiens étaient rentrés dans le bois, et le docteur ramena ses serviteurs dans le cratère. La clairière où venait de se passer les incidents qui viennent d'être rapportés apparut de nouveau calme et déserte. Les corps de sept pécaris, au moins, jonchaient le sol; quelques-uns, mutilés, se traînaient encore en poussant des cris de douleur. Une demi-heure plus tard, une multitude de points noirs apparurent sur le ciel, et plus de vingt vautours *urubus* planèrent bientôt au-dessus du cratère. A l'aide de quel sens inconnu ces rapaces avaient-ils appris qu'une proie abondante gisait sur ce coin perdu de la Cordillère? L'odorat seul les avait-il guidés? Ces questions, le docteur se les posait tandis qu'il voyait s'abattre sur les cadavres des pécaris une foule sans cesse grossie de convives. Les aigles ne vinrent qu'après les vautours, et ces oiseaux, dont l'opinion populaire fait des rois, n'osaient approcher du festin qu'à la dérobée, intimidés par les menaces de hardis faucons trois fois moins gros et moins forts qu'eux.

Bientôt plus de cent oiseaux de proie couvrirent la clairière, déchirant à coups de bec les corps des malheureuses victimes. Un chacal se montra et tenta d'avoir sa part du festin; les vautours se lancèrent sur lui, et il dut s'éloigner. Soudain une sorte d'inquiétude se manifesta parmi les rapaces; un à un, ils abandonnèrent leur repas, et, poussant des cris rauques, ils allèrent se percher sur l'enceinte de roches. Les aigles avaient les premiers battu en retraite, suivis bientôt par les vautours et enfin par les faucons. Le docteur fit alors remarquer à Lucia un gros oiseau qui planait au-dessus de la vallée. Le nouveau venu, décrivant de lentes spirales, se rapprocha peu à peu du sol et s'abattit près d'un pécari encore intact.

Ce dernier convive, de plus grande taille que les rapaces qui venaient de s'écarter à son approche, avait le bec jaune, surmonté d'une caroncule de même couleur en forme de trèfle. Son cou, nu, semblait peint d'azur et de vermillon, et se perdait dans une fine collerette d'un duvet gris perle. Les plumes de son corps, noires et blanches, alternaient harmonieusement. Rien de plus magnifique que ce puissant rapace, le *sarcoramphus papa* des savants, que les Indiens désignent sous le nom de roi des vautours.

Après avoir promené autour de lui les regards brillants de ses prunelles d'or, le sarcoramphus, à distance duquel les autres vautours se tenaient craintifs, s'élança sur un pécari et enfonça son bec dans la chair de l'animal.

« Oh! s'écria Lucia, comment ce bel oiseau ose-t-il salir ainsi ses belles plumes.

Plus de vingt vautours planèrent... (Page 676.)

— C'est un vautour, mon enfant, répondit le docteur; il obéit à son instinct.

— Voyez, monsieur, dit Célestin, avec quel respect ses compagnons le regardent se repaître.

— Ce que tu prends pour du respect n'est en réalité que de la peur, répondit le docteur; le sarcoramphus est plus hardi, plus fort que les urubus, et si l'un de ceux-ci en doutait, il l'apprendrait à ses dépens.

— Eux cent contre un, dit Pélican.

— C'est là un calcul que savent faire les fourmis, les abeilles, bon nombre d'hyménoptères, et surtout l'homme. Mais les carnassiers et les rapaces s'en tiennent à leur force individuelle et c'est heureux pour nous, car, s'ils s'entendaient, nous ne serions pas si fiers.

Le sarcoramphus, le docteur en prit note, passa d'un pécari à l'autre, s'attaquant de préférence à leurs yeux. Au bout d'une demi-heure, repu, un lambeau de chair au bec, il essaya de reprendre son vol. Par trois fois il culbuta lourdement, sans réussir à s'élever assez haut pour mouvoir ses ailes. Il courait sur le sol, prenait son élan et retombait aussitôt. A la quatrième tentative il put s'enlever, et l'air siffla sous le choc de ses ailes puissantes; toutefois, aussitôt qu'il eut atteint une hauteur de cinq ou six mètres, le sarcoramphus décrivit un grand cercle et monta avec rapidité. Bientôt, les ailes étendues, immobiles, il poussa un cri lugubre et se perdit au loin comme si sa volonté seule lui permettait de se soutenir dans l'air, de se diriger dans l'espace.

Il venait à peine de disparaître que cent voix discordantes saluèrent son départ, et courant, volant, se bousculant, les urubus retournèrent à la curée. Le spectacle de leur repas devint si odieux que, pour détourner l'attention de Lucia, le docteur l'emmena dans l'intérieur du cratère. Célestin et Pélican espéraient que l'un des pécaris blessés battrait en retraite de leur côté, et ils ne voyaient pas sans dépit s'épuiser cette abondante provision de vivres, alors que leur garde-manger était si maigrement pourvu. Mais s'approcher de la lisière de la forêt eût été s'exposer à une mort certaine; or quand vint la nuit il ne restait plus que les os des victimes, os déjà couverts d'une multitude de fourmis, accourues pour prendre leur part du festin.

Depuis leur fuite vers la forêt, ni Yago, ni ses Indiens ne donnaient signe de vie. Célestin exprima l'espoir que la crainte d'un retour offensif des pécaris, ou la conviction qu'ils ne pourraient rentrer en possession de Lucia sans s'exposer de nouveau à perdre un des leurs, avait décidé les ravisseurs à renoncer à leurs projets. Le docteur, pas plus que Pélican, ne crut à un dénouement si simple et si heureux; le nègre déclara même que, la nuit venue, il fallait s'attendre à tout. Il était donc urgent de sortir au plus vite de l'impasse dans laquelle on se trouvait acculé, et où la faim et la soif, ces ennemis plus redoutables encore que Yago et ses compagnons, ne tarderaient pas à se faire sentir.

Après une longue délibération, on décida que Pélican, aussitôt que l'obscurité serait assez complète, irait en reconnaissance. Si bonne garde que fissent les Indiens, ils ne pouvaient être en force sur toute la lisière du bois. On essayerait de mettre leur vigilance en défaut, et on tenterait de traverser leur ligne. Ce pas franchi, on marcherait à l'aventure jusqu'au jour et, ne réussît-on à dérouter l'ennemi que pendant quelques heures, ce serait beaucoup.

« Nous ne pouvons douter, dit le docteur, qu'aussitôt que la disparition de Lucia a été constatée, on ne se soit lancé à sa recherche. Or, si nous en croyons les récits de l'enfant, voilà plus de huit jours qu'elle erre dans la forêt, tant dans la compagnie de Yago que dans la nôtre. Aussi ai-je peine à comprendre comment José n'a pas encore retrouvé ses traces.

— Vous oubliez, monsieur, répondit Célestin, que Yago, dès ses premiers pas, a dû employer toute son astuce à dissimuler le chemin qu'il suivait. Nous savons par expérience que, s'il est facile de suivre une piste lorsqu'on l'a découverte, on erre souvent de longs jours avant de la trouver. Souvenez-vous du tracas que nous a donné autrefois mon pupille Unac. »

Si ses compagnons trouvaient les heures longues, la petite Lucia les trouvait plus longues encore. Pélican, Célestin et même Dents-d'Acier réussissaient parfois à la distraire; mais elle redemandait bientôt avec persistance à retourner près de sa mère, et, en dépit des caresses, des consolations que lui prodiguaient ses nouveaux amis, ses larmes débordaient souvent. Voir Lucia pleurer émouvait le bon docteur au plus haut degré, et ses propres yeux devenaient alors humides. Dans ces occasions, Pélican seul, à force de patience et d'ingéniosité, parvenait à dissiper le chagrin de l'enfant, à la faire sourire. Du reste, on eût fort étonné les trois voyageurs si on leur eût dit qu'ils connaissaient Lucia depuis cinq ou six jours à peine. Cette jolie enfant, qui parlait si couramment leur langue, qui les accablait de caresses et semblait si bien comprendre ce qu'ils faisaient pour elle, tous en raffolaient, et il leur semblait qu'elle avait toujours vécu près d'eux. Pélican, lorsqu'elle ne pouvait l'entendre, disait parfois à son ami :

« Quand nous débarrassés de massa Yago, si nous pas pouvoir trouver la Héronnière, nous garder petite Lucia. Toi devenir alors papa à lui et moi son maman. »

Et, à cette idée folle, Pélican riait et gambadait comme un écolier.

Aussitôt que le soleil disparut, Lucia, chaudement enveloppée d'une double couverture, fut couchée dans un coin abrité du cratère. Ses amis voulaient la voir dormir un peu, afin qu'elle fût mieux disposée pour la marche de nuit qu'ils espéraient réussir à entreprendre. Le docteur et Pélican essayèrent aussi de se reposer, tandis que Célestin et Dents-d'Acier veillaient.

Il avait été résolu que l'on attendrait dix heures du soir, environ, avant que Pélican se lançât à la découverte. A cette heure, deux ou trois compagnons de Yago seraient sans doute endormis, car tous ne pouvaient veiller. Au moment convenu, Célestin réveilla son ami et le docteur.

« Quoi de nouveau? demanda celui-ci.

— Rien, monsieur, et je commencerais à croire que nos ennemis ont décampé, s'il était sage de s'en rapporter aux apparences. Pas un mouvement, pas une lueur au delà des roches, et les oiseaux de nuit chantent dans cette direction avec une sécurité qui prouve qu'ils se sentent seuls.

— Nous savoir vérité bien vite, » dit Pélican qui, après avoir bouclé le ceinturon de son machété, examina les amorces de son revolver.

Célestin imita cet exemple ; il songeait à accompagner son ami.

« Indiens malins, lui dit Pélican, eux peut-être pas entendre moi, et pour sûr entendre nous deux. Moi aller seul avec Dents-d'Acier, et quand savoir où nous pouvoir passer, revenir chercher vous tous. »

Pélican avait raison ; après avoir écouté vingt recommandations, il se mit en marche vers l'enceinte de roches qui, sur la droite, rejoignait la forêt.

Bien que la lune ne brillât pas encore, les étoiles jetaient plus de clarté que ne l'eût voulu Pélican. Le docteur et Célestin, postés sur la brèche qui donnait accès dans le cratère, suivirent des yeux leur compagnon. Il devait traverser d'abord un long espace nu, et cette partie de son excursion était la plus dangereuse, car c'était dans ce parcours qu'il courait risque d'être aperçu par l'ennemi. Mais Pélican, comme l'avait dit le docteur, savait se montrer aussi rusé que maître renard lui-même. Il rampait un instant, puis s'arrêtait, ramassé sur lui-même. Bientôt ses compagnons ne distinguèrent plus qu'une masse confuse qui se confondait avec les buissons, et qui se perdit peu à peu dans l'ombre projetée par les arbres.

Célestin et le docteur rivalisèrent alors d'attention, inquiets au moindre bruit. Soudain ils poussèrent une exclamation et se précipitèrent en avant; une longue flamme venait d'apparaître près de la ceinture de roches, et une vive clarté illuminait tout l'espace compris entre le cratère et la forêt.

CHAPITRE XV

EN AVANT!

« Ah! les démons! s'écria Célestin. Ils veillaient et leur idée n'est pas mauvaise, il faut en convenir. »

L'Indien qui venait de mettre le feu au foyer se dirigea vers le bois, d'où il revint bientôt chargé d'un lourd fagot. Vu la distance, c'eût été perdre une charge de poudre que de tirer sur lui; aussi le docteur et Célestin ne s'occupèrent-ils que de chercher du regard Pélican. Nulle trace du brave nègre dans l'espace découvert, il avait donc pu atteindre la forêt. Les Indiens le savaient-ils? était-ce pour mieux lui barrer la route à son retour qu'ils venaient d'allumer ce feu dont les lueurs embrasaient la clairière?

« Ne bougeons pas, dit le docteur à Célestin; grâce à ces maudites flammes, nos ennemis peuvent connatre nos moindres gestes; ne leur apprenons pas, si par bonheur ils l'ignorent, que Pélican n'est plus avec nous. »

Célestin se tint coi; mais il se tira la barbe avec une énergie fébrile. Pendant une heure l'ex-matelot et son maître, aussi anxieux l'un que l'autre, surveillèrent le côté de la forêt par lequel ils espéraient voir reparaître Pélican. Peu à peu les flammes du foyer perdirent de leur intensité, et une demi-obscurité envahit la vallée.

« Attention! dit le docteur; Pélican va sans nul doute profiter de ce moment pour nous rejoindre. »

La flamme, ravivée, jaillit plus claire et plus brillante.

« Il faut en finir, monsieur, dit alors Célestin à son maître; si vous voulez me laisser faire, je puis, en cinq minutes, atteindre les roches et forcer les gredins qui se tiennent derrière à décamper.

— Tu serais tué dix fois avant d'arriver, dit le docteur; je te défends donc de bouger. Si Pélican était découvert et poursuivi, il nous eût avisés d'une façon quelconque. A n'en pas douter, il guette l'instant où l'ennemi se relâchera de sa vigilance. Tu sais aussi bien que moi que Pélican n'est jamais pressé. »

Pendant deux heures encore, le docteur et Célestin eurent le courage de se tenir immobiles.

« Pélican est-il tombé dans une embuscade? l'ont-ils tué? s'écriait parfois Célestin, surpris du silence qui régnait.

— Tu oublies que Dents-d'Acier est avec lui, répondait le docteur, et qu'il ne se tairait pas si quelqu'un touchait à son maître.

— Si Pélican est dans la forêt, señor, il doit voir Yago et ses dignes amis? Comment ne leur loge-t-il pas une balle dans le dos ou dans la tête? S'il nous débarrassait d'une nouvelle paire de ces bandits, notre situation deviendrait meilleure de cent pour cent. »

Le docteur, bien qu'il s'employât à rassurer Célestin, était lui-même dévoré par l'inquiétude. Il déplorait la fatalité qui l'avait conduit dans une impasse de laquelle on ne pouvait sortir sans livrer bataille, sans exposer Lucia aux balles. Il songeait à se rendre près de Yago, à traiter avec lui de la rançon de Lucia, à s'offrir même comme otage si le métis consentait à laisser Célestin, Pélican et l'enfant gagner la Héronnière. Hélas! comment décider Yago à lâcher une proie certaine pour l'ombre, à l'accepter, lui, vieux et inutile, en échange de la riche petite héritière?

Vers trois heures du matin, le foyer fut de nouveau ranimé. Célestin, à bout de patience, insistait pour s'élancer vers le bois et connaître enfin le sort de Pélican. Il fallut que le docteur déployât toute son autorité pour empêcher l'ex-matelot de commettre cette folie. Le cri d'un engoulevent retentit à l'improviste. Célestin et le docteur tressaillirent; un second cri résonna, leurs poitrines se dilatèrent, ils venaient de reconnaître un signal de Pélican.

De la hauteur qu'ils occupaient, le docteur et Célestin virent une bande jaune rayer l'horizon, et bientôt des bruits d'ailes secouèrent le feuillage. Les Indiens et Yago sortirent de l'enceinte des roches et regagnèrent la forêt, certains que leur proie ne pourrait fuir. En même temps Pélican se montra vers la droite.

Aussitôt qu'il aperçut son ami, le front de Célestin se rembrunit au lieu de se dérider. Se plaçant dans la position d'un homme qui se dispose à boxer, l'ex-matelot décocha dans l'air une demi-douzaine de vigoureux coups de poing.

« Autrefois, dit-il au docteur, quand maître Pélican se permettait une escapade pareille à celle de cette nuit, j'avais l'habitude, que vous m'avez fait perdre, de lui offrir un échange de coups de poing, aujourd'hui....

— Nous attendrons ses explications, » répondit le docteur, qui savait que les grandes colères de Célestin contre son ami se terminaient le plus ordinairement par une cordiale embrassade.

Pélican, en homme qui n'a rien à craindre, avançait pas à pas; il fut à peine à portée de Célestin que celui-ci le saisit au collet.

« Je vous tiens enfin, misérable que vous êtes, s'écria l'ex-matelot en le secouant avec violence, avez-vous fait alliance avec Yago pour nous condamner à une nuit pareille à celle qui vient de s'écouler?

— Toi pas serrer si fort, massa Célestin, dit Pélican qui essaya de se dégager.

— Je ne suis pas d'humeur à me laisser attendrir, répliqua l'ex-matelot; pourquoi nous as-tu laissés inquiets pendant toute la nuit? Est-ce là une conduite?

— Alors toi vouloir moi et Dents-d'Acier mourir?

— Moi ! s'écria Célestin indigné.

— Yago et Indiens pas du tout dans la forêt, reprit Pélican, eux derrière les roches pour mieux guetter nous. Si moi revenir après feu allumé, eux tuer moi comme petit lapin. Aussi moi rester assis là-bas.

— Ne pouvais-tu nous aviser de ton embarras par un signal : tirer sur Yago, sur les Indiens?

— Eux pas bêtes du tout, dit Pélican qui réussit enfin à se dégager de l'étreinte de son terrible ami, eux pas bouger une seule fois de derrière les roches; si moi voir seulement bout du nez à eux.... »

Pélican frappa sur le revolver pendu à sa ceinture.

« Je commence à comprendre qu'il n'y a pas de ta faute, dit Célestin radouci; n'importe, garçon, tu nous as fait passer une cruelle nuit. »

Et Célestin serra son camarade entre ses bras avec une force significative.

Le docteur retint le nègre, qui, libre enfin, se dirigeait vers l'endroit où reposait Lucia, et il l'interrogea à son tour. Au moment où Pélican gagnait la forêt, Yago et ses Indiens étaient déjà logés derrière les roches. Bien en avait pris au docteur et à Célestin de ne pas se montrer hors du cratère, ils eussent été salués par des balles tirées cette fois à bonne portée.

Le soleil monta rapidement dans le ciel, et Lucia, qui venait de se réveiller, accourut vers ses amis. Ses grands yeux les interrogèrent. La chère petite, mûrie en quelque sorte par les combats que ses défenseurs avaient livrés, et cela à cause d'elle, semblait avoir conscience des périls et des difficultés contre lesquels ses amis avaient encore à lutter.

« Je peux marcher très vite, dit-elle avec gravité, je ne suis plus du tout fatiguée. »

Le docteur, pour la tranquilliser, l'assura qu'on se mettrait bientôt en route. Au fond, il était très tourmenté. Les restes du faon, bien que soigneusement économisés la veille, pourraient tout au plus suffire au déjeuner, et il restait à peine quelques gorgées d'eau au fond des gourdes. D'un autre côté, il résultait du récit de Pélican qu'il ne serait possible de s'éloigner du cratère qu'en for-

Célestin s'engagea sur les saillies de roches. (Page 686.)

çant le passage, vu que les Indiens ne manqueraient pas de répéter le soir ce qu'ils avaient fait la veille. Cette perte de temps n'avait qu'un bon côté : José pourrait peut-être survenir et tout sauver.

La journée s'écoula tristement. A l'heure du repas, le docteur, Célestin et Pélican déclarèrent ne se sentir aucun appétit; Lucia et Dents-d'Acier mangèrent donc seuls; encore le chien fut-il rationné. Un dernier morceau fut empaqueté avec soin, il devait servir au dîner de Lucia; Pélican aida ensuite la petite fille à construire des maisons en terre, cherchant à la distraire le plus possible.

Le docteur explora les bords du précipice, toujours avec l'espoir de trouver une issue. Deux ou trois fois Célestin s'engagea sur des saillies de roches avec l'agilité qu'il devait à son ancien métier, toujours il fut obligé de remonter vers le cratère.

Pélican, à plusieurs reprises, proposa à son maître de se rendre dans la forêt. Là, il recueillerait assez de lianes pour improviser une longue corde à l'aide de laquelle on gagnerait le fond ténébreux où mugissait le torrent. Le nègre se faisait fort de dérouter les Indiens qui se mettraient à ses trousses; mais la tentative était si hasardeuse que le docteur la rejeta, considérant avec raison qu'il importait de ne point diviser ses forces, de ne pas se livrer en détail à l'ennemi.

Un seul projet paraissait praticable; la veille, ce n'était que lorsqu'un bruit quelconque leur avait révélé la marche de Pélican que les Indiens avaient allumé leur foyer. La nuit venue, ils viendraient sûrement occuper les mêmes positions. On guetterait le moment où ils se logeraient derrière les roches, puis, tous à la fois, on se lancerait vers la forêt. Il faudrait essuyer une décharge générale; toutefois, s'ils enveloppaient Lucia de leurs couvertures, s'ils la couvraient de leurs corps, ne se trouverait-elle pas à l'abri de tout accident? Une fois dans la forêt, ils réussiraient peut-être à dépister les Indiens, surtout en se faisant guider par Dents-d'Acier. Ce plan adopté, on attendit la nuit avec impatience; la proposition du docteur, qui offrit d'aller se livrer à Yago, fut repoussée avec énergie par ses serviteurs.

A l'heure du dîner, Lucia, comme ses amis déclaraient de nouveau qu'il n'avaient pas faim, fixa sur eux ses grands yeux noirs.

« Moi non plus, dit-elle en repoussant la tranche de faon que lui offrait Pélican, je n'ai pas faim.

— Vous malade? demanda le nègre.

— Non.

— Alors vous manger vite pour marcher vite la nuit. »

Lucia entoura de ses petits bras le cou de Pélican et se mit à pleurer.

« Qu'as-tu, mon enfant? s'écria le docteur qui se rapprocha aussitôt.

— Ah! dit Lucia, vous n'avez pas déjeuné et vous ne voulez

pas dîner, je sais pourquoi, allez. Il n'y a plus qu'un morceau de viande, vous avez faim et vous me le donnez.

— Eh bien, petite, quoi de plus naturel? Nous sommes grands et forts, et cela nous impose le devoir de te protéger, toi qui es faible, délicate et petite.

— Vous parlez comme José, répondit Lucia; il répète toujours que le droit des forts est de protéger les faibles, et que c'est pour cela qu'il défend les Indiens. Vous êtes bons, continua l'enfant qui alla embrasser l'un après l'autre ses libérateurs, bons comme M. Pinson et Vif-Argent. »

Ressembler à José, à M. Pinson et à Vif-Argent, c'était pour Lucia, le docteur et ses serviteurs avaient déjà pu le remarquer, atteindre le plus haut degré de perfection. Aussi embrassèrent-ils avec effusion leur petite compagne, et s'attachèrent-ils à la décider à manger. Ne pouvant vaincre la résistance de ses compagnons, Lucia exigea que Dents-d'Acier eût au moins sa pitance, ce qui lui fut accordé.

Aussitôt que le soleil parut se rapprocher de l'horizon, les armes furent amorcées, et l'on se tint prêt à partir. Assis au bord du cratère, les voyageurs surveillaient la marche du jour. Tout à coup ils virent leurs ennemis paraître sur la lisière de la forêt, et, chargés de fagots, se diriger vers les roches.

« C'était hier que nous eussions dû fuir, s'écria le docteur d'un ton désespéré; voyez! »

Les Indiens, au lieu d'attendre, comme la veille, que la nuit fût noire pour allumer leur foyer, venaient d'y mettre le feu; de longues flammes rouges, produites par des branches d'ébénier, éclairèrent l'espace libre situé entre la ceinture de roches et le cratère.

« Quel parti prendre? dit Célestin découragé.

— Passer quand même, répliqua le docteur d'un ton résolu. Voyons, garçons, mourir de faim ou du choc d'une balle, n'est-ce pas à peu près la même chose? Ne nous laissons pas prendre comme l'écureuil qui, cerné dans le trou qu'il habite, perd tout sang-froid et toute agilité. »

Le docteur Pierre, à dater de cet instant, ne parla plus qu'avec l'autorité qu'il savait déployer dans les circonstances périlleuses, et qui doublait alors en quelque sorte la confiance aveugle que ses serviteurs avaient en lui. Il se reprochait de n'avoir pas occupé l'enceinte de roches, ce qui eût forcé l'ennemi à camper à cinq cents mètres plus bas, et rendu plus facile la retraite vers la forêt.

« Écoute, dit-il à Pélican, et réponds-moi avec précision. Les Indiens, tu me l'as bien raconté, s'abritent derrière les roches contre les coups qui pourraient venir de la forêt.

— Oui massa, aussi moi pas pouvoir tirer sur eux hier.

— Et du côté du précipice?

— Eux tranquilles par là, savoir nous pas pouvoir passer.

— Eh bien, au risque de faire endommager une de nos têtes, c'est par ce côté que nous allons tenter de débusquer l'ennemi. Toi, petite, dit-il à Lucia qu'il souleva pour l'embrasser, tu vas te tenir ici entre ces deux blocs sans bouger, sans avoir peur, alors même que tu nous verrais nous éloigner de toi et disparaître.

— Vous n'allez pas m'abandonner? s'écria l'enfant un peu effrayée du ton sérieux de son interlocuteur.

— T'abandonner, chère mignonne, reprit celui-ci avec vivacité; non, non, tant que nos cœurs battront dans nos poitrines. Écoute bien; Célestin, moi, Pélican, nous allons essayer de nous ouvrir, malgré Yago, la route qui conduit à la Héronnière; puis nous partirons, si tu me promets de ne pas bouger d'ici avant qu'un de nous vienne te chercher.

— Je vous le promets, monsieur, dit l'enfant avec résolution.

— Holà, Pélican, tu vas te lancer bravement sur la route que tu as suivie hier et feindre de vouloir passer. On tirera sur toi; comme la distance est assez grande pour que les coups manquent de précision, on ne t'atteindra pas. Surtout pas de folies, et n'avance pas plus loin que les cactus que voilà là-bas.

— Et moi, monsieur, vais-je me croiser les bras? demanda Célestin.

— Non pas; tandis que l'ennemi échangera des coups de feu avec Pélican et se persuadera que nous cherchons à forcer le passage de ce côté, nous filerons, toi et moi, le long du précipice pour gagner les roches. Si les Indiens s'aperçoivent de notre manœuvre, nous courrons le sort de Pélican, nous serons salués par quelques balles. Si, par bonheur, nous échappons aux regards de nos ennemis nous les prendrons à découvert et, comme ils n'ont nulle envie de mourir, ils s'enfuiront.

— Bravo! s'écria Célestin en soulevant son chapeau. Après, monsieur?

— Si nous réussissons à débusquer les vauriens, dit le docteur, tandis que, logé avec Pélican sur la position conquise, tu les tiendras à distance, je reviendrai chercher Lucia. Alors, réunis, nous gagnerons la forêt. Avant de pouvoir nous rejoindre, Yago et ses Indiens auront mille mètres de fourrés à traverser dans l'obscurité, car nous agirons avec assez de rapidité pour qu'ils perdent du temps à deviner nos intentions. Une fois dans le bois, la nuit sera notre auxiliaire. »

Le docteur se tut un instant, puis il reprit à mi-voix :

« Il y a une autre alternative, garçon, nous pouvons être tués. Lucia, dans ce cas, ne retombera que momentanément entre les mains de Yago, car José la lui arrachera tôt ou tard, j'en suis convaincu. L'enfant sait parler, elle racontera à ses amis que nous l'avons recueillie, protégée, que nous avons fait jusqu'au bout notre devoir et... cela nous suffit, n'est-ce pas?

Les trois Français échangèrent une poignée de main rapide; Pélican s'élança aussitôt hors du cratère et se dirigea vers les cactus, tandis que le docteur et Célestin, se glissant vers le précipice, se tenaient prêts à partir à leur tour.

CHAPITRE XVI

CATASTROPHE

Pélican parcourut une distance de trente à quarante mètres, se retourna vers le cratère, fit des signaux comme pour engager ses amis à le suivre, et répéta plusieurs fois cette manœuvre. Il atteignit ainsi les cactus que son maître lui avait recommandé de ne pas dépasser, sans qu'aucune démonstration hostile vînt contrarier ou arrêter sa marche. Dents-d'Acier, qui le suivait pas à pas, humait l'air et regardait souvent en arrière, très intrigué en apparence.

« Eux dormir, » murmura Pélican, surpris de ne rien voir bouger en face de lui.

Le fusil en arrêt, il avança de plusieurs mètres encore.

« Hum! fit-il, eux cachés pour sûr, et sans doute attendre que moi sois tout prêt pour mieux viser. »

Faisant volte-face, Pélican rétrograda. Aussitôt une détonation retentit, et une balle effleura l'oreille du nègre qui se mit à rire.

« Moi trouver malice à eux, » dit-il.

Il adressa de nouveaux signaux à ses amis et tira au hasard deux coups de fusil, car il ne voyait âme qui vive. Les Indiens, sans se montrer, répondirent à cette provocation. De même que Dents-d'Acier, Pélican secouait la tête en entendant les balles siffler autour de lui. Néanmoins il avança encore, attentif, sans en avoir l'air, aux mouvements de son maître et de Célestin. Il les vit filer le long du précipice, paraître, disparaître, atteindre les roches, puis les escalader. Les deux assaillants dominaient déjà les Indiens lorsque ceux-ci découvrirent leur manœuvre. On entendit alors des imprécations, et des coups de feu partirent de droite et de gauche. Une balle égratigna l'avant-bras de Célestin qui n'en continua pas moins d'avancer. Les Indiens, assaillis du côté où ils se croyaient en sûreté, perdirent un peu la tête et battirent en retraite, rappelés en vain par Yago. Le métis, avec un sang-froid et un courage dignes d'une meilleure cause, n'abandonna les roches que le dernier.

Pélican salua les fuyards d'un dernier coup de fusil, puis courut rejoindre son maître et Célestin. Yago et ses compagnons, non par suite d'une tactique préméditée, mais afin de se mettre plus vite à l'abri des coups de leurs adversaires, se retirèrent par malheur vers le point du bois que le docteur comptait traverser avec Lucia.

« Faut-il aller chercher l'enfant et passer quand même? » demanda Célestin avec résolution.

Le docteur ne répondit pas sur-le-champ.

« Vouloir passer en ce moment, dit-il enfin, ce serait nous livrer pieds et poings liés.

— Songez-vous donc, monsieur, à regagner le cratère?

— Non, Célestin; nous conserverons ce poste, que nous venons de conquérir, aussi longtemps que nous le pourrons. Nos ennemis, je l'espère, vont gagner le bas de la vallée, point d'où ils peuvent mieux nous observer que de celui où ils se trouvent. Si par hasard ils font mine de prendre à leur tour l'offensive, il sera toujours temps de remonter là-haut. »

Tandis que Célestin et son maître prenaient possession du bivouac que les Indiens venaient d'abandonner, Pélican courut chercher Lucia.

« Oh! s'écria l'enfant qui se précipita vers Célestin, tu saignes.

— Une simple avarie, dit le matelot en découvrant son bras, et celui qui me l'a faite doit avoir pour sa part une côte endolorie.

— Sont-ils tous partis? demanda Lucia en regardant autour d'elle avec crainte; de là-haut, j'ai vu Yago tirer sur toi avec son grand fusil.

— C'est vrai, répliqua Célestin, et ce n'est pas plus la faute du coquin si je suis encore en vie, que ce n'est la mienne si nous avons encore à le craindre. »

Le docteur, après avoir fureté autour du bivouac avec l'espoir secret de découvrir des vivres oubliés par l'ennemi, se rapprocha de Lucia.

« Voyons, mignonne, lui dit-il; enveloppe-toi de cette couverture, place-toi ici et dors.

— Dormir? dit l'enfant qui regarda son interlocuteur avec suprise.

— Oui, chère petite, je comptais que nos ennemis fuiraient droit devant eux; mais ils ont fait une autre manœuvre et, à cette heure, trop d'yeux nous observent pour qu'il nous soit possible de bouger; il faut attendre une occasion favorable et, en l'attendant, dormir. »

Lucia demeura pensive; elle regarda tour à tour chacun de ses amis dont les visages étaient soucieux, les embrassa et leur souhaita le bonsoir. La docilité résignée de l'enfant les émut, et chacun d'eux s'occupa de la bien envelopper dans la couverture qui devait lui servir de lit.

« Lui gentil comme petit enfant Jésus, » dit avec conviction Pélican.

Et Célestin leva et baissa la tête à plusieurs reprises pour approuver le dire de son ami.

Sur l'ordre de leur maître, les deux matelots s'étendirent à leur tour près de Lucia, et le docteur demeura bientôt seul éveillé. Il ne ranima pas le foyer, et un vague crépuscule s'étendit bientôt sur la petite vallée.

Que de tristes préoccupations assaillirent alors l'esprit du savant, qui se demandait avec angoisse quelle serait la fin de cette tragique aventure! Il déplora la fatalité qui venait de rendre vaine sa manœuvre hardie. Ainsi il n'avait exposé sa vie, celle de Pélican et de Célestin, que pour empirer en quelque sorte leur situation. Il contempla longtemps le ciel tout émaillé d'étoiles brillantes, et, songeant que ces mondes lointains, dont le génie de l'homme a mesuré la taille, la marche et l'éloignement, gravitent dans l'espace sous l'impulsion d'une volonté suprême, il murmura :

« Patience, quelqu'un veille sans cesse là-haut, quelqu'un sans la permission de qui rien ne s'accomplit dans l'immense univers. Après tout, ce n'est pas la première fois que nous nous trouvons dans une position en apparence désespérée, et, grâce à Dieu, nous vivons encore. »

Un silence si profond régnait, que le docteur crut que ses adversaires avaient de nouveau gagné le bas de la vallée, et songea un instant à réveiller ses serviteurs, à se précipiter avec eux vers la forêt, à s'enfoncer dans ses profondeurs avant que le jour parût. Il s'avança dans cette direction, deux ou trois ombres se montrèrent près des arbres : l'ennemi veillait.

Dents-d'Acier avait suivi pas à pas les mouvements du docteur; il revint avec lui près du foyer. Le naturaliste s'assit, et le mâtin, après avoir flairé Pélican, Célestin et Lucia, vint poser sa grosse tête sur les genoux du naturaliste et le regarda de son œil si doux, si amical, si intelligent.

Le nègre tira à son tour. (Page 695.)

« Je ne te comprends que trop, mon pauvre vieux, dit le docteur qui caressa le brave animal, tu as faim et soif, et cependant je n'ose t'envoyer chasser. Couche-toi là près de moi et dors, si tu le peux. Si José ne paraît pas demain, ajouta le savant, il faudra bien se résoudre à entrer en pourparlers avec ce Yago, à le voir reprendre le pauvre oiseau que nous avons arraché à ses griffes. »

Il s'était tourné du côté de Lucia; la petite fille, dont la tête sortait de la couverture comme d'un capuchon, dormait paisible et souriante. Le docteur songea au temps lointain où une enfant qui lui appartenait dormait ainsi dans son berceau, et une larme roula sur sa joue.

« Allons, dit-il en se redressant, il est impossible que le bruit de la fusillade de tout à l'heure n'ait pas été porté par les échos jusqu'à l'oreille de José. Si les vivres ne manquaient pas, qui sait…? »

Vers trois heures du matin Célestin se réveilla; il exigea d'une façon si pressante que son maître prit à son tour un peu de repos, que le savant dut céder et s'étendre sur le sol. La veillée de Célestin ne fut pas plus gaie que celle du docteur; vingt projets de fuite traversèrent l'esprit de l'ex-matelot, sans qu'il pût en trouver un seul praticable.

« Qui croirait qu'un si mince chiffon, murmura-t-il les yeux fixés du côté où dormait Lucia, soit une cargaison si embarrassante. Sans cette petite mamzelle, comme la nomme Pélican, il y a longtemps que nous serions hors des serres de maître Yago. Eh bien, qu'y a-t-il, Dents-d'Acier? »

Le chien venait de pousser un sourd grognement. Célestin se baissa, examina l'étroit horizon qu'il dominait et arma son fusil. Tout à coup il crut voir une ombre sortir de la forêt et se diriger vers les roches. Était-ce un animal, une proie? Célestin, dont l'estomac vide commençait à se révolter, sentit l'eau lui venir à la bouche à cette pensée, et son regard brilla. Il avança en rampant, un coup de feu retentit, et, à la lueur de l'amorce, il crut reconnaître Yago. L'ex-matelot fit feu à son tour; le docteur et Pélican furent vite près de lui.

« Qu'as-tu vu? demanda le docteur.

— Yago, monsieur, qui, sans aucun doute, voulait nous surprendre, s'écria Célestin; à la lueur produite par le coup de feu qu'il a tiré sur moi, j'ai vu reluire les broderies d'argent de sa veste. »

Les trois hommes, se dissimulant de leur mieux derrière les roches, se dirigèrent vers le point où Célestin déclarait avoir vu Yago.

Pas un bruit de feuilles, pas un souffle de vent ne troublait le silence. Ils avancèrent encore et se trouvèrent bientôt sous l'ombre projetée par les arbres.

« Tu as rêvé, dit le docteur.

— Non, dit Célestin, mon estomac ne me laissait pas ce loisir ; on a tiré sur moi, je vous en réponds. »

En ce moment, un cri d'angoisse retentit en arrière, cri poussé par Lucia. Presque en même temps un aboiement de rage, semblable à ceux que poussait Dents-d'Acier lorsqu'il luttait avec une proie, se fit entendre. Pélican bondit, arriva bientôt près du bivouac, et Lucia se précipita vers lui.

« Un homme par là, » cria la petite fille qui montra le bas de la vallée.

Le nègre continua à marcher, sautant de roche en roche et guidé par les grognements de Dents-d'Acier. Soudain il vit une ombre se dresser, des coups de feu retentirent. Un hurlement lugubre glaça le cœur de Pélican, il ne put même appeler le chien. Il tira à son tour, l'ombre avait paru s'évanouir, le nègre ne vit et n'entendit plus rien. Il reprit sa marche et se trouva arrêté par une roche lisse qui le força de rétrograder pour chercher un passage. Il rencontra son maître qui, en dépit de sa résistance, le ramena près du bivouac. Il siffla par trois fois pour appeler le mâtin, l'écho seul lui répondit. Pélican allait s'élancer de nouveau en avant.

« Reste, lui dit son maître d'une voix impérieuse, je le veux. Il doit y avoir un piège au fond de tout ceci, continua-t-il ; le jour va paraître, attendons.

— Mais Dents-d'Acier, massa, lui prisonnier, blessé ?

— Il était près de moi tout à l'heure, dit Lucia, c'est lui qui m'a éveillée en tirant ma couverture. Vous n'étiez plus là et j'ai eu peur ; alors il a grondé et s'est mis à courir par là. J'ai vu un homme qui montait sur les roches et j'ai crié pour vous appeler. »

Trois coups de sifflet successifs retentirent ; Pélican crut entendre un grognement, lui seul l'entendit.

Pendant un quart d'heure, debout, l'oreille au guet, les trois hommes se tinrent immobiles, anxieux, désolés. Célestin et Pélican voulaient à chaque instant partir à la recherche du chien ; le docteur ne le leur permit pas.

Enfin, une ligne rouge raya le ciel, quelques nuages floconneux se teignirent de rose, un oiseau chanta, saluant le retour de la lumière. Le docteur, Célestin et Pélican poussèrent un cri de douleur; à cent pas au-dessous d'eux, étendu sur une roche, Dents-d'Acier gisait sanglant.

CHAPITRE XVII

RENCONTRE INATTENDUE

Célestin et Pélican, que leur maître voulut encore retenir, ne l'écoutèrent pas cette fois. En dépit des obstacles qui leur barraient la route, ils furent vite près de Dents-d'Acier. Le pauvre chien avait à la poitrine, près de l'épaule, un grand trou par lequel son sang coulait. Il souleva sa grosse tête avec lenteur, ses prunelles, déjà ternes, retrouvèrent une dernière flamme à la vue de ses maîtres, sa queue s'agita faiblement, puis il retomba inerte. Pélican et Célestin, aussi anxieux l'un que l'autre, soulevèrent la tête du mâtin avec mille précautions.

« Toi blessé? malade? lui dit Pélican du ton dont il eût parlé à Lucia, nous soigner toi. »

Comme son cher compagnon ne remuait plus, ne le regardait plus, Pélican fut pris de terreur. Il souleva la lourde bête et, chargé de ce fardeau, courut vers son maître.

« Lui évanoui, blessé, massa, » dit le nègre qui, avec mille précautions, déposa le mâtin aux pieds du médecin.

Le savant se baissa aussitôt, palpa, secoua, examina Dents-d'Acier, lui ouvrit la gueule, lui souleva les paupières, actions que Célestin et Pélican surveillaient avec anxiété. Le docteur releva la tête.

« Mort, mort! » dit-il d'un son de voix étrange, comme s'il ne croyait pas lui-même à ses paroles.

Célestin et Pélican demeurèrent muets, haletants, le regard fixe. Mort! venait de dire leur maître, Dents-d'Acier était mort! Les deux matelots avaient bien entendu, et, néanmoins, ils doutaient; les idées, les souvenirs se pressaient sous leurs fronts. Quoi! ce compagnon qu'ils avaient élevé, qui faisait partie d'eux-mêmes, qui depuis quinze ans partageait les fatigues et les périls de leur vie aventureuse, qui, cent fois, les avait protégés contre les fauves, défendus contre les Indiens sauvages, il était.... Non, leur maître, bien qu'habile, se trompait cette fois; il allait reconnaître son erreur, ranimer le pauvre chien.

Une larme, qui mouillait les yeux du savant, roula sur le corps de ce fidèle compagnon d'une partie de sa vie. Cette larme, Célestin et Pélican la virent tomber. Le docteur pleurait! lui qui.... C'était donc vrai, Dents-d'Acier....

Les deux matelots ne prononcèrent pas une parole, ils s'assirent sur les roches, à la façon des Indiens; des sanglots contenus à grand'peine les étouffaient. Ni l'un ni l'autre n'avait de famille, toute l'affection de leur âme si bonne, si tendre, si dévouée, appartenait à leur maître, puis, il faut bien le dire, au brave animal qui, une heure auparavant, gambadait autour d'eux. Dents-d'Acier mort, immobile à jamais, cela leur semblait un cauchemar, un mauvais rêve, une impossibilité. Depuis quinze ans, les deux matelots avaient passé par de terribles épreuves, souffrant de la faim, de la soif, vu la mort les menacer sous cent formes différentes, et le compagnon de ces peines, celui dont l'instinct, le courage, le dévouement les avaient si souvent tirés du danger était....

« Non, lui pas mort, dit avec énergie Pélican qui souleva de nouveau la tête du mâtin; lui endormi, évanoui comme toi l'autre jour, massa Célestin, et lui ouvrir bientôt les yeux. »

Lucia, éplorée, regardait avec stupeur le corps du brave animal qui, depuis qu'il la connaissait, semblait l'avoir prise sous sa protection spéciale. Dents-d'Acier, en effet, se tenait de préférence près de l'enfant; n'était-ce pas en voulant la protéger qu'il venait d'être blessé, tué? Lucia se rapprocha à son tour, appela le chien et se mit à sangloter en voyant qu'il ne bougeait pas.

En ce moment, deux ou trois Indiens se montrèrent sur la lisière du bois; ils furent aussitôt salués de deux coups de fusil tirés par Célestin et Pélican qui venaient de se relever. Yago, avec son vêtement de cuir, sortit d'entre les arbres, et le docteur lui-même fit feu sur lui. Par trois fois le métis se montra, leva les bras en signe de paix? mais ni Célestin, ni son maître, ni Pélican n'étaient d'humeur à entrer en pourparlers avec ceux qui venaient de tuer Dents-d'Acier, et qu'ils auraient voulu exterminer. Si le docteur n'eût conservé un peu de sang-froid, Célestin et Pélican se seraient précipités en aveugles vers les Indiens pour venger, par une mort d'homme, celle de l'animal qu'ils aimaient tant.

« Il faut que j'abatte un de ces gredins, criait Célestin en se débattant contre l'étreinte de son maître qui l'avait saisi par sa ceinture; laissez-moi, monsieur, je vous en prie. Ces bandits ont tué Dents-d'Acier qui valait plus à lui seul qu'eux tous réunis; lâchez-moi. »

Une nouvelle décharge, dirigée contre les Indiens, les força de rentrer dans le bois, où Yago les suivit pas à pas. Chose singulière, aucun de leurs ennemis ne répondait au feu des voyageurs. Lorsque ceux qu'ils nommaient les assassins de Dents-d'Acier eurent disparu, Célestin et Pélican se calmèrent peu à peu, et ils revinrent près du corps de leur compagnon. Lucia, assise près du mâtin, l'appelait toujours.

« Lui plus savoir son nom, lui plus répondre jamais, jamais, » dit Pélican qui cette fois fondit en larmes, bientôt imité en cela par Célestin.

Le docteur était un homme doué d'une force d'âme peu commune, et lui, qui sans cesse déclamait contre l'humanité, déclarant que les hommes ne valaient pas la peine qu'on s'apitoyât sur leurs maux, ne pouvait détacher ses regards du corps de Dents-d'Acier.

Pendant une heure, Célestin et Pélican tournèrent et retournèrent le corps de leur pauvre compagnon, croyant sans cesse le voir remuer, espérant le ranimer par leurs caresses. Calmés par les paroles de leur maître qui les consolait d'une voix affectueuse, l'esprit des deux matelots reprit un peu d'équilibre. Ils se levèrent brusquement à la vue de cinq ou six vautours qui arrivaient à tire-d'aile et planaient au-dessus d'eux.

« Ah! s'écria Célestin, la main levée vers les rapaces, Dents-d'Acier est bien mort, car ceux-là ne se trompent jamais.

— Nous pas laisser manger lui, n'est-ce pas? » dit Pélican à son ami.

Pour toute réponse, Célestin dégaina son machété et en frappa le sol.

Les deux matelots se regardèrent avec consternation; le sol, formé de lave, ne pouvait être creusé.

« Enfouissons Dents-d'Acier sous un amas de pierres, dit le docteur, il sera ainsi à l'abri de toute insulte. »

Et, prêchant d'exemple, le savant se mit en quête de matériaux. Célestin, Pélican et Lucia elle-même suivirent son exemple, et bientôt une sorte de pyramide s'éleva sur le corps de Dents-d'Acier. Ses maîtres, afin de consolider leur travail, le revêtirent de blocs assez pesants pour que ni les chacals ni les tigres ne pussent les écarter. Cette triste tâche accomplie, les voyageurs s'assirent pour reprendre haleine, surpris de se sentir exténués. Tout à leur chagrin, ils oubliaient qu'ils n'avaient pas mangé depuis l'avant-veille.

Leurs regards sondèrent la vallée; ils se sentirent mornes, découragés. Le docteur, immobile, semblait perdu dans de sombres réflexions. Au bas de la vallée, vers la droite, on voyait les Indiens rôder derrière les arbres. Un d'eux se découvrit, Pélican et Célestin le couchèrent en joue, prêts à faire feu.

« Dites donc, monsieur, dit Lucia qui, après avoir tourné autour du docteur, s'appuya sans façon sur ses genoux, comment ferons-nous pour déjeuner aujourd'hui? »

Le docteur se redressa.

« Ah! pensa-t-il, la pauvre petite a faim. »

Il regarda Pélican, puis Célestin, et fut surpris de les voir, le nez en l'air examiner le vol des vautours. Les rapaces, au lieu de continuer à planer sur l'amas de pierres qui recouvrait le corps de Dents-d'Acier, tourbillonnaient maintenant vers la gauche, du côté du ravin.

« Que signifie cela? s'écria le docteur.

— Dents-d'Acier, dit Pélican, courir par là pour défendre petite mamzelle. Moi voir Yago tirer, et alors tirer à mon tour sur massa Yago.

— L'aurais-tu atteint? serait-il mort?

— Ce serait pain bénit, dit Célestin devenu impitoyable, et si Pélican a fait cela, ce coup de fusil sera certainement le meilleur qu'il aura tiré depuis qu'il est au monde. Mais non, Yago vit; ne venons-nous pas de le voir, il n'y a qu'un instant? »

Le docteur suivait du regard les évolutions des vautours. Un des rapaces, après avoir longtemps hésité s'abattit sur les roches.

« C'est singulier, murmura le savant, il y a une proie là-bas, nous ne saurions plus en douter. »

Suivi de Pélican, il s'avança dans la direction du vautour, se rapprochant ainsi du bas de la vallée. Les Indiens sortirent aussitôt du bois, et, en dépit des ordres formels de leur maître, Célestin et Pélican les saluèrent de deux balles.

Le savant et le nègre dépassèrent l'endroit où était tombé Dents-d'Acier et mirent en fuite quatre vautours déjà groupés autour du premier.

Soudain Célestin poussa une exclamation :

« Yago ! s'écria-t-il en montrant à son compagnon un homme qui, vêtu d'habits en peau de daim et couché sur le sol, semblait dormir.

— Non, dit Pélican ; lui pas Yago, lui sans doute compagnon attendu par Yago. »

Tout en parlant, le nègre armait et épaulait son fusil.

« Arrête, lui cria le docteur, cet homme n'est certainement pas Yago ; il est blessé, je vois du sang. »

Le docteur, après avoir interpellé par trois fois l'inconnu qui ne bougeait pas, poursuivit sa marche, malgré les protestations de Pélican qui craignait un piège. On arriva vite près du malheureux étendu sur le sol et qui paraissait inanimé. C'était un jeune homme d'une vingtaine d'années, un Européen, à en juger par la blancheur de sa peau. Il portait un fusil en bandoulière, et un revolver, échappé de sa main, se trouvait à côté de lui.

« Lui tuer Dents-d'Acier, dit Pélican, les lèvres serrées, en ramassant le revolver qu'il arma.

— Arrête, dit de nouveau le docteur ; ce malheureux vit encore.

— Oui, dit Pélican, lui faire semblant d'être mort. »

Il fallut bientôt se convaincre que le jeune homme était évanoui ; blessé à la cuisse, affaibli par la perte de son sang, bien qu'il eût bandé sa blessure à l'aide de son mouchoir, il avait essayé de se redresser et de marcher, comme le prouvaient les taches de sang dont les roches d'alentour étaient souillées.

On arriva vite près du malheureux. (Page 700.)

Le docteur détacha la gourde du blessé et lui versa une partie du contenu sur le visage. En même temps il lui faisait respirer son flacon d'alcali. Le jeune homme ouvrit les yeux, promena autour de lui des regards indécis, puis chercha machinalement son revolver.

« Bandits! s'écria-t-il en essayant de se redresser.

— Là, là, dit le docteur, très intrigué. Tenez-vous en repos, mon garçon; nous nous expliquerons tout à l'heure, lorsque je vous aurai pansé. »

Le jeune homme se leva à demi, puis il retomba et s'évanouit de nouveau.

« Aide-moi, dit le docteur à Pélican; nous sommes trop près de la forêt pour être en sûreté, et nous avons dans ce garçon un otage bon à garder. »

Pélican, qui comprit l'idée de son maître, saisit le jeune homme, le plaça sur ses épaules et battit en retraite avec ce fardeau. Des clameurs s'élevèrent de la lisière de la forêt; plusieurs hommes se montrèrent, salués aussitôt de coups de fusil par Célestin aux aguets. Pélican, parvenu près de son ami, déposa le blessé sur le sol. Lucia, qui avait reculé croyant voir un cadavre, se précipita tout à coup sur le jeune homme et l'entoura de ses petits bras.

« Oh! s'écria-t-elle avec épouvante et en pleurant, qui donc a tué Vif-Argent? »

CHAPITRE XVIII

LES VIEUX AMIS.

A ce nom de Vif-Argent, devenu familier pour leurs oreilles depuis qu'ils avaient délivré Lucia, les trois voyageurs se rapprochèrent du blessé.

« Que dis-tu, petite? demanda le docteur.

— C'est Vif-Argent, c'est mon ami, dit l'enfant qui, éplorée, posa sa tête près de celle du jeune homme. Ah! il saigne! Yago lui aura fait du mal. Guérissez-le bien vite, monsieur, je vous en prie. »

Le blessé ouvrit les yeux; il reconnut Lucia, et ses bras étendus se refermèrent sur l'enfant.

« Toi, toi, chère petite! s'écria-t-il. Vivante! »

Il la pressa avec effusion contre sa poitrine; puis il essaya de se relever.

« Là, là, dit le docteur, qui lui posa la main sur l'épaule, pas de mouvements brusques, jeune homme, vous êtes avec des amis. »

En entendant parler français, une vive surprise se peignit sur les traits du blessé.

« Des amis, vous ! dit-il.

— Oui, s'empressa de répondre Lucia, et de bons amis, va ; ils m'ont retirée des mains du méchant Yago, qui veut les tuer parce qu'ils me reconduisent chez nous. »

Des doutes singuliers traversaient l'esprit du docteur, dont le regard se dirigea vers la forêt. Il songeait que, depuis l'apparition du jour, lui et ses serviteurs, exaspérés par la mort de Dents-d'Acier, avaient répondu par des coups de feu aux tentatives de pourparlers de leurs ennemis, et cela sans que ceux-ci eussent riposté autrement que par des signaux multipliés. D'un autre côté, Célestin avait cru voir Yago à droite et Pélican à gauche, or...

« Êtes-vous venu seul ? demanda tout à coup le savant à son prisonnier.

— C'est-à-dire que j'ai pris l'avance sur mes compagnons que la fatigue et l'obscurité ont forcés de s'arrêter hier au soir. Cette nuit, vers deux heures du matin, j'ai entendu résonner des coups de feu de ce côté ; je suis alors parti dans la direction du bruit. Au sortir de la forêt, je me suis trouvé parmi des roches ; je vous ai aperçus, j'ai tenté de m'approcher de vous, et j'aurais réussi à le faire si un énorme chien ne s'était précipité sur moi...

— C'est vous qui avez tué Dents-d'Acier, s'écrièrent à la fois les trois voyageurs.

— Dents-d'Acier, répéta le jeune homme, est-ce le nom de votre chien ? Cette brave bête venait à moi, lorsque des détonations sont parties de la forêt, presque aussitôt une balle m'a traversé la cuisse et je suis tombé. J'ai voulu me relever, m'éloigner ; mes efforts pour me mettre debout m'ont causé une si forte douleur, que je me suis évanoui à plusieurs reprises. J'ai la jambe cassée, n'est-ce pas ?

— Non, dit le docteur, la balle n'a fait qu'effleurer l'os ; votre faiblesse vient de la perte de votre sang. »

Célestin et Pélican regardaient le jeune homme d'un air sombre, leurs mains tourmentaient la poignée de leurs machétés. Lucia se rapprocha d'eux.

« Vif-Argent aime les chiens, dit-elle avec vivacité, comme si elle eût compris les pensées sinistres qui traversaient l'esprit des deux matelots, — et la chère petite les avait, en effet, devinées ; — Vif-Argent aime les chiens, répéta-t-elle, et ce n'est pas lui qui a tiré sur Dents-d'Acier. N'est-ce pas, ajouta l'enfant qui se pressa contre son ami, que ce n'est pas toi ?

— Dieu m'est témoin, répondit le jeune homme, que j'allais vous appeler lorsque le chien est tombé, frappé avant moi.

— Par le ciel, monsieur, s'écria Célestin qui arma brusquement son fusil, ce ne sont plus huit Indiens que nous avons à combattre, c'est une tribu entière. »

Le docteur, qui venait de s'agenouiller près du blessé, afin de resserrer le bandage qu'il lui avait appliqué, se releva. De tous les côtés se montraient en effet des Indiens. Trois hommes, vêtus comme Vif-Argent et Yago, de vêtements de cuir, semblaient se concerter. Un d'eux se dépouilla de ses armes, et s'avança les bras étendus, afin de montrer ses intentions pacifiques.

« Prenez garde, monsieur, s'écria Célestin en voyant son maître faire un pas hors des roches, souvenez-vous de la trahison dont vous avez failli être victime ; le pauvre Dents-d'Acier n'est plus là pour vous porter secours. »

Le docteur se rapprocha du blessé.

« Voyons, jeune homme, lui dit-il ; mes serviteurs vont vous soulever, afin que vous nous appreniez si l'homme qui se montre là-bas est un ami ou un ennemi. »

Vif-Argent, soutenu par les bras robustes de Pélican et de Célestin, regarda par-dessus les roches.

« C'est José, » s'écria-t-il.

José ! A ce nom le docteur, sourd cette fois aux recommandations de ses serviteurs, partit en courant. L'homme qui s'avançait s'arrêta, car le savant, dans sa précipitation, avait oublié de se dépouiller de ses armes.

« José, José ! mon cher José ! » criait-il.

Et, précipitant ses pas, il ouvrait de loin ses bras à son ami.

L'interpellé ne répondit pas d'abord ; mais, quand le docteur ne

José! A ce nom le docteur partit en courant. (Page 704.)

fut plus qu'à vingt pas de lui, il eut un sursaut à son tour.

« Bonté du ciel! s'écria-t-il; c'est donc bien vous, docteur, et mes prévisions se trouvent justifiées. »

Le docteur, tout à sa joie, ne prêta aucune attention à ces paroles de son vieil ami. Il le prit entre ses bras, le tint longtemps pressé contre sa poitrine, trop ému pour prononcer un seul mot. En proie de son côté à une vive émotion, José se taisait. C'était un homme de haute taille, à la peau orangée, possédant toute la régularité de traits d'un Européen. Agé de soixante ans environ, il paraissait alerte et vigoureux ; ses cheveux blancs encadraient un visage dont l'expression, pleine à la fois de douceur et de fermeté, dénotait une nature d'une énergie peu commune.

« Vous, vous, mon cher maître ! » répétait-il.

Puis il se dégagea tout à coup de l'étreinte du docteur et lui dit :

« Un des miens est votre prisonnier. Serait-il blessé ?

— Oui, à la jambe.

— Sa blessure est dangereuse ?

— Non, elle exigera un mois de repos, rien de plus. »

José parut respirer plus librement.

« Et l'enfant ? reprit-il.

— La chère petite, saine et sauve, est aussi ma prisonnière.

— Béni soit Dieu, oui, béni soit Dieu ! » répliqua le chasseur.

Et ses bras entourèrent de nouveau le docteur.

En ce moment, un des deux compagnons de José le rejoignit.

« Mon fils ? s'écria-t-il d'un ton interrogateur et plein d'anxiété, je ne vois pas mon fils...

— Il est vivant, monsieur Pinson, se hâta de répondre José, grâce à mon ami, le docteur Pierre, que je vous...

— Et Lucia, José ?

— Vivante aussi, señor. »

M. Pinson, sans en écouter davantage, reprit sa course vers les roches. Le docteur et José le suivirent.

« Ah, méchant garçon, s'écria M. Pinson qui se mit à genoux près de Vif-Argent, tu viens de me faire passer des heures qui me vaudront des cheveux blancs. »

Et l'ingénieur, après avoir embrassé avec effusion le blessé, s'assit et se couvrit le visage de ses deux mains pour cacher ses yeux humides. Il se redressa pour soulever Lucia qui, longtemps suspendue au cou de José, accourait vers lui.

« Bonjour, monsieur Pinson, » dit-elle comme si elle ne l'eût quitté que la veille.

En ce moment arrivait le second compagnon de José.

« Monsieur Boisjoli, je suppose, dit le docteur en réponse au salut du nouveau venu.

— Oui, monsieur, répondit Boisjoli, surpris de se voir interpellé par son nom.

— Depuis qu'elle est sous ma protection, reprit le docteur, la petite Lucia m'a cent fois décrit ses amis de la Héronnière, et je connais, comme si j'avais vécu avec eux, M. Pinson, M. Boisjoli et le pauvre jeune homme qui gît là. »

Pendant un quart d'heure, ce ne furent qu'embrassades. Des bras de José, de ceux des deux ingénieurs, Lucia passa dans ceux des Indiens qui semblaient fous de joie d'avoir retrouvé leur petite maîtresse. M. Pinson, attentif, inquiet comme une mère pour Vif-Argent, supplia le docteur d'examiner de nouveau la blessure; celui-ci ne se fit pas prier, et il affirma encore que le blessé guérirait promptement.

Au milieu de toutes ces effusions, Pélican et Célestin, muets et sombres, étaient allés s'asseoir près du tas de pierres qui recouvrait Dents-d'Acier, et se tenaient serrés l'un contre l'autre. Quelle part les deux matelots eussent prise à la joie générale si leur brave compagnon eût encore été en vie.

Bientôt les interrogations recommencèrent.

« Où est Yago? demanda le docteur.

— Mort, répondit José; mes Indiens l'ont surpris et, dans leur colère, l'ont massacré avant que je pusse arriver à son secours. Mais vous, docteur, comment l'avez-vous rencontré, comment avez-vous pu lui arracher Lucia?

— Les sots qui prétendent que le hasard régit les choses de ce monde, répliqua le docteur, n'ont sans doute jamais regardé ce qui se passe autour d'eux; notre abominable engeance...

— Quoi, mon cher maître, s'écria José qui fit un signe d'intelligence à M. Pinson et à Boisjoli, vous n'êtes pas encore corrigé? »

Il fallait que le docteur eût le cœur bien soulagé pour reprendre ses déclamations à l'adresse de l'humanité; tout à coup il aperçut Célestin et Pélican; son front se rembrunit, il reprit d'une voix grave :

« Il y a des exceptions, José, j'avoue qu'il y a des exceptions, j'en connais même. Je vois là-bas, par exemple, deux bons êtres qui sont à mon service depuis l'époque où je vous ai quitté, et je défie ceux qui les connaissent ou les connaîtront de ne pas les aimer. Ce sont deux cœurs simples, naïfs, héroïques, qui font honneur à l'humanité; en ce moment, ils souffrent. »

Et comme José regardait son ami d'un air interrogateur :

« Nous avions un compagnon, José, continua le docteur, un humble compagnon à quatre pattes qui répondait au nom de Dents-d'Acier. Il nous aimait et nous l'aimions; ce n'était pourtant qu'un chien, José, j'en conviens, un chien dévoué, fidèle, intelligent... Or, dans l'échauffourée de cette nuit, il a été tué. »

Le docteur, suivi de José, s'était peu à peu rapproché de Célestin et de Pélican.

« Je comprends vos regrets, mes amis, dit le chasseur de sa voix mâle et sympathique, qu'un léger tremblement altéra; je ne me suis pas encore consolé moi-même de la perte, déjà ancienne pourtant, d'une brave bête...

— Vagabond est mort? s'écria le docteur.

— Vous vous souvenez de lui? dit José en se tournant vers le médecin dont il serra la main.

— Oui, oui, nous avons fait assez d'excursions ensemble, et il me témoignait assez d'amitié pour que j'aie conservé son souvenir; pauvre Vagabond! »

Le chasseur entama alors le récit des prouesses de son chien, citant mille et une preuves de l'intelligence de la bête, Célestin et Pélican ne restèrent pas en arrière. La conversation ne se serait jamais terminée, car le sujet paraissait inépuisable, si le docteur n'eût soudain pâli et chancelé.

« Qu'avez-vous, monsieur? s'écrièrent à la fois les deux matelots.

— Rien, mes amis, une simple défaillance qui prouve que je n'ai plus vingt ans. Au fait, José savez-vous que nous n'avons ni bu ni mangé depuis deux jours?

— Par le ciel, docteur, s'écria le chasseur, ne pouviez-vous parler plutôt! Venez! »

José prit les devants, pendant que Célestin et Pélican forçaient leur maître à s'appuyer sur eux pour gagner la forêt, où M. Pinson et Boisjoli avaient déjà transporté Vif-Argent. Un quart d'heure plus tard, José, Boisjoli et le docteur se partageaient un dindon sauvage. M. Pinson s'était établi près de Vif-Argent, et, malgré les instances et les caresses de Lucia, Célestin et Pélican se tenaient à l'écart. Le temps, — Lucia ne le comprenait pas encore,

— était le seul médecin qui, peu à peu, devait consoler les deux matelots de la mort de Dents-d'Acier.

CHAPITRE XIX

GENTILLESSE DE LUCIA

Durant le repas les interrogations reprirent leur cours, car bien des points restaient obscurs pour chacun des convives. Comment le docteur avait-il rencontré Lucia? Comment avait-il pu l'enlever à Yago et à ses complices? Par quelle fatalité s'était-il engagé dans une impasse? Ces questions, José les adressa coup sur coup au naturaliste, qui, de son côté, voulait savoir comment son ami l'avait rejoint, pourquoi il avait tant tardé, par quel hasard Vif-Argent les précédait.

Le docteur dut parler le premier, et son récit fut confirmé par la petite Lucia qui, joyeuse, allait de José à Boisjoli, de Boisjoli au médecin qu'elle comblait de caresses. Chacun pressa avec cordialité la main des deux anciens matelots lorsqu'on sut la part qu'ils avaient prise au sauvetage de l'enfant.

José eut à son tour la parole. Il raconta par quelle série de ruses Yago et ses complices avaient pu égarer ses recherches pendant quatre jours. Le métis devait avoir longuement prémédité son plan, car il avait tracé dans la forêt cinq ou six fausses pistes. Enfin, grâce à Vif-Argent, la route suivie par les ravisseurs avait été découverte.

« Hier au soir, dit José en terminant son récit, nous avons entendu des coups de feu. Déjà nous étions certains que Lucia n'était plus au pouvoir des bandits, sans parvenir à nous expliquer par qui elle leur avait été enlevée. A force d'étudier l'empreinte des pas qui précédaient les traces laissées par Yago, j'avais reconnu, à ma grande surprise, que ces pas appartenaient à des Européens. Peu à peu, à différents indices, je soupçonnai que c'était vous, docteur, qui aviez délivré Lucia, et bientôt ce soupçon devint une certitude.

— Comment se fait-il que votre compagnon vous ait devancés, qu'il...

— Il est jeune, docteur; par conséquent plein d'audace et d'impatience; ce n'est pas à tort, vous en jugerez quand vous le connaîtrez mieux, qu'on l'a nommé Vif-Argent. Ce brave garçon a vu naître Lucia qu'il chérit comme une jeune sœur; aussi, depuis notre départ, le rôle d'éclaireur lui appartenait-il. Après le bruit des coups de feu que nous avons entendus, Vif-Argent, en dépit de mes observations, a profité de notre sommeil pour abandonner le bivouac et s'est avancé jusqu'ici. Un peu avant le jour, nous nous sommes lancés sur ses traces, et, ainsi que je vous l'ai dit, mes Indiens ont surpris Yago qu'ils ont massacré. Étonnés de ne point voir Vif-Argent, nous vous avons fait des signaux auxquels vous avez répondu par des coups de fusil si bien visés, que je me suis hâté de ramener mes gens dans la forêt.

— Nous étions sous l'impression de la mort de notre pauvre chien, dit le docteur; puis, dans une précédente entrevue, j'avais failli être traîtreusement étranglé par maître Yago, ce qui m'ôtait tout désir de nouveaux pourparlers avec lui; bref, nous nous croyions encore devant les plus fourbes des adversaires.

— Je comprends, dit José. Lorsque, vous ayant vu transporter Vif-Argent, je me suis avancé vers vous les bras étendus, avec l'espoir, par cette démonstration pacifique, de mettre fin à la méprise qui nous valait des coups de fusils, vous avez cru à une nouvelle feinte? Enfin, grâce au ciel, tout s'est éclairci.

— Que sont devenus les compagnons de Yago? demanda encore le docteur.

— Ils sont mes prisonniers; ce sont des vauriens que j'ai eu le tort de ne pas vouloir chasser de l'hacienda, espérant qu'ils se corrigeraient. On a raison de dire, docteur, que l'oisiveté, c'est-à-dire la paresse, est la mère de tous les vices; les mauvaises actions sont presque toujours commises par des paresseux.

— Depuis huit jours, reprit le docteur, je songe au désespoir du père et de la mère de Lucia.

— Ils ignorent encore, par bonheur, l'aventure arrivée à leur enfant. Yago a profité de leur absence pour mettre à exécution sa criminelle tentative, et le misérable nous a fait passer à tous de cruelles heures, surtout à la grand'mère de Lucia, que j'ai eu toutes les peines du monde à dissuader de nous accompagner. Aussi allons-nous partir sans retard pour la Héronnière; en marchant nuit et jour nous pourrons y être après-demain, consoler doña Magdalena, et éviter à son fils et à sa belle-fille, qui sont à la veille de leur retour, les mortelles angoisses par lesquelles nous avons passé. »

José se leva pour présider aux préparatifs du départ, et M. Pinson vint encore une fois prier le docteur d'examiner la blessure de Vif-Argent. Une fièvre légère tourmentait le jeune homme, néanmoins le docteur rassura son compatriote.

« Avant huit jours, lui dit-il, votre fils sera guéri, monsieur, et ne conservera d'autre trace de sa blessure qu'une légère cicatrice, je vous le garantis.

— Merci de vos bonnes paroles, docteur, s'écria M. Pinson, qui pressa avec effusion la main du savant, et puisse cette leçon sévère profiter à cet imprudent! Mais, dites moi : notre rencontre, la vôtre avec Yago, la mort de ce misérable, tout cela ne vous semble-t-il pas prodigieux? »

Boisjoli, M. Pinson et même Vif-Argent, dont la fièvre ne troublait pas la raison, entretenaient le docteur du passé, de l'affection profonde que José professait pour lui.

« Cet excellent homme, dont les qualités de cœur égalent l'intelligence, dit M. Pinson, se déclare sans cesse votre élève et vous renvoie les éloges que lui méritent sa bonté et son savoir. Il y a donc longtemps que nous vous connaissons, que nous vous aimons.

— Oui, oui, dit le docteur d'une voix émue, José est un peu mon élève, en effet; mais, s'il me doit quelque chose, je suis aussi son débiteur. Lors de mon arrivée d'Europe, j'étais en proie à une noire mélancolie : la mort d'une tendre compagne, d'un enfant unique, la disparition d'un frère... »

Le docteur s'interrompit un instant, puis reprit :

« Ce sont là, messieurs, des douleurs que le temps rend supportables, qu'il ne guérit pas; je trouvai dans José un homme... A quoi bon le vanter? Vous le connaissez. »

Le docteur alla rejoindre Célestin et Pélican, et se promena avec eux sur la lisière de la forêt. Les deux matelots, sombres, silencieux, tournaient sans cesse leurs regards vers les roches au milieu desquelles dormait Dents-d'Acier. Les promeneurs, peu à peu, se rapprochèrent d'un groupe d'Indiens qui semblaient creuser la terre. Ils la creusaient, en effet, et bientôt ils couchèrent dans ce trou le corps de Yago, enveloppé d'une couverture. Ses complices, liés par de fortes cordes d'aloès, avaient été amenés près de la fosse.

« La mort de ce malheureux, dit José qui s'avança, prouve une fois de plus que le mal ne peut se commettre impunément. Nous n'avons plus à maudire Yago; il se trouve en face de ce juge suprême auquel devraient songer toujours ceux qui commettent de lâches actions, car il est certain que tout être vivant, à un jour donné, doit paraître devant son tribunal. Roulez cette pierre sur la fosse, mes enfants, que les chacals ne viennent pas souiller cette sépulture, bien qu'elle renferme un grand coupable. »

Pendant ce temps, sous l'intelligente direction de Boisjoli, trois Indiens avaient construit, à l'aide de branches liées ensemble par des lianes, une sorte de litière sur laquelle on devait transporter Vif-Argent, incapable de marcher. La caravane était prête à se mettre en route; déjà les Indiens chargés du brancard s'éloignaient, escortés par M. Pinson, lorsque José s'approcha du docteur, de Célestin et de Pélican qui, appuyés sur la crosse de leurs fusils, regardaient les Indiens défiler.

« En route, dit le chasseur d'une voix joyeuse; je vais donc enfin vous posséder à la Héronnière, docteur. Lors de votre départ, vous m'aviez promis de revenir; sans reproche, vous avez bien tardé.

— Je ne manquerai certes pas à ma promesse, José, et, avant huit jours... »

Les sourcils de José se froncèrent; il se rapprocha de son ancien ami.

« Que dites-vous? s'écria-t-il. Que parlez-vous de huit jours; si Dieu ne contrarie pas notre marche, nous serons après-demain à l'hacienda.

— Où je vous rejoindrai, José.

« En route ! » dit le chasseur d'une voix joyeuse. (Page 712.)

— Me rejoindre? Auriez-vous la prétention de ne pas nous accompagner?

— Pour marcher plus à la légère, répondit le naturaliste, et mettre plus vite Lucia à l'abri des tentatives de Yago, j'ai abandonné, à plusieurs journées de marche d'ici, les collections que j'ai recueillies depuis mon départ de l'isthme de Téhuantépec. Lucia est désormais en sûreté, et mes collections sont pour moi choses trop précieuses pour que je ne retourne pas les chercher.

— Je vous approuve, docteur, s'écria José, dont le visage,

sombre d'abord, s'était rasséréné à mesure que le naturaliste parlait; allons, voici notre arrière-garde, et il se peut que...

— Regardez, monsieur, dit en ce moment Célestin, ne sont-ce pas nos ballots que portent ces Indiens.

— Vous avez raison, mon ami, répondit José, ces bagages sont, en effet, les vôtres.

— Comment se fait-il?

— Je vous ai dit tantôt, docteur, sans que vous y ayez pris garde, que, depuis quelques jours, je suivais la piste de Yago avec d'autant plus d'ardeur, que je savais devoir vous trouver au bout en même temps que Lucia. Mes Indiens, en battant les buissons, ont découvert le monticule derrière lequel vous aviez déposé vos collections. Du premier coup d'œil, je reconnus votre écriture sur la note dont chaque peau d'oiseau est accompagnée, et je vous laisse deviner ma joie. Ces collections, je compris pourquoi vous les aviez abandonnées, et je les confiai à deux de mes Indiens; les voilà bien intactes, et vous en reprendrez possession à la Héronnière. »

Le docteur regarda Célestin et Pélican comme pour les consulter.

« Soit, dit-il, dans huit jours.

— Pourquoi ce délai? demanda José surpris, je ne le comprends plus.

— Si vous, Pélican et Célestin restez ici, s'écria Lucia qui avait écouté cette conversation, qui va donc me porter?

— Moi, mignonne, répondit José.

— Non, reprit l'enfant avec résolution, je veux que ce soit Pélican. C'est lui qui m'a emmenée de la cabane de Yago, c'est lui qui doit me porter à maman. Si Pélican ne m'aime plus, Célestin m'aime, lui, et il me portera, n'est-ce pas, Célestin? »

Le brave matelot retira son chapeau, le tordit, le replaça sur sa tête, puis répondit enfin :

« Il est certain, mademoiselle que... que si vous commandez...

— Je ne commande pas, répondit Lucia avec vivacité, je suis trop petite pour commander, et les enfants qui commandent sont des vilains, maman le dit toujours. Mais je t'en prie, Célestin, viens avec nous; si tu demandes à Pélican de me porter, il t'obéira.

— Monsieur, dit en ce moment M. Pinson qui s'avança vers le docteur, mon ami Boisjoli vient de me prévenir que vous ne nous accompagnez pas ; mon fils a besoin de vous, et à titre de compatriote je vous supplie de ne pas abandonner votre malade, votre blessé.

— Allons, allons, docteur, s'écria José, sacrifiez-vous une fois de plus à notre misérable engeance. »

Le docteur assujettit sa petite calotte noire, la retira, l'enfouit au fond de sa gibecière, se coiffa de son chapeau, et plaça son fusil sur son épaule gauche. Au même instant, Lucia, soulevée de terre, était logée sur le dos de Pélican qu'elle embrassait. José regarda défiler sa petite troupe. Quatre Indiens, le machété à la main, ouvraient la marche et préparaient, en élaguant les branches et les lianes, le passage de la litière qu'escortait M. Pinson. Venaient ensuite les Indiens prisonniers, suivis de ceux qui portaient les bagages. Enfin Célestin, Lucia, Pélican, et, tout à fait à l'arrière-garde, le docteur près duquel se tenait Boisjoli. La caravane disparut vite dans la forêt ; elle voulait doubler les étapes pour ne s'arrêter qu'à la Héronnière.

Une demi-heure après ce départ, la petite vallée, qu'aucun pas humain n'avait foulé peut-être depuis la création du monde, et qui venait d'être témoin des événements que nous avons racontés, reprenait, pour des siècles, son silence majestueux. Célestin et Pélican avaient jeté un dernier regard sur le cratère, puis sur le ciel où planaient des vautours ; mais Dents-d'Acier, sous son tumulus de pierres, n'avait rien à redouter des immondes oiseaux, il pouvait dormir en paix jusqu'à l'heure suprême où ses maîtres le retrouveraient dans ces plaines giboyeuses auxquelles croient les Indiens ; fable que les deux matelots acceptaient comme une vérité, depuis la mort de leur chien.

CHAPITRE XX

LA HÉRONNIÈRE

Quand vint la nuit la caravane, guidée par José, atteignit les bords d'une source. On fit halte pour se reposer et manger. Durant la marche, l'ingénieur Boisjoli, qui ne s'était guère éloigné du docteur, l'avait aidé à chercher des insectes, à recueillir des plantes, lui donnant, par ses remarques, des preuves de connaissances entomologiques, botaniques et ornithologiques assez étendues. Le savant, ravi de trouver avec qui causer de ses études favorites, eut bientôt mis son interlocuteur au courant de ses principales découvertes scientifiques depuis qu'il explorait le Mexique. M. Pinson, qui venait parfois se mêler à la conversation, finissait toujours par entraîner le docteur près de la litière où reposait Vif-Argent, et ne se lassait point d'entendre répéter que le jeune homme guérirait vite et d'une façon complète. Quant à Célestin et à Pélican, que Lucia n'avait pas voulu quitter une seule minute, et qui portaient à tour de rôle l'aimable petite fille, ils cheminèrent plus d'une fois en compagnie de José. Le chasseur venait souvent se placer à leur côté pour causer avec eux de Dents-d'Acier ou de Vagabond. Aussi, le soir venu, Célestin et Pélican considéraient-ils déjà comme un vieil ami l'homme qui comprenait si bien leurs regrets, qu'il semblait les partager.

La lune se leva; José donna aussitôt le signal du départ, et la caravane s'engagea parmi les hautes herbes d'une prairie. José tenait beaucoup à ce que l'on franchît, avant le retour du soleil, cet espace sans ombre et sans abri. On avança en silence, car il fallait surveiller chacun de ses pas. Lucia, tantôt portée par Célestin, tantôt par Pélican, s'endormit à plusieurs reprises et fit de bons sommes, imitée en cela par Vif-Argent que berçait le mouvement de la litière. Au point du jour, la caravane atteignit une nouvelle ligne de montagnes, campa près d'un ruisseau. Un repos de deux heures fut accordé aux Indiens, puis on se remit en marche.

La caravane atteignit une nouvelle ligne de montagnes. (Page 716.)

En dépit de leur diligence, la nuit surprit de nouveau les voyageurs au milieu de sommets accidentés et couverts d'arbres. Une étape nocturne eût été périlleuse à franchir sur un sol inégal, semé de pierres, de buissons, de fondrières, d'obstacles de toute espèce. Un Indien, bon coureur, fut dépêché vers la Héronnière afin d'annoncer à la grand'mère de Lucia l'arrivée de sa petite-fille pour le lendemain, et le campement fut organisé.

M. Pinson, d'ordinaire, avait l'humeur joviale; il possédait l'entrain, la gaieté, la vivacité de l'oiseau dont il portait le nom.

Rassuré par les affirmations du docteur sur le sort de Vif-Argent, l'ingénieur, jusque-là sombre et morose, se montra enfin ce qu'il était en réalité, un homme aux façons rondes, sympathiques, à la parole pleine de saillies. Boisjoli, plus sérieux que son ami, lui donna néanmoins la réplique, et le souper fut des plus animés. Après tant de jours d'inquiétude, chacun sentait le besoin de s'égayer un peu. En somme, quand l'heure du dessert, composé de fruits sauvages, sonna, les trois compatriotes se traitaient déjà comme de vieux amis. Il est vrai que José, qui les connaissait si bien tous, leur avait fait partager l'estime qu'il ressentait pour chacun d'eux et qu'ils méritaient.

On parla naturellement de la France durant cette soirée, et du singulier hasard qui plaçait en face les uns des autres quatre compatriotes, — sans compter Célestin et Pélican, — à trois mille lieues de leur patrie.

« Vous, docteur, dit M. Pinson, vous êtes un savant, un naturaliste avide de découvertes; il n'y a donc rien d'étrange à vous voir errer dans les forêts, en pleine nature primitive. Mais, moi, bourgeois de Paris renforcé, dont le plus long voyage hors de ma ville natale avait été une excursion à Château-Thierry, je suis encore plus émerveillé de me voir au Mexique que ne le fut le doge de Venise de se voir à Versailles. Comprenez-vous, posséder un agréable chez soi, rue Nollet, à Paris, et faire, à son corps défendant, un voyage de deux mille cinq cents lieues? Cela ne s'est jamais vu et ne se reverra jamais, tant c'est prodigieux.

— A votre corps défendant? répéta le docteur. Avez-vous donc été amené ici par la force?

— Oui, par la force des circonstances; tel que vous me voyez, je suis une victime de l'amitié... et des règlements maritimes.

— J'avoue, répliqua le docteur, ne pouvoir comprendre comment un Français, un Parisien surtout, a pu être amené malgré lui au Mexique.

— Mon histoire est néanmoins aussi vraie qu'invraisemblable, aussi simple qu'étrange, reprit M. Pinson, et vous allez en juger. Boisjoli, mon ami d'enfance, ici présent, est, je le dis sans amertume, la cause de mes malheurs. Il lui prit un jour fantaisie, l'esprit tourmenté de rêves de gloire, de se rendre aux États-Unis, où, par suite de la guerre de sécession, il espérait acquérir réputation et fortune. Après avoir en vain essayé de le faire renoncer à ce projet, je me décidai à l'accompagner jusqu'à Calais, puis jusqu'à Londres, et enfin jusqu'à Liverpool où il devait s'embarquer. Pendant que je l'aidais à disposer ses effets dans la cabine qu'on lui avait assignée, le steamer leva l'ancre et, quand je remontai sur le pont, je me vis en pleine mer, ou à peu près. Jugez de ma stupéfaction, de ma colère. Bref, après trois jours de navigation, nous rencontrons un navire de guerre américain, dont le capitaine consent à me prendre à son bord pour me rapatrier, et me voilà en route pour Paris. Mais un corsaire du Sud ayant traversé notre route, mon steamer se mit en chasse et me débarqua, après un mois de voyage, sur le môle de Vera-Cruz. De Verabru, la nécessité me conduisit à la Héronnière, où mon ami m'a rejoint plus tard. Enfin me voilà ici, toujours contre mon gré, et cependant, docteur, je ne le regrette pas, puisque j'ai pu vous connaître. »

Il fallut que José et Boisjoli certifiassent au médecin la véracité absolue du récit de M. Pinson, pour qu'il cessât de croire à une plaisanterie. On se coucha enfin et, au lever du soleil, la caravane entreprit sa dernière étape. Vers midi, on côtoyait un ravin à pic, au fond duquel mugissait un torrent. Le docteur, arrêté sur le bord de l'abîme, regardait avec persistance un pan de montagne qui semblait s'être écroulé:

« En vérité, José, dit-il au chasseur qui vint se poster près de lui, il me semble reconnaître ce lieu, et je parierais que nous l'avons visité ensemble. Oui, je me souviens; une roche surplombait ici, et c'est en vous engageant sur la saillie qu'elle formait pour me procurer des œufs de vautour que vous avez découvert...

— Chut! chut! dit le chasseur qui entraîna son ami en regardant si quelqu'un avait pu l'entendre; ceci est un passé dont il ne faut plus parler. J'ai suivi vos conseils, docteur, et ma découverte est demeurée un secret. Ce secret, il n'est connu que de vous et de M. Pinson qui, il y a plusieurs années, m'a aidé à l'ensevelir sous les débris de la montagne, et cela par suite d'événements terribles que je vous raconterai plus tard. »

Pendant une heure, José et le docteur marchèrent côte à côte, celui-ci écoutant l'histoire de Luis Avila et d'Amalia Lerdo, père et mère de la petite Lucia, que lui racontait son ami. Après une nouvelle heure de marche, on déboucha sur le plateau où se dressait le Potrero, ancienne propriété de Luis Avila. Le passé apparut alors de nouveau au docteur; il se souvint, devant la belle habitation qu'il avait sous les yeux, des bâtiments à demi ruinés occupés autrefois par doña Magdalena, par la veuve, comme on l'appelait alors. On passa outre, on longea un ruisseau, et la vallée au milieu de laquelle est située la Héronnière se déroula aux pieds des voyageurs, bordée à gauche par le grand lac où se baignent sans cesse des aigrettes, des spatules roses, des hérons et des pélicans. Le docteur poussa une exclamation et se frotta les yeux; il croyait rêver.

Là où quinze ans auparavant il avait laissé une vaste plaine à peine cultivée à l'aide de moyens primitifs, se dressaient de vastes constructions, et des routes, ombragées par des rangées d'arbres, se croisaient en tous sens. De hautes cheminées de briques menaçaient le ciel, surmontées de noirs panaches de fumée. Un bruit strident, semblable à celui que produit la vapeur en s'échappant des chaudières où on la tient prisonnière, le sourd bourdonnement d'usines en pleine activité, résonnaient de tous les côtés. Des travailleurs, conduisant de légères charrettes ou traînant des brouettes, sillonnaient la vaste plaine arrosée par mille rigoles destinées à fertiliser les champs de cannes à sucre ou de cotonniers.

« Est-ce une illusion? s'écria le docteur; suis-je en France, en Angleterre ou au Mexique?

— Vous êtes au Mexique, monsieur, dit Boisjoli, ou vous avez sous les yeux l'œuvre de Pinson.

— Tu veux dire la tienne, s'écria ce dernier, qui saisit la main de son ami; oui, la tienne. J'ai ébauché, tu as terminé, perfectionné...

— Non.

— Si.

— Non. »

Le docteur souriait. Cette discussion, où chacun des deux amis voulait donner à l'autre la suprématie, lui rappelait l'éternelle querelle de Célestin et de Pélican à propos de la *Jeune Amélie;* l'amitié, la vraie, est toujours semblable à elle-même, et faite d'abnégation.

« La vérité, dirent à la fois les deux ingénieurs en voyant s'avancer José, c'est que, sans le brave homme que voilà, la vallée de la Héronnière ne serait à l'heure présente qu'un désert ou à peu près. »

Le docteur contemplait encore le merveilleux spectacle qui s'offrait à ses yeux, que la caravane, continuant sa route, était déjà loin.

« Sur l'honneur, dit soudain une voix près de lui, voilà un pays qui ne ressemble guère à celui que vous nous aviez annoncé, monsieur.

— Le monde se transforme, Célestin, répondit le docteur; il se transforme en s'améliorant. La terre, autrefois, appartenait à un petit nombre de privilégiés qui seuls semblaient avoir le droit de vivre, de commander; aujourd'hui, elle est à tous par le travail; les anciens deshérités rentrent peu à peu en possession de l'héritage commun, là-bas les serfs, ici les Indiens, aux États-Unis les nègres. Le commerce, l'industrie, les arts sont désormais les grands régents des sociétés modernes; ils perfectionnent tout ce qu'ils touchent sans en excepter l'homme qui, entre nous, en a bien besoin. »

Après avoir lancé cette dernière boutade, pour ne pas donner un démenti absolu à ses paradoxes habituels, le docteur descendit à son tour vers la plaine. Il franchit la grande porte de l'hacienda au moment où la caravane, entourée de tous les travailleurs qui poussaient des cris de joie, pénétrait dans la grande cour intérieure de la Héronnière.

CHAPITRE XXI

RECONNAISSANCE

Pendant deux jours doña Magdalena, grand'mère de la petite Lucia, ne cessa de choyer ses hôtes, attentive à prévenir leurs besoins et occupée du soir au matin de leur bien-être. La bonne dame avait connu le docteur lors de sa première visite à la Héronnière; mais, en y regardant de près, ses attentions les plus constantes étaient peut-être pour Célestin et Pélican, dont sa petite-fille lui racontait à toute heure le dévouement, la sollicitude et les bontés. En somme, sans Pélican, sans l'instinct qui, au dire de Célestin, le guidait vers les petits enfants, les voyageurs eussent sans nul doute passé près de Yago sans prendre garde à lui, et Dieu sait ce qu'il serait advenu de la petite prisonnière. Tandis que M. Pinson et Boisjoli promenaient le docteur sur le domaine, lui expliquant leurs travaux et les obstacles qu'ils avaient eu à vaincre pour les mener à bonne fin, Célestin et Pélican, toujours accompagnés de Lucia, rôdaient aussi sur la vaste propriété. Aux champs comme dans les ateliers, les ouvriers interrompaient leur travail pour presser la main des deux matelots, souvent touchés jusqu'aux larmes de ces marques de sympathie.

« Hein, disait alors Pélican à son ami, si Dents-d'Acier être ici, lui manger pâtée au sucre dans une assiette, et recevoir aussi félicitations. »

Et le souvenir de leur camarade, qui reposait là-bas sous des pierres, troublait un instant le plaisir des deux amis.

Trois jours après son arrivée à l'hacienda, lorsqu'il déboucha vers huit heures du matin sous le corridor extérieur du bâtiment, le docteur se trouva à l'improviste devant un jeune homme, sur le bras duquel s'appuyait une belle personne de vingt-cinq à vingt-six ans, modèle accompli de la beauté créole.

« C'est lui! » s'écria la petite Lucia, qui se leva de la chaise à bascule sur laquelle elle se balançait pour courir embrasser son ami. Puis elle prit la main du docteur et ajouta en montrant le jeune homme et la jeune femme :

« Voilà mon papa et ma maman. »

Doña Amalia, dans sa reconnaissance pour l'homme qui avait délivré et sauvé son enfant, se précipita vers le médecin qu'elle embrassa sur les deux joues; elle recula ensuite toute rouge, toute confuse, s'excusant.

« Merci, merci, monsieur! dit à son tour don Luis qui donna à son hôte l'accolade mexicaine. Nous sommes arrivés cette nuit, et ma mère, José, M. Pinson, nous ont appris de quels services nous vous sommes redevables; nous vous appartenons à jamais, monsieur, croyez-le bien. »

Le docteur, ému, embarrassé par ces témoignages de gratitude, y voyait un peu trouble et tourmentait sa petite calotte de feutre pour se donner une contenance. Lui qui prenait si rarement garde aux avantages physiques des gens, il était émerveillé de la beauté, de la grâce de doña Amalia, de l'intelligence qui rayonnait sur les traits de son mari.

« Joli couple; oui, joli couple en vérité, » murmurait-il entre ses dents.

Et il essayait de dégager ses mains dont ses hôtes venaient de s'emparer, lorsque José parut.

« Je vous avais toujours promis, dit le chasseur aux deux époux, de vous faire connaître tôt ou tard mon vieux maître, ce bon docteur Pierre dont je vous parle si souvent. Eh bien, il a tenu sa parole; il est revenu, et je tiens la mienne à mon tour. Vous avez devant vous, doña Amalia, le plus grand misanthrope de notre époque, un homme qui trouve les tigres et les crocodiles des agneaux auprès de notre espèce, un homme...

— Madame, monsieur, murmura le docteur embarrassé.

— Il n'aime pas que les crocodiles, José, dit Lucia; il aime aussi les petits enfants, et il sait de belles histoires pour les endormir; tu verras, maman, je te les raconterai ce soir.

— La vérité, reprit José, c'est que vous avez en face de vous, Amalia, le plus brave cœur qui batte dans une poitrine humaine, et cela soit dit sans offenser M. Pinson ni M. Boisjoli. »

Le docteur, à la prière de doña Amalia, raconta de quelle façon il avait délivré Lucia des mains de Yago. Il eut soin de mettre en avant ses deux serviteurs, ne s'attribuant que le second rôle. La petite Lucia, aussitôt qu'elle eut entendu prononcer le nom de ses amis, s'éloigna en courant. Elle reparut au moment où le docteur achevait son récit, elle amenait avec elle Célestin et Pélican.

Avec quelle force don Luis et sa femme pressèrent les mains des deux matelots, avec quelle sollicitude doña Amalia, dès cet instant, s'occupa de ses hôtes! La jeune femme avait échappé à l'angoisse de savoir son enfant volée, et chacun en rendait grâce à Dieu.

Le huitième jour après son arrivée à la Héronnière, Vif-Argent put se lever. Le docteur, vingt fois par jour, se rendait auprès du blessé à la conversation duquel il prenait un plaisir extrême. Émerveillé des connaissances du jeune homme, il ne cessait de féliciter MM. Pinson, et Boisjoli qu'il savait avoir été ses seuls professeurs. Un matin, conduits par Lucia, Célestin et Pélican pénétrèrent dans la chambre du convalescent. Près du fauteuil sur lequel il reposait, un magnifique molosse, de race havanaise, se tenait accroupi. L'animal aux longs poils fauves se leva à l'entrée des deux visiteurs, vint les flairer en remuant la queue et frotta bientôt leurs mains de son long museau, avec une confiance qui révélait sa jeunesse.

« Je vous prie de m'excuser de vous avoir dérangés, mes amis, leur dit Vif-Argent; mais j'ai un service à vous demander, un service que, je l'espère, vous ne me refuserez pas.

— Nous sommes à vos ordres, monsieur, répondit Célestin, et vous pouvez compter que nous vous servirons de notre mieux.

— Voici un brave animal, reprit le jeune homme en caressant le chien, revenu près de lui ; il n'a pas encore un an et demi, aussi son éducation est-elle à faire. D'ici à six semaines, il ne me sera guère permis d'aller chasser, et je voudrais que vous prissiez soin de lui, que vous l'emmeniez dans vos excursions avec le docteur. *Volontaire*, — c'est le seul nom qu'il mérite jusqu'à présent, — est un chien de race, ce que nul n'apprécie dans l'habitation, et il a besoin de soins spéciaux. Consentez-vous à me rendre le service de le soigner et de le dresser, de le traiter comme s'il vous appartenait?

— Avec plaisir, monsieur, répondit Célestin, pourvu que l'animal veuille bien nous suivre.

— Il suivra d'abord Lucia qui va le conduire près de votre chambre; je me fie à vous pour le reste. »

Les deux matelots sortirent derrière Lucia, déjà en route avec le molosse. Huit jours plus tard, Célestin et Pélican demandèrent à parler à Vif-Argent. Ils voulaient l'entretenir de Volontaire. Les deux matelots furent d'accord pour faire l'éloge du chien; il était

« Volontaire, c'est le seul nom qu'il mérite. » (Page 724.)

vif, intelligent, brave, très joueur, défaut que l'âge corrigerait. En un mot, c'était un bon élève dont la finesse d'ouïe et d'odorat égalerait presque celle de...

Le nom qu'allaient prononcer les deux matelots expira sur leurs lèvres, et ils se retirèrent. Mais, à dater de ce jour, ils vinrent souvent causer de Volontaire avec Vif-Argent qui, dès qu'il put se lever, alla passer quelques heures sous le corridor de l'habitation, près de doña Magdalena et de doña Amalia. Du haut de cette véranda, les regards dominaient l'ensemble des plantations et des usines, et, tout en causant ou en brodant, les deux femmes apercevaient presque toujours sur un point de l'horizon ceux qui leur étaient chers à divers titres, c'est-à-dire Luis, Boisjoli, José ou M. Pinson.

En somme, Célestin et Pélican, qui, presque chaque matin, allaient chasser dans la forêt, se rappelaient leur séjour dans la vallée des Palmiers. Ici comme là-bas, ils se voyaient choyés par tous les habitants du domaine, et ils étaient les favoris de Lucia, comme ils avaient été autrefois ceux de la petite-fille de don Pedro Aguilar. Peu à peu, ils étaient devenus les seuls maîtres de Volontaire, et Volontaire, par certains côtés, ressemblait à Dents-d'Acier.

Chaque soir, après le dîner, à l'heure où la brise de mer rafraîchissait un peu la vallée, tous les hôtes de la Héronnière se groupaient sous la véranda, autour de doña Amalia et de doña Magdalena. On causait de la France que M. Pinson et Boisjoli désiraient toujours revoir, que Luis et sa femme voulaient visiter, où ils rêvaient même de faire élever Lucia, et il était souvent question de ce voyage. On plaidait pour décider José à ne pas rester en arrière, alors le chasseur secouait la tête.

« Non, non, disait-il, il y a vingt ans, je vous eusse peut-être suivis; aujourd'hui, je ne songe plus à voyager. J'ai trouvé ici le bonheur, et je ne veux pas m'exposer à le perdre. D'ailleurs, pendant que vous serez tous partis, il faudra quelqu'un pour veiller ici; ce sera mon lot. Au retour, vous me raconterez les merveilles que vous aurez vues, cela me suffira.

— Bien que l'opinion contraire soit fort répandue, dit M. Pinson, il n'y a que les célibataires pour être casaniers; après vous, José, j'en suis une preuve, car il a fallu des circonstances invraisemblables pour m'arracher de ma rue Nollet.

— Singulier célibataire, répliqua le docteur qui se mit à rire et désigna Vif-Argent.

— Oui, j'ai un grand fils, répondit l'ingénieur, toutefois je n'en suis pas moins célibataire. Victor n'est mon fils que par adoption. »

Le médecin témoigna sa surprise par un geste.

« Quoi, reprit M. Pinson, vous ne connaissez pas notre histoire ?

— Vous m'avez raconté votre embarquement forcé et votre arrivée à Vera-Cruz, rien de plus.

— Eh bien, reprit M. Pinson, à Londres, un soir que nous étions perdus dans cette grande capitale, — Boisjoli et moi, — Victor, qui avait alors dix ans, nous remit sur le chemin de notre hôtel et devint notre cicerone. Le gaillard avait lu Robinson, il voulait voyager, il se cacha à bord du steamer qui devait emmener Boisjoli. Ce fut un fameux coup de théâtre quand je le trouvai, alors que nous étions déjà en pleine mer. Le brave petit homme fit bien, du reste, de s'embarquer; sans lui, mon premier voyage eût été le dernier; c'est en me sauvant la vie par deux fois qu'il est devenu mon fils, mon vrai fils.

— Mais son père, sa mère, demanda le docteur, qu'ont-ils dit de cette escapade?

— Le pauvre enfant était orphelin.

— Il n'avait plus aucun parent?

— Si, un oncle, un médecin, qui, paraît-il, habitait Bordeaux, et auquel j'ai vainement écrit.

— Un oncle à Bordeaux? dit le docteur qui se leva brusquement.

— Oui, un frère de son père, car Victor est Français.

— Victor, Bordeaux, Français... »

Le docteur répéta ces trois mots d'une voix étranglée. Il se rapprocha de Vif-Argent.

« Le nom de votre père, lui dit-il, vite, vite?

— Victor Brigaut, répondit le jeune homme avec surprise.

— Mon frère! mon pauvre frère! » s'écria le docteur.

Et tandis qu'il serrait son neveu entre ses bras, que tous les assistants se taisaient, muets de surprise, M. Pinson répéta par trois fois :

« Prodigieux! oui, prodigieux! »

CHAPITRE XXII

AU REVOIR

Un mois environ après le jour où il avait si inopinément retrouvé son neveu, le docteur, au lever du soleil, pénétra dans la chambre de Célestin et de Pélican qui dormaient encore.

« Vous plaît-il, mes drôles, leur dit-il de son ton brusque, de rester ici à dormir le reste de vos jours? En vérité, dans cette maison bénie du ciel, nul ne nous invitera jamais à déguerpir si nous n'avons le courage de nous en aller *motu proprio;* pour ma part, je songe à me mettre en route lundi; voyez si vous voulez m'accompagner.

— Je ne sache pas, monsieur, répondit Célestin en se frottant les yeux, que nous ayons jamais cessé d'être à votre service.

— Non, garçons, c'est vrai; mais je vais retourner à la pluie, au soleil, aux marches forcées, aux épreuves de la faim et de la soif; pour éviter tous ces désagréments, il vous suffira de rester ici, et...

— Nous quitter vous quand nous morts, dit Pélican, jamais avant.

— A bas, Volontaire, cria le médecin au molosse qui, après avoir tourné autour de lui pour solliciter une caresse, venait de poser ses pattes sur sa poitrine pour lui lécher le visage. Belle acquisition que vous avez faite là, ajouta-t-il en se tournant vers ses serviteurs en train de se vêtir, un chien brusque et insupportable.

— Lui pas à nous, répondit Pélican avec un gros soupir, lui appartenir à massa Victor.

— Me permettez-vous, monsieur, dit Célestin, de vous demander où vous voulez nous conduire?

— Ne m'avez-vous pas dit, il y a un mois, qu'avant de retourner en Europe vous désiriez revoir la vallée des Palmiers.

— Oh! oui, massa, nous bien contents de revoir mamzelle Camille, petit Unac et don Pedro.

— Je pars lundi, reprit le docteur, et pour la vallée des Palmiers; vous voilà prévenus, agissez en conséquence. »

Soudain, il apparut à l'entrée de la forêt. (Page 731.)

Ce fut une consternation générale, sous la véranda, quand on apprit le soir la résolution du docteur. Doña Magdalena et doña Amalia déployèrent toutes les séductions de leur amitié pour faire reculer ce départ; le docteur fut inflexible.

« Vous n'êtes qu'un méchant, lui dit Lucia, et je ne vous aimerai plus. Je vais dire à Pélican et à Célestin de vous laisser aller tout seul; comme cela vous ne pourrez plus partir. »

Ce soir-là même, M. Pinson fut surpris de voir Victor le suivre dans sa chambre.

« Père, dit le jeune homme, mon oncle va partir.

— Oui, mon enfant, dit l'ingénieur, et je comprends que cette nouvelle t'afflige ; j'ai une telle estime pour le docteur que j'ai moi-même le cœur oppressé depuis que je connais sa résolution.

— C'est un beau voyage qu'il va entreprendre, père ; il va remonter vers Acayucan, reconnaître le grand fleuve Huazacualco ; pénétrer dans l'État de Campêche, visiter les ruines de cette antique cité de Palenqué dont les débris couvrent plusieurs lieux de terrain, et enfin traverser le Yucatan. »

M. Pinson regardait son fils adoptif avec inquiétude.

« Je voudrais, père, reprit le jeune homme, partir avec mon oncle, réaliser, sous sa garde, mes vieux rêves de la vie de Robinson.

— Me quitter, tu veux me quitter? dit l'ingénieur.

— Momentanément, père, s'écria Vif-Argent, et pour revenir bientôt.

— Et c'est ton oncle qui t'a mis en tête cette belle idée?

— Non ; je ne lui ai même pas parlé de mon projet, j'ai voulu avoir d'abord votre approbation.

— Bien, mon enfant, et surtout merci, dit l'ingénieur qui pressa la main de son fils adoptif. Un tel voyage, j'en conviens, te serait profitable à tous les points de vue ; mais il ne se fait pas en un jour, et nous devons retourner en Europe au printemps prochain.

— Dans huit mois par conséquent, père, car mon oncle, si vous vous en souvenez, a déclaré plusieurs fois qu'il comptait s'embarquer avec nous à Vera-Cruz.

— A cette condition, je donne mon consentement, » s'écria l'ingénieur.

Victor Brigaut ne fit qu'un bond de la chambre de son père adoptif à celle de son oncle, auquel il raconta sa conversation avec l'ingénieur.

« Oui, oui, ces voyages à travers le monde vierge ont toujours tenté les jeunes têtes, dit le docteur, et je me souviens qu'autrefois Unac... il est vrai que celui-là retournait dans son pays. Sois prêt lundi, neveu, et s'il faut dire vrai, tu combles mon vieux cœur de joie en m'accompagnant, car, encore plus que les autres que j'avais pourtant grand regret de quitter, c'est toi qui me retenais ici. »

La consternation redoubla lorsque l'on sut à l'hacienda que Vif-Argent partait avec le docteur. Quant à Célestin et à Pélican, ils dissimulèrent mal leur satisfaction.

« Comme çà, dit le nègre, nous pas obligés de rendre Volontaire ; moi aimer beaucoup ce grand chien. »

Et Célestin de répondre à son ami :

« Sur ce point comme sur beaucoup d'autres, Pélican, je partage ton opinion. »

Le 15 septembre 186., à six heures du matin, le docteur apparaissait tout équipé sous la véranda. Célestin et Pélican, vêtus de neuf des pieds à la tête, et armés de superbes fusils à deux coups, cadeaux de doña Amalia, se tenaient près de leur maître. Lucia, sa mère, sa grand'mère pleuraient, bien qu'elles dussent, six mois plus tard, revoir les chers voyageurs. Don Luis avait longtemps insisté pour leur faire accepter des chevaux ; mais le docteur prétendait, non sans raison, que les explorations scientifiques ne peuvent se faire consciencieusement qu'à pied.

Enfin on s'arracha aux bras les uns des autres, et Boisjoli dut emmener M. Pinson encore plus ému qu'il ne s'attendait à l'être du départ de Vif-Argent.

« En route, Volontaire, » cria le docteur.

Ce fut le signal définitif du départ.

« A Vera-Cruz, le 1er mars, » cria don Luis.

— Le 1er mars, répondit le docteur ; » et, selon sa coutume, il devait être fidèle au rendez-vous.

Le savant marchait à l'avant-garde ; il se retournait de temps à autre pour regarder son neveu, et secouait la tête en songeant à l'étrange destinée qui le lui avait fait retrouver. Le bon docteur sentait son cœur serré ; au moment du départ, José, appelé en vain, ne s'était pas montré. Soudain il apparut à l'entrée de la forêt, appuyé sur le canon de son fusil.

« Je savais bien, José, que vous ne me laisseriez pas partir sans me dire au revoir, s'écria le docteur.

— Non, reprit José, mais c'est adieu que je veux vous dire, mon vieil ami. Nous ne sommes plus jeunes, hélas ! vous allez bientôt retourner dans votre pays, et l'âge, quelque jour, vous condamnera au repos, en attendant le repos éternel.

— Que diable, José, nous ne sommes pas encore morts, s'écria le médecin, troublé par le ton grave et triste de son ami.

— Non, sans doute, docteur, dit José qui secoua sa tête comme pour en chasser des pensées importunes; mais les séparations ont toujours eu le don de m'attendrir. Je vous dois tant, docteur, que je ne voudrais jamais vous quitter, et je ne pourrai jamais assez vous remercier des belles et nobles choses que vous m'avez apprises. »

Les deux vieux amis se tinrent longtemps embrassés, poitrine contre poitrine; puis José, s'arrachant à cette étreinte, s'éloigna à grands pas. Cette fois, ce ne fut pas adieu qu'il cria de loin au docteur, ce fut au revoir, en montrant le ciel.

Et l'écho répéta : Au revoir !

TABLE

UN VOYAGE INVOLONTAIRE.

		Pages.
Chap. Ier.	— Aux Batignolles.	1
Chap. II.	— Entre Paris et Londres	8
Chap. III.	— L'Hôtel du Lion rouge	14
Chap. IV.	— Vif-Argent	22
Chap. V.	— A Londres	30
Chap. VI.	— Liverpool	38
Chap. VII.	— En mer	46
Chap. VIII.	— Rayon d'espoir	54
Chap. IX.	— Le *Fulton*	61
Chap. X.	— Le *Davis*	69
Chap. XI.	— Les îles Canaries	79
Chap. XII.	— Au bout du monde	87
Chap. XIII.	— Le Bonhomme Tropique	94
Chap. XIV.	— Les îles Vierges	102
Chap. XV.	— Un homme à la mer	111
Chap. XVI.	— Nuit terrible	119
Chap. XVII.	— Ruse de guerre	132
Chap. XVIII.	— Le golfe du Mexique	139
Chap. XIX.	— Vera-Cruz	147
Chap. XX.	— Encore en route	155
Chap. XXI.	— La fièvre jaune	162
Chap. XXII.	— Retour de fortune	169

LE SECRET DE JOSÉ.

Chapitre 1er. — M. Thomas Pinson. — Un fleuve du Nouveau Monde. — Arbres géants. — Gaietés d'un serpent-liane. — Les inondations. — Un crocodile affamé 181

	Pages.
Chap. II. — Le rio San-Nicolas. — Repas improvisé. — Don Pablo et doña Amalia. — L'apprenti cavalier. — Un passage dangereux. — Alerte	192
Chap. III. — Vagabond. — Indiens et métis. — José. — La chèvre-rat. — Ametl. — Un sorcier à l'œuvre. — La Héronnière. — Don Ambrosio. — En quête de M. Pinson	202
Chap. IV. — Course au clocher. — Pénibles réflexions. — Singulière rencontre. — M. Pinson et son ami Boisjoli. — Chasse aux corsaires. — Un voyageur malgré lui. — Le dragon. — Don Luis Avila.	213
Chap. V. — M. Pinson arrive au terme de son voyage. — Un repas mexicain. — Le *monté*. — Danger de mal clore une moustiquaire. — Affaires sérieuses. — Les femmes en France et dans la Terre-Chaude. — Ametl et José.	224
Chap. VI. — Un sorcier. — Istac. — Jeux astèques. — Le cerf-volant. — Premiers pas dans une forêt vierge. — Vif-Argent heureux.	235
Chap. VII. — Indiens et Indiennes. — Le savon végétal. — Don Ambrosio. — Promenade. — Taureaux sauvages	242
Chap. VIII. — Bravoure de M. Pinson. — Heureuse intervention. — Une dette de reconnaissance. — Amis d'enfance. — Regrets. — Souvenirs.	249
Chap. IX. — Le progrès. — Nouvelle alerte de M. Pinson. — Chasse d'amateurs. — Le jeu. — Promesse de Vif-Argent	259
Chap. X. — Mouton. — Une monture de pacha. — L'ingénieur Ametl. — Doña Magdalena. — José.	267
Chap. XI. — Rêves d'avenir. — José et M. Pinson. — Le Potrero. — Le blessé. — Luis et Amalia. — Un formidable enjeu. — Déception de Pablo. — José se montre satisfait.	273
Chap. XII. — La passion du jeu. — Pablo et don Ambrosio. — La réponse de Luis Avila. — José se montre de plus en plus satisfait.	282
Chap. XIII. — Une invention nouvelle. — Le ridicule. — Persévérance. — Succès de M. Pinson	286
Chap. XIV. — Une famille de jaguars. — Le coendou. — Visite au Potrero.	291
Chap. XV. — Doña Magdalena à la Héronnière. — Le jeu. — Changements à vue. — Perplexité de M. Pinson. — Catastrophe	298
Chap. XVI. — Pablo blessé. — Les bandits masqués. — La veillée mortuaire. — Ensevelissement. — Accusation: — A mort l'assassin!	305
Chap. XVII. — Nouvelle accusation. — Dévouement de M. Pinson. — Intervention de José. — Istac et Vif-Argent. — Terrible révélation.	312
Chap. XVIII. — Récit de Vif-Argent. — Les soupçons de José. — Visite au carrefour du Cèdre. — Juges et accusé	320
Chap. XIX. — Explications. — Istac veut prendre la parole. — José avocat. — Fuite de Pablo. — M. Pinson reprend espoir	325
Chap. XX. — José en route. — Sommets inexplorés. — Visiteurs inattendus. — Coup double. — Vagabond inquiet	332
Chap. XXI. — José sauvé. — M. Pinson en route. — Les mines d'or. — Pochotl et Pablo. — Le doigt de Dieu.	339
Chap. XXII. — Après l'orage. — Une bonne pensée d'Amalia. — Boisjoli. — Le dernier saut périlleux de Vif-Argent	348

LA FRONTIÈRE INDIENNE.

Pages.

Chapitre Ier. — Le Yucatan. — Le docteur Pierre. — Un âne rétif. — Don Pedro Aguilar. — Prisonniers toltèques. — Célestin. — Dents-d'Acier. — Pélican.................................... 355

Chap. II. — Une controverse. — Recommandations du docteur. — Le départ. — Le père Estevan. — Doña Gertrudis. — Douloureuse coïncidence. — Camille. — La vallée des Palmiers............. 364

Chap. III. — L'autour destructeur. — Vue d'Éden. — Une famille de jaguarétés. — Un tigre déguisé. — Camille et Croquemitaine. — Un sauvage....................................... 375

Chap. IV. — Unac. — Deux instituteurs. — Diable noir et diable blanc. — Bons conseils. — Un essai culinaire de Pélican. — Tentative de fuite. — Dents-d'Acier...................... 386

Chap. V. — Réveil. — Le miroir. — Célestin valet de chambre. — Triste histoire. — Leçons de belles manières. — L'*amslé*. — Perdu!.... 395

Chap. VI. — A la recherche d'Unac. — Un guide à quatre pattes. — Les impatiences de Camille. — Le dahlia sauvage. — Une savane. — Du désagrément d'être petit. — Une idée de Célestin. — Pélican et Salomon. — Le lac....................... 406

Chap. VII. — Le chachalaca. — Aigles et singes. — Un troupeau de caïmans. — Célestin tremble pour Pélican. — L'arbre de la mort. — Construction d'un radeau. — Déception de Camille.......... 417

Chap. VIII. — Mésaventure d'une tortue. — L'ibis rouge. — Le bois de Campêche. — Un kouri. — Tour de singes. — Une ville morte. — Seuls.. 428

Chap. IX. — Pélican blessé. — Le docteur à l'œuvre. — Récit. — Unac et Pélican. — La litière improvisée. — Départ pour Éden. — Un écolier indocile...................................... 439

Chap. X. — Libre! — Le chinchilla. — Le chien des bois. — Les tinamous. — L'arbre-vache. — Un opossum. — Dissertation sur le déluge. — Bravoure d'Unac........................ 449

Chap. XI. — Le lion d'Amérique. — De l'inconvénient de grandir. — La vie à Éden. — Projet de départ du docteur. — Un compagnon inattendu. — Le mal du pays. — En route...................... 460

Chap. XII. — Heures de mélancolie. — Le secret d'Unac. — La forêt de palmiers. — Mésaventure de Pélican. — Le tatou géant. — Le kinkajou. — La grotte mystérieuse. — Alerte................ 472

Chap. XIII. — La déesse de Mictancihualt. — Voyage dans les ténèbres. — Découvertes fossiles. — Une alerte. — Éléphant, mastodonte et mammouth. — Seconde alerte......................... 483

Chap. XIV. — Les Toltèques. — Une recommandation de Camille. — Promenade dans le camp ennemi. — Éden en danger. — Retour en arrière. — Prisonniers!............................ 492

Chap. XV. — Visions nocturnes. — Un pays de montagnes. — L'arche de Noé. — Fantaisie de Dents-d'Acier. — Célestin se fâche...... 503

	Pages.
Chap. XVI. — Léac. — Un guerrier toltèque. — Le Fils de la Nuit. — Une ruse indienne. — Souvenirs d'enfance. — Départ d'Unac.	512
Chap. XVII. — Retour. — Préparatifs de défense. — Une reconnaissance militaire. — Escarmouche. — Contradiction du docteur. — L'ennemi.	523
Chap. XVIII. — Une précaution de Célestin. — Le père Estevan. — Les parlementaires. — Le message d'Ahuisoc. — Une idée de Pélican. — Expédition nocturne.	531
Chap. XIX. — Moment de confusion. — Désespoir de Célestin. — Le docteur au camp des Toltèques. — Le Fils de la Nuit. — Sinistre entretien. — La perruque du docteur.	539
Chap. XX. — Manœuvres toltèques. — Moment de péril. — Les blessés. — La tourelle.	549
Chap. XXI. — Triomphe d'Ahuisoc. — Malheur aux vaincus. — Dévouement de Pélican. — Résurrection.	554
Chap. XXII. — Le secret du château. — Désespoir de Célestin. — Les prisonniers. — Explications. — Pélican devient blanc comme neige. — Serment de Célestin.	559

LUCIA AVILA.

Chap. Ier.	— Au désert	573
Chap. II.	— Le soulier bleu	581
Chap. III.	— Gentillesse de boa	588
Chap. IV.	— Énigme	595
Chap. V.	— Lucia Avila	603
Chap. VI.	— Explications	610
Chap. VII.	— Première étape	616
Chap. VIII.	— Héroïque résolution	625
Chap. IX.	— Alerte	634
Chap. X.	— L'ouragan	641
Chap. XI.	— Nouvelle étape	650
Chap. XII.	— Guet-apens	657
Chap. XIII.	— Nouvelle alerte	665
Chap. XIV.	— Traîtrise	673
Chap. XV.	— En avant!	681
Chap. XVI.	— Catastrophe	689
Chap. XVII.	— Rencontre inattendue	696
Chap. XVIII.	— Les vieux amis	702
Chap. XIX.	— Gentillesse de Lucia	709
Chap. XX.	— La Héronnière	716
Chap. XXI.	— Reconnaissance	721
Chap. XXII.	— Au revoir	728

FIN DE LA TABLE DES MATIÈRES

Collection Hetzel

ÉDUCATION
RÉCRÉATION

Enfance — Jeunesse — Famille

500 Ouvrages

JOURNAL DE toute la Famille

MAGASIN D'ÉDUCATION et de RÉCRÉATION

COURONNÉ par l'Académie

FONDÉ par
P.-J. STAHL
en 1864
et
Semaine des Enfants

réunis, dirigés par

Jules Verne — J. Hetzel — J. Macé

La Collection complète
54 beaux volumes in-8 illustrés

Brochés . . . . **378** fr.
Cartonnés dorés . . . . . . **540** fr.
Volume séparé, broché . . . **7** fr.
— cartonné doré . . . . **10** fr.

ABONNEMENT
d'un An

Paris . . . . **14** fr.
Départements . . . . **16** fr.
Union . . . . **17** fr.
(Il paraît deux volumes par an.)

Principales Œuvres parues

Les Voyages Extraordinaires, par Jules Verne
La Vie de Collège dans tous les Pays, par André Laurie
Les Voyages involontaires, par Lucien Biart
Les Romans d'Aventures, par André Laurie et Rider Haggard
Les Romans de l'Histoire naturelle, par le Dr Candèze

Les Œuvres pour la Jeunesse de Stahl, J. Sandeau, E. Legouvé, V. de Laprade, Jean Macé, Hector Malot, Viollet-le-Duc, S. Blandy, J. Lermont, Th. Bentzon, E. Muller, Dickens, A. Dequet, A. Badin, E. Egger, Gennevraye, B. Vadier, Génin, P. Gouzy.

Nombreuses gravures des meilleurs artistes

Catalogue **F X**

MAGASIN D'ÉDUCATION ET DE RÉCREATION

Les Tomes I à XXIV

renferment comme œuvres principales :

L'Ile mystérieuse, Les Aventures du Capitaine Hatteras, Les Enfants du Capitaine Grant, Vingt mille lieues sous les mers, Aventures de trois Russes et de trois Anglais, Le Pays des Fourrures, Michel Strogoff, de JULES VERNE. — La Morale familière (cinquante contes et récits), Les Contes anglais, La Famille Chester, Histoire d'un Ane et de deux jeunes Filles, La Matinée de Lucile, Le Chemin glissant, Une Affaire difficile, L'Odyssée de Pataud et de son chien Fricot, de P.-J. STAHL. — La Roche aux Mouettes, de Jules SANDEAU. — Le nouveau Robinson suisse, de STAHL et MULLER. — Romain Kalbris, d'Hector MALOT. — Histoire d'une Maison, de VIOLLET-LE-DUC. — Les Serviteurs de l'Estomac, Le Géant d'Alsace, L'Anniversaire de Waterloo, Le Gulf-Stream, La Grammaire de mademoiselle Lili, Un Robinson fait au collège, de Jean MACÉ. — Le Denier de la France, La Chasse, Le Travail et la Douleur, A Madame la Reine, Un Premier Symptôme, Sur la Politesse, Un Péché véniel, Diplomatie de deux Mamans, etc., de E. LEGOUVÉ. — Petit Enfant, Petit Oiseau, L'Absent, Rendez-vous ! La France, La Sœur aînée, L'Enfant grondé, etc., par Victor DE LAPRADE. — La Jeunesse des Hommes célèbres, de MULLER. — Aventures d'un jeune Naturaliste, Entre Frères et Sœurs, de Lucien BIART. — Le Petit Roi, de S. BLANDY. — L'Ami Kips, de G. ASTON. — Causeries d'Économie pratique, de Maurice BLOCK. — Les Vilaines Bêtes, de BÉNÉDICT. — Vieux Souvenirs, Départ pour la Campagne, Bébé aime le rouge, de Gustave DROZ. — Le Pacha berger, de LABOULAYE. — La Musique au foyer, de P. LACOME. — Histoire d'un Aquarium, Les Clients d'un vieux Poirier, de E. VAN BRUYSSEL. — Histoire de Bébelle, Une Lettre inédite, Septante fois sept, de DICKENS. — Pâquerette, Le Taciturne, etc., de H. FAUQUEZ. — Le petit Tailleur, de A. GENIN. — Curiosités de la vie des Animaux, par P. NOTH. — Notre vieille Maison, de H. HAVARD. — Le Chalet des Sapins, par P. CHAZEL. — Les deux Tortues, Ce qu'on faisait à un bébé quand il tombait, par F. DUPIN DE SAINT-ANDRÉ, etc., etc.
Les petites Sœurs et les petites Mamans, Les Tragédies enfantines, Les Scènes familières, textes de P.-J. STAHL.

Les Tomes XXV à LIV

renferment comme œuvres principales :

JULES VERNE : Mistress Branican, César Cascabel, Famille sans Nom, Deux Ans de Vacances, Nord contre Sud, Un Billet de Loterie, L'Étoile du Sud, Kéraban-le-Têtu, L'École des Robinsons, La Jangada, La Maison à vapeur, Les Cinq cents millions de la Bégum, Hector Servadac. — J. VERNE et A. LAURIE : L'Épave du Cynthia. — P.-J. STAHL : Maroussia, Les Quatre Filles du docteur Marsch, Le Paradis de M. Toto, La Première Cause de l'avocat Juliette, Un Pot de crème pour deux, La Poupée de Mlle Lili. — STAHL et LERMONT : Jack et Jane, La petite Rose. — L. BIART : Monsieur Pinson, Deux enfants dans un parc. — E. LEGOUVÉ, *de l'Académie* : Leçons de lecture, Une élève de seize ans, etc. — V. DE LAPRADE, *de l'Académie* : Le Livre d'un Père. — A. DEQUET : Mon Oncle et ma Tante. — A. BADIN : Jean Casteyras. — E. EGGER, *de l'Institut* : Histoire du Livre. — J. MACÉ : La France avant les Francs. — CH. DICKENS : L'Embranchement de Mugby. — A. LAURIE : Axel Ebersen (Le Gradué d'Upsala), Mémoires d'un Collégien russe, Le Bachelier de Séville, Une Année de collège à Paris, Scènes de la vie de collège en Angleterre, Mémoires d'un Collégien, L'Héritier de Robinson, De New-York à Brest en 7 heures, Le Secret du Mage. — P. CHAZEL : Riquette. — Dr CANDÈZE : La Gileppe, Aventures d'un Grillon, Périnette. — C. LEMONNIER : Bébés et Joujoux. — HENRY FAUQUEZ : Souvenirs d'une Pensionnaire. — J. LERMONT : Kitty et Bo, L'Aînée, Les jeunes Filles de Quinnebasset. — F. DUPIN DE SAINT-ANDRÉ : Histoire d'une bande de Canards, La Vieille Casquette, etc., etc. — TH. BENTZON : Contes de tous les Pays. — BÉNÉDICT : Le Noël des petits Ramoneurs, Les charmantes Bêtes, etc. — A. GENIN : Marco et Tonino, Deux Pigeons de Saint-Marc. — E. DIENY : La Patrie avant tout. — C. LEMAIRE : Le Livre de Trotty. — G. NICOLE : Le Chibouk du Pacha, etc. — GENNEVRAYE : Marchand d'Allumettes, Théâtre de Famille, La petite Louisette. — BERTIN : Voyage au Pays des Défauts, Les deux côtés du Mur, Les Douze. — P. PERRAULT : Pas-Pressé, Les Lunettes de Grand'Maman, Les Exploits de Mario. — B. VADIER : Blanchette, Comédies et Proverbes. — I.-A. REY : Les Travailleurs microscopiques. — S. BLANDY : L'Oncle Philibert. — RIDER HAGGARD : Découverte des Mines de Salomon. — GOUZY : Voyage au Pays des Étoiles, Promenade d'une Fillette autour d'un Laboratoire. — BRUNET : Les Jeunes Aventuriers de la Floride. — ANCEAUX : Blanchette et Capitaine. — Une grande Journée, Plaisirs d'hiver, Pierre et Paul, La Chasse, Les petits Bergers, Mademoiselle Lili à Paris, Les Frères de Mademoiselle Lili, par UN PAPA.

Illustrations par ATALAYA, BAYARD, BENETT, BECKER, CHAM, GEOFFROY, L. FRŒLICH, FROMENT, LAMBERT, LALAUZE, LIX, ADRIEN MARIE, MEISSONIER, DE NEUVILLE, PHILIPPOTEAUX, RIOU, G. ROUX, TH. SCHULER, etc., etc.

N. B. — La plus grande partie de ces œuvres ont été couronnées
par l'Académie française

CHAQUE VOLUME SE VEND SÉPARÉMENT

Prix : broché, 7 fr., cartonné toile, tranches dorées, 10 fr.; relié, tranches dorées, 12 fr.

LES NOUVEAUTÉS POUR 1891-1892 SONT INDIQUÉES PAR UNE †
Les ouvrages précédés d'une double palme 🏆 ont été couronnés par l'Académie

(1er Âge)
ALBUMS STAHL IN-8° ILLUSTRÉS

Les Albums Stahl

Il y a des lecteurs qui ne sont pas hommes encore et à qui il faut des lectures et des images pour leurs premières curiosités. Ce public innombrable et frêle n'a pas été oublié. Les *Albums Stahl* leur donnent de piquants ou de jolis dessins accompagnés d'un texte naïf. La naïveté est celle qu'un ingénieux esprit, comme Stahl, peut offrir. Elle a ses malices légères et sa gaieté tendre. Les dessins ont de la fantaisie dans la vérité. Bégayements heureux, rires argentins, ce sont là les effets que produisent ces albums caressants. Il y a beaucoup de gros livres et de travaux ambitieux qui n'ont pas la même utilité.

GUSTAVE FRÉDÉRIX. *(Indépendance Belge.)*

FRŒLICH

† Mlle Lili aux Champs-Élysées
Mlle Lili à Paris.
Jujules le Chasseur.
Les petits Bergers.
Pierre et Paul.
La Poupée de Mlle Lili.
La Journée de M. Jujules.
L'A perdu de Mlle Babel.
Alphabet de Mlle Lili.
Arithmétique de Mlle Lili.

Cerf-Agile.
Commandements du Grand-Papa.
La Fête de Mlle Lili.
Journée de Mlle Lili.
La Grammaire de Mlle Lili. (J. Macé.)
Le Jardin de M. Jujules.
Les Caprices de Manette.
Les Jumeaux.

Un drôle de Chien.
La Fête de Papa.
Mlle Lili à la campagne.
Le premier Chien et le premier Pantalon.
L'Ours de Sibérie.
Le petit Diable.
La Salade de la grande Jeanne.
La Crème au chocolat.
M. Jujules à l'école.

L. BECKER . . . . L'Alphabet des Oiseaux.
— . . . . L'Alphabet des Insectes.
COINCHON (A.) . . . . Histoire d'une Mère.
DETAILLE . . . . Les bonnes Idées de Mademoiselle Rose.
FATH . . . . Le Docteur Bilboquet.
— . . . . Gribouille. — Jocrisse et sa Sœur.
— . . . . Les Méfaits de Polichinelle. — Pierrot à l'École.
— . . . . La Famille Gringalet. — Une folle soirée chez Paillasse.
FROMENT . . . . Petites Tragédies enfantines.
— . . . . † Nouvelles petites Tragédies enfantines.
— . . . . Le petit Acrobate.
— . . . . La Boîte au lait.
— . . . . La petite Devineresse. — Le petit Escamoteur.
— . . . . Scènes familières.
GEOFFROY . . . . Le Paradis de M. Toto. — 1re Cause de l'avocat Juliette.
— . . . . L'Âge de l'École.
— . . . . Proverbes en action.
GRISET . . . . La Découverte de Londres.
JUNDT . . . . L'École buissonnière.
LALAUZE . . . . Le Rosier du petit Frère.
LAMBERT . . . . Chiens et Chats.
MARIE (A.) . . . . Le petit Tyran.
MATTHIS . . . . Les deux Sœurs.
MEAULLE . . . . Petits Robinsons de Fontainebleau.
PIRODON . . . . Histoire d'un Perroquet. — Histoire de Bob aîné.
— . . . . La Pie de Marguerite.
SCHULER (TH.) . . . . Les Travaux d'Alsa.
VALTON . . . . Mon petit Frère.

ALBUMS STAHL ILLUSTRÉS gr. in-8°

FRŒLICH

M. Jujules et sa sœur Marie.
Petites Sœurs et petites Mamans.
Voyage de Mlle Lili autour du monde.
Voyage de découvertes de Mlle Lili.
La Révolte punie.

CHAM . . . . Odyssée de Pataud.
FROMENT . . . . La Chasse au volant.
GRISET (E.) . . . . Aventures de trois vieux Marins. — Pierre le Cruel.
SCHULER (T.) . . . . Le premier Livre des petits Enfants.

1ᵉʳ *Age*
ALBUMS STAHL en COULEURS, IN-4°

L. FRŒLICH
Chansons & Rondes de l'Enfance

Sur le Pont d'Avignon.
La Tour, prends garde.
La Marmotte en vie.
La Boulangère a des écus.
La Mère Michel.

Giroflé-Girofla.
Il était une Bergère.
M. de La Palisse.
Au Clair de la Lune.
Cadet-Roussel.

Le bon Roi Dagobert.
Compère Guilleri.
Malbrough s'en va-t-en guerre.
Nous n'irons plus au bois.

L. FRŒLICH
M. César. — Le Cirque à la maison. — Pommier de Robert. — La Revanche de François.

BECKER . . . . Une drôle d'École.
CASELLA . . . . Les Chagrins de Dick.
COURBE . . . . L'Anniversaire de Lucy.
FROMENT . . . . Tambour et Trompette.
GEOFFROY . . . . Monsieur de Crac. — Don Quichotte. — Gulliver.
— . . . . L'Ane gris. — Le pauvre Ane.
JAZET . . . . L'Apprentissage du Soldat.
KURNER . . . . Une Maison inhabitable.
DE LUCHT . . . . L'Homme à la Flûte.— Les 3 montures de John Cabriole.
— . . . . La Leçon d'Équitation.— La Pêche au Tigre.
— . . . . Les Animaux domestiques.
— . . . . † Robinson Crusoë.
MATTHIS . . . . Métamorphoses du Papillon.
MARIE . . . . Mademoiselle Suzon.
TINANT . . . . Du haut en bas. — Un Voyage dans la neige.
— . . . . Une Chasse extraordinaire. — La Revanche de Cassandre.
— . . . . Les Pêcheurs ennemis. — La Guerre sur les Toits.
— . . . . Machin et Chose.
— . . . . † Le Berger ramoneur.
TROJELLI . . . . Alphabet musical de Mˡˡᵉ Lili.

1ᵉʳ et 2ᵐᵉ *Ages*
PETITE BIBLIOTHÈQUE BLANCHE
Volumes gr. in-16 colombier, illustrés

AUSTIN . . . . Boulotte.
BENTZON . . . . Yette.
BERTIN (M.) . . . . Les Douze. — Voyage au Pays des défauts.
— . . . . Les deux côtés du Mur.
BIGNON . . . . Un singulier petit Homme.
CHAZEL (PROSPER) . . . . . . Riquette.
DE CHERVILLE (M.) . . . . . . Histoire d'un trop bon Chien.
DICKENS (CH.) . . . . L'Embranchement de Mugby.
DIENY (F.) . . . . La Pairie avant tout.
DUMAS (A.) . . . . La Bouillie de la comtesse Berthe.
DURAND (H.) . . . . Histoire d'une bonne aiguille.
FEUILLET (O.) . . . . La Vie de Polichinelle.
GÉNIN (M.) . . . . Un petit Héros.
— . . . . Les Grottes de Plémont. — Pain d'épice.
GENNEVRAYE . . . . Petit Théâtre de Famille.
LA BÉDOLLIÈRE (DE) . . . . Histoire de la Mère Michel et de son chat.
LEMAIRE-CRETIN . . . . Le Livre de Trotty.
LEMOINE . . . . La Guerre pendant les vacances.
LEMONNIER (C.) . . . . Bébés et Joujoux.—Hist. de huit Bêtes et d'une Poupée.
— . . . . † Les Joujoux parlants.
LOCKROY (S.) . . . . Les Fées de la Famille.
MULLER (E.) . . . . Récits enfantins.
MUSSET (P. DE) . . . . Monsieur le Vent et Madame la Pluie.
NODIER (CHARLES) . . . . . Trésor des Fèves et Fleur des Pois.
OURLIAC (E.) . . . . Le Prince Coqueluche.
PERRAULT (P.) . . . . Les Lunettes de Grand'Maman.
— . . . . † Les Exploits de Mario.
SAND (GEORGE) . . . . Le Véritable Gribouille.
SPARK . . . . Fabliaux et Paraboles.
STAHL (P.-J.) . . . . Les Aventures de Tom Pouce.
STAHL ET WILLIAM HUGHES. Contes de la Tante Judith.
VERNE (JULES) . . . . Un Hivernage dans les glaces.

Bibliothèque d'Éducation et de Récréation

QUELS souvenirs agréables et charmants ce titre général ne rappelle-t-il pas aux hommes jeunes d'aujourd'hui, à ceux qui entraient dans la vie au moment même où une révolution complète s'opérait, en leur faveur, dans la littérature ! Car il n'y a pas beaucoup plus de vingt ans que les jeunes gens lisent, c'est-à-dire qu'ils ont des livres conçus pour eux, écrits pour eux, et dont le succès est tel qu'on n'aurait pas osé l'attendre.

« C'est une innovation que l'introduction de la lecture dans les plaisirs de la jeunesse. Elle date presque d'hier : mettons vingt ans, c'est tout le bout du monde. Pendant ces vingt années, l'éditeur Hetzel a su publier 300 volumes de premier ordre.

« Le titre trouvé par l'éditeur constitue à lui seul un programme : ÉDUCATION et RÉCRÉATION. Et, en effet, tout est là. Ces beaux et bons livres instruisent et ils amusent. »

VOLUMES IN-8° CAVALIER, ILLUSTRÉS

ALDRICH.............	Un Écolier américain.
ANCEAUX.............	† Blanchette et Capitaine.
AUDEVAL (H.).........	La Famille de Michel Kagenel.
BENTZON (TH.)........	Pierre Casse-Cou.
BIART (L.)............	Voyage de deux Enfants dans un parc.
—	Entre Frères et Sœurs. — Deux Amis.
BUSNACH (W.).........	❦ Le Petit Gosse.
CHAZEL (PROSPER).....	Le Chalet des sapins.
DEQUET..............	Histoire de mon Oncle et de ma Tante.
DUMAS (ALEXANDRE)....	Histoire d'un Casse-noisette.
ERCKMANN-CHATRIAN....	Pour les Enfants. — Les Vieux de la Vieille.
FATH (G.)............	Un drôle de Voyage.
GOUZY...............	Voyage d'une Fillette au pays des Étoiles.
—	Promenade d'une Fillette autour d'un laboratoire.
LEMAIRE-CRETIN.......	Expériences de la petite Madeleine.
LERMONT.............	L'Aînée.
—	Histoire de deux Bébés (Kitty et Bo).
—	† Un heureux Malheur.

MAYNE-REID. — *Œuvres choisies.*

Désert d'eau. — Deux Filles du Squatter. — Chasseurs de chevelures. — Chef au Bracelet d'or.
Exploits des jeunes Boërs. — Jeunes Voyageurs.
Petit Loup de mer. — Naufragés de l'île de Bornéo. — Robinsons de terre ferme.
Sœur perdue. — William le Mousse.

MAYNE-REID est un Cooper plus accessible à tous, aux jeunes gens en particulier. Scrupuleusement moral, d'une imagination riche et curieuse, mettant en scène quelque simple récit, autour duquel il groupe des incidents romanesques, et cependant possibles, il promène son lecteur au milieu des forêts vierges, parmi les tribus sauvages, et exalte le courage individuel aux prises avec les difficultés et les nécessités de la vie.   CLARETIE.

MULLER.............	La Morale en Action par l'Histoire.
NERAUD.............	La Botanique de ma Fille.
PERRAULT (P.)........	Pas-Pressé.
RECLUS (E.)..........	Histoire d'une Montagne. — Histoire d'un Ruisseau.
STAHL (P.-J.).........	La famille Chester. — Mon premier Voyage en mer.
STAHL ET LERMONT....	La Petite Rose, ses six Tantes et ses sept Cousins.
VADIER (B.)..........	Blanchette.
VALLERY-RADOT (R.)...	❦ Journal d'un Volontaire d'un an.
VAN BRUYSSEL........	Scènes de la Vie des Champs et des Forêts aux États-Unis.

VOLUMES IN-8° RAISIN, ILLUSTRÉS

BADIN (A.)...........	Jean Casteyras (Aventures de trois Enfants en Algérie).
BENEDICT............	La Madone de Guido Reni.
BENTZON (TH.)........	Contes de tous les pays.
BLANDY (S.)..........	Le petit Roi.
—	Fils de veuve. — L'Oncle Philibert.
BOISSONNAS (B.)......	❦ Une Famille pendant la guerre.
BRÉHAT (A. DE).......	Les Aventures d'un petit Parisien.
BRUNET.............	Les Jeunes Aventuriers de la Floride.

Les Voyages involontaires

BIART (L.).   { La Frontière indienne. — Monsieur Pinson.
              { Le Secret de José. — Lucia.

Volumes in-8° illustrés (SUITE)

Contes et Romans de l'Histoire naturelle

D' CANDÈZE { Aventures d'un Grillon.
Périnette (Histoire surprenante de cinq moineaux).

Aventures d'un Grillon. — « Cette biographie d'un insecte obscur cache, sous une fine allégorie, non seulement un petit traité de morale familière, mais encore des notions d'entomologie très précises et très sûres. L'auteur, M. Ernest Candèze, est un écrivain déjà connu des lecteurs de la *Revue Scientifique*, et ses qualités littéraires ne nuisent pas, bien au contraire, à l'autorité de son enseignement.

« C'est une philosophie ingénieuse que celle qui cherche dans l'étude du plus petit des mondes, du monde des insectes, des leçons applicables à l'univers entier. C'est merveille de voir comment même les petits côtés de la science gagnent à être traités par des écrivains littéraires, quand ils ont su se munir au préalable d'un savoir sérieux et éprouvé. »

(*Revue Scientifique.*)

CAUVAIN (H.). . . . . Le grand Vaincu (le Marquis de Montcalm).
DAUDET (ALPHONSE) . . . . . Histoire d'un Enfant.
— . . . . Contes choisis.
DESNOYERS (L.). . . . . Aventures de Jean-Paul Choppart.
DUPIN DE SAINT-ANDRÉ. . . Ce qu'on dit à la maison.
FAUQUEZ (H.). . . . . † Les Adoptés du Boisvallon.
GENNEVRAYE. . . . . Théâtre de Famille.
. . . . La petite Louisette.
. . . . Marchand d'Allumettes.
GRIMARD (E.). . . . . La Plante.
HUGO (VICTOR). . . . . Le Livre des Mères.
LAPRADE (V. DE). . . . . Le Livre d'un Père.

La vie de Collège dans tous les Pays

ANDRÉ LAURIE

Mémoires d'un Collégien. (Un Lycée de département.) | La Vie de Collège en Angleterre. | Autour d'un Lycée japonais.
Une Année de Collège à Paris. | Un Écolier hanovrien. | Le Bachelier de Séville.
Mémoires d'un Collégien russe. | Tito le Florentin. | † Axel Ebersen. (Le Gradué d'Upsala.)

M. FRANCISQUE SARCEY a consacré à chacun des livres qui composent cette série une étude spéciale.

« Notre ami Hetzel, écrivait-il au mois de décembre 1885, a commencé une collection bien curieuse et dont le titre générique suffit à indiquer l'intérêt. Chaque année, il paraît un volume qui nous transporte dans un pays différent. Il y a quatre ans, nous étions en France; l'année suivante, on nous a menés en Angleterre; l'an d'après, en Allemagne. L'ensemble des volumes dont cette série doit se composer formera une étude assez complète des divers systèmes d'éducation suivis par chaque nation.

« Tous ces volumes partent de la même main; ils sont de M. André Laurie, qui me paraît être un universitaire au courant des questions pédagogiques, et qui n'en est pas moins un conteur agréable et un écrivain élégant. C'est chaque année un régal attendu par moi de recevoir et de déguster son volume. »

FRANCISQUE SARCEY.

LES ROMANS D'AVENTURES

ANDRÉ LAURIE. . . . . Le Capitaine Trafalgar.
— De New-York à Brest en sept heures.
— Le Secret du Mage.
J. VERNE ET A. LAURIE. . . . L'Épave du Cynthia.
RIDER-HAGGARD . . . . Découverte des Mines du roi Salomon.
STEVENSON ET A. LAURIE. . L'Ile au Trésor.

A PROPOS de l'*Épave du Cynthia*, M. Ulbach écrivait les lignes suivantes :

« La collaboration de MM. Jules Verne et André Laurie ne pouvait être que féconde. La science de l'un, l'observation de l'autre, les qualités littéraires des deux collaborateurs font de ce livre un des plus émouvants de la collection nouvelle. »

Volumes in-8° illustrés (SUITE)

« Il y a peu de livres plus nourris de faits, plus substantiels, et d'un intérêt mieux soutenu que l'*Épave du Cynthia*, » a écrit M. Dancourt dans la *Gazette de France*.

« Plus sombre, plus terrible est l'*Ile au Trésor*, roman popularisé en Angleterre par des milliers d'éditions, et dont la maison Hetzel s'est assuré le droit de traduction exclusif. On raconte que M. Gladstone, le grand homme d'État, rentrant chez lui, après une séance agitée, trouva, par hasard, sous sa main, l'*Ile au Trésor*, de Stevenson. Il en parcourut les premières pages, et il ne quitta plus le livre qu'il ne l'eût achevé. C'est que ces premières pages sont un chef-d'œuvre d'exposition mystérieuse, d'attractions captivantes... »

LEGOUVÉ (E.)	Nos Filles et nos Fils.
—	La Lecture en famille.
—	Une Élève de seize ans.
LERMONT (J.)	Les jeunes Filles de Quinnebasset.
MACÉ (JEAN)	Contes du Petit-Château.
—	Histoire d'une Bouchée de Pain.
—	Histoire de deux Marchands de pommes.
—	Les Serviteurs de l'estomac.
—	Théâtre du Petit-Château.
MALOT (HECTOR)	Romain Kalbris.
MULLER (E.)	La Jeunesse des Hommes célèbres.
RATISBONNE (LOUIS)	❉ La Comédie enfantine.
SAINTINE (X.)	Picciola.
SANDEAU (J.)	La Roche aux Mouettes. — ❉ Madeleine.
—	Mademoiselle de la Seiglière.
SAUVAGE (E.)	La petite Bohémienne.
SEGUR (COMTE DE)	Fables.
ULBACH (L.)	Le Parrain de Cendrillon.

ŒUVRES de P.-J. STAHL

❉ Contes et Récits de Morale familière. — Les Histoires de mon Parrain. — ❉ Histoire d'un Ane et de deux jeunes Filles. — ❉ Maroussia. † Les Contes de l'Oncle Jacques. — ❉ Les Patins d'argent. — Les Quatre Filles du docteur Marsch. — ❉ Les Quatre Peurs de notre Général.

STAHL a voulu enseigner familièrement la morale, la mettre en action pour tous les âges. De chacun des livres de Stahl se dégage une morale présentée avec toute la séduction et cette forme spirituelle qui donne à la fiction les apparences de la réalité.

Peu d'hommes ont plus et mieux fait pour la jeunesse, qui lui doit sa libération littéraire.

Ch. CANIVET. (*Le Soleil.*)

STAHL ET LERMONT	Jack et Jane.
TEMPLE (DU)	Sciences usuelles. — Communications de la Pensée.
TOLSTOI (COMTE L.)	Enfance et Adolescence.
VERNE (JULES) ET D'ENNERY	Les Voyages au Théâtre.
VIOLLET-LE-DUC	Histoire d'une Maison.
—	Histoire d'une Forteresse.
—	Histoire de l'Habitation humaine.
—	Histoire d'un Hôtel de Ville et d'une Cathédrale.
—	Histoire d'un Dessinateur.

Volumes grand in-8° jésus, illustrés

BIART (L.)	Aventures d'un jeune Naturaliste.
—	Don Quichotte (*adaptation pour la jeunesse*).
BLANDY (S.)	Les Épreuves de Norbert.
CLÉMENT (CH.)	Michel-Ange, Raphaël, Léonard de Vinci.
FLAMMARION (C.)	Histoire du Ciel.
GRANDVILLE	Les Animaux peints par eux-mêmes.
GRIMARD (E.)	Le Jardin d'Acclimatation.
LA FONTAINE	Fables, illustrées par Eug. LAMBERT.
LAURIE (A.)	Les Exilés de la Terre.
MALOT (HECTOR)	❉ Sans Famille.
MAYNE-REID	† Aventures de Terre et de Mer.
MOLIÈRE	Édition SAINTE-BEUVE et TONY JOHANNOT.
STAHL ET MULLER	Nouveau Robinson suisse.

Jules Verne

VOYAGES EXTRAORDINAIRES

37 VOLUMES IN-8° JÉSUS, ILLUSTRÉS

- † Mistress Branican.
- César Cascabel
- Famille sans Nom.
- Sans dessus dessous.
- Deux ans de Vacances.
- Nord contre Sud.
- Un Billet de Loterie.
- Autour de la Lune.
- Aventures de trois Russes et de trois Anglais.
- Aventures du capitaine Hatteras.
- Un Capitaine de quinze ans.
- Le Chancellor.
- Cinq Semaines en ballon.
- Les Cinq cents millions de la Bégum.
- De la Terre à la Lune.
- Le Docteur Ox.
- Les Enfants du capitaine Grant.
- Hector Servadac.
- L'Ile mystérieuse.
- Les Indes-Noires.
- Mathias Sandorf.
- Le Chemin de France.
- Robur le Conquérant.
- La Jangada.
- Kéraban-le-Têtu.
- La Maison à vapeur.
- Michel Strogoff.
- Le Pays des Fourrures.
- Le Tour du monde en 80 jours.
- Les Tribulations d'un Chinois en Chine.
- Une Ville flottante.
- Vingt mille lieues sous les Mers.
- Voyage au centre de la Terre.
- Le Rayon-Vert.
- L'École des Robinsons.
- L'Étoile du sud.
- L'Archipel en feu.

L'œuvre de Jules Verne est aujourd'hui considérable. La collection des *Voyages extraordinaires*, que l'Académie française a couronnés, se compose déjà de vingt-cinq volumes (contenant 36 ouvrages), et tous les ans Jules Verne donne au *Magasin d'Éducation et de Récréation* un roman inédit.

Ces livres de voyage, ces contes d'aventures, ont une originalité propre, une clarté et une vivacité entraînantes. C'est très français.

CLARETIE.

Découverte de la Terre

3 Volumes in-8°

Les Premiers Explorateurs. — Les Grands Navigateurs du XVIIIe siècle.
Les Voyageurs du XIXe siècle.

J. VERNE et TH. LAVALLÉE. Géographie illustrée de la France, nouvelle édition revue et corrigée par M. DUBAIL.

BIBLIOTHÈQUE DES JEUNES FRANÇAIS

Volumes gr. in-16 colombier

ERCKMANN-CHATRIAN. Avant 89 *(illustré)*.
BLOCK (M.). *Entretiens familiers sur l'administration de notre pays.*
La France. — Le Département. — La Commune.
Paris, Organisation municipale. — Paris, Institutions administratives. — L'Impôt. — Le Budget.
L'Agriculture. — Le Commerce. — L'Industrie.
Petit Manuel d'Économie pratique.

- PONTIS............. Petite Grammaire de la prononciation.
- J. MACÉ............. La France avant les Francs *(illustré)*.
- MAXIME LECOMTE..... La Vocation d'Albert.
- TRIGANT GENESTE..... Le Budget communal.

J. HETZEL & Cie, 18, rue Jacob, PARIS

ÉDUCATION ET RÉCRÉATION

Livres et Albums illustrés
— NOUVEAUTÉS —

PREMIER AGE

PETITE BIBLIOTHÈQUE BLANCHE

Volumes in-16 à 1 fr. 50; toile aquarelle, 2 fr.

LERMONT (J.). . . . **Mes Frères et moi.**
MAYNE-REID . . . **Les Exploits des jeunes Boërs.**

33 autres volumes par
O. Feuillet, A. Dumas, Stahl, Gurlinc, Verne, Dickens,
Bentzon, P. de Musset,
L. Gozlan, Ch. Nodier, G. Sand, etc.

BIBLIOTHÈQUE DE Mlle LILI

ALBUMS STAHL

Albums in-4° en couleurs, bradel, 1 fr.

FRŒLICH. . . . . **Les deux Frères de Mlle Lili.**

45 autres albums par
Frœlich, Froment, Geoffroy, A. Marie, Tinant, etc.

Albums in-8° en noir :
bradel, 2 fr.; cartonnés toile à biseaux, 4 fr.

FRŒLICH. . . . **Une grande journée de Mlle Lili.**
FROMENT. . . . **Nouvelles Scènes familières.**

52 autres albums par
Frœlich, Froment, Detaille, Fath, E. Lambert, Lalauze,
Th. Schuler, Marie, Geoffroy, etc.

9 albums grand in-8°, bradel, 4 fr. 50 ; toile, 6 fr.

SECOND AGE ET JEUNESSE

BIBLIOTHÈQUE IN-8° ILLUSTRÉE

Volumes in-8°, à 4 fr. 50; cartonnés toile, 6 fr.

BERR DE TURIQUE. **La petite Chanteuse.**
J. VERNE. . . . . **Le Château des Carpathes.**
J. VERNE . . . . **Claudius Bombarnac.**

50 autres volumes par
P.-J. Stahl, Jules Verne, Néraud, J. Macé, A. Dumas,
de Bréhat, de Cherville, Vallery-Radot, Mayne-Reid,
Busnach, etc.

Volumes in-8° raisin, 7 fr.;
cartonnés toile, 10 fr. ; reliés, 11 fr.

LAURIE (A.). . . . **Le Rubis du Grand-Lama.**
LEGOUVÉ (E.). . . **Épis et Bleuets.**
SANDEAU (J.). . . **La petite Fée du village.**

75 autres volumes in-8° par
E. Legouvé, Stahl, J. Verne, Boissonnas, V. Hugo,
A. Daudet, E. Muller, J. Sandeau, Sainctine, de Laprade,
A. Laurie, J. Macé, Desnoyers, H. Malot, Mayne-Reid,
Ratisbonne, Viollet-le-Duc, Biart, Brunet, Vadier, etc.

MAGASIN D'ÉDUCATION ET DE RÉCRÉATION,
tomes LV et LVI in-8° jésus (reliés, 12 fr.)
54 autres volumes. — Tomes I à LIV.

Volumes gr. in-8° jésus à 9 fr. ;
cartonnés, 12 fr. ; reliés 14 fr.

BIART (L.). . . . . **Les Voyages involontaires.**
JULES VERNE. . . . **Claudius Bombarnac. — Le Château des Carpathes.**

33 autres volumes par
L. Biart, Flammarion, Grimard, Stahl,
J. Verne, Viollet-le-Duc, etc.

Volumes grand in-8° jésus à 10 fr.
cartonnés, 13 fr. ; reliés, 15 fr.

14 volumes par
L. Biart, Erckmann-Chatrian, J. Verne, Lavallée,
Molière, La Fontaine, H. Malot, Ch. Clément, etc.

LES CONTES DE PERRAULT, illustrés par GUSTAVE DORÉ. — Toile, 25 fr. ; reliure d'amateur, 30 fr.

MAGASIN ILLUSTRÉ
D'ÉDUCATION ET DE RÉCRÉATION
ET *SEMAINE DES ENFANTS*
RÉUNIS

Journal de toute la Famille

COURONNÉ PAR L'ACADÉMIE FRANÇAISE

FONDÉ PAR **P.-J. STAHL**, EN 1864

DIRIGÉ PAR
J. VERNE — J. HETZEL — J. MACÉ

29e Année

ABONNEMENT, UN AN : Paris, 14 fr. — Départements, 16 fr. — Union, 17 fr.

--- LA COLLECTION COMPLÈTE ---
56 volumes grand in-8°
Prix : brochés, 392 fr. ; toile, 560 fr. ; — reliés, 672 fr.
Chaque volume séparé, 7 fr. ; cartonné toile, 10 fr. ; — relié, 12 fr.

www.ingramcontent.com/pod-product-compliance
Lightning Source LLC
Chambersburg PA
CBHW070056020526
44112CB00034B/1308